Entscheidungen des Reichsgerichts.
Herausgegeben von
den Mitgliedern des Gerichtshofes und der Reichsanwaltschaft.

Entscheidungen des Reichsgerichts in Civilsachen.

Zweiundvierzigster Band.

Leipzig,
Verlag von Veit & Comp.
1899.

Litterarischer Anzeiger
zu den
Entscheidungen des Reichsgerichts.
Verlag von Veit & Comp. in Leipzig.

№ | Der „Litterarische Anzeiger" erscheint in zwanglosen Nummern und bildet eine unentgeltliche Beilage der Entscheidungen des Reichsgerichts in Civilsachen und in Strafsachen. Für seinen Inhalt ist ausschließlich die Verlagsbuchhandlung verantwortlich. | 42.

Verlag von Franz Vahlen in Berlin W. 8.

Neue Erscheinungen.

Beiträge zur Erläuterung des Deutschen Rechts. Herausgegeben von Dr. Rassow, Reichsgerichtsrath, Dr. Küntzel, Oberlandesgerichts-Präsident und Wirkl. Geh. Oberjustizrath und Dr. Eccius, Oberlandesgerichts-Präsident und Wirkl. Geh. Oberjustizrath. Sechste Folge. 3. Jahrg. 1899 (der ganzen Reihe der Beiträge XLIII. Jahrgang). Heft 1/3 pro 1/6. Subskriptionspreis M. 15,—. Nach vollständigem Erscheinen M. 18,—.

Bernhardi. — Handwörterbuch zum Bürgerlichen Gesetzbuch von Heinr. Bernhardi, Erstem Staatsanwalt. Geh. M. 6,—. Geb. M. 7,—.

Daubenspeck. — Referat, Votum und Urtheil. Eine Anleitung für praktische Juristen im Vorbereitungsdienst. Von Hermann Daubenspeck, Reichsgerichtsrath a. D. 1899. **Siebente Auflage.** Geh. M. 5,—. Geb. M. 6,—.

Dickel. — Rechtsfälle. Zum Gebrauche bei Vorlesungen und juristischen Uebungen. **Heft 2:** Gerichtsverfassung, Civilprozeß, Zwangsvollstreckung in das unbewegliche Vermögen, Konkurs. Von Dr. Karl Dickel, Amtsgerichtsrath. 1899. Geh. M. 4,—. Geb. M. 4,80.

Droop. — Der Rechtsweg in Preußen. Von Dr. Droop, Wirklicher Geheimer Rath. 1899. Geh. M. 3,—. Geb. M. 3,80.

Eichhorn. — Das Testament. Hand- und Musterbuch für letztwillige Verfügungen nach dem Bürgerlichen Gesetzbuch mit Hinweis auf die bisherigen Sonderrechte Deutschlands bearbeitet von G. Eichhorn, Kammerger.-Rath. **Dritte Auflage** des gleichnamigen preußischrechtlichen Werkes. 1899. Geh. M. 4,50. Geb. M. 5.30.

Fuchs. — Das Deutsche Vormundschaftsrecht unter Gegenüberstellung des preußischen Vormundschaftsrechts und unter Berücksichtigung des Gesetzes über die Angelegenheiten der freiwilligen Gerichtsbarkeit von August Fuchs, Landrichter. 1899. Geh. M. 6,—. Geb. M. 7,—.

Gleim. — Das Gesetz über Kleinbahnen und Privatanschlußbahnen vom 28. Juli 1892, erläutert von W. Gleim, Wirklichem Geh. Ober-Regierungsrath u. vortr. Rath im Ministerium der öffentlichen Arbeiten z. D. **Dritte, neu bearbeitete und verbesserte Auflage.** 1899. Geh. M. 4,50. Geb. M. 5,20.

Jahrbuch für Entscheidungen des Kammergerichts in Sachen der nichtstreitigen Gerichtsbarkeit und in Strafsachen, herausgegeben von Reinhold Johow, Geh. Ober-Justizrath. **Achtzehnter Band.** 1899. Geh. M. 7,—. Geb. M. 8,20.

H. Meyer. — Anleitung zur Prozeßpraxis in Beispielen an Rechtsfällen herausgegeben von Hermann Meyer, Oberlandesgerichtsrath. **Fünfte auf Grund des Bürgerlichen Gesetzbuchs und der Civilprozeßordnung vom 20. Mai 1898 umgearb. Auflage.** (In der Reihe der Abdrücke der zwölfte.) 1899. Geh. M. 6,—. Geb. M. 7,—.

Neumann. — Handausgabe des Bürgerlichen Gesetzbuchs für das Deutsche Reich, unter Berücksichtigung der sonstigen Reichsgesetze nebst einem Anhang betreffend die Preußische Ausführungsgesetzgebung für Studium und Praxis bearbeitet von Dr. Hugo Neumann, Rechtsanwalt am Königl. Kammergericht zu Berlin. Erster Band (I.—III. Buch) 1899. Geh. M. 9,50. Geb. M. 11,—.
Zweiter Band 1. Liefg. (Liefg. 6 §§ 1297—1564). Geh. M. 2,—.

Opet. — Das Verwandtschaftsrecht des Bürgerlichen Gesetzbuchs für das Deutsche Reich. Von Dr. jur. Otto Opet, Gerichtsassessor und Privatdozent an der Universität Bern. 1899. Geh. M. 7,—. Geb. M. 8,—.

Reimer. — Wegweiser durch die Entscheidungen des Reichsgerichts in Civilsachen Bd. 1—41. Für die Praxis des Bürgerlichen Gesetzbuchs zusammengestellt von **Dr. Reimer,** Rechtsanwalt am Kammergericht. 1899. Geh. M. 1,50.

Stölzel. — Rechtslehre und Rechtsprechung. Ein Vortrag gehalten in der juristischen Gesellschaft zu Wien am 7. Dezember 1898. Von Adolf Stölzel. (Nach stenogr. Niederschr. bearb.) Mit einer Tafel. 1899. Geh. M. 1,20.

Druck von Metzger & Wittig in Leipzig.

Entscheidungen

des

Reichsgerichts.

Herausgegeben

von

den Mitgliedern des Gerichtshofes und der Reichsanwaltschaft.

Entscheidungen in Civilsachen.

Zweiundvierzigster Band.

Leipzig,
Verlag von Veit & Comp.
1899.

Entscheidungen

des

Reichsgerichts

in

Civilsachen.

Zweiundvierzigster Band.

Leipzig,
Verlag von Veit & Comp.
1899.

Druck von Metzger & Wittig in Leipzig.

Inhalt.

I. Reichsrecht.

II. Gemeines Recht.

III. Preußisches Recht.

IV. Rheinisches Recht.

V. Prozeßrecht.

I. Reichsrecht.

1. 1. Kann die vertragsmäßig gestattete Aufrechnung einer Forderung gegen die Aktiengesellschaft als Sacheinlage erachtet werden?
2. Finden die Bestimmungen des Art. 209e Abss. 3 u. 4 H.G.B. auch auf Kapitalserhöhungen Anwendung?

VI. Civilsenat. Urt. v. 4. Juli 1898 i. S. U.=Brauerei Konkursverw. (Kl.) w. Münchener Bank in Liq. (Bekl.). Rep. VI. 104/98.

I. Landgericht I München.
II. Oberlandesgericht daselbst.

Die Aktiengesellschaft U.=Brauerei beschloß in der Generalversammlung vom 19. Januar 1893 die Reduktion ihres Stammkapitales auf ein Fünfteil der bisherigen Höhe und die Ausgabe von 250 Stück sog. Prioritäten zu 1000 *M*. Die Aktiengesellschaft Münchener Bank traf, nachdem sie schon in Liquidation getreten war, am 28. September 1894 im Anschlusse an frühere Vereinbarungen vom 26./29. Oktober 1892 mit der U.=Brauerei das Übereinkommen, daß erstere für den Betrag von 175000 *M* ihres auf 186805,27 *M* berechneten Gesamtguthabens 175 Stück der auszugebenden Prioritätsaktien erhalten solle. Durch Zeichnungsschein vom 20. Oktober 1894 erklärte nun die Münchener Bank in Liq., von den Prioritätsaktien einen Betrag von 175000 *M* zum Nominalwerte übernehmeu zu wollen und „hiermit die U.=Brauerei zu ermächtigen, für die hierauf zu leistende Einzahlung das bei genannter Gesellschaft für ihre Rechnung bereits bestehende Barguthaben von 175000 *M* zu verwenden". Eine Bar=

einzahlung auf die von der Münchener Bank gezeichneten Aktien ist nicht erfolgt. Trotzdem erklärten Vorstand und Aufsichtsrat der U.-Brauerei in der Anmeldung vom 24. November 1894, daß die Aktien der neuen Emission voll und bar einbezahlt seien, und daß sich die eingezahlten Barbeträge im Besitze des Vorstandes befänden. Auf diese Anmeldung hin wurde die Kapitalserhöhung an demselben Tage im Handelsregister eingetragen. Die gezeichneten Prioritätsaktien wurden bald darauf an die Münchener Bank in Liq. hinausgegeben.

Der Verwalter in dem inzwischen über das Vermögen der U.-Brauerei eröffneten Konkurse erhob nun auf Grund der Annahme, daß die Münchener Bank in Liq. durch die Zeichnung zur Bareinzahlung von mindestens 25 Prozent des Nominalbetrages jeder von ihr bezogenen Prioritätsaktie verpflichtet sei, gegen die Münchener Bank Klage auf Bezahlung von 43750 ℳ nebst 5 Prozent Zinsen hieraus vom Tage der Klagezustellung an. Durch Urteil des Landgerichtes wurde die Beklagte nach dem Klagantrage verurteilt, auf die Berufung der Beklagten jedoch die erhobene Klage abgewiesen.

Die Revision des Klägers wurde zurückgewiesen aus folgenden

Gründen:

„Das Berufungsgericht nimmt in Übereinstimmung mit dem Gerichte erster Instanz an, daß die in Art. 210 H.G.B. vorgeschriebene, gemäß Art. 215b Abs. 2 auch für Kapitalserhöhungen bestimmte Viertelsdeckung durch Barzahlung eine der Vertragsfreiheit entzogene rechtspolizeiliche Vorschrift sei, und daß der Zeichnungsschein die Grundlage der Verpflichtung des Zeichners bilde. Während aber das Gericht erster Instanz den Zusatz zu der Zeichnung hinsichtlich der Ermächtigung, für die Einzahlung das Barguthaben von 175000 ℳ zu verwenden, nicht als einen die Zeichnung beschränkenden Vorbehalt erachtet, einen solchen aber gemäß Art. 209e Abs. 3 infolge der Ausübung von Aktionärrechten für unwirksam und gemäß Art. 210 Abs. 3 für unzulässig, und für die Viertelsdeckung auch einen Kompensationsvertrag für ausgeschlossen hält, legt das Berufungsgericht den Ermächtigungszusatz im Sinne eines Vorbehaltes dahin aus, „daß die Hingabe der Forderung als die vom Zeichner angebotene Gegenleistung für die Überlassung der Prioritätsaktien gekennzeichnet, und zugleich zum Ausdrucke gebracht werde, daß ein anderweitiger Entgelt nicht gewährt werden wolle". Das Berufungsgericht erachtet nun diese

„Ermächtigung zur Verwendung der Forderung“ als eine durch die Zeichnung ausbedungene Sacheinlage im Sinne des Art. 209b Abs. 2 H.G.B. Sei sie aber nicht als zulässige Sacheinlage zu erachten, so sei keine der gesetzlich zulässigen Formen der Einlage, weder Sach- noch Bareinlage, geboten worden, die Zeichnung daher nichtig. Bei der Unanwendbarkeit des Art. 209e sei die nachfolgende Ausübung der Rechte eines Aktionärs von seiten der Beklagten belanglos. Die Nachzahlung könne somit weder gefordert werden, wenn die Zeichnung gültig, noch wenn sie ungültig sei.

Die Revision rügt, von keiner Seite sei geltend gemacht worden, daß eine Sacheinlage vorliege. Die Beklagte habe lediglich Verrechnung der Zahlung behauptet; die Vermutung spreche für die Bareinzahlung; in Art. 215b H.G.B. sei von keiner Sacheinlage die Rede; die Auslegung, die das Berufungsgericht dem Zeichnungsscheine gebe, verstoße gegen die Auslegungsregeln; nirgends finde sich ein Ausdruck der Verpflichtung; zunächst sei der Wortlaut maßgebend; die Folgerung des Berufungsgerichtes, die Zeichnung sei nichtig, wenn sie nicht eine zulässige Sacheinlage enthalte, sei unrichtig; wenn keine Sacheinlage vorliege, sei die Verpflichtung zur Barzahlung begründet.

Die Revision konnte nicht als begründet erachtet werden.

Daß der Zeichnungsschein die selbständige Grundlage der Verpflichtung des Zeichners gegenüber der Aktiengesellschaft bildet, ist auch in der Rechtsprechung des Reichsgerichtes anerkannt.

Vgl. Entsch. des R.G.'s in Civils. Bd. 19 S. 126.

Die Kapitalserhöhung kann auch durch Sacheinlagen erfolgen.

Vgl. Behrend, Lehrbuch des Handelsrechts Bd. 1 S. 906 Anm. 11; Staub, Kommentar zum Handelsgesetzbuch (5. Aufl.) zu Art. 215b § 2 lit. b Abs. 2 S. 464.

Die Zeichnung muß daher klar erkennen lassen, ob sich der Zeichner zur Barzahlung, oder zu Sacheinlagen verpflichtet.

Aus dem Mangel einer dem Art. 209e Abs. 3 H.G.B. entsprechenden Bestimmung für Kapitalserhöhungen wird ferner, allerdings nicht übereinstimmend, gefolgert, daß ein mit Beschränkungen belasteter Zeichnungsschein trotz Eintragung der stattgefundenen Erhöhung und ungeachtet konkludenten Verhaltens des Zeichners denselben nicht über den Erklärungsinhalt hinaus verpflichte.

Vgl. Ring, Das Reichsgesetz betreffend die Kommanditgesellschaften auf Aktien und die Aktiengesellschaften vom 18. Juli 1884 S. 365 Nr. 1.

Das Berufungsgericht gelangt auf Grund eingehender Würdigung des Ausdruckes und Inhaltes der im Zeichnungsscheine enthaltenen Willenserklärung, sowie der Umstände, unter denen die Zeichnung erfolgt ist, somit auf Grund thatsächlicher Erwägungen, zu der Ansicht, daß der Zeichnungsschein den Willen unzweideutig zum Ausdrucke bringe, eine Verpflichtung zur Barzahlung nicht eingehen, als Gegenleistung vielmehr nur die Forderung an die Beklagte hingeben zu wollen. Die Nachprüfung dieser auf dem Gebiete der thatsächlichen Feststellung liegenden Auslegung ist, insofern ihr nicht ein Rechtsirrtum zu Grunde liegt, in der Revisionsinstanz ausgeschlossen. Ein Rechtsirrtum ist aber nicht erkennbar. Indem das Berufungsgericht den Willen der Kontrahenten zu erforschen sucht, entspricht es der Vorschrift des Art. 278 H.G.B. Das nach seiner Überzeugung ermittelte Ergebnis beruht somit auf keinem Verstoße gegen diesen Artikel.

Daß die vertragsmäßige Gestattung der Aufrechnung einer Forderung gegen die Gesellschaft als Sacheinlage erachtet werden kann, ist mehrfach anerkannt.

Vgl. Ring, a. a. O. S. 431; Staub, a. a. O. zu Art. 184c § 1 Abs. 3 S. 499.

Würde die Aufrechnung nicht als eine zulässige Sacheinlage zu erachten sein, so würde keineswegs die Folgerung, daß nun die Verpflichtung zur Barzahlung vorliege, gerechtfertigt erscheinen. Diese Annahme würde für jeden Fall durch die Feststellung ausgeschlossen sein, daß der gegenteilige Wille unzweideutig im Zeichnungsscheine erklärt sei. Es würde vielmehr, wie das Berufungsgericht annimmt, Nichtigkeit des Zeichnungsscheines anzunehmen sein.

Eine Heilung dieser Nichtigkeit durch Ausübung der Rechte eines Aktionärs könnte nur in Frage kommen, wenn die Bestimmungen des Art. 209e Abs. 3 H.G.B. auch auf Kapitalserhöhungen anwendbar wären. v. Völderndorff, Das Reichsgesetz betreffend die Kommanditgesellschaften auf Aktien und die Aktiengesellschaften vom 18. Juli 1884, bemerkt zwar (S. 499 Ziff. IV), es bedürfe kaum der Erwähnung, daß alles dasjenige auch für die Zeichnungen des erhöhten Grundkapitales gelte, was hinsichtlich der Unzulässigkeit von Beschränkungen, Nebenabreden ꝛc für die Zeichnung der Aktien bei Art. 209e besprochen worden sei.

Wenn auch die Gleichheit des Grundes für die Anwendung der Bestimmungen der Abss. 3 und 4 des Art. 209e auf die Kapitalserhöhung zu sprechen scheint, und das Handelsgesetzbuch vom 10. Mai 1897 deshalb die den Bestimmungen des Art. 209e Abss. 3 und 4 des geltenden deutschen Handelsgesetzbuches entsprechenden Vorschriften des § 189 Abss. 4 und 5 in § 281 ausdrücklich auf die Kapitalserhöhung für anwendbar erklärt,

vgl. Motive zum Handelsgesetzbuch vom 10. Mai 1897, Drucksachen des Reichstags, IX. Legislaturperiode 4. Session Nr. 632 S. 156,

so kann für das geltende Handelsgesetzbuch mangels einer ausdrücklichen Bestimmung eine solche Ausfüllung einer allenfallsigen Lücke des Gesetzes nicht für statthaft erachtet werden.

Vgl. Ring, a. a. O. S. 365.

Die Annahme des Berufungsgerichtes, sei der Zeichnungsschein gültig, so ergebe sich aus dem Zeichnungsscheine keine Verpflichtung zur Barzahlung, sei er ungültig, überhaupt keine, war sonach als richtig zu erachten." . . .

2. Begriff des Arbeitgebers im Sinne des Krankenversicherungsgesetzes.

III. Civilsenat. Urt. v. 8. Juli 1898 i. S. Berl. Stadtmission u. Gen. (Bekl.) w. Berl. Ortskrankenkasse der Gastwirte (Kl.). Rep. III. 92/98.

I. Landgericht I Berlin.
II. Kammergericht daselbst.

Gründe:

„Die Berliner Stadtmission betreibt auf eine dem Vorsitzenden ihres Kuratoriums, dem Beklagten zu 1, erteilte Konzession zu Berlin in der Mohrenstraße ein „Christliches Hospiz" benanntes Hotel, zu dessen Leitung und Bewirtschaftung der Beklagte zu 2, der Hoteldirektor H., engagiert ist. Der Betrieb geht auf Rechnung der Berliner Stadtmission; nur wenn der jährliche Überschuß die Summe von 55000 ℳ übersteigt, erhält der Direktor H. von dem diesen Betrag übersteigenden Überschuß eine Tantième von 10 %. Im übrigen erhält der Direktor H. für seine Thätigkeit eine jährliche Summe von 29184 M. Mit dieser Summe hat er auch alle Kosten zu bestreiten, welche ihm durch Anstellung der zur Bewirtschaftung des Hauses ihm nötig erscheinenden Personen erwachsen. Über diese Summe hat er Rechnung nicht zu legen, sodaß er das Gehaltsrisiko zu tragen hat. Freie Wohnung und Verpflegung erhalten aber die Angestellten, ebenso wie der Direktor H. selbst und seine Familie, auf Rechnung der Stadtmission. Im Engagementsvertrage ist ferner bestimmt, daß alle Verantwortungen und Pflichten, welche dem Arbeitgeber nach der Gesetzgebung obliegen, H. allein zu tragen hat.

Der Direktor H. ist Mitglied der Innung der Gastwirte und hat die in dem Hotel beschäftigten krankenversicherungspflichtigen Personen bei der Innungskrankenkasse zur Versicherung angemeldet. Die Klägerin, die Ortskrankenkasse der Gastwirte, vermeint aber, gestützt auf den § 19 des Krankenversicherungsgesetzes, daß die in Frage stehenden, im Hotel beschäftigten Personen bei ihr versicherungspflichtig seien, weil sie in dem Gewerbebetriebe der Berliner Stadtmission, und nicht in dem Gewerbebetriebe des H. beschäftigt seien und somit der Innungskrankenkasse nicht angehören, und hat die Krankenkassenbeiträge von den Beklagten eingezogen.

Auf die hierauf von den Beklagten erhobene Klage hat der Magistratskommissar die jetzige Klägerin, die Ortskrankenkasse, zu dem Anerkenntnisse verurteilt, daß der Hoteldirektor H. als Arbeitgeber der von ihm angestellten Bediensteten des Christlichen Hospizes anzusehen sei. Diese Entscheidung ist darauf von der Klägerin gemäß § 58 Abs. 1 des Krankenversicherungsgesetzes im ordentlichen Rechtswege angefochten. In erster Instanz ist ihre Klage abgewiesen, in der Berufungsinstanz aber derselben stattgegeben, und sind die Beklagten, unter Aufhebung der Entscheidung des Magistratskommissars, mit ihrem Anspruche, den Direktor H. als Arbeitgeber der Hotelbediensteten anzuerkennen, abgewiesen, weil als Arbeitgeber im Sinne des Krankenversicherungsgesetzes unter den obwaltenden Verhältnissen die Stadtmission anzusehen sei.

Die gegen dieses Urteil eingelegte Revision kann als begründet nicht erachtet werden.

Zutreffend führt zunächst das Berufungsgericht aus, daß nach dem oben mitgeteilten Sachverhalt H. nur Angestellter der Stadtmission ist. Seine Thätigkeit stellt sich nicht als ein von ihm unternommener Betrieb einer Gastwirtschaft dar, sondern er ist nur in dem Gastwirtschaftsbetriebe eines Anderen in dessen Auftrag und für dessen Rechnung thätig. Die Hotelbediensteten sind aber in der Gastwirtschaft, also im Gewerbebetriebe der Stadtmission, und nicht im Gewerbe des H., das in der Hotelleitung besteht, thätig. Wenn nun das Berufungsgericht im Anschluß an Rosin, Arbeiterversicherung Bd. 1 S. 178 flg., weiter darlegt, daß in solchen Fällen nach dem Grundgedanken des Krankenversicherungsgesetzes, welches, von dem Gegensatze des Unternehmers und des Lohnarbeiters ausgehend, nur den ersteren, nicht aber auch eine unselbständige Mittelsperson als den für die Leistungen des Gesetzes Verpflichteten auffasse, nicht diejenige Person, welche juristisch den Arbeitsvertrag, wenn auch in eigenem Namen, schließe, der Arbeitgeber sei, sondern der Betriebsunternehmer, dessen Arbeit und Lohn jener nur weiter gebe, so kann dem nur beigestimmt werden. Für diese Auffassung spricht, auch abgesehen von der Erwägung, daß es näher liegt, die Verpflichtungen des Gesetzes einer kapitalkräftigen, leicht erreichbaren Persönlichkeit aufzuerlegen, schon der Zusammenhang, welcher zwischen dem Arbeitgeber der Kranken-, Invaliditäts- und Altersversicherung einerseits und dem Betriebsunternehmer der Unfallversicherung andererseits besteht, und die zahlreichen, von Rosin a. a. O. Anm. 6 zusammengestellten Gesetzesstellen, welche auf eine prinzipielle Übereinstimmung der beiden Begriffe hinweisen. Entscheidend für diese Auffassung ist aber der Wortlaut des gerade hier in Betracht kommenden § 73 des Krankenversicherungsgesetzes, wonach nur die von den Innungsmitgliedern in ihrem Gewerbebetriebe beschäftigten Arbeiter der Innungskrankenkasse angehören. Daß vorliegend die Hotelbediensteten nicht im Gewerbebetriebe des H. beschäftigt sind, ist bereits oben nachgewiesen. Dazu kommt im vorliegenden Falle endlich noch, daß die Hotelbediensteten Wohnung und Verpflegung auf Rechnung der Stadtmission erhalten.

Der gegen diese Auffassung geltend gemachte, naheliegende Einwand, daß es doch unbillig erscheine, den eigentlichen Unternehmer, der von den von seinen Mittelspersonen angenommenen Arbeitern vielleicht gar nichts wisse, wenigstens die einzelnen nicht kenne, diesen gegenüber mit den nach dem Gesetze mannigfachen Pflichten des Arbeitgebers zu belasten, verliert an Bedeutung erheblich dadurch, daß nach § 82a des Krankenversicherungsgesetzes die Arbeitgeber befugt sind, die ihnen nach dem Gesetz obliegenden Verpflichtungen Betriebsleitern und ähnlichen Zwischenpersonen, wie dies auch im vorliegenden Falle geschehen ist, zu übertragen. Ihr Verhältnis als Arbeitgeber wird aber dadurch nicht berührt. Wenn endlich von Vertretern der gegenteiligen Ansicht,

vgl. namentlich v. Woedtke, Kommentar zum Krankenversicherungsgesetz § 49 Bem. 3,

noch darauf hingewiesen wird, daß es in den Motiven zum Entwurfe des Invaliditätsgesetzes § 14 heißt: „Als Arbeitgeber im Sinne des Entwurfs ist derjenige anzusehen, für dessen Rechnung der Lohn gezahlt wird", so hat demgegenüber schon Rosin a. a. O. mit Recht bemerkt, daß eben auch hier zweifelhaft bleibe, wer als der wahre Lohngeber, für dessen Rechnung der Lohn gegeben wird, gemeint ist, ob derjenige, der juristisch den Lohn zahlt, oder derjenige, von dem die Mittelsperson den Gesamtlohn erhält, um ihn teilweise, wenn auch auf eigene Rechnung, weiter zu geben, und kann andererseits für die diesseitige Auffassung auf eine Äußerung des Regierungskommissars bei Beratung der Novelle zum Krankenversicherungsgesetze hingewiesen werden, in der es heißt (Stenographische Berichte 1888/89 Bd. 3 S. 1983): „Nach Absicht der verbündeten Regierungen soll allerdings unter dem Worte „Arbeitgeber" nur der Inhaber des Betriebes, d. h. derjenige verstanden werden, auf dessen Rechnung und dessen Namen der Betrieb geführt wird." Die von den Beklagten für ihre Auffassung angezogene Entscheidung des Reichsgerichtes in Straff. Bd. 26 S. 120 trifft nicht den vorliegenden Fall; in ihr ist nur ausgeführt, daß unter die Strafvorschrift des § 82b des Krankenversicherungsgesetzes namentlich mit Rücksicht auf § 82a, wonach der Arbeitgeber Vertreter bestellen kann, auch ein Generalbevollmächtigter fallen kann. Für das Gebiet der Gewerbeordnung hat die Entscheidung in Straff. Bd. 9 S. 102 bereits ausgesprochen, daß „Arbeitgeber" der selbständige Gewerbetreibende, der Fabrikherr, ist, auch wenn einzelnen Untergebenen das Recht eingeräumt ist, Hilfsarbeiter anzunehmen und abzulohnen, und zwar auch letzteren Personen gegenüber.

Im vorliegenden Falle ist nun allerdings zweifellos, daß nach dem zwischen der Stadtmission und H. geschlossenen Vertrage letzterer in die Stellung des Arbeitgebers im Sinne des Krankenversicherungsgesetzes hat gebracht werden sollen. Aber den öffentlichrechtlichen Bestimmungen, zu welchen auch die Bestimmungen über die Zugehörigkeit zu den einzelnen Kassen gehören, kann dadurch kein Abbruch geschehen. Nur innerhalb des Rahmens des § 82a kann die Stadtmission ihre Verantwortlichkeit als Arbeitgebers auf H. abwälzen.

Hiernach war die Revision, wie geschehen, zurückzuweisen."

---

3. Liegt ein Anschaffungsgeschäft im Sinne des Reichsstempelgesetzes vom 27. April 1894 dann vor, wenn die Deponierung von Wertpapieren auf Grund einer Vereinbarung erfolgt, nach welcher der Empfänger berechtigt ist, statt der erhaltenen Stücke andere Stücke gleicher Art zurückzuliefern?

IV. Civilsenat. Urt. v. 11. Juli 1898 i. S. preuß. Fiskus (Bekl.) w. Diskontogesellschaft (Kl.). Rep. IV. 46/98.

I. Landgericht I Berlin.
II. Kammergericht daselbst.

Aus den Gründen:

„Unter dem 10. Dezember 1896 schrieb die Norddeutsche Bank in Hamburg an die Klägerin:

„In Beantwortung Ihres Geehrten vom gestrigen Tage erwidern wir Ihnen ..., daß wir ... nicht in der Lage sind, Ihrem Ersuchen zu entsprechen und Ihnen generell die Ermächtigung zu erteilen, uns an Stelle der in Depot „A" lagernden Wertpapiere Stücke gleicher Art mit anderen Nummern zurückliefern zu dürfen.

Wir sind jedoch ... bereit, Ihnen in einzelnen Fällen, wo wir hierzu imstande sind, in dieser Beziehung entgegenzukommen, und bitten Sie, uns zur Erleichterung der Übersicht ein besonderes Depot „C" herzulegen, welchem wir diejenigen Effekten überschreiben werden, bei denen wir mit der Rücklieferung anderer Nummern einverstanden sind.

Heute übersenden wir Ihnen zur Aufnahme in dieses Depot „C" 3000 *M* preußische 3 prozentige Consols, deren Empfang Sie uns zu bestätigen belieben."

Die Klägerin hat diesen Vorschlag angenommen, das Depot „C" angelegt und in dieses die übersandten 3000 *M* preußische 3 prozentige Consols gebracht.

Nachdem der Provinzialsteuerdirektor auf eine Anfrage der Klägerin seine Ansicht dahin ausgesprochen hatte, daß dieses Geschäft nach Ziff. 4 a des Tarifes zum Reichsstempelgesetze dem Anschaffungsstempel unterliege, wurde seitens der Klägerin der entsprechende Steuerbetrag mit 60 *Pf* entrichtet. Die Rückerstattung dieser 60 *Pf* nebst Zinsen wird seitens der Klägerin im vorliegenden Prozesse gefordert. Der erste Richter hat den Beklagten nach dem Klagantrage verurteilt, und diese Entscheidung ist in zweiter Instanz durch Zurückweisung der vom Beklagten eingelegten Berufung aufrecht erhalten worden.

Die Entscheidung des ersten Richters beruhte im wesentlichen auf der Annahme, daß das in Rede stehende Rechtsgeschäft die rechtliche Natur eines bedingten Darlehnsvertrages habe, und daß Darlehnsverträge sowie darlehnsähnliche Rechtsgeschäfte als Anschaffungsgeschäfte im Sinne des Reichsstempelgesetzes nicht angesehen werden könnten. Der Berufungsrichter hat dagegen die Frage, ob ein Darlehn, bezw. unregelmäßiges Depositum von Wertpapieren sich als ein Anschaffungsgeschäft darstelle, offen gelassen, indem er davon ausging, daß es sich im vorliegenden Falle nur um einen Verwahrungsvertrag handele. In dieser Beziehung ist von ihm erwogen worden:

Unstreitig habe die Klägerin die Consols in Verwahrung erhalten. An der Natur dieses Geschäftes, als eines Verwahrungsvertrages, werde dadurch nichts geändert, daß der Klägerin die Ermächtigung erteilt worden sei, statt der ihr übergebenen Stücke Wertpapiere gleicher Art mit anderen Nummern abzuliefern. Erst wenn die Klägerin sich jener Erlaubnis wirklich bedient, d. h. die empfangenen Papiere sich angeeignet hätte, würde das Geschäft in einen Darlehnsvertrag übergegangen sein. Daß aber die Klägerin von dieser Ermächtigung Gebrauch gemacht habe, werde von dem Beklagten gar nicht behauptet.

Ein Darlehnsvertrag liege demnach nicht vor. Man könne das Geschäft auch nicht als ein bedingtes Darlehnsgeschäft ansehen; denn eine Bedingung, welche in die ganz unbestimmte Willkür der Klägerin gestellt werde, sei keine eigentliche Bedingung, sondern ohne rechtliche Wirkung (§ 108 A.L.R. I. 4).

Diese Ausführung ist nicht zu billigen.

Zwischen der Norddeutschen Bank und der Klägerin war unstreitig eine Vereinbarung zustande gekommen, nach welcher der Klägerin gestattet war, an Stelle der zur Verwahrung übergebenen Consols andere Stücke gleicher Art zurückzuliefern. Danach erscheint zunächst die Auffassung ausgeschlossen, daß die fragliche der Klägerin erteilte Ermächtigung etwa als eine neben dem abgeschlossenen Vertrage herlaufende, von der Klägerin noch nicht acceptierte, einseitige Offerte der Norddeutschen Bank angesehen werden könnte. Vielmehr liegt ein auch diesen Punkt regelnder perfekter Vertrag vor, welcher sowohl in dem Falle, wenn die Klägerin von jener Ermächtigung Gebrauch machte, als auch in dem Falle, wenn sie dies nicht that, die Grundlage für die Beurteilung der von der Norddeutschen Bank an die Klägerin zu erhebenden Ansprüche bildete. Mag nun auch dem Berufungsrichter, in Hinblick auf die besonderen Bestimmungen der §§ 82 flg. A.L.R. I. 14, darin beizutreten sein, daß der in Rede stehende Kontrakt in erster Linie die rechtliche Natur eines Verwahrungsvertrages hatte, und daß infolgedessen die hinterlegten Wertpapiere zunächst noch im Eigentume der Norddeutschen Bank blieben, so würde sich doch das Geschäft nach § 83 a. a. O. ohne weiteres in einen Darlehnsvertrag verwandelt haben, sobald die Klägerin von der ihr erteilten Befugnis Gebrauch gemacht hätte. Dabei hing es allerdings von der Entschließung der Klägerin ab, ob sie eine solche Veränderung des Rechtsverhältnisses durch Ausübung der ihr erteilten Befugnisse herbeiführen wollte. Die Voraussetzung aber, an deren Eintritt der Übergang des Eigentumes der hinterlegten Effekten auf die Klägerin, sowie die definitive Entstehung einer Verpflichtung zur Restitution in genere geknüpft war, mußte immerhin als ein thatsächlicher Akt in die äußere Erscheinung treten. Insofern würde man hier zwar von einer potestativen, nicht aber von einer uneigentlichen, nach § 108 A.L.R. I. 4 unwirksamen Bedingung sprechen können, und ein in solcher Weise bedingtes Geschäft ist nach § 8 des Reichsstempelgesetzes vom 27. April 1894 in betreff der Abgabenpflicht dem unbedingten Geschäfte gleichgestellt.

Der Revision muß auch darin beigetreten werden, daß ein derartiges Vertragsgeschäft, auf Grund dessen das **Eigentum** an gewissen Wertpapieren **gegen** die Verpflichtung einer Rücklieferung anderer Stücke gleicher Art — wenn auch nur für den Fall des Eintrittes einer Bedingung — übertragen werden soll, sich als ein Anschaffungsgeschäft im Sinne des Reichsstempelgesetzes darstellt.

Aus der Entstehungsgeschichte der (dem ersten Absatze unter Ziff. 4a des Tarifes zum jetzt geltenden Reichsstempelgesetze vom 27. April 1894 bis auf die abweichende Normierung des Steuersatzes gleichlautenden) Bestimmung im Tarife Ziff. 4A des älteren Gesetzes vom 29. Mai 1885 ergiebt sich, daß man bei Formulierung der Gesetzesworte absichtlich von einer näheren Begriffsbestimmung des „Anschaffungsgeschäftes" Abstand genommen hat, weil jeder Eingriff in das materielle Handelsrecht vermieden werden sollte.

Vgl. den Kommissionsbericht, Drucksachen Bd. 4 Nr. 286 S. 15 (von 1884/85).

Insbesondere kam dabei in der Kommission zur Sprache:

Unter Anschaffungsgeschäft verstehe man jedes auf den Erwerb von Eigentum an beweglichen Sachen gerichtete entgeltliche Vertragsgeschäft. Unter das Anschaffungsgeschäft fielen daher auch alle diejenigen sogenannten unbenannten Verträge, welche nicht die Merkmale des Kaufes in sich schließen, bei welchen aber auf der einen Seite die Verpflichtung zur Übertragung beweglicher Gegenstände, auf der anderen Seite die Verpflichtung zu einer Leistung begründet werde, die nicht in der Zahlung eines Preises bestehe.

Vgl. ebenda S. 15.

Auch wurde bemerkt:

Lombard- und sonstige Leihgeschäfte würden nur unter der Voraussetzung als Anschaffungsgeschäfte zu betrachten sein, daß sie sogenannte uneigentliche seien. . . .

Vgl. ebenda S. 17.

Der preußische Finanzminister hat sodann in der von ihm auf Grund eines Beschlusses des Bundesrates vom 25. September 1885 erlassenen Zirkularverfügung vom 26. September 1885 ausgesprochen:

Uneigentliche Lombardgeschäfte, desgleichen uneigentliche Leih-, Miet- und Depotgeschäfte, bei denen der Empfänger befugt ist, an Stelle der empfangenen Gegenstände andere Gegenstände gleicher Art zurückzugeben, unterliegen der Abgabe, und zwar als Anschaffungsgeschäft.

Vgl. Gaupp-Loeck, Reichsstempelgesetz S. 145.

Auch in den meisten Lehrbüchern und Kommentaren zum Handelsgesetzbuche werden die sogenannten irregulären Empfangsgeschäfte (depositum irregulare, locatio conductio irregularis, pignus irregulare) zu den Anschaffungsgeschäften gerechnet.

Vgl. Goldschmidt, Handbuch des Handelsrechts Bd. 1 S. 548; Behrend, Lehrbuch Bd. 1 S. 107 u. 108; Puchelt-Förtsch, Kommentar Bd. 2 S. 697; v. Hahn, Commentar Bd. 2 S. 7; Staub, Kommentar S. 704.

Von mehreren Schriftstellern (Goldschmidt, Behrend, Puchelt-Förtsch, v. Hahn) wird dabei überdies neben dem depositum irregulare das Darlehn noch besonders als ebenfalls hierher gehörig bezeichnet.

Vom Reichsgerichte ist wiederholt ausgesprochen, daß als Anschaffungsgeschäft

jedes auf den Erwerb von Eigentum an beweglichen Sachen gerichtete entgeltliche Vertragsgeschäft

anzusehen sei.

Vgl. Entsch. des R.G.'s in Civils. Bd. 20 S. 10, Bd. 21 S. 32 u. 36, Bd. 22 S. 128, Bd. 24 S. 109, Bd. 26 S. 49.

Die Entscheidung der vereinigten Civilsenate vom 30. Juni 1893, Entsch. des R.G.'s in Civils. Bd. 31 S. 17,

hat an dieser Begriffsbestimmung ebenfalls festgehalten. Im Anschluß an die Ausführung, daß die ursprünglichen Erwerbsarten und der Erwerb von Todes wegen, sowie der liberale Erwerb nicht unter den handelsrechtlichen Begriff der „Anschaffung“ fallen könnten, und daß Anschaffung im Sinne des Handelsrechtes nur den Erwerb zu Eigentum, im Gegensatze zum Erwerbe bloßer Gebrauchsrechte, bedeute, ist dort ausgesprochen:

„Daraus in Verbindung mit Art. 275 H.G.B. ergiebt sich der handelsrechtliche Begriff der Anschaffung als abgeleiteter entgeltlicher Erwerb beweglicher Sachen zu Eigentum mittels Rechtsgeschäftes unter Lebenden.“

Allerdings ist weiter hinzugefügt:

„Unter einem Anschaffungsgeschäfte ist mithin ein Rechtsgeschäft zu verstehen, welches dem Anschaffenden das Eigentum an fremden beweglichen Sachen gegen Entgelt verschaffen soll, ein synallagmatischer Vertrag, bei dem die versprochene Leistung des einen Teiles in der anzuschaffenden Sache, die des anderen in dem dafür zu gewährenden Entgelt besteht."

Es handelte sich damals aber überhaupt nicht um die Frage, ob die irregulären, zu einer Restitution in genere verpflichtenden Empfangsgeschäfte zu den Anschaffungsgeschäften zu rechnen, oder aus dem Kreise derselben auszuscheiden seien, und es hat letzteres auch nicht durch die Fassung der erwähnten Stelle des Beschlusses ausgedrückt werden sollen.

Bezüglich der Bedeutung, welche endlich das inzwischen erlassene, hier zur Anwendung kommende Reichsstempelgesetz vom 27. April 1894 mit der Bezeichnung „Anschaffungsgeschäft" hat verbinden wollen, ergeben zwar die Materialien, soweit sie sich auf die Tarifnummer 4a beziehen, keine neuen Anhaltspunkte. Im § 13 Abs. 2 daselbst ist aber nunmehr ausdrücklich bestimmt worden:

„Uneigentliche Leihgeschäfte, das heißt solche, bei denen der Empfänger befugt ist, an Stelle der empfangenen Wertpapiere andere Stücke gleicher Gattung zurückzugeben, bleiben steuerfrei, wenn diese Geschäfte ohne Ausbedingung oder Gewährung eines Leihgeldes, Entgeltes, Aufgeldes oder einer sonstigen Leistung und unter Festsetzung einer Frist von längstens einer Woche für die Rücklieferung der Wertpapiere abgeschlossen werden." . . .

Diese Ausnahmebestimmung läßt darüber keinen Zweifel, daß die uneigentlichen Leihgeschäfte, insofern die beiden Voraussetzungen des § 13 Abs. 2 a. a. O. nicht kumulativ zutreffen (mithin auch in den Fällen, in welchen neben der Verpflichtung zur Restitution in genere ein weiteres Entgelt nicht bedungen ist, es aber an der Festsetzung einer entsprechend kurzen Rücklieferungsfrist fehlt) steuerpflichtig sein sollen, und daß also der Gesetzgeber davon ausgegangen ist, daß derartige irreguläre Empfangsgeschäfte, bei denen statt der übergebenen Wertpapiere andere Stücke gleicher Gattung zurückzuliefern sind, an sich dem Anschaffungsstempel unterliegen.

Diese Erwägungen müssen zu dem Ergebnisse führen, daß auch im vorliegenden Falle die Anschaffungsstempelabgabe zu entrichten war." . . .

4. 1. Wirkung der Übertragung eines unter dem Markenschutzgesetze vom 30. November 1874 eingetragenen ausländischen Wortzeichens in die Zeichenrolle des Patentamtes gemäß § 24 des Gesetzes zum Schutz der Warenbezeichnungen vom 12. Mai 1894. Muß, um Schutz auch für den Klanglaut eines Wortzeichens zu erlangen, dies in der Anmeldung zur Zeichenrolle besonders erwähnt sein?

2. Genügt zur Verurteilung aus § 12 des Gesetzes vom 12. Mai 1894 die Feststellung, daß das einem Anderen geschützte Warenzeichen in Zirkularen, Offerten, Ankündigungen ꝛc zur Bezeichnung gleichartiger Waren benutzt ist?

3. Kann demjenigen, welcher sich einer Verletzung des erwähnten § 12 schuldig gemacht hat, der Gebrauch des streitigen Wertzeichens überhaupt, oder nur in der von ihm benutzten Verbindung mit einem anderen Worte untersagt werden?

II. Civilsenat. Urt. v. 22. April 1898 i. S. O. & Co. (Bekl.) w. W. P. (Kl.). Rep. II. 381/97.

I. Landgericht Hamburg.
II. Oberlandesgericht daselbst.

Der Inhaber der Firma William Pearson in Hamburg errichtete unter der Firma Guglielmo Pearson in Mailand eine Handelsniederlassung und ließ dort nach dem italienischen Markenschutzgesetze am 21. Oktober 1887 für ein Desinfektionsmittel ein Warenzeichen eintragen, bestehend aus dem in lateinischer, schräg aufsteigender Schrift geschriebenen Worte „Creolin“ mit einem der Länge des Wortes gleichkommenden Schwung und den in kleiner Schrift darunter gesetzten Worten „Guglielmo Pearson Milano“; der Anmeldung war eine graphische Beschreibung des Zeichens beigefügt. Dieses Zeichen wurde am 12. Januar 1888 bei dem Amtsgerichte in Leipzig eingetragen und am 7. Mai 1895 unter dem neuen Gesetze zum Schutz der Warenbezeichnungen vom 12. Mai 1894 in die Zeichenrolle des Patentamtes übertragen. Die verklagte Firma verkaufte ebenfalls ein Desinfektionsmittel und benannte dasselbe in ihren Cirkularen, Offerten und Ankündigungen seit 1895 Creolin „Columbia“, späterhin Creolinum „Columbia“.

Auf die Revision der Beklagten ist das Berufungsurteil, welches, der Klage entsprechend, die Beklagte für nicht berechtigt erklärt hatte, sich des Wortes „Creolin“ oder „Creolinum“ zur Bezeichnung von Desinfektionsmitteln zu bedienen, und ihr bei Strafe untersagt hatte, unter dieser Bezeichnung Desinfektionsmittel feil zu halten oder in den Handel zu bringen, aufgehoben, und die Sache an das Berufungsgericht zurückverwiesen worden, aus folgenden

Gründen:

... „Mit Recht ist das Oberlandesgericht davon ausgegangen, daß das in Betracht kommende Warenzeichen der Klägerin „Creolin Guglielmo Pearson Milano“ ein Wortzeichen ist, und hat geprüft, ob dasselbe durch die am 7. Mai 1895 erfolgte Übertragung in die Zeichenrolle des Patentamtes als Klanglaut Schutz erlangt hat. Nach § 24 des Zeichenschutzgesetzes vom 12. Mai 1894 können die in Gemäßheit des Gesetzes über Markenschutz vom 30. November 1874 in die Zeichenregister eingetragenen Warenzeichen, zu welchen das in Rede stehende Warenzeichen gehört, bis zum 1. Oktober 1898 zur Eintragung in die Zeichenrolle nach Maßgabe des erstgedachten Gesetzes angemeldet werden und unterliegen alsdann dessen Bestimmungen, während nach Abs. 2 dieses Paragraphen der ihnen durch das Gesetz vom 30. November 1874 gewährte Schutz mit der Eintragung in die Zeichenrolle erlischt. Daraus folgt, daß die Eintragung eines aus dem früheren Zeichenregister rechtzeitig übertragenen Warenzeichens in die Zeichenrolle die gleiche Wirkung haben muß, wie die Eintragung eines auf Grund einer neuen Anmeldung eingetragenen Zeichens, nur mit dem Unterschiede, daß ihm die durch die Eintragung in das Zeichenregister erlangte Priorität gewahrt bleibt. Abgesehen hiervon ist das durch die Übertragung in die Zeichenrolle gewonnene Schutzrecht ein von der früheren Eintragung unabhängiges, neues Recht, wie denn auch dessen gesetzliche Voraussetzungen bei der Vornahme der Übertragung in die Zeichenrolle unter Berücksichtigung der Vorschriften des § 2 des Gesetzes vom 12. Mai 1894 neu und selbständig geprüft werden müssen. Dieses Gesetz läßt aber nicht nur Bildzeichen, sondern auch Wortzeichen als schutzfähige Warenzeichen zu (§ 4 des Gesetzes). Hat bei der Anmeldung eines Wortzeichens nicht in der einen oder anderen Richtung eine Beschränkung stattgefunden, so muß dasselbe nach erfolgter Eintragung, mangels anderweiter gesetzlicher Bestimmungen, die aus seiner Natur und dem Zwecke, als Unterscheidungszeichen zu dienen, sich ergebende Wirkung äußern, also, wenn auch unter Umständen in seiner figürlichen (graphischen) Darstellung, so doch ganz besonders in seinem Klanglaute, da im Verkehre mehr Gewicht auf die Aussprache eines Wortes und darauf gelegt wird, wie es sich dem Gehöre bemerkbar macht, als darauf, wie es geschrieben wird. Das Oberlandesgericht hat daher mit Recht angenommen, daß das Zeichen der Klägerin wesentlich als Klanglaut in Betracht zu ziehen sei. Die Ausführung der Revisionsklägerin, daß die Klägerin, wenn sie ihr Zeichen als Klanglaut habe geschützt haben wollen, dies in einer der Anmeldung beigefügten Beschreibung habe zum Ausdrucke bringen müssen, kann nicht als richtig erachtet werden. Zwar sagen die Motive zu § 2 des Gesetzes von 1894: „Wer den Schutz des Wortzeichens auch im Laut- und Klangwerte sich sichern will, findet in der bildlichen Darstellung kein genügendes Mittel, um das Wesen seiner Anmeldung zu kennzeichnen; er wird also das durch den Entwurf ihm gebotene Hilfsmittel der Beschreibung benutzen, um erkennbar zu machen, daß der von ihm beanspruchte Schutz über diejenige bildliche Darstellung hinaus, welche das Wort bei der Anmeldung gefunden hat, auf dessen sprachliche Verwendung zur Bezeichnung von Waren sich erstrecken soll"; und hieraus hat man entnommen, daß der Schutz des Klanglautes in der Beschreibung besonders zum Ausdrucke gebracht werden müsse (vgl. Seligsohn, Schutz der Warenbezeichnungen S. 30 Nr. 11. S. 43 Nr. 10). Allein im Gesetze ist dies nicht zum Ausdrucke gekommen. Wenn es in § 2 des Gesetzes heißt, daß der Anmeldung, „soweit erforderlich, eine Beschreibung des Zeichens beigefügt sein muß", so ist dies, wie das vorausgehende „eine deutliche Darstellung" und der Beisatz „soweit erforderlich" annehmen läßt, dahin zu verstehen, daß dann noch eine besondere Beschreibung zu geben ist, wenn an sich das Zeichen nicht deutlich genug dargestellt ist. Ist aber an sich das Bild nicht zweifelhaft, soll das Wort den Klanglaut haben, den es nach dem gewöhnlichen Sprachausdrucke hat, dann bedarf es keiner besonderen Beschreibung; vielmehr wirkt das eingetragene Zeichen von selbst nach dem ihm eigentümlichen Wesen, das Wortzeichen also ganz besonders in seinem Klanglaute.

Nach dem Vorausgeführten kommt es nicht entscheidend darauf

an, ob, wie die Revisionsklägerin auszuführen versucht hat, die der Anmeldung des klägerischen Warenzeichens in Italien beigegebene Beschreibung mehr darauf schließen läßt, daß die Klägerin nur ein Bildzeichen habe schützen lassen wollen, und ob diese Absicht ferner daraus zu entnehmen ist, daß die Klägerin bei Anmeldung ihres Warenzeichens zum Zeichenregister verschiedene Bildzeichen der Jeyes Company zur Eintragung angemeldet habe; denn es ist nicht behauptet, daß eine gleiche Absicht seitens der Klägerin bei der Anmeldung ihres Zeichens zur Übertragung in die Zeichenrolle des Patentamtes kund gegeben worden ist. Bei der durch diese Übertragung entstandenen neuen Rechtschaffung ist es ferner von keiner Erheblichkeit, ob das in Italien geschützte Zeichen der Klägerin bereits durch die am 12. Januar 1888, also unter der Herrschaft des Markenschutzgesetzes vom 30. November 1874, erfolgte Eintragung in das Zeichenregister des Amtsgerichtes in Leipzig als ausländisches Wortzeichen Schutz für den Klanglaut erlangt hatte. Der diese Frage bejahenden Ausführung des Oberlandesgerichtes kann übrigens nicht beigepflichtet werden, da von einem Zeichenschutz nur insofern die Rede sein kann, als gesetzliche Vorschriften einen solchen gewähren, nach dem Gesetze von 1874 aber nur figürlich in die Erscheinung tretende Zeichen im Deutschen Reiche gesetzlichen Schutz genießen konnten.

Vgl. Entsch. des R.G.'s in Civils. Bd. 18 S. 87, Bd. 33 S. 138; Entsch. des R.G.'s in Strafs. Bd. 14 S. 234, Bd. 22 S. 179, Bd. 26 S. 392 flg.

Wenn endlich die Revisionsklägerin hervorhebt, daß der Berufungsrichter bei der Erörterung der Verwechselungsgefahr zwischen ihrem Zeichen „Creolin (Creolinum) Columbia“ und dem Zeichen der Klägerin nur das Wort „Creolin“ in Betracht gezogen habe, so erscheint auch diese Rüge als nicht gerechtfertigt. Das Oberlandesgericht hat nicht verkannt, daß der der Klägerin gewährte Schutz sich auf das ganze eingetragene Zeichen erstreckt, und daß die Revisionsklägerin die Worte „Creolin Columbia“ gebraucht. Es ist aber davon ausgegangen, daß das Wort „Creolin“, das nach seiner thatsächlichen Feststellung kein Freizeichen ist, in dem Klanglaute des klägerischen Zeichens als das eigentliche, charakteristische Unterscheidungsmerkmal sich unverkennbar hervorhebe, das als Schlagwort der Ware ihren Namen im Handelsverkehre verleihe, wogegen der Klanglaut der Firma als nebensächlich und gleichgültig der Erinnerung des Publikums bald entschwinden werde, und sieht in der unveränderten Benutzung dieses individualisierenden Wortes „Creolin“ in dem Zeichen „Creolin Columbia“ die Gefahr der Verwechselung. Diese Auffassung des Oberlandesgerichtes läßt keinen Rechtsirrtum erkennen. Denn wie in einer Bildmarke nicht die Teile des Bildes im einzelnen, sondern der Gesamteindruck maßgebend ist, und zwar so, wie er in seiner frappanten, dem Gedächtnisse sich einprägenden, charakteristischen Erscheinung hervortritt, so verhält es sich auch mit dem Wortzeichen, das aus mehreren einzelnen Wörtern besteht; es kann unter denselben ein Wort, namentlich ein Phantasiewort, in dieser Weise hervortreten, und zwar seinem Klanglaute nach, daß dieses das eigentlich Unterscheidende in dem ganzen Zeichen ist, wogegen die Klanglaute anderer Wörter als Zuthaten zurücktreten. Auch die Ausführung des Oberlandesgerichtes, daß die Firma überhaupt eine geringe Unterscheidungskraft besitzt, kann nicht als rechtsirrtümlich angesehen werden, da nach § 13 des Zeichenschutzgesetzes durch die Eintragung eines Warenzeichens niemand gehindert ist, seine Firma auf Waren anzubringen. Die Bemerkung des Oberlandesgerichtes, daß die Firma in dem Zeichen der Klägerin auch vermöge ihres viel kleineren Druckes noch besonders in den Hintergrund gedrängt werde, gründet sich nicht auf die Unterstellung, daß das Zeichen auch in seiner graphischen Darstellung geschützt sei, sondern soll nur einen weiteren Grund dafür abgeben, daß das Wort „Creolin“ das eigentlich hervortretende Wort ist.

Obschon hiernach die Angriffe der Revisionsklägerin sich nicht als begründet erweisen, konnte dennoch das Berufungsurteil nicht aufrecht erhalten werden, weil die von dem Oberlandesgerichte getroffenen Feststellungen nicht hinreichen, um den im verfügenden Teile des Urteiles enthaltenen Ausspruch zu rechtfertigen.

Nach letzterem ist der Beklagten der Gebrauch des Wortes „Creolin“ oder „Creolinum“ untersagt, während nach der eigenen Ausführung des Oberlandesgerichtes die Beklagte diese Worte nicht allein für sich, sondern nur in Verbindung mit dem Worte „Columbia“ gebraucht hat, sodaß ein Verbot sich auch nur auf den Gebrauch des Wortes „Creolin“ in dieser Verbindung erstrecken könnte. Ferner ist es nicht angängig, im allgemeinen festzustellen, daß die Beklagte nicht berechtigt sei, sich des Wortes „Creolin“ oder „Creolinum“ zu bedienen, da nicht ausgeschlossen ist, daß diese Worte mit anderen Zeichenteilen in eine solche organische Verbindung gebracht werden können, daß ein ganz neues Warenzeichen entsteht, in welchem sie ihre individualisierende Wirkung verlieren, und somit ihre Benutzung keinen Eingriff in das Zeichenrecht der Klägerin enthalten würde. Endlich fehlt es auch an einer Feststellung, inwiefern die Beklagte durch den Gebrauch der Worte „Creolin Columbia" in das Zeichenrecht der Klägerin störend eingegriffen hat. Das Oberlandesgericht scheint seine Entscheidung auf den § 12 des Zeichenschutzgesetzes von 1894 gestützt zu haben, hat jedoch unterlassen festzustellen, ob die Beklagte mit dem streitigen Zeichen versehene Desinfektionsmittel in Verkehr gesetzt (feilgehalten und in den Handel gebracht) hat, oder ob sie auf Ankündigungen, Preislisten, Geschäftsbriefen oder dergleichen das Zeichen angebracht hat, obwohl die Beklagte nach der Klagebeantwortung in der ersten Instanz ausdrücklich behauptet hatte, daß sie ihre Ware niemals mit der streitigen Bezeichnung versehen habe, da sie nur in Fässern verkaufe, welche eine Warenbezeichnung nicht trügen. Dabei kommt in Betracht, daß das neue Warenzeichengesetz nunmehr zwar auch Wortzeichen, aber immerhin nur als Zeichen schützt, sich aber nicht etwa auch auf die ohne Anbringung des Zeichens in einer im § 12 angegebenen Weise erfolgende Benennung einer bestimmten Art von Waren bezieht, in welcher Hinsicht vielmehr nur die Anwendung des Gesetzes über unlauteren Wettbewerb vom 27. Mai 1896 in Frage kommen kann." ...

---

5. Wirkung der Rechtskraft eines Urteiles, welches dahingestellt gelassen hat, ob dem Kläger die eingeklagte Forderung an sich zustehe, und die Klage auf Grund einer Aufrechnungseinrede abgewiesen hat.

II. Civilsenat. Urt. v. 12. Juli 1898 i. S. F. Wwe. (Kl.) w. P. (Bekl.). Rep. II. 85/98.

I. Landgericht I Berlin.
II. Kammergericht daselbst.

Die Entscheidung ist unten unter „Prozeßrecht" Nr. 86 S. 362 abgedruckt.

---

6. Steht das Vorrecht des § 54 Ziff. 5 K.O. Kindern und Pflegebefohlenen nur für dasjenige Vermögen zu, welches allein auf Grund des Gesetzes der Verwaltung des Gemeinschuldners unterworfen ist?

III. Civilsenat. Urt. v. 20. September 1898 i. S. M. Konkursverw. (Bekl.) w. M. (Kl.). Rep. III. 109/98.

I. Landgericht Güstrow.
II. Oberlandesgericht Rostock.

Die obige Frage ist verneint aus folgenden

Gründen:

„Der Kläger hat in seinem Konkurse für die von ihm, als väterlichem Vormund, vertretenen beiden minderjährigen Kinder den auf diese vererbten Anteil an einer nicht ins Vorrechtsregister eingetragenen Dotalforderung seiner im Jahre 1894 verstorbenen Ehefrau angemeldet und für diese Forderung das Vorrecht des § 54 Ziff. 5 K.O. in Anspruch genommen. Während die Forderung selbst streitlos blieb, ist das Vorrecht vom Konkursverwalter bestritten, jedoch im beantragten Umfange ... in den Vorentscheidungen anerkannt und festgestellt.

Die Urteile der Vorinstanzen gehen davon aus, daß die vom Kläger vertretenen Minorennen nach den Vorschriften des gemeinen Rechtes und der mecklenburgischen Verordnung vom 31. Januar 1871 unter seiner väterlichen Vormundschaft stehen, und ihr von der Mutter ererbtes Vermögen nach gesetzlicher Vorschrift seinem Nießbrauch und seiner Verwaltung unterliegt. Hiernach ist das beanspruchte Vorrecht als begründet angenommen, ohne Rücksicht darauf, daß die verstorbene Ehefrau des Klägers demselben in ihrem Testamente den lebenslänglichen Nießbrauch und die kautionsfreie Verwaltung an den Erbteilen ihrer Kinder vermacht hatte. Die Revision hat diese Entscheidung mit der Ausführung angegriffen, daß die gesetzlichen Rechte des Vaters gegenüber dem Inhalte dieser testamentarischen Disposition zurückträten und jede selbständige Bedeutung verloren hätten, und daß das Vorrecht des § 54 Ziff. 5 K.O. nur dann hätte Anerkennung finden können, wenn das Vermögen der Kinder sich allein auf Grund des Gesetzes in den Händen des Vaters befunden hätte. Es ist jedoch bereits in der Entscheidung des Reichsgerichtes vom 11. Oktober 1884 in S. L. Konk. w. L. (Rep. I. 237/84) bei ähnlicher Sachlage das Vorrecht des § 54 Ziff. 5 für begründet erkannt, und in den Entscheidungsgründen darauf hingewiesen, daß nach den maßgebenden gesetzlichen Bestimmungen dem Vater nach dem Tode seiner ersten Ehefrau an dem in der fortgesetzten Gütergemeinschaft verbleibenden mütterlichen Vermögen der Kinder erster Ehe der Nießbrauch und die Verwaltung zugestanden habe, und daß an diesem gesetzlichen Verwaltungsrechte auch dadurch nichts geändert sei, daß in dem gemeinschaftlichen Testamente der Eheleute dem überlebenden Ehegatten ebenfalls Nießbrauch und Verwaltung des Vermögens des Zuerststerbenden eingeräumt sei. Diese rechtliche Beurteilung ist auch vom jetzt erkennenden Senate für zutreffend erachtet. Es kann schon nicht anerkannt werden, daß im vorliegenden Falle die Rechte des Vaters auf Grund des Gesetzes keine selbständige Bedeutung neben den aus dem Testamente der Ehefrau herzuleitenden Befugnissen haben, da seine Verwaltungsrechte als gesetzlichen Vormundes der Kinder sich nicht allen Inhaltes mit den Verwaltungsbefugnissen decken, welche ihm als testamentarischem Nießbraucher zustehen. Aber auch hiervon abgesehen giebt schon die Fassung des Gesetzes keinen Anhalt für die Annahme, daß das Vorrecht nur für dasjenige Vermögen der Kinder und der Pflegebefohlenen gewährt sein soll, welches sich allein auf Grund des Gesetzes in der Verwaltung eines gesetzlichen Vertreters befindet. Ebensowenig ist ein innerer Grund für solche einschränkende Auslegung ersichtlich; denn wenn das Gesetz die vollständige und selbständige rechtliche Grundlage für die Verwaltung des Vermögens von Kindern und Pflegebefohlenen bildet, so wird diese Rechtsgrundlage der Verwaltung nicht dadurch aufgehoben oder gemindert, daß zu derselben ein zweiter, auf Privatdisposition beruhender Rechtstitel konkurrierend hinzutritt. Der Verwaltungsberechtigte ist bei solcher Sachlage nicht minder auf Grund des Gesetzes zur Administration befugt, und das Vermögen der Mündel bedarf des gleichen Schutzes, da sie sich wegen des Gesetzes seiner Verwaltung nicht entziehen können.

Auch die Motive zu der unverändert als Ziff. 5 in die Konkursordnung § 54 übernommenen Ziff. 7 des Entwurfes bestätigen diese Auffassung. Es ist dort ausgeführt, das Vorrecht werde ausschließlich anerkannt in betreff solchen Vermögens, dessen Verwaltung der Gemeinschuldner kraft des Gesetzes in seiner Eigenschaft als gesetzlichen Vertreters des Verfügungsunfähigen oder als gesetzlichen Nutzungsberechtigten zu führen hatte, es solle also Platz greifen gegen die Eltern, insoweit sie den Nießbrauch oder an Stelle eines Vormundes die Verwaltung des Vermögens der Kinder von Rechts wegen haben. Weiter ist in negativer Richtung bemerkt, das Vorrecht werde nicht gewährt, sofern der Gemeinschuldner die Verwaltung sich angemaßt hatte, und gleiches gelte für die Fälle, daß aus freien Stücken die Verwaltung dem Gemeinschuldner anvertraut sei, daß insbesondere ein großjähriges Hauskind freies Vermögen dem Vater freiwillig anvertraut, oder ein Testator oder Schenkgeber dem Vater die Nutznießung oder Verwaltung, welche ihm ohne solche Verfügung nicht zustehen würde, bestimmt habe.

Der Gegensatz, der in dieser Ausführung der Motive ausgesprochen ist, besteht darin, daß der auf dem Gesetze beruhenden Verwaltung eine solche Verwaltung gegenübergestellt ist, welche durch das Gesetz nicht begründet ist, sondern ausschließlich auf freiwilliger Verfügung, sei es von seiten eines Kindes, oder eines Dritten, beruht. Es ergiebt sich hieraus, daß das Vorrecht überall in dem Umfange gegeben sein soll, in welchem ein gesetzliches Recht des Gemeinschuldners auf Nutznießung oder Verwaltung Kindern oder Pflegebefohlenen gegenüber besteht, und daß der Bestand des Vorrechtes dadurch nicht berührt wird, wenn dem Gemeinschuldner die Verwaltung, auf welche er ein gesetzliches Recht hatte, daneben noch freiwillig durch Verfügung unter Lebenden oder von Todes wegen in die Hand gegeben wird.

Eine dem vorstehenden widersprechende Rechtsauffassung ist freilich in der Entscheidung des Reichsgerichtes vom 4. April 1892 in S. F. w. F. (Rep. IV. 17/92) enthalten, indem dort in den Entscheidungsgründen ausgeführt ist:

„Dem Berufungsrichter ist darin nicht beizutreten, daß dem Kläger zur Zeit der Konkurseröffnung für sein Nießbrauchsrecht zwei Rechtsgründe zur Seite gestanden, das Testament und das Gesetz. Nachdem der Kläger das ihm durch das Testament zugewendete Vermächtnis des Nießbrauchs an dem Erbteile der Beklagten angenommen und als testamentarischer Nießbraucher den Gewahrsam und die Verwaltung des Erbteils erlangt hatte, bildete für sein Nießbrauchsrecht das Testament den alleinigen Rechtsgrund, neben welchem das gesetzliche, als Ausfluß der väterlichen Gewalt begründete Nießbrauchsrecht nicht in Frage kommen konnte."

Es war jedoch aus diesem Anlaß die Entscheidung der vereinigten Civilsenate nicht einzuholen, weil das Urteil vom 4. April 1892 auf den obigen Gründen nicht beruht, vielmehr in jener Rechtssache der Bestand des Vorrechtes aus § 54 Ziff. 5 schon definitiv feststand, und nur noch über einen Streit mehrerer Interessenten über die Auskunft aus dem Konkurse gestritten wurde und entschieden ist." . . .

---

7. Zur Auslegung des Art. 6 lit. l und des Art. 11 des internationalen Übereinkommens über den Eisenbahnfrachtverkehr vom 14. Oktober 1890 (R.G.Bl. von 1892 S. 793). Stillschweigendes Einverständnis über die Gewährung einer tarifwidrigen Frachtrückvergütung? Rechtswirksamkeit eines solchen Einverständnisses?

I. Civilsenat. Urt. v. 21. September 1898 i. S. R. (Kl.) w. den preuß. Eisenbahnfiskus (Bekl.). Rep. I. 192/98.

I. Landgericht I Berlin.
II. Kammergericht daselbst.

Der Kläger besorgte täglich Güterversendungen von Berlin über Osnabrück nach Vlissingen. Für derartige Güterbeförderungen kamen bis zum 1. Februar 1898 bei sogenannter „direkter" Versendung die Frachtsätze des Tarifes vom 15. August 1887 zur Anwendung.

Auf Grund des Tarifes für den rheinisch-westfälisch-niederländischen Verkehr vom 1. April 1895 ergaben sich jedoch billigere Frachten im Falle einer „Umkartierung" der Güter in Osnabrück. Der Unterschied betrug bei Ladungen von 5000 Kilo je 0,41 ℳ, bei Ladungen von 10000 Kilo je 0,51 ℳ auf 100 Kilo.

Der Beklagte ließ auch nach dem Inkrafttreten des erwähnten Tarifes vom 1. April 1895 für die seitdem vom Kläger aufgegebenen Sendungen die direkte Sendung stattfinden und erhielt vom Kläger die für die direkte Versendung vorgesehenen Frachtsätze des Tarifes vom 15. August 1887. Vorgeschrieben in den Frachtbriefen war die Umkartierung in Osnabrück vom Kläger nicht. Auf die Reklamationen des Klägers vom 20. und 22. April und 31. August 1895 und vom

21. April 1896 zahlte jedoch der Beklagte für die in den Reklamationen angegebenen, bis zum 1. November 1895 erfolgten Sendungen diejenigen Beträge zurück, um welche bei jeder einzelnen Sendung die Fracht durch Anwendung des direkten Tarifes höher war, als sie bei Anwendung des Umkartierungstarifes gewesen wäre. In den Begleitschreiben wurde nichts davon gesagt, daß der Kläger für die Zukunft die Umkartierung vorschreiben müsse.

Auch bei den Sendungen, die später erfolgten, schrieb der Kläger die Umkartierung in Osnabrück nicht vor; der Beklagte ließ sie nicht vornehmen, und es wurden daher vom Kläger die höheren Frachtsätze des direkten Tarifes erhoben. Für die hier in Betracht kommenden Sendungen betrug der Unterschied zwischen dem höheren und dem niedrigeren Frachtsatze im ganzen 7014,92 *M*. Die vom Kläger verlangte Zurückzahlung auch dieses Betrages verweigerte der Beklagte, und jener erhob daher Klage auf dieselbe.

Der Kläger vertrat die Ansicht, daß Beklagter nach den mehrfachen Reklamationen des Klägers in Verbindung mit den Vorschriften des § 51 der hier subsidiär anwendbaren „Verkehrsordnung für die Eisenbahnen Deutschlands" die Umkartierung der Sendungen (in Osnabrück) als dem Willen und dem Interesse des Klägers entsprechend habe vornehmen müssen. Die Unterlassung der Umkartierung, wodurch die Mehrkosten entstanden seien, enthalte ein grobes Verschulden des Beklagten, das dieser nach dem Art. 6 lit. l des „internationalen Übereinkommens über den Eisenbahnfrachtverkehr" vom 14. Oktober 1890 und nach Art. 51 der angezogenen Verkehrsordnung vertreten müsse.

Der Beklagte hielt sich zur Zurückzahlung der geforderten Beträge nicht für verpflichtet. Er machte geltend: Kläger hätte die Umkartierung in den Frachtbriefen ausdrücklich vorschreiben müssen, wie dies in den Artt. 6 lit. l und 7 des internationalen Übereinkommens gefordert werde; die Verkehrsordnung für die Eisenbahnen Deutschlands finde hier keine Anwendung, da sämtliche Sendungen auf Grund durchgehender Frachtbriefe aus dem Gebiet des einen in das eines anderen Vertragsstaates befördert seien; in Ermangelung einer Umkartierungsvorschrift habe Beklagter die Wahl des direkten Tarifes schon um deswillen als den Interessen des Klägers entsprechend erachtet, weil es sich um durchgehende, zumeist nach England bestimmte Sendungen gehandelt habe, die durch die mit der Umkartierung gewöhnlich verbundene Transportverzögerung die Schiffsanschlüsse nach England hätten verfehlen können, wie denn Kläger auch des öfteren sich wegen Transportverzögerungen beschwert habe; aus den früheren Reklamationen des Klägers, denen aus Coulanz stattgegeben sei, habe man auch den vermutlichen Willen des Klägers nicht schließen können, weil jede Sendung ein für sich abgeschlossenes Ganzes bilde.

Das Landgericht verurteilte den Beklagten dem Klagebegehren gemäß. Auf die Berufung des Beklagten wurde dagegen die Klage abgewiesen.

Die Revision des Klägers ist zurückgewiesen worden aus folgenden

Gründen:

„Unstreitig liegen die thatsächlichen Voraussetzungen für die Anwendbarkeit des internationalen Übereinkommens über den Eisenbahnfrachtverkehr vom 14. Oktober 1890 vor. Dieses Übereinkommen hat für die von ihm beherrschten Frachtverträge ausschließliche Geltung in dem Sinne, daß die sonst geltenden Rechtsnormen und reglementarischen Bestimmungen nur insoweit Anwendung finden, als in dem Übereinkommen auf sie verwiesen ist, und als es sich um Rechtsfragen handelt, die das Übereinkommen offen läßt. Demgemäß enthält auch die Verkehrsordnung für die Eisenbahnen Deutschlands vom 15. November 1892 die Eingangsbestimmung, daß auf den internationalen Verkehr der deutschen Bahnen die Verkehrsordnung nur insoweit Anwendung finde, als dieser nicht durch besondere Bestimmungen geregelt sei. Es kann daher keinem begründeten Zweifel unterliegen, daß für den Herrschaftsbereich des internationalen Übereinkommens dessen Bestimmung im Art. 6 lit. l die Geltung der im § 51 lit. l der Verkehrsordnung gegebenen Vorschrift ausschließt, und auf letztere sich mithin der Kläger hier nicht berufen kann.

Nach Art. 11 des internationalen Übereinkommens erfolgt die Berechnung der Fracht nach Maßgabe der zu Recht bestehenden, gehörig veröffentlichten Tarife. Jedes Privatübereinkommen, wodurch einem oder mehreren Absendern eine Preisermäßigung gegenüber den Tarifen gewährt werden soll, ist verboten und nichtig.

Wie feststeht, bestand zur hier fraglichen Zeit für Sendungen von Berlin noch Vlissingen ein direkter Tarif; es konnte aber für solche Sendungen auf Grund des Tarifes für den rheinisch-westfälisch-niederländischen Verkehr vom 1. April 1895 durch Umkartierung in Osnabrück ein billigerer Frachtsatz als derjenige des direkten Tarifes erlangt werden, und der Streit der Parteien dreht sich zunächst darum, ob diese Umkartierung bahnseitig hätte vorgenommen werden müssen, oder nicht. Unmittelbar hier zutreffende Vorschriften enthält das internationale Übereinkommen nicht. Die Vorschrift des Art. 6 lit. e trifft nicht zu, weil ein Spezialtarif im Sinne des Art. 14 oder des Art. 35 hier nicht in Frage steht, und die Bestimmung des Art. 6 lit. l bezieht sich ihrem Wortlaute nach nur auf den Fall, wenn eine Wahl zwischen verschiedenen Schienenwegen möglich ist. Es unterliegt indes keinem Bedenken, diese Bestimmung sinngemäß auch auf den Fall anzuwenden, wenn für einen und denselben Transport verschiedene Normaltarife in Betracht kommen.

Vgl. Gerstner, Internationales Eisenbahnfrachtrecht S. 212; Rosenthal, Internationales Eisenbahnfrachtrecht S. 98.

Dies entspricht der Natur der Verhältnisse, und dafür kann man sich mit Grund insbesondere auch darauf berufen, daß in dem durch die Ausführungsbestimmungen zum internationalen Übereinkommen vorgeschriebenen Frachtbriefformulare die 8. Spalte die allgemeine Überschrift „Angabe der anzuwendenden Tarife und Routenvorschrift" („Tarifs et itinéraires réclamés") erhalten hat.

Davon, daß die Bestimmung des Art. 6 lit. l hier Anwendung finde, geht auch das Berufungsgericht aus. Es gelangt dann aber zur Abweisung der Klage auf Grund der Annahme, daß die Bahn mit Rücksicht auf die möglicherweise mit der Umkartierung verknüpften Transportverzögerungen ohne Verschulden, jedenfalls ohne grobes Verschulden den direkten Tarif als den für den Kläger zweckmäßigsten habe ansehen können, und es Sache des Klägers gewesen wäre, die Anwendung des Umkartierungstarifes (oder die Umkartierung) in den Frachtbriefen vorzuschreiben.

Die hiergegen gerichteten Angriffe der Revision können nicht für begründet erachtet werden. Sie kommt hauptsächlich auf die Ausführung des Klägers zurück, aus den früheren Reklamationen habe entnommen werden müssen, daß Kläger die Umkartierung und damit die Anwendung des billigeren Tarifes wünsche. Diese Ausführung ist aber nicht zutreffend. Wollte der Kläger die Umkartierung, so hatte er, nachdem er wahrgenommen, daß sie unterblieben war, die dringendste Veranlassung, sie fortan in den Frachtbriefen vorzuschreiben. Schrieb er sie gleichwohl nicht vor, so ließ dies darauf schließen, daß er sie nicht wollte, und war schon damit ein ausreichender Grund für die Bahnbehörde gegeben, nach wie vor von der Umkartierung abzusehen, dem gegenüber es auf die vom Kläger herangezogene Verwaltungsvorschrift für den Verkehr mit Österreich-Ungarn so wenig, wie darauf ankommen kann, ob, wie der Kläger behauptet hat, in der Regel eine Transportverzögerung infolge der Umkartierung nicht eintritt. Allerdings mag der Kläger sich der Erwartung hingegeben haben, daß er stets mit Erfolg werde reklamieren können. Abwegig ist es aber, wenn geltend zu machen versucht ist, daß die Bahn sich mit dem Verfahren des Klägers, die Umkartierung nicht stattfinden und sich dann hinterher einen Teil der Fracht zurückerstatten zu lassen, durch ihr Verhalten stillschweigend einverstanden erklärt habe. Daraus allein, daß vier Reklamationen des Klägers stattgegeben, und ihm nicht anheimgegeben worden ist, in Zukunft die Umkartierung vorzuschreiben, läßt sich ein solches Einverständnis noch nicht ableiten, und zwar umsoweniger, als die Umkartierung die notwendige Voraussetzung für die Nichtanwendung des direkten Tarifes war, die Bahnbehörde sich mithin durch das unterstellte Einverständnis mit der oben erwähnten Verbotsvorschrift in Widerspruch gesetzt haben würde, woraus sich zugleich ergiebt, daß, wenn es vorgelegen hätte, darauf ein rechtlich begründeter Anspruch nicht würde gestützt werden können."...

---

8. Kann der Verkäufer auf Grund von Art. 354 H.G.B. von dem Kaufvertrage einseitig abgehen, weil der Käufer zwar nicht mit der Bezahlung des Preises für Waren, die der Verkäufer nach dem betreffenden Kaufvertrage zu liefern hatte, wohl aber mit der Bezahlung einer anderen Schuld in Verzug geraten ist, deren Bezahlung er durch ein Abkommen versprochen hatte, das mit dem Kaufvertrage, von welchem der Verkäufer abgehen will, ein einheitliches Ganzes bildet?

VI. Civilsenat. Urt. v. 29. September 1898 i. S. L. (Kl.) w. G. (Bekl.). Rep. VI. 161/98.

I. Landgericht Leipzig.
II. Oberlandesgericht Dresden.

Aus den Gründen:

... „Die Klage ist gestützt auf die Behauptung, daß der Beklagte Waren, die der Kläger am 19. Juli 1893 und an verschiedenen späteren Tagen bestellt, und deren Lieferungen er übernommen gehabt, rechtswidrig nicht geliefert habe. Eine Behauptung dahin, daß der Kläger mit der Bezahlung des Preises für diese von ihm bestellten Waren in Verzug geraten sei, hat der Beklagte nicht aufgestellt. Wenn das Berufungsgericht gleichwohl angenommen hat, der Beklagte habe von den über diese Waren abgeschlossenen Kaufverträgen nach Art. 354 H.G.B. einseitig abgehen dürfen, so beruht dies auf dem Zusammenhange, der nach seinen Feststellungen zwischen diesen Kaufverträgen und dem in der Urkunde vom 19. Juli 1893 enthaltenen Vertrage besteht.

Dieser Vertrag ging im wesentlichen dahin. Der Kläger übernahm gewisse bis dahin vom Beklagten verlegte Bildwerke in seinen Verlag; die vorhandenen Exemplare sollten in sein Eigentum übergehen. Er versprach, den Vertrieb dieser Bildwerke möglichst zu fördern und, was er davon weiter bedürfen werde, in der Anstalt des Beklagten herstellen zu lassen. Dieser verpflichtete sich dagegen, innerhalb vier Jahre keine Konkurrenzausgabe zu veranstalten, und übertrug den Alleinvertrieb gewisser anderer Waren für bestimmte Gebiete dem Kläger, der wieder die Verpflichtung übernahm, sämtliche in Lithographie hergestellte und herzustellende Albums, Blattsouvenirs und Panoramen, die er in seinem Geschäftsbetriebe bedürfen werde, zu im voraus bestimmten Preisen von dem Beklagten zu beziehen. Weiter enthält der Vertrag Bestimmungen darüber, wie der Kläger die Waren, die er bis zum 1. Januar 1893 fest gekauft oder kommissionsweise bezogen und verkauft hatte, und die ihm als Kommissionsgut gelieferten noch unverkauften Waren, sowie diejenigen, bezüglich deren das Verlagsrecht auf ihn überging, bezahlen solle.

Das Berufungsgericht nimmt an, daß alle Bestellungen, auf deren Nichtausführung durch den Beklagten der eingeklagte Schadensersatzanspruch gestützt ist, mit einer hier nicht in Betracht kommenden Ausnahme auf Grund des in der Urkunde vom 19. Juli 1893 enthaltenen Vertrages vom Kläger bewirkt und vom Beklagten angenommen worden seien, und stellt ferner fest, es sei bei Abschluß dieses Vertrages die Absicht beider Teile dahin gegangen, damit ihre gesamten geschäftlichen Beziehungen für die Vergangenheit und für die Zukunft umfassend zu regeln, und es hätten die Vertragsbestimmungen ein einheitliches Ganzes bilden sollen. Hieraus, aus der Zusammengehörigkeit und gegenseitigen Abhängigkeit der einzelnen Vertragsbestimmungen, wird gefolgert: weil der Kläger die bis zum 1. Januar 1893 fest gekauften und die bis dahin kommissionsweise bezogenen und verkauften Waren nicht in der vertragsmäßig festgestellten Zeit voll bezahlt habe, sei der Beklagte berechtigt gewesen, von dem ganzen Vertrage zurückzutreten, insbesondere auch von dem Abkommen über die künftige Lieferung von Waren und von den Einzelverträgen, die insoweit auf Grund des Vertrages vom 19. Juli 1893 zwischen den Parteien noch an diesem Tage und später abgeschlossen worden seien. Gestützt wird dies nicht auf eine besondere Vereinbarung, sondern ausschließlich auf die Vorschrift in Art. 354 H.G.B.

Der Vertrag vom 19. Juli 1893 enthielt nun, abgesehen von der hier nicht in Frage kommenden Übertragung von Verlagsrechten und der damit im Zusammenhange stehenden Übernahme gewisser Warenbestände durch den Kläger, Bestimmungen, die sich auf den Verkauf von Waren von seiten des Beklagten an den Kläger bezogen, nur insofern, als er den künftigen Abschluß von Kaufverträgen vorsah und die Pflichten, die insoweit beiden Teilen obliegen sollten, regelte; er bildete also einen Vorvertrag für in Aussicht genommene künftige Kaufverträge. Es kann dahingestellt bleiben, ob die Grundsätze, welche in der Rechtsprechung des Reichsoberhandelsgerichtes und des Reichsgerichtes bezüglich der Anwendung der Artt. 354. 355 H.G.B. in Fällen, wo sich durch einen einheitlichen Vertrag der eine Teil zu periodischen käuflichen Lieferungen, der andere zu deren Abnahme verpflichtet hat, zur Geltung gelangt sind, zu dem Ergebnisse führen würden, daß der Beklagte, dafern der Kläger mit der Bezahlung des Kaufpreises der ihm zu liefernden oder gelieferten Waren in Verzug geriet, als berechtigt anzusehen sei, nicht nur von den betreffenden Einzelverträgen, sondern auch von dem Vorvertrage vom 19. Juli 1893 einseitig abzugehen. Jedenfalls könnte nämlich ein solches Recht auf Art. 354 nur dann gestützt werden, wenn der Kläger mit der Bezahlung solcher Waren, deren Lieferung vermöge des bezeichneten Vertrages vom Beklagten übernommen worden war, in Verzug geraten wäre; denn wenn das Gesetz dem Verkäufer, dafern der Käufer mit der Bezahlung des Kaufpreises im Verzuge, und die Ware noch nicht übergeben ist, wahlweise auch das Recht einräumt, vom Vertrage abzugehen, so kann unter dem Kaufpreise, bezüglich dessen der Käufer in Verzug geraten sein muß, nur ein solcher verstanden werden, den dieser auf Grund desjenigen Vertrages schuldet, von dem der Verkäufer soll abgehen dürfen.

Ein Fall, wie ihn hiernach Art. 354 H.G.B. im Auge hat, liegt nicht vor. In Verzug ist der Kläger nach den Feststellungen der Vorinstanz lediglich mit der Bezahlung des Preises solcher Waren gewesen, die er bereits vor dem 1. Januar 1893 fest gekauft oder bis zu diesem Tage kommissionsweise bezogen und verkauft hatte. Diese Waren hat der Beklagte nicht auf Grund des Vertrages vom 19. Juli 1893 geliefert, und der Kläger ist auch zur Bezahlung des für sie zu entrichtenden Preises nicht durch diesen Vertrag verpflichtet worden; er schuldete ihn vielmehr schon vorher, und durch den Vertrag ist, wie von dem Landgerichte mit Recht hervorgehoben worden ist, lediglich die Zeit der Zahlung bestimmt worden; übrigens beruhte seine Schuld zu einem erheblichen Teile . . . gar nicht auf Kaufvertrag, sondern auf einem Kommissionsverhältnisse, und es ist ungewiß, ob er nach den von ihm im August 1893 geleisteten Zahlungen, wenn diese gemäß den Bestimmungen in den §§ 977 flg. sächs. B.G.B. verrechnet wurden, überhaupt noch etwas für von ihm vor dem 1. Januar 1893 gekaufte Waren schuldig war.

Mag nun auch der Beklagte durch die Versprechungen, welche der Kläger in dem Vertrage vom 19. Juli 1893 bezüglich der Bezahlung seiner schon früher entstandenen Schulden abgab, mit bestimmt worden sein, die in dem Vertrage wegen künftig von ihm zu liefernder Waren vorgesehenen Verpflichtungen einzugehen, so haben doch die Beträge, die der Kläger auf seine ältere Schuld zu bezahlen sich verpflichtete, keinesfalls den Charakter eines Kaufpreises für Waren besessen, die infolge des Vertrages vom 19. Juli 1893 oder der auf Grund desselben an diesem Tage und später abgeschlossenen Einzelverträge vom Beklagten zu liefern waren. Eine Auslegung des Art. 354 dahin, daß der Verkäufer von einem Kaufvertrage einseitig ganz im allgemeinen dann abgehen dürfe, wenn der Käufer mit der Bezahlung irgend einer Schuld in Verzug gerät, dafern deren Tilgung durch ein mit dem betreffenden Kaufvertrage zusammenhangendes Abkommen geregelt worden ist, erscheint nach dem Wortlaute des Art. 354 unstatthaft; auch kann ein solcher Rechtssatz aus keiner anderen handelsrechtlichen Norm abgeleitet werden.

Hiernach muß das angefochtene Urteil, soweit es auf Abweisung der Klage lautet, ... wegen Verletzung des Art. 354 H.G.B. aufgehoben werden." ...

---

9. Kann eine im Güterrechte des preußischen Allgemeinen Landrechtes lebende Ehefrau Schadensersatzansprüche wegen geminderter Erwerbsfähigkeit auf Grund des Haftpflichtgesetzes § 3 Abs. 2 erheben? Erwerb der preußischrechtlichen Ehefrau.

III. Civilsenat. Urt. v. 7. Oktober 1898 i. S. des preuß. Eisenbahnfiskus (Bekl.) w. H. Ehefr. (Kl.). Rep. III. 138/98.

I. Landgericht I Berlin.
II. Kammergericht daselbst.

Gründe:

„Die Klägerin hat als fünfjähriges Kind durch einen Eisenbahnunfall ein Bein verloren, und nachdem sie 14 Jahre alt geworden, ist ihr für ihre geminderte Erwerbsfähigkeit durch Vergleich von dem Beklagten eine jährliche Rente von 270 ℳ zugebilligt, dem Beklagten jedoch das Recht vorbehalten, jederzeit die Aufhebung oder Minderung der Rente fordern zu können, wenn diejenigen Verhältnisse, welche die Zuerkennung oder die Höhe der Rente bedingt haben, eine wesentliche Veränderung erleiden sollten. Auf Grund dieser Vergleichsbestimmung hat der Beklagte, als die Klägerin sich am 21. August 1896 mit dem Arbeiter H. verheiratet hatte, die fernere Zahlung der bis dahin entrichteten Rente vom 1. September 1896 ab verweigert, weil durch die Heirat insoweit eine wesentliche Veränderung eingetreten sei, als durch die Minderung ihrer Erwerbsfähigkeit, da alles, was sie erwerbe, ihrem Ehemann zufalle, jetzt nicht mehr sie, sondern nur ihr Ehemann einen Vermögensnachteil erleide. Die Klägerin hat daher jetzt auf Zahlung der rückständigen Rentenbeträge geklagt, der Beklagte widerklagend beantragt, zu erkennen, daß der Klägerin ein Anspruch aus dem erwähnten Vergleiche nicht mehr zustehe. Beide Vorinstanzen haben unter Abweisung der Widerklage nach dem Klagantrage erkannt.

Hiergegen hat der Beklagte unter Bezugnahme auf das diesseitige, in Bd. 39 S. 35 flg. der Entsch. des R.G.'s in Civils. abgedruckte Urteil vom 9. April 1897 Revision eingelegt; dieselbe kann jedoch für begründet nicht erachtet werden.

Ob die in dem erwähnten Urteil aufgestellten Rechtsgrundsätze ohne Einschränkung aufrecht zu erhalten sind, kann dahingestellt bleiben, da der gegenwärtige Rechtsstreit auch bei Aufrechthaltung jener Rechtsgrundsätze zu Gunsten der Klägerin zu entscheiden ist. Denn hinsichtlich der Klägerin steht keineswegs, wie in jenem Falle, fest, daß sie, falls sie den Unfall nicht erlitten, nur im Haushalt ihres Mannes thätig sein würde. Für den vorliegenden Fall handelt es sich daher um die Frage, ob nach den Grundsätzen des Allgemeinen Landrechtes oder des kurmärkischen Provinzialrechtes eine Ehefran überhaupt nicht für sich erwerben kann, und diese Frage ist zu verneinen. Denn wie die Entstehungsgeschichte des § 211 A.L.R. II. 1 (mitgeteilt von den Ges.-Revisoren Pens. 15 S. 140; Bornemann, System 2. Ausgabe Bd. 5 S. 78; Koch, Note 12 zu § 211) klar ergiebt, ist derselbe mit Rücksicht auf die Auseinandersetzung zwischen Mann und Frau aufgenommen. Bei der Auseinandersetzung soll alles, was durch die schaffende und nutzbringende Thätigkeit der Frau — sei es durch häusliche Thätigkeit, sei es durch ein besonderes Gewerbe, Handwerk oder sonstige Handarbeit, durch Verträge mit Dritten — erworben wird, der gesamte sog. acquaestus muliebris, im Gegensatze zu dem in den folgenden Paragraphen behandelten anderweiten Erwerb (durch Erbschaft, Glücksfälle 2c), als dem Manne erworben gelten, wenn es die Frau nicht für sich (sei es in Grundstücken, sei es in Kapitalien) besonders angelegt hat. Da aber die Frau diese Möglichkeit besonderer Anlage hat, so folgt mit Notwendigkeit, daß ein unmittelbarer Erwerb des Mannes an solchen Einkünften der Frau nicht stattfindet, daß die einzelnen Forderungen an sich der Frau erwachsen, und daß nur der schließliche Reingewinn, wenn ihn die Frau nicht anderweit angelegt hat, dem Manne zufällt. Dies ist für das Gebiet des Allgemeinen Landrechtes heute ziemlich allgemein anerkannt;

vgl. Bornemann, System Bd. 5 S. 78flg.; Ges.-Revis. Pens. 15 S. 142; Förster-Eccius, Preuß. Privatrecht Bd. 4 § 206 a. E., Dernburg, Preuß. Privatrecht Bd. 3 § 25 Nr. 1; Entsch. des Obertrib. Bd. 52 S. 141; Juristische Wochenschrift v. 1891 S. 394;

für das Gebiet des kurmärkischen Provinzialrechtes aber ist es zweifellos, daß jeder sog. artifizielle Erwerb aus einem besonderen Handwerk oder Gewerbe der Frau zufällt.

Vgl. v. Scholtz, Kurmärkisches Provinzialrecht, Entwurf §§ 223. 224, Motive Bd. 2 S. 21flg.; Dernburg, a. a. O. Nr. 1 Abs. 1; Striethorst, Archiv Bd. 11 S. 356, Bd. 57 S. 249.

Die Revision behauptet nun allerdings, daß diese Grundsätze nur für den Fall eines besonderen, für Rechnung und auf den eigenen Namen der Frau betriebenen Gewerbes gälten, und daß sie nicht, wie seitens des Berufungsgerichts geschehen sei, auch auf den Erwerb durch Lohnarbeit (operae) ausgedehnt werden könnten, für welchen letzteren gerade der § 211 a. a. O. gelte. Diese Unterscheidung zwischen operae und selbständigem Gewerbebetrieb findet aber im Gesetz keinen ausreichenden Anhalt und widerspricht auch der gesamten Judikatur des Obertribunals. Nach dieser (vgl. Präjudiz.-Sammlung Bd. 1 S. 139, Striethorst, Archiv Bd. 4 S. 274, Bd. 6 S. 224, Bd. 11 S. 356, Bd. 46 S. 166; Entsch. des Obertrib. Bd. 13 S. 286) umfaßt der Begriff der operae die gesamte nutzbringende Thätigkeit der Frau einschließlich des besonderen Gewerbebetriebes. Auch für den besonderen Gewerbebetrieb, d. h. dessen Ergebnisse, gilt der § 211, aber eben nur in dem oben erörterten Sinne, daß der schließliche Reingewinn, wenn er nicht für die Frau angelegt ist, dem Manne zufällt. Was die Revision unter dem besonderen Gewerbe im Gegensatze zur Lohnarbeit versteht, bleibt außerdem unklar; auch die Schneiderin, die sich durch die Lohnarbeit des Schneiderns ernährt, betreibt ein besonderes Gewerbe, ebenso die Waschfrau, und ebenso jede durch sonstige Tagearbeit sich ernährende Frau. Allerdings ist für die Bedeutung des § 211 ein Unterschied zwischen der verschiedenen Thätigkeit der Frau zu machen, aber nicht der von der Revision gemachte, sondern der zwischen operae domesticae, d. h. der Thätigkeit der

Frau im Hauswesen und als Gehilfin des Mannes in dessen Geschäft, und operae artificiales oder industriales, d. i. jeder schaffenden Thätigkeit außerhalb des Haushaltes oder Gewerbes des Mannes; denn selbstverständlich besteht die Möglichkeit eines eigenen direkten Erwerbes für die Frau nur in den letzteren Fällen. Diese Unterscheidung ist aber im vorliegenden Falle ohne Bedeutung. Denn es fehlt an jedem Halt für eine Feststellung, daß die klagende Ehefrau, wenn sie nicht verletzt worden wäre, nur eine Thätigkeit im Haushalt des Mannes ausgeübt, daß sie nicht z. B. als Näherin, als Waschfrau, als Tagelöhnerin thätig geworden sein würde. In allen solchen Fällen hätte sie aber unmittelbar für sich erworben, und da dieser Erwerb ihr durch den Unfall entzogen ist, so ist der ihr erwachsene Vermögensschade in gleicher Weise, wie früher, auch gegenwärtig noch vorhanden.

Endlich wird aber die angefochtene Entscheidung auch durch die vom Berufungsgericht gemachte Erwägung getragen, daß im Sinne des zwischen den Parteien geschlossenen Vergleiches eine Veränderung, welche zu einer anderweiten Festsetzung der Verpflichtung geführt hätte, gar nicht vorliege, weil, wenn die klagende Ehefrau die Verletzung als Braut erlitten hätte, man schwerlich die Rente auf die Zeit bis zur Heirat beschränkt haben würde. Zutreffend führt das Berufungsgericht aus, daß bei Arbeiterfamilien die Arbeitskraft der Frau als dasjenige, was von ihr in die Ehe eingebracht wird, aufgefaßt wird, und daß ohne solche Arbeitskraft für sie die Erreichung einer Ehe unmöglich ist. Soll ihr nach den Intentionen des Gesetzes und des auf seiner Grundlage geschlossenen Vergleichs wirklicher Ersatz gewährt werden, so ist er auch so zu gewähren, daß ihr die Möglichkeit der Ehe verbleibt, und das wäre so gut wie ausgeschlossen, wenn mit dem Abschluß der Ehe die Rente in Fortfall hätte kommen sollen."

---

10. Aufnahme eines Darlehns im Interesse eines Anderen mit Verbürgung des Anderen für das Darlehn. Rechtsfolgen für das Verhältnis zwischen Hauptschuldner und Bürgen, insbesondere nachdem beide in Konkurs verfallen.

I. Civilsenat. Urt. v. 8. Oktober 1898 i. S. M. sen. Konkursverw. (Bekl.) w. M. jun. Konkursverw. (Kl.). Rep. I. 282/98.

I. Landgericht Hamburg.
II. Oberlandesgericht daselbst.

M. jun. war ein Sohn des M. sen. Im Jahre 1892 „sollte und wollte“ — wie sich die Klageschrift ausdrückt — der Sohn dem Vater ein Darlehn geben. Da er aber selbst so gut wie nichts besaß, so lieh er sich im Einvernehmen mit dem Vater von der Volksbank in Hamburg 40000 ℳ, wofür er dieser vier Bürgen stellte, darunter seinen Vater. Im Einverständnis mit dem Sohne übernahm der Vater gegenüber den anderen Bürgen auch Rückbürgschaft. Dann „lieh“ der Sohn dem Vater in mehreren Einzelzahlungen nach und nach 38668,33 ℳ, die ihm der Vater im April 1896 zurückzahlen sollte.

Im Jahre 1896 wurde über das Vermögen des Vaters das Konkursverfahren eröffnet, und am 21. Januar 1897 auch über das Vermögen des Sohnes. Im Konkurse des Vaters wurde die Forderung der Volksbank aus der Bürgschaft für den Sohn in Höhe von 40000 ℳ angemeldet und festgestellt. Denselben Betrag meldete die Volksbank nach der Behauptung des Klägers auch im Konkurse des Sohnes, als ihres Hauptschuldners, an.

Nach der Eröffnung des Konkursverfahrens über das Vermögen des Vaters meldete der Sohn hier auch seine sog. Darlehnsforderung an, die er auf 40000 ℳ bezifferte. Im Prüfungstermine wurde diese Forderung vom Verwalter bestritten. Darauf erhob der Konkursverwalter des Sohnes auf Feststellung der Forderung Klage, indes mit einer doppelten Einschränkung der Anmeldung. Erstens beschränkte er den Betrag der Forderung auf die oben erwähnte Summe von 38668,33 ℳ, und zweitens wollte er sich auf diese Forderung diejenige Dividende anrechnen lassen, welche auf die von der Volksbank angemeldete Bürgschaftsforderung von 40000 ℳ im Konkurse des Vaters entfallen werde.

Der erste Richter erkannte nach dem Klagantrag und stellte die Forderung des Sohnes im Konkurse des Vaters mit diesen Einschränkungen fest. Die Berufung des Beklagten wurde zurückgewiesen. Das Reichsgericht hat das Berufungsurteil aufgehoben und die Klage abgewiesen aus folgenden

Gründen:

„Durch die Entscheidung der Vereinigten Civilsenate des Reichsgerichts vom 15. Februar 1886 (Entsch. des R.G.'s in Civils. Bd. 14 S. 172) hat für das deutsche Konkursrecht der Rechtssatz Anerkennung gefunden, daß neben dem Gläubiger, der für seine volle Forderung anteilsmäßige Befriedigung aus der Masse erhält, nicht auch der Mitverpflichtete, der einen Regreßanspruch geltend macht, Konkursdividende beanspruchen kann. Die Anwendung dieses Rechtssatzes auf den vorliegenden Fall, die der Beklagte gefordert hatte, hat das Oberlandesgericht abgelehnt, weil zwar ein wirtschaftlicher, aber kein rechtlicher Zusammenhang zwischen der Darlehnsforderung des Sohnes und der Bürgschaftsforderung der Volksbank gegen den Vater bestehe. Daß sich der Sohn die Mittel für das Darlehn an den Vater von der Volksbank verschafft habe, sei rechtlich unerheblich. Die Plenarentscheidung beziehe sich auf den Fall, wo materiell nur eine einzige Forderung vorliege, sodaß der Schuldner außerhalb des Konkurses nie in die Lage kommen könne, zweimal Zahlung leisten zu müssen, sowohl dem Hauptgläubiger als auch seinem regreßberechtigten Mitschuldner. Hier aber hätten der Sohn und die Volksbank auch außerhalb des Konkurses ihre Forderungen gegen den Vater selbständig geltend machen können, ohne daß die Befriedigung der einen das Erlöschen der anderen zur Folge gehabt haben würde. Dem Vater stehe aber ein Regreßanspruch gegen den Sohn zu auf Ersatz dessen, was er der Volksbank aus seiner Bürgschaft zahle. Dieser durch Zahlung bedingte Gegenanspruch gegen das Darlehn sei zwar zur Zeit noch nicht fällig; nach Konkursrecht aber (§ 47 K.O.) stehe das der Aufrechnung nicht im Wege; vielmehr könne danach die Masse des Vaters von der Masse des Sohnes Sicherstellung für die demnächstige Aufrechnung fordern. Diese Sicherstellung werde erreicht, wenn ausgesprochen werde, daß die an die Volksbank zu zahlende Dividende auf die Darlehnsforderung des Sohnes abzusetzen sei. Weiter wird ausgeführt, daß auch der Befreiungsanspruch des verurteilten Bürgen zu keinem günstigeren Ergebnisse für die Konkursmasse des Vaters führe, und daß dem Beklagten eine exceptio doli oder non adimpleti contractus nicht zur Seite stehe.

Es mag unerörtert bleiben, ob diesen Ausführungen zuzustimmen sein möchte, wenn ihr Ausgangspunkt richtig wäre.

Was die Revision zum Erfolge führen muß, ist, daß schon der Ausgangspunkt des Oberlandesgerichts ein unrichtiger ist, wonach sich die beiden Gemeinschuldner einerseits als Darlehnsgeber und Darlehnsnehmer und andererseits als Hauptschuldner und regreßberechtigter Bürge gegenüber ständen.

Maßgebend für das Rechtsverhältnis zwischen Hauptschuldner und Bürgen sind ausschließlich die zwischen ihnen bestehenden Beziehungen. Daß der Volksbank gegenüber der Sohn als Hauptschuldner, und der Vater als Bürge aufgetreten ist, nötigt noch nicht zu der Annahme, daß sich Vater und Sohn auch untereinander in diesen Rollen gegenüber stehen, und daß Regreßrechte des Vaters gegen den Sohn bestehen. Das gemeine Recht versagt den Regreßanspruch, wenn die Bürgschaft für eine Schuld übernommen ist, die eigentlich den Bürgen angeht; der fidejussor in rem suam wird als reus behandelt (l. 24 Dig. de pact. 2, 14; l. 8 § 1 Dig. qui satisd. 2, 8).

Die Aufnahme eines Darlehns für einen Anderen wird als Übernahme einer fremden Verbindlichkeit aufgefaßt und fällt als tacita intercessio unter das Verbot des Senatusconsultum Vellejanum (l. 8 § 14. l. 29 pr. Dig. ad SC. Vellej. 16, 1; l. l. 4. 19 Cod. eod. 4, 29.

So aber liegt die Sache hier. Denn aus dem, was beide Parteien in den Instanzen übereinstimmend vorgetragen haben, erhellt, daß der Sohn das Darlehn bei der Volksbank mit Wissen des Vaters in dessen Interesse und zur Verwendung für ihn aufgenommen, und daß demnächst der Vater das Geld durch den Sohn erhalten hat. Im Verhältnis zwischen Vater und Sohn ist hiernach die Schuld an die Volksbank materiell immer die Schuld des Vaters, und Regreßrechte des Vaters gegen den Sohn auf Ersatz dessen, was der Vater an die Volksbank bezahlt hat, oder auf Befreiung des Vaters von seiner Bürgschaft für den Sohn, bestehen nicht, weder als actio mandati noch als actio negotiorum gestorum. Umgekehrt aber hat der Sohn, obwohl er dem Gläubiger gegenüber in die Rolle des Hauptschuldners getreten ist, aus der Übernahme der fremden Verbindlichkeit im Interesse des Vaters gegen diesen die actio mandati oder die actio negotiorum gestorum so, wie wenn er in Wahrheit der Bürge wäre.

Von dieser Regreßforderung des Sohnes aber gilt der in der Plenarentscheidung aufgestellte Rechtssatz. Macht die Volksbank ihren

Anspruch aus der nominellen Bürgschaft des Vaters in dessen Konkurse geltend, so kann nicht neben ihr auch der Sohn die Konkursdividende für seine Regreßansprüche fordern, die sich auf eben diese, materiell den Vater angehende, Schuld beziehen. Das ist um so gewisser, als der Vater auch außerhalb des Konkurses nicht genötigt werden könnte, sowohl an die Volksbank wie an den Sohn Zahlung zu leisten; denn der Sohn würde den Vater immer nur insoweit in Anspruch nehmen können, als er selbst seine nominelle Hauptschuld bei der Volksbank getilgt hätte.

Das sind die Rechtsfolgen, die sich aus der unstreitigen materiellen Sachlage ergeben. Sie können dadurch nicht beeinträchtigt werden, daß die Parteien im Prozesse die Zahlungen des Sohnes an den Vater als „Darlehn" bezeichnet haben. Darin liegt eine unzutreffende rechtliche Charakterisierung dieser Zahlungen. Denn da feststeht, daß der Sohn die Gelder bei der Volksbank im Auftrage des Vaters oder in nützlicher Geschäftsführung zur Abführung an den Vater erhoben hat, so stellen sich die Zahlungen des Sohnes an den Vater auch nur als Rechtshandlungen dar, mit denen der Sohn das ihm aufgetragene oder freiwillig übernommene Geschäft ausführte. Der Sohn hat die actio mandati oder die actio negotiorum gestorum contraria. Und dieses Rechtsverhältnis erlangt dadurch keinen anderen Inhalt, daß Vater und Sohn etwa verabreden, der Vater solle dem Sohne das Geld, das dieser unter Bürgschaft des Vaters in dessen Interesse von der Volksbank entliehen hatte, um es dem Vater auszuzahlen, als „Darlehn" verschulden. Festgestellt ist das nicht, ja nicht einmal behauptet. Es konnte aber nicht in Frage kommen, die Sache zur weiteren Ermittelung dieses Punktes in die Vorinstanz zurückzuverweisen." . . .

11. Berechnung der Urkundenstempelsteuer für ausländische „Aktienbriefe", die dem Wortlaute nach je über mehrere Aktien ausgestellt sind.

Reichsstempelgesetz vom 27. April 1894, Tarifnummer 1 b.

VI. Civilsenat. Urt. v. 10. Oktober 1898 i. S. hamb. Deputation für indirekte Steuern u. Abgaben (Bekl.) w. Aktienges. Fanö Nordsöbad (Kl.). Rep. VI. 197/98.

I. Landgericht Hamburg, Kammer für Handelssachen.
II. Oberlandesgericht daselbst.

Die Revision der beklagten Behörde ist vom Reichsgerichte zurückgewiesen worden aus folgenden

Gründen:

„Die eingeklagten und der Klägerin zugesprochenen 732 *M* stellen die Differenz dar zwischen den Ergebnissen der beiden Besteuerungsmodalitäten, nach welchen einerseits nach der Ansicht der verklagten Behörde, andererseits nach derjenigen der Klägerin die Urkundenstempelabgabe nach dem Reichsgesetze vom 27. April 1894 von gewissen von der Klägerin neu ausgegebenen sogenannten „Aktienbriefen" zu erheben war. Die Klägerin hat diese 732 *M* auf Verlangen der Beklagten nach Maßgabe des § 33 des genannten Gesetzes mit Vorbehalt gezahlt und rechtzeitig die Rückforderungsklage erhoben. Da die Klägerin ihren Sitz in Dänemark, also im Auslande, hat, so waren die in Hamburg ausgehändigten Aktien derselben nach Ziff. 1b des Tarifes zu jenem Gesetze mit $1^1/_2$ Prozent vom Nennwerte, und zwar in Abstufungen von $1^1/_2$ *M* für je 100 *M* oder einen Bruchteil dieses Betrages, zu versteuern. An diese Gesetzesvorschrift über die Abstufungen knüpft sich die Meinungsverschiedenheit der Parteien. Nach den Statuten der Klägerin „lauten", wie es in der deutschen Übersetzung der Statuten (§ 2) heißt, ihre Aktien auf 200 dänische Kronen, „indem jedoch Aktienbriefe auf 1, 5 und 10 Aktien ausgestellt werden können", und in dem Nachtrage vom 30. Januar 1892 . . . ist dieser § 2 dahin abgeändert, daß die bis dahin ausgestellten Aktien, auf welche nur 25 Prozent eingezahlt waren, von da an nur „auf 50 Kronen lauten" und als voll eingezahlt angesehen werden sollen. Die jetzt neu ausgegebenen „Aktienbriefe" lauten nun, nachdem durch eine am 2. Juni 1897 beschlossene Statutenänderung auch solche zu 20 Aktien zugelassen worden sind, teils auf 20, teils auf 10, teils auf 5 „Aktien", also auf 1000, 500 oder 250 Kronen. Es fragt sich nunmehr, ob zum Zwecke der Stempelsteuerberechnung immer nur der gesamte Nennwert des Aktienbriefes nach oben auf eine durch 100 teilbare Marksumme abzurunden ist, wie die Klägerin will, oder ob so viel mal 50 Kronen in dieser Weise abzurunden sind, als „Aktien" von diesem Betrage in dem betreffenden Aktienbriefe verkörpert sind, wie die Beklagte für recht hält. Die beiden vorderen Instanzen haben sich für das erstere ausgesprochen, und diese Entscheidung des Berufungsgerichtes wird von der Beklagten mit Unrecht angegriffen.

Geht man zunächst von der Auffassung aus, daß die hier fraglichen „Aktienbriefe" nicht genau dieselbe Art von Urkunden seien, wie diejenigen, welche in der deutschen Rechtssprache den Namen „Aktien" führen, weil jeder einzelne bezeugt, daß der Inhaber (nicht mit einer Aktie, sondern) mit einer bestimmten Mehrzahl von Aktien an der Gesellschaft beteiligt sei: so liegt die Frage nicht fern, ob denn diese Art von Urkunden sich nicht überhaupt der Besteuerung nach dem Reichsstempelgesetze entziehe, da doch dieses unter Ziff. 1 des Tarifes nur Aktien, Aktienanteilsscheine und Interimsscheine nennt, nicht aber Bescheinigungen über den Besitz einer Mehrzahl von Aktien, während andererseits auch das einzelne Aktienrecht als solches nicht steuerpflichtig ist, sondern nur die darüber ausgestellte Aktienurkunde. Doch wird es unter allen Umständen richtiger sein, auch solche Bescheinigungen, da sie zur Übertragung von Aktienrechten im Verkehre dienen sollen, wenigstens im Sinne des Reichsstempelgesetzes für „Aktien" zu erklären, wie es auch der IV. Civilsenat des Reichsgerichtes laut der Entsch. in Civils. Bd. 36 S. 156 flg. mit den dort erwähnten „certificates of shares" gethan hat.[1] Denn Steuerobjekt soll nach dem Gesetze offenbar dasjenige negotiable Papier sein, mittels dessen im deutschen Geschäftsverkehre Aktienrecht übertragen werden kann, und Aktien im engeren Sinne über dieselben Anteilsrechte würden daneben in Deutschland dann eben nicht umlaufen. So gut, wie neben den „Aktien" im engeren Sinne im Tarife auch „Aktienanteilsscheine" als Gegenstand der Versteuerung genannt werden — die übrigens bei inländischen Gesellschaften zwar durch die Artt. 173. 207 H.G.B. in der älteren Fassung zugelassen waren, aber durch die Fassung des Gesetzes von 1884 ausgeschlossen werden —, müssen nach dem Sinne des Reichsstempelgesetzes auch solche Gesamt-Aktien oder Mehrzahl-Aktien der Steuerpflicht unterliegen. Aber allerdings läßt sich dann, gerade wie die Aktienanteilsscheine jeder für sich, nicht die entsprechenden ganzen Aktien den Gegenstand der Besteuerung bilden, folgerichtigerweise auch immer nur die einheitliche Besteuerung einer Gesamt-Aktie im ganzen rechtfertigen. Denn nur die Urkunde als Ganzes ist das negotiable Papier, welches den möglichen Gegenstand des deutschen Geschäftsverkehres bildet;

[1] Vgl. auch diese Sammlung Bd. 37 S. 115. D. R.

ein einzelnes von den mehreren Aktienrechten ließe sich mittels derselben gar nicht übertragen; die Höhe des Stempels soll sich ja aber nach dem Nominalbetrage der zu übertragenden Werturkunde bestimmen.

Übrigens liegt kein Grund vor, in den hier fraglichen „Aktienbriefen" in irgend einer Beziehung etwas anderes zu sehen, als Aktien im Sinne des deutschen Rechtes je von dem darin ausgedrückten Gesamtbetrage. Es steht fest, daß außer diesen „Aktienbriefen" keine anderen Aktienurkunden über die betreffenden Anteilsrechte ausgestellt, und daß jene also nichts anderes sind, als die je über das Aktienrecht des einzelnen Inhabers ausgestellten Urkunden. In der deutschen Übersetzung des § 2 der Statuten der Klägerin heißen überhaupt alle über die Aktienrechte ausgestellten Urkunden „Aktienbriefe", auch die nur auf eine „Aktie" lautenden, nicht nur an der oben wörtlich mitgeteilten Stelle, sondern auch im weiteren Verlaufe des § 2. Auch führt jeder dieser „Aktienbriefe" nur eine einzige Unterscheidungszahl, ohne Rücksicht auf die Zahl der „Aktien", welche er in sich verkörpert. Im Sinne des deutschen Handelsgesetzbuches muß man daher sagen: es liegen hier auf verschiedene Beträge lautende Aktien vor. Daß die auf dem Boden des dänischen Rechtes stehenden Statuten nicht direkt Aktien von verschiedenen Beträgen zulassen, sondern sagen: das Grundkapital ist in lauter gleiche Aktien (im Sinne von „Anteilen") von 50 Kronen zerlegt, es können aber auch einheitliche Aktienbriefe für so und so viele Aktien zusammen ausgegeben werden: das macht vom Standpunkte des deutschen Handelsgesetzbuches aus, welches zudem in Art. 190 Abs. 1 und Art. 221 Abs. 2 das Stimmrecht in der Generalversammlung nach der Höhe des dem Einzelnen zustehenden Kapitalanteiles regelt, keinen Unterschied. Umsoweniger Grund ist gegeben, einen dieser Aktienbriefe zum Zwecke der Besteuerung als in mehrere kleinere Aktien zerlegt zu denken.

Freilich hat der IV. Civilsenat des Reichsgerichtes in Ansehung der Besteuerung der oben erwähnten „certificates of shares" laut der Entsch. des R.G.'s in Civils. Bd. 36 S. 159 flg. den entgegengesetzten Standpunkt eingenommen; aber zu einer Anwendung des § 137 Abs. 1 G.V.G. gab dieser Umstand keinen Anlaß, weil dort die einzelnen certificates nicht mit einer einheitlichen Nummer, sondern mit einer Mehrzahl von Nummern bezeichnet waren, und der IV. Civilsenat hierauf bei seiner Entscheidung Gewicht gelegt hat." . . .

12. Ist der § 66 des Börsengesetzes auf solche dem Börsenverkehre angehörende Geschäfte anzuwenden, welche alle Merkmale eines Börsentermingeschäftes im Sinne des § 48 dieses Gesetzes mit der alleinigen Abweichung zeigen, daß die Kontrahenten die vom Börsenvorstande für den Terminhandel festgesetzten Geschäftsbedingungen ausgeschlossen haben?

I. Civilsenat. Urt. v. 12. Oktober 1898 i. S. P. (Kl.) w. M. (Bekl.). Rep. I. 226/98.

I. Landgericht Hamburg, Kammer für Handelssachen.
II. Oberlandesgericht daselbst.

Der Beklagte war von dem Kläger mit dem Ankaufe von Wertpapieren an der Hamburger Börse als Kommissionär beauftragt und als Selbstkontrahent eingetreten. Er stellte dem Kläger Schlußnoten zu, welche folgende Bestimmung enthielten: „In Gemäßheit des Art. 357 H.G.B. . . . unter Ausschluß der allgemeinen Usancen für den Effektenhandel, Erfüllungsort für beide Kontrahenten Hamburg." Am Schluß der geschäftlichen Verbindung forderte der Beklagte vom Kläger die Zahlung seines Saldos. Der Kläger war im Börsenregister nicht eingetragen. Er behauptete, daß die Geschäfte als Börsentermingeschäfte anzusehen und deshalb nach § 66 des Börsengesetzes ungültig seien, erhob Klage auf Feststellung des Nichtbestehens der vom Beklagten behaupteten Forderung und Herausgabe zweier demselben in Depot gegebenen Aktien. Der Beklagte bestritt, daß der § 66 des Börsengesetzes auf die Geschäfte in Anwendung zu bringen sei. In beiden Instanzen wurde die Klage abgewiesen, auf die Revision des Klägers aber nach dem Klagantrage erkannt aus folgenden

Gründen:

. . . „Im angefochtenen Urteile ist unentschieden gelassen, ob die Usancen für den Effektenhandel an der Hamburger Börse als vom Börsenvorstande für den Terminhandel festgesetzte Geschäftsbedingungen angesehen werden dürfen, oder ,ob zu einer solchen Festsetzung ein ausdrücklicher Akt des nach Maßgabe des Gesetzes bestellten Börsenvorstandes erforderlich ist, die stillschweigende Genehmigung bereits früher geltender Bedingungen aber nicht genügt. Der Zweifel ist gegenstandslos für die Geschäfte aus der Zeit nach dem 3. Februar 1897; denn der Vorstand der Wertpapierbörse zu Hamburg hat durch Bekanntmachung vom 30. Januar 1897, welche in den Öffentlichen Anzeiger, Beiblatt zum Amtsblatt der Freien und Hansestadt Hamburg, Nr. 28, vom 3. Februar 1897, aufgenommen ist, in Gemäßheit des § 30 der vom Senat am 23. Dezember 1896 genehmigten hamburgischen Börsenordnung zur Kenntnis gebracht, daß er die Bestimmungen, die in den von der Sachverständigenkommission für den Effektenhandel beschlossenen, von der Handelskammer genehmigten allgemeinen Usancen für den Effektenhandel enthalten sind, soweit sie auf Termingeschäfte Anwendung finden, mit Genehmigung der Handelskammer als Geschäftsbedingungen für den Terminhandel in Wertpapieren festgesetzt habe. Erheblich bleibt die Frage also nur für die Geschäfte aus der Zeit vor dem oben genannten Zeitpunkte. Sie muß hier bejahend beantwortet werden. Die Usancen galten als solche laut Bekanntmachung der Handelskammer vom 15. Dezember 1891 in der von der Sachverständigenkommission für den Effektenhandel beschlossenen, von der Handelskammer genehmigten Fassung. Wenn nun, als das Börsengesetz für das Deutsche Reich vom 22. Juni 1896 mit dem 1. Januar 1897 in Kraft trat, der nach Maßgabe dieses Gesetzes bestellte Börsenvorstand nicht sofort Anlaß genommen hat, ausdrücklich zu erklären, daß die zur Zeit bestehenden Usancen als von ihm für den Terminhandel in Wertpapieren festgesetzte Geschäftsbedingungen zu gelten haben, so ergiebt sich doch aus seinem Verhalten klar, daß dies sein Standpunkt war. Er hat die nach den Usancen eingegangenen Geschäfte an der Börse zugelassen, während er sie, wenn er von anderer Auffassung ausgegangen wäre, von der Benutzung der Börseneinrichtungen hätte ausschließen müssen. Ein Willensakt des Börsenvorstandes liegt also vor, dem eben nur die Eigenschaft der Ausdrücklichkeit fehlt. Für die Notwendigkeit dieser ergeben sich aber weder aus dem Inhalt, noch aus der Fassung des Gesetzes hinreichende Gründe. Im Begriff der Festsetzung liegt das Moment der Ausdrücklichkeit nicht; vielmehr kann eine solche auch durch einen anders gearteten Willensakt erfolgen, wenn nur der Wille sich bestimmt kundgiebt, und über seinen Inhalt, namentlich auch bei detailliert zu ordnenden Gegenständen, kein Zweifel bestehen kann. Es liegt auch kein zwingender Grund vor, an den Begriff der Festsetzung dann, wenn sie von seiten eines amtlichen Organes zu geschehen hat, weitergehende Anforderungen, als bei rechtsgeschäftlichen Festsetzungen durch Privatpersonen zu stellen. In autoritativer Weise kann die Festsetzung ebensowohl durch schlüssige Akte, als ausdrücklich geschehen; an der erforderlichen inhaltlichen Bestimmtheit aber fehlt es nicht, weil schriftlich redigierte und von der Handelskammer genehmigte Bedingungen vorlagen, welche in ihrer Gesamtheit als Geschäftsbedingungen im Sinne des § 48 des Börsengesetzes übernommen sind.

Nicht zu beanstanden mag die Annahme des Berufungsrichters sein, daß der von den Parteien vereinbarte Geschäftsinhalt von den Usancen wesentlich abweicht. Die Usancen, welche im ganzen auf dem Art. 357 H.G.B. beruhen und dessen Vorschriften weiter ausbilden, in einzelnen Punkten aber auch von dieser Grundlage sich entfernen, regeln die Folgen des Verzuges in einer sehr eingehenden, die verschiedensten Möglichkeiten berücksichtigenden Weise, so zwar, daß schon diese ihre formale Eigenschaft als für sie charakteristisch betrachtet werden kann. Wenn nun Kontrahenten, wie im gegenwärtigen Falle, Usancen solcher Art in ihrer Gesamtheit ausschließen und, indem sie sich ihnen nur in einer bestimmten Beziehung wieder nähern, im übrigen nur die gesetzlichen Vorschriften maßgebend sein lassen, so mag es gerechtfertigt sein, das Geschäft als nicht nach den Usancen eingegangen zu betrachten, obwohl vielleicht materiell die Abweichung nicht sehr einschneidend ist. Einen Rechtsirrtum aber zeigt es im Hinblick auf die Beschaffenheit der Geschäfte nach den sonst für ihren Charakter entscheidenden Richtungen hin, wenn der Berufungsrichter aus dem erwähnten Umstande schlechthin die Bedeutungslosigkeit des § 66 des Börsengesetzes für die Geschäfte folgert, und wenn er namentlich ausführt, dem Kläger könne nicht zugegeben werden, daß die Geschäfte ungültig seien, weil man die allgemeinen Usancen nur deshalb ausgeschlossen habe, um der Anwendung des § 66 des Börsengesetzes zu entgehen; denn das Eingehen von Zeitgeschäften unter Ausschluß von festgesetzten Börsenbedingungen sei vom Gesetz nicht verboten, also ein erlaubtes Geschäft; der Beweggrund, aus dem Verträge abgeschlossen werden, komme für ihre Gültigkeit regelmäßig nicht in Betracht, und es könne deshalb ein an sich erlaubtes Geschäft nicht für ungültig erklärt werden, weil es abgeschlossen worden sei, um die gesetzlichen Nachteile zu vermeiden, die eingetreten sein würden, wenn ein anderes, verbotenes Geschäft abgeschlossen worden wäre.

Nach § 66 des Börsengesetzes wird durch ein Börsentermingeschäft in einem Geschäftszweige, für welches nicht beide Parteien zur Zeit des Geschäftsabschlusses in einem Börsenregister eingetragen sind, ein Schuldverhältnis nicht begründet. Das gleiche gilt nach Abs. 2 des genannten Paragraphen von der Erteilung und Übernahme von Aufträgen zu Börsentermingeschäften. Diese Vorschriften sind aus der Absicht hervorgegangen, die Fähigkeit zum Abschluß rechtlich wirksamer Börsentermingeschäfte nur bei solchen Personen anzuerkennen, welche durch ihre gewerbliche Stellung auf die Eingehung solcher, entsprechend ihrer durch den Handelsverkehr entwickelten Bedeutung, angewiesen sind, und diese Fähigkeit überall da zu versagen, wo die angegebene Voraussetzung nicht zutrifft, und wo von vornherein der Besorgnis Raum gegeben werden muß, daß die Geschäfte nicht dem Zwecke des Warenumsatzes oder der Anschaffung, sondern nur dem Spiele zu dienen bestimmt sind.

Vgl. die Begründung zu dem Entwurfe des Börsengesetzes S. 42—43 und den in dieser in Bezug genommenen Bericht der Börsen-Enquete-Kommission S. 73.

Es ist erwogen, ob die Fähigkeit zum Abschluß von Börsentermingeschäften an gewisse, der gewerblichen Stellung der Kontrahenten zu entnehmende Kriterien zu knüpfen sei, diese Art der Regelung aber für nicht geeignet befunden, und den Vorschlägen der Enquetekommission gemäß allein die Eintragung in ein Börsenregister als entscheidend hingestellt.

Vgl. Begründung des Entwurfes S. 45 und Bericht der Enquetekommission S. 102 flg.

Die Erwartung konnte als berechtigt erscheinen, daß solche Personen, deren gewerbliche Stellung ein Bedürfnis zur Eingehung derartiger Geschäfte nicht mit sich bringt, sondern für welche dieselben nur als Mittel zur Befriedigung der Spielleidenschaft Wert haben, sich zu ihrer Eintragung in das Register nicht verstehen und infolgedavon von der Eingehung rechtlich wirksamer Börsentermingeschäfte ausgeschlossen sein werden.

In § 48 des Gesetzes ist nun ein Begriff des Börsentermingeschäftes aufgestellt, welcher infolge der ihm gegebenen Begrenzung thatsächlich nicht alle im Börsenverkehr sich vollziehenden Termingeschäfte über Waren und Effekten umfaßt. Als Börsentermingeschäfte in Waren oder Wertpapieren gelten danach Kauf- oder sonstige Anschaffungsgeschäfte auf eine festbestimmte Lieferungszeit oder mit einer festbestimmten Lieferungsfrist unter der Voraussetzung, daß sie nach Geschäftsbedingungen abgeschlossen werden, die von dem Börsenvorstande für den Terminhandel festgesetzt sind, und daß für die an der betreffenden Börse geschlossenen Geschäfte solcher Art eine amtliche Feststellung von Terminpreisen erfolgt. Hier kommt es nur auf das erstere der beiden Merkmale an. Neben den durch dasselbe gekennzeichneten Geschäften bleiben möglich und können je nach Gestaltung der Verhältnisse zu großer Wichtigkeit gelangen solche, welche jenes Merkmal nicht zeigen, welche aber dennoch nicht bloß Termingeschäfte im Sinne des Art. 357 H.G.B. sind, sondern zugleich auch dem Börsenverkehr angehören und unter den allgemeinen Begriff der Börsengeschäfte fallen. Im Börsentermingeschäft, wie sein Begriff im § 48 des Gesetzes bestimmt ist, mit seinen allgemeingültigen, für alle Geschäfte dieser Art maßgebenden Bedingungen, z. B. in Bezug auf die Qualität der Waren und Wertpapiere, den Erfüllungsort 2c, bietet sich für den legitimen Handel eine Geschäftsform von besonderem Wert, deren Benutzung ihm der Regel nach empfehlenswert scheinen wird. Die nicht legitime Spekulation, welche sich des Termingeschäftes im Börsenverkehr nur zur Ausnutzung der Kursbewegung für Spielzwecke und mit Rücksicht auf die bei ihm mögliche einfache Abwickelung durch Differenzzahlung bedient, kann sich schon daran Genüge sein lassen, daß die ihren Gegenstand bildenden Waren oder Wertpapiere überhaupt an der betreffenden Börse thatsächlich gehandelt werden, daß eine amtliche Notierung der Preise stattfindet, und daß ihr thatsächlich, wenn auch nicht nach dem Willen des Gesetzes, die Einrichtungen der Börse, wenigstens zum Teil, sowohl für die Eingehung als für die Abwickelung der Geschäfte, zu Gebote stehen. Es fragt sich nun, ob Termingeschäfte, welche inhaltlich von den amtlich festgesetzten Bedingungen nicht etwa nur in Nebenpunkten, sondern in erheblichem Maße abweichen oder sie gänzlich ausschließen, deren Charakter als Termingeschäfte und als Börsengeschäfte aber hierdurch in keiner Weise alteriert wird, von § 66 des Gesetzes berührt werden, oder nicht. Die Frage muß nach dem Gesamtinhalte des Gesetzes unter Berücksichtigung der allgemeinen Rechtsgrundsätze über die Tragweite des gesetzgeberischen Willens, wie sie namentlich in l. l. 29. 30 Dig. de leg. 1, 3. l. 5 Cod. de leg. 1, 14 zum Ausdruck kommen, im bejahenden Sinne entschieden werden. Für den Zweck des Gesetzes interessiert das Geschäft hier nicht sowohl von seiten der vereinbarten speziellen, die juristische Kategorie des Geschäftes selbst nicht beeinflussenden Bedingungen, sondern vielmehr vermöge seines wirtschaftlichen Charakters, auf welchem seine in materieller wie in sittlicher Hinsicht verderblichen Folgen für weite Kreise der Bevölkerung beruhen. Wenn nun der § 48 des Börsengesetzes in den Begriff des Börsentermingeschäftes unter anderen auch das Kriterium aufgenommen hat, daß dasselbe nach den vom Börsenvorstande festgesetzten Bedingungen geschlossen ist, so vermag dies den Schluß nicht zu rechtfertigen, daß der Gesetzgeber ein ausreichendes Mittel für den von ihm verfolgten Zweck schon in einer Maßnahme erblickt hätte, welche nur die hier speziell charakterisierten, ein höheres Maß von Gefährlichkeit aber nicht zeigenden Geschäfte trifft. Und zwar ist ein solcher Schluß umsoweniger gerechtfertigt, als in §§ 51. 52 des Gesetzes Bestimmungen getroffen sind, welche voraussetzen, daß sich in den für Börsentermingeschäfte üblichen Formen ein Terminhandel vollziehen kann, bei welchem eine Mitwirkung der Börsenorgane nicht stattfindet. Wenn die dort bezeichneten „Termingeschäfte" oder „Börsentermingeschäfte" von der Benutzung der Börseneinrichtungen ausgeschlossen sind, von den Kursmaklern nicht vermittelt, und wenn über sie Preislisten nicht veröffentlicht werden dürfen, so läßt sich nicht annehmen, daß sie dennoch nach dem Willen des Gesetzes größere Vorrechte haben sollen, als die an der Börse zugelassenen, dem Buchstaben des § 48 entsprechend geschlossenen Geschäfte, daß namentlich die zugelassenen Börsentermingeschäfte gegen nicht eingetragene Personen unklagbar, die verbotenen „Börsentermingeschäfte" aber klagbar sein sollen. Erstreckt sich aber der § 66 des Börsengesetzes selbst auf diesen thatsächlichen Börsenterminhandel, so muß er um vieles mehr auf diejenigen „Börsentermingeschäfte" angewendet werden, welche zwar im übrigen dem § 48 des Gesetzes entsprechen, bei denen aber der an der Börse verkehrende Kaufmann in der Absicht, sich der gesetzlichen Vorschrift zu entziehen, nur einen Schlußschein ausgearbeitet und seinem

Gegenkontrahenten vorgelegt hat, in dem er von vornherein den Ausschluß der Anwendung der festgestellten Börsenusancen vorbedungen hat. Die Aufnahme jenes Merkmals in den vom Gesetze aufgestellten Begriff des Börsentermingeschäftes hat immer noch einen guten Sinn. Mit einem Geschäft, welches genau dem § 48 des Gesetzes entspricht, sind gewisse Rechte für die Kontrahenten oder einen von ihnen verknüpft. Nach § 53 des Gesetzes gerät bei dem Börsenterminhandel in Waren der Verkäufer, sofern er nach erfolgter Kündigung eine unkontraktliche Ware liefert, auch dann in Erfüllungsverzug, wenn die Lieferungsfrist noch nicht abgelaufen war. Insbesondere aber kann nach § 69 des Gesetzes gegen Ansprüche aus Börsentermingeschäften von demjenigen, welcher zur Zeit der Eingehung des Geschäftes in dem Börsenregister für den betreffenden Geschäftszweig eingetragen war, ein Einwand nicht darauf gegründet werden, daß die Erfüllung durch Lieferung der Waren oder Wertpapiere vertragsmäßig ausgeschlossen war. Nur solchen Kontrahenten sollen diese Vorzüge zu teil werden, welche die vom Vorstande für geeignet erachteten und festgesetzten Bedingungen ihren Abschlüssen zu Grunde legen. Nicht aber darf angenommen werden, daß der Wille des Gesetzes, soweit er auf die Einschränkung der zum wirksamen Abschluß von Termingeschäften im Börsenverkehr zuzulassenden Personen gerichtet ist, sich auch von jenem, den Begriff des Börsentermingeschäftes im spezifischen Sinne bedingenden, Merkmale hätte abhängig machen wollen. Für den bei entgegengesetzter Auffassung sich ergebenden Mangel würde es auch an einem irgend ausreichenden Ersatze fehlen. Die Möglichkeit des Differenzeinwandes bestand schon im bisherigen Rechte. Wie sie bisher kein Hindernis gegen die Eingehung von Termingeschäften für zahlreiche außerhalb der Börse stehende Personen gebildet hat, so konnte dies auch für die Zeit nach dem Inkrafttreten des Börsengesetzes nicht erwartet werden; das an der Börse spekulierende Privatpublikum, welches sich nicht in das Börsenregister eintragen läßt, fürchtet den Differenzeinwand von seiten der Gegenkontrahenten so wenig, als es an den amtlich festgesetzten Geschäftsbedingungen ein Interesse hat. Der Bankier oder Makler aber, der sich mit dem an der Börse spekulierenden Privatpublikum einläßt, wird in nicht höherem Maße als bisher Anstoß daran nehmen, daß er dem Differenzeinwande ausgesetzt ist. Auch ergiebt sich aus der

Begründung des Gesetzentwurfs (S. 44), daß der Gesetzgeber in der Möglichkeit des Differenzeinwandes keine Garantie gegen die Ausbreitung des Termingeschäftes erblickt hat. Endlich bietet zwar der oben schon erwähnte Abs. 2 des § 51 eine Handhabe zum Einschreiten gegen das von der Mitwirkung der Börsenorgane unabhängige Termingeschäft überhaupt, aber nur im Börsenaufsichtswege; daß das Gesetz dies auch gegenüber den Spekulationsgeschäften solcher Personen für ausreichend gehalten hätte, die sich in das Börsenregister nicht eintragen lassen, würde eine grundlose Annahme sein.

Unter den dargelegten Verhältnissen kann kein entscheidendes Gewicht darauf gelegt werden, daß nach der Terminologie des Gesetzes der § 66 sich ausschließlich auf die im § 48 begrifflich bestimmte Gattung von Börsengeschäften zu beziehen scheint. Der wahre, aus dem Zusammenhange des Gesetzes erkennbare Wille des Gesetzgebers darf hierdurch eine Einbuße in seiner Wirksamkeit nicht erleiden. Das aber würde in hohem Maße und in weitem Umfange der Fall sein, wenn es den Kontrahenten möglich wäre, dadurch, daß sie von den amtlich festgesetzten Bedingungen abweichen, ein vollwirksames Geschäft mit Vermeidung ihrer Eintragung in das Börsenregister zustande zu bringen. Die Gesetzesanwendung darf nicht zu dem Ergebnisse führen, daß bei fehlender Eintragung in das Börsenregister zwar dasjenige Geschäft, welches das Gesetz nach Begriff und Rechtsfolgen besonders geregelt hat, ungültig, das von ihm überhaupt nicht gewollte und von der Börse auszuschließende Geschäft aber gültig ist. Die Kontrahenten handeln, wenn nicht gegen das Gesetz, so doch jedenfalls zur Umgehung desselben und suchen den Willen des Gesetzgebers zu vereiteln, indem sie ein Geschäft, welches sowohl die Eigenschaft eines Termingeschäftes als auch die eines Börsengeschäftes hat und deshalb nach der Absicht des Gesetzes nur den in das Börsenregister eingetragenen Personen offen stehen soll, abschließen, der Eintragung aber sich entziehen. Der Berufungsrichter verkennt dies; er schenkt dem Umstande keine Beachtung, daß das Geschäft nicht lediglich die Natur eines dem Art. 357 H.G.B. unterliegenden Fixgeschäftes hat, welches als solches allerdings nicht Gegenstand des Börsengesetzes ist und von dessen einschränkenden Bestimmungen nicht getroffen wird, sondern daß es sich zugleich als ein Börsengeschäft, also als ein Börsentermingeschäft im weiteren und allgemeineren Sinne, darstellt. Kläger wollte eine Terminspekulation an der Hamburger Börse. Die Kursbewegung eines dort notierten Wertpapiers sollte über Gewinn und Verlust entscheiden. Der Beklagte, ein Hamburger Fondsmakler, als Kommissionär beauftragt, trat als Selbstverkäufer ein. Ihm war die Möglichkeit eines Deckungsgeschäftes an der Börse gegeben. Nach seiner eigenen Erklärung sind die unter dem 1. Februar dem Kläger debitierten 50 Stück Kreditaktien von ultimo Januar auf ultimo Februar zum „Liquidationskurse" geschoben. Er bemerkt ferner, am 20. April, an welchem Tage die Börse infolge der griechisch-türkischen Kriegserklärung sehr flau gestimmt gewesen sei, habe er an der Börse dem Kläger erklärt, daß er, da das Depot nicht mehr ausreiche, die 25 Stück Kreditaktien verkaufen müsse; denn der Kurs werde voraussichtlich noch weiter zurückgehen, und ferner, er habe darauf die Aktien sofort durch seinen Sohn an der Börse verkaufen lassen. Überhaupt beruht das Geschäft in jeder Hinsicht auf der Existenz der Börse und ihrer Einrichtungen, mit der alleinigen Maßgabe, daß die vom Börsenvorstande festgesetzten Geschäftsbedingungen ausgeschlossen sein sollen.

Hieraus folgt zunächst, daß die vom Beklagten aus den Geschäften hergeleiteten Ansprüche unberechtigt sind, die Feststellungsklage also begründet ist. Nach Abs. 3 des § 66 erstreckt die Unwirksamkeit des Geschäftes sich auch auf die bestellten Sicherheiten; der Beklagte mußte daher zur Herausgabe der ihm in Depot gegebenen zwei Aktien... verurteilt werden." ...

---

13. 1. Erstreckt sich die Freiheit des Leichenbestattungsgewerbes nach der Reichsgewerbeordnung nur auf die freie Zulassung zum Gewerbe, nicht auf die Art der Ausübung desselben?

2. Gewährt das Eigentum an einem Kommunalfriedhofe dem Eigentümer desselben das Recht, einen das Leichenbestattungsgewerbe Betreibenden von der Ausübung dieses Gewerbes auf dem Friedhofe auszuschließen?

IV. Civilsenat. Urt. v. 13. Oktober 1898 i. S. U. (Kl.) w. Stadtgemeinde G. (Bekl.). Rep. IV. 111/98.

I. Landgericht Görlitz.
II. Oberlandesgericht Breslau.

Aus den Gründen:

„Die verklagte Stadtgemeinde, welche unstreitig Eigentümerin des Friedhofes in G. ist, hat durch Vertrag vom 13. Februar 1896 den Gebrüdern L. in G. vom 1. April 1896 ab die ausschließliche Berechtigung gewährt, Leichenbestattungen auf dem Friedhofe auszuführen. Hierdurch fühlt Kläger, als Inhaber eines Fuhr- und Leichenbestattungsinstitutes, sich in der Ausübung seines Gewerbebetriebes verletzt, und hat klagend beantragt, die Beklagte zu verurteilen, zu dulden, daß er auf dem Kommunalfriedhofe zu G. gewerbsmäßig Leichenbestattungen ausführe.

Nachdem die von der Beklagten erhobene Einrede der Unzulässigkeit des Rechtsweges rechtskräftig verworfen worden, hat das Landgericht nach dem Klagantrage erkannt, indem es davon ausgeht, daß das Leichenbestattungsgewerbe ein freies, von einer obrigkeitlichen Erlaubnis nicht abhängiges Gewerbe sei, daß eine Beschränkung desselben nur in einem entgegenstehenden Rechte eines Dritten gefunden werden könne, daß aber ein solches Beschränkungsrecht sich nicht aus dem Eigentume der Beklagten an dem Friedhofe ergebe.

Unter Abänderung dieses Urteiles hat der Berufungsrichter die Klage abgewiesen und seine Entscheidung mit folgenden Erwägungen begründet:

Durch die Gewerbeordnung sei zwar das Gewerbe der Leichenbestatter in keiner Weise beschränkt worden; um eine Beschränkung handle es sich aber hier auch nicht; vielmehr wolle die Beklagte sich den Gewerbebetrieb des Klägers auf ihrem Friedhofe nur infolge ihres Eigentumsrechtes an dem Friedhofe nicht gefallen lassen, indem sie sich als Eigentümerin des Grundes und Bodens für berechtigt halte, jedem Dritten, also auch dem Kläger, das Betreten des Friedhofes zum Zwecke der Ausübung seines Gewerbes zu untersagen. Einer derartigen Beschränkung des Gewerbebetriebes durch das entgegenstehende Privatrecht eines Anderen stehe die Gewerbeordnung nicht entgegen. Das ergebe sich aus den Motiven zur Gewerbeordnung von 1869 und werde auch in dem Urteile des Reichsgerichtes vom 28. Januar 1889,

Entsch. des R.G.'s in Civils. Bd. 23 S. 22,

sowie in dem Kommentar zur Gewerbeordnung von Landmann, 3. Aufl. zu § 10 Bd. 1 S. 100. 101, ausgesprochen. Nun berechtige das Eigentumsrecht an einem Grundstücke den Eigentümer, jedem Dritten das Betreten des Grundstückes zu untersagen und dadurch auch den Gewerbebetrieb eines Dritten auf dem Grundstücke zu verhindern. Friedhöfe gehörten zu denjenigen Sachen, welche unmittelbar zu öffentlichen Zwecken bestimmt seien, und der Annahme des Landgerichtes, daß dem Eigentümer einer solchen nur eine bloße Verwaltungsbefugnis im Interesse der Gemeindemitglieder zustehe, sei nicht beizutreten. Das Allgemeine Landrecht (§§ 183 flg. 190 II. 11) spreche von dem Eigentume an Friedhöfen, wie es von Privatvermögen spreche; diese Auffassung werde auch allgemein in der Litteratur vertreten, und das Reichsgericht (bei Gruchot, Bd. 26 S. 1022) finde eine Beschränkung des Eigentumsrechtes an Friedhöfen nur darin, daß auch der Eigentümer eine den Zwecken des Friedhofes widersprechende Verfügung nicht vornehmen dürfe.

Das von der Beklagten beanspruchte Ausschließungsrecht stehe aber auch mit der Gebrauchsbestimmung des Friedhofes nicht im Widerspruche. Zweck des Friedhofes sei, den Mitgliedern der Gemeinde als Begräbnisstätte zu dienen; die Mitglieder müßten also auch alle Handlungen auf dem Friedhofe vornehmen dürfen, die zu und bei einem Begräbnisse erforderlich seien. Dazu sei es aber nicht nötig, daß jedem Gewerbetreibenden freistehe, die bei einer Leichenbestattung erforderlichen Dienstleistungen auf dem Friedhofe vorzunehmen. Dadurch, daß die Beklagte einem Gewerbetreibenden das Betreten des Friedhofes zum Zwecke des Betriebes des Leichenbestattungsgewerbes untersage, werde dieser Gewerbetreibende für seine Person in der bestimmungsmäßigen Benutzung des Friedhofes als solchen nicht gehindert, ebensowenig auch das Publikum, wenn es sich nur an einen bestimmten, vom Friedhofseigentümer mit der Leichenbestattung beauftragten Gewerbetreibenden wenden könne, sofern nur vom Friedhofseigentümer dafür gesorgt sei, daß sein Beauftragter zur ordnungsmäßigen Vornahme der Bestattung jederzeit bereit und imstande sei. Das sei aber durch den von der Beklagten mit den Gebrüdern L. abgeschlossenen Vertrag in jeder Weise vorgesehen. Ein Recht der Gemeindegenossen, die auf dem Friedhofe selbst vorzunehmenden Bestattungshandlungen von jeder beliebigen Person oder auch nur von jedem vornehmen zu lassen, der die Leichenbestattung gewerbsmäßig betreibe, lasse sich aus der Zweckbestimmung des Friedhofes nicht herleiten. Unbenommen sei es dem Kläger, den Transport der Leichen bis an die Grenze des Friedhofes und alle sonstigen außerhalb des Friedhofes vorzunehmenden Bestattungshandlungen zu besorgen; dieses Recht werde ihm auch von der Beklagten nicht streitig gemacht und sei auch nicht Gegenstand dieses Rechtsstreites.

Von der Revision wird zunächst darauf hingewiesen, daß nach dem Entwurfe zur Gewerbeordnung von 1868 das Gewerbe der Leichenbestattungsgeschäfte der landesrechlichen Regelung habe vorbehalten bleiben sollen, daß diese Absicht aber in dem Entwurfe von 1869 fallen gelassen, und daß in den Motiven zu letzterem bemerkt sei:

> „Es ist hervorzuheben, daß dem Antrage der Kommission des Reichstages, das Monopol der Leichenreiniger und Leichenbestattungsunternehmer zu beseitigen, Folge gegeben ist, indem anzunehmen ist, daß die Kommunalbehörden wohl in der Lage sein werden, die Zwecke, zu welchen die Bestellung solcher Personen eingeführt ist, auch ohne eine ausschließliche Gewerbeberechtigung derselben zu erreichen."

Diese Bemerkung, so führt die Revision aus, könne nur dahin verstanden werden, daß man davon ausgegangen sei, es würden die Kommunalbehörden für das bis dahin durch die Bestellung bezweckte jederzeitige Vorhandensein geeigneter Personen auch dann wohl sorgen können, wenn die Möglichkeit nicht mehr bestehe, solchen Personen die Ausschließlichkeit ihres Gewerbebetriebes zu gewähren; nicht aber sei damit zum Ausdrucke gebracht, daß die Kommunalbehörden auch ohne die gesetzliche Zulässigkeit einer ausschließlichen Gewerbeberechtigung doch in der Lage sein würden, thatsächlich eine ausschließliche Ausübung des Gewerbes nur durch einen oder einzelne von ihnen bestimmte Unternehmer zu erreichen. Stehe dem Kläger aber das unbeschränkte Recht zur Ausübung des Gewerbes als Leichenbestatters zu, so müsse ihm auch das Recht gewährt sein, das Gewerbe da auszuüben, wo es, wenn nicht ausschließlich, doch hauptsächlich nur ausgeübt werden könne, d. h. auf den öffentlichen Friedhöfen, ebenso wie bei anderen zahlreichen Gewerben, deren Ausübung auf öffentlichen Straßen, Plätzen, Brücken stattfinde, das Recht znr Ausübung des Gewerbes ohne weiteres das Recht in sich schließe, zu dieser Ausübung die öffentlichen Straßen, Plätze und Brücken zu benutzen. Es gehöre deshalb zum gemeinen Gebrauche eines öffentlichen Friedhofes, daß die Personen, welche zum Gewerbe der Leichenbestattung berechtigt seien, auf demselben dieses ihr Gewerbe ausüben. Inhalt und Umfang des gemeinen Gebrauches eines öffentlichen Friedhofes müßten erst aus allgemeinen Erwägungen bestimmt werden, und zwar seien dabei alle berechtigten Handlungen zu berücksichtigen, welche ihrer Bestimmung gemäß auf einem Friedhofe vorgenommen zu werden pflegten. In § 190 A.L.R. II. 11 sei nur ein Recht, aber nicht das einzige Recht jedes Gemeindemitgliedes an dem Friedhofe erwähnt. Dies verkenne der Berufungsrichter, indem er gegenüber der Eigenschaft als einer öffentlichen Sache das Eigentum an einem Friedhofe zu sehr in den Vordergrund rücke und deshalb den Umfang der Benutzung eines Friedhofes als einer öffentlichen Sache zu eng auffasse.

Der Revision muß der Erfolg versagt bleiben.

Nach § 52 preuß. Gew.-O. vom 17. Januar 1845 bedurften einer Anstellung oder Konzession diejenigen, welche ein Gewerbe daraus machen, Leichen zu reinigen und anzukleiden oder die zur Bestattung von Leichen erforderlichen Gerätschaften und Wagen zu halten. Der Entwurf einer Gewerbeordnung für den Norddeutschen Bund von 1868 wollte es hierbei belassen, „soweit die Landesgesetze solches bestimmen", und es ist in den Motiven bemerkt:

„Für die in §§ 33—36" (§ 35 handelt von den Leichenbestattern) „aufgeführten Gewerbe ist die Entscheidung der Frage, ob sie in dem betreffenden Staate konzessionspflichtig sind, den Landesgesetzen vorbehalten, weil in dieser Hinsicht das praktische Bedürfnis nicht nur nach Ländern, sondern selbst nach Orten verschieden sein kann und verschieden ist. Dem großen Prinzipe der gewerblichen Freizügigkeit kann es aber umsoweniger Eintrag thun, wenn man hier den lokalen Bedürfnissen freien Spielraum läßt, als es in der Natur der Sache liegt, daß die hier als erforderlich bezeichnete Erlaubnis bei einer Veränderung des Wohnsitzes von neuem erforderlich ist."

Der Entwurf der Gewerbeordnung von 1869 hat dann die landesgesetzliche Konzessionspflicht der Leichenbestatter fallen gelassen, und die Motive enthalten die oben bereits wiedergegebene Bemerkung. Die jetzt geltende Reichsgewerbeordnung erwähnt das Leichenbestattungsgewerbe überhaupt nicht, und es ist zweifellos, daß die Zulassung zu seinem Betriebe keiner Beschränkung unterliegt. Davon geht auch das von den Parteien und den Instanzrichtern in Bezug genommene Urteil des jetzt erkennenden Senates vom 28. Januar 1889 i. S. O. w. die evangelische Kirchengemeinde St. E. zu Breslau,

Entsch. des R.G.'s in Civils. Bd. 23 S. 22,

aus. In jenem Prozesse war aber die sonstige Sachlage eine von der jetzigen wesentlich verschiedene. Eigentümerin des betreffenden Friedhofes war dort die Stadtgemeinde zu Breslau, nicht die genannte Kirchengemeinde, und die letztere leitete ein die Ausübung des Leichenbestattungsgewerbes von seiten des Klägers einschränkendes besonderes Recht aus dem Umstande her, daß nach der maßgebenden Stolä-Taxordnung die Leichenbestattung der Parochianen dem Pfarrzwange unterliege. Dieser Einwand ist dort für durchgreifend erachtet, die Frage aber, ob auch das Eigentum am Friedhofe ein Ausschließungsrecht gewähre, überhaupt nicht zur Erörterung gezogen worden, konnte auch nicht in Betracht kommen, weil der Friedhof sich nicht im Eigentume der beklagten Kirchengemeinde befand. Die vom Landgerichte aus jenem Urteile gezogenen Folgerungen entbehren daher jeder Unterlage.

Die Entscheidung des jetzigen Rechtsstreites hängt also davon ab, ob das Eigentum der Beklagten an dem Friedhofe, einer öffentlichen Sache, der Beklagten das Recht giebt, den Kläger von dem Gewerbebetriebe auf dem Friedhofe auszuschließen, und diese Frage muß in Übereinstimmung mit dem Berufungsrichter bejaht werden.

Dasjenige, was der Berufungsrichter aus den Motiven zur Gewerbeordnung von 1869 folgert — durch die vom Berufungsrichter an Stelle des in den Motiven enthaltenen Wortes „indem" gebrauchten Worte „daß aber" wird der Sinn und Inhalt jener Bemerkung der Motive nicht verändert —, ist, wie sich aus den Ausführungen des Berufungsrichters ergiebt, für die Beurteilung der Sache nicht von entscheidender, sondern nur von nebensächlicher Bedeutung. Die dagegen erhobenen Angriffe der Revision sind daher an sich unerheblich, können aber auch als begründet nicht anerkannt werden. Die Erteilung der Konzession zur Ausübung des Leichenbestattungsgewerbes war unter der Herrschaft der preußischen Gewerbeordnung nicht allein abhängig von dem praktischen, je nach den lokalen Verhältnissen zu beurteilenden Bedürfnis, sondern auch von der Prüfung des Umstandes, ob der die Konzession Nachsuchende einmal an und für sich persönlich die erforderlichen Eigenschaften, und sodann die notwendigen

Mittel besaß, somit die Garantie gewährte, daß er in zweckentsprechender und würdiger Weise das Gewerbe auszuüben imstande sei und ausüben werde. Der Zweck der Bestellung war also ein doppelter, und nicht lediglich der von der Revision behauptete, und dieser Zweck ist derselbe geblieben. Wenn der Berufungsrichter also im Anschlusse an die im Landmann'schen Kommentar zur Reichsgewerbeordnung (3. Aufl. zu § 10 Bd. 1 S. 101) gemachte Ausführung aus der erwähnten Bemerkung der Motive den Schluß zieht,

> daß die Gemeindebehörden nicht verpflichtet sind, mit jeder Person, die dieses Gewerbe treibt, in Verkehr zu treten, und daß sie teils aus Rücksichten der Sanitätspolizei, teils als Eigentümer der Friedhöfe und Leichenhäuser den freien Betrieb dieses Gewerbes thatsächlich unmöglich machen können,

so kann gegen diese Folgerung an sich ein rechtliches Bedenken nicht erhoben werden.

Zweifellos ist jeder Eigentümer eines Grundstückes ohne weiteres berechtigt, das Betreten seines Grundstückes jedem Anderen zu untersagen, welcher auf dem Grundstücke ein Gewerbe ausüben will, und es handelt sich also nur darum, ob dieses Widerspruchsrecht alsdann nicht besteht, wenn ein Friedhof, eine öffentliche Sache, Gegenstand des Eigentumes ist. Friedhöfe sind nur insoweit dem Verkehr entzogen, als sie dem Zwecke dienen sollen, welchem sie gewidmet sind; sie können im Privateigentume der Kirchen- oder politischen Gemeinden oder einzelner Personen stehen (§ 190 A.L.R. II. 11).

> Vgl. Entsch. des R.G.'s in Civils. Bd. 12 S. 283, Bd. 27 S. 256; Gruchot, Bd. 26 S. 1022.

Ihr Zweck besteht darin, daß die Leichen der Gemeindemitglieder auf dem Friedhofe bestattet werden, und hierauf kann jedes Mitglied der politischen Gemeinde ohne Unterschied der Religion Anspruch machen, sofern diese Gemeinde Eigentümerin des Friedhofes ist. Dieses Recht macht die Beklagte dem Kläger für seine Person auch nicht streitig, und es muß den Ausführungen des Berufungsrichters, welche nirgend einen Rechtsirrtum erkennen lassen, darin beigepflichtet werden, daß das von der Beklagten beanspruchte Ausschließungsrecht mit der Zweckbestimmung des Friedhofes nicht im Widerspruche steht, und daß es zur Bethätigung des jedem Gemeindemitgliede zustehenden Anspruches auf Begräbnis nicht erforderlich ist, daß jeder Gewerbetreibende die betreffenden Handlungen vornimmt, daß es vielmehr genügt, wenn der Friedhofseigentümer geeignete Vorkehrungen trifft, daß jederzeit eine zur ordnungsmäßigen Ausführung der Bestattung bereite und fähige Person vorhanden ist. Und letzteres ist nach der thatsächlichen Feststellung des Berufungsrichters im Streitfalle geschehen. Die Gewerbefreiheit erstreckt sich nur auf die freie Zulassung zum Gewerbe, nicht auf die Art der Ausübung desselben. Wenn der Revision auch zuzugeben ist, daß das Leichenbestattungsgewerbe hauptsächlich nur auf dem Friedhofe ausgeübt wird, und daß somit behufs Ausübung des Gewerbes das Betreten des Friedhofes gestattet sein müsse, so übersieht die Revision jedoch, daß letzteres Recht beschränkt wird durch die dem Friedhofseigentümer kraft seines Eigentumes zustehende Befugnis, Anordnungen zu treffen, in welcher Weise die Ausführung der Leichenbestattung auf dem Friedhofe zu geschehen hat. Die von der Revision aus dem Gewerbebetriebe auf öffentlichen Straßen, Plätzen und Brücken hergeleitete Analogie ist nicht zutreffend, da dort andere rechtliche Grundlagen gegeben sind. Das Betreten der öffentlichen Straßen, Plätze und Brücken ist jedermann gestattet, die Ausübung eines Gewerbes auf denselben aber mehrfach von einer besonderen Erlaubnis abhängig. Kommunalfriedhöfe stehen an sich in vollem Eigentume der betreffenden Gemeinde; sie sind nur insoweit öffentliche Sachen, als sie dem Zwecke dienen sollen, dem sie gewidmet sind. Die Folgerung der Revision, daß Inhalt und Umfang des gemeinen Gebrauches des Friedhofes nach allgemeinen Erwägungen, und zwar bezüglich aller dabei zu berücksichtigenden Handlungen, zu bestimmen sei, während § 190 A.L.R. II. 11 nur ein Recht, aber nicht das einzige Recht jedes Gemeindemitgliedes erwähne, und der dem Berufungsrichter gemachte Vorwurf, daß derselbe den Umfang der Benutzung eines Friedhofes als einer öffentlichen Sache zu eng auffasse, sind unbegründet. Der Berufungsrichter hat den Begriff der öffentlichen Sache unter Berücksichtigung der Eigentumsverhältnisse der Beklagten ohne Rechtsirrtum beurteilt und insbesondere auch den Zweck des Friedhofes und den Begriff des gemeinen Gebrauches desselben nicht verkannt, ist vielmehr dabei ohne Verletzung einer Rechtsnorm von zutreffenden Grundsätzen ausgegangen. Das Recht des Gemeindemitgliedes auf Gewährung der Bestattung wird dadurch nicht beeinträchtigt, daß der Friedhofseigentümer als solcher bestimmte Anordnungen über die Art der Ausübung des Rechtes trifft; zu diesen Anordnungen gehört auch die, durch wen die Ausführung der Bestattung auf dem Friedhofe zu erfolgen hat. Einer solchen Anordnung muß sich jedes Gemeindemitglied unterwerfen, und in dieser Hinsicht unterliegt der freie Gewerbebetrieb des Klägers einer Beschränkung, während die Zweckbestimmung des Friedhofes und sein gemeiner Gebrauch dadurch nicht gehindert wird.

Vgl. auch Urt. des Oberverwaltungsgerichts vom 16. September 1891, Entsch. desselben Bd. 21 S. 127.

Von der Revision ist noch darauf hingewiesen worden, daß der Professor Brie zu Breslau in seinem in der Prozeßsache O. w. Kirchengemeinde St. E. zu Breslau abgegebenen und in der Zeitschrift für Kirchenrecht Bd. 20 S. 269—296 abgedruckten Gutachten sich dahin ausgesprochen habe, daß das der Kirchen-, bezw. Ortsgemeinde zustehende Eigentum am Friedhofe eine Untersagung der Ausübung des Leichenbestattungsgewerbes nicht rechtfertige, sowie daß auch der Professor Friedberg zu Leipzig diesem Ausspruche in seiner Schrift: „Das kirchliche Bestattungsrecht und die Reichsgewerbeordnung", beigetreten sei. Es ist bereits oben hervorgehoben, daß in jenem Prozesse die Sachlage eine wesentlich andere war, und die Eigentumsfrage dort überhaupt nicht erörtert worden ist. Naturgemäß haben sich die beiden vorerwähnten Gutachten mit der damaligen konkreten Sachlage beschäftigt, und wenn sie schließlich nebenbei und ohne jede Begründung den erwähnten Satz aussprechen, so ist ein so allgemeiner Ausspruch nicht geeignet, den Anspruch des Klägers zu rechtfertigen.

Die Revision war hiernach zurückzuweisen." . . .

14. In welchem Verhältnisse steht die Vorschrift des § 36 des Reichsgesetzes über die Beurkundung des Personenstandes und die Eheschließung vom 6. Februar 1875 zu der des Art. 182 Code civil?

IV. Civilsenat. Urt. v. 20. Oktober 1898 i. S. L. u. Gen. (Bekl.) w. R. (Kl.). Rep. IV. 262/98.

I. Landgericht Bochum.
II. Oberlandesgericht Hamm.

Die Entscheidung ist unten unter „Rheinisches Recht" Nr. 78 S. 336 abgedruckt.

15. Sind bei den sog. Antragsvergehen vertragsmäßige Abmachungen, durch welche der Antragsberechtigte dem Thäter oder einem Dritten gegenüber zur Nichtstellung oder Zurücknahme des Antrages auf Strafverfolgung sich verpflichtet, rechtswirksam?

St.G.B. §§ 61. 64.

St.P.O. § 420.

IV. Civilsenat. Urt. v. 24. Oktober 1898 i. S. S. Ehefr. (Kl.) w. H. (Bekl.). Rep. IV. 88/98.

I. Landgericht Magdeburg.
II. Oberlandesgericht Naumburg a. S.

Der Beklagte hat gegen den Ehemann der Klägerin einen Antrag auf Strafverfolgung gestellt a. wegen Beleidigung, begangen am 15. Mai 1897, b. wegen Beleidigung in ideeller Konkurrenz mit Bedrohung, begangen am 7. Juni 1897, und ist wegen dieser Vergehen auch die öffentliche Klage erhoben, das Hauptverfahren vor dem Schöffengericht eröffnet, das Urteil aber in der Sache bisher nicht ergangen. Gelegentlich der Sühneverhandlung vor dem zuständigen Schiedsmann über eine dem Beklagten vorgeworfene Beleidigung der Klägerin ist es dieserhalb zwischen beiden zu einem Vergleiche gekommen, der in dem Sühneterminsprotokolle vom 6. Juli 1897, wie folgt, niedergeschrieben ist: „Herr H. bat Frau S. um Verzeihung und versprach ihr, wenn es möglich wäre, die Klage gegen ihren Mann zurückzunehmen; hiermit erklärte sich Frau S. einverstanden und zufriedengestellt; mithin war die Sühne von Erfolg." Der Beklagte hat es unterlassen, den Antrag auf Strafverfolgung zurückzunehmen, und deshalb ist von der Klägerin, und zwar im „Beistande" ihres Ehemannes, die jetzige Klage erhoben, mit dem Antrage:

den Beklagten zu verurteilen, den in Sachen wider S. gestellten Strafantrag zurückzunehmen.

Vom Landgericht ist auf Abweisung der Klage erkannt. Das Oberlandesgericht hat die Berufung der Klägerin zurückgewiesen.

Auf die Revision der Klägerin ist das Berufungsurteil aufgehoben, und die Sache zu anderweiter Verhandlung und Entscheidung an das Berufungsgericht zurückverwiesen, aus folgenden

Gründen:

„Das Berufungsgericht nimmt in bedenkenfreier Auslegung des Sühneterminsprotokolles vom 6. Juli 1897 an, daß danach der Beklagte die gemäß §§ 64. 194 St.G.B. an sich bezüglich der Beleidigungen zulässige Zurücknahme des gegen den Ehemann der Klägerin gestellten Strafverfolgungsantrages dieser versprochen hat. Gleichwohl hält das Berufungsgericht, in Übereinstimmung mit dem Landgericht, auch in Ansehung der Beleidigungen den auf Verurteilung des Beklagten zur Zurücknahme des Antrages gerichteten Klagantrag deshalb für unbegründet, weil es den strafgesetzlichen und strafprozessualischen Bestimmungen, insbesondere dem § 11 E.G. z. St.P.O., sowohl ihrem Wortlaute wie ihrem Geiste nach, zuwiderlaufen würde, wenn man die Verfolgung oder Nichtverfolgung von Strafthaten — auch soweit diese nur auf Antrag des Verletzten oder gewisser anderer Personen nach den Bestimmungen der Strafgesetze zu geschehen hat — direkt oder indirekt von dem Willen eines Dritten abhangen lassen wollte, der für sich keine andere Legitimation hierzu, als einen von ihm mit dem gesetzlich zum Antrage Berechtigten geschlossenen Vertrag anzuführen vermag. Es würde sich hier allerdings, so wird weiter ausgeführt, um einen gesetzlich verbotenen Eingriff in eine Rechtsmaterie handeln, welche dem Verfügungsrechte der Vertragschließenden nicht unterliege, und über welche daher auch schon nach § 39 A.L.R. I. 5 ein Vertrag nicht geschlossen werden könne. Die Revision macht hier dem Berufungsgerichte den Vorwurf, die Tragweite der angezogenen gesetzlichen Bestimmungen verkannt und außer acht gelassen zu haben, daß der Gesetzgeber den Strafverfolgungsantrag bei Antragsvergehen nicht als Thatbestandsmerkmal der Strafthat, sondern lediglich als eine Prozeßvoraussetzung ansehe, die nur von dem Privatwillen des Verletzten abhange. Danach handle es sich hier nicht um einen Vertrag über Bestimmungen des öffentlichen Rechts, sondern um reine Privatdispositionen, die in beliebiger Weise von den Beteiligten getroffen werden können. Daß der Gesetzgeber von dieser Auffassung ausgegangen sei, ergebe sich auch daraus, daß er durch die Bestimmung in § 420 St.P.O. auf Vergleiche und Verträge der in Rede stehenden Art hingewirkt habe.

Der Angriff der Revision ist begründet. Das bei den sog. Antragsvergehen dem Verletzten eingeräumte Recht zum Antrage auf

Strafverfolgung, mit der Wirkung, daß die Strafverfolgung ohne diesen Antrag überhaupt unstatthaft — § 61 St.G.B. — und im Falle der zulässigen Zurücknahme des gestellten Antrages wieder einzustellen ist — § 64 a. a. O. —, ist zwar ein höchst persönliches, nicht vermögensrechtliches Recht, welches von der Person des Berechtigten untrennbar, daher unveräußerlich und auch nur in der Ausübung nicht übertragbar ist. Auch enthält das Recht zugleich eine in das öffentliche Recht, in das staatliche Strafverfolgungsrecht einschlagende Befugnis. Immerhin ist das Recht privatrechtlicher Natur, seinem Grunde nach beruhend auf der Verletzung des subjektiven Rechtes des Antragsberechtigten durch den Thäter, wenn dieser sich durch die That auch zugleich einer Übertretung des öffentlichrechtlichen Strafgesetzes schuldig gemacht hat. Daraus folgt, daß das Verfügungsrecht des Antragsberechtigten über das ihm zustehende Antragsrecht auch der Beurteilung nach den Normen des Privatrechts unterliegt. Das Verfügungsrecht selbst aber wird bestimmt durch den Inhalt des Antragsrechtes, auf dessen Feststellung es daher in erster Reihe ankommt. In dieser Beziehung ist entscheidend, daß die öffentlichrechtliche Befugnis des Staates zur Strafverfolgung sich auf alle gesetzlich strafbaren Handlungen erstreckt und einer Beschränkung in Ansehung der Antragsvergehen nur insofern unterworfen ist, als die Strafverfolgung, wie bereits hervorgehoben, den rechtzeitigen Antrag des Berechtigten zur Voraussetzung hat und in den Fällen der zulässigen Zurücknahme des Antrages wieder einzustellen ist. Mit dem Eintritte der Voraussetzung wird auch bei den Antragsvergehen das staatliche Strafverfolgungsrecht ein uneingeschränktes, abgesehen von den Fällen der Zulässigkeit der Zurücknahme des Antrages. Aber wie bei Antragsvergehen Rechtswirksamkeit nur dem Strafverfolgungsantrage des Berechtigten selbst beiwohnt, so auch nur der von diesem selbst erklärten Zurücknahme, und zwar kann die Stellung wie die Zurücknahme des Antrages, der rechtlichen Natur des staatlichen Strafverfolgungsrechtes entsprechend, nur dem öffentlichen Ankläger, die Zurücknahme nach Erhebung der öffentlichen Klage auch dem Gerichte gegenüber erklärt werden. Hieraus, in Verbindung mit der Unübertragbarkeit des Antragsrechtes, folgt nun freilich, daß Erklärungen des Antragsberechtigten dritten Personen gegenüber, auch vertragsmäßige Abmachungen, über den Verzicht auf Strafverfolgung überhaupt oder Zurücknahme des gestellten Antrages für den rechtlichen Bestand des staatlichen Strafverfolgungsrechtes bedeutungslos und nicht geeignet sind, auch wenn sie zur Kenntnis der vorerwähnten Amtsstellen gebracht werden, den gleichwohl vom Berechtigten gestellten Antrag zu entkräften oder die Zurücknahme des Antrages durch den Berechtigten selbst zu ersetzen. Auch weist das Berufungsgericht zutreffend darauf hin — unter Bezugnahme auf die Ausführungen bei v. Wilmowski u. Levy zu § 779 C.P.O. Bem. 2 Abs. 2 —, daß die Erzwingbarkeit von Willenserklärungen auf Grund des § 779 C.P.O. auf solche Willenserklärungen beschränkt ist, welche lediglich das Rechtsverhältnis der Parteien untereinander betreffen, sodaß diese Vorschrift im vorliegenden Falle, wo die Zurücknahme des Antrages rechtswirksam nur der Staatsanwaltschaft oder dem zuständigen Gerichte gegenüber erklärt werden kann, entgegen der auch von der Revision vertretenen Auffassung der Klägerin überhaupt nicht anwendbar ist. Indes aus der Bedeutungslosigkeit vertragsmäßiger Abmachungen über das Antragsrecht für das staatliche Strafverfolgungsrecht,

vgl. Urteile des Reichsgerichts vom 13. Januar 1881 und 7. Juni 1886 in den Entsch. des R.G.'s in Straff. Bd. 3 S. 221 und Bd. 14 S. 202, und vom 1. April 1881, Rechtsprechung des R.G.'s Bd. 3 S. 181; Olshausen, Strafgesetzbuch 5. Aufl. zu § 61 Bem. 49a, b, zu § 64 Bem. 20 Abs. 2; Oppenhoff, Strafgesetzbuch 13. Aufl. zu § 61 Bem. 11 und 12; Koch, Allgemeines Landrecht 8. Aufl. zu § 416 I. 16 Anm. 10; Dernburg, Lehrbuch des preußischen Privatrechts 5. Aufl. Bd. 1 § 83 Anm. 1; Förster-Eccius, Preußisches Privatrecht 7. Aufl. Bd. 1 § 103 Anm. 11; Rehbein, Entsch. des Obertrib.. Bd. 3 S. 195. 196 in der Note,

folgt keineswegs ohne weiteres die Rechtsunwirksamkeit derartiger Abmachungen auch unter den Vertragschließenden selbst. Denn der Eintritt der notwendigen Voraussetzung des staatlichen Strafverfolgungsrechtes bei Antragsvergehen hängt von der freien Entschließung des Antragsberechtigten ab, und bei der privatrechtlichen Natur des Antragsrechtes könnte die Übernahme vertraglicher Verpflichtungen bezüglich der Ausübung dieses Rechtes der Rechtswirksamkeit nur entbehren, wenn ihr dieselbe nach allgemeinen Rechtsgrundsätzen versagt werden müßte. Dazu reichen aber die Erwägungen des Berufungsgerichts in keiner Weise aus. Nachdem das Gesetz das staatliche Strafverfolgungsrecht durch das Antragsrecht des Verletzten bei den Antragsvergehen einmal eingeschränkt hat, ist nicht abzusehen, weshalb nicht der Antragsberechtigte rechtsverbindlich dem Thäter oder einem Dritten gegenüber sich sollte zur Nichtausübung seines Rechtes verpflichten können. Dem steht weder Geist noch Wortlaut der strafgesetzlichen und strafprozessualischen Bestimmungen entgegen, insbesondere nicht der vom Berufungsgericht herangezogene § 11 E.G. z. St.P.O. Nach dieser Vorschrift findet die Verfolgung von Beleidigungen und Körperverletzungen nur nach den Vorschriften der Strafprozeßordnung statt. Dieselbe richtet sich also gegen die Verhandlung von Privatklagen wegen Beleidigungen und Körperverletzungen im Wege des Civilprozesses, wie sie bis dahin in einzelnen deutschen Bundesstaaten stattfand, und verweist ihrerseits selbst wieder auf die Strafprozeßordnung, will somit nur die unterschiedslose Anwendung der letzteren sichern. Zutreffend ist auch der Hinweis der Revision auf die Vorschrift in § 420 St.P.O. über die Notwendigkeit der vorgängigen Sühneverhandlung vor Erhebung der Privatklage wegen Beleidigungen. Nach dieser Vorschrift ist die vertragsmäßige Aufhebung des Privatklagerechtes unbedenklich zulässig,

vgl. das angeführte Urteil des Reichsgerichts vom 1. April 1881; Olshausen, a. a. O. zu § 64 Bem. 20; Oppenhoff, a. a. O. zu § 61 Bem. 12; Koch, Dernburg, Förster-Eccius und Rehbein a. a. O., sowie §§ 33. 34 der preußischen Schiedsmannsordnung vom 29. März 1879,

sodaß der Thäter den geschlossenen Vertrag der gleichwohl erhobenen Privatklage mit Erfolg entgegensetzen kann. Hieraus folgt, da auch mit der Privatklage die öffentlichrechtliche Bestrafung erstrebt wird, daß der Gesetzgeber es mit dem Wesen des Strafrechtes keineswegs für unvereinbar gehalten hat, wenn bei Antragsvergehen der Antragsberechtigte sich vertragsmäßig Dritten gegenüber zur Nichtausübung des Antragsrechtes verpflichtet. Hiermit entfällt auch der weiteren Erwägung des Berufungsgerichts, daß derartige vertragsmäßige Abmachungen einen gesetzlich verbotenen Eingriff in eine dem Verfügungsrechte der Vertragschließenden nicht unterliegende Rechtsmaterie enthalten, die Unterlage, und ebenso der darauf gestützten Anwendbarkeit des § 39 A.L.R. I. 5, in dem Sinne, daß danach nur über das, was der Gegenstand einer rechtsgültigen Willenserklärung sein kann, auch Verträge geschlossen werden können. Daß Verträge über die Ausübung des Antragsrechtes etwa schlechthin als wider die guten Sitten und die Ehrbarkeit verstoßend und schon deshalb gemäß § 7 A.L.R. I. 4 und § 39 A.L.R. I. 5 als unverbindlich zu erachten seien, ist ohne weiteres und schon mit Rücksicht auf die vom Gesetze selbst geförderte vergleichsweise Ausgleichung zwischen dem Verletzten und dem Thäter bei Beleidigungen und Körperverletzungen zu verneinen. Dagegen unterliegen aber andererseits auch Verträge dieser Art in dem einzelnen Falle der Prüfung, ob sie mit dem Sittlichkeits- und Ehrbarkeitsgefühl vereinbar sind. Nach dieser Richtung hin giebt der zwischen der Klägerin und dem Beklagten in der Sühneverhandlung vom 6. Juli 1897 geschlossene Vergleich zu Bedenken keine Veranlassung. Die von dem Beklagten gegen die Verzeihung der ihm vorgeworfenen Beleidigung seitens der Klägerin dieser gegenüber übernommene Verpflichtung zur Zurücknahme des gegen deren Ehemann gestellten Strafantrages ist nicht vermögensrechtlicher Natur und findet vom Standpunkte der Klägerin aus ihre sittliche Rechtfertigung in dem auf dem ehelichen Verhältnisse beruhenden und durch dieses gerechtfertigten Bestreben, ihren Ehemann der ihm drohenden Bestrafung zu entziehen. Daß endlich, worauf das Berufungsgericht in zweiter Reihe Gewicht legt, die Erzwingbarkeit der verlangten Zurücknahme des Antrages, wie bereits oben hervorgehoben, nicht auf Grund der Vorschrift in § 779 C.P.O. gesichert ist, steht der Zwangsvollstreckung aus einer entsprechenden Verurteilung an sich, und so lange — wie vorliegend der Fall — ein auf Strafe lautendes Urteil noch nicht ergangen ist, keineswegs entgegen, da bei Nichtanwendbarkeit des § 779 jedenfalls der § 774 a. a. O. Platz greift, nach welchem, sofern eine Handlung durch einen Dritten nicht vorgenommen werden kann, dieselbe aber ausschließlich von dem Willen des Schuldners abhängt, auf Antrag vom Prozeßgericht zu erkennen ist, daß der Schuldner dazu durch Geldstrafen bis zum Gesamtbetrage von 1500 ℳ oder durch Haft anzuhalten sei.

Das die Klage bezüglich der Zurücknahme des Strafantrages abweisende Berufungsurteil beruht hiernach auf Verletzung materieller und formeller Rechtsnormen und unterliegt deshalb insoweit der Aufhebung. Die Sache selbst ist zur Endentscheidung noch nicht reif, weil es nunmehr noch der bisher nicht erfolgten thatsächlichen und rechtlichen Erörterung des an sich — § 502 St.P.O. — erheblichen Einwandes des Beklagten bedarf, daß er sich nur unter der Bedingung zur Zurücknahme des Strafantrages bereit erklärt habe, daß ihm dadurch keine Kosten entständen, und daß diese Bedingung lediglich deshalb in den Vergleich nicht aufgenommen sei, weil die Parteien und der Schiedsmann dies für selbstverständlich erachtet hätten." . . .

---

16. Wird der Reichsmilitärfiskus, soweit es sich um Preußen handelt, stets durch die Korpsintendanturen vertreten, oder steht dessen Vertretung auch anderen Behörden, z. B. der Direktion der Artilleriewerkstatt, zu?

II. Civilsenat. Urt. v. 1. November 1898 i. S. H. (Kl.) w. Reichsmilitärfiskus (Bekl.). Rep. II. 201/98.

I. Landgericht Köln.
II. Oberlandesgericht daselbst.

Der in Köln-Deutz wohnende Kläger erhob gegen den „Reichsmilitärfiskus in Berlin, vertreten durch die Artilleriewerkstatt in Köln-Deutz," Klage mit dem Antrage, dem Beklagten den Maschinenbetrieb in dieser Anstalt zu untersagen oder ihn zu verurteilen, solche Einrichtungen zu treffen, durch welche die vorhandenen Übelstände beseitigt würden. Die Direktion der Artilleriewerkstatt trat als gesetzliche Vertreterin des Beklagten auf und beantragte, die Klage wegen Unzulässigkeit des Rechtsweges abzuweisen. Das Landgericht verwarf diese Einrede. Das Oberlandesgericht hob das angefochtene Urteil auf und wies die Klage angebrachtermaßen ab, weil der richtige gesetzliche Vertreter des Fiskus die Korpsintendantur sei. Auf Revision des Klägers wurde das Urteil des Oberlandesgerichtes aufgehoben, und die Sache zu anderweiter Verhandlung und Entscheidung an das Berufungsgericht zurückverwiesen.

Aus den Gründen:

... „Das Oberlandesgericht hat zwar im Anschlusse an die Rechtsprechung des Reichsgerichtes,

Entsch. des R.G.'s in Civils. Bd. 20 S. 148 flg., Bd. 24 S. 36 flg., Bd. 35 S. 13 flg.,

zutreffend dargelegt, daß die Militärverwaltung des Reiches (abgesehen von der Marineverwaltung) von den Einzelstaaten für Rechnung des Reiches geführt wird, sonach der Reichsmilitärfiskus, soweit nicht besondere Vorschriften bestehen, in den von ihm geführten Prozessen von den Kontingentsverwaltungen der einzelnen Bundesstaaten vertreten wird. Auch sind seine Ausführungen insoweit zu billigen, als dargelegt wurde, nach den im Königreiche Preußen bestehenden Anordnungen seien die Korpsintendanturen (als Provinzialbehörden) regelmäßig dazu berufen, den Militärfiskus im Prozesse zu vertreten. Deren Vertretungsbefugnis beruht zwar nicht auf einem besonderen Gesetze; sie wird aber daraus gefolgert, daß ihre Stellung derjenigen der übrigen Provinzialbehörden entspricht, sonach anzunehmen ist, die Korpsintendanturen seien, soweit der Gegenstand in ihren Geschäftsbereich gehört, nach den allgemeinen Verwaltungsgrundsätzen befugt, den Militärfiskus in den von ihm geführten Prozessen zu vertreten.

Vgl. Entsch. des R.G.'s in Civils. Bd. 20 S. 155 und Bd. 24 S. 37.

Das Oberlandesgericht hat aber übersehen, daß diese Vertretungsbefugnis nur unter der Voraussetzung besteht, daß die Angelegenheit, auf die sich der Rechtsstreit bezieht, überhaupt zum Geschäftskreise der Korpsintendanturen gehört. Auch kann die von ihm ausgesprochene Auffassung, daß das Kriegsministerium nicht in der Lage sei, an der Vertretungsbefugnis der Korpsintendanturen etwas zu ändern, nicht gebilligt werden. Wie das Reichsgericht schon in einem Urteile vom 7. März 1895,

Entsch. des R.G.'s in Civils. Bd. 35 S. 13 flg., besonders S. 15,

ausgesprochen hat, kann die Befugnis, den Militärfiskus im Prozesse zu vertreten, einer bestimmten Behörde auf dem Wege der Verordnung oder des Reglements oder einer besonderen Geschäftsordnung insoweit wirksam übertragen werden, als eine derartige Anordnung mit gesetzlichen Vorschriften nicht in Widerspruch steht. Im vorliegenden Falle ergiebt sich nun schon aus der in Preußen bestehenden

Organisation der Behörden, daß die in Frage stehende Angelegenheit nicht zum Geschäftskreise der Korpsintendantur, sondern zu demjenigen der Artilleriewerkstatt gehört, die, wie die übrigen technischen Institute der Artillerie, dem Kriegsministerium unmittelbar unterstellt ist.

Vgl. Fritze, Zusammenstellung der Behörden ꝛc S. 178, sowie das Urteil des Oberlandesgerichtes Köln vom 5. April 1898, Rhein. Archiv Bd. 93 Abt. I S. 225. 226.

Außerdem hat das Kriegsministerium in einem an die Artilleriewerkstatt zu Deutz gerichteten Schreiben vom 20. August 1897 deren Direktion ausdrücklich ermächtigt, den Reichsmilitärfiskus in allen Prozessen zu vertreten, die aus Anlaß des Betriebes der Artilleriewerkstatt eingeleitet werden sollten. Dieser Anordnung, die mit einer gesetzlichen Vorschrift nicht in Widerspruch steht, hat das Oberlandesgericht nach den oben dargelegten Grundsätzen mit Unrecht jede Wirksamkeit versagt. Die Annahme, daß die Artilleriewerkstatt nicht befugt sei, den Militärfiskus im vorliegenden Prozesse zu vertreten, beruht sonach auf einem Rechtsirrtum. In dem bereits erwähnten Urteile des Oberlandesgerichtes Köln vom 5. April 1898 hat denn auch der I. Civilsenat des Oberlandesgerichtes Köln mit zutreffender Begründung dargelegt, daß die Vertretungsbefugnis der Artilleriewerkstatt nicht zu beanstanden sei." . . .

17. Wird die mit der Rechtskraft eines auf Aberkennung der bürgerlichen Ehrenrechte lautenden Strafurteiles eingetretene Wirkung des Amtsverlustes durch ein im Wiederaufnahmeverfahren ergangenes Urteil wieder aufgehoben, wenn durch dasselbe unter Aufhebung des früheren Strafurteiles auf Freisprechung erkannt ist?

St.G.B. §§ 33. 36.

St.P.O. § 413.

IV. Civilsenat. Urt. v. 3. November 1898 i. S. D. (Kl.) w. Stadtgemeinde K. (Bekl.). Rep. IV. 264/98.

I. Landgericht Königsberg i. Pr.
II. Oberlandesgericht daselbst.

Die Entscheidung ist unten unter „Preußisches Recht" Nr. 65 S. 281 abgedruckt.

18. 1. Ist der Korrespondentrheder als solcher zur Vertretung der Rhederei in Schiffskollisionsprozessen befugt?

2. Erlöschen die Befugnisse des Korrespondentrheders als solchen ohne weiteres mit dem Untergange des Schiffes?

3. Zur Auslegung des Art. 24 der Kaiserlichen Verordnung zur Verhütung des Zusammenstoßes der Schiffe auf See vom 7. Januar 1880.

4. Kann in Fällen, in denen das Dasein einer Verschuldung nach der Natur der Sache nicht mehr mit voller Gewißheit widerlegt werden kann, der Nachweis genügen, daß sich aus dem gehörig ermittelten Thatbestande keinerlei Anzeichen für eine Verschuldung ergeben?

I. Civilsenat. Urt. v. 5. November 1898 i. S. Gebr. H. als Korrespondentrheder des Barkschiffes „M." (Kl.) w. die Aktiengesellschaft St. Dr. C. L. (Bekl.). Rep. I. 209/98.

I. Landgericht Bremen.
II. Oberlandesgericht Hamburg.

Am 16. Januar 1896 stieß die „M.", eine Bark der von den Klägern vertretenen Rhederei, im Kanal mit dem der Beklagten gehörenden Dampfer „Dr." zusammen und sank infolge des Zusammenstoßes. Die Kläger verlangten von der Beklagten den Ersatz ihres Schadens. Die „M." hatte ihr Vordergeschirr verloren, weshalb ihre Führung die Schleppdienste des vorüberfahrenden „Dr." erbeten hatte. Der Dampfer versuchte hierauf zu zweien Malen, an der Luvseite (Backbordseite) der „M." mittels treibender Bojen die Schlepptrosse von Bord zu Bord zu bringen. Angesichts des hohen Seeganges und heftigen Windes mißglückten beide Versuche. Der „Dr." forderte sodann die Bark auf, beizudrehen, machte gleichzeitig einen Rundlauf um sie, damit er sich ihr von hinten her an ihrer Luvseite mit verminderter Geschwindigkeit aufs neue nähern könne. In welchem seitlichen Abstande er sich anfänglich gehalten habe, war streitig. Nach der Darstellung der Klägerin kam er ganz nahe heran, in der Absicht, die Leine hinüberzuwerfen. Die Beklagte erklärte dagegen, daß die Entfernung etwa 40—50 Yards betragen habe, und daß die Verbindung auch jetzt wieder mit Hilfe einer Boje, nicht aber durch Überwerfen habe hergestellt werden sollen. Ebenso war streitig, ob die „M." vollständig beigedreht hatte, oder nicht. Während die Klägerin dies behauptete und davon ausging, daß ihr Schiff mit gebraßten Raaen im Wasser gelegen habe, sollte die „M." nach den Angaben der Beklagten lediglich die Vorsegel aufgegeit und immer noch etwa drei Knoten Fahrt gemacht haben. Thatsache ist, daß die Bark hin- und hergierte und bei der auf parallelem Kurse erfolgenden Annäherung des Dampfers ein wenig an den Wind luvte. Die Schiffe stießen dann mit den Breitseiten wiederholt gegeneinander; infolgedavon wurde die „M." leck und sank.

Beide Vorderrichter hatten die Klage für unbegründet erklärt. Die Revision der Kläger ist zurückgewiesen worden aus folgenden

Gründen:

... „Die Bark „M." stand im Miteigentume einer größeren Anzahl von Rhedern. Die Gebr. H. . . . führten als Korrespondentrheder ihre Geschäfte. Es fragt sich, ob sie in dieser Eigenschaft namens der Rhederei zur Prozeßführung legitimiert waren. Das Reichsgericht glaubt, entgegen den Ausführungen der Revisionsbeklagten, hierauf bejahend antworten zu sollen.

Nach Art. 460 H.G.B. ist der Korrespondentrheder befugt, alle Geschäfte und Rechtshandlungen vorzunehmen, die der Geschäftsbetrieb einer Rhederei gewöhnlich mit sich bringt. Ebensoweit reicht seine Befugnis, die Rhederei vor Gericht zu vertreten. Der Wortlaut dieser Vorschrift möchte nun freilich die Annahme nahe legen, daß die Verfolgung von Schadensersatzansprüchen wegen Beschädigung oder Vernichtung des Schiffes nicht zum gesetzlichen Geschäftskreise des Korrespondentrheders gehöre. Man könnte zweifeln, ob sie sich als eine Rechtshandlung bezeichnen läßt, die der Geschäftsbetrieb einer Rhederei gewöhnlich mit sich bringt; dies umsomehr, als der Korrespondentrheder nach der Auffassung des Handelsgesetzbuches grundsätzlich oder doch im allgemeinen als Bevollmächtigter der Rhederei, und nicht der einzelnen Mitrheder gilt; die Frage, ob Entschädigung für verlorene Schiffsparten gefordert werden soll, scheint aber weniger ein Interesse der Gesamtheit denn ein Interesse der Einzelnen zum Gegenstande zu haben. Nichtsdestoweniger muß die entgegengesetzte Annahme als im Gesetze begründet angesehen werden.

Sie entspricht in eminentem Sinne der Verkehrsanschauung, wonach dem Korrespondentrheder im ganzen und großen die Befugnisse eines generellen gesetzlichen Vertreters beigelegt werden. Das praktische Leben pflegt mit Rücksicht auf die Bedürfnisse eines geregelten Geschäftsbetriebes, die eine gehörige Organisation der Rhederei notwendig machen, die Grenzlinie noch weiter hinauszuschieben als das Gesetz. Die unorganisierte Rhederei ist oftmals eine äußerst schwerfällige Rechtsfigur, weil die Anzahl der Parten nach deutschem Rechte unbeschränkt und thatsächlich manchmal sehr hoch ist. Dazu kommt, daß die Veräußerung der Parten und sonach der Mitgliederwechsel mit Rechtswirksamkeit gegen Dritte erfolgen kann, ohne daß dies nach außen ersichtlich würde. Zwar soll eine entsprechende Eintragung ins Schiffsregister geschehen; sie ist aber für den Eigentumsübergang nicht erforderlich und für das Eigentumsrecht nicht entscheidend (Artt. 439. 470. 471 H.G.B.). Sie liefert rücksichtlich des Schiffseigentumes allenfalls eine Vermutung, die bis zum Beweise des Gegenteiles anerkannt wird, nicht aber einen durchgreifenden Beweis, der dem anspruchsberechtigten Dritten die nötige Sicherheit in der Rechtsverfolgung gewährte.

Das Gesetz tritt solchem Verkehrsbedürfnisse nun aber auch nicht dadurch entgegen, daß es die Vertretungsbefugnis des Korrespondentrheders bei Prozessen von Art des gegenwärtigen für ausgeschlossen erklärte. Schon die historische Entwickelung giebt Anhaltspunkte dafür, in welchem Sinne die geltenden Regeln verstanden werden müssen. Die Stellung des Korrespondentrheders mit ihren Befugnissen und Pflichten hat sich vorzugsweise im praktischen deutschen Seeverkehr, wenn zwar unter dem Einflusse des niederländischen Rechtes, ausgebildet, während die engliche Jurisprudenz erst in den letzten Jahrzehnten mit einer genaueren Abgrenzung der rechtlichen Zuständigkeiten des Rhedereibevollmächtigten (ship's husband, managing owner) begonnen zu haben scheint. Das Handelsgesetzbuch für das Königreich der Niederlande vom 10. April 1838 hat aber in Übereinstimmung mit den bestehenden Gebräuchen den Korrespondentrheder oder Buchhalter ermächtigt, sowohl vor Gericht als außergerichtlich insoweit, als seine Befugnisse nicht nach bestimmten Richtungen besonders eingeschränkt sind, rechtswirksam für die Rhederei zu handeln (Art. 327 daselbst). Im Gegensatze zu dem hanseatischen Seerechte, das zwar unter Umständen die Einsetzung einer Kommission von zwei Mitgliedern aus der Zahl der „Schiffsfreunde" fordert, ihren Wirkungskreis aber nicht eingehender regelt,

vgl. das alte hanseatische Seerecht von 1591 Kap. I Art. 4 und das revidierte hanseatische Seerecht von 1614 Kap. I Art. 6, Kap. V Art. 1; auch Langenbeck, Anmerkungen über das Hamburgische Schiff- und Seerecht, Anm. zu Tl. II Tit. 13 Art. 4 der Statuten,

hat zuerst das preußische Seerecht vom 1. Dezember 1727 in Kap. II Art. 2 dem Korrespondentrheder eine Legalvollmacht des Inhaltes erteilt, daß er für befugt gelten soll, alle Schiffsangelegenheiten zu besorgen, und das preußische Allgemeine Landrecht hat diese generelle Bestimmung insofern näher präzisiert, als es ihm alle Rechte und Pflichten eines Handlungsfaktors oder Disponenten überträgt (§ 1431 A.L.R. II. 8). Unter dem Handlungsfaktor oder Disponenten wird aber derjenige verstanden, der von dem Eigentümer einer Handlung beauftragt worden ist, seine Stelle zu vertreten. Damit erstreckt sich denn sein Auftrag kraft ausdrücklicher Gesetzesvorschrift über alle Arten von Geschäften, die bei der ihm übertragenen Handlung vorfallen (§§ 497. 501 A.L.R. II. 8). Nach dem preußischen Entwurfe zum Handelsgesetzbuche sollte der Korrespondentrheder wiederum die Befugnisse eines Faktors erhalten (Art. 399), und die beratende Kommission hat des Widerspruches einzelner Mitglieder ungeachtet beschlossen, seine Stellung in der Weise zu normieren, „daß er als der Bevollmächtigte der Rhederei zur Vornahme aller ihrer Geschäfte anzusehen, und nur diejenigen Handlungen zu nennen wären, welche ausnahmsweise in seiner Vollmacht nicht begriffen sein sollten".

Vgl. Protokolle Tl. 4 S. 1526.

Dieser Entwickelungsgang zeigt auf das bündigste, welcher Art Rechtsanschauungen zur Zeit der Emanation des Gesetzes die herrschenden waren. Er eröffnet damit zugleich den Weg, um zu seinem richtigen Verständnisse zu gelangen. Im allgemeinen soll der Korrespondentrheder zur Vornahme aller Akte befugt sein, die ihm nicht gesetzlich entzogen sind. Wenn es nun als Kriterium aufgestellt wird, daß es ein Geschäft oder eine Rechtshandlung gelten muß, wie sie der Geschäftsbetrieb einer Rhederei gewöhnlich mit sich bringt, so wird doch durch die Einschiebung des Wortes „gewöhnlich" eine wesentliche Einschränkung seiner Zuständigkeiten nicht bewirkt. In erster Linie kommen natürlich Geschäfte und Rechtshandlungen in Betracht, die im laufenden und regelmäßigen Geschäftsbetriebe einer Rhederei vorfallen. Es ist aber nicht ausgesprochen, daß lediglich solche Geschäfte und Rechtshandlungen getroffen werden sollen; denn es sind dem Korrespondentrheder nicht die Geschäfte und Rechtshandlungen, die der gewöhnliche Geschäftsbetrieb mit sich bringt, sondern Geschäfte und Rechtshandlungen, die der Geschäftsbetrieb gewöhnlich mit sich bringt, überwiesen. Er darf also nur diejenigen Handlungen nicht vornehmen, die als im Geschäftsbetriebe ungewöhnlich qualifiziert werden müssen. Die Seltenheit des Vorkommens verleiht einer Handlung aber noch nicht den Charakter der Ungewöhnlichkeit. Das wird durch das Gesetz selbst klargestellt. Einerseits wäre es sonst nicht erforderlich gewesen, den Verkauf des Schiffes, der doch nur ein einziges Mal vorkommen kann, ausdrücklich aus seiner Rechtssphäre auszuscheiden; er fiele ganz selbstverständlich nicht hinein. Und andererseits gehören Schiffsreparaturen von außergewöhnlichem Umfange im Verhältnisse zu Dritten ohne Zweifel zum gesetzlichen Geschäftskreise des Korrespondentrheders (Art. 460 Abs. 2 [„Erhaltung des Schiffs"]; Art. 463 Abs. 2 H.G.B.); auch sie sind aber nicht Handlungen des gewöhnlichen Geschäftsbetriebes. Danach wird man den Art. 460 Abs. 1 dahin auslegen müssen, daß der Korrespondentrheder auf Grund seiner gesetzlichen Vollmacht alles dasjenige thun darf, was im Geschäftsbetriebe einer Rhederei bei der Lage, in der sie sich thatsächlich befindet, normalerweise geschieht, mag dergleichen oft, oder selten vorkommen, wichtig, oder unwichtig sein, hohe, oder niedrige Kosten verursachen. Ungewöhnlich und für die Rhederei unverbindlich ist die Handlung nur dann, wenn ihre Vornahme unter den obwaltenden Umständen als ungewöhnlich und außerhalb des naturgemäßen Geschäftsbetriebes gelegen erscheinen würde.

Im Abs. 2 des Art. 460 heißt es nun freilich, daß die Befugnis des Korrespondentrheders sich „auf die mit dem gewöhnlichen Geschäftsbetriebe verbundene Empfangnahme von Geldern" erstreckt. Diese Vorschrift kann der vorstehenden Auslegung aber um deswillen nicht entgegengesetzt werden, weil der Abs. 1 das allgemeine Prinzip enthält, während der Abs. 2 nicht dessen Einschränkung herbeiführen, sondern nur einige der darin beschlossenen Einzelrechte hervorheben will.

In ganz ähnlicher Weise hat auch Pöhls, Seerecht Bd. 1 S. 120 flg., schon vor dem Erlaß des Handelsgesetzbuches die Befugnisse des Korrespondentrheders nach gemeinem deutschen Seerechte abgesteckt. Das vorgenommene Geschäft ruft nach seiner Ansicht für die Rhederei allemal Rechte und Pflichten ins Leben, wenn es nur nicht als ungewöhnlich erscheint, sondern von solcher Art ist, daß der Mitkontrahent annehmen konnte, es liege im Willen der Rhederei.

Daß das Verständnis des Art. 460 keine unmittelbaren Rückschlüsse auf den Inhalt des Art. 47 H.G.B. gestattet, braucht nur im Vorübergehen erwähnt zu werden. Die Vertretungsbefugnis des Korrespondentrheders reicht weiter als diejenige des bloßen Handlungsbevollmächtigten, deren Umfang nach der Eigentümlichkeit des bestimmten Handelsgewerbes, nach dessen Gegenständen, Ausdehnung und Betriebsart beschrieben werden muß.

Es ist nun im Rhedereibetriebe aber gewiß nicht ungewöhnlich, Ersatz für Schäden zu fordern, die dem Schiffe von Anderen zugefügt worden oder infolge von Zusammenstößen entstanden sind; dies umsoweniger, als Schiffskollisionen heutigentages nicht einmal zu den seltenen Vorkommnissen gehören. So hat denn auch das vormalige Reichsoberhandelsgericht zu wiederholten Malen die Legitimation des Korrespondentrheders zur Vertretung der Rhederei in Ansegelungssachen stillschweigend anerkannt.

Vgl. das Urteil in Sachen Sn. w. B. vom 12. November 1873, Rep. II. 662/73, und Entsch. des R.O.H.G.'s Bd. 24 Nr. 26.

Steht ihm aber die Geltendmachung solcher Ersatzansprüche überhaupt zu, dann erscheint er auch als befugt, im Liquidationsstadium die Ersatzforderung für das bei einer Kollision untergegangene Schiff zu erheben.

Dabei wird freilich vorausgesetzt, daß mit der Auflösung der Rhederei deren bisherige Organisation nicht ohne weiteres zusammenfällt. Das ist aber auch in der That anzunehmen. Das Reichsgericht hat sich bereits in der in den Entsch. in Civils. Bd. 11 S. 194 flg. abgedruckten Entscheidung auf diesen Standpunkt gestellt, und es findet trotz der von Lewis-Boyens, Deutsches Seerecht Bd. 1 S. 291, dagegen erhobenen Bedenken keinen Anlaß, von seiner Ansicht zurückzutreten. Nach der Anschauung des Seeverkehres bleibt die Vertretungsmacht des Korrespondentrheders auch nach dem Untergange des Schiffes noch erhalten, und die Vorschriften des Handelsgesetzbuches zwingen nicht zu der entgegengesetzten Auffassung. Muß freilich zugegeben werden, daß eine eigentliche Rhederei im gesetzlichen

Sinne nicht mehr besteht, wenn ihr Schiff verloren gegangen ist, so pflegt doch andererseits noch eine Summe gesellschaftlicher Angelegenheiten ihrer Erledigung zu warten. Und hat das Handelsgesetzbuch die Liquidation der Rhederei nicht ausdrücklich geordnet, so folgt daraus doch nicht notwendig, daß einfach die dem bürgerlichen Rechte eigentümlichen, nach Auflösung einer Sozietät eintretenden Grundsätze Platz greifen sollen. Die Rhederei ist eine Gesellschaftsform besonderer Art, und dieselben Erwägungen, die das Gesetz für die Zeit ihres Bestandes zur Anerkennung und Ausgestaltung einer gesellschaftlichen Vertretung genötigt haben, lassen eine solche auch während des Liquidationsverfahrens als geboten erscheinen. Es entspricht daher nur dem Gedankengange des Gesetzes — eine Thatsache, die im Art. 473 Abs. 2 eine unmittelbare Bestätigung findet —, wenn die der Rhederei einmal verliehene Organisation trotz der Unmöglichkeit, den Rhedereibetrieb fortzusetzen, bis zur Abwickelung der Gesellschaftsgeschäfte aufrechtgehalten wird. Nicht minder liegt es in der mutmaßlichen Absicht der Rhederei selber, die eingesetzte Vertretung erst dann in Wegfall kommen zu lassen, wenn gemeinsame Interessen nicht mehr vorhanden sind. Die Rhederei gilt ungeachtet ihrer Auflösung rechtlich soweit und solange in ihrem bisherigen Dasein und Wesen für unverändert, als es die Liquidation des Unternehmens und die Auseinandersetzung unter den Mitrhedern erfordern.

Danach waren die Kläger in der That befugt, die Ansprüche der Gesellschaft gegen die Beklagte ihrerseits auf dem Rechtswege zu verfolgen. Solche Ansprüche können aber nicht anerkannt werden.

Das Berufungsgericht setzt zutreffend voraus, daß die Vorschriften der Kaiserlichen Verordnung vom 7. Januar 1880 in Bezug auf das Ausweichen von Schiffen hier der Anwendbarkeit entbehren. Sie greifen Platz, wenn Schiffe einander aus dem Wege gehen wollen. Hier galt es aber im Gegenteil die beiderseitige Annäherung, um die nötige Verbindung von dem einen zum anderen Schiffe herstellen zu können, und es liegt in der Natur der Sache, daß dabei diejenigen Regeln, die den Zusammenstoß zweier sich begegnender oder überholender Schiffe verhüten sollen, nicht eintreten können. Bei Beobachtung der reglementsmäßigen Ausweichbestimmungen ist eben die gewollte Annäherung eine Unmöglichkeit. Somit kann der Entscheidung lediglich der Art. 24 der Verordnung zu Grunde gelegt werden, wonach der

Schiffer keinerlei Vorsichtsmaßregel versäumen darf, die durch die gewöhnliche seemännische Praxis oder durch die besonderen Umstände des Falles geboten wird. Das hat auch das Berufungsgericht gethan. Es hat sich zunächst über die Bedeutung und Tragweite dieser Bestimmung ausgesprochen und hierauf dargelegt, daß in dem Verhalten des den Dampfer führenden Kapitäns, wie es ermittelt worden sei, kein Verschulden gefunden werden könne. Wenn es dabei wiederholt hervorhebt, daß der Schiffer nur das zu leisten habe, was jeder Schiffer in seiner Stelle geleistet haben würde, und daß eine prima vista klar zu Tage liegende Erkenntnis von der Unzulänglichkeit der ausgeführten Manöver für den Führer des „Dr.“ nicht bestanden habe, so könnte allerdings in Zweifel gezogen werden, ob nicht ein Mißverständnis der angezogenen Rechtsnorm im Spiele ist. Die Ausdrucksweise des Berufungsgerichtes läßt der Annahme Raum, daß es im Art. 24 die gesetzliche Feststellung eines Mindermaßes von Sorgfalt gegenüber der regelmäßig von dem Schiffer verlangten Sorgfalt gefunden hat. Diese Auffassung würde nicht richtig sein. Dem Schiffer wird vielmehr die volle Diligenz zur Pflicht gemacht, die von einem gewissenhaften, mit den für seinen Beruf erforderlichen theoretischen Kenntnissen und praktischen Erfahrungen ausgerüsteten Schiffer erwartet werden kann. Er muß leisten, nicht was ein jeder, sondern was ein ordentlicher Schiffer in seiner Lage leisten würde. Wenn das Gesetz die gewöhnliche seemännische Praxis zur Richtschnur erhebt, so wird damit nicht etwa ausgesprochen, daß es eine gewöhnliche und eine vollkommenere seemännische Praxis giebt, hier aber nur die Beobachtung der gewöhnlichen Praxis gefordert sein soll. Das, was seemännische Praxis ist, ist das seemännisch Übliche oder Gewöhnliche. Die seemännische Praxis deckt sich mit der Summe von Regeln und Gebräuchen, die sich neben dem geschriebenen Rechte im Seeverkehre der Nationen entwickelt und festgesetzt hat, und die Beobachtung eben dieser Praxis, die Beobachtung dessen, was Schiffergebrauch ist und regelmäßig von ordentlichen Seeleuten zu geschehen pflegt, wird dem Schiffer zur Pflicht gemacht; genau in derselben Weise, wie er nach Art. 24 der englischen Regulations for preventing collisions at sea von 1879 alle die Vorsorge nehmen soll, die „by the ordinary practice of seamen“ erfordert wird. Wo ihn aber bei der besonderen Gestaltung des Falles auch die seemännische Praxis im Stich läßt, da hat er diejenigen Maßregeln zu ergreifen, die durch die besonderen Umstände geboten sind. Daß er hierbei überall mit der Vorsicht eines ordentlichen Schiffers zu handeln hat, versteht sich von selber. Damit sind denn aber auch die Grenzen seiner Verpflichtung bezeichnet. Insbesondere wäre es unzulässig, wenn man einen außergewöhnlichen Grad von Geschick und Umsicht beanspruchen wollte. Das würde nicht allein mit Rücksicht auf die realen Verhältnisse undurchführbar sein, sondern stände auch mit dem Willen des Gesetzes im Widerspruch. Danach bildet den Maßstab, nicht was ein Schiffer mit ungewöhnlichen geistigen Fähigkeiten, sondern was ein Schiffer von durchschnittlicher Begabung, Erfahrung und Gewissenhaftigkeit leistet. Ob das Berufungsgericht sich von dieser Auffassung leiten läßt, hat es, wie gesagt, nicht klar zum Ausdruck gebracht. Wäre seine Gesetzesauslegung aber auch eine irrige, so würde darum doch die Aufhebung des Urteiles nicht notwendig sein, weil sein etwaiger Irrtum nicht auf die Entscheidung selber zurückgewirkt hat.

Diese beruht vielmehr auf thatsächlichen Feststellungen, die zu rechtlicher Beanstandung keinen Anlaß bieten. Es wird zuvörderst anerkannt, daß die „M." bei dem ihr verhängnisvoll gewordenen dritten Annäherungsversuche des „Dr." beigedreht gelegen und nur noch eine äußerst geringe Vorausfahrt gemacht habe, sowie daß sie angesichts dieser Lage unfähig gewesen sei, beim Eintritt der Kollisionsgefahr etwas zur Vermeidung des Zusammenstoßes zu thun. Gleichzeitig erklärt das Berufungsgericht für zweifellos, daß der Dampfer dem Segler zu nahe gekommen ist, um trotz seiner im übrigen erfolgreichen Rudermanöver die Kollision vermeiden zu können. Es nimmt also an, daß sich der Abstand, in dem sich der Dampfer dem Segler genähert hat, nach den obwaltenden Verhältnissen als ungenügend erwiesen habe, und daß eben hierin die Ursache des Zusammenstoßes gefunden werden müsse. Die Frage, in welchem seitlichen Abstande der Dampfer dem Segler an dessen Luvseite aufgelaufen ist, wird zwar insofern offen gelassen, als dieser Abstand nicht ausdrücklich auf 40—50 Yards festgestellt worden ist. Das Gericht geht aber deutlich und unverkennbar davon aus, daß der Führer des „Dr." die Absicht gehabt habe, sich in solcher Entfernung zu halten, sowie daß er der Überzeugung gewesen sei und ohne Pflichtversäumnis unter den gegebenen Umständen habe sein dürfen, dies auch in Wirklichkeit zu thun. Es legt sodann an der Hand des von einem nautischen Sachverständigen erstatteten Gutachtens eingehend dar, daß selbst bei einem in solcher Entfernung gewählten Ausgangspunkte die Möglichkeit einer Kollision als vorhanden angenommen werden müsse, und es folgert endlich aus der Verneinung dieser Möglichkeit seitens dreier anderer erfahrener Nautiker, daß es dem Kapitän des „Dr." nicht zum Vorwurfe gereicht, wenn auch er den thatsächlich unzulänglichen Abstand als zulänglich betrachtet und nicht etwa durch veränderte Kopfstellung seines Schiffes die Kollisionsgefahr weiter vermindert habe.

Durch diese Ausführungen wird die getroffene Entscheidung getragen. Die Revision glaubt freilich eine Verkennung der Beweislast rügen zu sollen. Die Darlegungen des Berufungsgerichtes sind aber schlüssig und rechtfertigen sein Urteil, gleichviel ob die Beweislast nach der einen, oder der anderen Seite geschoben wird. Eine Beweisführung, die mathematische Gewißheit erbrächte, ist nach der Lage der Dinge nicht möglich und darum auch nicht zu verlangen. Das Berufungsgericht hat aber die näheren Thatumstände, soweit solches menschlicher Einsicht überhaupt gelingen konnte, unter Benutzung aller zugänglichen Erkenntnisquellen ermittelt, sich hieraus mit keinem geringeren Maße nachschaffender Gestaltungskraft, als vom Richter verlangt werden kann, den Verlauf des Unfalles rekonstruiert und als das Schlußergebnis seiner Operation die Überzeugung hingestellt, daß dem Führer des Dampfers die ihm zur Last gelegten Handlungen sowenig wie die sonst hervorgetretenen Thatumstände, in denen denkbarerweise etwas Schuldhaftes zu finden sei, nach der objektiven Sachlage zum Vorwurfe gemacht werden könnten. Damit ist aber die Frage seiner Verantwortlichkeit hinreichend verneint. Es kam nicht auf die Feststellung an, daß ein Verschulden als absolut ausgeschlossen erscheine. Bei Ereignissen, deren wirklicher Gang sich nicht mit vollster Sicherheit mehr erforschen läßt, wird manchmal auf Grund einer auch nur leisen Verschiebung dieses oder jenes Rechnungsfaktors eine Kombination von Umständen denkbar sein, die eine nach der scheinbaren Sachlage sich als unverschuldet darstellende Handlung zu einer verschuldeten macht. In solchen Fällen muß es genügen, wenn der gehörig ausgemittelte Thatbestand keine Anzeichen für eine Verschuldung ergiebt, und ihr Vorhandensein daher mit größter Wahrscheinlichkeit in Abrede gestellt werden kann. So liegt die Sache nach den prozessual einwandsfrei getroffenen Feststellungen des Berufungsgerichtes aber hier. Wenn der Kapitän sich in einer Entfernung hielt, die er nach seiner besten Überzeugung und ohne jede Nachlässigkeit für ausreichend ansehen durfte, wenn ihm auch sonst irgend welche unrichtige Rudermanöver nicht vorgeworfen werden können, so ist der Zusammenstoß bis auf weiteres Umständen zuzuschreiben, für die er nicht die Verantwortung trägt. Die Einwirkung des Sturmes, des Seeganges und der sonst bei der „M.“ obwaltenden Verhältnisse war auch in der That nicht mit voller Bestimmtheit vorherzuschätzen, wie die Verschiedenheit in der Auffassung der Sachverständigen auf das deutlichste lehrt. Nach der Gesamtheit der thatsächlichen Unterlagen, die das Berufungsgericht gewonnen hat, rechtfertigt sich die Annahme, daß der Kapitän des „Dr.“ so gehandelt hat, wie er als ein ordentlicher Schiffer nach den Regeln der seemännischen Erfahrung und bei den besonderen Umständen des Falles zu handeln verpflichtet war. Gewiß forderte die Schwierigkeit der Situation eine erhöhte Anspannung aller Kräfte. Andererseits lagen die Verhältnisse aber derart, daß sich im normalen Verlaufe der Dinge ein Zusammenstoß sehr leicht ereignen konnte, und daß man die Aufwendung einer außergewöhnlichen Umsicht und Vorsicht verlangen würde, wollte man es dem Dampferführer zum Vorwurfe machen, daß er nicht in anderer und die Kollisionsgefahr noch mehr vermindernder Weise manövriert hat.“ ...

19. Kann der Genosse einer eingetragenen Genossenschaft für den Fall seines Ausscheidens rechtswirksam zu Beiträgen behufs Bildung eines Amortisationsfonds verpflichtet werden, der zur Deckung eines bei einer künftigen Liquidation etwa zu erwartenden Ausfalles bestimmt ist?

Genossenschaftsgesetz vom 1. Mai 1889 § 71.

I. Civilsenat. Urt. v. 9. November 1898 i. S. Molkerei- u. Milchhandelsgenossenschaft zu A. (Kl.) w. v. A. (Bekl.). Rep. I. 265/98.

I. Landgericht Prenzlau.
II. Kammergericht Berlin.

Die klagende Genossenschaft beschloß in der Generalversammlung vom 6. März 1895 folgende Ergänzung ihres Statutes:

„Ferner soll ein Amortisationsfonds gebildet werden, welcher einzig zur Deckung eines bei einer event. Liquidation zu erwartenden Ausfalls bestimmt ist. Zu demselben hat jeder Genosse vom 1. Januar 1895 ab einen Beitrag von 20 ℳ für jede gezeichnete Kuh zu zahlen. Der Beitrag wird den Genossen zinslos gestundet; jedoch ist jeder ausscheidende Genosse verpflichtet, denselben bei seinem Austritt sofort zu entrichten. Der sich alljährlich durch Abschreibungen ergebende Gewinn wird auch den ausscheidenden Genossen pro rata in Anrechnung gebracht. Der Bestand des Amortisationsfonds nach erfolgter Liquidation soll gleichfalls nach der gezeichneten Kuhzahl verteilt werden. Im übrigen bleibt der § 49 der Statuten in Kraft."

Der Beschluß wurde am 25. März 1895 in das Genossenschaftsregister eingetragen. Der am Ende dieses Beschlusses in Bezug genommene § 49 des klägerischen Statutes besagt, daß im Falle der Auflösung und Liquidation die Bestimmungen des Statutes über die Gewinn- und Verlustverteilung sinngemäße Anwendung finden sollen. In letzterer Hinsicht bestimmt § 48 des Statutes, daß zur Deckung einer aus dem Jahresabschlusse sich ergebenden Unterbilanz zunächst der Reservefonds, sodann die Geschäftsguthaben der Genossen im Verhältnisse ihrer Höhe herangezogen, darüber hinausgehende Beträge aber von den Genossen nach Verhältnis der von ihnen gelieferten Milchmengen aufgebracht werden sollen. Der Austritt steht nach § 6 des Statutes jedem Genossen frei, aber nur zum Schlusse des Geschäftsjahres und nach einer zwei Jahre zuvor erfolgten schriftlichen Aufkündigung. Gemäß § 11 ist in diesem Falle die Auseinandersetzung auf Grund der Bilanz zu bewirken, und der Anteil des Ausgeschiedenen an einem etwaigen Fehlbetrage nach den Bestimmungen des § 48 zu berechnen. Beklagter war seit Mai 1890 Mitglied der klagenden Genossenschaft und, nachdem er im Jahre 1893 gekündigt hatte, Ende 1895 ausgeschieden. Die Klägerin forderte auf Grund des Generalversammlungsbeschlusses vom 6. März 1895 die Zahlung von 1911,36 ℳ, d. h. den Betrag von je 20 ℳ für 109 Kühe, mit denen der Beklagte beteiligt war, abzüglich des ihm zu gute kommenden Anteiles an den stattgehabten Abschreibungen, nebst 4 Prozent Zinsen seit dem

1. Januar 1896. Beklagter hielt den Generalversammlungsbeschluß für rechtsunwirksam, weil er in unzulässiger Weise den Austritt der Genossen erschwere. In erster Instanz wurde durch Vernehmung des Vorsitzenden des Aufsichtsrates der Klägerin, des Ökonomiedirektors B., Beweis darüber erhoben, ob der Beschluß durch die Erwägung veranlaßt worden sei, daß der wirkliche Wert der Molkereigebäude, Maschinen, Geräte rc. höchstens 50 Prozent des Buchwertes betrage, daß infolgedessen bei einer Liquidation eine Unterbilanz von 50 Prozent zu fürchten sei, und daß für eine Deckung der Unterbilanz gesorgt werden müsse. Mit Rücksicht auf das Ergebnis der Beweisaufnahme wurde hiernächst Beklagter nach dem Klagantrage verurteilt. In der Berufungsinstanz wurde die Klage abgewiesen. Die Revision ist zurückgewiesen worden aus folgenden

Gründen:

„Dem Berufungsrichter ist darin zuzustimmen, daß der Generalversammlungsbeschluß vom 6. März 1895 den ausscheidenden Genossen Verpflichtungen auferlegt, durch welche der Austritt in einer dem Gesetze vom 1. Mai 1889 zuwiderlaufenden Weise erschwert wird. Der Ausscheidende wird, wie in den Gründen des angefochtenen Urteiles zutreffend ausgeführt ist, durch den genannten Beschluß zu einer Zahlung genötigt, ohne Rücksicht darauf, ob und in welcher Höhe eine solche durch den Vermögensstand der Genossenschaft zur Zeit seines Ausscheidens geboten erscheint. Der nach dem Inhalte dieses Beschlusses zu bildende Amortisationsfonds war „zur Deckung eines bei einer eventuellen Liquidation zu erwartenden Ausfalls" bestimmt. Das ist etwas anderes als die bilanzmäßige Feststellung eines gegenwärtig, beziehungsweise am Schlusse des Geschäftsjahres, in welchem das Ausscheiden erfolgt, vorhandenen Fehlbetrages. Nur auf Grund einer solchen Feststellung aber kann zufolge § 71 des Gesetzes vom 1. Mai 1889 der Ausscheidende zur Einzahlung eines Verlustanteiles herangezogen werden. Es ist auch nicht richtig, daß der Beschluß vom 6. März 1895 die bis zur Auflösung in der Genossenschaft verharrenden Mitglieder in derselben Weise trifft, wie die früher ausscheidenden. Erstere würden immer nur den bei der Liquidation oder im Falle des Konkurses der Genossenschaft sich wirklich ergebenden Fehlbetrag aufzubringen haben, während die letzteren verpflichtet werden, einen bestimmten Beitrag zur Deckung des bei einer künftigen Liquidation zu erwartenden Ausfalles zu zahlen. Die Wirkung des Beschlusses würde demnach sein, daß durch die Beiträge der ausscheidenden Genossen, und zwar lediglich durch diese, ein Reservefonds gebildet wird, der den bei der Auflösung vorhandenen Mitgliedern zu gute kommt. Vermöge dieser Wirkung kennzeichnet sich der Beschluß vom 6. März 1895, ebenso wie in dem in den Entsch. des R.G.'s in Civils. Bd. 33 S. 65 beurteilten Falle, als die Festsetzung eines Austrittsgeldes, die aus den in der angeführten Entscheidung dargelegten Gründen für unstatthaft zu erachten ist. Für die rechtliche Würdigung des Beschlusses ist es ohne Bedeutung, ob die am 6. März 1895 abgehaltene Generalversammlung oder der Urheber des Beschlusses, Ökonomierat B., sich der hervorgehobenen Wirkung desselben bewußt gewesen ist; aus der Aussage des Ökonomierates B. ergiebt sich übrigens, daß derselbe bei der Stellung seines Antrages diese Wirkung jedenfalls mit im Auge gehabt hat. Der Beschluß der Generalversammlung, auf den die Klage in erster Linie gestützt ist, steht demnach mit dem Rechtsgrundsatze in Widerspruch, daß den Mitgliedern der eingetragenen Genossenschaften der Austritt unter Wahrung der gesetzlichen oder statutenmäßigen Kündigungsfrist jederzeit freistehen soll, und daß die Befugnis des freien Austrittes auch nicht durch Bestimmungen verschränkt werden darf, die den ausscheidenden Genossen besondere, über das Gesetz hinausgehende Verpflichtungen auferlegen. Dieser Grundsatz enthält eine zwingende, dem öffentlichen Rechte angehörige Rechtsnorm. Der in Rede stehende Generalversammlungsbeschluß ist daher ungültig, und die Ungültigkeit ist auch nicht dadurch geheilt, daß eine Anfechtung des Beschlusses gemäß § 49 des Genossenschaftsgesetzes nicht erfolgt ist." ...

---

20. Ist Art. 11 des Litterarvertrages zwischen Deutschland und Frankreich vom 19. April 1883 auf früher geschlossene Verträge anwendbar?

I. Civilsenat. Urt. v. 9. November 1898 i. S. D. & fils (Kl.) w. M. (Bekl.). Rep. I. 278/98.

I. Landgericht I Berlin.
II. Kammergericht daselbst.

Die Entscheidung ist unten unter „Preußisches Recht" Nr. 70 S. 301 abgedruckt.

21. 1. Findet Art. 146 H.G.B. auch dann Anwendung, wenn die Auflösung der offenen Handelsgesellschaft in der Eröffnung des Konkursverfahrens ihren Grund hat?

2. Hat die Anerkennung einer Konkursforderung durch den Konkursverwalter oder Fallimentssyndik die Wirkung, daß nun die Zinsen als Bestandteil des Kapitales anzusehen sind, sonach eine Verjährung derselben (Art. 2277 Code civil) nicht mehr eintreten kann?

3. Genügt es zur Anwendung von § 88 Abs. 2 C.P.O., daß durch den abgewiesenen Teil des Klagantrages Mehrkosten nicht entstanden sind?

II. Civilsenat. Urt. v. 11. November 1898 i. S. M. (Bekl.) w. O. u. Gen. (Kl.). Rep. II. 214/98.

I. Landgericht Mainz.
II. Oberlandesgericht Darmstadt.

Der Rechtsvorgänger der Kläger war Gläubiger einer offenen Handelsgesellschaft unter der Firma „Gebrüder M.", über deren Vermögen schon im Jahre 1877 das „Fallimentsverfahren" eröffnet worden war; der Beklagte war früher Teilhaber dieser Gesellschaft. In der Klage beantragte der während des Prozesses verstorbene Kläger, den Beklagten zur Zahlung von etwa 4000 ℳ zu verurteilen, die zu einem großen Teile aus rückständigen Zinsen bestanden. Der Beklagte bestritt das Bestehen der Forderung, behauptete unter Berufung auf Art. 146 H.G.B., die Klage sei jedenfalls verjährt, und machte endlich geltend, unter allen Umständen könnten die Kläger nur für fünf Jahre Zinsen beanspruchen. Das Landgericht hat die Klage in vollem Umfange zuerkannt, das Oberlandesgericht die Verurteilung, soweit es sich um die Zinsen handelte, herabgesetzt, im übrigen aber die Berufung zurückgewiesen. Die Revision des Beklagten hatte insoweit Erfolg, als das angefochtene Urteil in Ansehung der Zinsforderung der Kläger und im Kostenpunkte teilweise abgeändert wurde.

Aus den Gründen:

... „1. Hinsichtlich der Einrede der Verjährung aus Art. 146 H.G.B. hat das Oberlandesgericht seine Entscheidung darauf gestützt, daß diese Vorschrift, wie auch das Reichsgericht im Anschlusse an die ständige Rechtsprechung des Reichsoberhandelsgerichtes in einem Urteile vom 27. März 1895,

Entsch. des R.G.'s in Civils. Bd. 35 S. 24,

ausgesprochen habe, in solchen Fällen keine Anwendung finde, in denen die Handelsgesellschaft durch Eröffnung des Konkursverfahrens aufgelöst worden ist. Die Berufung auf diese Rechtsprechung ist zutreffend. Auch geben die Ausführungen des Beklagten keinen Grund, von ihr abzugehen. Der in dieser Richtung erhobene Angriff kann sonach keinen Erfolg haben.

2. Bezüglich der Zinsverjährung hat das Berufungsgericht den Einwendungen des Beklagten stattgegeben und grundsätzlich die Beklagten nur zur Zahlung der Kapitalforderung nebst fünfjährigen Zinsen vor dem Tage der Klagerhebung (Art. 2277 Code civil) verurteilt. Zum Kapital hat es aber auch die durch die Konkursdividende nicht gedeckten, am 11. Februar 1881 rückständigen Zinsen in Höhe von 215,08 *M* gerechnet, weil sie infolge der Anerkennung im Fallimentsverfahren als kapitalisiert gelten müßten. Diese Annahme erscheint als rechtsirrtümlich. Die Anerkennung der klägerischen Forderung durch den Fallimentssyndik konnte zwar eine Unterbrechung der Zinsenverjährung zur Folge haben; sie entzog den Zinsen aber nicht die Eigenschaft als solcher, da eine Kapitalisierung nur zufolge einer Novation hätte eintreten können, und diese durch die bloße Anerkennung der Forderung nicht herbeigeführt wird. Von dem Kapitale, zu dessen Bezahlung der Beklagte verurteilt wurde, waren sonach 215,08 *M* abzuziehen.

3. Auch der Entscheidung des Oberlandesgerichtes im Kostenpunkte liegt eine rechtsirrtümliche Auffassung zu Grunde. Es hat angenommen, die Kosten seien, obgleich die Kläger teilweise unterlegen seien, samt und sonders dem Beklagten aufzuerlegen, weil sich

der Wert des Streitgegenstandes durch die Nebenforderungen, bezüglich deren die Kläger unterlegen seien, nach § 4 C.P.O. nicht erhöht habe. Dieser Umstand rechtfertigt für sich allein die Anwendung von § 88 Abs. 2 C.P.O. nicht, hätte sie vielmehr nur dann begründen können, wenn es sich um eine verhältnismäßig geringfügige Zuvielforderung der Kläger gehandelt hätte, was offenbar nicht der Fall war, auch vom Oberlandesgerichte nicht angenommen wurde." ...

---

22. Besteht das Recht des Hypothekengläubigers auf abgesonderte Befriedigung aus dem Erlöse beweglicher, seinem Hypothekenrechte unterliegender Zubehörstücke auch bei einer durch den Konkursverwalter gemäß § 117 K.O. erfolgten Veräußerung, wenn vor derselben der Hypothekengläubiger dem Verwalter gegenüber erklärt hat, daß er abgesonderte Befriedigung aus dem Erlöse verlange?

K.O. §§ 39. 117.

C.P.O. § 710.

Preuß. Gesetz über den Eigenthumserwerb vom 5. Mai 1872 § 30.

Preuß. Zwangsvollstreckungsgesetz vom 13. Juli 1883 § 206.

V. Civilsenat. Urt. v. 12. November 1898 i. S. L. (Kl.) w. R.'sche Konkursmasse (Bekl.). Rep. V. 156/98.

I. Landgericht Liegnitz.
II. Oberlandesgericht Breslau.

Der Kläger erhob als Hypothekengläubiger in Höhe von 7084,30 ℳ nebst Zinsen Ansprüche auf den Erlös eines Speditionsinventars, mit der Behauptung, daß dieses Inventar, welches der Konkursverwalter am 13. November 1897 durch einen Gerichtsvollzieher für die verklagte Konkursmasse hatte versteigern lassen, nachdem die Gläubigerversammlung am 8. desselben Monates den Verkauf und die Auflösung des Speditionsgeschäftes beschlossen hatte, Zubehör der ihm verpfändeten Grundstücke gewesen sei und als solches seinem Hypothekenrechte unterlegen habe. Unstreitig war, daß der Kläger bereits vor dem Verkaufe — und zwar drei Tage nach der Konkurseröffnung durch Schreiben vom 15. Oktober 1897 — dem Konkursverwalter gegenüber ein Absonderungsrecht an dem Inventar geltend gemacht und es als Zubehör der ihm als Hypothekengläubiger verhafteten Grundstücke des Kridars in Anspruch genommen, sowie ferner, daß er unter dem 9. November 1897 zu den Konkursakten den Antrag gestellt habe, den Verkauf vorläufig zu untersagen, eventuell den Erlös als Streitmasse zu hinterlegen, und daß dieser Antrag vom Konkursgericht zurückgewiesen, dem Verwalter aber abschriftlich mitgeteilt worden sei. Unstreitig war weiter, daß der Kläger im Beschwerdewege, nachdem er mit dem gleichen Antrage vom Landgerichte abgewiesen worden war, einen Beschluß des Oberlandesgerichtes in Breslau vom 12. November 1897 erwirkt habe, durch welchen dem Konkursverwalter der Verkauf der vom Kläger als Zubehör der Grundstücke in Anspruch genommenen Inventarstücke untersagt sei, und daß dieser Beschluß dem Konkursverwalter erst am 15. desselben Monates, also nach vollzogenem Verkaufe, zugestellt worden sei. Endlich war unstreitig, daß sich der Erlös noch in der Konkursmasse befinde.

Die Klage wurde in erster und zweiter Instanz abgewiesen. Auf die Revision des Klägers wurde das Berufungsurteil aufgehoben.

Aus den Gründen:

... „Die Ausführungen des Berufungsrichters gehen ... dahin: dem Hypothekengläubiger stehe ein Widerspruchsrecht, wie es § 206 Abs. 2 des Zwangsvollstreckungsgesetzes vom 13. Juli 1883 gegen die Pfändung beweglicher Teile oder Zubehörungen eines Immobiles gewähre, dem Konkursverwalter gegenüber nicht zu, wenn letzterer, der weder Vertreter des Schuldners, noch Vertreter der Gläubiger sei, in Ausübung der ihm als staatlich bestelltem Liquidator zustehenden Befugnisse die Verwertung der zur Konkursmasse gehörigen Gegenstände betreibe. Denn diese Verwertung sei nicht ein Akt der Zwangsvollstreckung, auch dann nicht, wenn die Verwertung im Wege der Versteigerung durch einen Gerichtsvollzieher erfolge. Sie stehe der Veräußerung durch den Eigentümer gleich, und ebensowenig, wie § 206 gegen letztere Schutz gewähre, könne er der Veräußerung durch den Konkursverwalter entgegengesetzt werden. Im vorliegenden Falle sei seine Anwendung schon deshalb ausgeschlossen, weil mit der Auszahlung des Auktionserlöses an den Konkursverwalter die Zwangsversteigerung beendet gewesen sei, bevor der Kläger eine Anordnung aus §§ 688. 690 C.P.O.

erwirkt oder Klage erhoben habe. Daß der Auktionserlös vom Konkursverwalter hinterlegt worden, sei ohne Bedeutung. Auch aus den §§ 39. 117 K.O. lasse sich der Klaganspruch nicht begründen. Allerdings schienen diese Vorschriften einer Verwertung von Pertinenzien im Konkurse wenigstens mit der Wirkung entgegenzustehen, daß der Absonderungsberechtigte befugt bleibe, sein besseres Recht auf den Erlös der Konkursmasse gegenüber geltend zu machen. Dies setze aber voraus, daß er eine Beschlagnahme des Grundstückes behufs Zwangsverwaltung oder Zwangsversteigerung herbeigeführt oder eine einstweilige Verfügung erwirkt habe, die den Verkauf der Pertinenzien verbiete. Solange dies nicht geschehen sei, habe der Konkursverwalter auf etwaige Absonderungsrechte keine Rücksicht zu nehmen. So liege der Fall hier; denn dem Konkursverwalter sei der Beschluß des Oberlandesgerichtes vom 12. November 1897, der das Veräußerungsverbot enthielt, erst nach der Versteigerung zugestellt worden, und es sei weder behauptet noch wahrscheinlich, daß er schon vorher von ihm Kenntnis erhalten habe. Infolgedessen habe der Konkursverwalter durch die Versteigerung und die Entfernung des Inventars vom Grundstücke den Pfandnexus desselben vernichtet. Endlich könne Kläger seinen Anspruch auch nicht auf § 117 K.O. und § 710 C.P.O. gründen; denn diese Vorschriften setzten voraus, daß ein Pfand- oder Vorzugsrecht noch bestehe, während hier eine pfandfreie Veräußerung der Sachen stattgefunden habe.

Zunächst ist diesen Ausführungen gegenüber zu bemerken, daß dem Urteile des Reichsgerichtes vom 18. Dezember 1889,

Entsch. des R.G.'s in Civils. Bd. 25 S. 18 flg.,

auf welches der Berufungsrichter wiederholt Bezug nimmt, ein in einem wesentlichen Punkte abweichender Thatbestand zu Grunde liegt. Damals handelte es sich um einen Fall, in welchem der Hypothekengläubiger vor dem Verkaufe der von ihm beanspruchten Zubehörstücke ein Recht an diesen überhaupt nicht, weder als Widerspruchsrecht gegen den Verkauf, noch als Absonderungsrecht mit dem Anspruche auf vorzugsweise Befriedigung aus dem Erlöse, geltend gemacht hatte. Er war vielmehr mit solchen Ansprüchen erst nach geschehenem Verkaufe hervorgetreten. Anders liegt der gegenwärtige Fall. Es ist unstreitig, daß der Kläger bereits vor dem Verkaufe sein Absonderungsrecht dem Konkursverwalter gegenüber geltend gemacht, und daß er es ununterbrochen bis zur Anstellung der vorliegenden Klage beim Prozeßrichter und Konkursgerichte durch Anträge verfolgt hat, die darauf abzielten, entweder den Verkauf zu verhindern, oder sein Recht auf vorzugsweise Befriedigung zur Geltung zu bringen. Es fragt sich also, ob auch in diesem Falle der Konkursverwalter ohne Rücksicht auf die Rechte des Hypothekengläubigers den Verkauf der diesem haftenden Zubehörstücke mit der Wirkung vornehmen darf, daß der Erlös zur Konkursmasse fließt und nicht zur abgesonderten Befriedigung der Immobiliargläubiger überhaupt, oder wenigstens zur vorzugsweisen Befriedigung des Klägers verwendet zu werden braucht. Diese Frage ist zu verneinen.

Richtig ist allerdings, daß das Gesetz den Eigentümer eines mit Hypotheken belasteten Grundstückes in der Verfügung über die der Hypothek haftenden beweglichen Zubehörstücke (abgesehen von der besonderen Vorschrift in § 50 des Grunderwerbsgesetzes) erst dann beschränkt, wenn der Hypothekengläubiger eine Beschlagnahme derselben, sei es im Wege der Immobiliar-, oder der Mobiliarexekution, herbeigeführt hat, und daß durch eine Veräußerung, verbunden mit der räumlichen Trennung vom Grundstücke, die vor der Beschlagnahme durch den Eigentümer erfolgt, der Pfandnexus der Zubehörstücke gelöst wird (§ 30 des Grunderwerbsgesetzes). Richtig ist ferner, daß dieselbe Rechtswirkung auch durch den Konkursverwalter herbeigeführt werden kann, wenn dieser in Ausübung der auf ihn übergegangenen Verfügungsbefugnisse des Kridars zur Veräußerung der dem Hypothekenrechte unterliegenden Zubehörstücke schreitet. Erfolgt solche, sei es im Wege freihändigen Verkaufes, sei es durch Versteigerung unter Zuziehung eines Gerichtsvollziehers, so ist der Hypothekengläubiger nicht mehr befugt, sein dingliches Recht an den ihm bisher als Zubehör haftenden Stücken geltend zu machen. Ein solches Recht nimmt Kläger auch nicht in Anspruch; er erkennt an, daß die Zubehörstücke durch die Veräußerung und Wegschaffung, nachdem sie einmal trotz seines Protestes erfolgt ist, von seinem dinglichen Rechte frei geworden sind. Für ihn handelt es sich um die andere Frage, ob damit auch der Erlös den Realgläubigern entgangen ist, oder ob diese auf ihn mit der Wirkung Anspruch erheben können, daß er zu ihrer abgesonderten Befriedigung verwendet werden müsse. Wollte man auch in dieser Beziehung die Veräußerung durch den Konkursverwalter der durch den Eigentümer erfolgten lediglich gleichstellen, so würde dabei übersehen, daß der Verwalter nicht bloß die Interessen des Kridars, sondern auch die der Gläubiger wahrzunehmen hat,

vgl. Entsch. des R.G.'s in Civils. Bd. 29 S. 36,

und daß die Veräußerung der zur Masse gehörigen Gegenstände zum Zwecke der Befriedigung der Konkursgläubiger erfolgt (§§ 2. 107 K.O.). Dieser letztere Umstand ist ausschlaggebend. Von ihm aus muß, wenn es auch richtig sein mag, daß eine solche Veräußerung nicht schlechthin und nicht in allen Beziehungen als eine Zwangsvollstreckung betrachtet werden darf,

vgl. z. B. Jurist. Wochenschr. von 1896 S. 358 Nr. 18,

doch anerkannt werden, daß sie materiell einer solchen gleichsteht, und daß sie in Beziehung auf Dritte, denen das Gesetz ein Widerspruchs- oder ein Vorzugsrecht für den Fall einer Zwangsvollstreckung beigelegt hat, wie eine solche wirkt. Wollte man dies nicht annehmen, so würde der Dritte von der Geltendmachung seiner Befugnisse bei der Verwertung durch den Konkursverwalter ausgeschlossen sein, obwohl sie ebenso für persönliche Gläubiger, nämlich für die Konkursgläubiger, und behufs deren Befriedigung erfolgt, wie die Veräußerung im Wege der Zwangsvollstreckung.

Diesen, für die Entscheidung maßgebenden, Gesichtspunkt hat der erkennende Senat bereits in dem Urteile vom 13. Oktober / 6. November 1886 (Jurist. Wochenschr. von 1886 S. 414 Nr. 3) zur Geltung gebracht, und von derselben Rechtsauffassung ist auch der II. Civilsenat des Reichsgerichtes in dem Urteile vom 19. Mai 1885 (Entsch. des R.G.'s in Civils. Bd. 14 S. 1) ausgegangen. Daß sie mit den in der Entscheidung des Reichsgerichtes vom 13. März 1889 (Entsch. des R.G.'s in Civils. Bd. 23 S. 54) ausgesprochenen Grundsätzen in Widerspruch stehe, kann nicht zugegeben werden; denn einerseits verhält sich diese Entscheidung überhaupt nicht darüber, ob und inwieweit der Verwertung der zur Konkursmasse gehörigen Gegenstände durch den Konkursverwalter der rechtliche Charakter einer Zwangsvollstreckungsmaßregel beigelegt werden kann, und andererseits wird in derselben ausdrücklich anerkannt, daß auch einer solchen Verwertung gegenüber die Realgläubiger ihren Anspruch auf abgesonderte Befriedigung geltend machen dürfen. . . .

Hiernach ist, im Gegensatze zu den Ausführungen des Berufungsrichters, die rechtliche Stellung des Klägers zu der durch den Konkursverwalter erfolgten Veräußerung der Inventarstücke so zu beurteilen, wie wenn letztere im Wege der Zwangsvollstreckung für persönliche Gläubiger stattgefunden hätte. Daß nun aber in diesem Falle einem Realgläubiger, wofern ihm die Inventarstücke haften, das Recht zusteht, den Erlös für die Immobiliarmasse in Anspruch zu nehmen oder aus ihr seine vorzugsweise Befriedigung zu verlangen, kann nicht zweifelhaft sein. Es folgt dies zunächst aus § 39 K.O., wonach diejenigen Gegenstände, welche in Ansehung der Zwangsvollstreckung zum unbeweglichen Vermögen gehören, zur abgesonderten Befriedigung der Realgläubiger dienen sollen, in Verbindung mit § 1 Abs. 2 des Zwangsvollstreckungsgesetzes vom 13. Juli 1883, nach welchem auch diejenigen beweglichen Gegenstände zur Immobiliarmasse gehören, auf welche das bezüglich eines unbeweglichen Gegenstandes bestehende Pfand- oder Vorzugsrecht kraft Gesetzes sich miterstreckt. Nun sind allerdings diese Gegenstände selbst aus dem Pfandnexus geschieden, weil sie veräußert und von dem Pfandgrundstücke weggebracht worden sind. Aber wie der Realgläubiger nach § 206 des Zwangsvollstreckungsgesetzes befugt ist, sein die Veräußerung hinderndes Recht durch Klage gemäß § 690 C.P.O. mit der Wirkung geltend zu machen, daß die von anderen Gläubigern gepfändeten Zubehörstücke bei dem Grundstück belassen werden müssen, um mit diesem zusammen der Immobiliarzwangsvollstreckung unterworfen zu werden, so muß er auch nach der Veräußerung befugt sein, den Erlös behufs seiner Verteilung unter die Realgläubiger zur Immobiliarmasse zurückzuziehen. Es ist wenigstens bisher nicht bezweifelt, und vom Reichsgerichte noch neuerdings anerkannt worden,

vgl. Urt. vom 15. Dezember 1897, Entsch. des R.G.'s in Civils. Bd. 40 S. 288,

daß derjenige, der gemäß § 690 C.P.O. die Freigabe eines gepfändeten Gegenstandes im Wege der Klage hätte erzielen können, nach erfolgter Veräußerung seinen Anspruch auf den Auktionserlös richten und diesen nach Maßgabe des ihm an der Sache selbst zuständig gewesenen Rechtes für sich in Anspruch nehmen darf. Auf diesem Standpunkte stehen ersichtlich auch die Vorschriften in § 117 K.O. und § 710 C.P.O., in denen ausdrücklich das Recht zum Widerspruche gegen die Verwertung, bezw. gegen die Pfändung einer Sache zwar versagt, dagegen den Absonderungsberechtigten, sowie den Pfandgläubigern, die sich nicht im Besitz der Sache befinden, die Befugnis beigelegt ist, ihre Rechte auf den Erlös geltend zu machen.

Ob dies zulässig ist, wenn die Realgläubiger ihr dingliches Recht dem Konkursverwalter gegenüber vor der Veräußerung überhaupt nicht geltend gemacht haben, ist hier nicht zu entscheiden. Unrichtig aber ist es, wenn der Berufungsrichter nur eine Geltendmachung berücksichtigen will, die sich durch gerichtliche Beschlagnahme, einstweilige Verfügung oder Klagerhebung bethätigt hat. Für diese Einschränkung bietet § 117 K.O. keinen Anhalt, und in diesem Sinne sind auch die Ausführungen in dem mehrbezogenen Urteile des erkennenden Senates vom 18. Dezember 1889 nicht zu verstehen. Damals handelte es sich darum, ob der Verwalter von Amts wegen verpflichtet sei, wenn er zur Verwertung der zur Masse gehörigen beweglichen Gegenstände schreiten will, auf die an ihnen etwa bestehenden dinglichen Rechte, aus denen ein Absonderungsanspruch hervorgehen könnte, Bedacht zu nehmen. Diese Frage wurde in verneinendem Sinne entschieden; es wurde ausgeführt, daß es den Absonderungsberechtigten überlassen bleiben müsse, die für die Wahrnehmung ihrer Rechte nötigen Schritte zu thun, und daß, solange dies nicht geschehen, der Verwalter keine Veranlassung habe, solche Sonderrechte als bestehend anzunehmen und ihre Befriedigung bei seinen Maßnahmen zu berücksichtigen. Wenn dabei unter den den Absonderungsberechtigten obliegenden Schritten „insbesondere die Beschlagnahme des Grundstückes behufs Zwangsverwaltung oder Zwangsversteigerung" erwähnt worden ist, so hat damit nicht gesagt sein sollen, daß es dem Konkursverwalter gegenüber stets einer gerichtlichen Geltendmachung des Absonderungsrechtes bedürfe. Der erkennende Senat ist im Gegenteile auch in dem Urteile Sch. w. Schr. vom 12. Mai 1897, Rep. V. 124/97, davon ausgegangen, daß dem Verwalter gegenüber auch die außergerichtliche Geltendmachung eines Absonderungsrechtes oder des Anspruches auf vorzugsweise Befriedigung aus dem Erlöse genüge. Daß eine solche im vorliegenden Falle, und zwar vor dem Verkaufe der Inventarienstücke, stattgefunden hat, ist außer Streit, und deshalb kann es unerörtert bleiben, ob etwa die Vereinnahmung des Auktionserlöses durch den Konkursverwalter in der Rechtslage etwas geändert haben könnte, wenn Kläger seine Rechte erst nachher geltend gemacht hätte.

Endlich ist es, was insbesondere den § 710 C.P.O. anlangt, auch nicht richtig, wenn der Berufungsrichter hier dessen Anwendbarkeit deshalb ausschließen will, weil eine pfandfreie Veräußerung der Sachen stattgefunden habe. Nicht darauf kann es ankommen, ob die Pfandstücke durch den Verkauf pfandfrei werden; denn sonst würde eine Anwendbarkeit des § 710 überhaupt und in allen Fällen ausgeschlossen sein, sondern darauf, ob an ihnen zur Zeit des Verkaufes das Pfandrecht, welches sich durch den Verkauf in ein Vorzugsrecht auf den Erlös umsetzt, noch besteht. Ergiebt sich nun aus den vorstehenden Ausführungen, daß die veräußerten Inventarienstücke dem Hypothekenrechte des Klägers noch zur Zeit ihrer Veräußerung unterlagen, weil dieses Recht dem Konkursverwalter gegenüber rechtzeitig und wirksam geltend gemacht worden war, so ist auch ein Fall der Anwendbarkeit des § 710 gegeben." ...

---

23. Ist der von dem ausländischen Inhaber eines Patentes zu bestellende Vertreter kraft seiner gesetzlichen Vollmacht befugt, den ersteren in einem gegen diesen wegen Verletzung eines fremden Patentes anhängig gemachten Rechtsstreite zu vertreten?

Patentgesetz § 12.

I. Civilsenat. Urt. v. 14. November 1898 i. S. Cork Comp. Lim. (Kl.) w. L. (Bekl.). Rep. I. 312/98.

I. Landgericht Bremen.
II. Oberlandesgericht Hamburg.

Die Klägerin war Inhaberin des deutschen Reichspatentes Nr. 40657 auf ein Verfahren, runde Korke durch Abschleifen der Ecken vierkantiger Korkstücke herzustellen, und auf eine Maschine zur Ausführung dieses Verfahrens. Dem Beklagten, einem in Gibraltar wohnhaften Kaufmanne, war das deutsche Reichspatent Nr. 76949 auf eine „Korkschleifmaschine" zum Glattschleifen vorbearbeiteter Korke erteilt worden. Die Klägerin fand in der Ausnutzung dieses Patentes einen Eingriff in das ihr zustehende Patentrecht und klagte, nachdem sie im Nichtigkeitsverfahren mit dem Antrage, den Anspruch 1 des Patentes des Beklagten, der sich auf die Maschine im ganzen bezog, für nichtig zu erklären oder demselben eine solche Fassung zu geben, daß daraus die Abhängigkeit desselben von dem Patente Nr. 40657 deutlich zu erkennen sei, vom Reichsgerichte abgewiesen, weil die Entscheidung darüber, ob der Gebrauch der Maschine des Beklagten in das Patent der Klägerin eingreife, nur im Patentverletzungsprozesse zum Austrage gebracht werden könne, bei dem Landgerichte mit Anträgen, die darauf abzielten, dem Patente des Beklagten die schon vor dem Patentamte beantragte Fassung zu geben und unter Feststellung der Abhängigkeit seines Patentes von dem der Klägerin ihm die Ausnutzung seines Patentes ohne ihre Genehmigung bei Strafe zu untersagen. Durch das Urteil des Landgerichtes wurde für so lange, als das Patent Nr. 40657 unter 1 gelte, dem Beklagten bei Vermeidung einer Geldstrafe bis zu 1500 *M* für jeden Fall des Zuwiderhandelns verboten, die durch das Patent Nr. 76949 geschützten Erfindungen gewerbsmäßig in Benutzung zu nehmen, es sei denn, daß die Klägerin ihre Zustimmung erkläre.

Der Beklagte legte Berufung ein. Von dem Berufungsgerichte wurde die Verhandlung zunächst auf die Legitimationsfrage beschränkt. Als inländischer Vertreter des Beklagten in Ansehung des deutschen Reichspatentes Nr. 76949 war unstreitig D. M. in Bremen bestellt. Als Beklagter war in der Klageschrift „Kaufmann P. L. zu Gibraltar, auf Grund des Patentgesetzes eingetragener Vertreter: Kaufmann D. M. in Bremen," benannt. Zugestellt ist die Klage dem letzteren; die Ladung lautet, Klägerin lade „den Beklagten durch seinen auf Grund des Patentgesetzes bestellten Vertreter Herrn D. M.". Mit Rücksicht hierauf wurde von dem Berufungsgerichte die Klage abgewiesen, weil die Zustellung der Klage nicht an P. L., sondern an D. M. als Vertreter des L. erfolgt, M. aber zu dessen Vertretung in dem vorliegenden Rechtsstreite nicht befugt sei. Die Revision der Klägerin führte zur Aufhebung und Zurückverweisung.

Aus den Gründen:

... „Abgewiesen ist die Klage von dem Berufungsgerichte, weil es sich nur darum handle, ob L. das Patent der Klägerin verletzt habe und verletze, der Streit, dessen Entscheidung erfolgen solle, also das der Klägerin aus ihrem Patente zustehende Recht zum Gegenstande habe, und dies nicht eine das Patent des L. betreffende bürgerliche Rechtsstreitigkeit sei. Dieser Ansicht ist nicht beizutreten.

Für die gegenteilige Ansicht läßt sich zwar aus dem Schlußsatze in § 12 Abs. 1 des Patentgesetzes nichts ableiten; insbesondere ist es nicht richtig, daß Fälle der vorliegenden Art schon deshalb zu den das Patent des Beklagten „betreffenden bürgerlichen Rechtsstreitigkeiten" gerechnet werden müßten, weil sonst für die dort erfolgte Regelung des Gerichtsstandes kaum ein Anwendungsgebiet übrig bleiben würde. Denn die Vorschrift über den Gerichtsstand in § 12 a. a. O. ist nicht allein mit Rücksicht auf Streitigkeiten über Patentverletzung, sondern — wie in den Motiven, Drucksachen des Reichstags 1890 Nr. 152 S. 19, und im Kommissionsbericht, Drucksachen 1890/91 Nr. 322 S. 17, hervorgehoben wird — auch deshalb getroffen, um einen Gerichtsstand zu schaffen, in dem mit Sicherheit alle vermögensrechtlichen Ansprüche gegen einen auswärtigen Patentinhaber verfolgt werden können.

Ferner kann aus der ebenfalls in § 12 des Patentgesetzes gegebenen Bestimmung, daß ein auswärtiger Patentinhaber die Rechte aus seinem Patente nur geltend machen kann, wenn er im Inlande einen Vertreter bestellt hat, nicht entnommen werden, daß letzterer den Patentinhaber auch in einem gegen diesen angestellten Patentverletzungsprozesse zu vertreten befugt sei. Daß eine solche Vertretung nicht notwendig sei, versteht sich von selbst, da ja die Zulässigkeit einer Klage gegen einen auswärtigen Patentinhaber nicht davon abhangen kann, daß er einen Vertreter bestellt hat; daß aber auch die Befugnis zu einer derartigen Vertretung nicht aus der für die Wahrnehmung der Rechte des Patentinhabers vorgeschriebenen Bestellung eines Vertreters abgeleitet werden kann, folgt daraus, daß die Verteidigung des Patentinhabers in einem gegen ihn anhängig gemachten Rechtsstreite nicht die Geltendmachung seiner Rechte aus seinem Patente enthält. Es kann deshalb dahingestellt bleiben, ob der in Gemäßheit des § 12 des Patentgesetzes bestellte Vertreter (und der im Falle des § 23 des Gesetzes zum Schutz der Warenbezeichnungen vom 12. Mai 1894 bestellte Vertreter) eine Mittelsperson ist, deren sich der Patentinhaber in allen denjenigen Angelegenheiten, für welche die Bestellung vorgeschrieben ist, bedienen muß, da die Verteidigung gegen eine Klage zu diesen Angelegenheiten jedenfalls nicht gehört.

Hieraus folgt, daß eine Klage gegen einen auswärtigen Patentinhaber stets diesem selbst zugestellt werden kann, und er in seiner Prozeßführung nicht an seinen nach § 12 des Patentgesetzes bestellten Vertreter gebunden ist, wenn auch die Klage in dem ebendaselbst geregelten Gerichtsstande erhoben werden kann. Dagegen fragt es sich, ob nicht jener Vertreter, wenn ein solcher bestellt worden ist, wegen anderweitiger, ebenfalls in § 12 a. a. O. enthaltener Vorschriften auch die Befugnis hat, den Patentinhaber gegen eine Klage zu vertreten; und diese Frage ist zu bejahen.

Der Zwang zur Bestellung eines Vertreters ist im Patentgesetze für den in § 12 bezeichneten Fall nicht deshalb eingeführt, um dem auswärtigen Patentinhaber ein Organ zu schaffen, dessen er sich im Inlande bedienen kann. Die Vertretung soll vielmehr den inländischen Interessen dienen und ist vorgesehen, um, wie in der Begründung der ähnlichen Bestimmung in § 23 des Gesetzes zum Schutz der Warenbezeichnungen von 12. Mai 1894 (Drucksachen des Reichstags 1893/94 Nr. 70 S. 19) gesagt wird, „sowohl den beteiligten Kreisen, als auch dem Patentamt den geschäftlichen Verkehr mit dem im Auslande wohnhaften Berechtigten zu erleichtern". Um dies zu erzielen, ließ sich ein Zwang nur so anwenden, daß die Ausübung der dem Auswärtigen zustehenden Rechte von der Bestellung eines Vertreters abhängig gemacht wurde; die Befugnisse des Vertreters aber sind keineswegs auf die Wahrnehmung jener Rechte beschränkt; vielmehr ist derselbe in § 12 des Patentgesetzes auch „zur Vertretung in dem nach Maßgabe dieses Gesetzes stattfindenden Verfahren, sowie in den das Patent betreffenden bürgerlichen Rechtsstreitigkeiten" für befugt erklärt. Es kann hiernach keinem Zweifel unterliegen, daß der Vertreter, wenn ein solcher bestellt ist, in einem gegen den Auswärtigen eingeleiteten Nichtigkeitsverfahren — obwohl dessen Einleitung nicht von der Bestellung eines Vertreters abhängt — zur Vertretung seines Machtgebers kraft Gesetzes, also ohne besondere Vollmacht, befugt ist. Dies folgt schon aus den hervorgehobenen Worten des Gesetzes. Ebensowenig kann aber zweifelhaft sein, daß der Vertreter in einem gegen den Auswärtigen anhängig gemachten Patentverletzungsprozesse dann zu dessen Vertretung befugt ist, wenn die Verletzung durch die Ausnutzung des dem Auswärtigen zustehenden Patentes begangen sein soll.

Die Klage wegen Patentverletzung ist der Klage des Eigentümers wegen Eingriffes in sein Eigentumsrecht an die Seite zu stellen und erfordert, ähnlich wie letztere, zu ihrer Durchführung nur den Nachweis des Patentrechtes und der Störung. Daß der Beklagte sich für die Störung ein Recht zuschreibe, ist nicht erforderlich; geschieht dies aber, so hängt die Entscheidung, soweit die Verletzung in Frage kommt, davon ab, ob dem Beklagten das von ihm angesprochene Recht zusteht. Es verhält sich dann so, wie bei der Eigentumsfreiheitsklage, wenn der Beklagte die Befugnis zu seiner Störung auf Grund einer Servitut behauptet, in welchem Falle der Streit, was die Störung anlangt, die Frage, ob dem Beklagten die Servitut zustehe, zum Gegenstande hat, und die Klage des Eigentümers geradezu Servitutenklage (actio de servitute) genannt wird (vgl. l. 2 pr. l. 4 § 7 Dig. si serv. 8, 5).

Ein derartiges Verhältnis liegt in dem gegenwärtig zu entscheidenden Falle vor: Klägerin giebt zu, daß dem Beklagten ein Patentrecht für die diesem geschützte Maschine zustehe, behauptet aber, daß seine Erfindung die ihr geschützte Erfindung benutze und deshalb in ihr Patentrecht eingreife. Was sie erreichen will, ist die Erklärung der Abhängigkeit seines Patentes von dem ihrigen. Zu diesem Behufe hat sie die Nichtigkeitsklage erhoben, hierdurch jedoch ihr Ziel nicht erreicht, weil jene Frage im Patentstreitverfahren nicht entschieden werden konnte. Zu dem gleichen Zwecke ist die jetzt vorliegende Klage erhoben worden, und nur dieser Zweck wird noch gegenwärtig verfolgt. Allerdings sind die Anträge ... im Laufe des Verfahrens geändert worden; unrichtig ist es jedoch, wenn das Berufungsgericht annimmt, daß bei den Anträgen, die jetzt noch in Frage stehen, das Patent des Beklagten nicht mehr in Betracht komme. Nach wie vor verlangt Klägerin eine Entscheidung dahin, daß Beklagter sein Patent nicht ohne ihre Genehmigung ausnutzen, also nicht thun dürfe, wozu ihn an und für sich sein Patent ermächtigt. Es steht mithin immer noch zur Entscheidung, ob das Patent des Beklagten von dem der Klägerin abhängig sei. Dies ist überdies nicht nur in dem von der Klägerin in der Berufungsinstanz noch festgehaltenen Antrag, sondern auch in dem Urteile des Landgerichtes zum Ausdrucke gebracht; ein Unterschied liegt nur insofern vor, als das Landgericht — was zu billigen ist — die von der Klägerin gewünschte Feststellung, da diese bei der gegenwärtigen Sachlage nur die Bedeutung eines Entscheidungsgrundes haben kann, nicht in die Urteilsformel aufgenommen hat.

Hiernach ist der Revision darin beizustimmen, daß der vorliegende Rechtsstreit das Patent des Beklagten betrifft, und hieraus folgt, daß der Kaufmann D. M. zu dessen Vertretung befugt war. Alsdann aber ist die Klage wirksam erhoben, da dieselbe dem Beklagten durch seinen genannten Vertreter zugestellt worden ist. Dies war richtig, da der Kaufmann D. M. kraft seiner Bestellung nach § 12 des Patentgesetzes nicht gesetzlicher Vertreter des Beklagten im Sinne der §§ 50. 54 C.P.O., sondern gesetzlicher Bevollmächtigter desselben ist. Auf Grund der gesetzlichen Vollmacht aber war der Vertreter befugt, den nach der Civilprozeßordnung erforderlichen Prozeßbevollmächtigten zu bestellen, und deshalb ist es ebenfalls richtig, daß der als solcher aufgetretene Rechtsanwalt Dr. Pr. von ihm bevollmächtigt worden ist; der Prozeß ist demnach, dem Gesetze entsprechend, durch den Kaufmann M. für den Beklagten L. geführt worden." ...

24. Sind die Bestimmungen des § 75 Abs. 2 und 3 des mit dem 1. Januar 1898 in Kraft getretenen Abschnittes 6 des ersten Buches des neuen Handelsgesetzbuches vom 10. Mai 1897 auf Vertragsverhältnisse anzuwenden, die schon vor dem 1. Januar 1898 von den Handlungsgehilfen eingegangen waren?

III. Civilsenat. Urt. v. 18. November 1898 i. S. Sch. (Kl.) w. Sch. & K. (Bekl.). Rep. III. 196/98.

I. Landgericht Hannover.
II. Oberlandesgericht Celle.

Gründe:

„Der Beklagte ist am 1. Januar 1896 als Handlungsgehilfe in das Geschäft der Klägerin getreten, die in H. ein Ausfuhrgeschäft in Gummi- und Asbestwaren betreibt; in dem Dienstvertrage hat er sich verpflichtet, innerhalb zweier Jahre nach seinem Austritte in keinem Geschäfte Stellung zu nehmen, das der Klägerin Konkurrenz mache.

Die Klägerin behauptet, daß er daneben kumulativ sich verpflichtet habe, für jede Zuwiderhandlung eine Konventionalstrafe von 10000 *M* zu zahlen, wogegen der Beklagte in der ersten Instanz die Zusicherung einer Konventionalstrafe bestritten, in der zweiten sie zwar eingeräumt hat, aber nicht höher als 1000 *M*.

Der Beklagte ist auf seine vorgängige Kündigung zum 1. Januar 1898 aus dem Geschäfte der Klägerin getreten und hat an diesem Tage, ebenfalls in H., in Gemeinschaft mit einem Anderen ein gleichartiges Geschäft begonnen und darin, wie er zugiebt, der Klägerin, an deren Kunden er sich wandte, Konkurrenz gemacht. Infolgedessen hat die Klägerin auf Zahlung von 10000 *M* Konventionalstrafe und auf Austritt aus diesem Geschäfte oder doch auf Unterlassung der Beteiligung an Konkurrenzgeschäften Klage erhoben und zugleich eine einstweilige Verfügung dahin beantragt, daß dem Beklagten bei Strafe untersagt werde, während der Dauer des Prozesses in den Konkurrenzartikeln Handel zu treiben und sich an einer Firma zu beteiligen, soweit diese in solchen Artikeln Handel treibe. Das Landgericht hat die einstweilige Verfügung erlassen, indem es unter Zurückweisung der Einwendungen des Beklagten davon ausgeht, daß der § 75 des neuen Handelsgesetzbuches vom 10. Mai 1897 auf den vorliegenden Fall keine Anwendung finde, die Klägerin daher, obgleich eine Konventionalstrafe von ihr behauptet und eingeklagt werde, nach der sonstigen Lage der Sache nicht gehindert sei, auch die Hauptverpflichtung geltend zu machen. Die vom Beklagten eingelegte Berufung ist zurückgewiesen worden; auch die Revision konnte keinen Erfolg haben.

Nach den Grundsätzen des bisher geltenden Rechtes unterliegt die Entscheidung des Berufungsgerichtes keinem Bedenken; seine Begründung ist wesentlich thatsächlicher Natur und läßt einen Rechtsirrtum nicht erkennen. Auch von der Revision sind insoweit spezielle Angriffe nicht erhoben; dagegen rügt sie, daß nicht der § 75 a. a. O. Abss. 2 und 3 angewendet sei. Es mußte jedoch dem Berufungsgerichte darin, daß diese Bestimmung nicht rückwirkende Kraft habe, daher auf das vorliegende Vertragsverhältnis nicht anzuwenden sei, beigetreten werden.

Der 6. Abschnitt des ersten Buches des neuen Handelsgesetzbuches ist, mit Ausnahme des § 65, für sich allein am 1. Januar 1898 in

Kraft getreten, also zu einer Zeit, wo zwischen den Parteien der Dienstvertrag bereits geschlossen war und infolge der Kündigung des Beklagten sogar schon sein Ende erreicht hatte. Nach der vom Reichsgerichte stets festgehaltenen Regel, daß ein neues Gesetz auf bestehende Verträge nicht anzuwenden sei, trifft daher das neue Recht den vorliegenden Fall nicht, wenn nicht ausnahmsweise vom Gesetzgeber eine größere oder geringere Rückwirkung gewollt ist. Dieser Wille braucht zwar nicht ausdrücklich erklärt zu sein; er muß aber aus den Umständen deutlich erkannt werden können.

Vgl. Entsch. des R.G.'s in Civils. Bd. 40 S. 314.

Ausdrücklich ist nun die Rückwirkung keinesfalls vorgeschrieben; das Einführungsgesetz zum neuen Handelsgesetzbuche enthält Übergangsbestimmungen überhaupt nicht. Da aber das Handelsgesetzbuch einen Teil des neuen Rechtes bildet, im allgemeinen gleichzeitig mit dem Bürgerlichen Gesetzbuche am 1. Januar 1900 in Kraft tritt, und der Art. 2 seines Einführungsgesetzes bestimmt, daß, soweit das Handelsgesetzbuch keine abweichenden Bestimmungen enthalte, auch in Handelssachen die Vorschriften des Bürgerlichen Gesetzbuches zur Anwendung kommen sollen, so werden mit diesem auch die Übergangsbestimmungen des zu ihm erlassenen Einführungsgesetzes subsidiäre Geltung haben sollen. Es kann daher nicht zweifelhaft sein, daß die die Übergangsbestimmungen für Schuldverhältnisse enthaltenden Artt. 170. 171 dieses Einführungsgesetzes auf die Rechtsverhältnisse der Handlungsgehilfen, insbesondere die von ihnen geschlossenen Dienstverträge, anzuwenden sein würden, wenn der 6. Abschnitt des ersten Buches des Handelsgesetzbuches erst am 1. Januar 1900 in Kraft treten würde. Durch die infolge des Vorschlages der Reichstagskommission erfolgte vorzeitige Einführung ist es aber in hohem Grade zweifelhaft geworden, ob auch andere Bestimmungen, die sich zugleich auf diesen Abschnitt beziehen, schon jetzt in Kraft sind. Zu diesen gehören die Artt. 170. 171 Einf.-Ges. zum B.G.B. Für den vorliegenden Fall bedarf jedoch diese Frage keiner Entscheidung, da diese Artikel keinesfalls eine ausdrückliche Bestimmung enthalten, die hier zur Anwendung des § 75 führen würde. Vielmehr spricht der Art. 170 nur die oben aufgestellte Regel aus, daß die neuen Vorschriften auf früher geschlossene Verträge keine Anwendung finden sollen, und im Art. 171 wird nur für wenige Vertragsarten, und gerade für Dienstverträge, eine sehr beschränkte Ausnahme gemacht, die für den vorliegenden Fall nicht zutrifft. Diese Artikel enthalten daher sogar, auch wenn sie zur Zeit noch nicht anwendbar sind, einen nicht unerheblichen Grund für die Annahme, daß der Gesetzgeber im allgemeinen eine weitergehende Rückwirkung auf Verträge nicht gewollt habe.

Fehlt es hiernach völlig an einer ausdrücklichen Vorschrift, so muß, damit die Rückwirkung angenommen werden könne, aus den einzelnen Bestimmungen, sei es aus dem Wortlaute, oder aus ihrem Grunde und Zwecke, überzeugend erkannt werden können, daß hier ausnahmsweise der Gesetzgeber die Rückwirkung in weiterem Umfange gewollt habe. Der Umstand allein, daß der Abschnitt 6 früher eingeführt worden ist, hat für diese Frage keine Bedeutung, da der Kommissionsbericht und die Verhandlungen deutlich zeigen, daß man die Frage der Rückwirkung gar nicht in den Kreis der Erörterung gezogen oder auch nur an sie gedacht, daß man also nicht beabsichtigt hat, für diesen Abschnitt insoweit besondere Vorschriften zu geben. Nur soviel läßt sich erkennen, daß man möglichst bald den Handlungsgehilfen die Vorteile des neuen Gesetzes zuwenden wollte, aber nur in dessen Geiste und ohne eine aus diesem sich nicht schon ohnehin ergebende anomale Ausdehnung der Rückwirkung. Nicht einmal die für die Handlungsgehilfen sehr wichtigen § 343 B.G.B. und Art. 171 des Einführungsgesetzes zu diesem sind erkennbar eingeführt.

Prüft man nun die Einzelbestimmungen des Abschnittes 6, so befinden sich unter ihnen gewiß manche, deren sofortige Anwendung auch auf bestehende Vertragsverhältnisse als dem Willen des Gesetzgebers entsprechend angesehen werden darf. Dahin gehören z. B. die Vorschriften des § 62, wonach der Prinzipal den Geschäftsbetrieb so regeln und die Geschäftsräume so einrichten muß, daß der Handlungsgehilfe gegen Gefährdung von Leben und Gesundheit möglichst geschützt wird, gute Sitte und Anstand aufrecht erhalten werden, überhaupt alle Vorschriften, die mehr polizeilicher Natur sind oder gar bei Strafe gebieten oder verbieten, und an deren sofortiger Anwendung die Gesamtheit ein so hohes gesundheitliches oder sittliches Interesse hat, daß selbst das Bedenken der Verletzung bereits erworbener Vertragsrechte dagegen zurücktreten muß. Anders liegt es aber bei manchen anderen Bestimmungen dieses Abschnittes, so auch bei dem Abs. 2 des § 75. Die Vorinstanzen gehen allerdings zu weit, wenn sie aus seinem Wortlaute einen Grund gegen die Rückwirkung entnehmen wollen. Er spricht vielmehr weder dafür noch dagegen; er deutet eine Rückwirkung nicht an; aber er läßt eine Anwendung auf frühere Verträge zu, falls diese aus anderen Gründen anzunehmen sein würde; der Abs. 2 unbedenklich, der Abs. 3 weniger; aber irgend erhebliches Gewicht läßt sich auf diese Fassung nach keiner Seite legen.

Auch an sonstigen ausreichenden Gründen für die Annahme der Rückwirkung fehlt es. Ginge der Gesetzgeber davon aus, daß die Konkurrenzklausel überhaupt dem jetzigen Rechts- und Sittlichkeitsgefühle unbedingt widerspreche und nicht geduldet werden könne, so möchte einem Verbote derselben rückwirkende Kraft eingeräumt werden können. Aber das ist nicht nur nicht der Fall, sondern er erkennt die Zulässigkeit und Unentbehrlichkeit ausdrücklich an, und es ist nicht zweifelhaft, daß sie, wenn keine Konventionalstrafe hinzugefügt ist, auch auf Grund nach dem neuen Gesetze geschlossener Verträge eingehalten werden muß. Es handelt sich also nur (vgl. auch § 340 B.G.B.) um eine Erleichterung der Handlungsgehilfen, die offenbar an die neuere Rechtsprechung des Reichsgerichtes sich anlehnt und diese mit bestimmter, etwas weiter gehender Grenze gesetzlich festlegen soll. Der Gesetzgeber hat gerade für die Dienstverträge, also auch zu Gunsten der Handlungsgehilfen, im Art. 171 Einf.-Ges. zum B.G.B. bestimmt, wieweit das Gesetz zurückwirken soll. Er sucht dadurch das Interesse beider Kontrahenten zu vereinigen, da eine weitergehende Rückwirkung zu schwerer Schädigung der Prinzipale führen kann, die im Vertrauen auf das geltende Recht kontrahiert haben, während die Konventionalstrafe oft sehr gering oder uneinziehbar ist. Ob diese Bestimmung schon jetzt anwendbar ist, und wie sie mit dem Abs. 1 des § 75 H.G.B. zu vereinigen sein wird, ist für die vorliegende Frage ohne Bedeutung; denn jedenfalls ist wohl ausgeschlossen, daß für die Zwischenzeit bis zum 1. Januar 1900 eine stärkere Rückwirkung eintreten sollte, als nachher.

Die in der Litteratur mehrfach, z. B. von Staub, für die Rückwirkung allein angeführten Gründe, die Bestimmungen enthielten öffentliches Recht und seien zwingender Natur, sind ungenügend. Zu den Vorschriften des öffentlichen Rechtes im eigentlichen Sinne gehören sie überhaupt nicht, sondern sind privatrechtlicher Natur; versteht man aber unter jenem Ausdrucke nur, daß sie unverzichtbar, der Willkür der Kontrahenten entzogen sind (publici juris in diesem Sinne), so ist der Ausdruck gleichbedeutend mit dem zweiten, daß sie zwingendes Recht enthalten. Das ist zwar thatsächlich richtig, da nach Abs. 3 entgegenstehende Vereinbarungen nichtig sein sollen; aber aus der zwingenden Natur einer Vorschrift folgt nur, daß sie unter ihrer Herrschaft, also in der Zukunft, nicht durch Vertrag abgeändert werden darf.

Vgl. Urt. des I. Civilsenates in der Jurist. Wochenschr. von 1891 S. 394 Nr. 26.

Daß auch der Gesetzgeber auf diesem Standpunkte steht, ergiebt sich aus zahlreichen Bestimmungen des Einführungsgesetzes zum Bürgerlichen Gesetzbuche und zum Handelsgesetzbuche. Vielmehr ist die zwingende Natur der Vorschrift nur eine der Voraussetzungen der Rückwirkung auf früher geschlossene Verträge; fehlt sie, so kann von einer Rückwirkung auf Vertragsbestimmungen wegen der Freiheit gegenüber dispositiven gesetzlichen Bestimmungen überhaupt nicht die Rede sein. Liegt sie aber auch vor, so genügt das allein nicht; sondern es muß noch der erkennbare Wille des Gesetzgebers hinzukommen, daß er nicht bloß der Vertragsfreiheit für die Zukunft Schranken setzen, sondern sogar wohlerworbene Vertragsrechte verletzen will.

Allen diesen Bedenken gegenüber genügt die immerhin bleibende Möglichkeit, daß der Gesetzgeber eine weitergehende Rückwirkung gewollt habe, nicht, um diese anzunehmen; jedenfalls hat eine solche, etwa bestehende Absicht keinen erkennbaren Ausdruck gefunden, und das ist um so wichtiger, als mehrere Faktoren der Gesetzgebung zusammenwirken mußten.

In der Litteratur gehen die Ansichten sehr auseinander. Während z. B. Staub, Supplement zum Kommentar zum Handelsgesetzbuch S. 6. 22 Anm. 10. 24 Anm. 8, Düringer und Hachenburg, Handelsgesetzbuch S. 17. 239, und Fuld, Recht der Handlungsgehilfen S. 11 flg., sich für die Rückwirkung erklären, wenden sich Makower, Handelsgesetzbuch 12. Aufl. S. 108, Cosack, Handelsrecht 4. Aufl. S. 768, Horrwitz, Recht der Handlungsgehülfen S. 8. 9, Pappenheim in Gruchot's Beiträgen Bd. 42 S. 326 flg. 339 flg., gegen sie. Die Verteidiger der rückwirkenden Kraft berufen sich fast nur auf die zwingende Natur der Vorschrift, also auf einen Grund, der schon als ungenügend nachgewiesen ist.

Das Reichsgericht hat sich über die Rückwirkung der Vorschriften des Abschnittes 6 bisher nicht ausgesprochen, wohl aber in ähnlichen, durch das Aktiengesetz von 1884 veranlaßten Fällen. Nach dem früheren Rechte durften die Gründer einer Aktiengesellschaft sich vertragsmäßig den Bezug neu auszugebender Aktien zusichern lassen; durch Art. 215a Abs. 4 des Gesetzes von 1884 wurde eine solche Vereinbarung gegenüber der Gesellschaft für unwirksam erklärt. Trotzdem ist das Bezugsrecht zunächst vom II. Civilsenate,

Entsch. des R.G.'s in Civils. Bd. 27 S. 1 flg.,

und dann vom I. Civilsenate,

Jurist. Wochenschr. von 1891 S. 394 Nr. 26 und S. 512 Nr. 15,

in mehreren Fällen anerkannt, in denen das Bezugsrecht vor dem Inkrafttreten des neuen Gesetzes zugesichert war, aber erst nachher die neuen Aktien ausgegeben wurden. Zwar hat der I. Civilsenat in Bd. 36 S. 37 der Entsch. des R.G.'s in Civils. das in dem Art. 215d des Aktiengesetzes von 1884 enthaltene Verbot, daß Aktiengesellschaften eigene Aktien nicht erwerben oder in Pfand nehmen dürfen, auf schon früher entstandene Aktiengesellschaften angewendet; aber dieser Fall liegt völlig anders, da ein auf Erwerb der Aktien schon gerichtetes Vertragsverhältnis überall nicht vorlag." ...

25. Haben, wenn ein Gesellschafter einer gemeinrechtlichen Societät in Konkurs gerät, die Gläubiger aus dem Geschäftsbetriebe der Gesellschaft das Recht, zu verlangen, daß sie aus den Vermögensstücken der Gesellschaft vorab befriedigt werden?

K.O. §§ 14. 44.

III. Civilsenat. Urt. v. 29. November 1898 i. S. Immobilien- u. Baugeschäft u. Gen. (Bekl.) w. G. u. U. Konkursverw. u. Gen. (Kl.). Rep. III. 205/98.

I. Landgericht Stuttgart.
II. Oberlandesgericht daselbst.

Gründe:

„Der Bautechniker G. und der Werkmeister U. haben in Stuttgart in gemeinrechtlicher Societät ein Baugeschäft betrieben mit gleicher

Beteiligung an Gewinn und Verlust und unter solidarischer Haftung für die Verbindlichkeiten. Am 30. Oktober 1896 ist über das Vermögen eines jeden der beiden Gesellschafter Konkurs eröffnet, und in beiden Konkursen der jetzige Kläger ad 1 zum Konkursverwalter bestellt. In den Konkursen stellte sich heraus, daß aus dem Betriebe des Baugeschäftes noch erhebliche Aktivposten vorhanden waren, während das sonstige Aktivvermögen geringfügig war. Die gegenwärtigen Beklagten, Gläubiger aus Rechtsgeschäften, welche sich auf das Baugeschäft bezogen, haben ihre Forderungen bei den beiden Konkursmassen angemeldet und festgestellt erhalten. Sie haben aber dabei auch den Anspruch erhoben, daß sie ihre Befriedigung vorweg aus dem aus dem Betriebe des Baugeschäftes vorhandenen gemeinschaftlichen Vermögen der Gemeinschuldner erhielten, und es haben infolgedessen im gegenwärtigen Prozeß der Konkursverwalter, sowie die Ehefrau des Gemeinschuldners G., welche eine Beibringensforderung im Konkurse ihres Ehemannes angemeldet und festgestellt erhalten hat, eine Feststellungsklage dahin erhoben, daß den Beklagten das beanspruchte Recht nicht zustehe, das fragliche aus dem Baugeschäfte herrührende Vermögen vielmehr je zur Hälfte in die beiden Konkursmassen gehöre.

Während das Landgericht die Klage abgewiesen hat, weil mit Rücksicht auf §§ 14. 44 der Konkursordnung und die Motive zu diesen Paragraphen anzunehmen sei, daß nur der Anteil des Gesellschafters, welcher nach Abzug der Gemeinschaftsschulden übrig bleibe, zur Konkursmasse des Gesellschafters gehöre, hat das Berufungsgericht diesen Rechtssatz für die gemeinrechtliche Societät verneint und im wesentlichen der Klage stattgegeben.

Der gegen diese Entscheidung eingelegten Revision muß der Erfolg versagt werden, wenngleich der Begründung des Berufungsgerichtes nicht überall beigetreten werden kann. Denn wenn, was zunächst letzteres anlangt, das Berufungsgericht aus den §§ 14. 44 der Konkursordnung nicht entnehmen zu müssen glaubt, daß, wenn ein Gemeinschuldner sich in einer gemeinrechtlichen Societät (im Gegensatze zu anderen Gesellschaftsformen) befindet, nicht die ihm an den einzelnen gemeinschaftlichen Gegenständen zustehenden Rechte, sondern lediglich sein bei der Teilung oder Auseinandersetzung ermittelter Anteil zur Konkursmasse gehöre, so wird dies von der Revision mit Recht als rechtsirrtümlich bezeichnet. Allerdings giebt es, wie das Berufungsgericht zutreffend ausführt, bei der gemeinrechtlichen Societät kein Gesellschaftsvermögen, und ist auch die Zwangsvollstreckung in die Anteile der Gesellschafter an den einzelnen Vermögensstücken zulässig, sodaß an sich nach § 1 der Konkursordnung auch das in diesen Anteilen des Gesellschafters steckende Vermögen zur Konkursmasse gehört. Ganz dasselbe gilt aber auch bei jedem Miteigentum. Und wenn dann § 14 der Konkursordnung bestimmt, daß bei jedem Miteigentum, wie bei jeder Gesellschaft, also auch der gemeinrechtlichen, die nötige Teilung und Auseinandersetzung außerhalb des Konkursverfahrens erfolgen soll, so folgt daraus mit Notwendigkeit, daß in den Konkurs das fragliche Vermögen nicht in seiner Gestalt der Anteilsrechte an den einzelnen Vermögensstücken, sondern in der aus der Auseinandersetzung sich ergebenden Gestaltung, in der Gestalt des Ergebnisses der Auseinandersetzung, d. i. des in dieser ermittelten Anteils, fallen soll. Das ergiebt auch der § 44 der Konkursordnung, nach welchem das Absonderungsrecht des Teilnehmers sich auf den bei der Auseinandersetzung ermittelten Anteil bezieht, während es sich sonst auf die Anteile des Gesellschafters an den einzelnen Vermögensstücken beziehen müßte. Diese Auffassung der §§ 14. 44 wird aber auch durch die Motive ganz ausdrücklich bestätigt: „Stets gehört nur der bei der Teilung zu ermittelnde Anteil des Gemeinschuldners zur Konkursmasse", und auch das Reichsgericht hat sich bereits wiederholt,

vgl. Entsch. in Civils. Bd. 8 S. 102 flg., Bd. 26 S. 113 flg.,

in diesem Sinne ausgesprochen.

Damit wird aber der von den Beklagten erhobene Anspruch, welcher mit der gegenwärtigen Klage bekämpft wird, in keiner Weise gerechtfertigt. Denn die Beklagten beanspruchen, daß die in dem Baugeschäft erworbenen Vermögensstücke zunächst zu ihrer Befriedigung verwandt werden, daß ihnen als Gläubigern aus diesem Geschäftsbetrieb an diesen Vermögensstücken ein Vorrecht vor anderen Gläubigern eingeräumt werde. Wie dies aber aus den §§ 14. 44, auch wenn sie in dem oben dargelegten Sinne zu verstehen sind, folgen soll, ist nicht einzusehen, wird vielmehr durch die Erwägung widerlegt, daß, worauf auch das Berufungsgericht hinweist, die nach diesen Paragraphen notwendige Auseinandersetzung eine Sache zwischen dem Gemeinschuldner (vertreten durch den Konkursverwalter) und dem anderen Gesellschafter, bezw. sonstigen Mitberechtigten ist, und daß die Gläubiger, soweit nicht etwa nach bürgerlichem Recht je nach dem vorliegenden Gesellschaftsverhältnisse ihnen besondere Rechte zustehen, bei dieser Auseinandersetzung nicht beteiligt sind. Auch dies wird durch die Motive direkt bestätigt: „In welcher Weise die Auseinandersetzung zu bewirken ist, bestimmt sich nach dem vorliegenden Gemeinschaftsverhältnisse. Dieses bestimmt auch die Rechte der Gemeinschaftsgläubiger" (Motive zu § 14), und (Motive zu § 44): „Bei der Auseinandersetzung können sich auch nach Maßgabe des bürgerlichen Rechts die Gemeinschafts- und Gesellschaftsgläubiger mit ihren Ansprüchen beteiligen". Die §§ 14. 44 geben also den Gläubigern als solchen an sich überhaupt keine Rechte. Für die gemeinrechtliche Gesellschaft giebt aber auch das bürgerliche Recht den Gesellschaftsgläubigern kein besonderes Recht an den Vermögensstücken der Gesellschaft; ihre Rechte werden daher, mögen ihnen die Gesellschafter pro parte, oder mögen sie ihnen solidarisch haften, durch die zwischen den Gesellschaftern erfolgende Auseinandersetzung überhaupt nicht berührt. Aus den Bestimmungen der Konkursordnung, daß die Auseinandersetzung außerhalb des Konkursverfahrens erfolgen soll, kann daher für die Gläubiger einer gemeinrechtlichen Gesellschaft ein Recht, aus den Vermögensstücken der Gesellschaft vorab befriedigt zu werden, in keiner Weise gefolgert werden. Nur der Gesellschafter, bezw. sonstige Mitberechtigte selbst ist nach dieser Bestimmung berechtigt, bei der Auseinandersetzung auch die Schulden in Ansatz zu bringen. Das mit Rücksicht auf den Satz: „bona non intelliguntur nisi deducto aere alieno", dem Mitgesellschafter außerhalb des Konkurses unzweifelhaft zustehende Recht, bei der Auseinandersetzung auch die Schulden zu berücksichtigen, soll ihm auch im Konkurse gewahrt werden: daher der Satz, daß die Auseinandersetzung außerhalb des Konkurses erfolgen soll. Die Motive zu § 44 ergeben klar, daß sowohl § 44, als auch § 14 eben mit Rücksicht auf den Mitgesellschafter gegeben sind. Es würde, so führen die Motive zu § 44 aus, die Nichtberücksichtigung der Schulden bei solidarischer Haftung der Gesellschafter, die zur Zeit die Regel zu sein pflege, zu direkter Unbilligkeit führen, da die Gläubiger sich natürlich an den nicht in Konkurs verfallenen Gesellschafter halten würden, und dieser seine Regreßforderung dann nur als Konkursgläubiger geltend machen könnte. Daraus aber, daß bei der Auseinandersetzung der Teilnehmer die „Befugnis“ hat (wie es in den Motiven wörtlich heißt), „zunächst die Schulden zu tilgen“, kann sich zwar thatsächlich das Resultat ergeben, daß die Gesellschaftsgläubiger aus diesem Vermögen vorab befriedigt werden; sie erhalten aber durch die erwähnten Bestimmungen der Konkursordnung dazu kein Recht. Auch im Fall solidarischer Haftung der Gesellschafter steht nichts im Wege, daß die Gesellschafter die Schulden nur rechnerisch berücksichtigen. Aus alledem ergiebt sich, daß auch aus dem von den Motiven eben im Hinblick auf die Mitgesellschafter ausgesprochenen Satze, daß nur das nach Abzug der Gemeinschaftsschulden verbleibende Reinvermögen zur Konkursmasse fließe, wie sich in ähnlicher Weise auch die angezogenen Reichsgerichtsentscheidungen ausdrücken, ein Recht der Gläubiger, vor anderen Gläubigern aus dem Gemeinschaftsvermögen befriedigt zu werden, sich nicht herleiten läßt. Hiernach ist mit Recht von dem Berufungsgericht nach dem Klagantrage erkannt, und daher die gegen seine Entscheidung eingelegte Revision zurückzuweisen.“

26. Ist, wenn Getreide in losem Zustande nach einem Freihafengebiete oder einem Freibezirke gebracht ist, bei der dortigen Zollstelle in aus dem Zollinlande stammende Säcke verpackt und in diesem Zustande in das Zollgebiet geschafft wird, der Zoll nach dem Brutto-, oder nach dem Nettogewichte zu erheben?

VI. Civilsenat. Urt. v. 1. Dezember 1898 i. S. P. & H. (Kl.) w. Zolldirektion Bremen (Bekl.). Rep. VI. 259/98.

I. Landgericht Bremen.
II. Oberlandesgericht Hamburg.

Im Februar 1896 befanden sich im Freihafengebiet Bremerhaven 100000 Kilo Mais, die durch einen transatlantischen Dampfer in losem Zustande dahin gelangt waren, ohne vorher die deutsche Zollgrenze zu passieren. Sie wurden von der Firma K. N. daselbst durch die Eisenbahn an die Klägerin nach Bremen gesandt, nachdem sie zuvor im Freihafengebiet in Säcke verpackt worden waren, die zu diesem Zwecke aus dem Zollinlande nach dem Freihafengebiete gebracht waren und sich bis zu dieser Verwendung unter zollamtlichem Verschlusse befunden hatten.

Die Firma K. N. hatte den Mais beim Hauptzollamte Bremerhaven zur Einfuhr unter Verzollung zum Nettogewicht angemeldet; der Zoll wurde jedoch nach dem auf 101000 Kilo festgestellten Bruttogewicht der 1000 Sack Mais erhoben und von der genannten Firma unter Protest gezahlt. Diese trat ihren vermeintlichen Anspruch auf Rückerstattung des auf das Gewicht der Säcke entfallenden, 16 *M* betragenden Zolles an die Klägerin ab.

Weiter lagerte im April 1896 in einem Schuppen des Freibezirkes Bremen für die Klägerin russischer Hafer im Gewichte von 9900 Kilo; derselbe wurde in 160 Säcke, die wiederum aus dem Zollgebiet nach dem Freibezirke gebracht und bis zur Verwendung in zollamtlicher Verwahrung gewesen waren, verpackt und so nach Bremen eingeführt. Vor dem Einbringen in den Freibezirk hatte der Hafer lose im Seeschiffe die Zollgrenze auf der Weser passiert. Auch hier hatte die Klägerin den Hafer zur Nettoverzollung angemeldet; der Zoll war jedoch wiederum nach dem Bruttogewicht (10120 Kilo) berechnet und unter Protest gezahlt worden; 3,60 *M* entfielen davon auf das Gewicht der Säcke.

Die Klägerin forderte Zurückgewährung der nach ihrer Meinung zuvielerhobenen 19,60 *M*. Sie behauptete, in beiden Fällen sei das Getreide in losem Zustande in den Zollschuppen, wo die Revisionsstelle sich befinde, geschafft und erst dort unter Mitwirkung von Zollbeamten zur Verwiegung in Säcke gefüllt worden. Sie wollte in beiden Fällen angenommen wissen, daß der Zoll nach dem Nettogewichte des Getreides zu erheben gewesen sei, da dieses in losem Zustande in das Zollgebiet eingeführt worden sei.

Die Klage wurde in erster und zweiter Instanz abgewiesen, und die Revision für unbegründet erklärt aus folgenden

Gründen:

„Die Revision ist nach § 70 G.V.G. verbunden mit § 77 des bremischen Gesetzes vom 17. Mai 1879 und § 509 Ziff. 2 C.P.O. zulässig.

Auch gegen die Zulässigkeit des Rechtsweges liegen Bedenken nicht vor. Reichsgesetzliche Bestimmungen stehen derselben nicht entgegen, insbesondere nicht § 12 des Vereinszollgesetzes vom 1. Juli 1869, da es sich hier nicht um die richtige Anwendung des Zolltarifes bei der Unterstellung der Ware unter das amtliche Warenverzeichnis handelt.

Vgl. Entsch. des R.G.'s in Civils. Bd. 5 S. 34 flg., Bd. 16 S. 37 flg.

Nach bremischem Partikularrechte aber ist, wie die Vorinstanz maßgebend festgestellt hat, der Rechtsweg zulässig.

Mit Recht ist endlich auch die Klage gegen den hier durch die Zolldirektion Bremen repräsentierten Fiskus des Bundesstaates Bremen gerichtet worden, da von diesem (vgl. das bremische Gesetz vom 3. Juli 1888, G.Bl. S. 165, Bekanntmachungen des bremischen Senates vom 20. September und 10. Oktober 1888, ebenda S. 381 und 576, auch Centralblatt für das Deutsche Reich von 1888 S. 918) der streitige Betrag erhoben worden ist.

Vgl. Entsch. des R.G.'s in Civils. Bd. 5 S. 43.

Die Revision ist jedoch sachlich unbegründet, da die in dem angefochtenen Urteile getroffene Entscheidung gerechtfertigt erscheint.

Wie die Klägerin nicht bestreitet, ist Mais und Hafer, wenn er in Verpackung in das deutsche Zollgebiet eingeführt wird, nach seinem Bruttogewicht zu verzollen (Zolltarifgesetz vom 24. Mai 1885 § 2). Eingeführt aber wird eine Sache in das Zollinland dadurch, daß sie aus einem Gebiete, das außerhalb der durch § 16 des Vereinszollgesetzes bestimmten Zollinie liegt, in das von dieser umschlossene Gebiet geschafft wird, um dort in den freien Verkehr gebracht zu werden. Die Einführung findet demnach statt in dem Augenblicke, wo die Sache zu dem angegebenen Zweck die Zollinie überschreitet. Es muß deshalb, soweit die Berechnung des Zolles von dem Zustande des einzuführenden Gutes abhängt, der Zustand maßgebend sein, in dem es sich zur Zeit der Überschreitung der Zollinie befindet. Diese aus dem Begriffe des Eingangszolls, als einer Abgabe, die für gewisse Güter bei deren Einführung in das Zollinland erhoben wird, und aus dem Begriffe der Einführung sich ergebende Folgerung könnte nur abgelehnt werden, wenn das Gesetz abweichende Bestimmungen enthielte. Das ist nicht der Fall; es bestehen weder allgemeine entgegenstehende Vorschriften, noch Sonderbestimmungen für den hier vorliegenden Fall, wo aus dem Zollinlande stammende Gegenstände unter zollamtlichem Verschlusse nach dem Zollauslande gebracht worden sind, um als Emballage für einzuführende Güter zu dienen (vgl. auch § 4 des Vereinszollgesetzes).

Eine abweichende Auffassung ist auch an sich von der Klägerin nicht vertreten worden; sie meint indes: da, wo Zollstellen auf an sich zollausländischem Gebiete lägen, seien diese als vorgeschobene Zollabfertigungsstellen Zollinland; es finde deshalb bei Gütern, die dort zur Verzollung gestellt würden, der Übergang in das Zollinland bei der Zollstelle selbst statt, und es müsse daher der Zustand entscheidend sein, in dem sie dieser Zollstelle deklariert und vorgeführt würden.

Hierbei verkennt jedoch die Klägerin, wie die Vorinstanz mit Recht angenommen hat, die Bedeutung, die der örtlichen Lage der Zollstelle zukommt. Rücksichten auf die Verkehrsbedürfnisse und auf die zweckmäßige Gestaltung des Zollerhebungsverfahrens nötigen häufig dazu, die Zollabfertigungsstellen nicht unmittelbar an der Zolllinie, sondern in einiger Entfernung von ihr, sei es binnenwärts nach dem Zollinlande zu, oder außerhalb desselben, anzulegen. Eine solche, in das Gebiet der administrativen Ausführung der Zollgesetze fallende Maßregel,

vgl. Entsch. des R.G.'s in Straff. Bd. 18 S. 244 flg.,

äußert nun zwar unzweifelhaft auch einen sachlichen Einfluß auf die Zollerhebung, insbesondere bezüglich des Zeitpunktes, zu welchem das einzuführende Gut zur Verzollung angemeldet und vorgeführt, und der Zoll entrichtet werden muß, kann auch wohl unter besonderen Umständen für die Zollpflichtigkeit des Gutes und die Höhe des Zolles (§ 9 Abs. 2 des Vereinszollgesetzes) von Bedeutung sein. Allein dieser Einfluß kann nicht weiter erstreckt werden, als soweit er sich als notwendige Konsequenz aus den durch die Lage der Zollstelle geschaffenen thatsächlichen Verhältnissen ergiebt. Als eine solche kann die Annahme nicht anerkannt werden, daß durch jene Lage die gesetzlich festgelegte Zolllinie verändert werde, oder der Grundsatz eine Ausnahme erleide, wonach für die Zollberechnung der Zustand des Gutes zur Zeit der Überschreitung der gesetzlichen Zolllinie maßgebend ist; vielmehr muß es in Fällen der in Frage befangenen Art als Aufgabe der von dieser Zolllinie entfernt liegenden Zollstelle angesehen werden, festzustellen, in welchem Zustande das zollpflichtige Gut die Zollgrenze überschritten hat oder überschreiten wird, und danach den Zoll zu bestimmen. Einen positiven Anhalt hierfür bieten, wie gleichfalls bereits von der Vorinstanz hervorgehoben worden ist, die Vorschriften des Gesetzes über die Maßnahmen, durch welche verhütet werden soll, daß an dem Zollgute in der Zeit zwischen dem Überschreiten der Zollgrenze und der zollamtlichen Revision Veränderungen vorgenommen werden (§§ 36 flg. 136 Ziff. 6 des Vereinszollgesetzes). Allerdings haben diese und die in Abschn. 8 der Anweisung zur Ausführung des Vereinszollgesetzes enthaltenen Bestimmungen (Centralblatt für das Deutsche Reich von 1888 S. 490) speziell nur den Fall im Auge, wo die Zollstelle von der Grenze entfernt im Zollinlande liegt, und das gleiche wird auch von der Bestimmung in § 11 des Eisenbahn-Zollregulativs (Centralblatt a. a. O. S. 576) anzunehmen sein. Allein es ist kein innerer Grund ersichtlich, warum dann, wenn das Gut erst hinter der Zollgrenze verzollt wird, der Zustand zur Zeit der Grenzüberschreitung entscheidend sein sollte, nicht aber im entgegengesetzten Falle, und es muß angenommen werden, daß besondere diesen letzteren Fall betreffende Bestimmungen nur deshalb nicht getroffen worden sind, weil in Fällen dieser Art die Möglichkeit, daß nach der Revision noch Veränderungen an dem bereits verzollten Gute vorgenommen werden könnten, so fern liegt, daß man besondere Sicherungsmaßregeln hiergegen positiv vorzuschreiben für entbehrlich erachtet hat. Thatsächlich werden solche übrigens, wie die von der Klägerin beigebrachten Schriftstücke ... ergeben, von Zollbehörden ergriffen, und sind auch in den beiden hier in Rede stehenden Fällen beobachtet worden.

Mit den vorstehenden Ausführungen stehen die in den Entsch. des R.G.'s in Straff. Bd. 13 S. 410 flg. und Bd. 18 S. 242 flg. abgedruckten Urteile, auf welche sich die Klägerin für ihre Auffassung berufen hat, nicht im Widerspruch. Bei denselben hat es sich darum gehandelt, ob eine Zolldefraudation, die bezüglich nach Deutschland einzuführender Waren durch Nichtanmeldung derselben bei der auf ausländischem Gebiete gelegenen deutschen Zollstelle begangen sind, trotz der Bestimmung in § 4 St.G.B. in Deutschland zu bestrafen, und wo aus dem Auslande einzuführende Sachen, wenn sie eine auf ausländischem Gebiete gelegene Zollstelle passieren, anzumelden und zu verzollen sind. Es kann deshalb aus ihnen nicht mehr entnommen werden, als daß, soweit diese Fragen in Betracht kommen, der Ort der Zollstelle als derjenige, wo das Gut die Grenze des Zollgebietes überschreite, anzusehen sei, nicht aber, daß dies in jeder Beziehung, insbesondere auch hinsichtlich der Frage zu gelten habe, welcher zollrechtlich bedeutsame Zustand des Gutes für die Berechnung des Zolles entscheidend sei. Ebenso betrifft das Urteil in Bd. 15 S. 1 flg. der Entsch. des R.G.'s in Strafs. eine von der hier in Rede befangenen ganz verschiedene Frage (vgl. übrigens die angezogenen Entscheidungen Bd. 21 S. 59 flg. und Bd. 19 S. 194 flg.). Keinesfalls bieten hiernach die ergangenen strafrichterlichen Urteile Anlaß zur Einholung einer Plenarentscheidung nach § 137 Abs. 2 G.V.G.

Ist aber nach dem Vorstehenden für die Zollberechnung der Zustand maßgebend, in welchem das Gut die durch § 16 des Vereinszollgesetzes bestimmte Zolllinie überschreitet, und ist die Anmeldung und Vorführung des in Frage befangenen Getreides bei der Zollstelle im Freihafengebiet Bremerhaven noch nicht als Einführung desselben in das Zollinland zu betrachten, diese vielmehr erst zu der Zeit erfolgt, wo der Mais bei dem Transport von Bremerhaven nach Bremen die Zolllinie passiert hat, so ist mit Recht der Zoll nach dem Bruttogewichte des in Säcke verpackten Maises (§ 29 Abs. 2 des Vereinszollgesetzes) berechnet worden.

Dasselbe gilt auch bezüglich des aus dem Freibezirke Bremen nach dem Zollinlande gesendeten Hafers. Der in Gemäßheit des Bundesratsbeschlusses vom 6. November 1884 und der Bekanntmachung des Senates der freien Hansestadt Bremen vom 23. September 1888 (G.Bl. S. 489) eingerichtete Freibezirk wird nach Art eines Freilagers (§§ 97. 107 des Vereinszollgesetzes) unter gewissen, namentlich die statistische Anmeldung der Waren betreffenden Modifikationen als Zollausland behandelt.

Vgl. Centralblatt für das Deutsche Reich von 1888 S. 915, ferner das Zollregulativ für die Unterweser § 7, ebenda S. 862, die Bekanntmachungen des Reichskanzlers vom 3. und 25. Oktober 1888, ebenda S. 894. 921, und die nach dem Beschluß des Bundesrates vom 6. Dezember 1888 erlassenen Ausführungsbestimmungen zu dem Gesetz, betr. die Statistik des Warenverkehrs, vom 20. Juli 1879, Anhang 2 §§ 45 flg.

Es ist daher auch hier der Hafer durch die Anmeldung und Vorführung bei der im Freibezirke gelegenen Zollstelle noch nicht in das Zollinland eingeführt worden.

Einflußlos erscheint aber auch weiter in diesem Falle der Umstand, daß der Hafer bei dem Transport nach dem Freibezirke bereits die Zollinie auf der Unterweser passiert und sich dabei in losem Zustande befunden hatte. Denn hierbei hat es sich, wie von dem Berufungsgerichte mit Recht angenommen worden ist, noch nicht um eine Einführung in das Zollinland gehandelt, sondern um eine, die Zollpflicht nicht begründende (§ 6 des Vereinszollgesetzes), Durchfuhr, insofern der Hafer aus dem Zollauslande durch das Zollinland nach dem als Zollausland zu behandelnden Freibezirke geschafft wurde.

Auch hier ist also die Einführung in das Zollgebiet erst bei dem Transporte des Hafers vom Freigebiete Bremen nach dem zum Zollinlande gehörenden Teile des bremischen Gebietes erfolgt, und der Zoll des zu dieser Zeit verpackt gewesenen Hafers nach dem Bruttogewichte zu erheben gewesen.

Der eingeklagte Anspruch ist daher mit Recht von der Vorinstanz als unbegründet abgewiesen worden." . . .

II. Gemeines Recht.

27. Unter welchen Umständen bewirkt die bloß vorübergehende Unmöglichkeit der Erfüllung die Aufhebung der Obligation?

I. Civilsenat. Urt. v. 6. Juli 1898 i. S. M. (Kl.) w. E.'s Mühlenwerke, Gesellschaft m. b. H. (Bekl.). Rep. I. 174/98.

I. Landgericht Bremen.
II. Oberlandesgericht Hamburg.

Die Klägerin kaufte im März 1897 von der Beklagten Roggenmehl „Roland", eine nur in dem Mühlenwerke der Beklagten hergestellte Marke, „zur Lieferung pr. Juni/Oktober monatlich 100 Sack". Die von der Beklagten ausgestellte Schlußnote bestimmte:

„Sollte unser Geschäftsbetrieb infolge höherer Gewalt, wie Betriebs- oder Verkehrsstörungen, Brand, Maschinenbruch, Krieg ꝛc, eine Störung erleiden, so haften wir für rechtzeitige Lieferung nicht, während wir sonst unter allen Umständen dazu verpflichtet sind. Andererseits hat innerhalb der stipulierten Lieferungstermine von Ihnen die Abnahme rechtzeitig zu erfolgen. Erfolgt sie in dieser Weise nicht, so sind wir berechtigt, nach vorheriger Anmeldung Ihnen die Ware nach Ihrem Wohnorte zu senden oder auf Ihre Rechnung und Kosten hier öffentlich meistbietend versteigern zu lassen."

Am 27. Juli 1897 brannte die Mühle der Beklagten vollständig nieder. Die Beklagte zeigte infolgedessen am 28. Juli ihrer Kontrahentin an, daß sie die noch rückständigen 400 Sack nicht liefern könne und werde. Inzwischen wurde die Mühle in der Nähe ihres früheren

Standortes wieder aufgebaut, konnte aber nach der Behauptung der Beklagten nicht vor Dezember 1898 in Betrieb gesetzt werden. Die Klägerin, die die Auflösung des Vertrages nicht anerkennen wollte, trug auf die Feststellung an, daß die Beklagte zur Lieferung in angemessen erstreckten Lieferungsfristen verpflichtet sei.

Die Instanzgerichte wiesen die Klage ab. Die Revision ist zurückgewiesen aus folgenden

Gründen:

„Nach den übereinstimmenden Angaben der Parteien ist Gegenstand ihres Kaufgeschäftes ein Roggenmehl, das nur in der Mühle der Beklagten hergestellt wurde und in der gleichen Art nicht auch aus anderer Quelle zu beziehen war. Ebenso ist außer Frage, daß die Erfüllung des Lieferungsvertrages innerhalb der bedungenen Lieferungsfrist nicht geschehen konnte, weil die Mühle vor deren Ablauf vollständig niedergebrannt ist. Der Streit dreht sich nur darum, ob nach den Vorschriften des gemeinen Rechtes oder den Bestimmungen des Vertrages infolge dieses Ereignisses die Lieferungsverpflichtung der Beklagten erloschen ist. Das wird aber allerdings angenommen werden müssen.

Nach allgemeinen Rechtsgrundsätzen bewirkt die dauernde kasuelle oder unverschuldete Erfüllungsunmöglichkeit die Aufhebung der Obligation. Läßt man zunächst etwaige besondere Parteiberedungen außer Ansatz, so findet diese Regel auch hier ihren Platz. Eine dauernde Unmöglichkeit der Erfüllung liegt nicht allein vor, wenn es feststeht, daß die geschuldete Leistung in keinem Momente selbst der entferntesten Zukunft beschafft werden kann. Eine dauernde Unmöglichkeit der Erfüllung liegt nicht allein vor, wenn es ungewiß ist, ob das entgegenstehende Hindernis jemals wieder beseitigt sein wird. Die Unmöglichkeit stellt sich im Sinne des Rechtes auch dann als eine dauernde dar, wenn zufolge einer notwendigen Verzögerung der Lieferung der Leistungsinhalt ein anderer wird. Freilich erscheint solchen Falles thatsächlich die Erfüllung nur für einen Zeitraum von bestimmter Begrenzung als ausgeschlossen. Mit Rücksicht auf die wirtschaftliche Bedeutung und Einwirkung der Zeitverschiebung wird aber die temporäre Unmöglichkeit der immerwährenden gleichgeachtet.

So liegt die Sache hier. Das Mühlenwerk war durch Brand zerstört. Die Lieferungen konnten erst wieder beginnen, nachdem es neu erbaut und in Betrieb gesetzt worden war. Nun darf man freilich nicht den Satz, daß ein jeder Brand solcher Art auf die Obligation vernichtend zurückwirkt, zu einer allgemein bestimmenden Regel erheben. Ebensowenig gilt aber der umgekehrte Satz, daß die Obligation niemals in ihrem Bestande von ihm getroffen wird. Ob der Untergang der Fabrikationsstätte, aus der die Lieferung allein möglich ist, den Untergang des Verpflichtungsverhältnisses nach sich zieht, richtet sich nach den Umständen des einzelnen Falles. Die Frage ist zu bejahen, wenn eben die dadurch bewirkte Verschiebung dem Vertrage einen neuen und veränderten Inhalt verleiht. Diese Voraussetzung trifft aber zu, sobald — wie nach den Parteivorträgen unstreitig ist — das geschuldete Mehl erst 6 Monate oder länger nach der vereinbarten Zeit geliefert werden konnte. Das Bedürfnis, dessen Deckung es galt, war inzwischen längst auf sonstige Weise befriedigt. Der Zweck des Vertrages ist unerreichbar geworden. Es handelt sich um eine Ware, die sehr erheblichen Konjunkturen und Preisschwankungen unterliegt. Und diese Preisschwankungen bestimmen sich, abgesehen von dem unberechenbaren Eingreifen und Einflusse der Spekulation, ganz vorzugsweise nach dem Ausfall der Welternte. Die Parteien hatten aber, lag der zum Aufbau der Mühle erforderliche Zeitraum dazwischen, mit einer neuen, nach ihren Ergebnissen noch vollständig unbekannten Ernte zu rechnen. Die Wahrscheinlichkeit war also groß, daß sie einer veränderten Marktlage gegenüberstehen würden. Das Risiko, das sie damit traf, war aber nach Inhalt und Umfang von demjenigen Risiko, das die geschäftlichen Fluktuationen innerhalb der vertraglichen Lieferungszeit mit sich brachten, gänzlich verschieden. Und es hieße Unsicherheit und Beunruhigung in den regulären Geschäftsbetrieb hineintragen, wenn man auch jetzt noch dem Einen die Beschaffung der Erfüllung und dem Anderen deren Entgegennahme ansinnen wollte. Der Leistungsgegenstand wird selber verändert und hat die Fähigkeit, als Vertragserfüllung zu dienen, verloren.

Vgl. auch die Entscheidung des III. Civilsenates des Reichsgerichtes vom 12. Juli 1889 i. S. M. w. Fr., Rep. III. 129/89, abgedruckt in Seuffert's Archiv Bd. 45 Nr. 176.

Unter diesen Umständen fragt es sich nur, ob die Parteien etwas anderes vereinbart haben. Die Klägerin glaubt das unter Berufung auf die Bestimmungen des Schlußscheines geltend machen zu können.

Ihre Annahme geht aber fehl. Allerdings war für die Lieferung kein bestimmter Tag, sondern ein Zeitraum von fünf Monaten in Aussicht genommen. Immerhin handelt es sich um eine von vornherein fest begrenzte Lieferungsfrist, und die Parteien mochten beiderseits Grund zu der Voraussetzung haben, daß sich bei normaler und ungestörter Entwickelung der Geschäftsverhältnisse der vereinbarte Preis mindestens im Durchschnitt als angemessen erweisen werde. Namentlich aber war die Beklagte ohne ungesunde Spekulation und ohne bedeutenden Aufwand von Zinsen und Lagerungskosten imstande, sich unter Anlegung der jener Zeit bestehenden Preise mit dem nötigen Getreide zu versorgen und auf der damit gewonnenen Basis die Verkaufspreise ihres Mehles zu bestimmen. Es läßt sich daher aus der Dauer der Lieferungsfrist nicht folgern, daß ihre Einhaltung für minder bedeutsam angesehen sei, und die etwaige Notwendigkeit einer ausgedehnten Erstreckung den Bestand des Geschäftes nicht habe berühren sollen. Im Gegenteil: nach Ausweis der Schlußnote haben die Parteien die rechtzeitige Lieferung und rechtzeitige Abnahme entschieden als wesentlich betrachtet. Die Beklagte soll dazu — abgesehen von gewissen Ausnahmefällen — „unter allen Umständen" verpflichtet sein. Und die Klägerin soll die Ware rechtzeitig empfangen, widrigenfalls ihre Kontrahentin sie ihr einfach zusenden oder zur sofortigen öffentlichen Versteigerung schreiten kann.

Auch die Schlußnotenklausel, die den Einfluß von Betriebsstörungen auf die festgesetzten Lieferungsfristen behandelt, bietet für den Standpunkt der Klägerin keinen rechtlichen Halt. Diese Bestimmung will die Haftung der Beklagten gegenüber der sie sonst treffenden Haftung nicht erweitern, sondern beschränken. Sie soll der Rechtzeitigkeit der Lieferung überhoben sein, wenn gewisse Ereignisse eintreten. Sie soll aber nicht zur Lieferung genötigt werden können, wenn das Gesetz sie davon entbindet. Nicht die Frage, ob eine Lieferungsverpflichtung bestehen bleibt, oder erlischt, sondern die Frage, ob eine bestehende Lieferungsverpflichtung pünktlich erfüllt werden muß, wird gelöst. Daraus, daß die Beklagte unter bestimmten Umständen nicht innerhalb der bedungenen Frist zu liefern braucht, rechtfertigt sich nicht der Schluß, daß sie unter allen Umständen die Lieferung schuldig sein soll. Vielmehr sind Dasein und Nichtdasein ihrer Verpflichtung nach den gewöhnlichen Rechtsgrundsätzen zu beurteilen.

Von diesem Gesichtspunkte aus erscheint es denn nur als sachgemäß, wenn das Berufungsgericht die Klausel ausschließlich auf Betriebsstörungen vorübergehender Natur bezieht und unterstellt, daß die Beklagte nach der Absicht der Parteien nicht auch für den Fall einer vollständigen Vernichtung des Mühlenwerkes zur Vertragserfüllung habe verpflichtet werden sollen." . . .

28. Ist das Versprechen der Nachzahlung der durch einen Zwangsvergleich erlassenen Schuldquote schlechthin rechtsverbindlich? Bleibt ungeachtet des Zwangsvergleiches die Forderung zu dieser Quote als Naturalobligation bestehen?

VI. Civilsenat. Urt. v. 11. Juli 1898 i. S. Gebr. B. (Kl.) w. D. Wwe. (Bekl.). Rep. VI. 113/98.

I. Landgericht Regensburg, Kammer für Handelssachen.
II. Oberlandesgericht Nürnberg.

Aus den Gründen:

„Das Berufungsgericht hat die Klage aus der Erwägung abgewiesen, daß, selbst wenn der Erblasser der Beklagten, ihr verstorbener Ehemann F. D., dem H. B. als dem Vertreter der Firma Gebr. B. sich ernstlich verpflichtet haben sollte, die durch den Zwangsvergleich nicht gedeckte Restquote ihrer in seinem Konkurse angemeldeten Forderung, sobald er in bessere Vermögensumstände gelangen sollte, nachzuzahlen, dieses Versprechen deshalb nicht rechtsverbindlich sein würde, weil die zur Gültigkeit des Konstitutums erforderliche, wenn auch nur als naturale, schon bestehende Verbindlichkeit hier nicht bestanden haben würde. Dieser Entscheidungsgrund ist mit Recht von der Klägerin als rechtsirrig angegriffen worden. Nach richtiger Auffassung bleibt nämlich gemeinrechtlich trotz des Zwangsvergleiches die Verbindlichkeit des Gemeinschuldners als Naturalobligation in dem Sinne, wie dies zur Rechtsverbindlichkeit des Nachzahlungsversprechens erforderlich ist, weiter bei Bestand.

Hierfür ist es gleichgültig, ob man für diese Frage noch heutzutage die römischen Bestimmungen über das Konstitutum für maßgebend hält, oder ob man das neue eventuelle Zahlungsversprechen an sich wie eine römische Stipulation gelten, dann aber natürlich die condictio, bezw. exceptio indebiti, sobald deren Voraussetzungen gegeben sind, dagegen durchgreifen läßt. Denn obgleich der Begriff der Naturalobligation nicht einheitlich bestimmt werden kann, sondern unter dieser Bezeichnung verschiedene Fälle begriffen sind, wo in der einen oder anderen Beziehung trotz des Fehlens einer klagbaren Obligation es doch so angesehen wird, als bestände eine solche, so werden doch in dieser Hinsicht für die Gültigkeit des Konstitutums keine höheren Ansprüche gestellt, als für die Ausschließung der condictio indebiti. Daß überhaupt beim Konstitutum eine bloße Naturalobligation genügt, ist in l. 1 § 7 Dig. de pec. const. 13, 5 gesagt, und wenn nun nach l. 7 Dig. de fidejuss. 46, 1 als Merkmal für das Ausreichen einer Obligation zur Grundlage für eine fidejussio die Ausschließung der condictio indebiti dienen soll, so muß analogerweise das Gleiche beim Konstitutum gelten.

Was nun die Voraussetzungen der Ausschließung der condictio indebiti anlangt, so ist aus l. 26 § 12. l. 32 § 2 Dig. de cond. ind. 12, 6 zu entnehmen, daß die letztere immer dann wegfällt, wenn das zur Erfüllung einer irrigerweise vorausgesetzten klagbaren Verbindlichkeit Geleistete oder Versprochene doch einer sittlichen oder einer Anstandspflicht entsprach. Es liegt kein Grund vor, wie es das Berufungsgericht will, eine Naturalobligation in diesem Sinne nur für die in den Quellen ausdrücklich vorkommenden Fälle anzuerkennen (vgl. Dernburg, Pandekten [Aufl. 5] Bd. 2 § 5 S. 15). Insbesondere steht der Fall des Zwangsvergleiches, wenn man dem letzteren auch nicht mit Schultze (Deutsches Konkursrecht, S. 120 flg.) geradezu „Urteilsnatur" beilegen kann, dem der rechtskräftigen Klagabweisung sehr nahe, insofern auch dort die richterliche Amtsgewalt, und zwar eventuell ebenfalls gegen den Willen des betreffenden Gläubigers, zur Einschränkung des Forderungsrechtes auf eine Quote mitwirkt. Nun bleibt aber auch bei der Klagabweisung nach l. 28. l. 60 pr. Dig. de cond. ind. 12, 6 eine zur Ausschließung der condictio indebiti ausreichende Naturalobligation übrig. Freilich ist dies bisweilen, z. B. von Windscheid, Pandektenrecht (Aufl. 7) Bd. 1 § 129 S. 369 und Bd. 2 § 289 S. 109, bestritten worden, jedoch grundloserweise und nur unter einer recht gewaltsamen Behandlung der soeben angeführten Quellenstellen.

Für den Fall des Zwangsvergleiches wird auch in der neueren Litteratur die hier angenommene Ansicht ganz vorherrschend vertreten, nicht nur für das gemeine Recht, sondern auch für das preußische Landrecht, für das französische Recht und für andere Rechte.

Vgl., außer Dernburg a. a. O., Fitting, Reichs-Concursrecht, § 49 Anm. 2 S. 372, v. Wilmowski, Deutsche Reichs-Konkursordnung (Aufl. 5) Bem. 1 zu § 178 S. 462, Petersen u. Kleinfeller, Konkursordnung (Aufl. 3) Bem. I. 1 zu §§ 178—180 S. 521, und insbesondere Kohler, in der Zeitschrift für das Privat- und öffentliche Recht Bd. 14 S. 21 flg., Lehrbuch des Konkursrechts § 73 S. 462 flg., und Leitfaden des deutschen Konkursrechts § 32 S. 129; anderer Meinung freilich v. Völderndorff, Konkursordnung (Aufl. 2) Bd. 2 Bem. c zu § 178 S. 611 flg.; siehe aber auch Entsch. des R.O.H.G.'s Bd. 8 S. 280 flg. und Bd. 11 S. 312 und Entsch. des R.G.'s in Civils. Bd. 6 S. 228 flg.

Auch steht nicht etwa entgegen das Urteil des I. Civilsenates in den Entsch. des R.G.'s in Civils. Bd. 35 S. 217 flg.; denn dieses betrifft nicht einen Fall, wo ein Zwangsvergleich vorlag; auch ist darin ausdrücklich zu erkennen gegeben, daß der Senat keineswegs von seiner früheren Entscheidung in Bd. 6 S. 228 flg. abweichen wollte.

Übrigens ist noch hervorzuheben, daß, falls es hierauf ankommen sollte, mit der Ausschließung der condictio indebiti jedenfalls auch das gegeben ist, daß das bewußterweise trotz des Fehlens eines klagbaren Anspruches Geleistete oder Versprochene keine Schenkung darstellen würde; denn dies trifft sogar in gewissen ähnlichen Fällen zu, wo die condictio indebiti nicht einmal ausgeschlossen ist (l. 19 § 4 Dig. de don. 39, 5, vgl. mit l. 41 Dig. de cond. ind. 12, 6). Dagegen ist mit der Annahme einer Naturalobligation in dieser Beziehung noch keineswegs ein Kompensationsrecht des Gläubigers anerkannt (vgl. l. 16 § 4 Dig. de fidejuss. 46, 1), trotz der etwas allgemein lautenden l. 6 Dig. de comp. 16, 2, und damit fällt ein Hauptgegengrund weg, den das Berufungsgericht durch Bezugnahme auf ein früher von ihm erlassenes Urteil (Seuffert, Archiv Bd. 45 Nr. 7) geltend gemacht hat. Andererseits findet die hier angenommene Ansicht eine nicht unerhebliche Stütze in der Bestimmung in Satz 2 des § 178 K.O., insofern nach derselben trotz des Zwangsvergleiches die etwaigen Bürgen des Gemeinschuldners weiter haften sollen, besonders wenn man die in derselben Frage so zweifelhafte l. 58 § 1 Dig. mand. 17, 1 damit vergleicht." ...

---

29. 1. Kann ein Gläubiger noch Verzugszinsen fordern, nachdem er vorbehaltlos die Zahlung der Hauptschuld entgegengenommen hat?
2. Kann er auch dann noch solche Zinsen fordern, wenn er die Hauptforderung ohne Zinsen in einem bereits beendeten Prozesse mit Erfolg eingeklagt hat?
3. Wieweit reicht heutzutage die Freiheit des Fiskus von der Verpflichtung zur Zahlung gesetzlicher Zinsen?

VI. Civilsenat. Urt. v. 13. Juli 1898 i. S. der Hamb. Polizeibehörde (Bekl.) w. Gr. (Kl.). Rep. VI. 150/98.

I. Landgericht Hamburg.
II. Oberlandesgericht daselbst.

Der Kläger hatte in einem früheren Prozesse die rechtskräftige Verurteilung der verklagten hamburgischen Staatsbehörde zur Zahlung gewisser rückständiger Gehaltsbeträge erlangt. Dann klagte er in einem neuen Prozesse Zinsen aus denselben für die Zeit von der Fälligkeit eines jeden Betrages an bis zur Auszahlung ein. Die Beklagte erhob die aus den folgenden Entscheidungsgründen ersichtlichen Einwendungen, wurde jedoch wiederum verurteilt, und ihre Revision wurde zurückgewiesen.

Gründe:

... „Die verklagte Behörde hat in diesem Prozesse nicht bestritten, daß der Kläger als Staatsbeamter an den im Urteile erster Instanz bezeichneten Monatsterminen von ihr je 133,33 ℳ an Gehalt zu fordern gehabt und ungeachtet seines Verlangens nicht ausgezahlt erhalten habe. Damit steht ihr Erfüllungsverzug für jede einzelne Monatsquote außer Zweifel. Die Beklagte bestreitet aber ihre Verpflichtung, die jetzt eingeklagten Zinsen, die sowohl als Prozeßzinsen in Beziehung auf den früher über diese Monatsquoten selbst geführten und gegen die Beklagte entschiedenen Rechtsstreit, als auch als Verzugszinsen gefordert sind, zu zahlen, deswegen, weil der Kläger im Vorprozesse die Hauptschuld ohne Zinsen eingeklagt habe, weil er auch die Zahlung der Hauptschuld, ohne einen Vorbehalt wegen der Zinsen zu machen — was der Kläger bestreitet —, angenommen habe, und weil der Fiskus nach gemeinem Rechte überhaupt nicht zur Zahlung von gesetzlichen Zinsen verpflichtet sei. Alle diese Einwendungen sind vom Berufungsgerichte mit Recht verworfen worden.

Was zunächst die Frage anlangt, ob ein selbständiges Forderungsrecht auf Verzugs- oder Prozeßzinsen noch besteht, wenn die Hauptforderung ohne Zinsen in einem jetzt beendigten Prozesse mit Erfolg eingeklagt worden ist, so hat freilich der vom Oberlandesgerichte angeführte § 14 Ziff. 5 des Einf.-Ges. zur C.P.O. mit dieser Frage nichts zu thun; denn dort ist nur bestimmt, daß miteingeklagte Nebenforderungen nicht mehr durch Übergehung im Urteile sollen aberkannt werden können, während es sich jetzt darum handelt, ob nicht miteingeklagte Verzugs- oder Prozeßzinsen nach Zusprechung der Hauptsumme nachträglich noch für sich allein eingeklagt werden können. Diese Frage wird zwar ebensowenig durch l. 13 Cod. de usur. 4, 32 berührt, welche auch ihrerseits wieder nur von miteingeklagten, aber vom Richter übergangenen Zinsen redet und gerade zu den durch § 14 Ziff. 5 des Einf.-Ges. zur C.P.O. beseitigten Vorschriften gehört, wohl aber durch l. 4 Cod. depos. 4, 34, durch welche die Frage, wenn auch nicht gerade für Verzugszinsen, so doch für andere gesetzliche Zinsen, verneint wird. Dieser Stelle steht jedoch die l. 23 Dig. de exc. rei jud. 44, 2 in ihrer zweiten Hälfte entgegen, insofern sie besagt, daß man durch Einklagung der bis dahin aufgelaufenen Zinsen in einem bonae fidei judicium nicht gehindert werde, später die weiter auflaufenden einzuklagen. Diese Frage ist freilich an sich eine andere, als die in der l. 4 Cod. cit. entschiedene; dennoch aber steht diese Entscheidung der l. 23 Dig. cit. insofern in Widerspruch mit derjenigen jener l. 4, als der in der letzteren angegebene Grund, nämlich die Einheitlichkeit des (bonae fidei) judicium und die daraus sich ergebende exceptio rei judicatae, auch im Falle der l. 23 Dig. cit. zutreffen würden. Auch liegt nicht etwa darin ein Unterschied, daß es sich in der l. 23 um Nachforderung von Zinsen handelt, die zur Zeit der ersten Klage noch nicht fällig waren; denn auch im Falle der l. 4 kommen auch solche Zinsen in Frage, und doch wird nicht unterschieden, sondern der Zinsanspruch schlechthin für ausgeschlossen erklärt. Historisch ist dieser Widerspruch allerdings vom Standpunkte des römischen Formularprozesses aus leicht zu erklären;

vgl. Carus, Die selbständige Klagbarkeit der gesetzlichen Zinsen S. 35 flg. 43 flg.;

aber für das justinianische Recht ist diese Erklärung nicht zu verwerten. Im Zusammenhange dieses letzteren die l. 4 Cod. cit., wie v. Savigny, System Bd. 6 S. 452 Anm. r, vorschlägt, von stillschweigender Aberkennung der Zinsen zu verstehen, geht nicht wohl an, da hier die Unterstellung, daß die Zinsen miteingeklagt gewesen waren, willkürlich wäre. Es bleibt daher nur übrig, hier für das justinianische Recht eine Antinomie anzuerkennen. Dann aber muß aus inneren Gründen der l. 23 Dig. cit. der Vorzug gegeben, und diese für maßgebend erklärt werden; denn wenn es überhaupt zulässig ist, erst einen Teil einer Forderung, später einen anderen einzuklagen, so ist nicht abzusehen, weshalb gerade nicht erst das Kapital, später die gesetzlichen Zinsen sollten eingeklagt werden können. Im Ergebnisse haben so auch schon das Reichsoberhandelsgericht,

Entsch. des R.O.H.G.'s Bd. 9 S. 230 flg.,

und das Reichsgericht,

Entsch. des R.G.'s in Civils. Bd. 1 S. 350 flg.,

erkannt. Für Prozeßzinsen als solche, insofern sie nicht zugleich Verzugszinsen sind, mag das eben Gesagte allerdings wohl nicht gelten, da diese keine Berechtigung außerhalb des Prozesses selbst haben, in welchem sie hätten gefordert werden können. Indes hier kommt diese Unterscheidung praktisch nicht in Betracht, weil die hier streitigen Zinsen zweifellos vor allem auch Verzugszinsen sind.

In betreff der Verzugszinsen steht nun freilich noch die weitere Frage zur Entscheidung, ob nicht die Entgegennahme der Zahlung der Hauptforderung, wenigstens wenn sie ohne Vorbehalt geschieht, den Anspruch auf Verzugszinsen ausschließt. In l. 49 § 1 Dig. de A. E. V. 19, 1 scheint dies gesagt zu sein, und zwar in dem Sinne, daß selbst ein ausdrücklicher Vorbehalt jenen Anspruch nicht würde erhalten können. Dies steht aber mit dem ganzen übrigen Rechtssysteme in einem solchen Widerspruche und entbehrt so durchaus jedes inneren Grundes, daß von jeher die vorherrschende Richtung in der modernen Rechtslehre und Praxis dahin gegangen ist, die l. 49 § 1 cit. in diesem Sinne nicht gelten zu lassen. Heutzutage darf diese Nichtgeltung als feststehend angesehen werden, sei es daß man die Stelle mit Dernburg, Pandekten (Aufl. 5) § 29 S. 87 flg., insbesondere S. 88, direkt als antiquiert behandelt, sei es daß man durch künstliche Auslegung zu helfen sucht, wie Windscheid, Pandektenrecht (Aufl. 7) Bd. 2 § 259 Anm. 12 S. 41 flg., und Carus, a. a. O. S. 38 flg. Es bleibt dann noch die allgemeine Frage, ob die Annahme der verspäteten Erfüllung ohne Vorbehalt nach gemeinem Rechte die bereits entstandenen Rechtswirkungen des Verzuges wieder beseitigt, also in dieser Hinsicht wie ein Verzicht aufzufassen ist. In dieser stets sehr streitig gewesenen Frage hat sich das Reichsgericht schon früher,

Entsch. des R.G.'s in Civils. Bd. 1 S. 21 flg.,

in Übereinstimmung mit dem Reichsoberhandelsgerichte,

Entsch. des R.O.H.G.'s Bd. 9 S. 230 flg.,

für die Verneinung ausgesprochen, und hieran ist festzuhalten, da weder äußere, noch innere Gründe dafür sprechen, gerade für diesen Fall im Zweifel einen Verzichtswillen beim Gläubiger zu unterstellen. Auch im neuen deutschen Bürgerlichen Gesetzbuche findet sich keine dahingehende Vorschrift.

Was endlich das geltend gemachte Zinsprivileg des Fiskus betrifft, so hat das Oberlandesgericht angenommen, daß dasselbe jedenfalls in Hamburg nach § 30 des hamb. Einf.-Ges. zum H.G.B. in Verbindung mit Art. 288 H.G.B. selbst nicht mehr gelte. Diesem Entscheidungsgrunde, welcher nach § 11 der Kaiserlichen Verordnung vom 28. September 1879 vom Reichsgerichte in jeder Beziehung nachzuprüfen war, mußte beigestimmt werden. Nach Art. 288 Abs. 1 H.G.B. kann jemand, der aus einem Geschäfte, welches auf seiner Seite ein Handelsgeschäft ist, eine fällige Forderung hat, wegen derselben mindestens vom Tage der Mahnung an Zinsen fordern, und dies gilt auch in den Gebieten des gemeinen deutschen Rechtes natürlich auch dann, wenn der Fiskus Schuldner ist, weil nach Art. 2 der Reichsverfassung die Reichsgesetze den Landesgesetzen vorgehen. Da nun der Art. 288 zu denjenigen Artikeln des Handelsgesetzbuches gehört, die nach § 30 des Einführungsgesetzes allgemeine, nicht bloß auf Handelsgeschäfte und Kaufleute beschränkte Geltung haben sollen, so ergiebt sich allerdings als logische Folge, daß in Hamburg jeder, welcher aus irgend einem Geschäfte eine fällige Forderung hat, wegen derselben, auch wenn der Fiskus Schuldner ist, mindestens vom Tage der Mahnung an Zinsen fordern kann. Übrigens ist außerdem die fragliche Einwendung schon nach gemeinem Rechte nicht begründet. Es kann dahingestellt bleiben, ob, was auch schon in den Entsch. des R.G.'s in Civils. Bd. 7 S. 162 unentschieden gelassen ist, das in Rede stehende fiskalische Privileg im heutigen gemeinen Rechte überhaupt noch gilt, ob insbesondere Kniep, Mora des Schuldners Bd. 2 S. 241 flg., darin beizutreten ist, daß dieser Geltung der § 139 des Reichsdeputationsabschiedes von 1600 entgegenstehe, insofern er in Ansehung der Verzugszinsen aus einem Darlehn das Privileg des Fiskus nicht als Ausnahme hervorhebt. Jedenfalls bezieht sich das Privileg, welches in l. 17 § 5 Dig. de usur. 22, 1 enthalten und auch in l. 2 Cod. de fiscal. usur. 10, 8 vorausgesetzt ist, nach der ersteren Stelle überhaupt nur auf Verbindlichkeiten aus vom Fiskus geschlossenen Verträgen.

Vgl. auch Entsch. des R.G.'s in Civils. Bd. 7 S. 162.

Die Anstellung eines Beamten ist nun aber kein Vertrag im privatrechtlichen Sinne, und die Gehaltsforderung des Beamten entspringt nicht einem Vertrage, sondern beruht auf einer gesetzlichen Bestimmung des öffentlichen Rechtes.

Vgl. Entsch. des R.G.'s in Civils. Bd. 37 S. 161." ...

30. 1. Actio de dolo, oder Kontraktsklage?
2. Haftung des Bankiers, der dem kaufenden Kunden Wertpapiere als sichere Anlage empfiehlt.

I. Civilsenat. Urt. v. 24. September 1898 i. S. Cl. (Kl.) w. W. & Z. (Bekl.). Rep. I. 201/98.

I. Kammer für Handelssachen in Bremerhaven.
II. Oberlandesgericht Hamburg.

Im Februar 1888 wurde in Berlin unter der Firma „Niederschlesische Chamottewarenfabrik" eine Aktiengesellschaft mit einem

Grundkapitale von 270 000 ℳ errichtet. Von den 270 Aktien zu je 1000 ℳ hatte bei der Gründung der Bankier Z. in Bremerhaven (ein Teilhaber der verklagten Firma) 266 Stück übernommen, während sich vier andere Personen mit je einem Stück beteiligten. Z., der sich zum Vorsitzenden des Aufsichtsrates machen ließ, brachte in die Gesellschaft ein in Schlesien belegenes Grundstück mit Fabrikeinrichtung ein, wofür ihm jene 266 Aktien und 4000 ℳ bar gewährt wurden. Da es an Betriebskapital fehlte, wurde im Jahre 1889 das Aktienkapital um 50 weitere Aktien, die wieder Z. übernahm, auf 420 000 ℳ erhöht. Im Jahre 1890 berichtete der Vorstand:

„Es hat sich herausgestellt, daß die vorhanden gewesenen und die durch die neue Aktienemission beschafften Geldmittel bei weitem nicht ausreichten, um die geplanten technischen Anlagen zu vollenden und das Werk mit den nötigen Betriebsmitteln auszustatten."

Um dies zu erreichen und um die aufgenommenen Bankierskredite abzustoßen, beschloß die Generalversammlung, die bisherigen Aktien gegen eine Zuzahlung von je 333⅓ ℳ in Prioritätsaktien umzuwandeln, was demnächst für 346 Aktien durchgeführt wurde. Indes war auch dieser Sanierungsversuch vergeblich. Die Gesellschaft, die niemals Dividenden verteilt hatte, trat 1893 in Liquidation, und am 21. Februar 1894 wurde in Bremerhaven, wohin man inzwischen den Sitz der Gesellschaft verlegt hatte, der Konkurs über ihr Vermögen eröffnet. Im Konkursverfahren erhielten die nicht bevorrechtigten Gläubiger der Gesellschaft für je 100 ℳ Forderung bare 7,48 ℳ, worauf das Verfahren am 29. Mai 1895 aufgehoben wurde. Das Fabrikgrundstück, das Z. unter Zugrundelegung eines Wertes von 371 500 ℳ inferiert hatte, und auf dem während des Bestandes der Gesellschaft bedeutendere Neuanlagen errichtet waren, wurde vom Konkursverwalter für 111 000 ℳ versilbert. Die Aktionäre gingen leer aus.

Der Kläger hatte im August 1888 sechs Aktien der Gesellschaft von der verklagten Firma zum Kurse von 112 Prozent gekauft, auch im Juli 1889 bei der Vergrößerung des Aktienkapitales durch Vermittelung der Beklagten 3 neue Aktien zum Kurse von 105 Prozent bezogen, sowie im Jahre 1890 auf diese neun Aktien behufs deren Umwandlung in Prioritätsaktien die ausgeschriebene Zuzahlung im Betrage von 3000 ℳ wiederum durch Vermittelung der Beklagten geleistet. Für den Verlust, den er erlitten, nahm er die Beklagte in Anspruch, indem er geltend machte, daß die Teilhaber der verklagten Firma, Z. und W., sowie deren damaliger Kommis, späterer Prokurist und jetziger Teilhaber H. ihm die Aktien als ein gutes Anlagepapier empfohlen und ihn dadurch zu dem ersten Ankaufe und zu den weiter erwähnten Rechtshandlungen bewogen hätten. Diese Empfehlungen seien wider besseres Wissen, jedenfalls aber ohne die erforderliche thatsächliche Unterlage, also schuldhaft gegeben. Auch stellten sie sich als Zusagen über Eigenschaften der Kaufsache dar, wofür die Beklagte aus dem Kaufvertrage hafte.

Im einzelnen sollen die Angaben der Beklagten dahin gegangen sein: das Unternehmen sei ohne jeden Zweifel ein lukratives und werde ganz bestimmt bald dieselbe Dividende ergeben, wie die Stettiner Chamottefabrik (20—30 Prozent); aller Wahrscheinlichkeit nach werde sich der Wert der Aktien im Laufe von 4—5 Jahren mindestens verdoppeln; das erste Betriebsjahr werde wohl keine Dividende abwerfen; schon für das zweite aber erwarte man 10 Prozent; das Fabrikgrundstück repräsentiere einen Wert von 550 000 *M*; die Aktien könnten als eine sichere Kapitalanlage nur dringend empfohlen werden.

Beide Instanzen haben die Klage abgewiesen. Das Reichsgericht hat das Berufungsurteil aufgehoben und die Sache an das Berufungsgericht zurückverwiesen aus folgenden

Gründen:

„Soweit der Kläger seine Klage auf einen der Beklagten zur Last fallenden Dolus gründet, hatte der erste Richter die Klage abgewiesen, weil die Einrede der Verjährung durchgreife. Nach gemeinem Rechte verjähre die actio de dolo, soweit sie auf Schadensersatz gehe, in zwei Jahren. Das bremische Gesetz über die Verjährung vom 7. Dezember 1868 habe an dieser Verjährungsfrist nichts geändert. Sie müsse spätestens von dem Tage an gerechnet werden, wo der Konkurs über die Aktiengesellschaft Niederschlesische Chamottewarenfabrik eröffnet worden sei (21. Februar 1894), sei also zur Zeit der Klagerhebung (Dezember 1896) bereits abgelaufen gewesen. Das Berufungsgericht billigt diese Auffassung und führt noch des näheren aus, daß die zweijährige Frist nicht etwa erst — wie der Kläger geltend gemacht hatte — von der Beendigung des Konkurses an (Mai 1895) zu laufen begonnen habe. Soweit aber die Klage auf eine der Beklagten zur Last fallende Fahrlässigkeit bei der Empfehlung oder auf ihre Haftung für zugesagte Eigenschaften der Kaufsache gegründet wird, nehmen beide Vorderrichter — soviel sich ersehen läßt — an, daß der Anspruch nicht verjährt sei, weil insoweit nur die allgemeine zehnjährige Verjährung des bremischen Partikularrechtes in Frage kommen könne.

Trotzdem gelangen die Vorderrichter auch insoweit zur Abweisung der Klage, indem sie in Bezug auf die Haftung für eine Fahrlässigkeit bei der Empfehlung davon ausgehen, daß eine solche Haftung nur bestehen würde, falls zwischen den Parteien eine Geschäftsverbindung im Sinne der Entscheidung des Reichsgerichtes Bd. 27 S. 119 flg. bestanden habe. Das sei aber nicht der Fall, da der Kauf der Aktien im Sommer 1888 das erste Geschäft zwischen den Parteien gewesen sei. Auch im Jahre 1889, als es sich um die Ausübung des Bezugsrechtes auf die jungen Aktien gehandelt habe, sei eine Geschäftsverbindung in jenem Sinne nicht vorhanden gewesen. Thatsächlich habe übrigens die Beklagte weder 1889 noch 1890, als die Zuzahlung auf die Aktien in Frage kam, dem Kläger die Ausübung des Bezugsrechtes oder die Zuzahlung empfohlen.

Was aber schließlich die Begründung der Klage aus der Haftung des Verkäufers für zugesagte Eigenschaften der Kaufsache anlangt, so führt das Oberlandesgericht aus, daß in den vom Kläger behaupteten Anpreisungen eine die Beklagte verpflichtende Zusage besonderer Eigenschaften des Kaufgegenstandes nicht erblickt werden könne. Die behaupteten Äußerungen des W. enthielten nichts als eine Empfehlung der Aktien zum Ankaufe und eine Meinungsäußerung über deren Rentabilität. Dasselbe gelte von den Äußerungen des H., dessen Erklärungen übrigens als eine die Beklagte bindende Zusage überhaupt nicht angesehen werden könnten. Und auch was sonst behauptet werde, könne immer nur unter dem Gesichtspunkte des Dolus oder unter dem der Empfehlung — Gesichtspunkten, die aber nach dem vorhin Bemerkten auszuscheiden hätten — als beachtlich angesehen werden.

In ihrem ersten Teile verstoßen diese Ausführungen gegen bekannte und feststehende Rechtssätze.

Ein Käufer, der — wie der Kläger dies thut — seinen Verkäufer dafür in Anspruch nimmt, daß er ihn durch absichtliche Erregung eines Irrtumes zur Eingehung des Kaufgeschäftes veranlaßt habe, bedarf nicht der actio doli. Als Deliktsklage kann die actio doli — auch abgesehen von ihrer subsidiären Natur — nur für außerkontraktliche Verhältnisse in Betracht kommen; in Vertragsverhältnissen wird der Dolus des Gegenkontrahenten und der auf diesen Dolus gegründete Anspruch auf Schadensersatz mit der betreffenden Kontraktsklage geltend gemacht, hier also mit der actio emti (l. 9 pr. Dig. de dolo m. 4, 3; l. 6 § 8 Dig. de A. E. V. 19, 1; l. 43 § 2 Dig. de C. E. 18, 1).

Vgl. v. Vangerow, Pandekten 7. Aufl. Bd. 1 § 185 Anm. 1; Windscheid, Pandektenrecht 7. Aufl. Bd. 1 § 78 Anm. 7; Dernburg, Pandekten 5. Aufl. Bd. 1 § 104 Anm. 4; Regelsberger, Pandekten § 146 III. 2.

Die kurze zweijährige Verjährung der actio doli kann daher für den vorliegenden Rechtsstreit nicht in Frage kommen. Vielmehr würde die Einrede der Verjährung nur durchgreifen können, falls etwa auch die Kontraktsklage schon verjährt sein sollte, was aber von den Instanzen — soviel zu ersehen ist — auf Grund des bremischen Partikularrechtes verneint wird. . . .

Auch im übrigen . . . sind die Ausführungen des angefochtenen Urteiles nicht haltbar.

Wenn das Recht den Satz ausgebildet hat, daß für Rat und Empfehlung an und für sich nicht gehaftet wird, so wird dabei unterstellt, daß zwischen den Parteien etwas anderes als Rat oder Empfehlung nicht vorgefallen ist. Demgemäß hat denn auch die Ausnahme, daß, wenn dem erteilten Rate eine Böswilligkeit zu Grunde liegt, eine Verhaftung für den angerichteten Schaden eintritt, nur Bedeutung, insoweit es sich wiederum nur um Rat und Empfehlung handelt. Besteht zwischen den Beteiligten ein anderweitiges Rechtsverhältnis, und steht der Rat oder die Empfehlung mit diesem Rechtsverhältnisse in Beziehung, so kann weder jene Regel, noch diese Ausnahme weiter in Frage kommen. Es handelt sich dann nur um die Anwendung der Rechtssätze, die für jenes anderweitige Verhältnis gelten. Hat also — wie es hier nach den Behauptungen der Klage der Fall ist — die Empfehlung Bezug auf ein zwischen dem Ratsuchenden und dem Raterteilenden abgeschlossenes Kaufgeschäft, und zwar in der Weise, daß die Erteilung des Rates kausal für den Abschluß des Geschäftes war, so liegt, wenn die Raterteilung arglistig war, der Thatbestand vor, daß der eine Vertragsteil den anderen durch absichtliche Irrtumserregung zur Eingehung des Geschäftes bewogen hat, und aus diesem Thatbestande ergeben sich die Rechtsfolgen. Daß die Vorspiegelungen die Form des Rates oder der Empfehlung angenommen haben, ist rechtlich ohne Bedeutung.

Ähnlich verhält es sich mit der Verantwortung für eine Fahrlässigkeit in der Raterteilung. Im allgemeinen besteht keine Haftung dafür, daß bei einem Rate oder einer Empfehlung nicht ein Versehen unterläuft. Wo kein Vertragsverhältnis besteht, bedarf es besonderer Umstände, wenn eine Rechtspflicht zur Aufwendung von Sorgfalt entstehen soll. Solche besonderen Umstände hat die vom Berufungsgericht herangezogene Entscheidung des erkennenden Senates vom 31. Januar 1891,

Entsch. des R.G.'s in Civils. Bd. 27 S. 119,

unter anderem darin gefunden, daß zwischen dem Ratsuchenden und dem Raterteilenden eine Geschäftsverbindung besteht, wobei dann nicht nur die einzelnen Geschäfte, losgelöst voneinander, obligatorische Wirkungen hervorriefen, sondern auch die auf gegenseitigem Vertrauen beruhende Verbindung als solche eine Verpflichtung zur Aufwendung gehöriger Sorgfalt auch außerhalb des besonderen Gebietes der Einzelgeschäfte erzeuge. Es bedarf der Heranziehung dieses Gesichtspunktes nicht, wenn ein Vertragsverhältnis vorliegt, aus dem ohnehin schon eine Verpflichtung zur Anwendung gehöriger Sorgfalt erfließt. Das Berufungsgericht verkehrt die Bedeutung der angezogenen Entscheidung ins Gegenteil, wenn es die Haftung für Sorgfalt bei der Raterteilung verneint, weil es zur Zeit der Erteilung des Rates an einer ständigen Geschäftsverbindung zwischen den Parteien gefehlt habe, ohne sich zuvor die Frage vorgelegt zu haben, ob das konkrete Vertragsverhältnis, das zwischen den Parteien bestand, jene Verantwortung nicht bereits erzeugt hatte.

Hinsichtlich des ersten Aktienerwerbes des Klägers stehen sich die Parteien als Käufer und Verkäufer gegenüber, während es sich bei den Vorgängen aus den Jahren 1889 und 1890, wodurch die Beteiligung des Klägers an dem Aktienunternehmen noch vergrößert wurde, um die Erteilung und Ausführung eines Auftrages, einer kaufmännischen Kommission handelt. Daß die Sorgfalt, die der Kommissionär dem Kommittenten schuldet (Art. 361 H.G.B.), sich auch auf die Berichte und Mitteilungen erstreckt, die er dem Kommittenten vor Erteilung des Auftrages, aber mit Bezug auf den erwarteten Auftrag giebt, kann einem Zweifel nicht unterliegen. In erster Linie kommt es indes im vorliegenden Falle auf das Kaufgeschäft vom Jahre 1888 an.

Im allgemeinen wird eine Verantwortung des Verkäufers für Versehen bei einer für den Kaufabschluß kausalen Raterteilung nicht anzunehmen sein. Im vorliegenden Falle kommt jedoch in Frage, daß es sich um den Verkauf von Wertpapieren seitens eines Bankiers an einen Privatmann handelt. Es gehört zum Gewerbe des Bankiers, zinstragende Wertpapiere an das Publikum, das Belegung für seine Kapitalien sucht, abzugeben. Dabei ist Verkehrssitte, daß der Bankier den Kunden berät. Dem Privatmanne gehen häufig die Kenntnisse ab, die zur Beurteilung der Güte eines Wertpapieres im allgemeinen und im einzelnen Falle erforderlich sind. Vom Bankier wird vorausgesetzt, daß er diese Kentnisse kraft seines Berufes hat oder doch leichter sich zu verschaffen imstande ist; er gilt als Sachverständiger, der Kunde als Laie. Raterteilung und Empfehlung bilden ein notwendiges Glied in diesem Zweige des Bankgeschäftes, und ein Bankier, der sich der Beratung seiner Klientel entschlagen wollte, würde seine Effektenabteilung bald schließen können. Die Vorteile, die für den Bankier aus den Geschäftsabschlüssen entstehen, bilden zugleich das Entgelt für die Dienste, die er dem Kunden bei den Vorbereitungen zu den Geschäften leistet. In Fällen dieser Art mischt sich daher mit den Kaufgeschäften selbst die Leistung von Diensten: die Inanspruchnahme und die Darbietung der Kenntnisse und Erfahrungen des Fachmannes an den minder kundigen Laien. Diese Dienste sind ein Teil des entgeltlichen Geschäfts, und wer sie leistet, wird daher auch dafür einzustehen haben, daß er sie ohne Fahrlässigkeit leistet. Es würde denn auch ein wenig angemessenes Ergebnis sein, die Verantwortlichkeit des Bankiers für die Beratung seiner Klientel verschieden bemessen zu wollen, je nachdem das Geschäft demnächst die Form der Kommission, oder die Form des unmittelbaren Kaufs angenommen hat.

Erfolgt eine Raterteilung oder Empfehlung dieser Art, so wird es freilich nach den herrschenden Verkehrsanschauungen in der Regel nicht die Meinung der Beteiligten sein, daß der Bankier eine bedingungslose Garantie für die objektive Richtigkeit seiner Äußerungen übernehme. Die Absicht, verbindliche Zusagen über die Eigenschaften einer Sache, wegen deren Veräußerung man unterhandelt, zu geben und zu nehmen, wird — von besonderen Umständen abgesehen — dabei in der Regel fehlen. Die Eigenschaften, um die es sich dabei handelt, werden häufig einer genaueren objektiven Bestimmung kaum zugänglich sein, und auch sonst spielt das Moment der rein subjektiven Beurteilung hierbei eine zu große Rolle. Wofür aber eingestanden wird, ist, daß der Bankier bei der Raterteilung nicht die Sorgfalt eines ordentlichen Kaufmanns außer Augen setzt, daß also namentlich seine positiven Äußerungen auf einer sorgfältigen Prüfung der Umstände und Verhältnisse beruhen, auf die ein sachverständiger Beurteiler Wert legen wird. Eine Fahrlässigkeit, bei der diese Sorgfalt außer acht gelassen ist, macht den Bankier dem abkaufenden Kunden gegenüber, der seinem Rate vertraut hat, für den entstandenen Schaden verantwortlich.

Es ist daher von untergeordneter Bedeutung für die vorliegende Sache, wenn das Oberlandesgericht den Satz ausspricht, daß sich die vom Kläger behaupteten Äußerungen der Inhaber der verklagten Firma nicht als Zusagen über die Eigenschaften der Kaufsache auffassen ließen. Der Kern der behaupteten Äußerungen liegt darin, daß die Aktien der Niederschlesischen Chamottewarenfabrik von den Beklagten als ein sicheres und gutes Anlagepapier bezeichnet worden sind. Es wird daher zu entscheiden sein, ob die Beklagten bei Anwendung der Prüfung, die ein verständiger und sorgfältiger Bankier eintreten lassen wird, ehe er einem kleinen Kapitalisten gegenüber ein solches Urteil abgiebt, diese Ansicht fassen konnten. Sollte diese Frage zu verneinen sein, so würden die Beklagten fahrlässig gehandelt haben und dem Kläger — auch wenn diesem der Beweis eines arglistigen Verhaltens nicht gelingen sollte — zum Ersatze des ihm verursachten Schadens verantwortlich sein.

Ohne genügende Begründung ist auch im Urteile des Oberlandesgerichtes angenommen, daß die verklagte Firma für Äußerungen ihres damaligen Kommis H. nicht verantwortlich wäre. Bis auf weiteres wird davon auszugehen sein, daß H., wenn er sich bemühte, die im Besitze der Firma befindlichen Aktien abzusetzen, und daraufhin Geschäfte zum Abschluß kamen, die erfüllt worden sind, als

Handlungsbevollmächtigter der Firma handelte, sodaß der Umfang seiner Vertretungsmacht nach Art. 47 H.G.B. zu bestimmen sein würde.

Demnach war das Urteil des Oberlandesgerichtes aufzuheben, und die Sache zur anderweiten Verhandlung und Entscheidung zurückzuverweisen, und zwar in vollem Umfange, da es Sache des Oberlandesgerichtes sein wird, auf dem Boden der durch das gegenwärtige Urteil geschaffenen veränderten rechtlichen Beurteilung auch die Frage des Kausalzusammenhanges zwischen einem Dolus oder einer Fahrlässigkeit der Beklagten und den Rechtsakten des Klägers aus den Jahren 1889 und 1890, durch die er seinen schließlichen Verlust noch vergrößert hat, aufs neue zu prüfen." . . .

---

31. 1. Ist der einem Anderen erteilte Auftrag, nach dem Tode des Auftraggebers dessen Schuldner den von diesem gezeichneten Schuldschein zurückzugeben, für den Erben rechtsverbindlich, und hat seine Ausführung den Erlaß der Schuld zur Folge?

2. Gehört die Bestimmung der l. 18 § 2 Dig. de m. c. don. 39, 6, wonach der eben bezeichnete Auftrag eine rechtswirksame Verfügung enthält, und dem Schuldner, der den Schuldschein entgegengenommen hat, gegenüber der Forderung des Erben die exceptio vel pacti conventi vel doli mali gewährt wird, dem heutigen gemeinen Rechte an?

I. Civilsenat. Urt. v. 28. September 1898 i. S. D. (Bekl.) w. D. und B. (Kl.). Rep. I. 135/98.

I. Landgericht Hamburg.
II. Oberlandesgericht daselbst.

Der im Februar 1897 zu Hamburg verstorbene C. H. W. D. hatte dem Beklagten im Jahre 1886 ein mit $5^1/_2$ Prozent jährlich verzinsliches Darlehn von 30000 *M* gegeben, auf das später 3000 *M* zurückbezahlt waren. Die Kläger, seine Erben, erhoben Klage auf Zahlung von 27000 *M*, der der Beklagte namentlich entgegensetzte, daß der Verstorbene kurz vor seinem Tode seine Haushälterin angewiesen habe, nach seinem Tode die von dem Beklagten gezeichneten Schuldscheine an ihn auszuliefern, damit er sie vernichte. Demgemäß sei auch verfahren, hierdurch aber die Schuld untergegangen.

Der erste Richter sah in dem Auftrag eine Schenkung, die durch die Ausführung des Auftrages in Höhe von 4666,67 ℳ gültig geworden, wies die Klage in Höhe dieses Betrages ab und verurteilte im übrigen. Das Berufungsgericht erkannte nach dem Klagantrage. Die Revision des Beklagten wurde zurückgewiesen aus folgenden

Gründen:

„Das Berufungsgericht hält für hinreichend nachgewiesen, daß der Erblasser während seiner letzten Krankheit seine Haushälterin beauftragt hat, die von dem Beklagten gezeichneten Schuldscheine für den Fall, daß er nicht wieder gesunden werde, an den Schuldner zurückzugeben; dieser möge sie alsdann vernichten, womit die Sache erledigt sei. Der Beklagte glaubt hierin die Ermächtigung zum Abschlusse eines für die Erben rechtsverbindlichen Erlaßvertrages erblicken zu dürfen und erachtet sich der Rückzahlungspflicht überhoben, weil er durch die Entgegennahme und Vernichtung der Schuldscheine die ihm gestellte Vertragsofferte angenommen habe. Diese Auffassung ist irrig.

Allerdings muß anerkannt werden, daß das Mandat schon nach justinianischem Rechte nicht ausnahmslos mit dem Tode des Mandanten erlischt. Auch soweit es eine Vollmacht in sich schließt, wirkt es vielmehr über diesen Zeitpunkt hinaus, wenn das aufgetragene Rechtsgeschäft nach seiner Besonderheit erst später ausgeführt werden kann oder gemäß dem Willen des Verstorbenen erst später ausgeführt werden soll. Das mandatum post mortem ist den Quellen eine geläufige Rechtsfigur und wird in einer ganzen Reihe verschiedener Anwendungsfälle als gültig vorausgesetzt oder anerkannt (l. 12 § 17. l. 13. l. 27 § 1 Dig. mand. 17, 1; l. 9 § 1 Dig. de J. D. 23, 3; l. 4 pr. Dig. de manum. vind. 40, 2; l. 3 § 2 Dig. de lib. leg. 34, 3; l. 18 § 2 Dig. de m. c. don. 39, 6). Der bezeichnete Rechtssatz gilt aber nicht unbeschränkt, sondern nach der Natur der Sache nur soweit, als er nicht von anderen, widerstrebenden Rechtssätzen durchkreuzt wird. So kann Gegenstand des Auftrages und der damit verbundenen Vollmacht selbstverständlich immer nur ein rechtlich zulässiger Akt sein. Die Möglichkeit des Vollzuges kommt in

Wegfall, wenn die Vornahme der aufgetragenen Handlung dem Erblasser überhaupt nicht freistand. Das gleiche muß aber dann gelten, wenn er die Ausführung einer Anordnung übertragen hatte, deren Rechtsgültigkeit durch die Beobachtung einer bestimmten, von ihm nicht beobachteten Form bedingt ist. Eben darum kann der Auftrag, ein Vermächtnis zu erfüllen, nur Wirksamkeit haben, falls das Vermächtnis in gehöriger Weise errichtet wurde. Der Schulderlaß nach dem Tode des Gläubigers kraft seines Willens beruht aber, wenn er nicht vertragsmäßig durch Schenkung von Todes wegen vollzogen ist, notwendig auf letztwilliger Verfügung. Der an einen Anderen erteilte Auftrag, den Schuldner nach dem Eintritte des Todes von seiner Verbindlichkeit zu befreien, enthält die Ermächtigung zur Ausführung eines Vermächtnisses. Und wenn dieses Vermächtnis nicht sonst noch bestimmt worden ist, so umschließt die Verfügung, solche Befreiung vorzunehmen, die Vermächtniserklärung selber, wobei denn gleichzeitig zum Zwecke ihrer Realisierung eine Mittelsperson eingeschoben wird. Ob der Andere die Nachricht von dem Erlaß dem Schuldner nur überbringen, oder als eigentlicher Bevollmächtigter einen förmlichen Erlaßvertrag mit ihm abschließen soll, ist bloße Ausführungsmodalität und läßt den Rechtscharakter der Handlung selbst unberührt. Das Vermächtnis besteht das eine Mal in der unmittelbaren Schuldentschlagung, das andere Mal in dem Anspruche auf Schuldentschlagung. Auch in dem letztbezeichneten Falle liegt aber ein echtes Vermächtnis vor. Wird zwar der Untergang des Forderungsrechtes durch Vertrag bewirkt, so wurzeln Möglichkeit und Rechtskraft dieses Vertrages doch wieder in einer letztwilligen Verfügung. Und schon ehe er thatsächlich abgeschlossen ist, steht dem Schuldner kraft des Vermächtnisses gegenüber den Ansprüchen des Erben die Einrede der Arglist zur Seite. Es ist sonach einerlei, ob das Berufungsgericht mit Recht davon ausgeht, daß der Erblasser seine Haushälterin nicht zur Eingehung eines Erlaßvertrages ermächtigt, sondern nur mit der Überbringung einer Vermächtniserklärung beauftragt habe, oder ob mit der Revision angenommen werden muß, daß diese Unterstellung dem klar vorliegenden und vom Berufungsgerichte selbst für bewiesen erachteten Sachverhalt widerspreche. Die Rechtslage ist immer die gleiche. Auftrag und Vollmacht mußten, der eine wie die andere, um Gültigkeit beanspruchen zu können, in derjenigen Form erteilt sein, die für die Errichtung von Vermächtnissen geboten ist. Hier fehlt es daran. Es besteht daher höchstens eine natürliche Verbindlichkeit der Erben, zu deren Erfüllung sie rechtlich nicht angehalten werden können.

Das gewonnene Ergebnis wird auch nicht durch die l. 18 § 2 Dig. de mort. causa don. 39, 6 wieder in Frage gestellt. Diese Quellenstelle entbehrt überhaupt der praktischen Anwendbarkeit, weil sie auf rechtlichen Voraussetzungen beruht, die durch die spätere Gesetzgebung ausdrücklich beseitigt sind. Während zur Zeit ihrer Abfassung Vermächtnisse als Fideikommisse formlos errichtet werden durften, ist nach heutigem gemeinen Rechte deren Gültigkeit an die Einhaltung bestimmter Formvorschriften geknüpft. Wenn der römische Jurist dem formlosen Auftrage des Verstorbenen an einen Dritten, seinem Schuldner die Schuldscheine nach seinem Tode auszuhändigen, Wirksamkeit zuerkennt und dem Bedachten der Forderung des Erben gegenüber die Einrede des Vertrages oder der Arglist verleiht, so findet diese Entscheidung, wie auch die rechtliche Konstruktion des Genaueren gedacht werden möge, allemal eine tragfähige Unterlage nur in der Formlosigkeit der Fideikommisse. Mit dem Wegfall dieser Voraussetzung verliert sie aber selber notwendig ihre verbindliche Kraft." . . .

---

32. Aufnahme eines Darlehns im Interesse eines Anderen mit Verbürgung des Anderen für das Darlehn. Rechtsfolgen für das Verhältnis zwischen Hauptschuldner und Bürgen.

I. Civilsenat. Urt. v. 8. Oktober 1898 i. S. M. sen. Konkursverw. (Bekl.) w. M. jun. Konkursverw. (Kl.). Rep. I. 282/98.

I. Landgericht Hamburg.
II. Oberlandesgericht daselbst.

Die Entscheidung ist oben unter „Reichsrecht" Nr. 10 S. 35 abgedruckt.

33. Inwieweit kann durch Vertrag unter gerichtlich getrennten Eheleuten über die Fürsorge für ein Kind derselben rechtsgültig bestimmt werden?

III. Civilsenat. Beschl. v. 18. Oktober 1898 i. S. S. Ehefr. (Gläubigerin) w. S. (Schuldner). Beschw.-Rep. III. 212/98.

I. Landgericht Altenburg.
II. Oberlandesgericht Jena.

Die durch gerichtliches Urteil von Tisch und Bett getrennte Ehefrau hatte gegen ihren Ehemann auf Grund eines gerichtlich geschlossenen Vergleiches den Antrag auf Zwangsvollstreckung dahin gestellt, daß derselbe nach § 774 C.P.O. angehalten werde, das seiner Obhut anvertraute Kind der Parteien in einer Idiotenanstalt auf mindestens 3 Jahre unterzubringen. Das Landgericht hatte den Antrag aus formellen Gründen zurückgewiesen; auf Beschwerde der Ehefrau war dagegen durch Beschluß des Oberlandesgerichtes dem Zwangsvollstreckungsantrage nach § 774 C.P.O. Folge gegeben. Die letztere Entscheidung ist auf Beschwerde des Ehemannes aufgehoben, und u. a. bemerkt in den

Gründen:

... „Die Anordnung der Zwangsvollstreckung war ... auch aus einem weiteren Grunde unstatthaft. Der gerichtliche Vergleich, welchen die von Tisch und Bett gerichtlich getrennten Parteien geschlossen hatten, ging in dem hier interessierenden Teile dahin, daß der Gutsbesitzer G. S. die Pflege und Erziehung seines ältesten Kindes Frieda S. auf seine ausschließlichen Kosten übernahm und sich verpflichtete, dasselbe von Ostern 1898 ab bis auf weiteres, jedoch mindestens drei Jahre lang, auf seine Kosten in einer Idiotenanstalt unterzubringen.

Wenn nun auch der gerichtliche Vergleich nach § 702 Ziff. 1 C.P.O. einen Zwangsvollstreckungstitel begründet, so trifft dies doch nur insoweit zu, wie in demselben über Rechtsverhältnisse Vereinbarungen getroffen sind, bezüglich deren ein gültiges Privatrecht vertragsmäßig konstituiert werden konnte. Unbedenklich konnte der Schuldner vermögensrechtliche Verpflichtungen der Gläubigerin gegenüber, wie zu Gunsten des Kindes übernehmen. Soweit dagegen das geistige und leibliche Wohl des Kindes in Frage steht, ist nur dessen Interesse maßgebend, und konnte der Schuldner, dem die Pflege und Erziehung des Kindes allein anvertraut war, nur diese Rücksicht walten lassen und sich nicht durch vertragsmäßige Bestimmungen einem Dritten gegenüber unbedingt in der Weise binden, daß er von diesem durch Zwangsvollstreckung angehalten werden könnte, mit dem Kinde in bestimmter Weise zu verfahren. Es konnte daher durch den Vergleich kein Privatrecht der Gläubigerin des Inhaltes begründet werden, daß ihr die Befugnis eingeräumt wurde, die Unterbringung des Kindes in einer Idiotenanstalt auf mindestens 3 Jahre unbedingt zu fordern und durch Zwangsvollstreckung zu erzwingen.

Wenn, wie anzunehmen ist, bei dem Vergleiche beide Kontrahenten davon ausgingen, daß die erwähnte Beredung dem Interesse des Kindes entsprechende Rechnung trage, und wenn diese Annahme auch jetzt zutrifft, so würde doch in deren Nichterfüllung seitens des Schuldners keine Verletzung von Privatrechten der Gläubigerin liegen, sondern nur eine Vernachlässigung seiner Pflichten dem Kinde gegenüber. Bei solcher Sachlage steht es der Gläubigerin frei, durch anderweite Maßnahmen, insbesondere durch geeignete Anträge bei der zuständigen Vormundschaftsbehörde auf Bestellung eines Pflegers oder Vormundes, dahin zu wirken, daß die im Interesse des Kindes erforderlichen Schritte geschehen; der Weg der Zwangsvollstreckung stand ihr zu diesem Zwecke nicht offen." ...

---

34. Steht ein nach vorgängigem Aufgebot behufs Ermittelung des Nachlaßbestandes ergangenes Ausschlußurteil der Aufrechnung einer nicht angemeldeten Forderung gegen eine zum Nachlasse gehörende Forderung entgegen, wenn die Voraussetzungen der Aufrechnung vor dem Erlasse des Ausschlußurteiles vorgelegen haben?

I. Civilsenat. Urt. v. 19. Oktober 1898 i. S. W. (Bekl.) w. W.'sche Testamentsvollstrecker (Kl.). Rep. I. 381/98.

I. Landgericht Hamburg.
II. Oberlandesgericht daselbst.

In dem in Hamburg belegenen Hausgrundstücke des Beklagten war dessen Vater im Neujahrsquartal 1891 eine Hypothek von 160000 ℳ zugeschrieben worden, welcher Posten jährlich mit 4 Prozent zu verzinsen war, und auf den, nachdem der Gläubiger 1895 gestorben war, am 1. Oktober jeden Jahres 4000 *M* an die Vollstrecker des von ihm hinterlassenen Testamentes abgetragen werden sollten. Der am 1. Oktober 1897 fällige Kapitalabtrag ist nicht gezahlt und deshalb eingeklagt worden. Die Hypothek wurde gewährt, als Beklagter und sein Vater, die in einem Gesellschaftsverhältnisse gestanden hatten, sich dadurch trennten, daß letzterer aus dem Geschäft ausschied. Eingetragen wurden 1. 40 000 *M* als Rest des Kaufpreises für das dem Beklagten überlassene Hausgrundstück nebst dem, ihm ebenfalls überlassenen, Inventare, 2. 120 000 *M* auf das dem Vater zustehende Geschäftsguthaben, unter der Vereinbarung, daß die Höhe des Guthabens durch eine für den 1. Juli 1891 zu ziehende Bilanz festgestellt, und ein sich etwa ergebender Unterschied bar ausgeglichen werden sollte. Die Bilanz ergab ein Guthaben von 122 889,84 *M*, worauf Beklagter seinem Vater 2889,84 *M* bar auszahlte. Beklagter behauptete nun im Prozesse, bei Vereinbarung des Preises für das Hausgrundstück sei auf das Inventar der Betrag von 20 000 *M* gerechnet, und zwar vorläufig; bei Berechnung des Geschäftsguthabens sei das nämliche Inventar endgültig berechnet, sein Wert auf 13 670 *M* ermittelt und mit diesem Betrage dem Vater in jenen 122 889,84 *M* gutgebracht. Selbstverständlich hätten dagegen die für das Inventar vorläufig angesetzten 20 000 *M* wieder abgesetzt werden müssen; doch sei dies unterblieben. Infolgedessen sei für das Inventar thatsächlich der Betrag von 33 670 *M*, also 20 000 *M* zu viel, gezahlt und vom Beklagten seit dem 1. Juli 1891 zu Unrecht mit 4 Prozent p. a. verzinst worden. Alles dies wolle Beklagter jetzt, da erst jetzt der Irrtum von ihm entdeckt worden sei, aufrechnen. Er trug danach unter Erhebung einer Widerklage darauf, die Klage abzuweisen und festzustellen, daß Beklagter gegenüber den Forderungen des klägerischen Testamentes an ihn bis zur Höhe von 20 000 *M* nebst 4 Prozent Zinsen seit dem 1. Juli 1891 kompensationsberechtigt sei. Die Kläger bestritten den angeblichen Irrtum und entgegneten, daß nach dem Tode des W. sen. ein Aufgebotsverfahren auf Antrag der Testamentsvollstrecker stattgefunden habe, und am 12. Juli 1895 von dem Amtsgerichte Hamburg ein Ausschlußurteil erlassen, der jetzt von dem Beklagten geltend gemachte Anspruch aber nicht angemeldet worden sei. Sie beantragten deshalb Abweisung der Widerklage. In den Vorinstanzen wurde nach den Anträgen der Kläger erkannt. Die Revision des Beklagten führte jedoch zur Aufhebung des Berufungsurteiles und Zurückverweisung der Sache. Ausgesprochen wurde, daß Beklagter, wenn seine Behauptungen wahr sein sollten, im Juli 1891 zu Unrecht 2889,84 ℳ gezahlt und 17 110,16 ℳ, die ihm hätten gezahlt werden sollen, nicht erhalten habe, daß er aber schon damals die ihm hiernach zustehende Forderung von 20 000 ℳ gegen seine Hypothekschuld hätte aufrechnen können, weil ihm vertragsmäßig das Recht zugestanden habe, auf diese Schuld nach seinem Belieben größere Abträge als die am 1. Oktober zu entrichtenden Beträge nach vier Wochen vorher zu beschaffender Anzeige zu leisten. Im übrigen ergiebt sich die Entscheidung aus folgendem Teile der

Gründe:

„In den Vorinstanzen ist Beklagter mit seiner Einrede und mit seiner Widerklage abgewiesen worden, weil die von ihm durch diese Rechtsbehelfe jetzt geltend gemachten Forderungen in dem erwähnten Aufgebotsverfahren nicht angemeldet und deshalb von dem ergangenen Ausschlußurteil betroffen seien. Nach den Gründen des angefochtenen Urteiles „beseitigt das Ausschlußurteil im Interesse der Sicherheit und voller Gewißheit der Antragsteller alle nicht angemeldeten Ansprüche mit Ausnahme derjenigen, welche diesen Personen vor Erlaß des Urteiles bekannt waren oder bekannt geworden sind". Das Berufungsgericht ist deshalb des Erachtens, daß Beklagter jene Forderungen nicht mehr klagend verfolgen, aber auch nicht zur Aufrechnung bringen dürfe.

Diese Begründung ist nach § 511 C.P.O. für das Revisionsgericht insofern bindend, als bei der jetzt zu treffenden Entscheidung davon auszugehen ist, daß nach dem in Hamburg geltenden Rechte ein dort erlassenes Ausschlußurteil jede nicht angemeldete oder doch nicht zeitig bekannt gewordene Forderung beseitigt und — wie das Berufungsgericht ferner ausspricht — auch nicht als naturalis obligatio bestehen läßt. Daß eine solche Forderung nicht mehr klagend verfolgt werden könne, unterliegt danach einem Zweifel nicht. Die gleiche Bedeutung müßte der Erwägung, daß auch die Aufrechnung ausgeschlossen sei, beigelegt werden, wenn das Berufungsgericht hierdurch einen dem Hamburger Sonderrechte eigentümlichen, nicht über den Bezirk des Berufungsgerichtes hinaus sich erstreckenden Rechtssatz ausgesprochen hätte. Dies ist jedoch nicht anzunehmen; denn die Begründung wird in dem angefochtenen Urteile durch den Hinweis darauf gegeben, daß nach gemeinem Rechte das bloße Gegenübertreten von Forderung und Gegenforderung die Aufrechnung noch nicht bewirke, hierzu vielmehr eine Willenserklärung erforderlich sei, daß aber Beklagter eine solche Willenserklärung erst nach Erlaß des Ausschlußurteiles abgegeben habe, damals jedoch die ihm angeblich zustehende Gegenforderung erloschen gewesen sei, und eine gänzlich erloschene Forderung überhaupt nicht mehr aufgerechnet werden könne.

Bei dieser Sachlage muß gegenwärtig angenommen werden, daß der Ausschluß der vom Beklagten gewollten Aufrechnung auf Anwendung des gemeinen Rechtes beruht. Insoweit ist daher die Revision zulässig. Dieselbe ist aber auch begründet.

Allerdings vollzieht sich die Aufrechnung nach gemeinem Rechte nicht ohne Zuthun der Beteiligten, sondern erfordert eine hierauf gerichtete Willenserklärung. Allein schon das Gegenübertreten von Forderung und Gegenforderung ist eine Thatsache, die vom positiven Rechte berücksichtigt werden muß, da die Erzwingung einer Leistung, die sofort zurückgegeben werden müßte, ein offenbarer Mißbrauch sein würde, während die Ausgleichung des Rechnungsverhältnisses durch Aufrechnung dem beiderseitigen Interesse entspricht. Es ist deshalb nicht nur die Aufrechnung mit Rücksicht hierauf zugelassen (l. 8 pr. Dig. de doli exc. 44, 4; l. 3 Dig. de comp. 16, 2), sondern es sind hieraus auch andere praktische Folgerungen gezogen, insbesondere die, daß eine in Unkenntnis der Befugnis zur Aufrechnung gemachte Leistung als unverschuldet geleistet zurückgefordert werden darf (l. 10 § 1 Dig. de comp. 16, 2), und namentlich, daß von dem Augenblicke an, wo einer verzinslichen Forderung eine Gegenforderung gegenübertritt, der Zinsenlauf aufhört (l. 11 Dig. eod.; l. l. 4. 5 Cod. de comp. 4, 31). Aus demselben Grunde ist im Gebiete des gemeinen Rechtes von den vormaligen höchsten Gerichten überwiegend anerkannt worden, daß die Aufrechnung einer Forderung nicht durch den Ablauf der Verjährungsfrist ausgeschlossen werde,

vgl. Seuffert, Archiv Bd. 2 Nr. 163, Bd. 13 Nr. 8, Bd. 14 Nr. 19, Bd. 15 Nr. 118, Bd. 26 Nr. 23,

und das Reichsgericht ist dem beigetreten.

Vgl. Seuffert, Archiv Bd. 40 Nr. 283.

Auch diese Praxis, die meist durch den Hinweis auf die rückwirkende Kraft der Kompensationserklärung begründet wird, beruht auf dem den erwähnten Vorschriften des positiven Rechtes zu Grunde liegenden Gedanken, daß das Recht auf eine fällige Leistung durch das Gegenübertreten eines gleichen Forderungsrechtes in seiner Wirksamkeit aufgehoben wird, sodaß es sich rechtfertigt, dem Ablaufe der Verjährungsfrist die ihm sonst zukommende Wirkung zu versagen.

Dieselben Gründe aber würden dazu führen, die Aufrechnung einer durch Ausschlußurteil beseitigten Forderung unter den nämlichen Voraussetzungen zuzulassen. Ein richterliches Aufgebotsverfahren behufs Ermittelung des Nachlaßbestandes ist in Deutschland keineswegs allgemein statthaft, hat sich nur partikularrechtlich entwickelt und ist in denjenigen Rechtsgebieten, in denen es bekannt ist, sowohl was seine Voraussetzungen, als was seine Wirkung anlangt, verschieden gestaltet. Aber auch die Wirkung, die es nach dem Ausspruche des Oberlandesgerichtes nach dem in Hamburg geltenden Rechte hat, bedingt nicht die vom Berufungsgerichte gezogenen Folgerungen. Der Umstand, daß das Ausschlußurteil dort die Forderung selbst, nicht nur ihre Klagbarkeit zum Erlöschen bringt, kann ebensowenig im Wege stehen, wie bei der Klageverjährung, der, wie auch vom Reichsgerichte anerkannt wird,

vgl. Entsch. dess. in Civils. Bd. 2 S. 158, Bd. 34 S. 158,

dieselbe Wirkung zukommt. Der von dem Berufungsgerichte hervorgehobene Zweck, den das hier in Rede stehende Aufgebotsverfahren verfolgt, nötigt ebenfalls nicht dazu, dem Ausschlußurteil die Bedeutung beizulegen, daß es die Aufrechnung nicht angemeldeter Forderungen ausschließt. Allerdings ist durch ein von dem vormaligen Oberappellationsgerichte zu Jena bestätigtes Urteil,

vgl. Seuffert, Archiv Bd. 22 Nr. 32,

auf welches das Landgericht Bezug nimmt, die Zulässigkeit einer Kompensationseinrede, die auf eine im Provokationsprozesse präkludierte Forderung gestützt werden sollte, verneint worden; allein dies beruht darauf, daß der damalige Beklagte, dem Zwecke der Provokation entsprechend, zur Erhebung der Klage über seine Forderung binnen bestimmter Frist verurteilt, und jede andere Geltendmachung als diejenige im Wege der aufgegebenen Klage ihm abgeschnitten war. Ein Aufgebotsverfahren, wie es hier in Rede steht, bezweckt dagegen nicht die

Beendigung eines obwaltenden Streites, sondern hat die Sicherung des Erben zum Gegenstande. Für diesen Zweck ist es zwar gerechtfertigt, die Geltendmachung nicht angemeldeter Ansprüche im Wege der Klage für die Zukunft auszuschließen; dagegen wäre es durch kein Bedürfnis geboten, vielmehr eine völlig unbillige Bevorzugung des Erben, wenn das Verfahren damit abschlösse, daß der Erbe fortan alle Forderungen des Erblassers beitreiben, dessen Schuldner aber keine ihnen zustehenden Ansprüche geltend machen könnten. Daß das Hamburger Recht einen solchen Rechtssatz nicht enthält, jedenfalls nicht durchführt, geht daraus hervor, daß nach § 10 Abs. 3 des hamburgischen Gesetzes, betr. Ausführung der Konkursordnung, vom 25. Juli 1879 (Hamb. G.S. S. 255) in einem auf Antrag des Benefizialerben eingeleiteten Aufgebotsverfahren Ansprüche auf Befriedigung aus einem Pfande oder einer sonst in dem Gewahrsam des Gläubigers befindlichen Sache durch das Ausschlußurteil nicht betroffen werden. Es liegt der Schluß nahe, daß das nämliche gegenüber einem Aufgebot gilt, das von einem Erben, der das Inventarrecht nicht in Anspruch nimmt, beantragt wurde, und dann würde anzunehmen sein, daß in Hamburg Gläubiger, die reale Deckung in Händen haben, sich nicht zu melden brauchen. Alsdann aber würde die Zulässigkeit einer Aufrechnung nicht angemeldeter Forderungen geboten sein. Sollte also nicht eine abweichende Praxis zu einer abweichenden Rechtsentwickelung geführt haben, so würde kein Bedenken gegen die Annahme solcher Zulässigkeit vorliegen, zumal bei dem Vorhandensein der für die Kompensation erforderlichen Bedingungen eine Forderung des Erblassers, da er diese doch nie hätte erzwingen können, nur noch dem Scheine nach bestand." ...

---

35. Voraussetzungen eines den Vertragswillen ausschließenden Irrtums.

I. Civilsenat. Urt. v. 22. Oktober 1898 i. S. W. (Kl.) w. K. (Bekl.). Rep. I. 277/98.

I. Landgericht Hamburg, Kammer für Handelssachen.
II. Oberlandesgericht daselbst.

Der Kläger verlangte von der Beklagten Schadensersatz wegen Nichterfüllung eines Vertrages. Er behauptete, er habe am 27. Juli 1897 durch Vermittelung des Maklers Sch. von der Beklagten laut Schlußnote „100 Kisten Prima Cervelatwurst à 136 *M* per 100 kg Originalgewicht, cif Rotterdam, Konnossement August a. c., Abladung von Chicago, mit Government's certificate of health," gekauft. Die Beklagte habe zur Fälligkeitszeit die Erfüllung ihrer Lieferungspflicht geweigert. Nachdem er Nachfrist gegeben, diese aber fruchtlos verstrichen sei, habe er der Beklagten durch Schreiben vom 18. Oktober 1897 angezeigt, daß er nunmehr anstatt der Erfüllung Schadensersatz wegen Nichterfüllung beanspruche. Die Beklagte habe durch Schreiben vom 19. Oktober 1897 diese Forderung abgelehnt. Den Schaden berechnete Kläger auf 2200 *M*. Er beantragte, die Beklagte zur Zahlung dieser Summe nebst 6 Prozent Zinsen seit dem 19. Oktober 1897 zu verurteilen.

Von der Beklagten wurde Abweisung der Klage beantragt. Beklagte bestritt die Perfektion des Geschäftes. Nach Empfang der Schlußnote vom Makler Sch. habe Kläger dem ersteren am 29. (oder 30.) Juli 1897 geschrieben, er verwahre sich gegen den Empfang der Wurst, wenn diese nicht bei der Ankunft gesund sei, obwohl doch in der Schlußnote nur bei der Abladung von Chicago gesunde Ware garantiert sei. Demgemäß habe Beklagte den Kläger durch Telegramm vom 2. August 1897 zur reinen Anerkennung der Schlußnote aufgefordert, aber binnen 24 Stunden keine Anwort erhalten und deshalb mittels Telegramms vom 3. August 1897 das Geschäft für annulliert erklärt. Inzwischen sei ein Schreiben des Klägers vom 2. August 1897 eingegangen, welches aber ebensowenig, wie das vorhin erwähnte Schreiben desselben, eine Anerkennung der Schlußnote, vielmehr die präzise Weigerung enthalten habe, Waren zu den Bedingungen der Schlußnote anzunehmen. Die hierauf erfolgte Erklärung der Beklagten, unter diesen Umständen nicht liefern zu wollen, sei daher berechtigt.

Kläger führte aus, die Perfektion des Geschäftes gehe schon aus der Zusendung der Schlußnote an die Parteien hervor. Beklagte habe die Perfektion auch bisher niemals bestritten, sondern sich immer nur auf den Standpunkt gestellt, daß sie zur Annullierung des Geschäftes berechtigt gewesen sei. Ein solches Recht stehe ihr aber nicht zu.

Die Klage wurde in beiden Instanzen abgewiesen, auf die Revision des Klägers aber das Berufungsurteil aufgehoben aus folgenden

Gründen:

„Der Berufungsrichter stellt zwar die Echtheit des Depeschenwechsels, laut dessen Einverständnis darüber erzielt ist, daß hundert Kisten ... Cervelatwurst à 136 ℳ, August, cif Rotterdam, verkauft sein sollen, beim Mangel der Anerkennung desselben von seiten der Beklagten nicht fest, wohl aber, daß eine Schlußnote, deren Inhalt den Depeschen entsprach, von dem Makler Sch. den Parteien zugestellt und von ihnen zunächst ohne Widerspruch angenommen ist. Hierdurch war der Vertragsabschluß vollendet. Die angefochtene Entscheidung bezweifelt auch rechtlich nicht etwa das Vorhandensein der die Perfektion des Geschäftes ergebenden Elemente (Offerte und Annahme) in ihrer äußeren Gestalt, sondern fußt nur auf der, wennschon an einzelnen Stellen der Gründe in den unrichtigen Ausdruck, daß der Vertrag nicht perfekt geworden sei, gekleideten, Annahme eines die Willensübereinstimmung ausschließenden Irrtumes. Diese Annahme muß aber schon deshalb beanstandet werden, weil der Thatbestand nicht ergiebt, daß die Beklagte einen Irrtum des Klägers behauptet hätte. Sie ist aber auch unhaltbar. Der Berufungsrichter folgert einen Irrtum des Klägers daraus, daß Kläger, nachdem die Parteien inzwischen in Vertragsverhandlungen über andere Waren eingetreten waren, in seinem Schreiben vom 29. oder 30. Juli 1897 Gelegenheit nahm, der Beklagten zu erklären, er müsse sich schon heute gegen die Annahme der Wurst verwahren, falls sie bei der Ankunft in Rotterdam übelriechend sei, und daß er weiter am 2. August geschrieben, er erkenne zwar die Schlußnote an, verlange jedoch unter Bezugnahme auf „unser Gesetz" gesunde Ware und werde der Beklagten übelriechende zur Verfügung stellen, da er eine derartige Ware nicht verkaufen könne, ohne mit der Polizei in Konflikt zu geraten. Ein Widerspruch zwischen der in diesem Schreiben hervortretenden Auffassung des Klägers und dem Wortlaut der Schlußnote ist nicht mit Notwendigkeit gegeben. Er würde vorliegen, wenn Kläger die Auslegung des Vertrages hat vertreten wollen, daß die Beklagte für den Zustand der Ware bei ihrem Eintreffen in Rotterdam schlechterdings haften, also auch für die auf der Reise sich ereignenden Zufälle einstehen müsse. Möglich ist aber auch, daß der Kläger nur, falls die

Ware sich bei der Ankunft verdorben zeige, aus diesem Umstande ihre vertragswidrige Beschaffenheit schon bei der Abladung hat gefolgert wissen wollen.

Wenn man aber auch hiervon absieht, so zeigen die weiteren Ausführungen des Berufungsrichters eine unrichtige Auffassung des Irrtums in seiner den Willen ausschließenden Bedeutung. Der Berufungsrichter nimmt zwei Möglichkeiten an: entweder sei Kläger davon ausgegangen, das Nahrungsmittelgesetz berechtige ihn ohne weiteres zu dem Verlangen, nur gesunde und verkäufliche Ware zu empfangen, oder aber er habe dem Ausdrucke der Schlußnote „cif Rotterdam" die Bedeutung beigemessen, daß danach Beklagte verpflichtet sei, in Rotterdam gesunde, empfangbare Ware zu liefern. Weder die eine noch die andere alternative Thatsache ist geeignet, die Willensübereinstimmung auszuschließen.

Der irrige Glaube des Klägers, daß ihm unmittelbar kraft Gesetzes ein die Beschaffenheit der Ware betreffender, im Vertrage nicht vorgesehener Anspruch zustehe, berührt den Vertragswillen nicht. Er betrifft nicht diejenige rechtliche Wirkung, welche die Kontrahenten durch die einander abgegebene Willenserklärung und gemäß deren Inhalt hervorzurufen beabsichtigten.

Indem aber die Parteien auf eine im Handelsverkehr gebräuchliche Geschäftsklausel kontrahierten, unterwarfen sie sich derselben nach Maßgabe ihrer wirklichen, durch den Verkehr entwickelten und in demselben anerkannten Bedeutung, nicht anders, als wenn sie ein Reglement oder eine ähnliche Bestimmung dem Vertrage zu Grunde gelegt hätten. Insbesondere ging auch ersichtlich der Wille des Klägers dahin, als mit dem Inhalt der Klausel bekannt betrachtet und behandelt zu werden, mag nun der Vorschlag zur Aufnahme der Klausel von seinem Gegenkontrahenten herrühren und seine Zustimmung gefunden haben, oder aber von ihm selbst ausgegangen sein. Dies muß umsomehr gelten, als Kläger selbst Kaufmann und Großhändler ist. Wenn er sich nun auch über die wirkliche Bedeutung der Klausel getäuscht hat, so wurde sein auf Geltung derselben, entsprechend ihrem wirklichen Inhalt, gerichteter Wille hierdurch nicht ausgeschlossen; derselbe blieb nach seiner Art und nach seinem Umfange eine ausreichende Grundlage für den Eintritt einer der Bedeutung der Klausel vollständig entsprechenden Rechtsfolge.

Ein die Willensübereinstimmung hindernder Irrtum würde ferner auch deshalb verneint werden müssen, weil für den Handelsverkehr davon auszugehen ist, daß jeder Kontrahent sich, der Verkehrsauffassung gemäß, derjenigen Auslegung seiner Erklärungen fügen will, welche nach Lage der Sache die zutreffende ist, vorausgesetzt daß der Gegenkontrahent die Erklärungen thatsächlich im Sinne dieser Auslegung versteht und entgegennimmt. Eben dies liegt aber hier vor.

Das Geschäft ist auch nicht etwa durch nachträgliches Abkommen wieder aufgelöst. Zwar hat die Beklagte dem Kläger erklären lassen, daß sie, wenn er sich nicht zu einer Anerkennung des Vertrages nach dem Wortlaute der Schlußnote und mit Verzicht auf die von ihm gewollte Auslegung desselben verstehe, den Vertrag als annulliert anzusehen wünsche. Kläger ist auch auf Verhandlungen eingegangen, aber nicht in dem von der Beklagten gewollten Sinne; er hat auch nicht bedingt darein gewilligt, den Vertragsabschluß als wieder in Frage gestellt anzusehen, sondern ohne Einschränkung und Vorbehalt an dem Vertrage festgehalten und dabei seiner Auffassung von den aus demselben ihm entstehenden Rechten nochmals Ausdruck verliehen. Die Beklagte erlangte durch das Verhalten des Klägers auch kein Recht des einseitigen Rücktrittes. Sie blieb, gleich dem Kläger, zur Vertragserfüllung verpflichtet und hatte, wenn demnächst Streit über die Vertragsmäßigkeit ihrer Leistungen entstand, der dann von der einen oder anderen Seite anzurufenden richterlichen Entscheidung über diese entgegenzusehen.

Die Erfüllungsweigerung der Beklagten ist mithin ungerechtfertigt." ...

---

36. Berechtigt die bloße Widerrechtlichkeit der Führung eines nicht gehörig erworbenen Familiennamens einen befugten Träger desselben zur gerichtlichen Verfolgung?

VI. Civilsenat. Urt. v. 3. November 1898 i. S. der Firma Sch. u. Gen. (Kl.) w. M. (Bekl.). Rep. VI. 210/98.

I. Landgericht Würzburg.
II. Oberlandesgericht Bamberg.

Der Beklagte Erwin Müller, dessen Mutter eine geborene Schiedmayer war, war der Inhaber der im Handelsregister des Landgerichtes Würzburg am 24. Januar 1874 unter der Firma „E. Müller-Schiedmayer, vormals F. C. Reuß", und seit dem 20. April 1886 unter der Firma „E. Müller-Schiedmayer" eingetragenen Pianofortefabrik in Würzburg. Der Beklagte legte sich im bürgerlichen Leben den Namen E. Müller-Schiedmayer bei und führte diesen Namen auch als Firma, indem er unter ihm im Handel seine Geschäfte trieb und die Unterschrift abgab.

Die Pianofortefabrikanten Paul und Max Schiedmayer in Stuttgart und die Firma Schiedmayer Pianofortefabrik daselbst, deren Inhaber die genannten Fabrikanten und der Fabrikant O. F. in Stuttgart waren, bestritten dem Beklagten das Recht zur Führung des Namens „Schiedmayer" und erhoben gegen ihn Klage auf Unterlassung der Weiterführung der Firma „E. Müller-Schiedmayer", sowie des Namens „Schiedmayer" und „Erwin Müller-Schiedmayer".

Das Landgericht wies die Klage ab, und das Berufungsgericht wies die von den Klägern eingelegte Berufung als unbegründet zurück. Die hiergegen von der Firma Schiedmayer eingelegte Revision wurde zurückgenommen, die von den Klägern Paul und Max Schiedmayer eingelegte zurückgewiesen.

Aus den Gründen:

... „Das Berufungsgericht stellt fest, daß im Jahre 1874 die mit der klagenden Firma identische Firma J. P. Schiedmayer und deren damalige Inhaber uneingeschränkt ihre Zustimmung zur Führung des Zusatznamens „Schiedmayer" von seiten des Beklagten erteilt haben. Es erachtet die Annahme eines fremden Namens als Zusatznamens für eine Namensänderung, die der landesherrlichen Genehmigung bedürfe und dem Beklagten weder aus eigenem Rechte, noch auf Grund der Erlaubnis der Firma und ihrer Inhaber zugestanden. Ein Firmenerwerb im Sinne des Art. 22 H.G.B. liege nicht vor. Durch diese Zustimmung und die langjährige widerspruchslose Duldung der Führung dieses Zusatznamens habe aber die klagende Firma anerkannt, daß sie sich hierdurch in ihren Rechten und Interessen nicht verletzt fühle. Die Firma und die beiden Mitkläger, Söhne und Erben des früheren Mitinhabers Paul Schiedmayer, seien an die Rechtsverhältnisse ihrer Rechtsvorgänger gebunden und müßten die gegen die letzteren bestehenden Einreden auch gegen sich gelten lassen. Soweit die Klage aus den Individualrechten der Kläger Paul und Max Schiedmayer gestellt sei, leiteten sie ihr Recht auf den Namen nur aus der Abstammung von ihrem Vater ab; habe dieser das Recht auf Beseitigung des Zusatznamens verloren, so müsse dieser Verlust auch gegen sie als Erben rechtliche Wirkung haben. Die bürgerliche Namensführung könne hiervon nicht losgelöst werden. Der Anspruch des berechtigten Trägers eines Namens auf Unterlassung der Führung eines bürgerlichen Namens durch einen Unberechtigten setze die Verletzung der Rechte des Trägers voraus. Die Verletzung geschäftlicher Interessen könne infolge der Zustimmung nicht mehr geltend gemacht werden. Das Interesse der Zugehörigkeit zur Familie sei aber nicht verletzt, indem durch die Zufügung des Namens nur die in der That bestehende mütterliche Verwandtschaft gekennzeichnet werde, eine Zugehörigkeit zur engeren Familie der Kläger aber nicht hervortrete. Die Begründung der Klage auf unlauteren Wettbewerb enthalte, als erst in der Berufungsinstanz versucht, eine unzulässige Klagänderung. Eine Verwechselung der beiden Firmen sei überdies ausgeschlossen.

Die Revision macht geltend, das Namensrecht sei ein höchst persönliches Recht, das weder durch Nichtgebrauch des Klagerechts, noch durch den Verzicht eines der berechtigten Träger für andere berechtigte Träger erlösche. Die Revisionskläger Paul und Max Schiedmayer seien in ihrer Eigenschaft als Träger des Namens verletzt. Die zur Führung des Namens erteilte Erlaubnis wirke nur gegen den, der die Erlaubnis gegeben.

In Bayern ist allerdings die Änderung des Familiennamens von jeher der landesherrlichen Entschließung vorbehalten worden. Die willkürliche Änderung des Geschlechtsnamens ohne Bewilligung der Staatsregierung ist gemäß Art. 25 des bayerischen Polizeistrafgesetzbuches vom 26. Dezember 1871 sogar mit Strafe bedroht.

Vgl. Staudinger in den Blättern für Rechtsanwendung Bd. 62 S. 171.

Das Erfordernis der landesherrlichen Bewilligung zur Änderung des Familiennamens stellt das Berufungsgericht auch auf Grund des für das Reichsgericht nicht revisiblen bayerischen Landesrechtes fest.

Der Beklagte hat somit ein Recht zu der Führung des Namens „Schiedmayer“ nicht erlangt. Damit ist aber das Recht der Träger dieses

Namens, auf Grund ihres Privatrechtes an diesem Namen privatrechtlichen Schutz gegen die Führung des Namens durch einen Anderen zu verlangen, noch keineswegs dargethan.

Den in Art. 27 H.G.B. gewährten Firmenschutz kann nicht mehr in Anspruch nehmen, wer einem Anderen vereinbarungsgemäß die Führung des Namens gestattet hat.

Vgl. Entsch. des R.G.'s in Civils. Bd. 29 S. 71.

Die vom Inhaber der Firma durch den Verzicht auf das Verbietungsrecht ausgesprochene Anerkennung, daß eine die Firma und ihre Interessen berührende Verletzung eines Rechtes nicht vorliege, müssen auch die späteren Inhaber anerkennen. Soweit das vermögensrechtliche Interesse an der Führung des Namens in der Firma in Frage steht, sind die dermaligen Inhaber der Firma, Paul und Max Schiedmayer, auch an die Erklärung des früheren Inhabers, ihres Vaters Paul Schiedmayer, als dessen Erben gebunden. Das Recht am Namen ist aber nicht von dem Vorhandensein eines vermögensrechtlichen Interesses bedingt, sondern ein selbständiges, mit dem den Namen gebenden Ereignisse für den Namensträger entstehendes Individualrecht. Es kann somit auch dem Namensträger, insoweit die Führung des bürgerlichen Namens für sich in Frage steht, nicht durch die Rechtshandlung eines anderen Trägers, dessen Verfügungen sonst für ihn rechtlich bindend wären, somit auch nicht den Erben durch eine Rechtshandlung des Erblassers, entzogen werden. Aus der Anerkennung des Namensrechtes als eines absoluten Privatrechtes ist nun allerdings die Folgerung gezogen worden, daß die bloße Widerrechtlichkeit der Führung eines nicht gehörig erworbenen Namens den befugten Träger zur privatrechtlichen Verfolgung berechtige.

Vgl. Gierke, Deutsches Privatrecht Bd. 1 S. 722.

Von anderer Seite wird das Verbietungsrecht dagegen auf Fälle eingeschränkt, in denen die Namensanmaßung den Umständen nach geeignet ist, den Schein der Zugehörigkeit zu einer bestimmten Familie oder der Identität mit einer anderen Person zu erregen (vgl. Gierke, a. a. O. Anm. 10).

Der erkennende Senat hat in einer Entscheidung vom 11. April 1892 das Erfordernis der Verletzung eines Interesses des Namensberechtigten insofern anerkannt, als er das Klagerecht auf Unterlassung der Führung des Namens dann zugesteht, wenn im gegebenen Falle die Führung des Namens objektiv geeignet erscheint, den Schein der Zugehörigkeit zu der Familie, die den Namen führt, zu erregen.

Vgl. Entsch. des R.G.'s in Civils. Bd. 29 S. 124 flg.

Von dem Erfordernisse der Verletzung eines Interesses Abstand zu nehmen, besteht nach der gegenwärtigen Rechtsentwickelung aber umso weniger Anlaß, als das Bürgerliche Gesetzbuch in § 12 den privatrechtlichen Schutz des Namens ausdrücklich durch die Verletzung eines Interesses des Namensträgers bedingt.

Vgl. Planck, Bürgerliches Gesetzbuch S. 65 und 66.

Nach der Zurücknahme der von der Firma eingelegten Revision und gemäß der Einwilligung der Firma in die Führung des Namens kommt das vermögensrechtliche Interesse nicht mehr in Betracht, dagegen aber das familienrechtliche Interesse der Zugehörigkeit zur Familie. Dieses konnte auch durch die bloße Hinzufügung des fremden Namens zu dem eigenen Namen verletzt sein.

Vgl. Entsch. des R.G.'s in Civils. Bd. 29 S. 130.

Ob die thatsächlichen Verhältnisse eine solche Verletzung begründen, fällt zunächst in das Gebiet der thatsächlichen Feststellung. Das Berufungsgericht verneint die Verletzung und begründet dies damit, daß durch den Zusatz des Namens „Schiedmayer" und die Art der Verbindung des angenommenen Namens mit dem eigenen des Beklagten nur seine Verwandtschaft von mütterlicher Seite ausgedrückt sein solle, er somit von der Familie der Kläger und deren Namen deutlich unterschieden sei, und eine Zugehörigkeit des Beklagten zur Familie der Kläger nicht hervortrete. Ein Rechtsirrtum ist hierin nicht erkennbar." . . .

---

37. Kann der Schuldner bei einem Nachzahlungsversprechen einen Einwand daraus herleiten, daß eine eingetretene Verbesserung seiner Vermögenslage zur Zeit des Prozesses nicht mehr fortbestehe? oder daraus, daß er noch andere Gläubiger, die in besserer oder gleicher Lage wie der Kläger seien, befriedigen müsse?

I. Civilsenat. Urt. v. 23. November 1898 i. S. O. P. (Bekl.) w. J. P. (Kl.). Rep. I. 291/98.

I. Landgericht Hamburg, Kammer für Handelssachen.
II. Oberlandesgericht daselbst.

In dieser, Bd. 40 S. 195 dieser Sammlung abgedruckten, Sache verurteilte das Berufungsgericht nach der erneuten Verhandlung den Beklagten, dem Kläger 10000 ℳ nebst Prozeßzinsen zu bezahlen. Der Beklagte berief sich bei der neuen Verhandlung namentlich auf den in dem schriftlichen Nachzahlungsversprechen vom 30. Dezember 1889 ausgedrückten Vorbehalt:

„auch bei einer Nachzahlung keinen andern Kreditor zu begünstigen mit Ausnahme einiger wenigen, deren Forderung Dein eigenes Rechtsgefühl als bevorzugt anerkennen würde,"

und behauptete schon in Buenos Aires mit dem Prokuristen des Klägers, Bns., abgesprochen zu haben, daß hierunter die Forderungen des Bruders H. P. und die von B. und von Pi. zu begreifen seien. Der Beklagte gründete hierauf den Einwand, daß er zuvor diese Kreditoren, insonderheit den Bruder H., der vor allem Berücksichtigung verdiene, befriedigen müsse. Da er dazu bisher noch außer stande gewesen sei, müsse der Kläger noch warten. Außerdem wandte der Beklagte ein, daß er einen Teil des erworbenen Vermögens bereits anderweit verwendet habe. Die Revision des Beklagten ist zurückgewiesen aus folgenden

Gründen:

„Auf Grund der Zeugenaussage des Prokuristen Bns. und auf Grund des Briefwechsels der Parteien nimmt des Berufungsgericht an, daß eine den Kläger bindende Absprache, wonach die drei Gläubiger H. P., B. und P. bei Abzahlungen bevorzugt werden sollten, nicht getroffen sei. Es weist den hierauf gestützten Einwand des Beklagten aber auch aus dem weiteren Grunde zurück, daß der Beklagte seit dem Akkorde an keinen dieser drei Gläubiger (abgesehen von einem geringfügigen an H. P. abgeführten Betrage) irgend welche Nachzahlungen geleistet habe, und daß er auch nicht behaupten könne, von diesen Gläubigern auch nur gemahnt zu sein. Sodann tritt das Berufungsgericht in eine eingehende und umfassende Würdigung der Angaben ein, die vom Beklagten über seine Vermögenslage gemacht sind. Es gelangt dabei zu dem Ergebnisse, daß die Vermögensverhältnisse des Beklagten zur Zeit der Klagerhebung der Art gewesen seien, daß er sich einer Abschlagszahlung von 10000 ℳ nicht habe entziehen dürfen, ohne gegen Treue und Glauben zu verstoßen und von dem ihm vorbehaltenen Ermessen einen offenbar unbilligen Gebrauch zu machen.

Was diesen zuletzt erwähnten Teil der Ausführungen des Berufungsgerichtes angeht, so liegt er im wesentlichen auf thatsächlichem Gebiete. Eine unrichtige Anwendung von Rechtssätzen oder prozessuale Verstöße sind nicht erkennbar; insbesondere ist der Begriff des billigen Ermessens nicht verkannt, und die Entscheidung im einzelnen unter angemessener Berücksichtigung der konkreten Sachlage in schlüssiger Weise begründet.

Die von der Revision in diesem Betracht erhobenen Angriffe sind unbegründet. . . .

Zweitens rügt die Revision, daß der Berufungsrichter Vermögensbestandteile mit in Rücksicht gezogen habe, über die der Beklagte thatsächlich zur Zeit der Klagerhebung nicht mehr zu Gunsten seiner Gläubiger habe verfügen können; was der Beklagte anderweitig ausgegeben habe, sei weg und könne jetzt nicht mehr dazu dienen, den Kläger zu befriedigen. Es handelt sich hierbei vor allem um einen Betrag von rund 36000 ℳ aus . . . Erbschaftskapitalien. Die Verwendung von zwei Dritteln dieses Betrages ist nicht näher aufgeklärt worden; das letzte Drittel hat der Beklagte zur Neueinrichtung seines Hausstandes verwandt, was der Berufungsrichter für befremdlich erachtet. Im Übrigen wird erwogen, der Beklagte habe es sich selbst zuzuschreiben, wenn er von dem ihm verstatteten Ermessen einen so unbilligen Gebrauch mache, daß er so große Summen aufbrauche, statt sie zu Nachzahlungen an seine Gläubiger zu verwenden. Das ist völlig zutreffend. Waren die Bedingungen gegeben, die den Beklagten bei einer gewissenhaften und pflichttreuen Ausübung seines Ermessens zu Abschlagszahlungen hätten veranlassen sollen, so war dem Kläger auch ein Recht auf diese Zahlungen erwachsen, und dieses Recht kann nicht dadurch aufgehoben werden, daß der Beklagte selbst jene Bedingungen eigenmächtig wieder beseitigt. Diesen Grundsatz hat das Reichsgericht auf dem Gebiete der Besserungs- und Nachzahlungsversprechen auch in früheren Fällen bereits wiederholt zur Anwendung gebracht.

Vgl. die bei Bolze, Bd. 5 Nr. 207. 208. Bd. 10 Nr. 196 auszugsweise mitgeteilten Urteile Rep. I. 418/87, 396/87 und 162/90.

Dieselbe Erwägung beseitigt zugleich einen dritten Angriff der Revision: es sei nichts darüber festgestellt, ob der Beklagte nach dem zwischen ihm und der Kommanditgesellschaft P. h. bestehenden Vertragsverhältnisse rechtlich in der Lage sei, über diejenigen Kapitalien aus der . . . Erbschaft, die er als seinen Geschäftsanteil in diese Gesellschaft eingebracht habe, zu Gunsten des Klägers zu verfügen. Selbst wenn sich der Beklagte — worüber er übrigens in den Instanzen nichts vorgebracht hat — in diesem Betracht seinen Gesellschaftern gegenüber gebunden haben sollte, so würde er daraus doch dem Kläger gegenüber einen Einwand nicht herleiten können.

Die Revision wendet sich endlich noch gegen die im Eingange erwähnten Annahmen des Oberlandesgerichtes, indem sie sowohl die Feststellung angreift, daß ein Abkommen über die Bevorzugung jener drei Gläubiger nicht zustande gekommen sei, als auch indem sie auszuführen sucht, daß schon das bloße Vorhandensein einer größeren Zahl anderer Gläubiger, die, wenn nicht bessere, nach einer nicht widerlegten Behauptung des Beklagten doch mindestens gleiche Rechte wie der Kläger beanspruchen könnten, den Klaganspruch jedenfalls für einen entsprechenden Teil beseitigen müsse.

Diese Angriffe scheitern an der feststehenden Thatsache, daß der Beklagte die ihm nunmehr bereits seit längerer Zeit zur Verfügung stehenden erheblichen Mittel zur Befriedigung der anderen Gläubiger ebenfalls nicht verwendet. Hätte der Beklagte dargelegt, daß er seit der Vermehrung seiner Einnahmen und seit der Vergrößerung seines Kapitales dem entsprechende, angemessene Beträge thatsächlich zur Tilgung der alten Schulden verwandt habe, so würde er damit zu hören sein, und eine Erörterung darüber notwendig werden, ob sich der Kläger die Bevorzugung anderer Personen oder doch eine Beschränkung seiner Quote gefallen lassen muß. Von alledem liegt hier aber nichts vor. Der Beklagte zahlt weder an Andere, noch an den Kläger und kann daher diesem gegenüber aus dem bloßen Bestande anderer Forderungen keinen Einwand herleiten. Indem er trotz der Verbesserung seiner Lage nichts zur Schuldentilgung verwendet, macht er von dem ihm vorbehaltenen Ermessen einen offenbar unbilligen Gebrauch, und diese Thatsache giebt dem Kläger — wie in dem früheren Revisionsurteile bereits ausgeführt ist — das Recht, die richterliche Entscheidung zu seinen Gunsten anzurufen. Dabei kann dem Kläger eine Rücksicht auf andere Personen, die sich passiv verhalten, ebensowenig angesonnen werden, wie dies in anderen Verhältnissen der Fall ist; vgl. l. 24 in f. Dig. quae in fraud. 42, 8. Wie die Sachlage zu beurteilen wäre, wenn auch andere Personen, die in gleicher oder besserer Rechtslage wie der Kläger sind, den Beklagten bedrängten, kann dahingestellt bleiben, da nach dem Thatbestande bisher nicht einmal Mahnungen vorliegen. Ähnlich ist auch schon früher vom Reichsgericht erkannt worden.

Vgl. die bereits oben angeführte Sache I. 418/97, Bolze, Bd. 5 Nr. 207, und die Sache I. 221/91, Entsch. des R.G.'s in Civils. Bd. 28 S. 180." . . .

---

38. Wird durch die Verpfändung von Namensaktien, für die besondere Dividendenscheine nicht ausgegeben sind, auch ohne Benachrichtigung der Aktiengesellschaft ein Pfandrecht an den Dividenden begründet?

III. Civilsenat. Urt. v. 25. November 1898 i. S. S. Konkursverw. (Kl.) w. Zuckerfabrik zu R. (Bekl.). Rep. III. 201/98.

I. Landgericht Dessau.
II. Oberlandesgericht Naumburg.

Aus den Gründen:

„Der Amtsrat S. ist Eigentümer von neun Namensaktien der verklagten Gesellschaft und hat sie schon vor der am 18. März 1895 erfolgten Eröffnung des Konkurses über sein Vermögen dem Gewerbevorschußkassenverein in R. zum Faustpfande übergeben; sie stehen aber noch jetzt im Hauptbuche der Gesellschaft nur auf seinen Namen eingetragen. Die Rechtsgültigkeit der Verpfändung ist in einem vom Konkursverwalter gegen den Pfandbesitzer erhobenen Vorprozesse rechtskräftig anerkannt. In dem vorliegenden Rechtsstreite fordert der Konkursverwalter von der verklagten Aktiengesellschaft die Auszahlung der für das Geschäftsjahr vom 1. Juli 1895/96 auf die Aktien fallenden

Dividende, obgleich diese bereits an den Pfandgläubiger auf dessen Verlangen bezahlt worden ist. In den beiden vorhergehenden Jahren sind Dividenden nicht verteilt worden; die in der früheren Zeit festgesetzten hat nicht der Pfandgläubiger, sondern der Eigentümer S. erhoben. Besondere Dividendenscheine sind nicht ausgegeben worden; als Legitimation für die Erhebung der Dividende genügt die Eintragung als Aktionär im Hauptbuche der Gesellschaft. In der ersten Instanz ist die Beklagte zur Zahlung verurteilt, von dem Berufungsgerichte aber die Klage abgewiesen worden. Die Revision des Klägers konnte keinen Erfolg haben.

Daß die Aktien selbst gültig verpfändet sind, und an ihnen dem Pfandgläubiger ein im Konkurse wirksames Absonderungsrecht zusteht, ist nicht streitig; es fragt sich also nur, ob schon dadurch der Pfandgläubiger zur Erhebung der Dividende berechtigt, oder doch durch Zahlung an ihn die Beklagte befreit wurde. Der Kläger bestreitet dies, weil nach ihren Statuten die Gesellschaft nur an die in ihrem Hauptbuche als Aktionäre Eingetragenen zahlen dürfe; jedoch mit Unrecht. Unstreitig ist zwar, daß die Eintragung als Aktionär zur Erhebung der Dividende legitimiert; aus dieser, nur die Prüfung der Legitimation zu Gunsten der Gesellschaft erleichternden, Bestimmung folgt aber nicht, daß die Gesellschaft nicht an den nachweislich durch Vertrag mit dem Eingetragenen, zur Erhebung der Dividende Berechtigten mit befreiender Wirkung zahlen d ü r f e; eine sie insoweit beschränkende Bestimmung ist in den Vorinstanzen nicht behauptet.

Ob, wenn besondere Dividendenscheine ausgegeben wären, diese nur ausdrücklich und durch Übergabe hätten verpfändet werden können, bedarf, da dieser Fall nicht vorliegt, keiner Entscheidung. Im übrigen aber enthält das Einführungsgesetz zur Konkursordnung über den Umfang des Pfandrechtes und die Befugnisse des Pfandgläubigers keine Bestimmungen; entscheidend ist daher das im vorliegenden Falle örtlich maßgebende gemeine Recht. Nach diesem gelten Zubehör, Früchte und sonstige Erträge des Pfandgegenstandes als mitverpfändet; der Pfandgläubiger ist sogar verpflichtet, die Früchte zu ziehen und auf die Zinsen, eventuell auf die Hauptschuld zu verrechnen. Mögen nun auch, wie die Revision geltend macht, Aktien nicht eigentlich Forderungsrechte, sondern eigenartige Vermögensrechte sein, in denen die Anteilsrechte an der Aktiengesellschaft verkörpert sind, so sind doch die Dividenden ein Ausfluß, ein Zubehör dieses Vermögensrechtes, der Ertrag, den es während des Bestehens der Gesellschaft abwirft. Das Dividendenrecht ist, jedenfalls wenn keine getrennten Dividendenscheine ausgegeben sind, in der Aktienurkunde ebenso verbrieft, wie das Aktienrecht überhaupt, auch wenn das Forderungsrecht auf den Bezug der einzelnen Dividende erst mit deren Festsetzung entsteht; damit es vom Pfandrechte ergriffen wurde, war daher eine Benachrichtigung der Aktiengesellschaft nicht nötig.

Zulässig ist nun zwar, daß die Dividendenerhebung von den Rechten des Pfandgläubigers vertragsmäßig ausgeschlossen wird; es kann aber nicht zweifelhaft sein, daß gegenüber der gesetzlichen Regel der Kläger für die Vereinbarung einer solchen Ausnahme beweispflichtig ist. Es ist daher nicht rechtsirrtümlich, wenn das Berufungsgericht, von diesem Grundsatze ausgehend, festgestellt hat, es sei nicht erwiesen, daß die Dividenden von der Verpfändung ausgeschlossen seien. Es übersieht nicht den Umstand, daß S. früher die Dividenden selbst erhoben hat; aber es erwägt bei seiner Entscheidung, daß, wenn der Schuldner in dieser früheren Zeit die Zinsen seiner Schuld richtig zahlte, der Gläubiger damals keinen Anlaß zur Ausübung seines Pfandrechtes hatte, wohl aber nach der Eröffnung des Konkurses. Eine selbständige vertragsmäßige Ausschließung kann in der früher zugelassenen Erhebung der Dividende durch den Schuldner nicht gefunden werden. . . .

Endlich macht der Kläger geltend, daß der Pfandgläubiger, auch wenn er durch den Pfandverkauf der Aktien die Dividendenrechte für die Zukunft habe übertragen können, doch nicht die vorher fällig gewordenen Dividenden habe erheben dürfen. Die Unrichtigkeit dieser Ansicht folgt aber schon aus den hervorgehobenen Grundsätzen des gemeinen Rechtes und daraus, daß der Pfandgläubiger zur Ausübung seines Rechtes Veranlassung hatte, bedarf daher einer besonderen Begründung nicht.“ . . .

39. Kann aus der bisherigen Art der Benutzung zweier Grundstücke desselben Eigentümers die stillschweigende Bestellung einer Grundgerechtigkeit hergeleitet werden, wenn eines derselben im Zwangsvollstreckungswege veräußert wird?

III. Civilsenat. Urt. v. 29. November 1898 i. S. F. (Bekl.) w. D. (Kl.). Rep. III. 197/98.

I. Landgericht Kiel.
II. Oberlandesgericht daselbst.

Aus den Gründen:

„Im Zwangsversteigerungsverfahren hat die Klägerin das Grundstück Stadt H. . . . durch Zuschlagsurteil vom 5. Februar 1896, der Beklagte den Goschhof . . . durch Zuschlagsurteil vom 14. Oktober 1896 erworben. Beide selbständigen Grundstücke, welche getrennt mit Hypotheken belastet waren, besaß zuletzt der Hotelbesitzer F., und vor ihm der Hotelbesitzer J., welcher sein Hotel ohne Rücksicht auf die Grenzen der Grundstücke dergestalt erweiterte, daß die . . . näher bezeichneten Gebäude und Gebäudeteile auf dem Goschhof stehen. An den solchermaßen im Interesse des Hotels bisher benutzten Teilen des Goschhofes und den darauf stehenden Bauten hat die Klägerin Eigentum, eventuell dingliche Rechte in Anspruch genommen und auf deren Feststellung geklagt und einen eventuellen Klagantrag auf Teilung gestellt. Im ersten Urteile ist die Klage in beiden Richtungen zurückgewiesen. Auf Berufung der Klägerin ist der prinzipale Klagantrag insoweit für begründet erachtet, daß ein servitutisches Nutzungsrecht der Klägerin festgestellt wurde.

Das Oberlandesgericht ist dabei davon ausgegangen, daß das von der Klägerin am Goschhof beanspruchte Recht in seiner Gesamtheit als Prädialservitut aufzufassen sei, und begründet erscheine nach einem für freiwillige Veräußerungen wie für Zwangsvollstreckungen geltenden Rechtssatz, dessen Gültigkeit auch für das Gebiet des schleswig'schen Rechtes unzweifelhaft sei. Der Inhalt dieses Rechtssatzes ist vom Oberlandesgerichte dahin präcisiert: „daß bei einem wirtschaftlichen Zusammenhange zweier Grundstücke, wie er hier gegeben sei, die rechtliche Trennung des thatsächlich herrschenden von dem thatsächlich dienenden Grundstücke in der Hand des bisherigen Eigentümers beider Grundstücke mangels entgegenstehender Vereinbarung der Kaufparteien zur Folge habe, daß das früher thatsächliche Verhältnis sich in ein rechtliches verwandele, und der Gebrauch des Eigentümers in ein dingliches Nutzungsrecht übergehe".

Wenn diese Entscheidung, wie die Revisionsbeklagte ausgeführt hat, auf einem besonderen selbständigen Rechtssatze des im Herzogtum Schleswig geltenden Partikularrechtes beruhte, so würde dieselbe der Nachprüfung in der Revisionsinstanz entzogen sein. Dies ist jedoch nicht der Fall, sondern das Berufungsgericht geht von einem Rechtssatze des gemeinen Rechtes aus, dessen Anwendbarkeit auch für dieses Rechtsgebiet statuiert ist. Besteht dieser Rechtssatz im gemeinen Rechte nicht, so beruht die Berufungsentscheidung auf rechtsirriger Grundlage, und ist dieselbe aus diesem Grunde der Anfechtung durch die Revision unterworfen.

Es kann hier dahingestellt bleiben, ob das in Frage stehende Recht überall unter den Begriff der Servitut subsumiert werden durfte, und ob auch aus diesem Gesichtspunkte die Vorentscheidung anfechtbar erscheint, da ein Rechtssatz obigen Inhaltes im gemeinen Rechte nicht besteht. Zunächst bedarf es nur der Erwähnung, daß eine positive Rechtsnorm solchen Inhaltes nicht gegeben ist, und kann es sich nur fragen, ob eine allgemeine Auslegungsregel für den Willen der Kontrahenten oder eine Vermutung für den Willen der Servitutbestellung in solchen Fällen, wie hier, anzuerkennen ist. In dieser Richtung ist bereits in der Entscheidung des Reichsgerichtes in Sachen Sp. w. O. vom 20. Oktober 1898 (Rep. VI. 215/98) ausgeführt: vom Standpunkte des gemeinen Rechtes aus sei nicht anzunehmen, daß, wenn von zwei Grundstücken desselben Eigentümers das eine dauernd thatsächlich so benutzt sei, als ob es zu Gunsten des anderen mit einer Servitut belastet wäre, und dann die beiden Grundstücke durch Zwangsverkauf in die Hände verschiedener Eigentümer übergehen, im Zweifel der Wille der Beteiligten zu unterstellen sei, daß jetzt die entsprechende Servitut entstehen solle. Freilich habe der V. Civilsenat des Reichsgerichtes für das preußische Landrecht,

Entsch. des R.G.'s in Civils. Bd. 13 S. 249 flg.,

die entgegengesetzte Ansicht für richtig erklärt; doch könne die dortige beiläufige Bezugnahme auf die Judikatur des gemeinen Rechtes die Anwendung des § 137 G.V.G. nicht herbeiführen. Mit diesem Urteile übereinstimmend war auch im vorliegenden Falle zu entscheiden. In der bei Windscheid, Pandektenrecht 7. Aufl. § 212 Anm. 13, in Bezug genommenen Rechtsprechung des gemeinen Rechtes ist auch für den Fall der freiwilligen Veräußerung eines von zwei Grundstücken desselben Eigentümers keineswegs allgemein die Absicht der stillschweigenden Bestellung einer Servitut daraus abgeleitet, daß der bisherige Eigentümer beider Grundstücke dieselben thatsächlich so benutzt hat, als ob das eine zu Gunsten des anderen mit einer Prädialservitut belastet wäre. Für eine solche Willensauslegung sind vielmehr besondere Umstände erfordert, welche einen dahingehenden Willen der Paciscenten in deutlicher Weise ergeben. Als hierfür konkludente Umstände sind namentlich angesehen die Unentbehrlichkeit der Fortsetzung des bisherigen Gebrauches für das herrschende Grundstück und das Bestehen besonderer Einrichtungen oder baulicher Anlagen auf dem dienenden Grundstücke, wenn dieselben trotz der Veräußerung unverändert bei Bestand gelassen sind.

Diese für den Fall der freiwilligen Veräußerung in der gemeinrechtlichen Praxis überwiegend gebilligten Auslegungsregeln treffen jedoch für den Fall der Zwangsversteigerung nicht zu, wie dies mit Recht schon das Oberlandesgericht zu Braunschweig in einer Entscheidung vom 1. Dezember 1880,

Seuffert, Archiv Bd. 37 Nr. 10,

ausgeführt hat. Wenn hier das thatsächlich herrschende Grundstück zuerst in der Zwangsversteigerung veräußert wurde, und das thatsächlich dienende Grundstück im Eigentume des Exequenden verblieb, so würde er, falls eine Servitut bestellt wäre, als deren Konstituent erscheinen; denn nur für ihn und erst mit dem Momente der Veräußerung des einen Grundstückes war die rechtliche Möglichkeit gegeben, zu Gunsten des veräußerten Grundstückes eine Servitut an dem ihm verbliebenen Grundstücke zu errichten. Den Gläubigern, welche die Zwangsvollstreckung betrieben, stand ein weiteres Recht nicht zu, als aus dem beschlagnahmten Grundstücke ihre Befriedigung im Wege der Zwangsversteigerung zu suchen; an dem zweiten Grundstücke konnten sie weder aus eigenem Rechte, noch aus dem Rechte des Exequenden eine Servitut bestellen. Der letztere hat aber lediglich die Zwangsversteigerung, die er nicht hindern konnte, geschehen lassen. Hiernach liegt von keiner Seite irgend ein Rechtsakt vor, welcher im Sinne einer stillschweigenden Servitutbestellung ausgelegt werden könnte, und ist daher die prinzipale Klage zurückzuweisen." . . .

III. Preußisches Recht.

40. Erfüllung eines Kaufvertrages durch Auflassung, obwohl die Klage auf Auflassung rechtskräftig abgewiesen worden.

V. Civilsenat. Urt. v. 25. Juni 1898 i. S. Ch. (Kl.) w. v. J. (Bekl.). Rep. V. 21/98.

I. Landgericht Konitz.
II. Oberlandesgericht Marienwerder.

Die Parteien hatten durch Vertrag vom 18. Dezember 1872 das Grundstück K. Nr. 1 von den damaligen Eigentümerinnen, der verehelichten v. O. und der verehelichten W., für 1506 Thlr. 10 Sgr. gekauft und übergeben erhalten. Sie hatten in Anrechnung auf den Kaufpreis eine Kostenhypothek von 16 Thlr. 10 Sgr. übernommen; die übrigen 1490 Thlr. waren unstreitig in der Weise bezahlt worden, daß Kläger 730 Thlr. an die v. O., und Beklagter 760 Thlr. an die W. entrichtete. Der v. O.'sche Anteil wurde den Parteien, nachdem sie dieserhalb ein obsiegliches Erkenntnis erstritten hatten, im Jahre 1879 aufgelassen, und auf Grund dieser Auflassung wurden beide — je zu einem Viertel — als Eigentümer des Grundstückes eingetragen. Auch wegen der Auflassung des W.'schen Anteiles kam es zwischen den Parteien und der verehelichten W. zum Prozeß. Dieser endete damit, daß die Parteien, die damaligen Kläger, mit ihrem Anspruche auf Auflassung rechtskräftig abgewiesen wurden, weil gegen sie in contumaciam für festgestellt erachtet wurde, daß die Auflassung bereits erfolgt sei. Trotz dieser im Jahre 1876 erfolgten Abweisung erlangte der Beklagte am 5. März 1884 von den Erben der inzwischen verstorbenen verehelichten W. die Auflassung der dieser gehörigen Eigentumshälfte und wurde nun bezüglich dieser als Miteigentümer im Grundbuche eingetragen. Im Jahre 1886 wurde das Grundstück zum Zwecke der Auseinandersetzung zwischen den Miteigentümern versteigert, und hierbei ein Meistgebot von 7345 ℳ erzielt; von diesem erhielt der Beklagte drei Viertele ausgezahlt.

Der Kläger verlangte nun mit der Behauptung, daß die Auflassung des W.'schen Eigentumsanteiles, welche seitens der W.'schen Erben 1884 an den Beklagten erfolgte, in Erfüllung des ursprünglichen Kaufvertrages vom 18. Dezember 1872 geschehen sei, und daß daher der Beklagte, wenn auch formell an ihn allein der W.'sche Anteil aufgelassen worden, doch verpflichtet sei, ihn (den Kläger) als dessen Miteigentümer gelten zu lassen, von dem Beklagten die Herausgabe eines Viertelles des Erlöses.

Die Klage ist in den Vorinstanzen abgewiesen, das Berufungsurteil aber auf die Revision des Klägers aufgehoben worden.

Aus den Gründen:

„Kläger gründet seinen Anspruch auf die Behauptung, daß der Beklagte die Auflassung des W.'schen Anteiles auf Grund und in Erfüllung des Vertrages vom 18. Dezember 1872 von den W.'schen Erben erhalten habe. Der Beklagte bestreitet dies; nach seiner Behauptung haben die W.'schen Erben nicht auf Grund jenes Vertrages, sondern auf Grund einer neuen Vereinbarung, die er mit ihnen erzielt habe, die Auflassung erteilt. Rechtlich möglich ist sowohl das eine, wie das andere. Denn wenn auch die W.'schen Erben, nachdem die Klage der jetzigen Parteien auf Auflassung gegen ihre Erblasserin rechtskräftig abgewiesen worden war, nicht mehr genötigt werden konnten, die Auflassung aus jenem Vertrage zu erteilen, so konnten sie den Vertrag doch freiwillig erfüllen. Hierin läge freilich ein Verzicht auf die Wirkungen des zu ihren Gunsten ergangenen rechtskräftigen Erkenntnisses; aber ein solcher Verzicht ist zulässig, wie eine Partei auch dadurch auf die Einrede rechtskräftig entschiedener Sache verzichten kann, daß sie das abgesprochene Recht trotz des Urteiles anerkennt.

Vgl. Eccius, Preußisches Privatrecht Bd. 1 § 56 am Schluß, 7. Aufl. S. 303, und die dortigen Citate.

Die Beweislast dafür, daß die W.'schen Erben mit der von ihnen erteilten Auflassung den Vertrag vom 18. Dezember 1872 zu erfüllen beabsichtigt hätten, und daß daher dieser Vertrag der Auflassung zu Grunde liege, trifft allerdings den Kläger. Denn für die gegenteilige Behauptung des Beklagten spricht zunächst dies, daß mit der rechtskräftigen Abweisung der Klage auf Auflassung ein Rechtsanspruch der Parteien, die Auflassung von den W.'schen Erben zu erhalten, beseitigt war. Aber der Kläger hat auch Beweis für seine Behauptung angeboten, und der Berufungsrichter hat nicht geprüft, ob die vom Kläger unter Beweis gestellten Thatsachen ihm ausreichen würden, um die Behauptung, daß die Auflassung von den Erben in Erfüllung des Kaufvertrages vom 18. Dezember 1872 erklärt sei, für erwiesen zu erachten. Er hat sich auf eine Feststellung darüber, ob dieser Vertrag, oder eine neue Vereinbarung zwischen dem Beklagten und den W.'schen Erben der Auflassung zu Grunde liege, überhaupt nicht eingelassen, und doch bildet gerade dies die Grundlage, von welcher aus der Streit der Parteien rechtlich beurteilt werden muß. Denn wenn in der That die Auflassung des W.'schen Eigentumsanteiles nicht auf Grund eines neuen, sondern auf Grund des Vertrages vom 18. Dezember 1872 und in dessen Erfüllung an den Beklagten erfolgt sein sollte, dann läßt sich die Schlußfolgerung des Klägers, daß der Beklagte verpflichtet gewesen sei, an ihn die Hälfte dieses Miteigentumes abzutreten, nicht beanstanden. Der Berufungsrichter verneint dies mit Unrecht deshalb, weil zwischen den Parteien ein Vertragsverhältnis nicht bestanden habe, sie vielmehr in ein solches nur zu den Verkäuferinnen getreten seien. Dies wäre zutreffend, wenn jeder von ihnen eine bestimmte Eigentumshälfte, Kläger die der v. O., und Beklagter die der W., gekauft hätte; so aber wird der Vertrag vom Berufungsrichter selbst nicht ausgelegt, und er ist auch so von den Parteien nicht verstanden worden. Dies ergiebt sich daraus, daß beide die Auflassung der v. O.'schen Hälfte entgegennahmen und auf Grund derselben als Miteigentümer dieser ideellen Hälfte eingetragen wurden, sowie daß sie beide demnächst auf Auflassung des W.'schen Anteiles gemeinschaftlich klagten. Wenn nun auch, wie dem Berufungsrichter zugegeben werden kann, zwischen den Parteien ein rechtsgültiges Abkommen, welches ihre Gemeinschaft hinsichtlich des Grundstückes regeln sollte, nicht bestand, da ein solches der Schriftform bedurft hätte, so folgt doch aus § 172 A.L.R. I. 17, daß, soweit der Erwerb des Grundstückes in Frage kam, die Parteien in einer sie gegenseitig verpflichtenden Rechtsgemeinschaft standen. Denn nach dieser Vorschrift soll, wenn mehrere Personen gemeinschaftlich mit einem Dritten einen Vertrag geschlossen haben, in Ermangelung eines besonderen rechtsgültigen Abkommens unter ihnen selbst ihr Verhältnis gegeneinander nach den in dem Vertrage mit dem Dritten vorkommenden Bestimmungen beurteilt werden. Da nun die Parteien das Grundstück nach § 1 des Vertrages „zusammen" gekauft haben, so waren sie gegenseitig verpflichtet, sich als Miteigentümer desselben zu gleichen Anteilen anzuerkennen, soweit sie die Auflassung auf Grund jenes Vertrages erlangten. Dies entspricht — was die Größe des Anteiles anlangt — der gesetzlichen Vermutung (§§ 2. 173 A.L.R. I. 17), wird im vorliegenden Falle auch durch die fast genau in gleicher Teilhöhe erfolgte Bezahlung des Kaufpreises gerechtfertigt und ist von den Parteien selbst dadurch gebilligt worden, daß sie sich an dem v. O.'schen Anteil zu gleichem Rechte beteiligt erachteten." . . .

41. 1. Ist der § 13 der Verordnung vom 28. Mai 1846 durch die Bestimmungen des Pensionsgesetzes vom 27. März 1872 außer Wirksamkeit gesetzt worden?

2. Kann ein in den Ruhestand versetzter Kreisschulinspektor, der vorher Lehrer an einem Königlichen Schullehrer-Seminar und noch früher Volksschullehrer gewesen war, einen Anspruch aus § 13 a. a. O. darauf herleiten, daß ihm bei der Bestimmung seiner Pension auch die Zeit, während welcher er als Volksschullehrer fungiert hatte, mit angerechnet werde?

IV. Civilsenat. Urt. v. 27. Juni 1898 i. S. preuß. Fiskus (Bekl.) w. J. (Kl.). Rep. IV. 35/98.

I. Landgericht Oppeln.
II. Oberlandesgericht Breslau.

Aus den Gründen:

„Im § 1 der Königlichen Verordnung vom 28. Mai 1846 (G.S. S. 214) war bestimmt worden:

„Alle Lehrer und Beamte an Gymnasien und andern zur Universität entlassenden Lehranstalten, desgleichen an Progymnasien, Schullehrer-Seminarien, Taubstummen- und Blindenanstalten, Kunst- und höheren Bürgerschulen haben einen Anspruch auf lebenslängliche Pension, wenn sie nach einer bestimmten Dienstzeit ohne ihre Schuld dienstunfähig werden und beim Eintritt ihrer Dienstunfähigkeit definitiv und nicht bloß interimistisch oder auf Kündigung angestellt sind."

Ferner enthielt der § 13 dieser Verordnung bezüglich der Berechnung der Dienstzeit folgende Vorschrift:

„Denjenigen Lehrern und Beamten, welche aus Staatsfonds zu pensionieren sind, werden auch die im Auslande geleisteten Dienste angerechnet, wenn ihre Anstellung im Inlande vorzugsweise im Interesse des öffentlichen Unterrichts erfolgt ist. Auch werden denselben diejenigen Dienste angerechnet, welche sie sonst im Staatsdienst oder an andern öffentlichen Unterrichtsanstalten geleistet haben."

Demgegenüber wurde in den §§ 13 flg. des Pensionsgesetzes vom 27. März 1872 (G.S. S. 268) als Regel aufgestellt, daß die Dienstzeit vom Tage der Ableistung des Diensteides, und in dem Falle, wenn der Beamte nachweisen könne, daß seine Vereidigung erst nach dem Zeitpunkte seines Eintrittes in den Staatsdienst stattgefunden habe, von diesem Zeitpunkte an zu rechnen sei. Im Anschlusse hieran ist außerdem im § 19 ebenda bestimmt:

„Mit Königlicher Genehmigung kann . . . angerechnet werden:

1. die Zeit, während welcher ein Beamter

a) . . . im Gemeinde-, Kirchen- oder Schuldienste . . . sich befunden . . . hat."

Endlich sind durch § 38 daselbst „alle den Vorschriften dieses Gesetzes entgegenstehenden Bestimmungen" für die Zeit vom 1. April 1872 ab ausdrücklich außer Kraft gesetzt worden.

Die Revision vertritt in erster Linie die Ansicht, daß der § 13 der Verordnung vom 28. Mai 1846 durch die vorstehend bezeichneten Bestimmungen des Pensionsgesetzes vom 27. März 1872, in Verbindung mit § 6 ebenda, seit dem 1. April 1872 außer Wirksamkeit getreten sei. . . . Diese Auffassung muß jedoch, in Hinblick auf die Entstehungsgeschichte des Pensionsgesetzes vom 27. März 1872 und der dazu ergangenen Novelle vom 25. April 1896 (G.S. S. 87), als unrichtig bezeichnet werden.

Nach dem ursprünglichen, von der Regierung vorgelegten Entwurfe des Pensionsgesetzes war im § 6 desselben folgende Bestimmung vorgesehen:

„Auf die Lehrer an den Universitäten, sowie an den höheren und niederen Unterrichtsanstalten im Bereiche der Unterrichtsverwaltung ist dieses Gesetz nicht anwendbar."

Vgl. Drucksachen des Hauses der Abgeordneten von 1871/72 Bd. 3 Nr. 189 S. 19, sowie Bd. 2 Nr. 105 S. 15.

Bei der Kommissionsberatung, sowie bei den darauf folgenden Verhandlungen im Abgeordnetenhause kam dagegen die Ansicht zur Geltung, daß es geboten sei, die Wohlthaten dieses Gesetzes allen Lehrern der höheren Unterrichtsanstalten (mit Ausnahme der Lehrer an den Universitäten) zuzuwenden. Infolgedessen erhielt schließlich der § 6 des Gesetzes die Fassung:

„Auf die Lehrer an den Universitäten ist dieses Gesetz nicht anwendbar.

Dagegen sind die Bestimmungen desselben anzuwenden auf alle Lehrer und Beamten an Gymnasien, Progymnasien, Realschulen, Schullehrer-Seminarien, Taubstummen- und Blindenanstalten, Kunst- und höheren Bürgerschulen. Wegen Aufbringung der Pension für diejenigen unter ihnen, deren Pension nicht aus allgemeinen Staatsfonds zu gewähren ist, kommen die Vorschriften der Verordnung vom 28. Mai 1846 ... zur Anwendung."

Vgl. Drucksachen a. a. O. Bd. 3 Nr. 189 S. 5, sowie Stenographische Berichte Bd. 2 S. 1065.

Die Frage, ob damit auch die den betreffenden Lehrern und Beamten günstigere Bestimmung des § 13 der Verordnung vom 28. Mai 1846 außer Wirksamkeit gesetzt worden sei, hätte zweifelhaft erscheinen können. Bereits in einem Erlasse vom 10. Oktober 1872 wurde jedoch seitens des Ministers der geistlichen rc Angelegenheiten im Einverständnisse mit dem Finanzminister ausgesprochen, daß der § 13 der Verordnung vom 28. Mai 1846 durch den § 38 des Pensionsgesetzes vom 27. März 1872 nicht außer Kraft gesetzt sei, und an dieser Auffassung ist auch später im Ministerialerlasse vom 14. Juni 1883 festgehalten worden.

Vgl. Centralblatt für die gesammte Unterrichtsverwaltung in Preußen von 1872 S. 687 Nr. 238 und von 1883 S. 503 Nr. 126, sowie Schneider u. v. Bremen, Das Volksschulwesen Bd. 1 S. 306. 308.

Die Novelle vom 25. April 1896 hat sodann im Art. III (§ 19a) für die Folgezeit, und zwar ohne daß fernerhin eine Unterscheidung zwischen den an staatlichen und nicht staatlichen höheren Unterrichtsanstalten angestellten Lehrern gemacht werden soll, allgemein den Grundsatz aufgestellt:

„Bei der Berechnung der Dienstzeit eines in den Ruhestand zu versetzenden Lehrers an einer im § 6 Abs. 2 (des Gesetzes vom 27. März 1872) bezeichneten Unterrichtsanstalt muß mit der in dem § 29a bestimmten Maßgabe die gesammte Zeit angerechnet werden, während welcher der Lehrer innerhalb Preußens oder eines von Preußen erworbenen Landesteils im öffentlichen Schuldienst gestanden hat."

Außerdem sind nach Art. I daselbst an die Stelle des letzten Satzes des § 6 Abs. 2 des Gesetzes vom 27. März 1872 folgende Vorschriften getreten:

„Wegen Aufbringung der Pension für die Lehrer und Beamten an denjenigen vorbezeichneten Schulen, welche nicht vom Staate allein zu unterhalten sind, bleiben die bestehenden Vorschriften, insbesondere die §§ 4—9 und 16—18 der Verordnung vom 28. Mai 1846 . . . in Kraft. Desgleichen finden die Vorschriften des § 13 der Verordnung auf die zur Zeit des Inkrafttretens des gegenwärtigen Gesetzes an den vom Staate allein zu unterhaltenden Unterrichtsanstalten angestellten Lehrer und Beamten auch ferner Anwendung. Im übrigen treten die Bestimmungen der Verordnung mit der Maßgabe außer Kraft, daß Zusicherungen einer Anrechnung von Dienstzeiten, soweit sie für die Betreffenden günstiger sind, in Geltung bleiben."

Aus der Begründung des Entwurfes dieses Gesetzes ergiebt sich, daß seitens der Regierung die durch die Ministerialerlasse vom 10. Oktober 1872 und 14. Juni 1883 zur Geltung gebrachte Auffassung zwar als anfechtbar angesehen wurde, aber keineswegs aufgegeben werden sollte.

Vgl. jene Begründung, welche auch im Centralblatt für die Unterrichtsverwaltung von 1896 S. 456 flg. mitgeteilt worden ist.

Auch die Fassung des Gesetzes, wonach die Vorschriften des § 13 der Verordnung vom 28. Mai 1846 auf die bereits angestellten Lehrer und Beamten „auch ferner" Anwendung finden sollen, läßt erkennen, daß der Gesetzgeber nicht etwa beabsichtigt hat, eine von ihm als beseitigt angesehene Bestimmung von neuem in Kraft treten zu lassen, sondern daß er die Gültigkeit jener Vorschrift, mit der sich aus Artt. I und III für die Zukunft ergebenden Begrenzung, in einer jeden Zweifel ausschließenden Weise hat bestätigen wollen. Insofern hat also die Novelle vom 25. April 1896 zugleich die Bedeutung einer authentischen Deklaration der in Frage kommenden älteren Bestimmungen.

Hiernach würde der Kläger, wenn er Seminarlehrer geblieben wäre, schon auf Grund des § 13 der Verordnung vom 28. Mai 1846, also unabhängig von den Bestimmungen der Novelle vom 25. April 1896, einen Anspruch darauf erlangt gehabt haben, daß ihm bei seiner Pensionierung (als Seminarlehrer) auch die von ihm vorher an anderen Unterrichtsanstalten geleisteten Dienste anzurechnen seien. Zu weit geht aber der Berufungsrichter, indem er annimmt, daß dieser Anrechnungsanspruch dem Kläger, als ein wohlerworbenes Recht, auch bei seiner späteren Anstellung als Kreisschulinspektor für seine Pensionierung in dieser Stellung erhalten geblieben sei. Für die Beurteilung der Pensionsansprüche, welche einem in den Ruhestand tretenden Beamten zustehen, ist die Stellung, in welcher er sich zuletzt, also zur Zeit seiner Pensionierung, befunden hat, von entscheidender Bedeutung (vgl. §§ 1 flg. des Pensionsgesetzes). Daß dieser Grundsatz auch nach der Verordnung vom 28. Mai 1846 für die dort bezeichneten Lehrer und Beamten Geltung haben sollte, ergiebt sich aus den Schlußworten des § 1 daselbst, und der § 13 a. a. O., welcher von „Lehrern" spricht, welche „zu pensionieren" sind, läßt ebenfalls nur die Deutung zu, daß der dort vorgesehene Anrechnungsanspruch den an den bezeichneten Anstalten angestellten Lehrern nur als solchen, also nur für den Fall hat zugesichert werden sollen, wenn sie in der bezeichneten Stellung dereinst pensioniert werden würden. Ist aber in dem § 13 a. a. O. somit die Zusicherung nicht zu finden, daß eine Anrechnung der früher im öffentlichen Schuldienste verbrachten Zeit auch in dem Falle einzutreten habe, wenn der betreffende Lehrer später zur Zeit seiner Pensionierung irgend ein anderes Amt im Dienste des Staates bekleiden würde, so kann sich der Kläger auch nicht auf die vom Berufungsrichter angezogene Bestimmung des § 36 des Pensionsgesetzes vom 27. März 1872 berufen, welche lautet:

„Zusicherungen, welche in Bezug auf dereinstige Bewilligung von Pensionen an einzelne Beamte oder Kategorien von Beamten durch den König oder einen der Minister gemacht worden sind, bleiben in Kraft."

Ebensowenig stehen dem Kläger die Vorschriften der Artt. I und III der Novelle vom 25. April 1896 zur Seite, zumal sich aus den Verhandlungen des Abgeordnetenhauses, sowie aus dem vorher erstatteten Berichte der Kommission sogar ergiebt, daß ein Vorschlag, auch die Schulaufsichtsbeamten in das Gesetz mit hineinzuziehen, an dem Widerstande der Regierung gescheitert ist.

Vgl. Drucksachen des Hauses der Abgeordneten von 1896 Bd. 3 Nr. 86 S. 2. 3. 6. 7, sowie Stenographische Berichte Bd. 2 S. 1418. 1419.

Ein gesetzlicher Anspruch auf Anrechnung der Zeit, während welcher der Kläger als Volksschullehrer thätig gewesen war, steht ihm daher überhaupt nicht zu." . . .

---

42. Unter welchen Voraussetzungen können Käufer von Zubehör und Früchten eines mit Hypotheken oder Grundschulden belasteten Landgutes im Falle absichtlicher Verschleuderung des Inventars für den Ausfall einer Hypothek ersatzpflichtig gemacht werden?

VI. Civilsenat. Urt. v. 27. Juni 1898 i. S. B. u. Gen. (Bekl.) w. M. (Kl.). Rep. VI. 147/98.

I. Landgericht Thorn.
II. Oberlandesgericht Marienwerder.

Der Kläger war in der gegen den Gutsbesitzer v. J. durchgeführten Zwangsversteigerung des Rittergutes S. mit einer Hypothek von 6000 ℳ ganz und mit einer Hypothek von 20600 ℳ zum

Betrage von 13377,71 *M* ausgefallen. Er setzte diesen Ausfall auf Rechnung der Ende Dezembers 1894 und Anfang Januars 1895 von v. J. im Zusammenwirken mit einer Anzahl von Käufern vorgenommenen Verschleuderung lebenden und toten Gutsinventares. Die gegen 14 Käufer auf den Ersatz eines Schadens von 4000 *M* erhobene Klage wurde jedoch durch Urteil des Landgerichtes abgewiesen. Auf die Berufung des Klägers wurden aber die in der Klage unter Ziff. 1—6 und unter Ziff. 8—14 genannten Beklagten als Solidarschuldner zur Bezahlung von 4000 *M* nebst 5 Prozent Zinsen vom 17. September 1895 an, sowie zur Tragung der Prozeßkosten verurteilt.

Die Revision dieser Beklagten wurde zurückgewiesen.

Aus den Gründen:

... „Das Berufungsgericht stellt fest, daß v. J., in Vermögensverfall geraten und von der Zwangsvollstreckung bedroht, ein sog. kaltes Abbrennen unternommen, und daß die Beklagten durch den Kauf und die Fortschaffung der ausgebotenen Zubehörstücke und Früchte bewußterweise zu demselben mitgewirkt haben. Es nimmt also an, daß v. J., sich bewußt, seine Realgläubiger nicht befriedigen zu können, von der Absicht geleitet war, zum Nachteile der Hypothekengläubiger aus dem Ausverkaufe der Gutsbestände durch Verwendung des Erlöses für sich Vorteil zu ziehen, und daß die Käufer von der Lage und der Absicht des v. J. unterrichtet waren.

Das Berufungsgericht läßt dahingestellt, ob der Thatbestand des § 288 St.G.B. erschöpft sei, erachtet aber diese mit einer ordnungsmäßigen Wirtschaft nicht mehr vereinbaren Veräußerungen als unberechtigte Eingriffe in das Recht des Hypothekengläubigers, die dem mit der Sachlage vertrauten Erwerber ebenso zur Last fielen, wie dem Veräußerer.... Der Schade bestehe in dem durch die Wertsminderung des Grundstückes bewirkten Ausfall. Abgesehen von der zutreffenden Vermutung des § 25 A.L.R. I. 6 habe sich gemäß § 260 C.P.O. die Überzeugung des Gerichtes begründet, daß durch die Verbringung der Inventarstücke der Verkaufswert des Gutes sich um mindestens 4000 *M* gemindert habe, und der Ausfall des Klägers mindestens um diese Summe größer geworden sei. Die bewußte Mitwirkung der Beklagten begründe gemäß § 29 A.L.R. I. 6 deren Solidarhaftung.

Die Revision rügt, der Vorderrichter nehme mit Unrecht die Solidarverbindlichkeit der Revisionskläger, sowie die Haftung derselben über den Wert der von den einzelnen angekauften Inventarienstücke hinaus an. . . .

Die Revision konnte nicht als begründet erachtet werden.

Der § 288 St.G.B. bildet nach den Motiven eine Ergänzung der Bankerottvorschriften, insofern diese gegen die Vereitelung der Generalexekution (des Konkurses), der § 288 gegen die Vereitelung der Spezialexekution gerichtet sind.

Vgl. Rüdorff-Stenglein, Strafgesetzbuch für das Deutsche Reich 4. Aufl. S. 658; Entsch. des R.G.'s in Strafs. Bd. 27 S. 242.

Daraus ergiebt sich das Erfordernis der Richtung der Vereitelungsabsicht gegen einen bestimmten Gläubiger, und zwar einen solchen, von seiten dessen dem Schuldner Zwangsvollstreckung droht.

Vgl. Entsch. des R.G.'s in Strafs. Bd. 1 S. 37, Bd. 9 S. 164.

Wird auch nicht für notwendig erachtet, daß der Gläubiger bereits gerichtliche Schritte zur Durchführung seiner Forderung gethan hat, so müssen doch besondere Umstände vorliegen, welche die Annahme des Vorhandenseins der Absicht, zur Zwangsvollstreckung zu schreiten, auf seiten des Gläubigers rechtfertigen.

Vgl. Entsch. des R.G.'s in Strafs. Bd. 20 S. 257. 258.

Nach diesen Richtungen erschöpfen die Feststellungen des Berufungsgerichtes den Thatbestand des § 288 St.G.B. allerdings nicht, wenngleich die festgestellte Thatsache, daß schon am 10. Januar 1895 auf Antrag der Westpreußischen Landschaft . . . die Einleitung der Zwangsverwaltung stattgefunden, die Annahme nahe legt, daß zur Zeit des Ausverkaufes der Westpreußischen Landschaft gegenüber die in § 288 St.G.B. vorausgesetzte Sachlage in jeder Richtung gegeben gewesen.

Gemäß § 30 des preußischen Gesetzes über den Eigentumserwerb und die dingliche Belastung der Grundstücke, Bergwerke und selbständigen Gerechtigkeiten vom 5. Mai 1872 haften dem Hypothekengläubiger auch die auf dem Grundstücke noch vorhandenen abgesonderten, dem Eigentümer gehörigen Früchte und das bewegliche, dem Eigentümer gehörige Zubehör, so lange, bis dasselbe veräußert und von dem Grundstücke räumlich getrennt worden ist. Die abgesonderten Früchte scheiden somit durch Wegschaffung oder Veräußerung, die abgesonderten Früchte, die nach § 49 flg. A.L.R. I. 2 Zubehör eines Landgutes sind, sowie die beweglichen Zubehörstücke durch Verkauf und räumliche Trennung aus der Pfandhaftung aus, wenn der Hypothekengläubiger nicht vorher eine Beschlagnahme erzielt hat.

Vgl. Achilles-Strecker, Die Preußischen Gesetze über Grundeigenthum und Hypothekenrecht 4. Aufl. S. 184 und 185 Nr. 4, S. 187 Nr. 7 l. b.

Endlich unterliegen gemäß § 206 des preußischen Gesetzes, betreffend die Zwangsvollstreckung in das unbewegliche Vermögen, vom 13. Juli 1883 bewegliche Gegenstände, welche zur Immobiliarmasse gehören, solange sie nicht im Wege der Zwangsvollstreckung in das unbewegliche Vermögen in Beschlag genommen sind, der Zwangsvollstreckung in das bewegliche Vermögen.

Die Ausscheidbarkeit dieser Pfandgegenstände aus dem Pfandverbande schließt aber nicht aus, daß durch die Herbeiführung der Ausscheidung ein Unrecht gegen den Pfandgläubiger begangen werden kann, auch ohne daß die Voraussetzungen des § 288 St.G.B. erschöpft sind.

Schon im römischen Rechte wird die arglistige Erschwerung der Ausübung des Pfandrechtes durch den Schuldner als ein Unrecht anerkannt. Obwohl dem Verpfänder die freie Veräußerung der durch sie nicht aus dem Pfandverbande tretenden Pfandsache zusteht,

l. 6 pr. Dig. de pign. act. 13, 7. l. 36 Dig. de nox. act. 9, 4,

so wird ein furtum possessionis doch angenommen, wenn der Schuldner eine speziell verhypothezierte Mobilie, die in seinem Besitze verblieben, arglistigerweise in eigennütziger Absicht so veräußert, daß dem Gläubiger die Ausübung seines Rechtes erschwert wird.

l. 19 § 6. l. 61 § 8. l. 66 pr. Dig. de furt. 47, 2. l. 6 Cod. de usuc. pro. emt. 7, 26; vgl. Dernburg, Das Pfandrecht nach den Grundsätzen des heutigen römischen Rechts Bd. 2 S. 6 flg.

Auch die Bestimmung des § 24 A.L.R. I. 20, daß der Eigentümer der verpfändeten Sache darüber soweit frei verfügen könne, als es den Rechten und der Sicherheit des Gläubigers unnachteilig sei, läßt erkennen, daß das Landrecht es für eine Pflicht des Pfandschuldners hält, keine das Pfandrecht schädigenden Verfügungen über die Pfandsache zu treffen.

Die von der Hypothek und der Grundschuld gemäß § 30 des

Gesetzes über den Eigentumserwerb außer dem Grundstücke ergriffenen Objekte und Ansprüche bilden aber nach der Anschauung des Verkehres mit dem Immobile einen besonderen, einheitlich gedachten Vermögenskomplex, aus dem zwar, wie bei einer universitas rerum, einzelne Vermögensstücke heraustreten können, auf dessen Erhaltung in seinem wirtschaftlichen Bestande aber der Realgläubiger einen Anspruch hat.

Vgl. Dernburg, Lehrbuch des Preußischen Privatrechts 4. Aufl. Bd. 1 S. 839; Meyländer in Gruchot's Beiträgen Bd. 19 S. 668.

Das Recht auf Erhaltung eines die Sicherung des Gläubigers verbürgenden wirtschaftlichen Bestandes hat seine besondere Anerkennung in der gemäß § 50 des Gesetzes über den Eigentumserwerb dem Gläubiger eingeräumten Befugnis gefunden, wegen erheblicher, die Sicherheit gefährdender Verschlechterungen des Grundstückes bei dem Prozeßrichter Sicherungsmaßregeln zu beantragen. Kommt aber auch das Pfandrecht an den Bestandteilen des eine wirtschaftliche Einheit bildenden Vermögenskomplexes erst durch Ausübung der Befugnisse des § 50 des erwähnten Gesetzes oder durch Beschlagnahme zur vollen Geltung, so ist es doch auch vor der Ergreifung dieser Maßregeln nicht inhaltslos. Solange ein solcher Vermögenskomplex, wie z. B. ein Landgut, im wirtschaftlichen Betriebe erhalten wird, treten an Stelle der durch Veräußerung und Trennung ausscheidenden Pfandgegenstände die im Betriebe neu erworbenen — an Stelle des zum Markte gebrachten Viehes anderweitig gekauftes oder der Nachwuchs, an Stelle des verkauften Getreides die künftige Ernte —, sodaß der Gläubiger jederzeit auf einen annähernd gleichen Bestand als Unterlage seiner Sicherung rechnen darf.

Die Zerstörung eines solchen, die Bewirtschaftung eines Landgutes als eines rentierenden Betriebsganzen sichernden Bestandes schließt aber eine teilweise Zerstörung des Pfandes, eine Minderung der Sicherheit des Hypotheken- und Grundschuldgläubigers in sich. Sie ist also ein Eingriff in die Rechte des Realgläubigers, eine Verletzung des Pfandrechtes desselben. Der Eingriff ist unberechtigt, weil er nicht mehr durch die Bedürfnisse eines wirtschaftlichen Betriebes begründet und gerechtfertigt erscheint. Das im Volksmunde durch Gleichstellung mit der Brandstiftung gebrandmarkte „kalte Abbrennen" erscheint somit als eine unerlaubte, rechtswidrige zum Nachteile der Hypothekengläubiger unternommene Handlung. Sie mindert den Wert des Pfandobjektes und hat nach den Feststellungen des Berufungsgerichtes in diesem Falle infolge der Unzulänglichkeit des Hypothekenobjektes den Ausfall der Forderungen des Klägers verursacht.

„Wer jemandem ohne Recht Schaden zufügt, der kränkt oder beleidigt denselben" (§ 8 A.L.R. I. 6) und muß gemäß § 10 a. a. O., wenn er den Anderen aus Vorsatz oder grobem Versehen beleidigt, demselben vollständige Genugthuung leisten. „Schade" heißt aber gemäß § 1 A.L.R. I. 6 jede Verschlimmerung des Zustandes eines Menschen in Ansehung seines Körpers, seiner Freiheit oder Ehre oder seines Vermögens. Der Schadensersatzanspruch gegen die Veranstalter des „kalten Abbrennens" erscheint daher an sich begründet.

Vgl. auch Motive zum Bürgerlichen Gesetzbuche Bd. 3 S. 608; Jakubezky, Bemerkungen zu dem Entwurfe des Bürgerlichen Gesetzbuches S. 279; Entscheidungen des Bayerischen Obersten Landesgerichts Bd. 9 S. 20 und Bd. 10 S. 408.

Das Berufungsgericht stellt die Mitwirkung der Beklagten zu dem „kalten Abbrennen" nach der Art der Teilnahme an der Verschleuderung, sowie nach dem Bewußtsein der Beklagten von der Absicht des v. J. fest. Die gesetzliche Folge der Mitwirkung zur Schadenszufügung ist demnach gemäß § 29 A.L.R. I. 6 die Solidarhaftung. Sie besteht gerade darin, daß wegen des von einem gemeinsamen Willen getragenen, auf ein Ziel gerichteten Thuns dem Beschädigten gegenüber gegen jeden Einzelnen die Gesamtwirkung, und nicht der Bruchteil der Beteiligung des Einzelnen in Betracht kommt. Die Voraussetzungen der Solidarhaftung im Sinne des § 29 A.L.R. I. 6 sind daher ohne Rechtsirrtum festgestellt.

Vgl. auch Striethorst, Archiv Bd. 88 S. 229.

Insbesondere ist auch mit der Verfolgung des eigenen Vorteiles das Bewußtsein, Andere zu schädigen, und der Wille, trotzdem die Handlung zu begehen, völlig vereinbar." . . .

43. Wird die Ersatzübernahme auch dann wirksam, wenn der Ersteher zufolge einer Vereinbarung mit dem Eigentümer des mithaftenden Grundstückes die Korrealhypothek bezahlt, und ihm dafür in gleicher Höhe Hypothek auf dem bisher mithaftenden Grundstücke bestellt wird?

Zwangsvollstreckungsgesetz vom 13. Juli 1883 § 59.

V. Civilsenat. Urt. v. 29. Juni 1898 i. S. Sch. (Bekl.) w. B.'sche Eheleute (Kl.). Rep. V. 26/98.

I. Landgericht Lyck.
II. Oberlandesgericht Königsberg.

Der Beklagte erhielt das den Klägern gehörig gewesene Grundstück K. Nr. 122 in der Zwangsversteigerung für das Meistgebot von 2880 ℳ zugeschlagen. Er übernahm in Anrechnung auf den Kaufpreis unter anderen auch zwei Posten, die auf dem versteigerten Grundstücke in Abt. III Nr. 7 und Nr. 8 in Höhe von 700 ℳ und 900 ℳ eingetragen waren. Beide Posten waren Korrealhypotheken, und zwar hafteten die 700 ℳ zugleich auf dem Grundstücke K. Nr. 160, welches dem Eigentümer F. K. gehörte, und die 900 ℳ ebenfalls auf diesem und außerdem auf dem dem Eigentümer S. gehörigen Grundstücke K. Nr. 65. Mit Rücksicht hierauf übernahm der Beklagte gemäß § 59 des Gesetzes vom 13. Juli 1883 für den Fall, daß die Gläubiger der vorbezeichneten Posten aus den mitverhafteten Grundstücken K. Nr. 160 und Nr. 65 befriedigt werden oder ihre Rechte auf Befriedigung aus dem versteigerten Grundstücke und aus der Übernahme aufgeben würden, gleich hohe Beträge unter denselben Zins- und Zahlungsbedingungen, und zwar, da alle Gläubiger zur zur Befriedigung kamen, für die Eigentümer des versteigerten Grundstückes, die jetzigen Kläger. Für diese wurde dementsprechend eine bedingte Hypothek auf K. Nr. 122 in Abt. III Nr. 9 eingetragen.

Die Kläger behaupteten sodann, daß der Fall, unter welchem der Beklagte von ihnen aus der Ersatzübernahme in Anspruch genommen werden könne, eingetreten sei. Der Beklagte habe nämlich auf Grund einer sofort nach Erteiluug des Zuschlages mit K. und S. notariell geschlossenen Vereinbarung vom 6. April 1895 für deren Rechnung und in ihrem Auftrage die beiden Hypotheken an die Gläubiger bezahlt und sich von ihnen Quittung und Löschungsbewilligung erteilen lassen. Auf Grund dieser Urkunden seien die Hypotheken sowohl auf K. Nr. 122, wie auf K. Nr. 160 und Nr. 65 gelöscht worden; K. und S. hätten sich aber in der gedachten notariellen Verhandlung dem Beklagten gegenüber verpflichtet, für den Fall, daß er die beiden Hypothekenbeträge zahle, dieselben für ihn in gleicher Höhe als neue Hypotheken eintragen zu lassen. Dies sei auch geschehen, und so sei sachlich dasselbe Ergebnis herbeigeführt worden, wie wenn die Korrealhypothekengläubiger auf ihre Befriedigung aus dem versteigerten Grundstücke verzichtet und die Rechte aus der Übernahme aufgegeben hätten. Demnach müsse der Beklagte nunmehr die Ersatzübernahme als gegen ihn eingetreten gelten lassen.

Der erste Richter wies die Klage ab; der zweite Richter verurteilte auf die Berufung der Kläger den Beklagten zur Zahlung von 1600 ℳ nebst Zinsen seit dem Tage, an welchem die ursprünglich übernommenen Posten auf K. Nr. 122 gelöscht worden sind. Die Revision des Beklagten ist zurückgewiesen worden aus folgenden

Gründen:

... „Der Berufungsrichter geht mit Recht davon aus, daß die Vorschriften, die das Gesetz vom 13. Juli 1883, betreffend die Zwangsvollstreckung in das unbewegliche Vermögen, über die Ersatzübernahme aufstellt, den Zweck haben, eine ungerechtfertigte Bereicherung des Erstehers zu verhüten. Das Gesetz will den Ersteher nötigen, das Meistgebot, zu dessen Zahlung er verpflichtet ist, im vollen Betrage zu erlegen. Deshalb soll, wie § 59 Abs. 2 des genannten Gesetzes ausdrücklich vorschreibt, eine Forderung, welche auch auf einem anderen Grundstücke ungeteilt haftet, für die Ersatzübernahme wie eine Forderung unter auflösender Bedingung behandelt werden, und der Ersteher verpflichtet sein, für den Fall, daß er auf Zahlung einer solchen von ihm übernommenen — bedingten — Hypothek weder persönlich, noch mit dem Grundstücke in Anspruch genommen werden kann, einen dem übernommenen Betrage gleich hohen Betrag unter denselben Zins- und Zahlungsbedingungen zu zahlen. Diese Verpflichtung hat der Beklagte der gesetzlichen Vorschrift entsprechend im vorliegenden Falle dahin übernommen, daß die Zahlung, wenn der im Gesetze vorgesehene Fall eintreten würde, an die Kläger erfolgen soll.

Hätten nun die Eigentümer der mithaftenden Grundstücke K.

Nr. 160 und Nr. 65 die Korrealhypotheken bezahlt, und wären dann diese auf dem versteigerten Grundstücke gelöscht worden, auf den beiden mithaftenden Grundstücken aber stehen geblieben, so würde unbedenklich der im Gesetze vorgesehene Fall unter der Voraussetzung eingetreten sein, daß die zahlenden Eigentümer auf ihr Regreßrecht an den Beklagten (§§ 443 flg. A.L.R. I. 5) Verzicht geleistet hätten. Denn alsdann würde der Beklagte weder persönlich für die von ihm übernommene Korrealhypothek haben in Anspruch genommen werden können, da die Korrealhypothekengläubiger befriedigt waren, und eine Inanspruchnahme des Beklagten im Wege des Regresses durch den Verzicht ausgeschlossen wurde, noch auch würde er mit dem Grundstücke gehaftet haben, da auf diesem die Korrealhypotheken zur Löschung gekommen waren. Dasselbe Ergebnis hat nun aber der Beklagte nach der Feststellung des Berufungsrichters durch den mit den Eigentümern der mithaftenden Grundstücke geschlossenen Vertrag vom 6. April 1895 herbeigeführt.

In diesem Vertrage haben sich die Eigentümer der mithaftenden Grundstücke dem Beklagten gegenüber verpflichtet, wofern er die beiden Korrealhypotheken, die auch sie beim Ankaufe ihrer Grundstücke in Anrechnung auf den Kaufpreis ihren Verkäufern — den Klägern — gegenüber übernommen hatten, bezahlen und die Löschung derselben auf den Grundstücken K. Nr. 160 und Nr. 65 herbeiführen sollte, einen gleich hohen Betrag von 700 *M* und 900 *M* an den Beklagten „mit halbjähriger Kündigung zu zahlen und mit fünf Prozent jährlich zu verzinsen"; sie haben gleichzeitig zur Sicherheit für diese von ihnen eingegangene Verbindlichkeit an Kapital und Zinsen die ihnen gehörigen Grundstücke dem Beklagten verpfändet und auf ihnen die Eintragung einer neuen Hypothek für Beklagten (in Höhe der zur Löschung gekommenen Korrealposten) bewilligt. Thatsächlich ist diese Hypothek für Beklagten auf beiden Grundstücken auch eingetragen worden, nachdem er die Korrealhypotheken bezahlt und ihre Löschung auf K. Nr. 160 und Nr. 65 bewirkt hatte. Dieses Sachverhältnis faßt der Berufungsrichter dahin auf, daß der Beklagte die Zahlung an die Korrealhypothekengläubiger zwar aus eigenen Mitteln, aber nur auf Grund des Vertrages vom 6. April 1895, und zwar für Rechnung und im Auftrage seiner Gegenkontrahenten K. und S., geleistet habe. Diese Auffassung beruht auf einer rechtlich zulässigen

Auslegung des Vertrages vom 6. April 1895, und sie kann daher von der Revision nicht dadurch beseitigt werden, daß diese die Zahlung als für Rechnung und im Auftrage des K. und S. erfolgt bestreitet. Hat aber der Beklagte die Zahlung, wie hiernach auch für die Revisionsinstanz feststeht, für Rechnung und im Auftrage der Eigentümer der mithaftenden Grundstücke geleistet, so sind diese die aus der Zahlung Berechtigten. Sie wären nun ihrerseits verpflichtet, dem Beklagten den aufgewendeten Betrag zu erstatten, andererseits aber berechtigt, da die von ihnen (durch den Beklagten) geleistete Zahlung auch seine Korrealverbindlichkeit getilgt hat, an ihn Regreßansprüche zu erheben. An Stelle dieser gegenseitigen persönlichen Verbindlichkeit ist vertragsmäßig ihre Verpflichtung getreten, dem Beklagten den Betrag von 700 ℳ und 900 ℳ zu erstatten und ihn hypothekarisch sicher zu stellen. Hierin ist ein Verzicht auf ihr Regreßrecht an den Beklagten zu finden, sodaß nun in der That der Beklagte, wie der Berufungsrichter feststellt, vollen Ersatz für den von ihm aufgewendeten Betrag von den Eigentümern der mitverhafteten Grundstücke erhalten hat, ohne seinerseits persönlich für die in Wegfall gekommenen Korrealhypotheken verhaftet zu sein. Ebensowenig ist er für sie dinglich verhaftet. Denn es steht fest, daß die Korrealhypotheken auf allen verhafteten Grundstücken gelöscht worden sind, daß also das Grundstück des Beklagten für dieselben nicht mehr in Anspruch genommen werden kann. Damit ist derjenige Thatbestand gegeben, welchen das Gesetz voraussetzt: der Beklagte würde, da er weder persönlich noch dinglich für die übernommenen Korrealhypotheken verhaftet ist, von dem Meistgebote von 2880 ℳ einen Teilbetrag von 1600 ℳ nicht zu zahlen haben. Für diesen Fall tritt die Ersatzübernahme in Kraft. Gleichgültig ist es dabei, daß die Löschung der Korrealhypotheken auf K. Nr. 122 von dem Beklagten auf Grund der ihm erteilten Quittung und Löschungsbewilligung veranlaßt worden ist. Der Beklagte hat eben die formelle Verfügungsbefugnis, die er über die bezahlten Korrealhypotheken erlangt hatte, dazu benutzt, sein Grundstück aus der dinglichen Verhaftung zu befreien, letztere aber mit Hilfe der neuen, ihm in dem Vertrage vom 6. April 1895 zugesicherten Eintragung auf den beiden mitverhafteten Grundstücken bestehen zu lassen." ...

44. 1. Begriff der Korrespondenzverträge. Wann unterliegen dieselben der Stempelsteuer?

Stempelsteuergesetz vom 31. Juli 1895 § 1 Abss. 2. 3.

2. Ist der in einem schriftlichen Kaufvertrage zugleich enthaltene Kompromißvertrag wegen schiedsrichterlicher Entscheidung von Streitigkeiten zwischen den Vertragsteilen aus dem Kaufvertrage als Bestandteil des letzteren im Sinne des § 10 Abs. 3 a. a. O. anzusehen?

3. Möglichkeit der Ermittelung des Wertes des Gegenstandes als Voraussetzung der Stempelfreiheit der darüber errichteten Urkunde gemäß § 4a a. a. O.

IV. Civilsenat. Urt. v. 11. Juli 1898 i. S. Waren-Kredit-Anstalt in Hamburg (Kl.) w. preuß. Steuerfiskus (Bekl.). Rep. IV. 36/98.

I. Landgericht I Berlin.
II. Kammergericht daselbst.

Gelegentlich einer Revision des Stempelverbrauches bei der Klägerin im Februar 1897 hat das Königliche Stempelsteueramt erinnert, daß zu vierzig Bestätigungsschreiben, welche über eine gleiche Zahl von zuvor mündlich abgeschlossenen Kaufs- und Verkaufsgeschäften über Mengen von Getreide oder Alkohol und Spiritus zwischen der Klägerin und den Käufern oder Verkäufern ausgetauscht sind, der nach der Tarifstelle 71 Ziff. 2 des Tarifes zum Stempelsteuergesetze vom 31. Juli 1895 mit je 1,50 ℳ erforderliche Stempel nicht verwendet sei. Dabei ist bezüglich der Käufe selbst, da die verkauften oder gekauften Waren zur Wiederveräußerung in derselben Beschaffenheit dienen sollten, die Stempelfreiheit gemäß der „Ermäßigungen und Befreiungen" unter Ziff. 3 der Tarifstelle 32 a. a. O. anerkannt, und die Stempelpflicht nur geltend gemacht wegen der gleichzeitigen Abrede über die schiedsrichterliche Entscheidung gewisser unter den Vertragsteilen sich etwa erhebender Streitigkeiten. Diese Abrede lautet verschieden in den Bestätigungsschreiben, und zwar in fünf Fällen: „Der Empfänger ist berechtigt, über die vertragsmäßige Beschaffenheit des Weizens das Urteil der vereideten Sachverständigen der Berliner Produktenbörse anzurufen", u. s. w.; in 19 Fällen: „Qualitätsstreitigkeiten werden durch drei — aus namentlich bezeichneten auszuwählende — Sachverständige entschieden", u. s. w.; in 16 Fällen: „Alle aus diesem Vertrage entstandenen Streitigkeiten werden durch ein Schiedsgericht entschieden. Jeder der beiden Kontrahenten hat das Recht, einen Schiedsrichter aus der Reihe hiesiger korporierter Kaufleute, welche am Spiritushandel beteiligt sind, zu bestimmen", u. s. w. Zu den im Besitze der Klägerin befindlichen Bestätigungsschreiben sind gedruckte Formulare verwendet, die unter entsprechender Ausfüllung oder Ergänzung von dem anderen Vertragsteile unterschrieben sind und alle unter den Vertragschließenden getroffenen Vereinbarungen enthalten. Unstreitig ist, daß das dem anderen Vertragsteile von der Klägerin übergebene Bestätigungsschreiben mit dem des ersteren wörtlich übereinstimmt, bis auf die Voranstellung der Adresse des anderen Teiles, die Unterschrift und die der Vertragsrolle entsprechende Bezeichnung als kaufender oder verkaufender Teil.

Die Klägerin nimmt für die Bestätigungsschreiben die in § 1 Abs. 3 des Stempelsteuergesetzes vom 31. Juli 1895 vorgesehene Stempelfreiheit in Anspruch, folgert dieselbe aber auch bei der Befreiung des Hauptvertrages vom Stempel aus § 10 Abs. 3 a. a. O., da der Schiedsvertrag als Nebenvertrag über den Rahmen des Hauptgeschäftes nicht hinausgehe, und vermißt überdies für den Nebenvertrag allein das Vorliegen eines stempelpflichtigen, den Betrag von 150 ℳ übersteigenden Wertes.

Mit der erhobenen Feststellungsklage verlangt die Klägerin die Verurteilung des Beklagten zu dem Anerkenntnis, daß die in Rede stehenden Bestätigungsschreiben oder Schlußscheine einer Stempelsteuer von je 1,50 ℳ nicht unterliegen.

Die Revision gegen das die Klage in Übereinstimmung mit dem Landgericht abweisende Berufungsurteil ist zurückgewiesen aus folgenden

Gründen:

„Klägerin gründet die Klage in erster Reihe auf die in § 1 Abs. 3 des Stempelsteuergesetzes vom 31. Juli 1895 vorgesehene regelmäßige Stempelsteuerfreiheit der sog. „Korrespondenzverträge". Der § 1 des Gesetzes hat den Zweck, den Gegenstand der Stempelsteuer zu bestimmen, und bezeichnet als solchen im ersten Absatze „die in dem anliegenden Tarife aufgeführten Urkunden", während im zweiten Absatze die Stempelpflichtigkeit der Urkunde, von Ausnahmen abgesehen, von der Unterzeichnung mit dem Namen oder der Firma des Ausstellers abhängig gemacht wird, und im Anschluß daran der dritte und letzte Absatz lautet:

„Ergiebt sich die Einigung über ein Geschäft aus einem Briefwechsel oder einem Austausch sonstiger schriftlicher Mitteilungen, so wird in der Regel ein Stempel hierfür nicht erhoben. In einem solchen Falle tritt aber die Verpflichtung zur Entrichtung des betreffenden Stempels dann ein, wenn nach der Verkehrssitte über das Geschäft ein förmlicher schriftlicher Vertrag errichtet zu werden pflegt, diese Errichtung indessen nicht stattgefunden hat, und von den Beteiligten beabsichtigt ist, durch den Briefwechsel oder den Austausch der sonstigen schriftlichen Mitteilungen die Aufnahme eines solchen Vertrags zu ersetzen."

Unter den Parteien ist streitig, und darüber beiderseits auf Auskunft der Ältesten der Berliner Kaufmannschaft Bezug genommen: ob nach der Verkehrssitte über Geschäfte der in Rede stehenden Art förmliche schriftliche Verträge errichtet zu werden pflegen, oder nicht. Das Berufungsgericht hat dies dahingestellt gelassen, indem es die Anwendbarkeit des § 1 Abs. 3 a. a. O. überhaupt deshalb verneint, weil die fraglichen Bestätigungsschreiben einen Briefwechsel oder einen Austausch sonstiger Mitteilungen im Sinne dieser Gesetzesbestimmung nicht darstellen. Dies würde, so wird ausgeführt, nur dann anzunehmen sein, wenn die zu einem Vertrage gehörigen beiderseitigen Urkunden zusammen sich so ergänzten, daß erst in der Zusammenfassung beider die Beurkundung des Vertrages gesehen werden könnte. Wenn aber jede der beiderseitigen Urkunden den ganzen Vertrag in der Gesamtheit der Essentialien aufführe, so sei von einem Korrespondenzvertrag nicht die Rede; derartige Fälle ständen vielmehr denen gleich, bei denen die Kontrahenten nicht Briefe, vielmehr gleichlautende förmliche Vertragsurkunden, von denen jeder eine unterschrieben hat, ausgetauscht haben. Es wird dann darauf hingewiesen, daß, wie unstreitig, im vorliegenden Falle die zusammengehörigen Urkunden sich voneinander nur dadurch unterscheiden, daß jede nur von einem — soll offenbar heißen: „jede von einem anderen" — Kontrahenten unterzeichnet ist, und daß je nach der Rolle des Unterzeichners in der an die Spitze gestellten Erklärung entweder „ich kaufte", oder „ich verkaufte" gesagt ist. Beides ändere aber, so heißt es dann weiter, an der Stempelpflichtigkeit nichts. Denn wenn auch zweiseitige Verträge nur stempelpflichtig seien, falls sie von beiden Kontrahenten unterzeichnet seien, so sei es doch nicht nötig, daß beide Kontrahenten dasselbe Vertragsexemplar unterzeichnen. Die Stempelpflicht trete ein, wenn von zwei Exemplaren jeder Kontrahent das dem Mitkontrahenten übergebene Exemplar des Vertrages unterschrieben habe. Andererseits sei die erwähnte Abweichung im Kontexte beider Erklärungen unerheblich, da jede Urkunde die beiderseitigen sämtlichen Abreden enthalte. Es liege daher die in § 1 Abs. 3 des Stempelsteuergesetzes bestimmte Ausnahme von der Stempelpflicht nicht vor.

Demgegenüber rügt die Revision, festhaltend an der Stempelfreiheit der Bestätigungsschreiben auf Grund des § 1 Abs. 3 a. a. O., Verletzung dieser Gesetzesvorschrift und der Bestimmung im Abs. 2 des § 1. Es handle sich hier, so wird ausgeführt, um Kaufgeschäfte, also um zweiseitige Verträge, bei denen sich Leistung und Gegenleistung gegenüberstehen. Die über diese Geschäfte aufgenommenen Urkunden kämen für die Stempelsteuer nur insofern in Betracht, als die Urkunden von beiden Vertragschließenden unterzeichnet seien. Die Auffassung der beiderseitigen, ein und dasselbe Geschäft betreffenden und nur von dem erklärenden Vertragsteile unterschriebenen Urkunden als einer einheitlichen Vertragsurkunde sei, ganz abgesehen davon, daß die beiderseitigen Unterschriften sich nicht auf einer und derselben Urkunde befinden, schon deshalb unstatthaft, weil die Urkunden über dasselbe Geschäft einen voneinander insofern abweichenden Wortlaut haben, als in der einen Urkunde der Kauf seitens des einen Teiles, in der anderen Urkunde der Verkauf seitens des anderen Teiles bestätigt werde. Es sei also gerade der Fall gegeben, daß die Einigung der Parteien über das Geschäft sich aus einem Austausch schriftlicher Mitteilungen ergebe. Dabei sei es unerheblich, ob die Kaufgeschäfte bereits vorher mündlich rechtsverbindlich abgeschlossen gewesen seien, da dieser Umstand, abweichend von dem früheren Rechtszustande, die Stempelfreiheit aus § 1 Abs. 3 des Stempelsteuergesetzes vom 31. Juli 1895 nicht ausschließe.

Der Auffassung der Revision von der Erweiterung der Stempelsteuerfreiheit der sog. Korrespondenzverträge, der durch Briefwechsel oder Austausch sonstiger schriftlicher Mitteilungen zustande gekommenen oder beurkundeten Verträge, nach Maßgabe der Bestimmung in § 1 Abs. 3 des Stempelsteuergesetzes vom 31. Juli 1895 ist dahin beizutreten, daß nunmehr Verträge dieser Art, abgesehen von dem im zweiten Satze des Abs. 3 vorgesehenen Falle, auch dann der Stempelsteuer nicht unterliegen, wenn die Schriftform nicht als bloßes Verständigungsmittel gedient hat, sondern von den Vertragschließenden, nebenbei oder ausschließlich, in der Absicht gewählt ist, durch schriftliche Festlegung des Vertragsinhaltes eine beweiskräftige Beurkundung herzustellen. Diese Auslegung entspricht nicht nur dem Wortlaute der Gesetzesvorschrift, sondern findet auch in der Entstehungsgeschichte derselben ihre Bestätigung. Der von der Staatsregierung vorgelegte Entwurf des Gesetzes schlug den Abs. 3 des — im übrigen unverändert zum Gesetz erhobenen — § 1 in folgender Fassung vor:

„Ist die Einigung über ein Vertragsverhältnis durch Briefwechsel oder durch Austausch sonstiger schriftlicher Mitteilungen herbeigeführt worden, so sind diese Schriftstücke nur dann stempelpflichtig, wenn die Beteiligten beabsichtigt haben, durch den Briefwechsel oder den Austausch der Mitteilungen eine die Aufnahme eines förmlichen Vertrags ersetzende Beweisurkunde über das Geschäft zu errichten."

Danach sollte, im Anschluß an die Rechtsprechung des vormaligen preußischen Obertribunales und des Reichsgerichtes und an die Übung der Verwaltungsbehörden,

vgl. beides bei Hummel u. Specht, Kommentar zum Stempelsteuergesetz vom 31. Juli 1895, Anm. 42 zu § 1,

die Stempelfreiheit der Korrespondenzverträge nur in der bisherigen Beschränkung, nämlich nur insoweit aufrecht erhalten werden, als — wie es in der Begründung heißt — die Korrespondenz sich innerhalb des aus der Natur der Sache sich ergebenden Zweckes, also innerhalb der Aufgabe bewegt, die Bedingungen des Geschäftes und die Einwilligung der Kontrahenten zu vereinbaren.

Vgl. Sammlung sämtlicher Drucksachen des Hauses der Abgeordneten für 1895 Bd. 2 Nr. 35 (Entwurf) S. 5 und zu Nr. 35 (Begründung) S. 10.

Demgegenüber wurde bei der Vorberatung des Entwurfes in der damit betrauten Kommission des Abgeordnetenhauses, auf deren im wesentlichen unverändert angenommenem Vorschlage — statt „von den Beteiligten" lautete der Vorschlag „von einem der Beteiligten" — der dritte Absatz des § 1 des Gesetzes beruht, zur Begründung des Vorschlages u. a. folgendes geltend gemacht: die Handelssitte habe sich gerade dahin ausgebildet, daß sie das Bedürfnis nach einer schriftlichen Vereinbarung, welche beweiskräftig und verpflichtend sei, in weitem Maße entwickelt habe und durch Korrespondenz zu decken bemüht sei. Während ursprünglich die Handelskorrespondenz sich auf Willenseinigung unter Abwesenden beschränkte, sei es allgemein Bedürfnis und Gewohnheit geworden, selbst bei mündlichem Abschluß der Geschäfte hinterher Bestätigungsschreiben zu wechseln. Obgleich auch das mündlich vereinbarte Geschäft rechtsverbindlich sei, wünsche der Handelsverkehr eine schriftliche Beurkundung, vermeide aber einen sog. förmlichen Vertrag und begnüge sich mit dem nach Zweck und Wirkung gleichartigen, aber in der Form eigentümlichen Briefwechsel. Der so zustande gekommene Vertrag biete wohl schriftliche, beweiskräftige und rechtsverbindliche Unterlagen, sei aber kein förmlicher Vertrag im Sinne des Entwurfes. Diese Gattung von Vertragsabschlüssen müsse auch für die Zukunft stempelfrei bleiben. Das sei gesichert, wenn der Antrag Nr. 38 zu I — das ist der schließlich von der Kommission mit großer Mehrheit angenommene Abs. 3 des § 1 — zur Annahme gelange, weil er die Korrespondenz nur in solchen Fällen stempelpflichtig machen wolle, in denen die Verkehrssitte einen förmlichen Vertrag verlange.

Vgl. a. a. O. Bd. 5 Nr. 204 — Kommissionsbericht — S. 93. 95. 96. 128, Nr. 38 zu I zu Nr. 204 — Zusammenstellung — S. 1, Nr. 253 — Zusammenstellung — S. 1.

Wie diese Begründung des Antrages einerseits als Zweck desselben unzweideutig ergiebt, die Stempelfreiheit der Korrespondenzverträge, von der vorgesehenen Ausnahme abgesehen, auch dann zu sichern, wenn die Absicht der Vertragschließenden dabei auf Schaffung einer beweiskräftigen Beurkundung gerichtet war, so läßt sie aber auch andererseits deutlich erkennen, daß die Stempelfreiheit nicht auf schriftliche Mitteilungen hat erstreckt werden sollen, die sich als eine förmliche Vertragsurkunde darstellen. In den weiteren Verhandlungen über den Gesetzentwurf im Abgeordnetenhause und im Herrenhause ist eine abweichende Auffassung von der Tragweite des Antrages nicht zu Tage getreten. Nach dem Stempelsteuergesetze vom 31. Juli 1895 kann somit die Stempelfreiheit der Korrespondenzverträge, mit der alleinigen aus Satz 2 des Abs. 3 des § 1 sich ergebenden Beschränkung, keinem Bedenken unterliegen. Auch das Berufungsgericht geht, wenn es sich auch eines ausdrücklichen Ausspruchs darüber enthält, doch nach dem Zusammenhange seiner Begründung von dieser Auffassung aus, verneint aber die von der Klägerin für die in Rede stehenden Bestätigungsschreiben in Anspruch genommene Stempelfreiheit aus dem Grunde, weil es sich im vorliegenden Falle überhaupt nicht um Korrespondenzverträge, sondern um förmliche Vertragsurkunden handele. Der gegen diese Beurteilung der Bestätigungsschreiben gerichtete Revisionsangriff ist nicht begründet.

Zunächst ist dem Berufungsgericht darin beizutreten — die Revision läßt dies, ohne ihrerseits eine gegenteilige Auffassung zu begründen, dahingestellt —, daß, wenn auch die Stempelpflichtigkeit der über einen zweiseitigen — lästigen — Vertrag zu errichtenden Vertragsurkunde durch deren unterschriftliche Vollziehung seitens beider Vertragsteile bedingt ist, es doch nicht erforderlich ist, daß beide Vertragsteile ein und dasselbe Vertragsexemplar unterzeichnen, daß vielmehr eine stempelpflichtige Vertragsurkunde auch dann vorliegt, wenn jeder Vertragsteil ein Exemplar des Vertrages allein unterschrieben und dasselbe dem anderen ausgehändigt hat. Wie aus der rechtlichen Natur der Willenserklärung bei Verträgen folgt, daß sie rechtliche Wirksamkeit erst mit der Erklärung dem anderen Vertragsteile gegenüber erlangt, und daß somit da, wo die Rechtsbeständigkeit eines Vertrages — nach Gesetz oder Verabredung — von der schriftlichen Form abhängt, erst der Austausch der unterschriebenen Willenserklärung von rechtlicher Bedeutung ist, so folgt daraus doch andererseits mit Notwendigkeit, daß es zur Erfüllung der Schriftform genügt, wenn jeder Vertragsteil das nur mit seiner Unterschrift versehene Vertragsexemplar dem anderen aushändigt. Die gegenseitig ausgehändigten, obwohl nur einseitig unterschriebenen, Vertragsexemplare bilden in einem solchen Falle die einheitliche Vertragsurkunde. Zu dem begrifflichen Wesen als Vertragsurkunde, als schriftliches Beweismittel des geschlossenen Vertrages und seines Inhaltes, gehört es nicht, daß auch die Unterschriften beider Vertragsteile sich auf einem und demselben Vertragsexemplare befinden. Wenn es auch nach dieser Richtung hin an einer ausdrücklichen Gesetzesvorschrift fehlt, so liegt die aus der Natur der Sache sich ergebende Auffassung doch unverkennbar den Bestimmungen in den §§ 142. 143 A.L.R. I. 5 über Schließung schriftlicher Verträge durch Briefwechsel zu Grunde, nach welchen zwischen Abwesenden die geführte Korrespondenz die Stelle des schriftlichen Vertrages vertritt, oder die Stelle einer Punktation, falls die Ausfertigung eines förmlichen Instrumentes über den geschlossenen Vertrag erforderlich ist. Und andererseits steht der Auffassung die Vorschrift in § 116 a. a. O., daß Verträge, welche vermöge des Gesetzes oder einer Abrede der Parteien schriftlich geschlossen werden sollen, ihre Gültigkeit erst durch die Unterschrift erhalten, keinesfalls entgegen.

Vgl. Urteil des Reichsgerichtes vom 3. April 1895, Jurist. Wochenschrift S. 245 Nr. 26; Förster-Eccius, Preußisches Privatrecht Bd. 1 § 79 Nr. 1; Rehbein, Entsch. des vormaligen preußischen Obertribunals Bd. 1 S. 323 in der Anmerkung.

Dementsprechend hat auch das vormalige preußische Obertribunal in dem Plenarbeschlusse vom 2. September 1839,

Entsch. desselben Bd. 5 S. 30,

angenommen: „Es reicht zur Gültigkeit eines zweiseitigen schriftlichen in zwei Exemplaren ausgefertigten Vertrages hin, wenn jeder Kontrahent nur dasjenige Exemplar unterschreibt, welches der andere Teil übergeben erhält. Doppelt ausgestellte Schlußscheine, von denen das eine, seitens des Käufers unterschriebene Exemplar dem Verkäufer, das andere, seitens des letzteren unterschriebene Exemplar dem Käufer eingehändigt worden, unterliegen der Stempelsteuer.“ An diesem Grundsatze ist auch in den späteren Urteilen vom 4. Juli 1850 — Striethorst, Archiv Bd. 3 S. 193 — und vom 4. Oktober 1871 — Goltdammer, Archiv Bd. 19 S. 774 — festgehalten, und das Reichsgericht geht in dem Urteile vom 23. Oktober 1890 — bei Bolze, Praxis Bd. 11 Nr. 567 — von gleicher Auffassung aus. Das Stempelsteuergesetz vom 31. Juli 1895 hat an diesem Rechtszustande nichts geändert; insbesondere gewährt die die Voraussetzungen der Stempelpflicht bestimmende Vorschrift im ersten Satze des zweiten Absatzes des § 1: „Stempelpflichtig sind Urkunden, welche mit dem Namen oder der Firma des Ausstellers unterzeichnet sind, insoweit nicht dieses Gesetz oder der Tarif entgegenstehende Bestimmungen enthält“, dafür keinen Anhalt, daß die Stempelpflichtigkeit der Vertragsurkunde über einen zweiseitigen Vertrag dadurch bedingt sein sollte, daß die Unterschrift beider Vertragsteile sich auf einem und demselben Vertragsexemplare befindet. In gleichem Sinne sprechen sich von den

Kommentatoren des Stempelsteuergesetzes vom 31. Juli 1895 aus Böhm, Anm. 6 zu § 1, Nölle, Anm. 4 zu § 1, Hummel u. Specht, Anm. 12 zu § 1. Hingewiesen mag hier noch werden auf die Bestimmuug des Bürgerlichen Gesetzbuches in § 126 Abs. 2, nach welcher zwar bei einem Vertrage die Unterzeichnung der Parteien auf derselben Urkunde erfolgen muß, es aber, falls über den Vertrag mehrere gleichlautende Urkunden aufgenommen werden, genügt, wenn jede Partei die für die andere Partei bestimmte Urkunde unterzeichnet (vgl. hierzu die Motive zu dem Entwurfe des Bürgerlichen Gesetzbuches Bd. 1 S. 188 § 94).

Die zwischen der Klägerin und ihren Vertragsgenossen ausgetauschten Bestätigungsschreiben können nun allerdings als förmliche, abgesehen von der Unterschrift, wörtlich miteinander übereinstimmende Exemplare einer und derselben Vertragsurkunde nicht angesehen werden. Es ist für die Schreiben die Briefform insofern gewählt, als der Unterzeichnete, unter Voranstellung des Namens des anderen Teiles, in persönlicher Redeweise den erfolgten Abschluß des Geschäftes erklärt, mit vollständiger Angabe des Vertragsinhaltes. Indes wie es für die Bestimmng und die Beurteilung des Inhaltes einer rechtsgeschäftlichen Willenserklärung nicht auf den Namen, mit welchem die Beteiligten das Rechtsgeschäft bezeichnet haben, ausschlaggebend ankommen kann, so ist dieser Umstand und die den Inhalt unberührt lassende Form der Erklärung auch bedeutungslos für die Beurteilung der Stempelpflichtigkeit einer schriftlichen Erklärung, wenn sonst die gewählte Erklärungsform dem rechtlichen Begriff einer schriftlichen Urkunde entspricht. Hiervon ausgegangen, ist im vorliegenden Falle — es wird dies auch von der Revision nicht geltend gemacht — kein Gewicht darauf zu legen, daß die ausgetauschten Bestätigungsschreiben in der Form eines Briefwechsels ergangen sind. Wenn im ersten Satze des dritten Absatzes des § 1 des Stempelsteuergesetzes vom 31. Juli 1895 die Stempelfreiheit ausgesprochen wird für die Fälle, wo sich die Einigung über ein Geschäft aus einem Briefwechsel oder aus einem Austausche sonstiger schriftlicher Mitteilungen ergiebt, so handelt es sich dabei, wie die Worte „Briefwechsel" und „Austausch" unzweideutig erkennen lassen, um gegenseitige, als Erkenntnisquelle des Willens des Erklärenden dienende Mitteilungen, die, sich gegenseitig ergänzend, erst in ihrem Zusammenhange die Einigung der beiden Vertragsteile über das zustande gekommene

Geschäft darthun, sei es nun, daß erst durch diese Erklärungen selbst die Einigung herbeigeführt ist, oder daß die Übereinstimmung bereits vor dem Briefwechsel oder dem Austausche der Mitteilungen erzielt war. Von einer solchen gegenseitigen Ergänzung der beiderseitigen, durch Briefwechsel oder sonst schriftlich ausgetauschten Mitteilungen ist aber überall da nicht die Rede, wo in Erfüllung ausdrücklicher oder stillschweigender Vereinbarung jeder Vertragsteil den beiderseitigen, gegenseitig bereits erklärten Vertragswillen in bestimmter Fassung dem anderen schriftlich erklärt. In einem solchen Falle ergeben zwar die ausgetauschten Mitteilungen auch die Einigung der Vertragsteile über das Geschäft; aber jede der beiden Mitteilungen ergiebt auch schon für sich, und ohne daß es dabei, abgesehen von der Feststellung der Unterschrift, der Heranziehung der anderen bedarf, diese Einigung, sodaß für deren Erkennung der erfolgte Austausch bedeutungslos ist. Fälle dieser Art unterscheiden sich in sachlicher und formeller Beziehung nicht von dem Austausche förmlicher Vertragsurkunden, bei welchem jeder Vertragsteil das dem anderen übergebene Exemplar unterschrieben hat (vgl. Hummel u. Specht, a. a. O. in Anm. 16 zu § 1). Auch Bestätigungsschreiben von solcher Form und solchem Inhalte sind daher, als zusammen eine förmliche Vertragsurkunde über das in ihnen erklärte Geschäft darstellend, als nach § 1 Abss. 1 u. 2 des Stempelsteuergesetzes vom 31. Juli 1895 stempelpflichtige Urkunden anzusehen. Es entspricht dies der Folgerung, wie sie oben aus der bei der Kommissionsberatung gegebenen Begründung des dritten Absatzes des § 1 dieses Gesetzes dahin gezogen ist, daß die hier vorgesehene Stempelfreiheit nicht auf schriftliche Mitteilungen hat erstreckt werden sollen, die sich als förmliche Vertragsurkunden darstellen, wie denn von Hummel u. Specht a. a. O., unter Hinweis auf das Kommissionsprotokoll, ausdrücklich hervorgehoben wird, daß durch das Stempelsteuergesetz vom 31. Juli 1895 an der bisherigen Stempelpflicht solcher Verträge nichts geändert worden sei, und daher auch kaufmännische Bestätigungsschreiben, wenn sie sich als wirkliche Vertragsurkunden in dem obigen Sinne darstellen, wie bisher stempelpflichtig bleiben.

Bei der unbestritten erschöpfenden, übereinstimmenden Wiedergabe des Vertragsinhaltes in den gegenseitigen Bestätigungsschreiben, welche zwischen der Klägerin und ihren Vertragsgenossen ausgetauscht sind, kommt hiernach für die Stempelpflichtigkeit der in Rede stehenden Schreiben nur noch in Frage, ob dieselbe, worauf die Revision Gewicht legt, dadurch ausgeschlossen wird, daß die beiderseitigen Bestätigungsschreiben, abgesehen von der Unterschrift und der Voranstellung der Adresse des anderen Teiles, im Wortlaute insofern voneinander abweichen, als der Vertragsrolle des Unterzeichneten entsprechend das Wort „kaufte" oder „verkaufte", bezw. „verkaufte" oder „kaufte" gebraucht ist. Es liegt indes in dieser Verschiedenheit der Worte keine Verschiedenheit des Gesamtinhaltes der beiderseitigen Schreiben vor, da der Aussteller mit seiner an den Gegenteil gerichteten Erklärung: „ich kaufte von Ihnen", oder: „ich verkaufte Ihnen", zugleich zum Ausdruck bringt, daß der Gegenteil, wie dieser in seinem Schreiben erklärt, verkauft oder gekauft hat; denn das Kaufen oder Verkaufen auf der einen Seite hat das Verkaufen oder Kaufen auf der anderen Seite zur Voraussetzung. Die in der Zweiseitigkeit des Vertragsverhältnisses begründete, die Übereinstimmung der gegenseitigen Erklärungen aber gerade zum Ausdrucke bringende Verschiedenheit des einen Wortes ist daher für die hier zu treffende Entscheidung umsoweniger von Bedeutung, als erst die beiderseitigen Mitteilungen zusammen die eine förmliche Vertragsurkunde darstellen, die der Stempelpflicht unterliegt. Selbstverständlich kann daraus, daß in dem Bestätigungsschreiben des einen Teiles zugleich die der Vertragsrolle des anderen Teiles entsprechende Erklärung desselben wiedergegeben wird, nicht für sich auch die vertragsmäßige Bindung des letzteren und die Beurkundung auch dieser Bindung hergeleitet werden. Beides hat die Vollziehung und Aushändigung des entsprechenden Bestätigungsschreibens seitens des anderen Teiles zur Voraussetzung. Aber auch in dieser Beziehung waltet ein Unterschied zwischen dem Austausche solcher Bestätigungsschreiben und dem Austausche eigentlicher einseitig vollzogener Vertragsexemplare nicht ob, da auch im letzteren Falle die durch die Schriftform bedingte Bindung erst mit der Aushändigung des Vertragsexemplares für den Unterzeichner desselben eintritt.

Die Klägerin — und mit ihr die Revision — beruft sich in zweiter Reihe für die Stempelfreiheit der in Rede stehenden Bestätigungsschreiben auf den § 10 des Stempelsteuergesetzes, welcher die Versteuerung mehrerer in derselben Urkunde enthaltener Gegenstände und Geschäfte regelt und in den Abss. 2 und 3 bestimmt:

„Enthält eine Urkunde verschiedene steuerpflichtige Geschäfte, so ist der Betrag des Stempels für jedes Geschäft besonders zu berechnen . . .

Sofern die einzelnen in einer Urkunde enthaltenen Geschäfte sich als Bestandteile eines einheitlichen, nach dem Tarife steuerpflichtigen Rechtsgeschäftes darstellen, ist nur der für das letztere vorgesehene Stempelbetrag zu entrichten."

Die Klägerin ist nun der Meinung, daß bei der Stempelfreiheit bezüglich des Hauptgeschäftes auf Grund der in der Tarifstelle 32 unter Ziff. 3 vorgesehenen „Befreiungen" hiernach auch für das in dem Rahmen des Hauptgeschäftes liegende Nebengeschäft des Schiedsvertrages die Stempelfreiheit begründet sei. Das Berufungsgericht erachtet die Anwendung des § 10 Abs. 3 auf Fälle der vorliegenden Art überhaupt für ausgeschlossen, weil diese Gesetzesvorschrift nach ihrem Wortlaute eine Konkurrenz mehrerer in einer Urkunde enthaltener steuerpflichtiger Gegenstände voraussetze, hier aber das beurkundete Kaufgeschäft steuerfrei sei, und nur die Stempelpflichtigkeit des Schiedsvertrages in Frage sei. Abgesehen hiervon müßten aber diese Nebenverträge hier als selbständige Versteuerungsobjekte deshalb angesehen werden, weil sie außerhalb des Bereiches der Hauptgeschäfte lägen. Für die Stempelberechnung liege ein einheitliches Rechtsgeschäft nur insoweit vor, als der Inhalt der beurkundeten Erklärung nicht über die Grenze derjenigen Rechtsgeschäfte hinausgehe, welche vom bürgerlichen Rechte als individuell bestimmte rechtsgeschäftliche Willenserklärungen bezeichnet werden.

Ob der erste Grund des Berufungsgerichtes zutrifft, kann dahingestellt bleiben, da jedenfalls dem zweiten Entscheidungsgrunde beizutreten ist. Ob ein einheitliches Rechtsgeschäft im Sinne des § 10 Abs. 3 vorliegt, hängt nicht davon ab, daß die einzelnen in derselben Urkunde enthaltenen Geschäfte ihrem Bestande nach sich bedingen, so daß die Hinfälligkeit des einen Geschäftes auch die der übrigen zur Folge hat. Entscheidend ist vielmehr, daß die einzelnen Geschäfte zur näheren Bestimmung des Inhaltes des seiner rechtlichen Natur nach unverändert bleibenden Hauptgeschäftes dienen. Nur Geschäfte solchen Inhaltes lassen sich als B e s t a n d t e i l e des Hauptgeschäftes und somit als Bestandteile eines einheitlichen Rechtsgeschäftes auffassen. Diese dem Wortlaut entsprechende Auslegung entspricht auch dem auf

Vermeidung der Doppelbesteuerung gerichteten Zwecke der Gesetzesvorschrift. Aus der Entstehungsgeschichte derselben, die auf dem im wesentlichen unverändert gebliebenen Vorschlage der Kommission des Abgeordnetenhauses beruht, während in dem von der Staatsregierung vorgelegten Gesetzentwurfe selbst eine derartige Bestimmung nicht enthalten war, ist für die Auslegung nichts zu entnehmen, da auch der Kommissionsbericht darüber keine Angaben macht.

Vgl. Drucksachen a. a. O. Bd. 5 Nr. 204 S. 106. 141 unter Nr. 57, zu Nr. 204 S. 7, Nr. 271 S. 7.

Hiervon ausgegangen, können die von der Klägerin mit ihren Käufern und Verkäufern vereinbarten und durch die ausgetauschten Bestätigungsschreiben ebenfalls beurkundeten Schiedsverträge als Bestandteile der Kaufverträge im Sinne des § 10 Abs. 3 nicht gelten; die Schiedsverträge lassen den Inhalt der Kaufverträge selbst unberührt; sie bezwecken die Feststellung dieses Inhaltes auf Grund der Kaufverträge, falls darüber unter den Parteien Streit entsteht. Dies gilt insbesondere auch von den Fällen, in denen nicht eigentliche Schiedsgerichte bestellt sind, sondern nur zur Erledigung von Streitigkeiten über die vertragsmäßige Beschaffenheit der Ware die Berufung auf Sachverständige vereinbart ist. Auf gleichen Erwägungen beruhen auch die Entscheidungen des Reichsgerichtes vom 29. September 1885,

Entsch. des R.G.'s in Civils. Bd. 14 S. 258,

und vom 5. Juli 1894,

Juristische Wochenschrift S. 482 Nr. 49;

dieselben sind allerdings vor dem Erlasse des Stempelsteuergesetzes vom 31. Juli 1895 ergangen; aber durch letzteres ist auch für die hier zu entscheidende Frage nichts geändert. In gleichem Sinne sprechen sich von den Kommentatoren des Stempelsteuergesetzes vom 31. Juli 1895 aus Böhm zu § 10 Anm. 3 b, Hummel und Specht zu § 10 Anm. 11 B zu I Abs. 1 und zu II Abs. 2, Anm. 13 M — Kompromißverträge —, während Heinitz zu § 10 Anm. 5 a. E. und Nölle zu § 10 Anm. 6 II a die entgegengesetzte Auffassung vertreten.

Wenn die Revision hier noch geltend macht, daß ein wirklicher Schiedsvertrag nur in sechzehn durch die Bestätigungsschreiben betroffenen Fällen vorliege, während in den übrigen Fällen, wo bei Streitigkeiten über die vertragsmäßige Beschaffenheit der Ware die Berufung auf Sachverständige vereinbart sei, es sich nur um die Bestellung von Sachverständigen zur Prüfung einer Thatfrage handle, so ist diese Verschiedenheit, wie das Berufungsgericht mit Recht angenommen hat, für die Stempelpflicht bedeutungslos, weil auch Abreden der letzteren Art als Verträge über einen vermögensrechtlichen Gegenstand anzusehen sind und daher unbedenklich der Stempelsteuer nach Tarifstelle 71 Ziff. 2 unterliegen.

Die Revision ist endlich auf den von der Klägerin in den Vorinstanzen geltend gemachten Rechtsbehelf zurückgekommen, daß Beklagter nicht, wie ihm angesichts der Bestimmungen in § 4a und § 6 des Stempelsteuergesetzes vom 31. Juli 1895 obliege, dargethan habe, daß der Wert des Gegenstandes der einzelnen Schiedsverträge je 150 *M* übersteige, da anderenfalls die Verträge stempelfrei seien. Auch hier läßt sich der Revision nicht beitreten.

Nach § 4a a. a. O. sind von der Stempelsteuer befreit Urkunden über Gegenstände, deren Wert nach Geld geschätzt werden kann, wenn dieser Wert 150 *M* nicht übersteigt. Das Berufungsgericht hält eine sichere Schätzung des Wertes nach Geld in den vorliegenden Fällen überhaupt nicht für möglich und daher schon aus diesem Grunde die Stempelfreiheit für ausgeschlossen. Der einzige Anhalt, der sich zur Schätzung biete, so wird weiter ausgeführt, sei jedesmal der Gegenstand des Hauptvertrages, der aber überall den Betrag von 150 *M* weit übersteige. Diese Ausführung ist durchaus zutreffend. Voraussetzung der Stempelfreiheit auf Grund der Bestimmung in § 4a a. a. O. ist die Möglichkeit der Werternittelung des Gegenstandes der Urkunde nach Maßgabe des § 6 a. a. O., während anderenfalls die Stempelfreiheit ausgeschlossen ist. Und zwar wird eine sichere Abschätzung nach Geld verlangt, sodaß diejenigen vermögensrechtlichen Gegenstände, welche eine solche nicht zulassen, als unschätzbar im Sinne des § 4a a. a. O. anzusehen sind. Eine die Schätzung nötigenfalls nach freiem Ermessen zulassende und damit die Unmöglichkeit der Schätzung ausschließende Vorschrift, wie sie in § 3 C.P.O. für die Festsetzung des Wertes des Streitgegenstandes gegeben ist, enthält das Stempelsteuergesetz vom 31. Juli 1895 nicht.

Vgl. Heinitz, a. a. O. zu § 4a Anm. 1a und Hummel u. Specht, a. a. O. zu § 4 Anm. 2 Abs. 1.

Wenn nun auch der Gegenstand der hier in Rede stehenden Verträge, sowohl der eigentlichen Schieds-, wie der auf die Bestellung von

Sachverständigen gerichteten Verträge, als ein vermögensrechtlicher anzusehen ist, so liegt die Unmöglichkeit einer irgendwie sicheren Schätzung des Wertes dieses Gegenstandes in Geld doch auf der Hand; namentlich bieten dazu auch die in § 6 a. a. O. für die Wertermittelung gegebenen Vorschriften keinen Anhalt. Daraus ergiebt sich dann aber ohne weiteres die Unanwendbarkeit der Vorschrift in § 4 a a. a. O. auf die vorgedachten Verträge und somit deren Belastung mit dem in der Tarifstelle 71 Ziff. 2 vorgesehenen Stempel." ...

45. Ist das nach gemeinem Rechte dem Besitzer zustehende jus tollendi durch das preußische Eigentumserwerbsgesetz vom 5. Mai 1872 oder durch das preußische Gesetz über die Zwangsvollstreckung in das unbewegliche Vermögen vom 13. Juli 1883 gegenüber dem Ersteher des Grundstückes beseitigt oder eingeschränkt?

III. Civilsenat. Urt. v. 12. Juli 1898 i. S. M. (Kl.) w. K. (Bekl.). Rep. III. 80/98.

I. Landgericht Göttingen.
II. Oberlandesgericht Celle.

Gründe:

„Der Beklagte hatte von dem Dreiviertelmeier R. in L. einen Morgen Ackerland auf 12 Jahre gepachtet und auf diesem für seine Dreschmaschine einen mit dem Grund und Boden festverbundenen Schuppen errichtet. Nach dem Pachtvertrage war er dazu berechtigt und hatte, falls bei Beendigung der Pacht der Verpächter den Schuppen gegen Ersatz des Wertes nicht übernehmen wollte, das Recht, ihn für sich abzubrechen. Der Grundbesitz des R. wurde im Wege der Zwangsvollstreckung versteigert und vom Kläger, dem letzten, nicht völlig zur Befriedigung kommenden Hypothekengläubiger, durch das Zuschlagsurteil vom 9. Februar 1898 zu Eigentum erworben. Daß der Beklagte auf den Schuppen Anspruch erhob, war dem Kläger im Versteigerungstermine bekannt; ein Vorbehalt hinsichtlich des Schuppens ist jedoch in den Versteigerungsbedingungen nicht gemacht. Nach dem Eigentumserwerbe des Klägers haben zwischen diesem und dem Beklagten Verhandlungen über den Schuppen stattgefunden; als jedoch der Kläger die Übernahme gegen Ersatz des Wertes definitiv abgelehnt, vielmehr unentgeltliche Überlassung gefordert hatte, brach der Beklagte, der zu dieser Zeit unstreitig das Grundstück noch inne hatte, den Schuppen ab und nahm das Baumaterial an sich. Infolgedessen hat der Kläger, nur auf den Zuschlag sich stützend, mit der vorliegenden Klage den Ersatz des auf 2000 ℳ angegebenen Wertes des Schuppens gefordert, ist jedoch in den beiden Vorinstanzen abgewiesen, weil der Beklagte das Eigentum des Klägers nicht verletzt, sondern nur von dem ihm zustehenden jus tollendi Gebrauch gemacht habe. Auch die Revision des Klägers konnte keinen Erfolg haben.

Mit Recht geht das Berufungsgericht davon aus, daß nach gemeinem Rechte die vom Besitzer eines Grundstückes auf diesem errichteten und mit diesem festverbundenen Gebäude zwar infolge der eingetretenen Verbindung in das Eigentum des Grundstückseigentümers übergehen, daß aber der Besitzer, wenn ihm der Eigentümer die Verbesserung nicht ersetzen will, mindestens das Recht hat, sie wegzunehmen und das Grundstück nur in dem früheren Zustande herauszugeben; dieses Recht hat er sogar dann, wenn er wußte, daß das Grundstück ein fremdes war. Dem stehen auch nicht die Grundsätze über das tignum junctum entgegen, die nur das Klagerecht gegen den dritten Besitzer auf Gestattung der Fortnahme versagen, nicht aber den Fall betreffen, wenn der Bauende im Besitze des Grundstückes ist, wie klar aus l. 38 Dig. de R. V. 6, 1 sich ergiebt. Ob dieses jus tollendi dem Pächter versagt sein würde, wenn der Verpächter den Wert des Gebäudes ersetzen will, bedarf keiner Prüfung, da der Kläger weder sich auf den Boden des von dem früheren Eigentümer geschlossenen Pachtvertrages gestellt hat, noch zu diesem Ersatze bereit ist. Es kann daher nicht zweifelhaft sein, daß nach gemeinem Rechte der Beklagte, der zur Zeit der Fortnahme des Schuppens unstreitig das Grundstück thatsächlich im Besitze hatte, durch die Fortnahme nicht rechtswidrig in des Klägers Eigentum eingriff. Aber auch die neuere Gesetzgebung läßt nicht erkennen, daß dieses Recht hat beseitigt werden sollen. Zutreffend nimmt zunächst das Berufungsgericht an, daß durch das Eigentumserwerbsgesetz vom 5. Mai 1872 Änderungen nicht herbeigeführt sind; vielmehr zeigen die Fassung und die Entstehungsgeschichte des § 30, daß für die Hypotheken nur die Gebäude haften, die nicht bloß formell, sondern auch materiell dem Eigentümer zustehen. Vgl. Achilles, Grundbuchrecht 4. Aufl. Bem. zu § 30 S. 182, und Turnau, Grundbuchordnung Bd. 1 Bem. B. II. 1 zu § 30 Eig.-Erw.-Ges. (5. Aufl. S. 719), wo ausdrücklich anerkannt wird, daß für das gemeine Recht das jus tollendi nicht beseitigt sei, und die diesem unterliegenden Gebäude für die Hypotheken nicht haften.

Im vorliegenden Falle ist dies allerdings nicht entscheidend, weil hier der Kläger nicht in seiner Eigenschaft als Hypothekengläubiger, sondern als Ersteher des Grundstückes auftritt; aber es zeigt doch, daß der Gesetzgeber, wenn er in dem ferner in Betracht kommenden Zwangsvollstreckungsgesetze vom 13. Juli 1883 das gemeinrechtliche jus tollendi einschränken wollte, dringenden Anlaß hatte, dies erkennbar zum Ausdrucke zu bringen. Das ist aber nicht geschehen. Die Zwangsvollstreckung richtet sich, wie schon die allgemeinen Bestimmungen der Civilprozeßordnung, z. B. im § 671, ergeben, nur gegen den, gegen den ein vollstreckbarer Titel vorliegt, und vom Kläger ist zugegeben, daß zur Zeit der Wegnahme des Schuppens der Beklagte sich im Besitze des Grundstückes befand. Es kann sich also nur fragen, ob in dem gegen den Schuldner R. gerichteten Zwangsversteigerungsverfahren nach den Bestimmungen des Zwangsvollstreckungsgesetzes von 1883 der Verlust des jus tollendi des Beklagten durch Unterlassung seiner Geltendmachung eingetreten ist. Die Ziff. 8 des § 40 trifft schon deshalb nicht zu, weil sie sich auf den Ersteher überhaupt nicht bezieht, aber auch sonst der Kläger nicht zu den in das geringste Gebot aufgenommenen Berechtigten gehört. Das im § 40 Ziff. 9 angedrohte Präjudiz könnte zwar dem Beklagten entgegenstehen, wenn das gemeine Recht ihn als Eigentümer ansähe. Das ist aber nicht der Fall; er hat weder Eigentum, noch ein dingliches, noch überhaupt ein gegen den Eigentümer klagbares Recht. Man kann zu einer anderen Auffassung auch nicht durch die Erwägung gelangen, daß der Eigentümer des Grundstückes doch nur formell, nicht eigentlich sachlich Eigentümer des Schuppens gewesen sei; denn auch wenn ein solcher Unterschied in anderer Beziehung gemacht werden könnte, jedenfalls stand dem Beklagten nicht die Befugnis zu, in der Versteigerung oder in einem besonderen Verfahren Eigentumsrechte geltend zu machen. Rechte aber, die er nicht hatte, kann er nicht durch Unterlassung ihrer Geltendmachung verloren haben. Das in den Entsch. des R.G.'s in Civils. Bd. 19 S. 324 abgedruckte Urteil bezieht sich auf die zu entscheidende Frage nicht, setzt vielmehr voraus, daß der Dritte wirklich Eigentümer der betreffenden beweglichen Sachen ist.

Ob auf Grund anderer Bestimmungen des Gesetzes dem Beklagten der Besitz zwangsweise hätte entzogen werden können, bedarf keiner Prüfung; jedenfalls ist es nicht geschehen; Beklagter war daher immer noch in der Lage, das jus tollendi auszuüben." . . .

46. Sind nach § 2 des preußischen Stempelsteuergesetzes vom 31. Juli 1895 Urkunden über zweiseitige Rechtsgeschäfte, die von seiten des einen Kontrahenten innerhalb des Geltungsbereiches jenes Gesetzes und von seiten des anderen Kontrahenten außerhalb dieses Geltungsbereiches zu erfüllen sind, der Stempelsteuer unterworfen?

III. Civilsenat. Urt. v. 12. Juli 1898 i. S. Flensburger Dampfercompagnie (Kl.) w. preuß. Steuerfiskus (Bekl.). Rep. III. 87/98.

I. Landgericht Altona.
II. Oberlandesgericht Kiel.

Gründe:

„Die Klägerin hat mit der Aktiengesellschaft Neptun, Schiffswerft und Maschinenfabrik zu Rostock, am 29. August 1896 und am 18. Juni/21. August 1897 je einen Vertrag über Erbauung eines Schiffes geschlossen. Nach dem Inhalt eines jeden Vertrages hatte die Aktiengesellschaft Neptun jedes Schiff auf ihrer Werft in Rostock zu erbauen und abzuliefern, die Klägerin aber die zu zahlenden Preise in Raten je nach Verhältnis des Fortganges der Arbeiten zu entrichten. Über diese Verträge sind in Rostock errichtete Urkunden aufgenommen worden. Beklagter hat unter der Behauptung, daß die Verpflichtungen der Klägerin in Flensburg, also im Inlande im Sinne von § 2 des preußischen Stempelsteuergesetzes vom 31. Juli 1895, zu erfüllen seien, die Entrichtung einer Stempelsteuer von

$^{1}/_{3}$ Prozent der Preise gemäß Nr. 32. 38. 75 des Stempeltarifes verlangt. Klägerin hat diese Beträge bezahlt, jedoch solche nebst 5 Prozent Zinsen vom Zahlungstage an klagend zurückgefordert unter der Behauptung, daß die Urkunden nicht stempelpflichtig seien, weil der wesentliche Inhalt der Verträge, nämlich die Erbauung und Ablieferung der Schiffe, in Rostock zu erfüllen sei, und weil auch abgesehen hiervon für ihre Zahlungsverpflichtung Rostock Erfüllungsort sei. Das Gericht erster Instanz hat unter der Feststellung, daß der Erfüllungsort für Klägerin Flensburg sei, und hieraus die Stempelpflichtigkeit der Urkunden sich ergebe, die Klage abgewiesen. Auf Berufung der Klägerin ist jedoch das erstinstanzliche Urteil aufgehoben, und die Klage zugesprochen worden. Das Berufungsurteil geht hierbei von der Erwägung aus, daß es dahingestellt bleiben könne, ob die Verpflichtungen der Klägerin in Flensburg, oder in Rostock zu erfüllen seien, indem auch im ersteren Falle ein wesentlicher, und gerade der für die Besteuerung charakteristische Teil des Geschäftes, nämlich der Bau und die Lieferung der Schiffe, in Rostock, d. h. im Auslande im Sinne des Stempelsteuergesetzes, zu erfüllen seien. Das Berufungsgericht erwägt weiter, daß solche Verträge, die nicht etwa in nebensächlichen Punkten, sondern zu einem wesentlichen Teile im Auslande zu erfüllen seien, nach § 2 des Stempelsteuergesetzes vom 31. Juli 1895 der Stempelpflicht nicht unterliegen, indem die Worte des Gesetzes „im Inlande zu erfüllen“ nur dahin verstanden werden könnten, daß die Geschäfte im Inlande ganz oder doch von unwesentlichen Teilen abgesehen hier überhaupt zu erfüllen seien. Die von seiten des Beklagten eingelegte Revision kann für begründet nicht erachtet werden.

Es handelt sich um die Frage der Auslegung des § 2 des preußischen Stempelsteuergesetzes vom 31. Juli 1895. Nach dieser Gesetzesbestimmung unterliegen der Stempelsteuer auch die von Inländern oder von Ausländern im Auslande errichteten Urkunden über Geschäfte, welche im Inlande befindliche Gegenstände betreffen, oder welche *im Inlande zu erfüllen* sind, und gilt als Inland der Geltungsbereich dieses Gesetzes (nämlich das Königreich Preußen mit Ausnahme der hohenzollern'schen Lande und der Insel Helgoland). Daß es sich bei den von der Klägerin zu bewirkenden Geldzahlungen nicht um „im Inlande befindliche Gegenstände“ handelt, ist unzweifelhaft, und das Gegenteil ist auch von keiner Seite behauptet worden. Es kommt daher lediglich die Beantwortung der Frage in Betracht, ob die Urkunden über Geschäfte, welche im Inlande zu erfüllen sind, errichtet worden sind. Die Frage, ob diese Gesetzesbestimmung auch anzuwenden ist, wenn die Erfüllung teilweise im Inlande und teilweise im Auslande zu erfolgen hat, ist in der Litteratur bestritten.

Vgl. für die Verneinung Heinitz, Commentar zum Stempelsteuergesetz vom 31. Juli 1895 S. 12 Anm. 4 letzter Absatz, für die Bejahung Hummel u. Specht, Commentar zu demselben Gesetz S. 40 § 2 Anm. 5 Abs. 2.

Die Motive zu dem Gesetzentwurfe,

Drucksachen des Abgeordnetenhauses XVIII. Legislaturperiode 2. Session 1895 Nr. 35 lit. B. S. 10. 11,

geben in dieser Beziehung keinen Aufschluß über die Absicht des Gesetzgebers. Denn diese Motive erkennen einesteils zwar an, daß das System der Urkundenbesteuerung eine Befreiung der im Auslande errichteten Urkunden von der Stempelsteuer an sich erheische, rechtfertigen aber andererseits die Besteuerung durch die Rücksicht auf das zu sichernde steuerliche Interesse und begründen speziell die Steuerpflicht der im Auslande errichteten Urkunden über Geschäfte, welche im Inlande zu erfüllen sind, durch den Hinweis auf die Thatsache, daß diese Erfüllung sich unter dem Schutze der inländischen Gesetze vollzieht. Die Fassung des Gesetzes aber trifft mit Sicherheit nur die Geschäfte, die nur einen Schuldner oder einen einheitlichen Erfüllungsort für beide Kontrahenten haben; sie bildet den Gegensatz zu den Geschäften, die im Auslande zu erfüllen sind. Für diese Geschäfte würde es kaum zweifelhaft sein, daß, wenn Nebenansprüche an einem anderen Orte zu erfüllen wären, die Hauptleistung entscheiden müßte. Die Entstehungsgeschichte des Gesetzes bietet keinen Anhalt dafür, daß an die zweiseitigen Verträge speziell gedacht ist, in denen der Erfüllungsort für Kontrahenten verschieden ist, zumal da bei diesen, namentlich den Kaufverträgen, die Geldleistung des Käufers hinter die Erfüllung des Verkäufers umsomehr zurücktritt, als nach Art. 325 H.G.B. das Geld auf Kosten und Gefahr des Schuldners zu übersenden ist. Der wesentliche Unterschied dieser Fälle hätte sonst dringenden Anlaß geboten, den Willen des Gesetzgebers in den Motiven und den Verhandlungen klarzustellen und ihm im Gesetze selbst durch einen Zusatz,

z. B. „auch“ oder „wenigstens zum Teil“ oder „wenngleich nur auf einer Seite“ (im Inlande zu erfüllen sind), Ausdruck zu geben. Berücksichtigt man nun, daß bei solchen Geschäften die Geldleistung des Einen im Verhältnisse zur Sachleistung des Anderen rücksichtlich des Erfüllungsortes wesentlich zurücktritt und namentlich im Verkehrsleben insoweit weniger beachtet zu werden pflegt, so muß die Entscheidung des Berufungsgerichtes als zutreffend angesehen werden, da es sich um eine positive Ausnahme von der Grundlage des ganzen Gesetzes, dem Urkundenstempel, handelt, daher trotz der allerdings anzuerkennenden Zweifel eine weitergehende Auslegung bedenklich erscheint.“

---

47. Hat die Zurückführung des Grundbuchblattes auf den Kataster, wenn sie erst nach Eintragung des Eigentümers erfolgt ist, die Wirkung, daß sich die Beweislast im Prozesse durch sie verändert?

V. Civilsenat. Urt. v. 17. September 1898 i. S. Stadtgemeinde St. (Kl.) w. W. (Bekl.). Rep. V. 59/98.

I. Landgericht Köslin.
II. Oberlandesgericht Stettin.

Der Beklagte war seit dem 28. Juni 1878 auf Grund eines Erbvergleiches vom 24. desselben Monates zusammen mit seinem Bruder eingetragener Miteigentümer der im Grundbuche von K. Bd. 21 Bl. 21 verzeichneten Mühlengrundstücke und erwarb im Laufe des Rechtsstreites durch Auflassung vom 23. November 1896 deren Alleineigentum. Das Grundbuch jener Besitzung war im Juli 1878 auf das Steuerbuch zurückgeführt, und dabei drei Grundflächen, die auf dem dem ersten Urteile angehefteten Situationsplan grün angelegt und mit den Buchstaben A, B und C bezeichnet waren, als zu dem Grundstück gehörig, nämlich als Parzelle 1436, Kartenblatt 5, auf dem Titelblatte vermerkt worden. Die Klägerin beanspruchte das Eigentum dieser drei Grundflächen, wurde aber mit diesem Klagantrage in erster und zweiter Instanz abgewiesen. Auf ihre Revision wurde das Berufungsurteil aufgehoben, und die Sache in die Vorinstanz zurückverwiesen.

Aus den Gründen:

„Die Revision greift das Berufungsurteil mit der Behauptung an, daß die Beweislast verkannt sei; dies nämlich insofern, als der Berufungsrichter von der Klägerin den Nachweis dafür verlange, daß die Streitflächen A, B und C nicht mit zu den durch Erbkaufvertrag vom 15. Juli 1752 erblich vergebenen Realitäten gehört hätten. Nicht der Klägerin liege dieser Beweis ob, da sie unstreitig vor dem Abschluß jenes Vertrages Eigentümerin aller jetzt zu der Mühlenbesitzung des Beklagten gehörigen Grundstücke gewesen und dies auch bis zu dem Gesetze vom 2. März 1850 geblieben sei; sondern Sache des Beklagten sei es, wenn er behaupten wolle, daß seine Vorbesitzer durch jenen Vertrag die Streitflächen von der Klägerin erworben und infolge des Gesetzes vom 2. März 1850 Eigentum an ihnen erlangt hätten, darzuthun, daß sich der Vertrag auf die Streitflächen bezogen habe, daß also diese durch ihn mitvergeben worden seien. Infolge der unrichtigen Verteilung der Beweislast gelange der Berufungsrichter auch zu einer unrichtigen und unvollständigen Würdigung des Beweisergebnisses. Denn überall laufe seine Würdigung nur darauf hinaus, zu prüfen, ob Klägerin den ihr obliegenden Beweis erbracht habe, und lediglich deshalb, weil dies der Berufungsrichter verneine, habe er auf Zurückweisung der Berufung erkannt.

Dieser Angriff der Revision ist begründet. Der Berufungsrichter faßt die Erwägungen, die ihn zu der von der Revision angegriffenen Verteilung der Beweislast bestimmt haben, in folgenden Sätzen zusammen:

„Als Ausgangspunkt für die Beurteilung des Rechtsstreits ist festzuhalten, daß das Rechtsverhältnis zwischen dem Mühlenbesitzer und der Klägerin zunächst das des Untereigentümers zum Obereigentümer war. Erst das Gesetz vom 2. März 1850 erhob durch die Aufhebung des Obereigentums das erbliche Recht des Mühlenbesitzers an den seinem Recht unterliegenden Grundstücken zum freien Eigentum. Den Umfang seines dadurch erworbenen Eigentumsrechts bestimmt der damalige Umfang seines Nutzungsrechts.

Der Beklagte ist zur Zeit als Eigentümer der streitigen Flächen im Grundbuche eingetragen. Der Klägerin liegt der Beweis der

Unrichtigkeit dieser Eintragung ob. Diesen Beweis führt sie nicht schon durch die Berufung auf ihr früheres Eigentum an den von den Mühlengebäuden eingenommenen und den neben diesen liegenden Flächen. Denn ohne den Eingriff der Gesetzgebung von 1850 würde ihr das Eigentum daran auch heute noch zustehen. Die Beweisfrage ist vielmehr der Umfang des dem Mühlenbesitzer durch den Vertrag von 1752 an dem Eigentum der Klägerin eingeräumten Nutzungsrechts. Die Klägerin muß deshalb beweisen, daß die Streitflächen nicht mit zu den durch jenen Vertrag erblich vergebenen Grundstücken gehörten."

In dieser Ausführnng gehen zwei Erwägungen nebeneinander: einmal die, daß der Beklagte sein Recht auf die Streitstücke von der Klägerin herleite, von der sie sein Vorbesitzer durch Vertrag vom 15. Juli 1752 erblich übertragen erhalten und durch den Eingriff der Gesetzgebung von 1850 eigentümlich erworben habe; und zweitens die, daß der Beklagte zur Zeit als Eigentümer der streitigen Flächen im Grundbuch eingetragen sei, und daß der Klägerin der Beweis der Unrichtigkeit dieser Eintragung obliege. Beide Erwägungen können indes den Schluß nicht rechtfertigen, daß Klägerin zu beweisen habe, daß die Streitflächen nicht mit zu den durch den Vertrag vom 15. Juli 1752 erblich vergebenen Grundstücken gehört haben.

Was die erste Erwägung anlangt, so steht der Beklagte nicht anders der Klägerin gegenüber, als jeder Vindikationsbeklagte. Er kann von der Klägerin den Beweis erwarten, daß sie Eigentümerin derjenigen Grundstücksteile sei, auf die ihr Anspruch sich richtet. Handelt es sich dabei — wie hier — um Flächen, die unstreitig früher dem Vindikanten gehört haben, und von denen der Beklagte behauptet, daß sie sein Vorbesitzer von dem Vindikanten selbst als Teil eines ihm veräußerten Grundstückes und mit diesem zusammen erworben habe, so liegt die Beweislast dafür, daß sich die Veräußerung auch auf die Streitflächen erstreckt habe, dem Beklagten ob. Von dem Vindikanten kann, wenn er nachgewiesen hat, daß er bis zur Veräußerung Eigentümer war, der Beweis der Negative, daß nämlich die Streitflächen nicht mit durch den Vertrag veräußert worden seien, nicht verlangt werden. Ob sich in dieser Verteilung der Beweislast durch die thatsächlichen Besitzverhältnisse etwas ändern würde, kann unerörtert bleiben. Denn vorliegendenfalls ist bestritten, daß sich der

Beklagte im Besitze der Streitflächen befinde, und in dieser Beziehung ist nichts festgestellt.

Der Berufungsrichter scheint aber das entscheidende Gewicht darauf zu legen, daß der Beklagte zur Zeit als Eigentümer der streitigen Flächen im Grundbuche eingetragen ist. Um einen gutgläubigen Erwerb durch Auflassung handelt es sich dabei nicht. Der Beklagte ist auf Grund eines Erbvergleiches als Miteigentümer des Grundstückes seit dem Jahre 1878 eingetragen; erst demnächst hat die Zurückführung des Grundbuchblattes auf das Steuerbuch stattgefunden; bei dieser sind die Streitflächen A, B und C unter Kartenblatt 5 Parzelle 1436 als Bestandteil des Grundstückes vermerkt worden, und erst im Laufe des jetzigen Rechtsstreites ist Beklagter durch Auflassung Alleineigentümer des Grundstückes geworden. Er behauptet selbst nicht, daß er durch diese Auflassung Eigentum an den Streitflächen deshalb erworben habe, weil vor derselben das Grundbuch berichtigt gewesen sei, und er sich auf den öffentlichen Glauben des Grundbuches verlassen habe. Es handelt sich also darum, ob der Zurückführung des Grundbuchblattes auf das Steuerbuch, welche erfolgt ist, nachdem der Beklagte bereits als Miteigentümer eingetragen war, die Wirkung beizumessen ist, daß nunmehr Klägerin einen Beweis, der ihr ohne diese Zurückführung nicht obgelegen hätte, zu übernehmen hat.

Auch dies ist zu verneinen. Das Reichsgericht hat allerdings der Zurückführung des Grundbuches auf den Kataster die Bedeutung zuerkannt, daß sich auf sie auch der eingetragene Eigentümer, der seine Eintragung nicht auf Grund einer Auflassung erlangt hat, Dritten gegenüber berufen darf, so zwar, daß er dadurch des Nachweises der Zugehörigkeit der auf dem Grundbuchblatte vermerkten Parzelle zu seinem Grundstücke überhoben und in die Lage versetzt wird, den Beweis ihrer Nichtzugehörigkeit, also der Unrichtigkeit der Zurückführung, von dem Gegner erwarten zu dürfen; es ist dabei aber ausdrücklich hervorgehoben, daß eine Zurückführung vorausgesetzt wird, die vor der Eintragung des Eigentümers erfolgt ist.

Vgl. Urteil vom 17. Juni 1891, Just.-Min.-Bl. von 1891 S. 236.

Auf eine Zurückführung des Grundbuchblattes, die erst nach Eintragung des Eigentümers erfolgt, läßt sich der Grundsatz nicht ausdehnen. Wollte man das Gegenteil annehmen, so müßte der eingetragene Eigentümer auch befugt sein, sich auf die Zurückführung des

Grundbuchblattes zur Begründung einer Klage zu berufen, mit der er Parzellen, die bei der Zurückführung als Bestandteile seines Grundstückes vermerkt worden sind, als zu seinem Grundstücke gehörig in Anspruch nimmt. Denn die Wirkungen der Zurückführung können nicht verschieden bemessen werden, je nachdem der Eigentümer als Kläger, oder als Beklagter in Betracht kommt. Jene Befugnis steht nun aber dem Eigentümer nicht zu, wenn das Grundbuchblatt erst nach seiner Eintragung auf den Kataster zurückgeführt worden ist.

Vgl. Entsch. des Obertribunals Bd. 76 S. 69 und bei Gruchot, Beiträge Bd. 23 S. 906; Entsch. des R.G.'s bei Gruchot, Bd. 24 S. 448, Bd. 27 S. 1027; Turnau, Note 4 zu § 7 des Gesetzes über den Eigentumserwerb.

Auch aus § 4 der Grundbuch-Ordnung läßt sich nichts anderes entnehmen; denn wenn dort vorgeschrieben ist, daß die Grund- und Gebäudesteuerbücher, von denen dem Grundbuchamte eine Abschrift mitgeteilt werden soll, zur Ausmittelung der in die Grundbücher einzutragenden oder bereits eingetragenen Grundstücke, ihrer Lage und Größe dienen sollen, so ist damit keine Rechtsvermutung für das Eigentum aufgestellt, sondern im wesentlichen nur eine Anweisung für den Grundbuchrichter erteilt.

Vgl. die Entsch. des R.G.'s im Just.-Min.-Bl. von 1880 S. 217 und von 1881 S. 249.

Eine erst nach der Eintragung des Eigentümers erfolgte Zurückführung des Grundbuchblattes hat daher für die Beweislast im Prozesse überhaupt keine Bedeutung, wenigstens nicht die, daß durch sie einer Partei ein Beweis aufgebürdet werden könnte, der ihr ohne dieselbe nicht obgelegen hätte.

Hiernach ist der Satz, zu dem der Berufungsrichter gelangt, daß die Klägerin zu beweisen habe, daß die Streitflächen nicht mit zu den durch den Vertrag vom 15. Juli 1752 erblich vergebenen Grundstücken gehört hätten, unrichtig. Der Revision ist aber auch zuzugeben, daß durch diesen unrichtigen Ausgangspunkt die ganze Beweiswürdigung des Berufungsrichters beeinflußt worden ist." (Wird weiter ausgeführt.)...

48. Hat der Reichspostfiskus das Recht, die öffentlichen Straßen und Plätze der Städte ohne Genehmigung der Stadtgemeinde mit Telegraphen- und Fernsprechdrähten zu überspannen?

V. Civilsenat. Urt. v. 21. September 1898 i. S. Reichspostfiskus (Bekl.) w. Stadtgem. Breslau (Kl.). Rep. IV. 421/96.

I. Landgericht Breslau.
II. Oberlandesgericht daselbst.

Der Beklagte hatte über die im Eigentume der klagenden Stadtgemeinde stehenden öffentlichen Straßen und Plätze Telegraphen- und Fernsprechdrähte gespannt. Die Fernsprechleitungen waren teils an das Fernsprechvermittelungsamt angeschlossen, teils waren sie sogenannte besondere Leitungen, d. h. sie verbanden ohne Berührung jenes öffentlichen Amtes zwei Grundstücke oder bewohnte Räume miteinander. Alle diese Leitungen standen im Eigentume des Beklagten. Klägerin behauptete, daß der Beklagte früher ihre Genehmigung zur Herstellung solcher Leitungen, welche über Straßen und Plätze geführt werden sollten, nachgesucht habe. In neuerer Zeit hatte Beklagter die Leitungen ohne Genehmigung und unter ausdrücklicher Ablehnung der Pflicht zur Einholung der Genehmigung ausgeführt. Klägerin glaubte als Privateigentümerin der Luftsäule ihrer Straßen und Plätze berechtigt zu sein, die Beseitigung aller ohne ihre Genehmigung gezogenen Drähte zu verlangen. Sie beantragte jedoch klagend nur:

daß Beklagter für schuldig erklärt werde, sich jeder Einschränkung des Eigentumes der Klägerin an den öffentlichen Straßen und Plätzen der Stadt Breslau zu enthalten, und daß der Beklagte verurteilt werde:

1. anzuerkennen, daß er nicht berechtigt sei, ohne Genehmigung der Klägerin die im Weichbilde der Stadtgemeinde Breslau belegenen öffentlichen Straßen und Plätze mit Telegraphen- und Fernsprechdrähten zu überspannen oder den vorhandenen und genehmigten Leitungen oder Teilen derselben eine andere Richtung zu geben,
2. die von ihm ohne Genehmigung der Klägerin hergestellten besonderen Fernsprechleitungen, soweit sie öffentliche Straßen oder Plätze der Stadt Breslau überschreiten, zu entfernen.

Gegründet war die Klage auf die Freiheit des Eigentumes, und als das veranlassende Interesse wurde angegeben, daß Klägerin den elektrischen Straßenbahnbetrieb durchzuführen im Begriffe stehe, daß die dazu erforderlichen Starkstromleitungen auf den Betrieb der Telegraphen- und Fernsprechleitungen störend einwirken würden, und daß sie — Klägerin — nach § 12 des Gesetzes über das Telegraphenwesen vom 6. April 1892 Kosten würde aufwenden müssen, um die durch ihre spätere Anlage eintretenden oder drohenden Störungen zu verhüten. Bei der 1893 auf einer Teilstrecke erfolgten Eröffnung der elektrischen Straßenbahn — behauptete Klägerin — habe sie auf Anforderung des Beklagten an vielen Stellen da, wo Schwach- und Starkstromleitungen sich kreuzen, Holzleisten anbringen müssen, welche das Straßenbild entstellten, ohne dabei ausreichenden Schutz zu gewähren. Die Herstellung stromloser Schutzdrähte habe Beklagter dadurch unmöglich gemacht, daß er die Anbringung derselben an den Ständern der Telegraphen- und Fernsprechleitungen untersagt habe.

Der Beklagte verlangte Abweisung der Klage, 1. weil der Rechtsweg unzulässig sei, 2. weil der Eigentümer, insbesondere ein solcher öffentlicher Straßen, sich unschädliche Eingriffe in den über seinen Grundstücken befindlichen Luftraum gefallen lassen müsse, die Drähte aber in einer solchen Höhe angebracht würden, daß sie den Straßenverkehr nicht hinderten, 3. weil Klägerin durch das Vorhandensein der Drähte an Herstellung anderweitiger elektrischer Anlagen nicht gehindert werde, 4. weil endlich Klägerin im Jahre 1881 die jetzt vermißte Genehmigung allgemein und für alle Zukunft erteilt habe.

Der erste Richter verurteilte den Beklagten nach dem Klagantrage, und die Berufung des Beklagten wurde zurückgewiesen. Sodann legte Beklagter Revision ein. Nach Einlegung der Revision erhoben die Minister des Inneren und der öffentlichen Arbeiten den Kompetenzkonflikt; der Gerichtshof zur Entscheidung der Kompetenzkonflikte erklärte jedoch durch Urteil vom 8. Januar 1898 den Rechtsweg in dieser Sache für zulässig und den erhobenen Kompetenzkonflikt daher für unbegründet.

Die Revision ist zurückgewiesen worden aus folgenden

Gründen:

... „Der Berufungsrichter führt aus: wie dem Eigentümer eines Privatgrundstückes, so stehe auch dem Eigentümer städtischer Straßen und Plätze das Recht zu, Eingriffe in den über seinen Grundstücken befindlichen Luftraum insoweit mit der Eigentumsfreiheitsklage abzuwehren, als er durch dieselben in der Benutzung seines Grundstückes gehindert oder belästigt wird. Dieser Fall liege aber vor, da die Klägerin gemäß § 12 des Telegraphengesetzes vom 6. April 1892 (R.G.Bl. S. 467) genötigt sein würde, zur Verhütung des Überspringens des elektrischen Stromes von den Starkstromleitungen des von ihr beabsichtigten elektrischen Straßenbahnbetriebes auf die dann vorhandenen Telegraphen- und Telephondrähte des Beklagten Kosten aufzuwenden. Ein Recht des Beklagten, die Drähte ohne Genehmigung der Klägerin über deren Straßen und Plätze zu spannen, ergebe sich weder aus dem zwischen den Parteien am 4. Juni 1881 getroffenen Abkommen, noch aus dem Telegraphengesetze.

Demgegenüber sucht die Revision auszuführen:

1. Die Straßen und Plätze der Städte dienten dem öffentlichen Verkehre. Zur Vermittelung des öffentlichen Verkehres seien aber auch die Telegraphen- und Fernsprechleitungen bestimmt. Daraus folge, daß Klägerin ein Widerspruchsrecht gegen die Überspannung ihrer Straßen und Plätze mit den Drähten jener Leitungen nicht habe.

2. Die von der Klägerin projektierten elektrischen Straßenbahnen seien ebenfalls dazu bestimmt, dem öffentlichen Verkehre zu dienen. Klägerin mache demnach in Wahrheit nicht ein privates Eigentumsrecht geltend, sondern beanspruche ein Vorrecht in der Benutzung der Straßen und Plätze als öffentlicher Verkehrsanstalten. Dazu sei sie aber weder legitimiert, noch berechtigt. Überdies würde Klägerin, auch wenn die Befugnis, elektrische Straßenbahnen anzulegen, ihrem privaten Eigentume an den Straßen und Plätzen entspringen sollte, der polizeilichen Genehmigung bedürfen.

3. Der Klagantrag gehe zu weit. Klägerin könne Beseitigung der Drähte oder Einholung ihrer Genehmigung zur Spannung solcher nur bezüglich der Straßen und Plätze verlangen, in denen Straßenbahnen eingerichtet werden sollen.

Diese Ausführungen konnten nicht für zutreffend erachtet werden.

Wenn auch das Allgemeine Landrecht eine allgemeine Vorschrift dahin, daß dem Eigentümer eines Grundstückes der über diesem befindliche Luftraum gehöre, nicht enthält, so geht doch aus Einzelbestimmungen (§§ 80. 123. 189 A.L.R. I. 8) hervor, daß der Eigentümer sich Einrichtungen, welche in jenen Raum hineinragen, nicht gefallen zu lassen braucht, wenn sie ihn in der Benutzung seines Grundstückes stören, belästigen oder hindern können. Die Richtigkeit dieses in der Rechtslehre anerkannten Satzes, der im § 905 B.G.B. gesetzliche Bestätigung findet, wird von der Revision nicht in Zweifel gezogen; ebensowenig, daß er nicht bloß auf das Eigentum von Privatpersonen, sondern auch auf das öffentlicher Korporationen Anwendung findet. Eine Einschränkung erleidet der Grundsatz bezüglich solcher Grundstücke, welche dem öffentlichen Gebrauche gewidmet sind, dahin, daß Einwirkungen, die sich innerhalb der Grenzen des bestimmungsmäßigen Gebrauches halten, vom Eigentümer nicht gehindert werden können. Dieser Fall liegt nach Ansicht der Revision vor, weil sowohl die Straßen und Plätze, als auch die Telegraphen- und Fernsprechleitungen dem öffentlichen Verkehre dienten. Die Revision übersieht dabei jedoch, daß die städtischen Straßen und Plätze nicht dazu bestimmt sind, *jedem* öffentlichen Verkehre, sondern nur dem *Straßen*verkehre zu dienen. Das Straßeneigentum wird — abgesehen von einigen besonders geregelten, hier nicht interessierenden Fällen — nur durch die Bestimmung der Straßen und Plätze, dem Gemeingebrauche zum Gehen, Fahren, Reiten und Fortbewegen von Sachen zu dienen (§ 7 A.L.R. II. 15), beschränkt. Weitergehende Benutzungsarten kann der Eigentümer mit der Eigentumsfreiheitsklage abwehren. Daß der telegraphische und telephonische Verkehr nicht zum *Straßen*verkehr gerechnet werden kann, liegt auf der Hand, ist überdies in dem in dieser Sache ergangenen Urteile des Gerichtshofes zur Entscheidung der Kompetenzkonflikte bereits dargelegt. Eine weitere Beschränkung des Eigentumes der Klägerin, als die durch den Straßenverkehr bedingte, ist nicht nachgewiesen und mangels eines besonderen Beweises nach Lage der jetzigen Gesetzgebung nicht anzunehmen. Klägerin ist daher für berechtigt zu erachten, die Beseitigung von Leitungen, welche seitens des Beklagten über ihre Straßen und Plätze geführt worden sind, zu verlangen und die künftige Überspannung der Straßen und Plätze von ihrer Genehmigung abhängig zu machen, vorausgesetzt daß die Drähte der Ausnutzung ihres durch den Straßenverkehr beschränkten Eigentumes hinderlich oder lästig sein können. Dieser Nachweis ist, was die Revision freilich bestreitet, geführt. Es mag der Revision zuzugeben sein, daß die Stadtgemeinde zur Klage auf Beseitigung von Hindernissen und Belästigungen, welche nur den Straßenverkehr im Sinne des § 7 A.L.R. II. 15 treffen, nicht legitimiert ist; dagegen ist es nicht richtig, daß der Betrieb der Straßenbahn von seiten der Stadtgemeinde sich nur als ein Gemeingebrauch der Straße darstelle, sodaß schädliche Einwirkungen auf einen solchen Betrieb nur von der Polizeiobrigkeit verboten werden könnten. Der Betrieb von Straßenbahnen geht — wie auch in dem von der Revision bezogenen Urteile des jetzt erkennenden Senates vom 16. Januar 1889 (Rep. V. 267/88) bereits angedeutet ist — über den Gemeingebrauch der Straßen hinaus und greift, wenn von einem Anderen unternommen, in die Rechte des lediglich durch den Gemeingebrauch beschränkten Straßeneigentümers hinein. So ist denn auch kaum jemals bezweifelt worden, daß ein Anderer auf städtischen Straßen und Plätzen Straßenbahnen nur mit Genehmigung der städtischen Gemeinde, als der Eigentümerin, anlegen und betreiben darf, und die tägliche Erfahrung lehrt, daß die Gemeinden ihre Genehmigung von Gegenleistungen abhängig machen, und zwar unter Billigung des Gesetzgebers (§ 6 Abss. 1. 3 des Kleinbahngesetzes vom 28. Juli 1892, G.S. S. 225) und der höchstrichterlichen Rechtsprechung.

Vgl. Preuß. Just.-Min.-Bl. von 1884 S. 209; Entsch. des R.G.'s in Civils. Bd. 40 S. 280 flg.

Wie in dem Ausbedingen der Gegenleistung beim Betriebe eines Anderen, so tritt beim Selbstbetriebe der Städte in dem Beziehen der Einkünfte der privatrechtliche Charakter dieser Art der Nutzung der Straßen und Plätze klar hervor. Daraus folgt dann von selbst, daß Einwirkungen Dritter, welche den Betrieb hindern oder belästigen, und welche nicht auf dem Gemeingebrauche der Straßen und Plätze beruhen, von dem Unternehmer nicht geduldet zu werden brauchen. Daß zum Betriebe der Straßenbahnen behördliche Konzession erforderlich ist, verleiht dem Betriebe weder einen öffentlichrechtlichen Charakter, noch ist dieser Umstand geeignet, dem Unternehmer das Recht, auf Beseitigung oder Unterlassung von Beeinträchtigungen zu klagen, zu entziehen. Eine Beeinträchtigung der Klägerin in der Ausübung ihres privaten Eigentumsnutzungsrechtes durch das Vorhandensein der ungenehmigten Drahtleitungen, sowie durch das Verlangen des Beklagten, auch ferner nach seinem Belieben Drähte über die Straßen und Plätze zu spannen, liegt unzweifelhaft vor. Es ist ein — von dem Beklagten nicht in Abrede gestellter — der neueren Zeit angehöriger Erfahrungssatz, daß bei benachbarten elektrischen Leitungen der elektrische Strom von einer auf die andere überspringt, und daß dadurch Betriebsstörungen herbeigeführt werden, daß insbesondere Starkstromleitungen (z. B. der elektrischen Straßenbahnen) den elektrischen Strom auf Schwachstromleitungen (z. B. auf Telegraphen- und Fernsprechleitungen) übertragen, worunter der Betrieb der letzteren leidet. Insoweit liegt allerdings eine direkte Beeinträchtigung der Ausnutzung des Eigentumes der Klägerin nicht vor; aber das Vorhandensein älterer Schwachstromleitungen legt der Klägerin nach § 12 des Telegraphengesetzes die Verpflichtung auf, der Gefahr der Störung des Betriebes des Beklagten dadurch vorzubeugen, daß sie an ihrer späteren elektrischen Anlage auf ihre Kosten Vorkehrungen trifft oder dulden muß, daß solche auf ihre Kosten getroffen werden. So hat denn Klägerin in der That — wie der Berufungsrichter unanfechtbar und unangefochten feststellt — schon bei der im Jahre 1893 erfolgten Eröffnung einer Teilstrecke ihrer elektrischen Straßenbahn zum Schutze der elektrischen Anlagen des Beklagten Vorkehrungen auf ihre Kosten treffen müssen. Ein solcher Zustand widerspricht der gesetzlich gewährleisteten Freiheit des Privateigentumes. Verfehlt ist auch die Ansicht des Beklagten, daß § 12 des Telegraphengesetzes dem Teile des Klagantrages, mit welchem die Beseitigung schon vorhandener Telephondrähte begehrt wird, entgegenstehe; denn § 12 verleiht seinen Schutz selbstverständlich nicht jeder thatsächlich vorhandenen älteren elektrischen Anlage; vielmehr sind nach allgemeinen Rechtsgrundsätzen schutzberechtigt nur solche Anlagen, deren rechtlicher Bestand nachgewiesen oder doch nicht streitig ist.

Nicht zutreffend ist endlich auch die Ansicht der Revision, daß der Klagantrag auf die Straßen und Plätze hätte beschränkt werden müssen, auf welchen die Klägerin nachweislich den Straßenbahnbetrieb zu eröffnen beabsichtige. Klägerin darf nicht nur solche in den Luftraum über ihren Straßen und Plätzen hineinragenden Vorkehrungen, welche der Ausnutzung ihres Eigentumes schon hinderlich sind, sondern auch solche, welche ihr hinderlich sein können, verbieten. Klägerin kann nicht voraussehen, wie die Verkehrsbedürfnisse sich in Zukunft gestalten werden, und auf welche Straßen und Plätze der Straßenbahnverkehr wird ausgedehnt werden müssen. Sie darf sich daher ihre Entschließung bis zur Nachsuchung der Genehmigung in jedem einzelnen Falle vorbehalten." . . .

49. Fallen die Kosten der Zwangsheilung prostituierter geschlechtskranker Frauenzimmer in denjenigen Städten, in welchen die örtliche Polizeiverwaltung von einer Königlichen Behörde geführt wird, dem Fiskus zur Last, wenn die Frauenzimmer aus der Polizeigefangenschaft ohne die bestimmte Erklärung, daß sie aus der Gefangenschaft entlassen würden, und mit dem Ersuchen der Polizeibehörde, sie dieser nach beendeter Zwangsheilung wieder zuführen zu lassen, dem städtischen Krankenhause überwiesen werden?

Preuß. Gesetz über die Polizeiverwaltung vom 11. März 1850 § 3.
Preuß. Gesetz über die Kosten Königlicher Polizeiverwaltungen in Stadtgemeinden vom 20. April 1892 §§ 1. 2.

VI. Civilsenat. Urt. v. 29. September 1898 i. S. Stadtgemeinde Danzig (Kl.) w. preuß. Fiskus (Bekl.). Rep. VI. 158/98.

I. Landgericht Danzig.
II. Oberlandesgericht Marienwerder.

Aus den Gründen:

„Die vorliegende Klage aus der nützlichen Verwendung stützt sich in erster Linie darauf, daß die in der tabellarischen Nachweisung genannten Frauenzimmer dem städtischen Lazarett auf Anordnung der Polizeidirektion zur Zwangsheilung von ihrer syphilitischen Krankheit zugeführt, dort den für solche Fälle ergangenen Weisungen der der Polizeidirektion entsprechend in einem besonderen, abgeschlossenen Gebäude mit vergitterten Fenstern untergebracht, unter Aufsicht gehalten und geheilt seien. Die Klägerin vertrat die Meinung, daß die durch die Zwangsheilung entstandenen Kosten als Kosten der örtlichen Polizeiverwaltung in Danzig, wo diese von einer Königlichen Behörde geführt wird, nach dem Gesetze vom 20. April 1892 (G.S. S. 87) dem Staate zur Last fielen und daher der Stadt zu ersetzen seien.

Das Berufungsgericht ist nicht dieser Meinung, und auch das Reichsgericht hat bereits im Urteile vom 24. Juni 1895,

Entsch. desselben in Civils. Bd. 35 S. 296,

in Übereinstimmung mit dem preußischen Oberverwaltungsgerichte,

Entsch. desselben Bd. 27 S. 62, Bd. 28 S. 85,

angenommen, daß die Kosten einer Zwangsheilung prostituierter geschlechtskranker Frauenzimmer nicht zu den Kosten der örtlichen Polizeiverwaltung im Sinne des § 1 des Gesetzes vom 20. April 1892, wo darunter — im Unterschiede von § 3 des Gesetzes vom 11. März 1850 — nur die unmittelbaren Kosten der örtlichen Polizeiverwaltung verstanden seien, und auch nicht zu den Polizeigefängniskosten im Sinne des § 2 daselbst zu rechnen seien, letzteres deshalb nicht, weil eine nur zum Zwecke ihrer Heilung im Krankenhause festgehaltene Person dadurch nicht zu einer Gefangenen, und die Anstalt selbst ebensowenig zu einem Polizeigefängnis werde.

Hiervon abzugehen liegt ein genügender Grund nicht vor. Es wird im übrigen auf die Begründung des Urteiles vom 24. Juni 1895 verwiesen, was umsomehr ausreicht, als die Revision neues dagegen nicht vorgebracht und nur gerügt hat, daß die weiterhin zur Unterstützung des Anspruches noch vorgebrachten Thatsachen nicht richtig gewürdigt seien.

Die 45 Frauenzimmer sind nämlich dem städtischen Lazarett mit dem Ersuchen zugeführt worden, sie nach der Heilung nicht freizulassen, sondern der Polizei wieder zu überliefern. Die Klägerin behauptete in der Klage, dieselben seien vorher wegen Vergehen oder Übertretungen zur Polizeihaft gebracht und, als sich bei der Untersuchung ihre Erkrankung an der Syphilis herausstellte, ohne Entlassung aus der Haft ins Krankenhaus geschafft. Der Beklagte stellte den Hergang folgendermaßen dar: von den Frauenzimmern sei nur eine, die Pr., zur Verbüßung einer dreitägigen Strafe in Haft genommen worden, die sie nach ihrer Heilung verbüßt habe. Die übrigen Frauenzimmer seien in der Nacht oder am Tage vor ihrer Überführung in das Lazarett aufgegriffen und dann untersucht worden. Eine Anzahl (11) sei nach der Heilung ohne weiteres entlassen worden, nachdem sie unter Sittenkontrole gestellt worden; gegen andere sei nach ihrer Heilung und Entlassung aus dem Lazarett wegen Übertretung eine Strafe festgesetzt, die sie sodann verbüßt hätten. Wie die Klägerin sich zu diesen

Behauptungen gestellt hat, an welche der Beklagte die Folgerung knüpfte, die Frauenzimmer seien sämtlich im Lazarett nicht Polizeigefangene geblieben, ist nicht ganz klar. . . . Nach dem Thatbestande des Berufungsgerichtes hat die Klägerin die gegnerischen „Ausführungen" bestritten und ist bei ihrer „Ansicht" verblieben, daß die verhafteten Dirnen auch im Lazarett Polizeigefangene gewesen seien. In der Urteilsbegründung heißt es: „Es ist anzuerkennen, daß die Festnahme der sämtlichen Dirnen mit Ausnahme der Pr. wegen Verdachts einer strafbaren Handlung — Übertretung des § 361 Ziff. 6 R.St.G.B. — stattgefunden hat." Mit Rücksicht darauf, daß dieser Satz offenbar auf den thatsächlichen Angaben des Beklagten fußt, auch nur ein Bestreiten der „Ausführungen" des Beklagten, worunter dessen Schlußfolgerungen verstanden sein mögen, im Thatbestande konstatiert ist, läßt sich eine Übereinstimmung der Parteien über den Hergang, wie er von dem Beklagten dargestellt wird, annehmen.

Das Berufungsgericht geht davon aus, daß die Frauenzimmer Polizeigefangene gewesen und aus der Haft in das Lazarett übergeführt seien. Trotzdem seien sie im Lazarett nicht Gefangene geblieben, weil ihre Festhaltung im Lazarett nicht im kriminalpolizeilichen, sondern im sanitätspolizeilichen Interesse erfolgt sei. Dies ergebe sich daraus, daß die Staatsbehörde sonst unnötigerweise dem Staate Kosten aufgebürdet haben würde, was nicht ihre Absicht gewesen sein könne. Nach den Umständen habe es auch der Stadtgemeinde nicht zweifelhaft sein können, daß die Leistung von ihr als eine solche verlangt werde, die sie auf ihre Kosten vorzunehmen habe. Die Absicht der Polizeibehörde, die schon zur Zeit der Überführung der Frauenzimmer in das Lazarett bestanden habe, sei weiter dahin gegangen, die Frauenzimmer nach beendigter Heilung wieder festzunehmen, und zu diesem Zwecke sei das Ersuchen um Wiedervorführung nach erfolgter Genesung gestellt. Dieses Ersuchen stehe daher der Annahme, daß die Frauenzimmer im Lazarett nicht Gefangene geblieben seien, nicht entgegen.

Die Revision sucht dagegen geltend zu machen, daß es einer bestimmten Erklärung der Polizeibehörde bedurft habe, wenn die Gefangenschaft der Frauenzimmer durch die Überführung in das Lazarett aufhören sollte. Die bloße darauf gerichtete Absicht, die keinen Ausdruck gefunden habe, genüge dazu nicht. Aus dem Ersuchen um Wiederzuführung nach der Heilung und um geeignete Vorkehrungen zur Verhütung des Entweichens habe nur auf die entgegengesetzte Absicht geschlossen werden können.

Der Angriff kann indes keinen Erfolg haben. Die Entlassungserklärung der zuständigen Behörde ist nicht erforderlich, um einem Gefangenen die Freiheit wieder zu geben. Die Erklärung mag zweckmäßig sein, um Zweifel auszuschließen, hat aber immer nur die Bedeutung, daß dadurch die Entlassung konstatiert — nicht bewirkt — wird. Deshalb ist die Erklärung ohne Bedeutung, wenn sie den Thatsachen widerspricht. Dies trifft insbesondere auch bei der Überweisung eines kranken Gefangenen an eine Krankenanstalt zu. Durch eine formelle Entlassungserklärung hört in diesem Falle der Kranke nicht auf, Gefangener zu sein, wenn er im Krankenhause in Wirklichkeit auch fernerhin zur Verfügung der gerichtlichen oder Polizeibehörde verbleibt; umgekehrt kann das Fehlen der Entlassungserklärung nicht die Folge haben, daß der Kranke fortfährt, Gefangener zu sein, wenn die Umstände ergeben, daß eine wirkliche Entlassung stattgefunden hat.

Vgl. Wohlers, Entscheidungen des Bundesamts für das Heimatwesen Heft 22 S. 95. 100, Heft 24 S. 102. 104. 106; auch Heft 12 S. 48.

Es hängt sonach von den Umständen des Falles ab, ob in der Überführung in ein Krankenhaus eine Entlassung aus der Gefangenschaft zu finden ist, oder nicht. Zu diesen Umständen gehört aber hier — was die Revision bei ihrer Bezugnahme auf das Urteil des Reichsgerichtes Bd. 10 S. 230 der Civilentscheidungen völlig übersieht — als wesentlichster der, daß unstrittig die Frauenzimmer als geschlechtlich krank der städtischen Krankenanstalt zur Zwangsheilung überwiesen sind. Es mag in anderen Fällen die Regel sein, daß der Kranke im Krankenhause Gefangener bleibt, wenn die zuständige Behörde eine gegenteilige Absicht nicht zu erkennen giebt, und ihre Anordnungen dahin verstanden werden müssen, daß der Kranke im Krankenhause unter Observation und zur Verfügung des Gerichtes oder der Polizei bleiben soll. Anders verhält es sich aber, wenn der kranke Gefangene der Zwangsheilung im sanitätspolizeilichen Interesse unterworfen und zu diesem Zwecke ins Krankenhaus gebracht wird. Ist die Heilung der alleinige Zweck des gegen den Kranken geübten Zwanges, so ist, wie oben schon bemerkt, der Kranke, obwohl er im Krankenhause festgehalten wird, kein Gefangener.

Das Berufungsgericht folgert nun aus den vorliegenden Umständen, daß bei der Überführung der Frauenzimmer in das Krankenhaus eine Fortsetzung der Gefangenschaft der Frauenzimmer von der Polizei nicht bezweckt sei, dies auch der Stadtgemeinde nicht habe zweifelhaft sein können. Zur Abweisung der Klage würde es schon genügen, daß die Stadtgemeinde, die unbestritten die Frauenzimmer zur Zwangsheilung übernommen hat, deren Kosten ihr zur Last fallen, keine Umstände vorgebracht hat, die zu dem Nachweise dienlich wären, daß daneben auch eine Fortsetzung der Gefangenschaft im Krankenhause thatsächlich eingetreten sei. Solche Umstände liegen nach der Annahme des Berufungsgerichtes nicht vor, und darin kann ihm nicht entgegengetreten werden. Das Berufungsgericht vermißt zunächst jeden Grund, der die Polizeibehörde hätte veranlassen können, die Gefangenschaft der Frauenzimmer fortzusetzen und damit die Heilungskosten zu übernehmen. Dabei ist in Betracht zu ziehen, daß die Pr. ihre Strafhaft erst nach der Heilung verbüßt hat, und daß die übrigen Frauenzimmer nur wegen Verdachtes einer Übertretung verhaftet waren. Allerdings mußte der Polizei daran gelegen sein, daß bis zur Erledigung der Angelegenheit die krank befundenen Frauenzimmer ihre freie Selbstbestimmung nicht wieder erhielten. Dafür war aber dadurch gesorgt, daß die Heilung im Krankenhause zwangsweise zu geschehen hatte; einer sofortigen Wiederverhaftung der Frauenzimmer, noch ehe dieselben das Krankenhaus verlassen hatten, standen ersichtlich keinerlei Schwierigkeiten im Wege. Danach sind Bedenken gegen die Begründung des Berufungsgerichtes in diesem Punkte, die etwa aus ungenügender Würdigung des Sachverhaltes herzuleiten wären, nicht vorhanden. Das Ersuchen der Polizeibehörde um Wiederzuführung der Frauenzimmer nach beendigter Heilung erklärt das Berufungsgericht mit der Absicht einer Wiederverhaftung derselben. Auch dies ist nicht bedenklich. In anderen Fällen, wo Zwangsheilung nicht in Frage ist, mag ein solches Ersuchen erkennen lassen, daß der Kranke als *Gefangener* im Krankenhause festgehalten werden soll; bei einer Zwangsheilung trifft dies aber nicht zu, da die Voraussetzung jenes Ersuchens — das Festhalten des Kranken im Krankenhause —, auch ohne daß derselbe Gefangener bleibt, eintritt. Das von der Revision noch hervorgehobene Verlangen der Polizeibehörde, die geeigneten Vorkehrungen gegen das Entweichen der zur Zwangsheilung ins Krankenhaus gebrachten Kranken zu treffen, kann gar nicht in Betracht kommen. Dabei handelt es sich nur um die Sicherung der Heilung, nicht um Fortsetzung einer vorher begonnenen Gefangenschaft." ...

---

50. Verliert der Schuldner seine Einwendungen gegen eine Forderung auch dann, wenn dieselbe in einem Prozesse vom Kläger nur eventuell geltend gemacht, und in dem Urteile nur über den Prinzipalantrag erkannt ist?

A.L.R. I. 16 § 383.

VI. Civilsenat. Urt. v. 3. Oktober 1898 i. S. G. u. Gen. (Bekl.) w. H. (Kl.). Rep. VI. 163/98.

I. Landgericht Oppeln.
II. Oberlandesgericht Breslau.

Im Oktober 1886 wurde auf Antrag des Hypothekengläubigers P. die Zwangsversteigerung des dem R. gehörigen Rittergutes Ch. eingeleitet. Auf dem Gute befand sich damals eine vollständige Brennereieinrichtung. R. überließ dieselbe einem seiner Gläubiger, F. W. K., um aus den Brennereigegenständen sich wegen seiner Forderung zu befriedigen. K. ließ darauf die Brennereieinrichtung auseinander nehmen und die Gegenstände zum großen Teile am 29. Dezember 1886 auf sein Gut St. schaffen.

Bei der Kaufgelderbelegung fiel P. mit seiner Hypothek in Höhe von 8066,18 ℳ aus. Der Kläger, welchem P. seine Ansprüche aus diesem Ausfalle abgetreten hatte, beantragte nun unter der Behauptung, daß K. bei Fortschaffung der Brennereigegenstände von der Einleitung der Zwangsversteigerung Kenntnis gehabt habe, in einem Vorprozesse, denselben zu verurteilen, die Brennereigegenstände ihm, bezw. einem Gerichtsvollzieher zu dem Zwecke herauszugeben, daß Kläger sich aus denselben wegen des Ausfalles befriedigen könne, eventuell den Beklagten zur Zahlung von 8066,18 ℳ zu verurteilen.

K. wurde im wesentlichen nach dem prinzipalen Antrage zur Herausgabe der fraglichen Brennereigegenstände verurteilt. Die von ihm infolge dieses Urteiles herausgegebenen Gegenstände wurden durch einen Gerichtsvollzieher versteigert, und der Kläger erhielt den nach Abzug der Kosten sich ergebenden Erlös mit 1204,10 M, welchen er auf die Zinsen für die Zeit vom 1. April 1887 bis zum 25. März 1890 verrechnete.

Auf Grund dieses Sachverhaltes stellte Kläger im gegenwärtigen Rechtsstreite den Antrag,

die näher bezeichneten Erben des inzwischen verstorbenen K. zur Zahlung von 8066 M nebst 5 Prozent Zinsen seit dem 26. März 1894 zu verurteilen.

Der erste Richter erachtete den von den Beklagten erhobenen Einwand der Verjährung für begründet und wies die Klage ab. Das Berufungsgericht erklärte dagegen den Klaganspruch dem Grunde nach für gerechtfertigt. Es nahm an, daß die Verjährung schon vor Beginn des Vorprozesses beendet gewesen und deshalb der Einwand, da er in jenem Prozesse nicht vorgebracht sei, nach § 383 A.L.R. I. 16 nicht mehr geltend gemacht werden könne.

Dieses Urteil ist auf die Revision der Beklagten vom Reichsgericht aufgehoben worden.

Aus den Gründen:

... „Der Kläger hat im Vorprozesse, wenn auch nur eventuell, die Verurteilung des Erblassers der Beklagten zur Zahlung von 8066,18 M verlangt und diesen Antrag auch darauf gegründet, daß derselbe dem P. seinen Ausfall bei der Zwangsversteigerung deshalb ersetzen müsse, weil er die näher bezeichneten Brennereigegenstände in Kenntnis der Einleitung der Zwangsversteigerung von dem Gute Sch. fortgeschafft habe. Über diesen Antrag ist indes nicht erkannt, weil das damalige Berufungsgericht den Prinzipalantrag für begründet erachtete. Der damalige Beklagte hatte aber doch genügenden Anlaß, die Einrede der Verjährung in jenem Prozesse zu erheben, weil der Antrag auf Zahlung der 8066,18 M jedenfalls gestellt war. Aus dem Nichtgebrauche dieser Einrede folgt aber nicht, daß sie nun auch im gegenwärtigen Prozesse nicht mehr geltend gemacht werden könne.

Der Wortlaut des § 383 A.L.R. I. 16: „Wer in einem Prozesse von seinen Einwendungen gegen eine wider ihn ausgeklagte Forderung innerhalb der durch die Gesetze bestimmten Fristen keinen Gebrauch macht, wird derselben auch ohne weitere Entsagung verlustig", läßt allerdings die Auslegung zu, daß durch Nichtgebrauch im Prozesse die Einwendung überhaupt verloren gehen soll. Dieser Auslegung stehen indes sehr erhebliche Bedenken entgegen.

Nach den §§ 64—66 der Einleitung der zur Zeit des Inkrafttretens des Allgemeinen Landrechtes geltenden Allgemeinen Gerichtsordnung bewirkte die der Regel nach den Prozeß beendende Entscheidung über den Anspruch selbst nur, daß diese von dem Gegner nicht mehr angefochten werden konnte, und daß der obsiegende Theil in die Lage versetzt wurde, das ihm Zuerkannte auch wider den Willen des Gegners zu erlangen. Ansprüche, die zwar auch erhoben, über die aber nicht entschieden war, wurden demnach durch den Prozeß nicht berührt, und der Verpflichtete behielt alle ihm zustehenden Einwendungen gegen derartige Ansprüche. Hätten nun diese Grundsätze durch die Vorschrift des § 383 a. a. O. in so erheblicher Weise abgeändert werden sollen, daß auch bezüglich eines Anspruches, über den im Prozesse nicht entschieden ist, der Verlust der in diesem Prozesse nicht erhobenen Einwendungen eintreten soll, so würde der Gesetzgeber dies sicher in ganz bestimmter, eine andere Auslegung nicht zulassender Weise ausgesprochen haben. Dies ist aber im § 383 nicht geschehen. Es ist vielmehr ohne Zwang die Annahme möglich, daß die Worte „in einem Prozesse" sich nicht allein auf den vorangehenden Konditionalsatz beziehen, sondern auch auf den nachfolgenden Hauptsatz „wird derselben auch ohne weitere Entsagung verlustig" erstrecken sollen. In diesem Falle würde die Vorschrift aber lediglich die schon in der Gerichtsordnung enthaltene Bestimmung wiederholen, daß Einwendungen, welche nicht rechtzeitig vorgebracht sind, für den anhängigen Rechtsstreit auch ohne weitere Entsagung verloren gehen (§§ 2 flg. A.G.O. I. 9; §§ 3 flg. A.G.O. I. 10).

Daß der Gesetzgeber aber auch nur dies wollte, geht aus dem Zusammenhange der §§ 382—386 hervor. Denn nachdem im § 382 allgemein ausgesprochen ist, daß die Entsagung der Einwendungen gegen eine an sich gültige Forderung auch stillschweigend erfolgen kann, wird in den dem § 383 folgenden Paragraphen lediglich auf Bestimmungen Bezug genommen, durch welche bereits der Verlust gewisser Einwendungen auch ohne besondere Entsagung infolge Nichtgebrauches angeordnet ist. So wird im § 384 bezüglich der Frage, welche Einwendungen noch gegen ein rechtskräftiges Urteil zulässig sind, auf die Prozeßordnung, und im § 385 bezüglich der Frage, inwieweit jemand nach vorbehaltloser Erfüllung seiner Verbindlichkeit auf Grund ihm zustehender Einwendungen das Geleistete zurückfordern kann, auf die Grundsätze über Zahlungen verwiesen. Hierbei ist zu bemerken, daß nach der Allgemeinen Gerichtsordnung gegen ein rechtskräftiges Urteil noch die Einwendungen der Zahlung, der Kompensation, des Erlasses und des Vergleiches erhoben werden konnten, auch wenn der Grund derselben schon vor der Rechtskraft des Urteiles eingetreten war (§ 36 A.G.O. I. 24 und Anhang zu derselben § 152). Das Allgemeine Landrecht hat hiernach in den der allgemeinen Vorschrift des § 382 folgenden Paragraphen offenbar nicht neue Bestimmungen darüber geben wollen, in welchen Fällen eine stillschweigende Entsagung wirksam sein solle, sondern, entsprechend seiner Tendenz, das Publikum möglichst vor falschen Rechtsansichten und der dadurch bedingten Gefahr von Prozessen zu bewahren, nur die Fälle, oder doch die hauptsächlichsten Fälle, in denen nach den geltenden Vorschriften ein Verlust von Einwendungen ohne besondere Entsagung eintritt, an dieser Stelle der Vollständigkeit wegen wiederholen wollen. Hierfür spricht ferner, daß auch der § 386 a. a. O. keine selbständige Vorschrift enthält, sondern wegen der Entsagungen durch Vertrag lediglich die Vorschriften der §§ 193 flg. des fünften Titels in Bezug nimmt.

Nach der Ansicht des Berufungsgerichtes dürfte, auch wenn die Klage wegen eines Präjudizialeinwandes, z. B. wegen Unzuständigkeit des Gerichtes, abgewiesen ist, ein Einwand, der gegen den Anspruch selbst erhoben werden konnte, aber nicht erhoben ist, in einem neuen Prozesse nicht mehr geltend gemacht werden; wobei insbesondere zu berücksichtigen ist, daß es nach §§ 2 flg. A.G.O. I. 9 nicht zulässig war, wegen Präjudizialeinreden die Einlassung auf die Hauptsache zu verweigern. Es würde also ein Resultat eintreten, welches mit den auch beim Inkrafttreten des Allgemeinen Landrechtes geltenden Grundsätzen über die Rechtskraft der Urteile in einem gewiß nicht gewollten Widerspruche stehen würde.

Zu der gleichen Ansicht gelangt der Verfasser des Aufsatzes in der Juristischen Wochenschrift von 1846 S. 177 flg. Er führt aus, daß zu der vorliegend vom Berufungsgericht vertretenen Auslegung die Bestimmung des § 383 nicht berechtigt, wenn man sie im Zusammenhange mit § 384 auffaßt, daß durch sie vielmehr nur die Folgen der Unterlassung des Gebrauches einer Einrede für den einzelnen Prozeß haben angedeutet werden sollen, die Bestimmung in das Allgemeine Landrecht aufgenommen ist, um die Lehre von der Entsagung der Einwendungen in ihrer Vollständigkeit aufzustellen, daß die Vorschrift aber keine selbständige Bedeutung hat, da die Prozeßordnung die Art und Weise der gerichtlichen Rechtsverfolgung hinreichend darlegt.

Rehbein (Entsch. des Obertrib. Bd. 3 S. 178 Anm.) ist der Meinung, daß es sich bei dem Verluste der Einreden mittels stillschweigender Entsagung durch Nichtgeltendmachung im Prozeß in Wahrheit nicht um die Wirkung der Entsagung, sondern um die Wirkung der Rechtskraft handele. Die Einreden gegen das zur Entscheidung gebrachte Recht und aus dem zur Entscheidung gebrachten Rechtsverhältnisse gingen notwendig nur so weit verloren, als die Rechtskraft der Entscheidung reiche.

Das Obertribunal spricht in dem Urteile vom 4./25. März 1852 (Entsch. dess. Bd. 22 S. 332) zwar aus, daß nach § 383 a. a. O. Einwendungen durch Nichtgebrauch verloren gehen. Es wird sodann aber unter Heranziehung des § 384 weiter ausgeführt, daß hiernach andere Einwendungen als die privilegierten nicht mehr vorgebracht werden können, um die Vollstreckung des Urteiles zu hindern. Das Obertribunal geht also auch davon aus, daß der Verlust der Einwendungen durch Nichtgebrauch im Prozesse nur dem rechtskräftigen Urteile gegenüber eintritt.

Etwas anderes geht auch nicht aus dem von dem Kläger in der Berufungsinstanz in Bezug genommenen Urteile desselben Gerichtshofes vom 18. Februar 1864 (Entsch. dess. Bd. 51 S. 396 flg.) hervor. Denn auch in dem diesem Urteile zu Grunde liegenden Falle handelte es sich um die Frage, inwieweit gegen ein rechtskräftiges Urteil Einwendungen noch erhoben werden können.

In der Rechtsprechung und der Litteratur ist sonst, soweit bekannt, die Frage, ob ein Einwand, der im Prozesse einem eingeklagten Anspruche gegenüber nicht geltend gemacht ist, auch verloren geht, wenn über den Anspruch selbst nicht entschieden ist, nicht erörtert." . . .

51. Kann eine im Güterrechte des Allgemeinen Landrechtes lebende Ehefrau Schadensersatzansprüche wegen geminderter Erwerbsfähigkeit auf Grund des Reichshaftpflichtgesetzes erheben? Erwerb der preußischrechtlichen Ehefrau.

A.L.R. II. 1 § 211.

III. Civilsenat. Urt. v. 7. Oktober 1898 i. S. des preuß. Eisenbahnfiskus (Bekl.) w. H. Ehefr. (Kl.). Rep. III. 138/98.

I. Landgericht I Berlin.
II. Kammergericht daselbst.

Die Entscheidung ist oben unter „Reichsrecht" Nr. 9 S. 32 abgedruckt.

52. Stellung des Testamentsvollstreckers zum Erben. Inwiefern macht sich der Testamentsvollstrecker dem Erben durch Auszahlung ungültiger Vermächtnisse verantwortlich?

VI. Civilsenat. Urt. v. 10. Oktober 1898 i. S. R. Erben (Bekl.) w. W. u. Gen. (Kl.). Rep. VI. 121/98.

I. Landgericht Memel.
II. Oberlandesgericht Königsberg i. Pr.

Aus den Gründen:

... „Der Erblasser der Beklagten, Kaufmann R., war Testamentsvollstrecker des G.'schen Testamentes und hat als solcher ein von der Witwe G. dem Sohne L. G. ausgesetztes Vermächtnis von 15 000 ℳ an diesen ausgezahlt. Das Vermächtnis war jedoch ungültig, weil die Witwe G. durch die Annahme der Erbschaft aus dem mit ihrem vorverstorbenen Ehemann errichteten wechselseitigen (korrespektiven) Testamente an ihre eigenen in diesem Testamente bezüglich der gemeinschaftlichen Kinder getroffenen Anordnungen gebunden war und eine davon abweichende letztwillige Verfügung, wie solche in dem Vermächtnisse an L. G. lag, nicht errichten durfte. L. G. ist auf die von den Klägern als Miterben der G.'schen Eheleute angestellte Klage in einem Vorprozesse verurteilt worden, die erhaltenen 15000 ℳ nebst fünf Prozent Zinsen seit dem 26. Oktober 1891 zur Nachlaßmasse der Witwe G. zurückzuzahlen; die Zwangsvollstreckung gegen ihn war jedoch fruchtlos. Die Kläger nehmen deshalb im vorliegenden Rechtsstreite die Erben des Testamentsvollstreckers wegen desjenigen Betrages, der ihnen durch die Auszahlung des Legates an ihrem Erbteile entgangen ist, in Anspruch, und das Berufungsgericht hat der Klage stattgegeben, indem es ein den Klägern als Miterben gegenüber vertretbares Versehen des Testamentsvollstreckers darin findet, daß dieser nach erhaltenem Widerspruche des Klägers W. den damals noch unbezahlten Teil des Legates (8000 ℳ) an L. G. auszahlte, statt die Entscheidung des Streites zwischen den Erben abzuwarten. Das Gericht geht davon aus, daß der Testamentsvollstrecker zur Prüfung der materiellen Gültigkeit des Testamentes, insbesondere der Verfügungsbefugnis des Testierenden, verpflichtet sei. Hinsichtlich der Vertretbarkeit seiner Handlungen legt es dabei den Maßstab des § 55 A.L.R. I. 13 an und befindet, daß R., den es als einen gewandten Geschäftsmann bezeichnet, in eigenen Angelegenheiten solche Zahlungen — nach ausdrücklichem Widerspruche eines Beteiligten — nicht geleistet haben würde. . . .

Die Revision bekämpft die Annahme, daß der Testamentsvollstrecker R. durch den Einspruch eines Erben an der Ausführung des Testamentes der Witwe G. gehindert gewesen sei, und vertritt dagegen den Standpunkt, daß R. den Einspruch, da er das Testament für gültig erachtet habe, habe nicht berücksichtigen dürfen. . . .

Die Rechtsstellung des Testamentsvollstreckers gegenüber dem Erben läßt sich nicht mit der Revision dahin auffassen, daß der Testamentsvollstrecker selbst ungültige Verordnungen des Erblassers zum Nachteile des Erben ausführen dürfe, wofern er sie nur für gültig hält. Die Revision scheint damit die Haftung des Testamentsvollstreckers auf den Fall der Arglist beschränken zu wollen. Dies entspricht nicht den in den §§ 557—562 A.L.R. I. 12 enthaltenen Vorschriften von Testamentsexekutoren. Einerseits ist danach der Testamentsexekutor als Bevollmächtigter des Erblassers — nicht des Erben — anzusehen (§ 557); der Erbe kann die Vollmacht nicht widerrufen und dem Testamentsvollstrecker keine vom Testamente, welches die Vollmacht enthält, abweichende Instruktionen erteilen.

Vgl. Entsch. des R.G.'s in Civils. Bd. 25 S. 297.

Daraus folgt aber zugleich, daß der Testamentsvollstrecker dem Erben gegenüber nicht unter allen Umständen schon dadurch gedeckt ist, daß seine Handlungen der Vollmacht entsprechen, gleich als stände er dem Machtgeber gegenüber und hätte nur dessen Anweisungen befolgt. Andererseits hat der Testamentsvollstrecker bei einer ihm etwa aufgetragenen Verwaltung des Nachlasses nach § 559 auf das Interesse und die Verfügungen des Erben Rücksicht zu nehmen. § 560 fügt hinzu: „So wenig aber als der Erbe selbst etwas gegen den Willen des Erblassers verfügen kann, so wenig ist der Vollzieher befugt, in solche Verfügungen des Erben zu willigen.“ Nach § 562 endlich hat der Testamentsvollstrecker als Verwalter fremder Güter dem Erben Rechnung zu legen. Diese Bestimmungen deuten zur Genüge auf ein zwischen dem Testamentsvollstrecker und dem Erben als Nachlaßeigentümer bestehendes Verpflichtungsverhältnis hin, welches sich näher dahin bestimmen läßt, daß der Vollstrecker bei Ausführung der Anordnungen des Testamentes das Interesse des Erben, wie ein Bevollmächtigter, zu beachten hat, unbeschadet freilich seiner Pflicht zur Befolgung der testamentarischen Anordnungen, hinter welcher die Berücksichtigung des Interesses des Erben zurückstehen muß. Daß dabei aber nur an gültige Verordnungen des Erblassers zu denken ist, erscheint im Grunde selbstverständlich und geht auch aus § 560 a. a. O. hervor. Denn die dort gemachte Voraussetzung für die Pflicht des Testamentsvollstreckers, ein dem Testamente widersprechendes Verlangen des Erben unbeachtet zu lassen, daß nämlich der Erbe selbst nichts gegen den Willen des Erblassers verfügen kann, trifft bei ungültigen Verordnungen nicht zu. Dergleichen Verordnungen braucht der Testamentsvollstrecker so wenig, wie der Erbe, anzuerkennen; thut er es dennoch zum Nachteile des Erben, so schädigt er dadurch dessen, von ihm zu beachtendes, berechtigtes Interesse und wird, insofern ihn dabei ein nach den Grundsätzen vom Vollmachtsauftrage zum Schadensersatze verpflichtendes Verschulden trifft, dem Erben verantwortlich. Es erscheint diese Verantwortlichkeit als das notwendige Korrelat der Nichtbefugnis des Erben, das Mandat zu kündigen oder auf andere Weise auf die Ausführung des Testamentes bestimmend einzuwirken.

Danach läßt sich gegen den Satz des Berufungsurteiles, daß der Testamentsvollstrecker im Interesse des Erben die materielle Rechtsgültigkeit der von ihm auszuführenden letztwilligen Verordnungen zu prüfen habe, nichts einwenden. Ebensowenig hat die Vorinstanz bei der Beurteilung, ob R. ein zum Schadensersatze verpflichtendes Versehen durch Auszahlung des Vermächtnisses und des Anteiles am Erlöse der Mobilien begangen hat, rechtlich geirrt. Sie geht nicht so weit, zu verlangen, daß der Testamentsvollstrecker vor Auszahlung einer Schuld oder eines Vermächtnisses mit den Erben Rücksprache zu nehmen habe, wie solches von Sturm (Jahrbücher für die Dogmatik 2c Bd. 20 S. 137. 142) angenommen wird. Auch läßt sich im Berufungsurteile nicht der Gedanke finden, daß der Testamentsvollstrecker jeden noch so unbegründeten Widerspruch eines Erben gegen die Auszahlung eines Vermächtnisses beachten müsse, was vielleicht für zu weitgehend erachtet werden müßte. Die Annahme der Vorinstanz, daß R. jedenfalls nach Kenntnis vom Widerspruche des W. die weitere Auszahlung des Vermächtnisses hätte unterlassen sollen und in seinen eigenen Angelegenheiten nicht anders gehandelt haben würde, steht im Zusammenhange damit, daß das Vermächtnis nicht bloß in der That ungültig war, sondern daß auch, wie im Thatbestande hervorgehoben wird, im Vorprozesse bei den Gerichten aller drei Instanzen ein Zweifel darüber nicht geherrscht hat, daß die Witwe G. zu derartigen letztwilligen Verfügungen nach Annahme der Erbschaft aus dem zwischen ihr und dem Ehemanne errichteten wechselseitigen Testamente nicht berechtigt war. Nachdem der Mitkläger W. in seinen Briefen an R. die Rechtsgültigkeit der letztwilligen Verordnung der Witwe G. in bestimmter Weise angezweifelt und gegen die Zahlung der Vermächtnisse Einspruch erhoben hatte, war nach der Auffassung der Vorinstanz für R., da jedenfalls von einem offenbar unbegründeten Widerspruche nicht die Rede sein konnte, alle Veranlassung zur Zurückhaltung des Vermächtnisses gegeben, selbst wenn er für seine Person die Zweifel nicht geteilt haben und darin, wie von den Beklagten vorgebracht ist, durch das Gutachten eines Rechtsanwaltes bestärkt sein sollte. Hierin kann ein Rechtsirrtum nicht gefunden werden." . . .

53. Ist der Rechtsweg gemäß § 30 des preußischen Enteignungsgesetzes vom 11. Juni 1874 für den Anspruch des Eigentümers auf Rückübertragung seines in den ursprünglichen Enteignungsplan nicht aufgenommenen Restgrundstückes gegeben, wenn dasselbe infolge eines von dem Unternehmer nicht bestrittenen Antrages des Eigentümers auf Übernahme des ganzen Grundstückes in das Entschädigungsfeststellungsverfahren vor der Verwaltungsbehörde mit einbezogen worden ist, der Eigentümer aber nunmehr behauptet, daß er den Antrag auf Übernahme des Reststückes nur unter der nicht eingetretenen Bedingung gestellt habe, daß ihm ein bestimmter Kaufpreis dafür gezahlt werde? Steht der Zulässigkeit des Rechtsweges entgegen, daß vor dessen Beschreitung infolge erklärter Dringlichkeit die Enteignung des ganzen Grundstückes einschließlich des Reststückes ausgesprochen worden ist?

Preuß. Enteignungsgesetz vom 11. Juni 1874 §§ 25. 29. 9. 30. 34.

II. Civilsenat. Urt. v. 11. Oktober 1898 i. S. Stadtgemeinde K. (Bekl.) w. W. Erben (Kl.). Rep. II. 131/98.

I. Landgericht Köln.
II. Oberlandesgericht daselbst.

In dem auf Betreiben der Stadtgemeinde K. eingeleiteten Verfahren, betreffend die Enteignung der zur Anlage der Kanalstraße in K. erforderlichen Grundfläche, war auch die Enteignung eines in diese Straße fallenden Grundstückes des A. J. W., Rechtsvorgängers der Kläger, und zwar bis auf ein dreieckiges, spitzwinkelig zulaufendes Reststück von 333 qm, in Aussicht genommen. In dem gemäß § 25 des preußischen Enteignungsgesetzes anberaumten Verhandlungstermin vor dem Regierungskommissar forderte W. 6 ℳ für den Quadratmeter und Übernahme des Reststückes. Es wurde die Abschätzung auch auf das Reststück ausgedehnt, und von den Verwaltungssachverständigen die Entschädigung für das ganze Grundstück auf 3 ℳ für den Quadratmeter festgesetzt. Inzwischen hatte W. in einem an den Regierungspräsidenten gerichteten, von diesem an den mit der Leitung des Verfahrens beauftragten Regierungskommissar abgegebenen Schreiben gebeten, ihm den für die Kanalstraße nicht erforderlichen Teil des Grundstückes zu belassen. Der Regierungskommissar hielt jedoch dieses Schreiben für nicht beachtlich, und durch Beschluß des

Bezirksausschusses vom 13. Februar 1894 wurde die Entschädigung für das ganze Grundstück auf 3 ℳ für den Quadratmeter festgesetzt, und bestimmt, daß die Enteignung des Grundstückes nach erfolgter Zahlung oder Hinterlegung dieses Betrages auszusprechen sei. Die Zahlung erfolgte; auch wurde wegen Dringlichkeit die Enteignung des ganzen Grundstückes ausgesprochen, und der Enteignungsbeschluß zugestellt. Gegen den Entschädigungsfeststellungsbeschluß haben hierauf die Kläger mittels Klage gegen die Stadt K. den Rechtsweg beschritten. Abgesehen davon, daß sie die zugebilligte Entschädigung als zu niedrig bemängelten, beantragten sie die Rückübertragung des zur Straßenanlage nicht erforderlichen Reststückes an sie, und, falls diesem Antrage nicht stattgegeben werde, die Beklagte zur Zahlung von 6 ℳ für den Quadratmeter dieses Reststückes zu verurteilen. Sie behaupteten, daß ihr Rechtsvorgänger die Übernahme des Reststückes nur unter der Bedingung, daß eine Entschädigung in dieser Höhe gewährt werde, bewilligt habe. Die Beklagte stellte dies in Abrede und bestritt zugleich die Zuständigkeit des Gerichtes, über die Frage der Rückübertragung zu entscheiden. Sie beantragte die Abweisung der Klage.

Das Landgericht wies den Antrag auf Rückübertragung des Reststückes einesteils als unbegründet, anderenteils auch deshalb ab, weil vor dem Bezirksausschusse weder über die Verpflichtung, noch über die Berechtigung der Beklagten zur Übernahme des Reststückes gestritten worden, daher auch hierüber eine Entscheidung nicht ergangen, und somit gegen diesen Teil des Beschlusses der in § 30 des Enteignungsgesetzes vorgesehene Rechtsweg nicht gegeben sei.

Auf die Berufung der Kläger erachtete das Oberlandesgericht den Rechtsweg für zulässig und verurteilte die Beklagte, den Klägern das Reststück von 333 qm gegen Rückerstattung der bereits gezahlten 1098,60 ℳ wieder zu Eigentum zu übertragen.

Die gegen diese Entscheidung eingelegte Revision wurde zurückgewiesen aus folgenden

Gründen:

... „Nach § 29 des preußischen Enteignungsgesetzes vom 11. Juni 1874 steht zunächst der Verwaltungsbehörde (dem Bezirksausschuß) die Entscheidung über die Entschädigung des Enteigneten, die zu bestellende Kaution und die sonstigen aus §§ 7—13 sich ergebenden

Verpflichtungen, also namentlich auch über die in § 9 vorgesehene Verpflichtung des Unternehmers zu, das ganze Grundstück gegen Entschädigung zu übernehmen, wenn dasselbe durch die Abtretung des in Anspruch genommenen Teiles so zerstückelt werden würde, daß das Reststück nach seiner bisherigen Bestimmung nicht mehr zweckmäßig benutzt werden kann. Die Übernahmeverpflichtung des Unternehmers bildet einen Bestandteil seiner in den vorausgegangenen Paragraphen prinzipiell festgestellten Entschädigungspflicht; ihr entspricht das Recht des Eigentümers, die Übernahme des Reststückes verlangen zu können. Dieses Recht bildet einen Bestandteil seines Entschädigungsrechtes, welches zugleich mit der Übernahmeverpflichtung des Unternehmers der Entscheidung des Bezirksausschusses unterliegt. Hierbei kann es rechtlich keinen Unterschied machen, ob dem Übernahmeantrag des Eigentümers von dem Unternehmer widersprochen wird, oder ob derselbe damit einverstanden ist; denn das Gesetz erfordert nicht, wie die Beklagte meint, daß die Übernahmepflicht bestritten ist, sondern daß der Eigenthümer die Übernahme des Ganzen verlangt hat. Es handelt sich immer nur um die Entscheidung darüber, ob das Ganze zu übernehmen ist, und zwar ohne Rücksicht auf ein Bestreiten von seiten des Unternehmers. Im vorliegenden Falle hat nun der Rechtsvorgänger der Kläger in dem Verfahren vor dem Regierungskommissar gemäß § 25 des Enteignungsgesetzes einen Antrag auf vollständige Übernahme seines nur teilweise in Anspruch genommenen Grundstückes angebracht, und hat der Bezirksausschuß unter Feststellung der Entschädigung für das ganze Grundstück entschieden, daß das ganze Grundstück zu Gunsten der Beklagten zu enteignen ist. Damit hat er über die aus § 9 a. a. O. sich ergebende Verpflichtung der Beklagten entschieden. Nach § 30 des Enteignungsgesetzes steht gegen die Entscheidung des Bezirksausschusses nicht nur dem Unternehmer, sondern auch den übrigen Beteiligten, namentlich also auch dem Eigentümer, innerhalb bestimmter Frist die Beschreitung des Rechtsweges zu. Eine Einschränkung der Klage auf einzelne Teile dieser Entscheidung enthält das Gesetz nicht. Hat der Unternehmer das Recht — und das ist nicht zweifelhaft —, gegen die Verwaltungsentscheidung im Rechtswege geltend zu machen, daß der Fall einer Verpflichtung, das ganze Grundstück zu übernehmen, für ihn nicht vorliege, so muß auch der Eigentümer das Recht haben, mit der Klage vor dem

Richter geltend machen zu können, daß seinerseits das Verlangen auf Übernahme des Ganzen nicht oder nicht mehr bestehe, und er die Rückerstattung des für die Anlage nicht notwendigen, im Enteignungsplane nicht einbegriffenen Reststückes beantrage. Denn auch hierbei handelt es sich immer nur um den privatrechtlichen Anspruch auf Entschädigung, der endgültig von dem Richter zu entscheiden ist.

Ist sonach dem Oberlandesgerichte darin beizutreten, daß mit der Entschädigungsklage aus § 30 a. a. O. auch die Rückgabe des Restgrundstückes geltend gemacht werden kann, so fragt es sich nur noch, ob hierin nicht dadurch eine Änderung in der Richtung des Ausschlusses des Rechtsweges eingetreten ist, daß schon vor der Entscheidung im Rechtswege von der Verwaltungsbehörde wegen Dringlichkeit die Enteignung des ganzen Grundstückes ausgesprochen worden ist.

Der erkennende Senat hat nun bereits in der von dem Oberlandesgerichte bezogenen Entscheidung in Sachen der Stadtgemeinde K. gegen den Eisenbahnfiskus (II. 81/91) die Zulässigkeit des Rechtsweges in einem solchen Falle angenommen, wenn der Unternehmer seine Übernahmeverpflichtung bestritten und die Rücknahme des Reststückes durch den Eigentümer verlangt hat. Er ist hierbei davon ausgegangen, daß, da nach § 34 des Enteignungsgesetzes bei Dringlichkeit die Enteignung vor Erledigung des Rechtsweges ausgesprochen wird, und da erst im Verfolg des Rechtsweges die Entschädigungsfrage, und damit der in das Gebiet derselben gehörige Streit über die Anwendung des bezogenen § 9 von dem Richter entschieden wird, auch der Enteignungsbeschluß nicht endgültig das Eigentum an dem streitigen Teile des enteigneten Grundstückes übertrage, sondern nur vorbehaltlich der Entscheidung im Rechtswege. Diese Begründung muß auch nach erneuter Prüfung der Frage als zutreffend erachtet werden. Läßt das Gesetz über die bestrittene Übernahmepflicht den Rechtsweg zu, so will es auch, daß die in demselben ergehende Entscheidung für die Parteien maßgebend sein soll, und dann liegt eine etwaige Änderung des von der Verwaltungsbehörde inzwischen wegen Dringlichkeit erlassenen Enteignungsbeschlusses im Willen des Gesetzes; anderenfalls würde die an sich zulässige Entscheidung im Rechtswege bedeutungslos sein. Derselbe rechtliche Gesichtspunkt trifft auch dann zu, wenn, wie im vorliegenden Falle, in dem Entschädigungsstreite vor dem ordentlichen Richter der Eigentümer behauptet, daß mit Unrecht eine Abtretung des Reststückes im Verwaltungsverfahren angenommen worden sei, und dessen Rückübertragung verlangt. Die Kompetenz des Richters zur Entscheidung hierüber hindert, daß der wegen Dringlichkeit vorher ergangene Enteignungsbeschluß in diesem Punkte die Kraft eines definitiven Enteignungsbeschlusses erlangt. Die Ausführung des Oberlandesgerichtes, daß auch der Enteignungsbeschluß der Geltendmachung des klägerischen Anspruches im Rechtswege deshalb nicht im Wege stehe, weil er wegen Dringlichkeit, also vorbehaltlich der Entscheidung im Rechtswege, ergangen sei, kann daher nicht als rechtsirrtümlich erachtet werden, und erweist sich die Revision als unbegründet.

Die Frage, ob nicht die Entscheidung des Berufungsrichters etwa insofern eine Gesetzesverletzung enthalte, als der Anspruch der Kläger auf Rückübertragung des Reststückes für begründet erklärt worden ist, unterliegt nicht der Prüfung des Revisionsgerichtes, da es sich hierbei nur um einen Wertgegenstand im Betrage von weniger als 1500 ℳ handelt."

54. Steht der Klage aus einem an sich unverbindlichen mündlichen Vertrage gegen denjenigen, der sich schriftlich oder zum Protokolle zu dem Vertrage bekannt hat und daher den Mangel der schriftlichen Abfassung nicht vorschützen kann, der Einwand entgegen, daß der Kläger später das Zustandekommen eines für ihn verbindlichen Vertrages von der Einigung über neue, vom mündlichen Vertrage abweichende Vorschläge abhängig gemacht habe?

A.L.R. I. 5 § 185.

VI. Civilsenat. Urt. v. 13. Oktober 1898 i. S. K. Ehefr. (Kl.) w. H. (Bekl.). Rep. VI. 180/98.

I. Landgericht II Berlin.
II. Kammergericht daselbst.

Aus den Gründen:

„Der Beklagte übergab am 16. August 1897 dem Ehemanne der Klägerin ein von ihm unterschriebenes Schriftstück, in welchem er demselben als Vertreter seiner Ehefrau die Ausführung der Maurerarbeiten an seinem Neubau unter den näher aufgeführten Bedingungen zu dem ebenda angegebenen Preise „überträgt". Am 17. August 1897 erhielt Beklagter darauf vom Ehemanne der Klägerin folgenden Brief:

„Hinsichtlich unseres Abkommens, dessen Bestätigung Du noch nicht hast, möchte ich Dich darauf aufmerksam machen, daß Du versehentlich die 3. und 4. Rate Deiner Zahlungen zusammengelegt hast. Es mag ja vielleicht beim Zimmermann Zweck haben, die Balkenlage über den 4. Stock und das Richten besonders zu behandeln; beim Maurer ist doch faktisch beides eins. Es wäre deshalb vielleicht am zweckmäßigsten, wenn wir einfach vier Raten (Erdgeschoß, II. Stock, IV. Stock, sowie Rohbauabnahme) machten und diese Raten gleichmäßig auf 3000 ℳ festsetzten. — Dann möchte ich auch einen Vermerk wegen eventueller Verlängerung der angesetzten Bauzeiten bei Strike oder Sperre haben. Dies würde ja, glaube ich, auch Deinen Ansichten entsprechen. Überlege Dir die beiden Sachen und gieb mir Bescheid, wenn wir uns treffen."

Am 18. August 1897 — und zwar, wie Beklagter angiebt, vor Empfang des vorstehenden Schreibens — schrieb der Beklagte dem Ehemanne der Klägerin:

„Da bis jetzt die zu gestern früh zugesagte Bestätigung der Übernahme der Maurerarbeiten an meinem Neubau . . . nicht eingetroffen ist, ziehe ich hiermit mein Schreiben vom 16. August cr. zurück und vergebe die Arbeiten weiter."

Der Beklagte hat sodann die Arbeiten durch einen Anderen ausführen lassen. Die Klägerin nimmt ihn deshalb wegen Schadensersatzes in Anspruch mit der Behauptung, der Vertrag sei mündlich verabredet gewesen, und das Schriftstück vom 16. August 1897 enthalte das schriftliche Bekenntnis zu diesem Vertrage (§ 185 A.L.R. I. 5); eine schriftliche Bestätigung sei von ihrem Ehemanne zwar versprochen, aber vom Beklagten nicht verlangt worden. Der Beklagte behauptet dagegen, daß das Schreiben vom 16. August 1897 eine Offerte enthalten habe, die er habe zurückziehen können, da die Annahme bis zum 18. August nicht erfolgt sei; daß es aber auch deshalb zu einem

Vertrage nicht gekommen sei, weil der Ehemann der Klägerin im Schreiben vom 17. August 1897 abweichende Vorschläge gemacht habe, die er nicht zu acceptieren brauchte, auch nicht acceptiert habe.

Die Klage ist in beiden Vorinstanzen abgewiesen. Das Berufungsgericht hat seinen Ausführungen die Klagebehauptung, daß das Schriftstück vom 16. August 1897 den Inhalt eines mündlich abgeschlossenen Vertrages wiedergebe, als richtig unterstellt. Es meint, daß in diesem Falle der Beklagte, wenn er auch nach § 185 A.L.R. I. 5 der Erfüllungsklage nicht den Einwand der mangelnden schriftlichen Abfassung des Vertrages entgegensetzen könne, doch durch das Schreiben des Ehemannes der Klägerin vom 17. August 1897, in welchem dieser die Genehmigung zu dem geschlossenen Vertrage verweigere und andere Bedingungen stelle, in die Lage versetzt sei, sein Schreiben vom 16. August wieder zurückziehen zu können, und daß es übrigens nicht darauf ankomme, ob das Rücktrittsschreiben vom 18. August vor, oder nach Empfang des Schreibens vom 17. August abgesendet ist, da der Rücktritt jedenfalls berechtigt sei.

Die hiergegen gerichteten Revisionsangriffe können nicht zur Aufhebung des Urteiles führen.

Es kann der Revision zugegeben werden, daß, wenn nach dem Abschluß eines formell nicht verbindlichen mündlichen Vertrages von der einen oder der anderen Seite Abänderungsvorschläge gemacht werden, dies ebenso, wie nach dem Abschlusse eines bindenden Vertrages, in der Absicht geschehen kann, daß es bei dem geschlossenen Vertrage sein Bewenden behalte, wenn die Abänderungsvorschläge nicht genehmigt werden. Das Berufungsgericht hat aber hier in unanfechtbarer Weise festgestellt, daß der Ehemann der Klägerin, von der Unverbindlichkeit des mündlichen Vertrages ausgehend (vorausgesetzt, daß ein mündlicher, mit dem Inhalte des Schriftstückes vom 16. August 1897 übereinstimmender Vertrag überhaupt geschlossen war), in dem Schreiben vom 17. August 1897 neue Vorschläge machte, und daß er von dem Ausgange der fortgesetzten Verhandlungen die Bestätigung des Vertrages, d. h. das Zustandekommen eines solchen, abhängig machte. Damit hat er sich von dem geschlossenen mündlichen Vertrage losgesagt. Die rechtliche Folge davon war, daß auch der Beklagte nicht länger an den Vertrag gebunden blieb.

Zunächst nämlich ist es klar, daß der § 185 A.L.R. I. 5 einem aus dem späteren Verhalten des nicht gebundenen Vertragsteiles hergeleiteten Einwande des Inhaltes, daß der durch seine Unterschrift gebundene Teil dadurch von seiner Verpflichtung frei geworden sei, nicht entgegensteht. Weiter ist in Betracht zu ziehen, daß es begrifflich (§ 1 A.L.R. I. 5) einen Vertrag, der nur für einen Teil, nicht auch für den anderen Bestand hat, nicht giebt, und daß im besonderen ein sogenannter synallagmatischer Vertrag, d. h. ein Vertrag mit gegenseitig sich bedingenden Leistungen, wie er hier in Frage steht, gar nicht in der Art vorkommen kann, daß nur der eine Teil zu der übernommenen Leistung verpflichtet ist und bleibt. Durch seine Unterschrift hat er sich zwar gebunden, aber nicht in anderer Weise, als es dem Wesen dieser Verträge entspricht, also bedingt durch die Gegenverpflichtung des anderen Teiles. Eine nur einseitige Gebundenheit an den Vertrag kann daher nur als ein vorübergehender Zustand gedacht werden, der durch die Erklärung des nicht gebundenen Teiles sein Ende findet, indem entweder eine beiderseitige Gebundenheit eintritt, oder keiner von beiden Teilen gebunden bleibt. Zur Beendigung dieses Schwebezustandes kann sogar dem nicht gebundenen Teile von dem anderen eine angemessene Frist gesetzt werden mit der Wirkung, daß die Nichterklärung innerhalb dieser Frist die Befreiung des anderen Teiles zur Folge hat.

Vgl. Entsch. des Obertrib. Bd. 4 S. 222. 223; Urteile des Reichsgerichtes vom 1. März 1893 und vom 3. April 1895, abgedruckt bei Gruchot, Beiträge Bd. 37 S. 988, und Jurist. Wochenschr. von 1895 S. 245 Nr. 26.

Umsomehr muß die erfolgte Erklärung des nicht gebundenen Teiles, in welcher er den förmlichen Abschluß des nur mündlichen Vertrages ablehnt und den Vertragsabschluß auf anderer Grundlage verlangt, eben diese Wirkung haben.

Danach ist dem Berufungsgericht nur insofern nicht beizustimmen, als es wegen der Erklärung vom 17. August 1897 dem Beklagten nur ein Rücktrittsrecht einräumen will. Diese Erklärung steht ganz unmittelbar der Klage auf Erfüllung des Vertrages oder auf Schadensersatz wegen nicht geleisteter Erfüllung entgegen. Die Befreiung des Beklagten trat von selbst ein. Ebendeshalb kommt es darauf nicht an, ob der vor Empfang des Schreibens vom 17. August 1897 vom Beklagten erklärte Rücktritt unberechtigt war." . . .

55. Was ist im Sinne der Befreiungsvorschrift 3 zur Tarifstelle 32 des Stempelsteuergesetzes vom 31. Juli 1895 unter Sachen, welche zum unmittelbaren Verbrauche in einem Gewerbe dienen sollen, zu verstehen?

IV. Civilsenat. Urt. v. 20. Oktober 1898 i. S. Ostpreußische Holz-Commanditgesellschaft A. & L. u. Gen. (Kl.) w. preuß. Fiskus (Bekl.). Rep. IV. 115/98.

I. Landgericht Posen.
II. Oberlandesgericht daselbst.

Zwischen den Klägern und dem den preußischen Fiskus vertretenden Minister der öffentlichen Arbeiten wurde im Februar 1897 ein schriftlicher Vertrag geschlossen, nach welchem die Kläger die Lieferung von Bahnschwellen und von Weichenschwellen für die preußischen Staatseisenbahnen zu vereinbarten Preisen übernahmen. Zu diesem Vertrage erforderte die Eisenbahndirektion zu Bromberg auf Grund der Tarifstellen 32. 71, 2. 16. 44 des preußischen Stempelsteuergesetzes vom 31. Juli 1895 von den Klägern einen Stempel im Betrage von 5765 ℳ. Die Kläger zahlten am 15. März 1897 die verlangte Summe an die fiskalische Kasse, klagten aber demnächst auf die Zurückzahlung des Betrages von 5763,50 ℳ nebst 5 Prozent Zinsen seit dem 15. März 1897, indem sie die Meinung vertraten, daß ihnen die Befreiungsbestimmung unter Ziffer 3 zu der Tarifstelle 32 des Stempelsteuergesetzes vom 31. Juli 1895 zur Seite stehe. Durch das in zweiter Instanz aufrecht erhaltene Urteil des Landgerichtes wurden die Kläger mit ihrer Klage abgewiesen. Die Revision der Kläger gegen das Berufungsurteil hat das Reichsgericht zurückgewiesen aus folgenden

Gründen:

„Von der in der Tarifstelle 32 des Stempelsteuergesetzes vom 31. Juli 1895 bezeichneten Stempelabgabe sind nach Ziff. 3 der daselbst vorgeschriebenen „Ermäßigungen und Befreiungen"

Kauf- und Lieferungsverträge über Mengen von Sachen oder Waren befreit, sofern dieselben entweder zum unmittelbaren Verbrauch in einem Gewerbe, oder zur Wiederveräußerung in derselben Beschaffenheit oder nach vorgängiger Bearbeitung oder Verarbeitung dienen sollen, oder im Inlande in dem Betriebe eines der Vertragschließenden erzeugt oder hergestellt sind.

Die Kläger halten diese Vorschrift auf den von ihnen mit dem Vertreter des preußischen Fiskus im Februar 1897 über die Lieferung von Bahnschwellen und von Weichenschwellen für die preußischen Staatseisenbahnen errichteten Vertrag für anwendbar, indem sie geltend machen, daß die hier in Rede stehenden Schwellen zu den Sachen gehören, welche „zum unmittelbaren Verbrauch in einem Gewerbe dienen sollen".

Dieser Auffassung ist das Berufungsgericht zunächst mit der Ausführung entgegengetreten, daß Bahnschwellen keine verbrauchbaren Sachen im Sinne der unter der erwähnten Ziff. 3 bezeichneten Befreiungen seien, weil nach dem Sprachgebrauch unter verbrauchbaren Sachen nur solche verstanden werden könnten, deren Gebrauchswert nur durch Auflösung des gegenwärtigen Sachzustandes, durch Verbrauchen der gegebenen Sachgebilde hergestellt werde, die Bahnschwellen aber durch ihre Einfügung in den Bahnkörper nicht zerstört würden, sondern sich nur sehr allmählich abnutzten.

In diesen Ausführungen ist eine Rechtsnormverletzung nicht enthalten. Allerdings ist es richtig, daß — worauf von der Revision hingewiesen wird — das Stempelsteuergesetz sich des technischen Ausdruckes „verbrauchbare Sachen" nicht bedient. Dies steht indes der Auslegung des Berufungsgerichtes nicht entgegen.

In Betracht kommt für die Auslegung der hier in Rede stehenden Befreiungsvorschrift der Rechtszustand, welcher unmittelbar vor Erlaß des Stempelsteuergesetzes vom 31. Juli 1895 herrschte. Auf Grund des Reichsstempelgesetzes vom 1. Juli 1881 §§ 9c. 11. Tarifnummer 4a in Verbindung mit dem diese Tarifnummer und die sich daran knüpfenden Vorschriften beseitigenden Reichsgesetze vom 29. Mai 1885 waren damals

Kauf- und Lieferungsverträge über Mengen von Sachen oder Waren, die zum Gebrauch als gewerbliche Betriebsmaterialien bestimmt sind, von jeglicher Stempelabgabe — dem Reichs- und Landesstempel — befreit.

Vgl. Entsch. des R.G.'s in Civils. Bd. 19 S. 177.

Von dieser Auffassung wird auch in der Begründung zu dem Entwurf des Stempelsteuergesetzes vom 31. Juli 1895 unter III. 17 (S. 46) ausgegangen.

Was den Begriff der gewerblichen Betriebsmaterialien anbelangt, so sind in der Begründung zu dem Entwurf des Reichsstempelgesetzes vom 1. Juli 1881 § 9c (S. 33) als solche beispielsweise Kohlen zur Heizung und Farbstoffe bezeichnet, wogegen die zum Bau einer Eisenbahn gelieferten Schwellen nach einer Bemerkung in dieser Begründung nicht als gewerbliche Betriebsmaterialien zu gelten hätten. Letzterer Auffassung ist auch das Reichsgericht in Sachen Fiskus w. W., IV. 509/82 und 532/82, in den Urteilen vom 1. und 12. Februar 1883 (Jurist. Wochenschrift von 1883 S. 125 Nr. 46) beigetreten. Später hat das Reichsgericht Schienen und Axen, welche an Eisenbahnverwaltungen zu liefern waren, für Gegenstände, welche beim Betriebe des Eisenbahngewerbes unmittelbar benutzt werden sollen und daher unter den Begriff der gewerblichen Betriebsmaterialien fallen, erklärt.

Vgl. die Urteile in Sachen Fiskus w. Bochumer Verein, IV. 335/88, vom 18. März 1889 (Jurist. Wochenschrift von 1889 S. 163) und in Sachen Steuerfiskus w. Gutehoffnungshütte, III. 79/89, vom 31. Mai 1889 (Jurist. Wochenschrift von 1889 S. 291 Nr. 29).

Andererseits ist in dem reichsgerichtlichen Urteile vom 17. März 1888 in Sachen D. w. Steuerfiskus, II. 336/87, (Jurist. Wochenschrift von 1888 S. 186 Nr. 29) ausgeführt, daß der Begriff der gewerblichen Betriebsmaterialien im Sinne des § 9c des Reichsstempelgesetzes vom 1. Juli 1881 unbedenklich eng aufzufassen sei, daß dieser Begriff indes wohl nicht bestimmt zu begrenzen sein, und namentlich die Unterscheidung zwischen Betriebs*mitteln* und Betriebs*materialien* schwankend bleiben werde. Auf das oben erwähnte Urteil in Sachen Fiskus w. W., IV. 532/82, hat das Reichsgericht noch in einer neueren Entscheidung, nämlich in dem Urteile vom 4. März 1897 in Sachen Fiskus w. G., IV. 290/96, (Jurist. Wochenschrift von 1897 S. 248 Nr. 71), im Hinblick auf die Begründung zu dem Entwurf des Reichsstempelgesetzes vom 1. Juli 1881 § 9c hinsichtlich der zum Bau einer Eisenbahn bestimmten Schwellen Bezug genommen.

Vgl. auch Cirkularverfügung des preußischen Finanzministeriums vom 15. Juli 1889 (Centralblatt der Abgaben- rc Gesetzgebung und Verwaltung von 1889 S. 323).

Wenn nun, abweichend von der dahingehenden Wortfassung in § 9c des Reichsstempelgesetzes vom 1. Juli 1881:

... welche ... zum Gebrauch als gewerbliche Betriebsmaterialien ... bestimmt sind,

in der Befreiungsvorschrift 3 zur Tarifstelle 32 des Stempelsteuergesetzes vom 31. Juli 1895 die Worte

... sofern dieselben ... zum unmittelbaren Verbrauch in einem Gewerbe ... dienen sollen ...

gewählt sind, so liegt hierin ein so ausdrückliches und entschiedenes Abgehen von der früheren Wortfassung, daß die Annahme einer nur zufälligen oder doch bedeutungslosen Änderung ausgeschlossen erscheint, vielmehr auf die Absicht geschlossen werden muß, unter Aufgabe des früheren Wortlautes, welcher zu verschiedenartigen Auslegungen geführt hatte, dem Gesetz eine präzisere, den Willen des Gesetzgebers klar zum Ausdruck bringende Fassung zu geben.

Nun kann aber unter dem unmittelbaren Verbrauch in einem Gewerbe nicht jeder Gebrauch als gewerbliches Betriebsmaterial verstanden werden, sondern nur ein solcher Gebrauch, der nicht allein den Zwecken des Gewerbes unmittelbar dient, sondern auch nicht bloß die Abnutzung, sondern die Zerstörung der benutzten Sache zur Folge hat. Gegenstand einer solchen Benutzung können mithin nur verbrauchbare Sachen sein, d. h. Sachen, deren Gebrauch in ihrem Verbrauche besteht, die durch ihre Zerstörung den aus ihnen zu ziehenden Nutzen gewähren. Zu diesen Sachen können aber Eisenbahnschwellen nicht gerechnet werden, da dieselben zu einem dauernden Gebrauche bestimmt sind und nur einer allmählichen Abnutzung unterliegen.

Mit Recht wird von Heinitz in seinem Kommentar zum Stempelsteuergesetz vom 31. Juli 1895 zur Unterstützung der auch von ihm vertretenen Ansicht, daß der Stempeltarif in seiner jetzigen Fassung der Anschaffung gewerblicher Betriebsmaterialien nur insoweit Befreiung von der Stempelabgabe gewähre, als die fraglichen Gegenstände im Betriebe verbraucht werden, auf Art. 273 H.G.B. hingewiesen, woselbst in Abs. 2 ausdrücklich zwischen denjenigen Sachen, welche bei dem Betriebe des Gewerbes unmittelbar benutzt, und denjenigen, welche hierbei verbraucht werden sollen, unterschieden wird. Auch das Reichsgericht hat bereits in den oben erwähnten Urteilen in Sachen D. w. Steuerfiskus, II. 336/87, und Fiskus w. Bochumer Verein, IV. 335/88, zur Feststellung des Begriffs der gewerblichen

Betriebsmaterialien im Sinne des Reichsstempelgesetzes vom 1. Juli 1881 § 9c auf Art. 273 Abs. 2 H.G.B. Bezug genommen. Hiernach rechtfertigt es sich, auch für das Verständnis der Worte „zum unmittelbaren Verbrauch in einem Gewerbe" in der Befreiungsvorschrift 3 auf Art. 273 Abs. 2 H.G.B. zurückzugehen, und danach kann es nicht statthaft erscheinen, die beiden hier in Rede stehenden Begriffe für identisch zu erachten und unter dem Verbrauch in einem Gewerbe etwas anderes zu verstehen, als eine gewerbliche Benutzung, welche zugleich die Zerstörung der benutzten Sache in sich schließt.

Vgl. auch die von dem preußischen Minister der öffentlichen Arbeiten im Einvernehmen mit dem Finanzminister erlassene Verfügung vom 10. Dezember 1896 (Eisenbahnverordnungsblatt von 1896 S. 353) und die Verfügung des Reichspostamtes vom 15. März 1897, zur Beachtung mitgeteilt durch Verfügung des preußischen Finanzministers vom 31. März 1897 (Centralblatt für Abgaben- rc Gesetzgebung und Verwaltung von 1897 S. 157. 158).

Dem hiernach aus dem an sich klaren Wortlaute des Gesetzes unter Berücksichtigung des dem Erlaß desselben unmittelbar vorausgegangenen Rechtszustandes und der Vorschrift des Art. 273 Abs. 2 H.G.B. zu entnehmenden Ergebnisse gegenüber kann dem Inhalt der Materialien des Gesetzes, insbesondere der Begründung des Gesetzentwurfes und dem Kommissionsberichte, eine ausschlaggebende Bedeutung nicht beigemessen werden. Abgesehen hiervon ist aber auch nicht zu ersehen, daß diese Materialien der vorstehend getroffenen Auslegung entgegenstehen. Dies gilt namentlich von der in der Begründung S. 46 enthaltenen und von der Revision hervorgehobenen Bemerkung, daß die Interessen der Landwirtschaft, des Handels, des Gewerbes und der Industrie Berücksichtigung verdienen und eine steuerliche Begünstigung rechtfertigen. Denn daß die beabsichtigte Begünstigung keine absolute und uneingeschränkte sein sollte, ergiebt sich schon daraus, daß die Verträge fraglicher Art nach der Regierungsvorlage keineswegs, wie bis dahin, von der Steuer frei gelassen, sondern mit einer Abgabe von $^1/_{20}$ Prozent belegt werden sollten. Und wenn man nach der Begründung annehmen wollte, daß im allgemeinen die Absicht bestand, den bisherigen Rechtszustand für die Vertragsinteressenten nur insoweit ungünstiger zu gestalten, als die Stempelabgabe von $^1/_{20}$ Prozent an die Stelle der Steuerfreiheit treten sollte, so steht dies der Annahme keineswegs entgegen, daß zugleich eine Verbesserung der Fassung beabsichtigt war, welche die für die bestimmte Begrenzung des Begriffs der gewerblichen Betriebsmaterialien bestehenden Schwierigkeiten beseitigen sollte. Dieselbe Erwägung greift auch gegenüber der Bemerkung des Kommissionsberichtes (S. 57) durch, es werde „hinsichtlich der Versteuerung der Kauf- und Lieferungsgeschäfte über bewegliche Gegenstände der jetzige Zustand vollkommen aufrecht erhalten", wenn diese Bemerkung nicht überhaupt lediglich auf die darauf folgenden Worte: es werde „die Unterscheidung zwischen vertretbaren und nicht vertretbaren Waren also beibehalten", zu beziehen sein sollte.

Das Berufungsgericht zieht auch noch den Gesichtspunkt in Betracht, daß die Bahnschwellen durch ihre Verwendung in den Bahnkörper ihre Selbständigkeit verlieren, und daß sie insofern als verbraucht bezeichnet werden könnten. Demgegenüber wird aber von dem Berufungsgerichte erwogen, daß von dem bezeichneten Gesichtspunkte aus die Bahnschwellen unmittelbar nur als Baumaterial für die Zwecke des Bahnbaues, nicht aber unmittelbar im Gewerbe der Staatsbahn, daß sie also höchstens mittelbar für den Gewerbebetrieb verbraucht werden würden, und daher auch aus diesem Grunde nicht unter die in Rede stehenden Befreiungen fallen. Auch diese Ausführung ist rechtlich nicht zu beanstanden. Die Revision macht gegen dieselbe geltend, daß das Gewerbe der Eisenbahnverwaltung nicht nur im Betriebe vorhandener Bahnen bestehe, sondern den Bau neuer Bahnen und die bauliche Erhaltung und Erneuerung der vorhandenen Bahnen in sich schließe, und daß, wie der Bahnkörper überhaupt, so auch die einen Bestandteil dieser Bahnkörper bildenden Schwellen dem Bahnbetriebe unmittelbar dienen. Diesem Angriffe steht der Umstand entgegen, daß unter dem Betriebe einer Eisenbahn füglich nur die auf die Beförderung von Personen und Sachen gerichtete Thätigkeit verstanden werden kann, und daß daher unter diesen Begriff nicht auch der Bau und die Erhaltung und Erneuerung des Eisenbahnkörpers fällt, da durch diese Veranstaltungen nur die Voraussetzungen für die Ausführbarkeit des Gewerbebetriebes geschaffen werden, nicht aber das Gewerbe selbst betrieben wird."

56. Zur Auslegung 1. des § 10 Abs. 3 des Stempelsteuergesetzes vom 31. Juli 1895 (G.S. S. 413), 2. der Tarifstelle 32 Abs. 5 desselben Gesetzes.

IV. Civilsenat. Urt. v. 20. Oktober 1898 i. S. W. u. F. (Kl.) w. preuß. Steuerfiskus (Bekl.). Rep. IV. 118/98.

I. Landgericht I Berlin.
II. Kammergericht daselbst.

Die Kläger haben von dem Beklagten die Rückzahlung eines von ihnen erforderten Stempels von 49 ℳ verlangt. Das Landgericht hat den Anspruch in Höhe von 5,50 ℳ für begründet erachtet, die Klage aber im weiteren abgewiesen. Gegen diese Entscheidung haben beide Theile die Berufung eingelegt. Das Kammergericht hat unter Zurückweisung der Berufung der Kläger die Klage ganz abgewiesen. Die Revision der Kläger ist zurückgewiesen aus folgenden

Gründen:

... „Mittels schriftlichen Vertrages vom 5. Februar 1897 hat der Kläger W. das Grundstück Schöneberg G.'straße 12 und B.'straße 3 für den Preis von 320000 ℳ an den Mitkläger F. verkauft. In dem Vertrage ist, nachdem erwähnt worden, daß der Hotelbesitzer Wf. durch den mit dem Eigentümer G. geschlossenen Vertrag vom 22. August 1896 das Grundstück Berlin E.'straße 22/23 tauschweise übertragen erhalten und seine Rechte aus diesem Vertrage auf das fragliche Grundstück durch Vertrag vom 25. Januar 1897 an F. abgetreten habe, bestimmt:

„Die solchergestalt an ihn übergegangenen Rechte auf das Grundstück E.'straße 22/23 überträgt und übereignet Herr F. dem Herrn W. dergestalt an Zahlungsstatt, daß durch diese Hingabe an Zahlungsstatt von dem Kaufpreise für das Grundstück G.'straße 12-B.'straße 3 28000 ℳ getilgt werden. Die Valuta für die an Zahlungsstatt erfolgende Übereignung der Rechte auf das Grundstück E.'straße 22/23 ist nämlich auf 244000 ℳ festgesetzt, wovon 216000 ℳ in der Weise belegt werden, daß Herr W. die auf dem Grundstücke in dieser Höhe eingetragenen Hypotheken ... als Selbstschuldner übernimmt."

Zu dem Vertrage ist außer einem Stempel von 3200 *M*, nämlich von 1 Prozent des Kaufpreises — Tarifstelle 32 des preußischen Stempelsteuergesetzes vom 31. Juli 1895 —, auf Erfordern der Steuerbehörde für die beurkundete Abtretung der Rechte aus dem Vertrage vom 25. Januar 1897 gemäß Tarifstelle 2 ebenda ein Stempel von 1/50 Prozent von der Cessionsvaluta von 244000 *M* mit 49 *M* verwendet worden. Die Kläger haben die Erstattung des letzteren Stempels auf Grund der Bestimmung der Tarifstelle 32 Abs. 2 a. a. O., die dahin geht, daß, wenn in einem Kaufvertrage hinsichtlich des Kaufpreises eine Hingabe an Zahlungsstatt vereinbart wird, der Vertrag wie ein Tauschvertrag zu versteuern ist, verlangt, indem geltend gemacht ist, daß, da in der Abtretung eine Hingabe an Zahlungsstatt gethätigt werde, nach der bezeichneten Gesetzesvorschrift der ganze Vertrag als Tauschvertrag, folglich nur mit 1 Prozent von 320000 *M*, zu versteuern sei.

Der erste Richter ist in Ansehung der Abtretung, soweit eine Hingabe an Zahlungsstatt auf das Kaufgeld vorgenommen ist, also in Höhe von 28000 *M*, der Klage gefolgt, da die Abtretung in dieser Höhe einen Bestandteil des mit 1 Prozent versteuerten Tauschvertrages bilde und deshalb nicht noch einmal zu versteuern sei. Er hat deshalb den Beklagten zur Erstattung des erforderten Stempels in Höhe von 5,50 *M* verurteilt. Dagegen hat er den Mehranspruch der Kläger für unbegründet erachtet, weil der dem Kläger F. aus dem Vertrage vom 22. August 1896 gegen Wf. zustehende Anspruch nicht auf Überlassung eines Gegenstandes von nur 28000 *M*, sondern eines solchen im Werte von 244000 *M* gerichtet gewesen, die Überlassung der Rechte in betreff des Mehrbetrages von 216000 *M* aber nicht als Bestandteil des jetzt in Frage stehenden Vertrages anzusehen sei, und solche daher als ein besonderes Geschäft der Versteuerung unterliege.

Der Berufungsrichter hat sich hinsichtlich der letzteren Entscheidung dem ersten Richter angeschlossen. Dieser Teil der Entscheidung giebt zu rechtlichen Bedenken keinen Anlaß, sodaß — abgesehen von einem noch zu erörternden, gleichfalls durchgreifenden zweiten Entscheidungsgrunde — die Revision jedenfalls, soweit sie sich gegen die Abweisung des Klaganspruches in Höhe von 43,50 *M* wendet, unbegründet ist. Hinsichtlich der mehrgeforderten 5,50 *M* ist dagegen der Berufungsrichter dem ersten Richter entgegengetreten, da nach seiner Annahme die Tarifstelle 32 Abs. 2 hier nicht anwendbar, und daher der Abtretungsstempel von dem vollen Betrage der abgetretenen Forderung, also von 244000 *M*, in Ansatz zu bringen ist. Wie er ausgeführt, können zwar Forderungen zum Gegenstande der Hingabe an Zahlungsstatt gemacht werden, und die Tarifstelle 32 Abs. 2 trifft auch den Fall, wenn die Hingabe von Forderungen an Zahlungsstatt vereinbart worden ist; doch hat er im weiteren erwogen:

Die Cession stelle sich, da sie, wie Tradition und Auflassung, ein materiell unselbständiges, von dem Rechtsgrunde abhängiges Geschäft sei, im Verhältnisse zu dem Rechtsgrunde als Erfüllungshandlung dar; in der bezeichneten Gesetzesstelle sei aber darüber nichts bestimmt, daß auch die Erfüllung der zu Grunde liegenden Vereinbarung im Falle der Beurkundung stempelfrei sein sollte; die Erfüllung erfolge bei Hingabe an Zahlungsstatt durch Übergabe des Gegenstandes, bezw. durch Auflassung, bei Forderungen durch Abtretung; die Beurkundung einer Übergabe sei stempelfrei, da sie im Tarife nicht als stempelpflichtig bezeichnet sei; die Abtretung sei aber nach Tarifstelle 2 stempelpflichtig, und eine Ausnahmevorschrift, wie sie nach Tarifstelle 8 Abs. 3 für Auflassungen bestehe, sei für Abtretungen nicht getroffen; wenn hiernach auch die „Vereinbarung" über die Hingabe an Zahlungsstatt der Tarifstelle 32 Abs. 2 zu unterwerfen sein möge, so treffe dies nicht zu hinsichtlich der zum Zwecke der Erfüllung dieser Vereinbarung gleichzeitig vollzogenen und beurkundeten Abtretung der Forderung.

Bei diesen Erwägungen, von deren rechtlicher Nachprüfung abgesehen werden kann, ist unerörtert geblieben, ob nicht — mit dem ersten Richter — der Vertrag vom 5. Februar 1897 innerhalb des Rahmens eines Kaufvertrages als ein e i n h e i t l i c h e r im Sinne des § 10 Abs. 3 des Stempelsteuergesetzes anzusehen ist, und die beurkundete Abtretung, soweit durch sie die vereinbarte Hingabe an Zahlungsstatt zum Zwecke der Tilgung des Kaufpreises in Höhe von 28000 *M* in Vollzug gesetzt ist, sich als ein Bestandteil dieses einheitlichen Vertrages darstellt. Denn trifft dies zu, so ist nach der bezeichneten Gesetzesvorschrift, wie der erste Richter angenommen hat, nur der für den Kaufvertrag vorgesehene Stempelbetrag von 1 Prozent von 320000 *M* zu entrichten, wogegen die Abtretung in der angegebenen Höhe einer besonderen Besteuerung nicht unterliegt. Jene Frage ist nun aber im Sinne des ersten Richters zu entscheiden. Ob ein Vertrag in allen seinen Teilen ein einheitlicher ist, hängt wesentlich von dem Willen der Vertragschließenden, sofern er sich innerhalb der Grenzen der rechtlichen Natur des Geschäftes bewegt, und davon ab, ob dieser Wille im Vertrage zum Ausdruck gelangt ist. Beides ist hier als vorliegend anzunehmen. Die Vertragschließenden haben nicht bloß die Hingabe an Zahlungsstatt durch Abtretung der Forderung vereinbart, also verabredet, daß solche stattfinden solle, sondern es ist die Abtretung zugleich erklärt worden, und damit haben die Kontrahenten zu erkennen gegeben, daß der sofortige Vollzug der Hingabe an Zahlungsstatt, also die gleichzeitige Abtretung der Rechte, eine Vertragsbedingung bilde. Nur so ist der Vertrag seinem Zusammenhange nach aufzufassen. Bei dieser Sachlage stellt sich aber die beurkundete Abtretung als ein Bestandteil des geschlossenen Kaufvertrages, von dem sie nicht gelöst werden kann, dar. Wie angedeutet, verhält es sich anders mit der Abtretung der Rechte in Höhe von 216000 *M*. Diese Abtretung, für die ein besonderes Äquivalent als Gegenleistung verabredet ist, steht außerhalb des Rahmens des Kaufvertrages.

Wenn sonach zwar der erörterte Entscheidungsgrund versagt, so wird doch die abweisende Entscheidung durch den von dem Berufungsrichter hinzugefügten zweiten Entscheidungsgrund, der dahin geht, daß der Steuerbetrag von 49 *M* dem Beklagten auch als ein Teil der von ihm eventuell aus Abs. 5 der Tarifstelle 32 des Stempelsteuergesetzes hergeleiteten Forderung zu belassen sei, getragen.

Der Abs. 5 der Tarifstelle 32 bestimmt:

„Beurkundungen von Übertragungen der Rechte der Erwerber aus Veräußerungsgeschäften über unbewegliche Sachen und diesen gleichgestellte Rechte ... werden in betreff der Stempelpflichtigkeit wie Beurkundungen der Veräußerungen der Sachen und Rechte behandelt."

Von dem Beklagten ist in der ersten Instanz, wie in der Berufungsinstanz geltend gemacht: die Übertragung der Rechte aus dem Tauschvertrage auf das Grundstück E.-Straße 22/23 gegen 244000 *M* sei nicht als Cession, sondern als Veräußerungsgeschäft nach Abs. 5 der Tarifstelle 32 mit 1 Prozent zu versteuern gewesen, und auch aus diesem Grunde sei die Verwendung von 49 ℳ Stempel als Teil des zu entrichtenden Kaufstempels gerechtfertigt. Der Einwand ist an sich zulässig und eventuell als Kompensationseinrede aufzufassen, indem der Beklagte den zu erstattenden Abtretungsstempel gegen den von ihm zu erfordernden Kauf- oder Tauschstempel verrechnen will.

Der erste Richter hat den Einwand verworfen. Nach seiner Annahme ist die fragliche Gesetzesvorschrift hier nicht anwendbar; denn durch sie würde die Übertragung der Rechte des Hotelbesitzers Wf. an den Kläger F. zu versteuern gewesen sein, nicht aber die Übertragung der von Wf. an den F. überkommenen Rechte auf den Kläger W., da F. nicht Erwerber aus einem Veräußerungsgeschäfte sei. Der Berufungsrichter hat seine Entscheidung nicht näher begründet; doch ist ihm darin beizutreten, daß der Auslegung, die der erste Richter dem Gesetze gegeben hat, nicht zu folgen ist. Das Gesetz bezweckt den unter der Herrschaft des bisherigen Rechtes, insbesondere auf dem Gebiete der Spekulation mit städtischen Grundstücken, aufgetretenen Mißstand, daß die im Wege der Cession erfolgende Überlassung der Rechte aus Grundstückskaufverträgen und des Rechtes auf Auflassung sich der Versteuerung als Kaufvertrag entziehen konnte, zu beseitigen. Es würden nun nach der Auslegung des ersten Richters nur die Beurkundungen von Überlassungen der Rechte aus Veräußerungsgeschäften der beregten Art von seiten des ersten Erwerbers im Steuerinteresse wie Beurkundungen von Veräußerungen von Sachen und Rechten zu behandeln sein, sodaß die Beurkundung von weiteren Übertragungen derselben Rechte nur dem Abtretungsstempel unterliegen würde. Dieser Annahme steht jedoch schon der Wortlaut des Gesetzes entgegen. Der gebrauchte Ausdruck: „Beurkundungen von Übertragungen der Rechte der Erwerber aus Veräußerungsgeschäften . . .", gewährt keinen Anhalt, daß nur die Beurkundungen von Übertragungen der Rechte aus Veräußerungsgeschäften seitens der ersten Erwerber ins Auge gefaßt sind; vielmehr sind durch den Ausdruck alle Beurkundungen von Übertragungen der Rechte, die aus Veräußerungsgeschäften erworben sind, getroffen. Diese Rechte bilden den Gegenstand des Geschäftes, ebenso wie bei der Übertragung seitens des ersten Erwerbers, auch bei Übertragungen von seiten späterer Erwerber. Letzteres ergiebt sich für den vorliegenden Fall mit voller Klarheit aus dem Vertrage.

In diesem ist konstatirt, daß Wf. alle Rechte, die ihm aus dem Vertrage mit G. auf das Grundstück E.=Straße 22/23 zustehen, an F. abgetreten hat, und darauf erklärt F., daß er die solchergestalt auf ihn übergegangenen Rechte dem W. überträgt und übereignet. Die Auslegung des ersten Richters steht aber auch mit dem vorstehend gekennzeichneten Zwecke des Gesetzes, wenn dieser nicht teilweise vereitelt werden soll, im Widerspruche, wie auch die Materialien des Gesetzes keinerlei Andeutung enthalten, daß bei jener Bestimmung nur an die Übertragung der Rechte von seiten des ersten Erwerbers gedacht worden ist. Unterstützt wird diese Auffassung auch durch die Ausnahmebestimmung des Abs. 6 der Tarifstelle 32. Dort heißt es im Anschlusse an Abs. 5, wie folgt:

„Wenn jedoch der erste Erwerber das Veräußerungsgeschäft erweislich auf Grund eines Vollmachtsauftrages oder einer Geschäftsführung ohne Auftrag für einen Dritten abgeschlossen hat, so bedürfen Beurkundungen von Übertragungen der Rechte dieses ersten Erwerbers an den Dritten nur eines Stempels von 1,50 M."

Hier ist also der erste Erwerber besonders hervorgehoben, und bestimmt, daß die Beurkundungen von Übertragungen der Rechte dieses ersten Erwerbers an den Dritten nur einer geringeren Besteuerung unterworfen sein sollen.

Vgl. Verhandlungen des Hauses der Abgeordneten, Legislaturperiode 18, Session II 1895:

Begründung der Regierungsvorlage, Drucksache Nr. 35 S. 5 und 6,

Bericht der Kommission, Drucksache Nr. 204 S. 5 bis 9, 50, 51,

Stenographische Berichte, Sitzung vom 14. Juni 1895 S. 2320, Sitzung vom 26. Juni 1895 S. 2507.

Sonach ist der von dem Beklagten geltend gemachte Steueranspruch, soweit er nicht durch die Vorschrift des Abs. 2 der Tarifstelle 32 ausgeschlossen sein sollte, begründet, und da derselbe den Betrag von 5,50 M übersteigt, so ist die Klage auch in dieser Höhe hinfällig." ...

57. Ist im preußischen Landrechte und im rheinischen Rechte der Grundsatz anerkannt, daß sich zwar die Form der Eheschließung nach den Gesetzen des Ortes richtet, an welchem die Ehe geschlossen wird, daß aber die Fähigkeit zur Eingehung der Ehe für jeden der beiden Eheschließenden nach dem Rechte seines Wohnsitzes zur Zeit der Eheschließung zu beurteilen ist?

IV. Civilsenat. Urt. v. 20. Oktober 1898 i. S. L. u. Gen. (Bekl.) w. R. (Kl.). Rep. IV. 262/98.

I. Landgericht Bochum.
II. Oberlandesgericht Hamm.

Die Entscheidung ist unten unter „Rheinisches Recht" Nr. 78 S. 336 abgedruckt.

58. Kann der bei der Zwangsvollstreckung ausgefallene Hypothekengläubiger außerhalb des Verteilungsverfahrens gegen einen zur Hebung gelangten voreingetragenen Gläubiger Ansprüche aus der Bereicherung erheben, wenn Zwischengläubiger ausgefallen sind, durch deren Deckung die Kaufgeldermasse erschöpft werden würde?

V. Civilsenat. Urt. v. 29. Oktober 1898 i. S. S. (Kl.) w. Rathenower Bankverein u. Gen. (Bekl.). Rep. V. 135/98.

I. Landgericht I Berlin.
II. Kammergericht daselbst.

Auf dem Grundstücke Berlin L.-Straße Nr. 26 standen eingetragen in folgender Reihenfolge: a. 20000 ℳ für R., b. 15000 ℳ für St., c. 15000 ℳ für J. als Cessionar des Vaters der Klägerin, d. 25000 ℳ für den Vater der Klägerin.

Demnächst wurde für die H.'er Hypothekenbank eine Baugelderhypothek von 215000 ℳ eingetragen, welcher von den Gläubigern der Hypotheken unter a—d der Vorrang eingeräumt wurde. Von dieser Hypothek wurde der Betrag von 30000 ℳ an die Beklagte zu 2 abgetreten. Letztere trat diese Teilhypothek nebst Zinsen seit dem

17. Juni 1893 wiederum an die Beklagte zu 1 ab. Von der Hypothek sub d trat der Vater der Klägerin 5000 ℳ mit dem Vorrechte vor dem Überreste dem J. und den Rest mit 20000 ℳ an F. ab. Letztere cedierte die 20000 ℳ an die Klägerin.

Das verpfändete Grundstück kam zur Subhastation. Bei der Belegung der Kaufgelder kamen die H.'er Hypothekenbank, welche auf die Hypothek nur 127700 ℳ Baugelder gewährt hatte, mit diesem Betrage, Beklagte zu 1 mit 30000 ℳ Kapital und 2115,55 Zinsen und Kosten, Beklagte zu 2 mit 441,67 ℳ älteren Zinsen und R. mit 21243,71 ℳ zur Hebung. St. fiel mit 15518,13 ℳ, und die nacheingetragenen Hypothekengläubiger fielen ganz aus. St. und die Klägerin hatten gegen die Liquidate der beiden Beklagten Widerspruch erhoben. Da sie diesen in der gesetzlichen Frist nicht weiter verfolgten, wurde die in Höhe der Liquidate der Beklagten angelegte Streitmasse an die beiden Beklagten ausgezahlt.

Die Klägerin, welche ihren Ausfall an Kapital, Zinsen und Kosten auf 22261,11 ℳ berechnete, beantragte nun, die Beklagte zu 1 zur Zahlung von 21819,54 ℳ und Zinsen und die Beklagte zu 2 zur Zahlung von 441,67 ℳ nebst Zinsen zu verurteilen. Sie gründete ihre Klage darauf, daß zu ihrem Schaden die Beklagten, deren Hypothek keinen materiellen Bestand habe, bereichert seien.

Der erste Richter hat die Klage abgewiesen. Die Berufung der Klägerin ist zurückgewiesen. Die Revision der Klägerin ist zurückgewiesen aus folgenden

Gründen:

..."Der Berufungsrichter geht mit dem ersten Richter davon aus, daß die Klage nur dann begründet sein würde, wenn Klägerin neben dem Nachweise des Nichtbestehens der von den Beklagten geltend gemachten Hypotheken auch noch zu beweisen vermöchte, daß ein der Klageforderung entsprechender Betrag der an die Beklagten ausgezahlten Summen ihr gebühre, insbesondere daß aus ihrem Vermögen den Beklagten ein Vorteil in Höhe jenes Betrages zugeflossen sei. Er nimmt an, daß letzteres nicht dargethan sei. Den bei der Zwangsversteigerung ausgefallenen Hypothekenforderungen verbleibe ihr früherer Rang, sodaß zur Klage auf Herausgabe des Empfangenen gegen einen zu Unrecht aus der Kaufgeldermasse befriedigten vorein-getragen gewesenen Gläubiger nur die nächstausgefallenen Gläubiger befugt seien. Die nächstausgefallenen Gläubiger seien aber im vorliegenden Falle St. und J., und zwar seien diese mit Beträgen ausgefallen, zu deren Deckung die Hebungen der Beklagten nicht hinreichen würden.

Der prinzipielle Standpunkt des Berufungsrichters ist für richtig zu erachten. Wird bei der Belegung des Kaufgeldes eines zwangsversteigerten Grundstückes gegen das Liquidat eines Hypothekengläubigers von seiten nachstehender Gläubiger unter Beobachtung der Vorschriften des § 113 des Zwangsvollstreckungsgesetzes vom 13. Juli 1883 und der §§ 762—768 C.P.O. Widerspruch erhoben und durchgeführt, so nehmen an dem weiteren Kaufgelderbelegungsverfahren nur die Parteien des Widerspruchsstreites ohne Rücksicht auf das Vorhandensein von Zwischenhypothekengläubigern teil.

Vgl. Entsch. des R.G.'s in Civils. Bd. 26 S. 420 flg.; Seuffert, Archiv Bd. 47 S. 118.

Den so außerhalb dieses Verfahrens gestellten Gläubigern ist aber das Recht nicht genommen, im gewöhnlichen Prozeßverfahren dem zur Hebung gelangten Gläubiger gegenüber ihr besseres Recht auf die Hebung mit der Bereicherungsklage zu verfolgen, gleichviel ob sie im Kaufgelderbelegungsverfahren einen Widerspruch überhaupt nicht erhoben, oder den erhobenen Widerspruch nicht gemäß § 764 C.P.O. verfolgt haben.

Vgl. Entsch. des R.G.'s in Civils. Bd. 17 S. 184, Bd. 38 S. 222; Gruchot, Beiträge Bd. 30 S. 905, Bd. 32 S. 402 flg.; Seuffert, Archiv Bd. 47 S. 116 flg.; Juristische Wochenschr. 1896 S. 721 Nr. 89, 1898 S. 99 Nr. 103.

Von diesem Rechte macht die Klägerin im vorliegenden Rechtsstreite Gebrauch. Ihre Klage scheitert jedoch daran, daß sie den ihr obliegenden Beweis des Vorliegens der Voraussetzungen der Bereicherungsklage nicht hat führen, daß sie nicht hat nachweisen können, aus *ihrem* Vermögen habe eine Verwendung in den Nutzen der Beklagten stattgefunden. Unstreitig gingen der Hypothek der Klägerin die Hypotheken des St. und des J. vor. Letztere hatten daher, wenn die Hypothek der Beklagten keinen rechtlichen Bestand hatte, Anspruch darauf, bei der Belegung der Kaufgelder zunächst an Stelle der Beklagten befriedigt zu werden, weil sonst aus *ihrem* Vermögen eine Verwendung in den Nutzen der Beklagten stattgefunden haben würde. Nur auf das nach Befriedigung jener beiden ihr vorgehenden Gläubiger etwa übrig bleibende Kaufgeld hätte Klägerin Anspruch erheben können. Dadurch, daß das Kaufgelderbelegungsverfahren beendigt, und das Kaufgeld inzwischen ausgezahlt worden ist, hat eine Änderung dieser Rechtslage nicht stattgefunden; insonderheit hat Klägerin dadurch, daß sie gegen das Liquidat der Beklagten Widerspruch erhoben, diesen aber nicht verfolgt hat, ein Vorrecht vor dem Zwischengläubiger J., welcher überhaupt keinen Widerspruch erhoben hat, nicht erworben.

Unstreitig reicht der auf die Liquidate der Beklagten zur Hebung gelangte Betrag selbst zur Deckung der der Klägerin vorgehenden Gläubiger St. und J. nicht aus. Demnach würde von einer Verwendung aus dem Vermögen der Klägerin nur dann die Rede sein können, wenn nachgewiesen würde, daß die Hypothekenforderungen des St. und des J. ebenfalls keinen rechtlichen Bestand, oder daß diese beiden Gläubiger zu Gunsten der Klägerin auf den ihnen etwa zustehenden Bereicherungsanspruch gegen die Beklagten verzichtet haben. Die Führung eines solchen Beweises hat Klägerin nicht erst unternommen, und daher konnte der erste Richter von Erhebung des für und gegen den Bestand der Hypothekenforderung der Beklagten angetretenen Beweises absehen.

Im Laufe der zweiten Instanz hat Klägerin sich den Anspruch des vor ihr und J. eingetragen gewesenen Gläubigers St. abtreten lassen. In Übereinstimmung mit der ständigen Rechtsprechung des Reichsgerichtes ... nimmt der Berufungsrichter an, daß, soweit Klägerin ihren Anspruch jetzt aus dem Rechte des St. herleitet, eine unzulässige Klagänderung vorliege. Er hält aber auch die Auffassung für möglich, daß Klägerin sich die Cession zu dem Zwecke habe erteilen lassen, um ein ihrem Anspruche entgegenstehendes Hindernis aus dem Wege zu räumen. Er untersucht von diesem Standpunkte aus, ob Klägerin bei Wegfall der Forderung des St. einen begründeten Anspruch aus der Bereicherung erheben könne. Er kommt zu einem verneinenden Ergebnisse.

Da der Klägerin bei Nichtberücksichtigung des St. von ausgefallenen Gläubigern nur noch J. vorgehen würde, und dessen Forderung von 20000 ℳ nebst Zinsen und Kosten die Hebungen der Beklagten nicht erschöpfen würde, untersucht der Berufungsrichter die Rechtsbeständigkeit der Teilhypothek der Beklagten. ...

Der Berufungsrichter stellt dann der Behauptung der Klägerin gegenüber, daß für den der Beklagten zu 2 abgetretenen Teil der Baugelderhypothek keine Valuta gegeben, und daher die Hypothek in Höhe des Teilbetrages von 30000 ℳ nicht zur Existenz gelangt sei, auf Grund von Beweiserhebungen fest, daß Valuta mindestens in Höhe von 15646 ℳ ... gegeben worden sei. Eine Beweisaufnahme darüber, ob nicht auch der Rest der Valuta gegeben sei, erachtet der Berufungsrichter für überflüssig, weil der überschießende Teil des auf die Teilhypothek zur Hebung gelangten Betrages nicht einmal zur Befriedigung des der Klägerin vorgehenden Gläubigers J. ausreichen würde. Die thatsächliche Feststellung ist den Angriffen durch die Revision entzogen, die rechtliche Ausführung — wie schon dargelegt — richtig." ...

59. Bezieht sich der in § 53 A.L.R. I. 16 geregelte Zahlungsort für öffentliche Kassen auch auf Zahlungen aus Verträgen? Gerichtsstand des Erfüllungsortes.

V. Civilsenat. Urt. v. 29. Oktober 1898 i. S. preuß. Fiskus (Bekl.) w. H. (Kl.). Rep. V. 137/98.

I. Landgericht Gnesen.
II. Oberlandesgericht Posen.

Der Kläger, welcher sein im Landgerichtsbezirk Gnesen belegenes Gut O. durch Vertrag vom 31. Dezember 1895 an die Ansiedelungskommission für Westpreußen und Posen verkauft und demnächst auch übergeben und aufgelassen hatte, forderte einen von der Käuferin zurückbehaltenen Kaufpreisrest von 3500 ℳ. Er stellte die Klage beim Landgericht in Gnesen als dem Gerichtsstande des Erfüllungsortes (§ 29 C.P.O.) an. Der verklagte Fiskus erhob prozeßhindernd die Einrede der Unzuständigkeit des Landgerichts Gnesen unter Berufung auf § 53 A.L.R. I. 16, wo nach seiner Auffassung bestimmt wäre, daß alle Zahlungen aus öffentlichen Kassen, außer dem Falle eines

Darlehns, auf der Kasse in Empfang zu nehmen seien, im vorliegenden Falle also in Posen, wo die Ansiedelungskommission ihren Sitz und, nach der vom Kläger bestrittenen Behauptung des Beklagten, auch ein eigenes Kassenlokal hat. In der Berufungsinstanz behauptete der Beklagte auch, daß im Vertrage (§ 6) ausdrücklich festgesetzt worden sei, daß die Zahlung des Kaufpreises bei der kaufenden Ansiedelungskommission zu geschehen habe.

Die Einrede wurde in beiden Instanzen verworfen. Die Revision des Beklagten ist zurückgewiesen worden aus folgenden

Gründen:

„Der Berufungsrichter legt den § 6 des Kaufvertrages, abweichend von der Ansicht des Beklagten, dahin aus, daß darin nicht eine Bestimmung über den Zahlungsort, sondern nur eine Festsetzung über die Zahlungszeit des Kaufpreises getroffen sei. Auch im übrigen findet er in dem Vertrage keinen Anhalt für die Annahme, daß die Parteien über den Zahlungsort etwas Anderes vereinbart hätten, als was nach § 93 A.L.R. I. 11 die Natur des Geschäftes mit sich brachte, nämlich daß die Übergabe der Sache und die Zahlung des Kaufpreises an demselben Orte geschehen solle. Daher nimmt er auf Grund der erwähnten Gesetzesvorschrift und der Bestimmungen in den §§ 247—251 A.L.R. I. 5 über den Erfüllungsort bei Verträgen an, daß der Erfüllungsort für die vom Kläger begehrte Zahlung im Bezirk des Landgerichts Gnesen liege, wo auch das verkaufte Gut belegen ist, und daß demnach der Gerichtsstand des Erfüllungsortes (§ 29 C.P.O.) bei diesem Landgerichte begründet sei. Die Ansicht des Beklagten, daß der § 53 A.L.R. I. 16 auch auf den Fall zu beziehen sei, daß eine öffentliche Kasse einen Kaufpreis zu zahlen habe, erklärt der Berufungsrichter gleich dem ersten Richter für unrichtig.

Da die Entscheidung im übrigen auf thatsächlichen Feststellungen und zweifelsfreier Gesetzesanwendung ruht, konnte die Revision nur gegen diese Auslegung des § 53 A.L.R. I. 16 einen Angriff versuchen; der Angriff konnte jedoch keinen Erfolg haben.

Der 16. Titel des I. Teiles des Allgemeinen Landrechtes handelt von den Arten, wie Rechte und Verbindlichkeiten aufhören, und bestimmt im 2. Abschnitt „Von der Zahlung“ unter der Seitenüberschrift: „Wo die Zahlung geleistet werden müsse“, in

„§ 52: Zahlungen, die sich nicht auf Verträge gründen, ist der Schuldner nur da, wo er wohnt, zu leisten verpflichtet.

§ 53: Dergleichen Zahlungen aus öffentlichen Kassen und an dieselben müssen, außer dem Fall eines Darlehns, auf der Kasse in Empfang genommen und in die Kasse geleistet werden."

Wenn in § 53 der Zwischensatz „außer dem Fall eines Darlehns" fehlte, so würde kein Zweifel daran möglich sein, daß beide Paragraphen lediglich von solchen Zahlungen reden, die sich nicht auf Verträge gründen; denn dies wird in § 52 ausdrücklich ausgesprochen und in § 53 durch seine Anreihung mit den Worten „dergleichen Zahlungen" nicht minder ausdrücklich wiederholt. Der Gesetzgeber hatte auch keinen Anlaß, an dieser Stelle allgemeine Bestimmungen über den Zahlungsort bei Verträgen zu treffen, da dies schon in den §§ 247—251 A.L.R. I. 5 für Verträge überhaupt, und dann noch wieder bei einzelnen Verträgen im besonderen, so insbesondere für Kaufverträge in den §§ 93. 94 A.L.R. I. 11, geschehen war.

Nun läßt sich nicht bestreiten, daß der erwähnte Zwischensatz einen Zweifel in die Auslegung des § 53 A.L.R. I. 16 hineinbringt. Der Fall eines Darlehns ist ein Vertragsfall; es wirft sich also die Frage auf, was für eine Bedeutung dessen Erwähnung an diesem Orte habe. Nach § 769 A.L.R. I. 11 muß bei Rückzahlung eines Darlehns das Geld im Zweifel dem Gläubiger dorthin, wo er bei Hergabe des Darlehns wohnte, vom Schuldner gebracht werden, und hierin haben nach § 776 daselbst öffentliche Kassen und Anstalten vor Privatschuldnern kein Vorrecht. Hiernach scheint es nahe zu liegen, die Worte in § 53 A.L.R. I. 16: „außer dem Fall eines Darlehns", in dem Sinne von „ausgenommen den Fall eines Darlehns" zu verstehen; denn für die Rückzahlung eines Darlehns gilt nach § 776 A.L.R. I. 11 gerade die Vergünstigung nicht, die der § 53 den öffentlichen Kassen für die mit den Worten „dergleichen Zahlungen" gemeinten Zahlungen erteilt: daß sie an der Kasse in Empfang genommen und in die Kasse geleistet werden müssen. Wäre dies der Sinn des Zwischensatzes, so erhöbe sich die weitere Frage, was der Gesetzgeber mit der Hervorhebung dieser Ausnahme in dem § 53 bezweckt habe; und auf der vergeblichen Suche nach einer anderen Erklärung könnte dann der Zweifel entstehen, ob unter den anderen Zahlungen, für die der § 53 den öffentlichen Kassen jene Vergünstigung erteilt, wirklich nur Zahlungen, die sich nicht auf Verträge gründen, oder vielmehr alle anderen Zahlungen, vertragsmäßige und außervertragliche, allein den Fall des Darlehns ausgenommen, gemeint seien, in welch letzterem Fall die Hervorhebung dieser Ausnahme einen guten Sinn haben würde. Dieser Zweifel ließe sich noch durch die Erwägung verstärken, daß die Kassen- und Rechnungsführung bei öffentlichen Kassen die Einrichtung nahelege, nur an der Kasse selbst Geld zu heben und auszuzahlen, gleichviel welchen Rechtsgrund die Hebung oder Zahlung habe, wie dies im sächsischen B.G.B. § 709 denn auch für Zahlungen aller Art vorgeschrieben und auch bei der Ausarbeitung des deutschen Bürgerlichen Gesetzbuches nach den Motiven zum ersten Entwurf in Erwägung gezogen worden ist.

Vgl. Motive zum ersten Entwurf Bd. 2 S. 36.

Auch könnte man für die, anscheinend in diesen Motiven geteilte, Ansicht, daß der § 53 A.L.R. I. 16 auf alle Zahlungen zu beziehen sei, noch eine Bestätigung daraus entnehmen wollen, daß der Gesetzgeber das Bedürfnis gefühlt hat, in § 776 A.A.R. I. 11 ausdrücklich hervorzuheben, daß die öffentlichen Kassen und Anstalten bei der Rückzahlung von Darlehen **kein** Vorrecht vor Privatschuldnern haben sollen, wozu — so ließe sich geltend machen — keine Veranlassung vorgelegen hätte, wenn die öffentlichen Kassen nicht bei anderen Verträgen ein derartiges Vorrecht genössen.

Allein wenn auch das Gewicht dieser Gründe nicht verkannt werden kann, so reichen sie doch nicht aus, der in § 53 A.L.R. I. 16 zu Gunsten der öffentlichen Kassen getroffenen Ausnahmebestimmung eine Ausdehnung über ihren deutlich erkennbaren Sinn hinaus zuzugestehen, und dieser Sinn wird durch das Wort „dergleichen" auf solche Zahlungen eingeschränkt, die sich **nicht** auf Verträge gründen. Es kann auch nicht zugegeben werden, daß der Zwischensatz „außer dem Fall eines Darlehns" in dem Sinne verstanden werden müsse, wie es vorhin als möglich zugestanden wurde, in dem Sinne von „ausgenommen den Fall eines Darlehns", an welche Auslegung sich dann erst die weiteren Zweifel anknüpfen. Für bestimmte Darlehen, nämlich die Geldbelegungen bei „der Bank und den Kreditsystemen", ist nämlich in § 777 A.L.R. I. 11 abweichend von der in § 776 auf öffentliche Kassen und Anstalten ausgedehnten Regel vorgeschrieben, daß der Darleiher das Geld zur Kasse abliefern und von dieser zurückholen müsse. Daraus mag es sich schon erklären, daß der Gesetzgeber in § 776 ausdrücklich hervorhob, daß diese Ausnahme sich nicht auf alle öffentlichen Kassen und Anstalten erstrecke. Weiter aber gewährt diese Ausnahmebestimmung auch die Möglichkeit, dem in Frage stehenden Zwischensatz in § 53 I. 16 ein anderes Verständnis abzugewinnen, nämlich ihn auf die in dem § 777 I. 11 behandelten Darlehen an die Bank und die Kreditsysteme zu beziehen, die ebenso, wie es in § 53 I. 16 für außervertragliche Zahlungen vorgeschrieben wird, an der Kasse ein- und ausgezahlt werden müssen. Dann gewinnt der Zwischensatz die Bedeutung, daß außer jenen Darlehn auch solche Zahlungen, die sich nicht auf Verträge gründen, auf der Kasse geleistet werden müssen, wobei dann das Wort „außer" seinen richtigen sprachlichen Sinn behält.

Vgl. auch Eccius, Preuß. Privatrecht Bd. 1 § 91 Anm. 45; Koch, Komm. z. A.L.R. I. 16 § 53 Anm. 33.

Hiernach mußte in Anwendung der für Privilegien in § 54 der Einleitung zum A.L.R. gegebenen Auslegungsregel, daß sie so erklärt werden müssen, wie sie am wenigsten zum Nachteil Dritter gereichen, der Auslegung der Vorinstanzen beigetreten werden." ...

60. Ist ein auf Lebenszeit angestellter Hausoffiziant verpflichtet, die ihm durch den Dienstvertrag zur unentgeltlichen Benutzung überlassene Dienstwohnung zu räumen, wenn ihn die Herrschaft ohne gesetzmäßige Ursache entläßt?

VI. Civilsenat. Urt. v. 29. Oktober 1898 i. S. Fürst zu B. (Kl.) w. M. (Bekl.). Rep. VI. 217/98.

I. Landgericht Münster.
II. Oberlandesgericht Hamm.

Durch Vertrag vom 21./27. Juli 1892 nahm der Kläger den Beklagten als Förster in seinen Dienst, stellte ihn im Jahre 1893 auf Lebenszeit an und gewährte ihm unter anderem eine Dienstwohnung zur unentgeltlichen Benutzung. Am 7. Mai 1897 erklärte ihm der

Kläger aber, daß er wegen Widerspenstigkeit, beharrlichen Ungehorsams und ungehörigen Betragens entlassen sei, und verlangte auch die Räumung der Dienstwohnung. Da Beklagter diesem Verlangen nicht nachkam und seine Entlassung für unberechtigt erachtete, beantragte Kläger, den Dienstvertrag für aufgehoben zu erklären und den Beklagten zu verurteilen, seine Dienstwohnung zu räumen und für die Benutzung derselben vom 1. Juli 1897 ab eine angemessene Entschädigung zu zahlen. Das Berufungsgericht wies die Klage ab.

Dieses Urteil ist, soweit Kläger mit seinem Antrage auf Verurteilung des Beklagten zur Räumung der Dienstwohnung abgewiesen ist, auf die Revision des Klägers aufgehoben, und ist insoweit nach dem Klagantrage erkannt worden.

Aus den Gründen:

„Das Berufungsgericht führt zunächst aus, daß die Klage auf die §§ 408 flg. A.L.R. I. 5 nicht gestützt werden könne, weil die Folgen der unberechtigten Dienstentlassung des Gesindes und der Hausoffizianten, zu welchen letzteren Beklagter gehöre, in den §§ 160 flg. der Gesindeordnung vom 8. November 1810 anderweit geregelt seien. Ob diese Ausführung, die mit der Ansicht des früheren Obertribunales in dem Urteile vom 3. April 1871,

Entsch. des Obertrib. Bd. 65 S. 177 flg.,

im Widerspruche steht, zutreffend ist, kann dahingestellt bleiben. Denn wie auch das Berufungsgericht nicht verkennt, kann nach den bezeichneten Vorschriften der Gesindeordnung die Herrschaft nicht gezwungen werden, einen entlassenen Dienstboten wieder anzunehmen. Die Polizeibehörde soll zwar die Herrschaft auf Antrag des Dienstboten zur Wiederannahme desselben und Fortsetzung des Dienstvertrages anhalten. Weigert sich die Herrschaft aber dessen, so kann der Dienstbote nur Lohn und Kost bis zum Ablaufe der Dienstzeit verlangen.

Nach § 186 A.L.R. II. 5 haben Hausoffizianten mit dem Gesinde gleiche Rechte und Pflichten. Ist hieraus zwar nicht zu folgern, daß alle für das gemeine Gesinde geltenden Vorschriften ohne Ausnahme und unbedingt auch für Hausoffizianten jeder Art maßgebend sein sollen, so steht doch die Stellung eines Hausoffizianten und insbesondere die eines auf Lebenszeit angestellten Försters der Anwendbarkeit der Vorschriften der §§ 160 flg. der Gesindeordnung auf ihr Dienstverhältnis nicht entgegen. Denn sie sind in ihren vertragsmäßigen Rechten hinreichend geschützt, wenn sie an Stelle der im Vertrage ihnen zugesicherten Leistungen Entschädigung wegen Nichtgewährung derselben erhalten. Einen Anspruch, daß die Herrschaft die von ihnen zu leistenden Dienste annehme, haben sie nicht. Eine Fortsetzung des Dienstverhältnisses wider den Willen der Herrschaft, namentlich das etwaige Verbleiben derselben in dem Hause des Dienstherrn, würde mit der Stellung eines Hausoffizianten, welcher dem Dienstherrn auch Achtung und Gehorsam schuldet, nicht vereinbar sein und auch dem Hausoffizianten keinen Vorteil bieten, für den er nicht von der Herrschaft entschädigt werden könnte.

Kann aber der Dienstherr nach ausgesprochener Entlassung des Bediensteten zur Fortsetzung des Dienstvertrages nicht gezwungen werden, so ist letzterer auch nicht berechtigt, die ihm überlassene Dienstwohnung weiter zu behalten. Der Anspruch des Klägers auf Räumung der dem Beklagten überlassenen Dienstwohnung ist hiernach berechtigt. Die Frage aber, ob der Beklagte alsdann wegen Entziehung der Wohnung Entschädigung verlangen, oder solche für die Benutzung der Wohnung vom 1. Juli 1897 ab bezahlen muß, hängt davon ab, ob er mit, oder ohne gesetzlichen Grund entlassen ist." . . .

61. Begriff „Mengen von Sachen oder Waren" im Sinne der Steuerbefreiung 3 zur Tarifstelle 32 des preußischen Stempelsteuergesetzes vom 31. Juli 1895 (G.S. S. 413).

IV. Civilsenat. Urt. v. 24. Oktober 1898 i. S. des preuß. Fiskus (Bekl.) w. Eisenbahnwagenfabrik v. d. Z.-C. (Kl.). Rep. IV. 122/98.

I. Landgericht I Berlin.
II. Kammergericht daselbst.

Mittels dreier im Jahre 1897 geschlossener schriftlicher Verträge hat die Klägerin der preußischen Eisenbahnverwaltung gegenüber die Anfertigung und Lieferung von Eisenbahnwagen nach Maßgabe der vorgelegten Musterzeichnungen und der festgestellten Bedingungen zu vereinbarten Preisen übernommen. Den Gegenstand des ersten Vertrages bilden: 45 zweiaxige Güterzuggepäckwagen, den des zweiten Vertrages: 100 Cokeswagen, 100 offene Güterwagen und 10 Plattformwagen mit Bremse und 400 Cokeswagen, 400 offene Güterwagen und 60 Plattformwagen ohne Bremse, und den des dritten Vertrages: 34 Kohlentrichterwagen mit und 46 ohne Bremse. Zu diesen Verträgen hat die Steuerbehörde auf Grund der Tarifstelle 32 des Stempelsteuergesetzes vom 31. Juli 1895 einen Stempel von $^1/_3$ Prozent des Lieferungswertes erhoben, den die Klägerin bezahlt, und dessen Erstattung sie verlangt hat. Der erste Richter hat abweisend, der zweite Richter verurteilend erkannt. Die Revision des Beklagten ist zurückgewiesen worden aus folgenden

Gründen:

... „Der Klaganspruch ist auf die Steuerbefreiung 3 zur Tarifstelle 32 des Gesetzes vom 31. Juli 1895, und zwar in ihrem letzten Teile, gestützt. Dort ist bestimmt:

„Befreit sind Kauf- und Lieferungsverträge über Mengen von Sachen oder Waren, sofern dieselben entweder zum unmittelbaren Verbrauch in einem Gewerbe oder zur Wiederveräußerung in derselben Beschaffenheit oder nach vorgängiger Bearbeitung oder Verarbeitung dienen sollen, oder im Inlande in dem Betriebe eines der Vertragschließenden erzeugt oder hergestellt sind."

Daß die Voraussetzungen dieser Gesetzesvorschrift insoweit hier zutreffen, als es sich um Kauf- oder Lieferungsverträge über Sachen handelt, die im Inlande in dem Betriebe eines der Vertragschließenden hergestellt sind, ist zwischen den Parteien nicht streitig. Die Entscheidung, ob die Befreiung hier Anwendung findet, hängt deshalb allein von der Frage ab, ob „Mengen von Sachen oder Waren" solcher Art im Sinne des Gesetzes Gegenstand der Verträge sind.

Der erste Richter hat die Frage verneint, indem er angenommen hat: das Gesetz habe, wenn es von „Mengen von Sachen oder Waren" spreche, nur solche Gegenstände im Auge, die von dem Verkehre als „vertretbare" behandelt würden, also als Mengen gehandelt zu werden pflegten und, soweit es gewerbliche Erzeugnisse seien, ohne Bestellung als Fabrikationsartikel hergestellt und vorrätig gehalten würden; die Vertretbarkeit sei eine durch die Verkehrssitte geschaffene Eigenschaft der Sachen; nach der Verkehrssitte seien aber Eisenbahnwagen nicht als Gegenstände zu bezeichnen, die als vertretbare Sachen — Quantitätssachen — angesehen würden.

Dieser Auffassung ist der Berufungsrichter entgegengetreten. Er ist davon ausgegangen, daß das Wort „Menge", sofern es sich auf Sachen beziehe, eine Vielheit gleichartiger, bezw. zusammengehöriger Sachen, eine größere, im Sprachgebrauche des Lebens als Menge bezeichnete Zahl von solchen gleichartigen Sachen, die nach ihrer natürlichen Beschaffenheit und dem Willen der Kontrahenten als untereinander völlig gleichwertig, daher insofern als vertretbar behandelt zu werden pflegten, bedeute. Nach der Annahme des Berufungsrichters stellen aber die den Gegenstand der . . . drei Verträge bildenden Eisenbahnwagen eine solche Vielheit gleichartiger Sachen dar. Hinsichtlich der Zahl der zu liefernden Gegenstände könne es — so ist ausgeführt — nicht zweifelhaft sein, daß auf sie der Ausdruck „Menge" passe. Aus den Verträgen ergebe sich aber auch, daß die einzelnen derselben Kategorie angehörenden Wagen untereinander gleich sein sollten; die Wagen derselben Kategorie seien sonach untereinander durch keine individuellen Unterschiede ausgezeichnet; bezüglich jeder Gattung insgesamt sei in den Verträgen bestimmt, daß die Wagen nach den dort angegebenen preußischen Musterzeichnungen gefertigt, und die allgemeinen und die besonderen technischen Bedingungen — unter Hervorhebung einzelner Abweichungen — maßgebend sein sollten, und danach sei den einzelnen Wagen nicht das Merkmal einer besonderen Individualität aufgeprägt, ebenso wie dies nicht der Fall sein würde, wenn bei dem Kaufe von Getreidemengen eine besondere Beschaffenheit der zu liefernden Getreideart verabredet wäre.

Diesen Ausführungen gegenüber ist von der Revision geltend gemacht, daß die Anwendbarkeit der fraglichen Steuerbefreiung schon durch den Wortlaut des Gesetzes ausgeschlossen werde, indem das Gesetz nicht von „einer Menge von Sachen", sondern von „Mengen von Sachen" spreche, daraus aber folge, daß die Bestimmung voraussetze, daß die den Gegenstand des Vertrages bildenden Sachen solche gleichartige Sachen sein müßten, die nicht bloß nach dem Willen der Kontrahenten, sondern auch nach ihrer Beschaffenheit gleichwertig und daher vertretbar seien, als solche im Verkehre behandelt und außer nach der Gattung und Art nur nach Zahl, Maß oder Gewicht bestimmt würden, also Quantitätssachen, vertretbare Sachen im eigentlichen Sinne, seien und als „Menge" gehandelt würden. Diese Voraussetzung trifft aber nach der Annahme der Revision im Streitfalle nicht zu; denn wenn, wie hier, jedes einzelne Stück nach genauer Zeichnung und sehr detaillierten Einzelvorschriften anzufertigen sei und jedenfalls bei der Ablieferung einer Prüfung in Ansehung der vertragsmäßigen Herstellung unterworfen werde, so nehme jedes Stück für sich den Charakter eines individuell hergestellten Gegenstandes, eines für sich bestehenden, besonderen Individuums in Anspruch, und es behalte diesen Charakter, auch wenn neben ihm noch so viele eben solche individuell bestimmte Stücke durch das gleiche Rechtsgeschäft betroffen würden; diese bildeten zusammen eine „Mehrheit individuell bestimmter Stücke", aber niemals eine „Menge vertretbarer Sachen"; der Berufungsrichter setze sich mit der im Verkehrsleben herrschenden Auffassung in Widerspruch, wenn er die nach bestimmten Typen, gemäß genauer Zeichnungen und detaillierter Vorschriften durch komplizierte Technik hergestellten Eisenbahnwagen ebenso behandelt wissen wolle, wie Getreidemengen bei Verabredung einer besonderen Beschaffenheit der zu liefernden Getreideart. Nach der weiteren Ausführung der Revision steht dem Beklagten auch die Entstehungsgeschichte des Gesetzes zur Seite, aus der sich ergebe, daß die Steuerbefreiung nur stattfinden solle, wenn vertretbare Sachen im eigentlichen Sinne, also Sachen, die lediglich nach Zahl, Maß und Gewicht gehandelt zu werden pflegen, Gegenstand des Vertrages seien.

Die Angriffe können als begründet nicht anerkannt werden.

Der Berufungsrichter ist davon ausgegangen, daß das Stempelgesetz vom 31. Juli 1895 mit dem Ausdrucke „Mengen von Sachen oder Waren" denselben Begriff verbindet, den das Reichsstempelabgabengesetz vom 29. Mai 1885 mit diesem Ausdrucke verbunden hat, und nach dieser Annahme ist er der Rechtsprechung des Reichsgerichtes gefolgt, die im Anschlusse an das letztbezeichnete Gesetz ergangen ist.

Der Auffassung des Berufungsrichters ist beizutreten.

Der Wortfassung des Gesetzes, das von „Mengen", nicht von „einer Menge" von Sachen spricht, kann eine Bedeutung nicht beigelegt werden. Der Gebrauch des Plurals „Mengen" war sprachlich geboten, weil im Eingange der Bestimmung nicht von „einem Kauf- und Lieferungsvertrage", sondern von „Kauf- und Lieferungsverträgen" gesprochen wird. Auch sonst bietet der Wortlaut des Gesetzes, an und für sich betrachtet, keinen Anhalt für die Annahme, daß die Anwendbarkeit der fraglichen Bestimmung nur auf Mengen solcher Sachen habe beschränkt werden sollen, die nach Zahl, Maß oder Gewicht gehandelt zu werden pflegen, und welche deshalb allgemein vom Verkehre schlechthin als vertretbare behandelt werden; vielmehr gestattet der Wortlaut die Auffassung, daß über eine „Menge" im Sinne des Gesetzes auch dann kontrahiert wird, wenn es sich dabei um eine Menge anderer gleichartiger und gleichwertiger Sachen handelt, von denen nach dem Vertragswillen jedes einzelne Stück — eben wegen der bedungenen Gleichartigkeit und Gleichwertigkeit aller Stücke derselben Gattung — im Verhältnisse zu jedem anderen Stücke derselben Art unterschiedslos als vertretbar in Betracht kommen soll.

Auch die Entstehungsgeschichte der fraglichen Bestimmung spricht nicht, wie die Revision meint, gegen, sondern für diese letztere Auffassung.

Eine Unterscheidung zwischen vertretbaren und nicht vertretbaren Sachen war in dem zum preußischen Gesetze vom 7. März 1822 erlassenen Stempeltarife bei den die Kaufverträge und die Lieferungsverträge betreffenden Positionen und auch in der Kabinettsorder vom 30. April 1847 noch nicht gemacht worden. Erst im Reichsstempelabgabengesetze vom 1. Juli 1881 trat eine solche Unterscheidung hervor, indem durch dasselbe nach Nummer 4a des Tarifes, mit einer sich aus § 9 Abs. 1c ergebenden Beschränkung, die Beurkundung von Kauf-, Tausch- oder Lieferungsgeschäften über „Mengen von solchen Sachen oder Waren jeder Art, die nach Gewicht, Maß oder Zahl gehandelt zu werden pflegen", einer Reichsstempelabgabe unterworfen wurde. In dem späteren Reichsstempelabgabengesetze vom 29. Mai 1885 erhielt die Tarifstelle 4B eine Fassung, nach der zur Versteuerung herangezogen werden sollten:

„Kauf- und sonstige Anschaffungsgeschäfte, welche unter Zugrundelegung von Usancen einer Börse geschlossen werden ... über Mengen von Waren, die börsenmäßig gehandelt werden."

Hier fehlt also der Zusatz: „die nach Gewicht, Maß oder Zahl gehandelt zu werden pflegen", und wie die in den Entsch. des R.G.'s in Civils. Bd. 20 S. 17 flg. mitgeteilten Materialien des Gesetzes (vgl. namentlich den Kommissionsbericht, Drucksachen des Reichstags

Session 1884/85 Nr. 286 S. 20 flg.) ergeben, war dabei für die gewählte Bezeichnung des Gegenstandes die Erwägung maßgebend gewesen, daß das Merkmal der Vertretbarkeit bei der Entwickelung der heutigen Industrie, welche Massenartikel schaffe und dadurch das Gebiet der vertretbaren Sachen täglich verändere, zu unsicher und deshalb für die praktische Handhabung des Gesetzes unbrauchbar sei. Ebenso fehlt ein die Vertretbarkeit betreffender Zusatz in der von diesem Gesetze zur Tarifstelle 4 B gemachten „Anmerkung", welche lautet:

„Kauf- und sonstige Anschaffungsgeschäfte über im Inlande von einem der Kontrahenten erzeugte oder hergestellte Mengen von Sachen oder Waren sind stempelfrei."

Durch Urteil vom 9. Mai 1889, Rep. IV. 38/89 (mitgeteilt in Gruchot's Beiträgen Bd. 33 S. 1127 flg.), hat deshalb das Reichsgericht, und zwar der gegenwärtig erkennende Senat, die Annahme für ausgeschlossen erklärt, daß man in der „Anmerkung" auf die für unpraktisch erklärte Definition des Gesetzes vom 1. Juli 1881 habe zurückgreifen wollen. In ähnlicher Weise ist vom III. Civilsenate des Reichsgerichtes in dem Urteile vom 13. November 1891, Rep. III. 159/91 (vgl. Jurist. Wochenschrift von 1891 S. 574 Nr. 9), ausgesprochen worden, daß das Reichsgericht sich an den Begriff der Vertretbarkeit bei der Feststellung des Begriffes der „Menge" nicht gebunden habe. Dementsprechend findet sich in einer Reihe von Reichsgerichtsentscheidungen eine Definition, die im wesentlichen darauf hinausläuft, daß es sich um eine im Sprachgebrauche des Lebens als Menge bezeichnete größere Zahl von gleichartigen Sachen handeln müsse, die nach ihrer Beschaffenheit und dem Willen der Kontrahenten als untereinander völlig gleichartige und daher insoweit auch als vertretbare in Betracht kommen, ohne daß dabei auf das einzelne Stück an sich, als Individuum, irgend ein Gewicht gelegt werde.

Vgl. u. a. Entsch. des R.G.'s in Civils. Bd. 23 S. 70, Bd. 29 S. 10. 11, Bd. 37 S. 9; Urteil vom 26. September 1889, Rep. IV. 61/89, mitgeteilt in der besonderen Beilage des Deutschen Reichsanzeigers von 1889 S. 525; Urteile vom 5. Januar 1893, Rep. III. 238/92, vom 13. Februar 1894, Rep. II. 269/92, vom 4. März 1897, Rep. IV. 290/96, mitgeteilt in der Jurist. Wochenschrift von 1893 S. 103 Nr. 31, 1894 S. 126 Nr. 35, 1897 S. 248 Nr. 71.

Auch ist vom Reichsgerichte wiederholt hervorgehoben worden, daß die Annahme einer „Menge" nicht dadurch ausgeschlossen werde, wenn die Eigenschaften, die jedes Stück der zu liefernden Gattung haben solle, durch Beschreibung, Zeichnungen u. dgl. näher bestimmt würden.

Vgl. u. a. Entsch. des R.G.'s in Civils. Bd. 23 S. 70; die ferner schon angeführten Urteile vom 26. September 1889, Rep. IV. 61/89, und vom 13. November 1891, Rep. III. 159/91; Urteile vom 31. Mai 1889, Rep. III. 77/89, vom 23. September 1892, Rep. III. 116/92, mitgeteilt in der Jurist. Wochenschrift von 1889 S. 292 Nr. 30, von 1892 S. 431 Nr. 18.

Der Standpunkt, den das Reichsgericht nach diesen Entscheidungen eingenommen hatte, ist von demselben auch in denjenigen Urteilen nicht grundsätzlich aufgegeben worden, welche die Frage, ob über eine „Menge" kontrahiert sei, verneint haben.

Vgl. insbesondere Entsch. des R.G.'s in Civils. Bd. 33 S. 18; Urteile vom 20. Oktober 1892, Rep. IV. 178/92, vom 20. November 1893, Rep. IV. 199/93, vom 15. März 1894, Rep. IV. 332/93, vom 9. Januar 1896, Rep. IV. 227/95, vom 21. April 1896, Rep. III. 7/96, mitgeteilt in der Jurist. Wochenschrift von 1892 S. 510 Nr. 19, von 1894 S. 25 Nr. 68, S. 203 Nr. 36, von 1896 S. 112 Nr. 52, S. 305 Nr. 35.

In diesen Fällen handelte es sich um Sachen, die teils nach der Natur ihrer Beschaffenheit, teils mit Rücksicht auf die Verschiedenheit einzelner Stücke nicht untereinander als völlig gleichartig und gleichwertig anzusehen waren.

In dem jetzt geltenden Reichsstempelabgabengesetze vom 27. April 1894 hat die in jener „Anmerkung" enthaltene Befreiungsvorschrift — die sich nicht bloß als eine Ausnahme von der Tarifbestimmung 4B, sondern als eine selbständige allgemeine Steuerbefreiung zu Gunsten der fraglichen Geschäfte darstellte, sodaß letztere der landesgesetzlichen Besteuerung entzogen waren (vgl. Entsch. des R.G.'s in Civils. Bd. 23 S. 63 flg.) — eine veränderte Fassung unter Nr. 2 der Befreiungen erhalten. Diese Befreiung geht, während die Tarifstelle 4B des Gesetzes von 1885 unter 4b des Tarifes des neuen Gesetzes — abgesehen von der Höhe des Steuersatzes — aufrecht erhalten ist, dahin:

„Die ... Abgabe wird nicht erhoben:

2. falls die Waren, welche Gegenstand eines nach Nr. 4b stempelpflichtigen Geschäfts sind, von einem der Vertragschließenden im Inlande erzeugt oder hergestellt sind."

Diese Änderung geschah zu dem ausgesprochenen Zwecke, um der Landesgesetzgebung bezüglich der Besteuerung solcher Kauf- und Lieferungsgeschäfte — soweit sie der Besteuerung seitens des Reiches nicht unterworfen werden — wiederum freie Hand zu gewähren.

Vgl. Motive, Anlageband I der Stenographischen Berichte des Reichstags Session 1893/94 Nr. 52 S. 386.

Die preußische Regierung wollte von der ihr hieraus erwachsenen Befugnis Gebrauch machen und sah deshalb im Entwurfe des Gesetzes vom 31. Juli 1895 zur Tarifstelle 32 (im Entwurfe: 34) unter Ziff. 3 der „Ermäßigungen und Befreiungen" eine dahin gehende Bestimmung vor, daß

Kauf- und Lieferungsverträge über bewegliche Gegenstände, sofern die letzteren entweder zum unmittelbaren Verbrauche in einem Gewerbe oder zur Wiederveräußerung in derselben Beschaffenheit oder nach vorgängiger Bearbeitung oder Verarbeitung dienen sollen, oder im Inlande von einem der Vertragschließenden erzeugt oder hergestellt sind,

mit $^1/_{20}$ Prozent des Kauf- oder Lieferungspreises zu versteuern seien.

Vgl. Drucksache Nr. 35 des Hauses der Abgeordneten II. Session 1895 Tarif S. 12 und Begründung S. 45. 46.

Danach sollten also unter den angegebenen Voraussetzungen alle Kauf- und Lieferungsverträge, gleichviel ob individuell, oder generisch bezeichnete Sachen den Gegenstand des Vertrages bildeten, in Zukunft gleichmäßig mit einer Steuer belegt werden, welche sich zwar für die infolge der Reichsgesetzgebung steuerfrei gewesenen Geschäfte als eine Neubesteuerung, im übrigen aber als eine Ermäßigung dargestellt haben würde. In letzterer Beziehung wurde in der Begründung des Entwurfes ausdrücklich hervorgehoben:

eine nicht unerhebliche Erweiterung erhalte die vorgeschlagene Ermäßigung dadurch, das die von ihr betroffenen Geschäfte nicht mehr die Vertretbarkeit der Sachen oder Waren zur Voraussetzung haben sollen.

Bei der ersten Beratung im Plenum des Hauses der Abgeordneten wurde vom Finanzminister,

vgl. Stenographische Berichte, Sitzung vom 19. Februar 1895, S. 731,

hervorgehoben, daß es im Einzelfalle oft schwierig sei, vertretbare und nicht vertretbare Sachen zu unterscheiden, und daß es daher im Interesse der Rechtssicherheit und der besseren Kalkulationsmöglichkeit liege, diese Unterscheidung ganz fallen zu lassen. Diese Ansicht vertrat der Finanzminister später auch in der Kommission des Abgeordnetenhauses,

vgl. Protokoll über die 9. Kommissionssitzung vom 29. März 1895 S. 9,

wobei er gegenüber einem Antrage (Nr. 26 zu A) wegen gänzlicher Befreiung aller Kauf- und Lieferungsgeschäfte der in der Regierungsvorlage bezeichneten Art bemerkte:

wolle man die Position streichen, so müsse doch mindestens der frühere Zustand erhalten bleiben, sodaß der Antrag (Nr. 26 zu A) nur auf vertretbare Sachen, nicht aber auf individuell bestimmte Sachen bezogen werden dürfe.

Dementsprechend wurde von der Kommission der in Rede stehenden Bestimmung (Ziff. 3) schließlich die in das Gesetz übergegangene Fassung gegeben. Im Kommissionsberichte,

Drucksache Nr. 204 des Hauses der Abgeordneten II. Session 1895 S. 57.

findet sich darüber folgender Satz:

„In der zweiten Lesung wurde die Ziff. 3 in der Fassung des Antrages Nr. 48 zu VII angenommen, womit hinsichtlich der Versteuerung der Kauf- und Lieferungsgeschäfte über bewegliche Gegenstände der jetzige Rechtszustand vollkommen aufrecht erhalten, die Unterscheidung zwischen vertretbaren und nicht vertretbaren Waren also beibehalten wird."

In den späteren Verhandlungen und insbesondere auch bei der Beratung des von dem Hause der Abgeordneten angenommenen Entwurfes im Herrenhause ist ein entgegenstehender Standpunkt nicht zum Ausdruck gelangt.

Diese Vorgänge lassen klar erkennen, daß man den Rechtszustand, wie er durch die „Anmerkung" zur Tarifstelle 4B des Reichsstempelabgabengesetzes vom 29. Mai 1885 geschaffen und auch nach der Beseitigung der „Anmerkung" durch das Reichsgesetz vom 27. April 1894 bestehen geblieben war,

vgl. Entsch. des R.G.'s in Civils. Bd. 19 S. 180 flg.,

hat aufrecht erhalten wollen, und daß man dabei, soweit von „vertretbaren" oder von „fungibeln" Sachen gesprochen wurde, sich dieses Ausdruckes nur im Gegensatze zu „individuell bestimmten" Sachen bedient hat.

Hiernach ist also anzunehmen, daß das Gesetz vom 31. Juli 1895 mit den Worten „Mengen von Sachen oder Waren" in der Befreiung 3 zur Tarifstelle 32 denselben Gedanken hat ausdrücken wollen, der den gleichen Worten des Reichsgesetzes vom 29. Mai 1885 zu Grunde lag. Die diesem früheren Gesetze in der Rechtsprechung zu teil gewordene Auslegung trifft daher in gleicher Weise für das Gesetz vom 31. Juli 1895 zu.[1]

Die rechtliche Auffassung des Berufungsrichters entzieht sich sonach der Anfechtung. Im übrigen beruht das Urteil wesentlich auf thatsächlichen Erwägungen, deren Begründung eine Rechtsnormverletzung nicht erkennen läßt. Insbesondere giebt die Annahme, daß Eisenbahnwagen der in Rede stehenden Art, wenn sie als Vielheit gehandelt werden, unter den Begriff einer „Menge von Sachen" im erörterten Sinne des Gesetzes fallen können, an sich für rechtliche Bedenken keinen Anhalt." . . .

---

62. Ist eine Vereinbarung, daß bei nicht pünktlicher Zahlung der Zinsen eines bereits eingetragenen Hypothekenkapitales dieses sofort fällig sein, und das hierdurch begründete Recht des Hypothekengläubigers in das Grundbuch eingetragen werden solle, stempelpflichtig?

Tarifstelle 59 des Stempelsteuergesetzes vom 31. Juli 1895.

IV. Civilsenat. Urt. v. 27. Oktober 1898 i. S. R. Wwe. (Kl.) w. preuß. Fiskus (Bekl.). Rep. IV. 127/98.

---

[1] In gleichem Sinne ist erkannt vom IV. Civilsenate am 3. November 1898 in der S. IV. 151/98 und am 24. November 1898 in der S. IV. 159/98, vom III. Civilsenate am 29. März 1899 in der S. III. 303/98, vom VII. Civilsenate am 12. Mai 1899 in der S. VIa. 24/99. D. R.

I. Landgericht I Berlin.
II. Kammergericht daselbst.

Auf dem Grundstücke der Klägerin standen für den Civilingenieur H. drei Hypotheken im Betrage von 325 000 *M* eingetragen, von denen zwei mit 6 Prozent, und die dritte mit 5 Prozent verzinslich waren. Unterm 24. März 1897 wurde eine von dem Gläubiger und der Schuldnerin unterschriebene Urkunde errichtet, in welcher es hieß: „Hinsichtlich der Verzinsung und Heimzahlung dieser Hypotheken werden in Abänderung der zur Zeit geltenden Bestimmungen folgende Vereinbarungen zwischen dem Gläubiger und der Schuldnerin getroffen:

1. (Interessiert hier nicht.)
2. Die Fälligkeit der sämtlichen Hypotheken ... tritt ohne vorherige Kündigung am 1. April 1902 ein.
3. Werden die Zinsen nicht pünktlich, d. h. innerhalb der ersten 8 Tage des Kalenderquartals, entrichtet, so werden die Hypotheken von zusammen 325 000 *M* auf Verlangen des Gläubigers sofort fällig und zahlbar.

Gläubiger und Schuldnerin bewilligen und beantragen die Eintragung der hiermit festgesetzten ... Zahlungsmodalitäten in das Grundbuch."

Die Steuerbehörde hat von der Urkunde den allgemeinen Vertragsstempel mit 1,50 *M* und den Kautionsstempel mit 5 *M* erfordert. Beide Beträge sind von der Klägerin bezahlt. Dieselbe hält sich indes zur Zahlung des Kautionsstempels nicht für verpflichtet und hat daher beantragt, den Beklagten zur Zurückzahlung von 5 *M* zu verurteilen.

Der erste Richter hat den Beklagten verurteilt, an die Klägerin 3,50 *M* zu zahlen, und die Klage in Höhe von 1,50 *M* abgewiesen. Die von der Klägerin eingelegte Berufung sowie die von ihr eingelegte Revision ist zurückgewiesen worden, die letztere aus folgenden

Gründen:

„Die Vorderrichter sind der Ansicht, daß das Abkommen unter Ziff. 3 der Urkunde vom 24. März 1897 dem Kautionsstempel gemäß Pos. 59 des Tarifes zum Stempelsteuergesetze vom 31. Juli 1895 unterliege. Der Ansicht ist beizutreten.

Durch die unter Ziff. 3 der Urkunde schriftlich fixierte Vereinbarung, daß bei nicht pünktlicher Zahlung der Zinsen das Kapital sofort fällig sein solle, ist ein neues Recht des Hypothekengläubigers begründet. Bezüglich dieses neuen Rechtes haben der Gläubiger und die Schuldnerin in derselben Urkunde bestimmt, daß dasselbe in das Grundbuch eingetragen werden solle. Die Urkunde enthält daher eine auf Sicherstellung des Rechtes gerichtete Willenserklärung der Beteiligten. Diese Willenserklärung ist nach Tarifposition 59 stempelpflichtig. Ob durch die Eintragung die Belastung des Grundstückes erhöht worden ist, kann dahingestellt bleiben. Denn die Stempelpflichtigkeit hängt nicht, wie die Revision vermeint, von einer solchen Erhöhung der Grundstücksbelastung ab, sondern davon, daß nach Inhalt der Urkunde ein neues, noch nicht sicher gestelltes Recht sichergestellt werden soll. Die Verringerung eines bereits sichergestellten Rechtes, wie z. B. die Herabsetzung des eingetragenen Zinsfußes einer Hypothekenforderung, ist daher allerdings nicht stempelpflichtig.

Von der Stempelabgabe sind aber nach dem Gesetze befreit „die in Schuldverschreibungen zur Sicherheit der Schuldverpflichtung vom Schuldner abgegebenen Erklärungen". Es ist also die in einer Schuldverschreibung vom Schuldner selbst abgegebene auf die Sicherstellung der Schuldverpflichtung abzielende Willenserklärung stempelfrei. Die Vorderrichter haben die Urkunde vom 24. März 1897 als eine Schuldverschreibung nicht angesehen. Die Revision bekämpft diese Anschauung und meint, daß mindestens „eine analoge Anwendung" der vorstehend wiedergegebenen Vorschrift der Tarifposition 59 b und der Vorschrift der Tarifposition 58 III geboten sei.

Das Reichsgericht hat indes schon mehrfach erkannt, daß unter einer „Schuldverschreibung" im Sinne der Stempelgesetzgebung nur eine solche Urkunde zu verstehen ist, in welcher eine für sich bestehende, prinzipale Schuldverbindlichkeit zum Ausdrucke gebracht wird, daß dagegen eine Schuldverschreibung dann nicht vorliegt, wenn in der Urkunde eine bereits verbriefte Schuld nur nach irgend einer Richtung hin modifiziert und deshalb erwähnt wird.

Vgl. Entsch. des R.G.'s in Civils. Bd. 37 S. 219; Urteile des Reichsgerichtes vom 21. Januar 1897 in Sachen Nordstern w. Fiskus (IV. 227/96) und vom 23. Dezember 1897 in Sachen Berliner Handelsgesellschaft w. Fiskus (IV. 176/97).

Der letztere Fall ist hier gegeben. Über die Hypothekenschulden selbst sind schon früher Urkunden errichtet, und diese versteuert. In der Urkunde vom 24. März 1897 wird der Hypothekenschulden nur historisch gedacht; ihr eigentlicher und alleiniger Zweck ist, neu vereinbarte Modifikationen der Verzinsung und Zurückzahlung der Kapitalien zum Ausdrucke zu bringen. Die Bedeutung einer Schuldverschreibung wohnt daher der Urkunde nicht bei. Eine analoge Anwendung der Tarifposition 58 III und damit auch der Tarifposition 59 b auf den vorliegenden Fall ist nicht zulässig.

Was die Höhe der hiernach erforderlichen Stempelsteuer anlangt, so kommt die Bestimmung des Abs. 2 der Tarifposition 59 in Betracht, wonach der Kautionsstempel „den für die Beurkundung des sicherzustellenden Rechts zur Erhebung gelangenden Stempel nicht übersteigen darf". Sichergestellt wurde das Recht des Gläubigers, die Zahlung der Hypothekenkapitalien am 1. April 1902, und bei unpünktlicher Zinsenzahlung auch schon früher, zu verlangen. Die Beurkundung dieses Rechtes unterliegt dem allgemeinen Vertragsstempel nach der Tarifposition 71 Ziff. 2 mit 1,50 *M*. Für die Beurkundung der Sicherstellung desselben konnte daher eine höhere Stempelabgabe nicht erfordert werden. Die Anwendbarkeit eines geringeren Steuersatzes ist von der Klägerin nicht behauptet und auch nicht erkennbar.

Sollte das von der Revision angezogene, in den Blättern für Rechtspflege im Bezirke des Kammergerichts, Jahrgang 1898 S. 44, abgedruckte Reskript der Minister der Justiz und der Finanzen vom 1. April 1898 mit den vorstehenden Ausführungen nicht vereinbar sein, so würde ihm eine maßgebende Bedeutung nicht beigelegt werden können."

---

63. 1. Steht im Falle der Eheschließung eines noch unter väterlicher Gewalt befindlichen Kindes ohne die erforderliche Genehmigung des Vaters diesem nur das Recht zu, entweder die Ehe als ungültig anzufechten, oder das Kind bis auf die Hälfte des Pflichtteiles zu enterben? Oder stehen ihm beiderlei Rechte nebeneinander zu?

2. Ist der Vater zur Enterbung eines Kindes bis auf die

Hälfte des Pflichtteiles für den Fall berechtigt, daß das Kind gegen das letztwillige Verbot des Vaters nach dessen Tode sich mit einer bestimmten Person verheiraten sollte?

A.L.R. II. 1 §§ 45. 994—998, II. 2 §§ 412. 413.

IV. Civilsenat. Urt. v. 1. November 1898 i. S. L. (Kl.) w. L. Wwe. u. Gen. (Bekl.). Rep. IV. 136/98.

I. Landgericht I Berlin.
II. Kammergericht daselbst.

Der Kläger, welcher am 10. Juli 1871 geboren ist, schloß am 11. Juni 1895 in England die Ehe mit Frieda S. ohne Einwilligung und Kenntnis seines Vaters, des Rentiers Robert L. in Berlin. Auf dessen Klage ist diese Ehe durch rechtskräftiges Urteil vom 10. Juni 1896 wegen der mangelnden Einwilligung für ungültig erklärt worden. Der Vater des Klägers ist darauf am 28. August 1896 gestorben und hat in seinem vom 18. Juni 1895 datierten und am 9. September desselben Jahres gerichtlich niedergelegten, demnächst am 5. September 1896 eröffneten Testamente neben seiner Ehefrau und seinen beiden anderen Kindern zwar auch den Kläger als Erben eingesetzt, jedoch betreffs des letzteren in § 5 verordnet:

„Mein Sohn Fritz hat mir durch seinen Leichtsinn viel Kummer gemacht. Ich bestimme deshalb, daß derselbe von meinem Nachlaß nur den gesetzlichen Pflichtteil erhält, welchen ich hiemit auf 100 000 ℳ festsetze.

Für den Fall, daß mein Sohn Fritz trotz meines väterlichen Verbots ein Mädchen Namens Frieda S., welche ich für sittlich bescholten erachte, ehelichen sollte oder bereits geheiratet haben sollte, enterbe ich ihn hiermit auf die Hälfte des gesetzlichen Pflichtteils, welche ich auf 50 000 ℳ festsetze" ꝛc.

Des testamentarischen Verbotes ungeachtet hat der Kläger in den ersten Monaten des Jahres 1897 mit der Frieda S. vor dem Standesamte in Berlin zum zweiten Male die Ehe geschlossen. Gleichwohl ficht er jetzt seine Enterbung an, indem er der Meinung ist, daß der Vater dazu, nachdem er die Ehe als ungültig mit Erfolg angefochten, nicht mehr befugt gewesen sei.

Das Landgericht hat über den Grund des Anspruches vorab entschieden und anerkannt:

„Der Grund des klägerischen Anspruchs wird dahin festgestellt, daß der Kläger das Recht hat, von dem Nachlasse seines Vaters . . . gegen § 5 des von demselben hinterlassenen, am 5. September 1896 eröffneten Testaments außer der ihm zugestandenen einen Hälfte des Pflichtteils noch die andere Hälfte desselben, ohne Beschränkung der letzteren auf 50000 *M*, zu fordern."

Auf die Berufung der Beklagten ist aber auf Abweisung der Klage erkannt.

Die Revision des Klägers ist für begründet erachtet, und unter Aufhebung des Berufungsurteiles die Berufung der Beklagten gegen das landgerichtliche Urteil zurückgewiesen, aus folgenden

Gründen:

„Unter dem Marginale: „Von ungültigen Ehen, wobei der Konsens der Eltern ermangelt", bestimmen zunächst die §§ 994—996 A.L.R. II. 1:

„§ 994. Die Ungültigkeit einer Ehe, bei welcher es von der einen oder andern Seite an der Einwilligung des leiblichen Vaters ermangelt, muß von diesem innerhalb sechs Monaten, nach erhaltener Nachricht von der Vollziehung der Ehe, gerichtlich gerügt werden.

§ 995. Ist dieses nicht geschehen, so behält zwar die Ehe selbst ihre volle Wirkung;

§ 996. Doch ist der Vater alsdann das ungehorsame Kind, bis auf die Hälfte des Pflichtteils, zu enterben berechtigt."

Sodann wird in § 997 der Fall behandelt, daß ein nicht mehr unter väterlicher Gewalt befindlicher Sohn oder eine Tochter nach zurückgelegtem 24. Lebensjahre ohne väterliche Einwilligung heiratet, und diese Ehe zwar für gültig erklärt, jedoch in § 998 bestimmt:

„Dem Vater bleibt aber, auch in diesem Falle, das Recht zur Enterbung, bis auf die Hälfte des Pflichtteils, vorbehalten."

Nach § 1000 endlich kann auch die Mutter ein nach des Vaters Tode ohne ihre Einwilligung heiratendes minder- oder großjähriges Kind auf die Hälfte des Pflichtteiles enterben.

Während das Landgericht die §§ 994—996 nach ihrem Zusammenhange und insbesondere nach dem Wortlaute des § 996 dahin auslegt, daß der Vater nur das Recht habe, entweder die Ehe als ungültig anzufechten, oder das Kind zur Strafe bis auf die Hälfte des Pflichtteiles zu enterben, sodaß nach Herbeiführung der Ungültigkeitserklärung der am 11. Juni 1895 geschlossenen Ehe des Klägers dessen Enterbung wegen Schließung dieser Ehe nicht mehr gerechtfertigt sei, nimmt das Berufungsgericht an, daß dem Vater beiderlei Befugnisse nebeneinander zustehen. Daß der Vater ein Kind, welches ohne seinen Willen geheiratet, — so führt das Berufungsgericht aus — auf die Hälfte des Pflichtteiles setzen könne, sei althergebrachtes deutsches Recht. Insonderheit habe das sächsische Recht eine Enterbung entweder zur Hälfte, oder ganz gestattet. Im Anschluß hieran habe die märkische Konstitution vom 15. Dezember 1694 — § 14 — bestimmt, daß Eltern solchen ungehorsamen Kindern zu der Ausstattung nicht behilflich zu sein brauchten, vielmehr befugt sein sollten, dieselben bis auf den halben Teil ihrer gebührenden Legitimae zu enterben. Ferner sei in dem Projekte des Corpus juris Fridericianum — Tl. I Buch 2 Tit. 2 § 23 — ausgesprochen, daß Eltern und Vormünder bei dem Consistorio um gänzliche Kassation der ohne ihren Konsens eingegangenen Ehe der Kinder anhalten können, daß ihnen aber, falls sie um die Kassation anzuhalten Bedenken tragen, doch freistehen soll, die Kinder zu enterben und ihnen die Legitimam zu entziehen. Der § 14 der märkischen Konstitution gewähre also das fragliche Enterbungsrecht ohne Einschränkung, und daß etwa der § 23 a. a. O. dieses althergebrachte Recht den Eltern dann, wenn sie die Ehe des ungehorsamen Kindes anfechten, habe entziehen wollen, dafür lägen keine Anhaltspunkte vor. Ebensowenig aber sei aus der Fassung der §§ 994—996 A.L.R. II. 1 zu entnehmen, daß das Landrecht die hergebrachten Rechte des Vaters habe einschränken wollen. Die durch den Vater veranlaßte Auflösung der ersten Ehe des Klägers stehe daher der Zulässigkeit der Enterbung desselben nicht entgegen.

Der hiergegen, unter Aneignung der Ausführungen des Landgerichtes, erhobene Angriff der Revision erscheint begründet. Das Berufungsgericht legt für die Auslegung der §§ 994—996 A.L.R. II. 1 das Hauptgewicht auf den früheren, durch die Renovierte Konstitution vom 15. Dezember 1694, von Verlöbnis und Ehe-Sachen, — Mylius, C. C. M. Tl. I Abt. 2 Nr. 58 — mit der hervorgehobenen Bestimmung in § 14 geschaffenen Rechtszustand, der den Eltern das fragliche Enterbungsrecht ohne Einschränkung gewährt habe. Dabei wird aber, wie die Revision zutreffend geltend macht, der § 15 übersehen, welcher gerade die ohne die elterliche Genehmigung erfolgte Eheschließung der Kinder betrifft, während der § 14 von dergleichen Verlöbnissen handelt. „Wäre es auch Sache," — so lautet der § 15 — „daß, wie bereits oben Erwähnung geschehen, das matrimonium absque Parentum consensu per copulam carnalem et benedictionem sacerdotalem von den Kindern heimlich und de facto vollzogen worden, so soll in der Eltern freyen Willen stehen, ob sie einen von vorgedachten Wegen erwehlen, oder bei unserem Consistorio, um gänzliche Cassation und Aufhebung solcher Ehe, anhalten wollen, inmaßen dann dergleichen Beginnen nicht allein sub lege punitionis, sondern auch nach Gelegenheit der hierbei etwa vorkommenden Umbstände, gar sub lege annullationis, hiermit ausdrücklich verboten wird." Die Bestimmungen in den §§ 14. 15 der Renovierten Konstitution vom 15. Dezember 1694 rechtfertigen hiernach keineswegs die Annahme, daß danach den Eltern nach der auf ihr Ansuchen erfolgten Aufhebung der Ehe auch noch das Enterbungsrecht zugestanden habe, und lassen sich daher auch zur Auslegung der §§ 994—996 A.L.R. II. 1 in diesem Sinne nicht verwerten. Der unzweideutige Wortsinn der §§ 994—996 ist der, daß dem Vater, dessen Einwilligung zur gültigen Eheschließung des Kindes nach § 45 a. a. O. erforderlich war, aber nicht erfolgte, das Recht zur Anfechtung der Ehe erteilt wird — § 994 —, daß aber, sofern von diesem Rechte innerhalb der vorgesehenen sechsmonatigen Frist kein Gebrauch gemacht wird, die Ehe selbst zwar unanfechtbar werden — § 995 —, der Vater jedoch nunmehr berechtigt sein soll, das ungehorsame Kind bis auf die Hälfte des Pflichtteiles zu enterben — § 996 —. Es soll also das Recht der Enterbung dem Vater nur zustehen, wenn die ohne seine Einwilligung geschlossene Ehe gleichwohl gültig bleibt. Dieser grammatischen Auslegung entspricht auch der nächste unzweifelhafte Grund (vgl. § 46 Einl. zum A.L.R.) der Bestimmungen in den §§ 994—996: dem väterlichen Einwilligungsrechte seine Geltung zu sichern. Das geschieht in ausreichender Weise durch das Anfechtungsrecht. Daß daneben noch zur Bestrafung des Ungehorsams des Kindes die Einräumung eines Enterbungsrechtes an den Vater geboten erscheinen könnte, ist auch aus der sittlichen Natur des Eltern- und Kindesrechtes umsoweniger herzuleiten, als in der allgemeinen Befugnis des Vaters zur Beschränkung des ungehorsamen Kindes auf den Pflichtteil die Möglichkeit einer wirksamen Ahndung des begangenen Ungehorsams gegeben ist. Die §§ 995—998 bezwecken die Regelung der Rechte des Vaters für den Fall, daß die ohne seine Einwilligung geschlossene Ehe des Kindes gleichwohl gültig bleibt, und geben ihm für diesen Fall das Enterbungsrecht bis auf die Hälfte des Pflichtteiles, auch dann, wenn die Ehe seinem Anfechtungsrechte überhaupt nicht unterlag. Die Voraussetzung dieser Bestimmungen, der Bestand der Ehe, entfällt aber, falls dieselbe von dem Vater selbst mit Erfolg als ungültig angefochten ist, und es ergiebt sich auch hieraus, daß dem Vater nach Erwirkung der Ungültigkeitserklärung der Ehe das Enterbungsrecht nicht weiter zusteht. Den gegenteiligen Ausführungen von Goldenring — in Gruchot's Beiträgen Bd. 21 S. 708 unter d —, auf welche das Berufungsgericht verweist, läßt sich nicht beitreten. „Der Grund der Enterbung", meint Goldenring, „ist die Undankbarkeit und Lieblosigkeit des Kindes, und diese wird dadurch nicht geringer, daß die Ehe kassiert wird. Entscheidend ist aber, daß bei der Mutter ein Unterschied nicht gemacht wird, ob die Ehe vernichtet wird, oder nicht (§ 1000); vor allem aber, daß den Eltern das Enterbungsrecht sogar schon dann eingeräumt ist, wenn es überhaupt nicht einmal zu einer Ehe kommt, sondern das Kind nur versucht hat, die elterliche Einwilligung durch außerehelichen Beischlaf zu erzwingen (§ 413 A.L.R. II. 2)." Wie wenig stichhaltig der letzte Grund ist, ergiebt sich ohne weiteres aus der Verschiedenheit der Sachlage, indem hier das gegenüber einer geschlossenen Ehe zur Geltendmachung des väterlichen Einwilligungsrechtes zur Verfügung stehende Anfechtungsrecht nicht gegeben ist. Und daß der Mutter das Enterbungsrecht unterschiedslos gewährt ist, findet seine Erklärung, wie schon das Landgericht hervorhebt, darin, daß ihr ein Anfechtungsrecht überhaupt nicht zusteht. Denn auch das Klagerecht aus § 999 A.L.R. II. 1 auf Anfechtung einer von einem minderjährigen vaterlosen Kinde ohne Einwilligung der Mutter oder des Vormundes geschlossenen Ehe ist nicht, wie von den Beklagten ausgeführt wird, auch der Mutter, sondern nur dem Vormunde eingeräumt.

Vgl. Dernburg, Lehrbuch des Preußischen Privatrechts Bd. 3 § 14 bei Anm. 18. 20; Förster-Eccius, Preußisches Privatrecht

Bd. 4 § 203 Anm. 23; Rehbein, Entscheidungen des Preußischen Obertribunals Bd. 4 S. 28 in der Anm.; Koch, Kommentar zum Allgemeinen Landrecht Anm. 53 zu § 999 II. 1.

Daß die Undankbarkeit und Lieblosigkeit des Kindes, welche dasselbe durch die Eheschließung ohne Einholung der väterlichen Einwilligung bethätigt hat, durch die erwirkte Ungültigkeit der Ehe nicht geringer wird, ist freilich richtig; aber andererseits ist doch nicht zu verkennen, daß regelmäßig die Ungültigkeitserklärung der Ehe von dem Kinde als eine harte Strafe empfunden, durch Zulässigkeit der Enterbung nach vorheriger Anfechtung der Ehe das begangene Vergehen doppelt geahndet wird.

Im Anschlusse an die Bestimmungen in den §§ 994—1000 A.L.R. II. 1 findet sich noch unter den von der Enterbung handelnden Vorschriften der §§ 399—418 A.L.R. II. 2 in § 412 der Satz ausgesprochen:

„Daß Eltern ein Kind, welches ohne ihre erteilte, oder von dem Richter ergänzte Einwilligung heiratet, bis auf die Hälfte des Pflichtteils enterben können, ist im ersten Titel §§ 996. 998. 1000 verordnet."

Die Beklagten haben in der Revisionsinstanz geltend gemacht, daß der § 412 als Teil der das elterliche Enterbungsrecht überhaupt regelnden Bestimmungen auch sedes materiae sei für die Beurteilung des hier in Rede stehenden Enterbungsrechtes, daß aber letzteres durch § 412 den Eltern schlechthin erteilt werde, ohne Rücksicht darauf, ob die ohne Einwilligung derselben geschlossene Ehe des Kindes von ihnen als ungültig angefochten sei, oder nicht. Indes der § 412 spricht keine selbständige Rechtsnorm aus; es handelt sich dabei um eine Vorschrift lediglich formaler Natur, mit dem Zwecke, durch den Hinweis auf die in den §§ 996. 988. 1000 A.L.R. II. 1 ausgesprochenen Enterbungsgründe an der systemgemäßen Stelle des Gesetzbuches eine vollständige Zusammenstellung der die Kinder betreffenden Enterbungsgründe zu geben. Daher ist der § 412 A.L.R. II. 2 auch bedeutungslos für die Bestimmung des rechtlichen Inhaltes der §§ 994—996 A.L.R. II. 1.

Hiernach beruht die Annahme des Berufungsgerichtes, daß das Anfechtungsrecht aus § 994 und das Enterbungsrecht aus § 996 A.L.R. II. 1 dem Vater nebeneinander zustehen, auf rechtsirrtümlicher

Auslegung dieser Vorschriften; es ist vielmehr, in Übereinstimmung mit Dernburg, a. a. O. Bd. 3 § 202 unter III, Gruchot, Preußisches Erbrecht Bd. 3 S. 168, und C. F. Koch, Preußisches Erbrecht S. 505 unter b [1], dem Landgerichte darin beizutreten, daß dem Vater das Enterbungunsrecht dann nicht mehr zusteht, wenn er die Ehe wegen des Mangels seiner Einwilligung mit Erfolg als ungültig angefochten hat.

Das Berufungsurteil ist aber noch auf einen anderen, selbständigen Entscheidungsgrund gestützt, nämlich darauf, daß durch die zweite Eheschließung des Klägers mit der Frieda S. nach dem Tode des Vaters die von diesem in dem Testamente getroffene Bestimmung in Wirksamkeit, und demnach die angedrohte Enterbung eingetreten sei. In dieser Beziehung ist, gegenüber der abweichenden, auch von der Revision vertretenen Auffassung des Landgerichtes, daß die die Enterbung aussprechende Bestimmung im Testamente vom 18. Juni 1895 durch die danach erfolgte Anfechtung der Ehe für konsumiert, und die dort ausgesprochene Enterbung nicht mehr als der letzte Wille des Erblassers zu erachten sei, die von dem Berufungsgerichte getroffene Feststellung nicht zu beanstanden, daß der Inhalt der verbietenden Anordnungen des Vaters dessen Willensabsicht gar nicht zweifelhaft lasse, welche eine Eheschließung des Klägers mit der genannten Person für alle Fälle ausgeschlossen wissen wollte, sodaß das Verbot für jeden Fall der Zuwiderhandlung seitens des ungehorsamen Sohnes seine Wirksamkeit äußern sollte. Es kann sich daher nur fragen, ob es richtig ist, was das Berufungsgericht weiter annimmt, daß dem Vater ein Enterbungsrecht bis auf den halben Pflichtteil gegenüber dem Sohne auch für den Fall zusteht, daß dieser sich gegen den letzten Willen des Vaters mit einer näher bezeichneten Frauensperson nach dessen Tode verheiraten sollte. Das Berufungsgericht begründet seine Entscheidung mit folgender Erwägung: „Daß übrigens ein Erblasser einen Sohn im voraus für den Fall, daß sich derselbe einer zur Enterbung ausreichenden Handlung schuldig machen sollte, enterben könne, muß, mit Dernburg, Preußisches Privatrecht Bd. 3 § 202 a. E., unbedingt für zulässig erachtet werden, da sich anderenfalls der Sohn nach des Vaters Tode ungestraft einer Lieblosigkeit und Undankbarkeit gegen den Vater schuldig machen könnte. Es würde auch schließlich die Rechtsauffassung des Klägers zu dem sonderbaren, das Rechtsgefühl keinesfalls befriedigenden Ergebnisse führen, daß der Kläger, dem die Einwilligung des Vaters zur Eingehung der beregten Ehe versagt worden war, mit des Vaters Tode nicht nur dieser Einwilligung ledig geworden, vielmehr auch noch trotz Wiederholung seiner Zuwiderhandlung gegen das väterliche Gebot sogar den ganzen Pflichtteil erlangt haben würde."

Demgegenüber macht die Revision geltend, daß der Kläger nach dem Tode seines Vaters in der Wahl seiner Ehefrau unbeschränkt gewesen sei. Wie die Vorschriften der §§ 45 flg. A.L.R. II. 1 für die Zeit nach dem Tode des Vaters unanwendbar seien, so seien auch die §§ 994 flg. A.L.R. II. 1 nur auf den Fall zu beziehen, daß ein Kind ohne die Einwilligung des *noch lebenden* Vaters heirate. Die Folge der Enterbung hätte daher der Vater an die nach seinem Tode erfolgte Übertretung des die Verheiratung des Klägers mit der S. betreffenden Verbotes so wenig knüpfen können, wie an die Nichtbeachtung anderer beliebiger Ge- und Verbote, da eine Enterbung nur aus den festbegrenzten gesetzlichen Gründen verordnet werden könne. Auch dieser Angriff der Revision ist begründet. Es kann dahingestellt bleiben, ob die Enterbung eines Kindes auch wegen *künftiger*, dazu an sich berechtigender Handlungen desselben zulässig ist, oder ob die Enterbungsursachen, wie, abweichend von *Dernburg*, *C. F. Koch*, a. a. O. S. 510 unter 2, und *Förster-Eccius*, Preußisches Privatrecht Bd. 4 § 248 bei Anm. 76, annehmen, zur Zeit der Testamentserrichtung vorhanden sein müssen, da in der zweiten Eheschließung des Klägers eine dessen Vater zur Enterbung berechtigende Handlung des ersteren überhaupt nicht zu finden ist. Aus dem in § 45 A.L.R. II. 1 vorgesehenen Rechte des Vaters, die gültige Eheschließung des Kindes von seiner Genehmigung abhängig zu machen, ergiebt sich für letzteres die Verpflichtung zur Einholung dieser Genehmigung. Recht und Pflicht bilden den Bestand des Rechtsverhältnisses. Die Verpflichtung des Kindes hat daher das Bestehen des Rechtes des Vaters zur Voraussetzung; mit dem Erlöschen des väterlichen Rechtes entfällt auch die entsprechende Verpflichtung des Kindes. Seiner Natur nach, als höchst persönliches Recht, verschwindet das väterliche Einwilligungsrecht mit dem Tode des Vaters — § 102 Einl. zum A.L.R. —, und daraus folgt, daß dann auch eine entsprechende Verpflichtung des Kindes nicht mehr besteht, überhaupt nicht mehr bestehen kann.

Demgegenüber darf vom rechtlichen Standpunkte aus nicht in Betracht gezogen werden, ob der Vater letztwillig dem Kinde die Eheschließung mit einer bestimmten Person verboten hat. Die Verpflichtung des Kindes zur Einholung der väterlichen Einwilligung richtet sich nach der Zeit der Eheschließung; besteht zu dieser Zeit eine solche Verpflichtung nicht, so kann auch von einer Zuwiderhandlung gegen dieselbe nicht die Rede sein. Das väterliche Verbot hatte über den Tod des Vaters hinaus, soweit es sich um die Eheschließung des Klägers nach dem Tode des Vaters handelte, für den Kläger keine rechtliche Wirksamkeit, und deshalb kann auch die Nichtbefolgung dieses Verbotes nicht als Enterbungsursache im Sinne des § 996 A.L.R. II. 1 und des § 412 A.L.R. II. 2 gelten. Eine analoge Anwendung dieser Vorschriften auf Fälle der vorliegenden Art, zur Vermeidung des von dem Berufungsgerichte hervorgehobenen wenig befriedigenden Ergebnisses, und damit nicht das Kind nach des Vaters Tode sich ungestraft einer Lieblosigkeit und Undankbarkeit gegen den Vater schuldig machen könne, erscheint, worauf die Revision zutreffend hinweist, bei der singulären Natur der die Enterbungsgründe bestimmenden Vorschriften ausgeschlossen.

Nach alledem beruht auch der zweite Entscheidungsgrund des Berufungsgerichtes auf rechtsirrtümlicher Anwendung des § 996 A.L.R. II. 1, und unterliegt daher das Berufungsurteil der Aufhebung." ...

---

64. Zwangsversteigerungsverfahren; Behandlung des Rückstandes aus einer gemeinen Last, die sich in einmaliger Ausübung erschöpft.

V. Civilsenat. Urt. v. 2. November 1898 i. S. H. & Tr. (Kl.) w. Gemeinde D.-W. (Bekl.). Rep. V. 139/98.

I. Landgericht II Berlin.
II. Kammergericht daselbst.

Die klagende Handelsgesellschaft hatte die unter Androhung von Zwangsmaßregeln von ihr als jetziger Eigentümerin der Grundstücke Pf.'straße Nr. 6 und 7 in Wilmersdorf geforderte Kanalisationsanschlußgebühr von 1835 ℳ unter Vorbehalt an die verklagte

Gemeinde gezahlt und verlangte deren Zurückgabe. Sie hielt sich zur Entrichtung der Abgabe nicht für verpflichtet, weil diese schon zur Besitzzeit ihres, von der Beklagten auch zu derselben veranlagten, Vorbesitzers S. fällig geworden, aber von der Beklagten nicht in der Subhastation der Grundstücke unter S. angemeldet worden sei, und weil infolgedessen die Grundstücke frei von dieser Abgabe am 5. und 12. Februar 1895 auf die Preußische Hypotheken-Aktienbank in Berlin, die Ersteherin in der Subhastation, und demnächst von dieser auf sie, die Klägerin, übergegangen seien.

Die Beklagte bestritt, daß sie die Abgabe in der Subhastation hätte anmelden müssen, behauptete aber auch, daß die Gebühr erst mit dem Anschluß der Häuser an die Kanalisation, zur Besitzzeit der Klägerin, eventuell, infolge einer dem S. erteilten Stundung bis zur Rohbauabnahme der Häuser, gleichfalls zur Besitzzeit der Klägerin fällig geworden sei. Auch berief sie sich darauf, daß im Laufe dieses Prozesses eine Veranlagung der Klägerin zu der Abgabe stattgefunden habe.

In erster Instanz ist die Beklagte zur Zurückerstattung verurteilt worden, während in zweiter Instanz auf Abweisung der Klage erkannt ist. Das Berufungsurteil ist aufgehoben worden aus folgenden

Gründen:

„Die Klage ist darauf gegründet worden, daß die von der Klägerin eingezogene Kanalisationsanschlußgebühr auf ihrem Grundstück nicht mehr gehaftet habe, seitdem dieses gegen den Vorbesitzer S. — der in der That schon zu der Abgabe von der Beklagten veranlagt worden war — zur Zwangsversteigerung gebracht worden ist, ohne daß die Beklagte die damals angeblich schon fällige Abgabe angemeldet hatte. Bisher ist freilich noch bestritten geblieben, ob die Abgabe schon zu S.'s Besitzzeit fällig gewesen sei und demgemäß in dem Zwangsversteigerungsverfahren habe angemeldet werden können; aber wenn die hierauf bezüglichen Klagebehauptungen und die daraus von der Klägerin gezogenen rechtlichen Folgerungen richtig sind, so kann die Beklagte ihre Verurteilung zur Rückerstattung der eingezogenen Summe nicht schon durch eine neue Veranlagung der Klägerin zu derselben Abgabe abwenden, weil diese Veranlagung ohne alle Bedeutung für die Frage ist, ob die Klägerin für einen Rückstand des S. verantwortlich gemacht werden könne.

Der Berufungsrichter geht nun mit Recht und in Übereinstimmung mit der Rechtsprechung davon aus, daß gleich den Straßenkostenbeiträgen, die nach Ortsstatut auf Grund des § 15 des Gesetzes vom 2. Juli 1875 erhoben werden, auch die hier in Rede stehende, auf derselben gesetzlichen Grundlage beruhende Kanalisationsanschlußgebühr eine gemeine, auf der Ortsverfassung beruhende und zugleich dingliche Last ist, die nach § 12 Eig.-Erw.-Ges. nicht der Eintragung ins Grundbuch bedarf, und die bei einer Zwangsversteigerung des verpflichteten Grundstückes nach § 22 Abs. 3 des Zwangsversteigerungsgesetzes vom 13. Juli 1883 von selbst auf den Ersteher übergeht, soweit nicht die Kaufbedingungen etwas anderes bestimmen, oder die Beschlagnahme des Grundstückes der Geltendmachung entgegensteht. Die letztgedachte Ausnahme trifft hier nicht zu. Die Ansicht des Berufungsrichters aber, daß auch die gesetzlichen Kaufbedingungen, insbesondere die Vorschriften über die bei Feststellung des geringsten Gebotes zu berücksichtigenden Forderungen, im vorliegenden Fall dem Übergang der Abgabe auf den Ersteher nicht entgegenständen, muß als rechtsirrtümlich bezeichnet werden. Der Berufungsrichter führt in dieser Beziehung aus:

> Von den gemeinen Lasten seien nur die *laufenden* Hebungen und die *Rückstände der laufenden* Hebungen aus den beiden letzten Jahren in der Zwangsversteigerung anzumelden und aus den Kaufgeldern zu befriedigen (§§ 28. 56 des Gesetzes vom 13. Juli 1883). Diese Bestimmungen beträfen also nur solche gemeine Lasten, die eigentliche Reallasten seien, d. h. Rechte auf wiederkehrende Hebungen aus den Grundstücken, nicht solche, die sich — wie die hier zur Frage stehende Kanalisationsanschlußgebühr — in einer einmaligen Leistung erschöpften. In einem Fall letzterer Art bedürfe es nicht der Geltendmachung der Last in der Zwangsversteigerung, sondern bleibe das Recht durch die Zwangsversteigerung unberührt, wie das Reichsgericht erst kürzlich in einem Urteil des IV. Civilsenates vom 13. Januar 1898 (Entsch. des R.G.'s in Civils. Bd. 40 Nr. 83 S. 308 flg.) anerkannt habe.

In diesem Urteil des IV. Civilsenates handelte es sich um die Frage, ob die durch das Gesetz vom 14. Juli 1893 begründete öffentlich-rechtliche dingliche Belastung von Grundstücken mit der Verpflichtung zur Rückerstattung der nach dem Gesetze vom 21. Mai 1861 ausbezahlten Grundsteuerentschädigung trotz der Nichtanmeldung in der

Zwangsversteigerung auf den Grundstücken haften bleibe. Diese Frage ist dort bejaht worden, und zwar aus dem entscheidenden Grunde, weil im damaligen Fall die Erstattungsforderung zur Zeit der Zwangsversteigerung noch nicht fällig geworden, und deshalb im Zwangsversteigerungsverfahren überhaupt kein Raum zu ihrer Geltendmachung gegeben gewesen sei. Daneben finden sich allerdings Ausführungen, welche dahin gedeutet werden können, als ob der IV. Civilsenat den Übergang der Verpflichtung auf den Ersteher auch dann annehmen würde, wenn die Erstattungsforderung damals schon fällig gewesen wäre, vorausgesetzt daß die Rückerstattung in einer Summe (in Kapital), und nicht, nach der dem Verpflichteten freigelassenen Wahl, in Rente zu erfolgen hatte. Indes diese Ansicht würde, wenn überhaupt, so jedenfalls nur für den damals zur Entscheidung stehenden Fall der Rückzahlung von Grundsteuerentschädigung aufgestellt worden sein, wie auch daraus hervorgeht, daß zu ihrer Begründung die Bestimmungen des Gesetzes vom 14. Juli 1893 herangezogen worden sind. Ob ihr in dieser Anwendung beigestimmt werden könnte, steht hier nicht zur Frage; die damalige Entscheidung ruht aber nicht auf diesem, sondern auf dem schon angegebenen anderen Grunde, und es konnte deshalb die Einholung einer Entscheidung der vereinigten Civilsenate nach § 137 G.V.G. nicht erst in Frage kommen.

Auf diese Entscheidung des IV. Civilsenates kann sich demnach der Berufungsrichter nicht zur Stütze seiner vorhin wiedergegebenen Rechtsausführungen berufen; diese lassen sich aber auch nicht mit den einschlagenden Vorschriften des Zwangsversteigerungsgesetzes vom 13. Juli 1883 vereinigen.

Die Bestimmungen in den §§ 28. 40 Ziff. 8. 56. 107 dieses Gesetzes können nur dahin verstanden werden, wie sie auch bisher in Praxis und Rechtsprechung verstanden worden sind: daß die bereits fällig, also rückständig gewordenen Beträge von gemeinen Lasten in allen Fällen aus den Kaufgeldern berichtigt werden sollen, daher angemeldet werden müssen und widrigenfalls nicht mehr aus dem Grundstück befriedigt zu werden brauchen. Der § 28 Abs. 1 spricht ausdrücklich von den Rückständen der gemeinen Lasten aus den beiden letzten Jahren, nicht, wie der Berufungsrichter, wohl nur versehentlich, anführt, von Rückständen der laufenden Hebungen aus den beiden letzten Jahren, die es kaum geben kann. Nun ist freilich in den §§ 56 und 57 von wiederkehrenden Hebungen die Rede, und es mag zugegeben werden, daß auch in § 28 Abs. 1 bei den dort genannten laufenden gemeinen Lasten und den Rückständen derselben aus den beiden letzten Jahren zunächst an gemeine Lasten mit wiederkehrenden Hebungen gedacht sein wird; aber das erklärt sich aus der Thatsache, daß gemeine Lasten dieser Art die weit überwiegende Regel bilden. Für eine verschiedene Behandlung der Rückstände aus gemeinen Lasten, je nachdem die bezügliche Last zu wiederkehrenden Leistungen verpflichtet, oder sich in einer einmaligen Leistung erschöpft, wäre gar kein Grund aufzufinden. In beiden Fällen erzeugt die Last im Augenblick des Fälligwerdens den Anspruch auf eine bestimmte Leistung; eben für diesen von der gemeinen Last als solcher bereits losgelösten Anspruch auf eine bestimmte Leistung, im Gegensatz zu der auf dem Grundstück haften bleibenden gemeinen Last selbst, hat der Gesetzgeber die Befriedigung aus den Kaufgeldern vorgeschrieben (§ 23), ihm einen Vorrang vor anderen Forderungen in der Zwangsversteigerung des Grundstückes eingeräumt und darum angeordnet, daß er angemeldet werden muß, um berücksichtigt werden zu können. Dies gilt dann aber für den Anspruch aus einer Last, die nur eine einmalige Leistung erzeugt, so gut wie für die Ansprüche aus einer Last mit wiederkehrenden Hebungen. Daß jene Last mit der einmaligen Leistung erlischt, ist hierbei ein gleichgültiger Umstand, der nicht das Mißverständnis erzeugen darf, als ob in diesem Fall ein Auseinanderhalten der Last selbst und des aus ihr entsprungenen Anspruches auf die bestimmte Leistung rechtlich nicht möglich wäre. Die entgegengesetzte Ansicht kann lediglich den Buchstaben des Gesetzes in gewissem Grade für sich anführen, nicht aber den Sinn des Gesetzes, und auch nicht die größere Zweckmäßigkeit. Im Gegenteil, es kann nicht zweifelhaft sein, daß sie zu einer großen Unsicherheit der Hypothekengläubiger bei der Berechnung des zu ihrer Deckung erforderlichen Versteigerungserlöses und infolge davon zu einer Schädigung des Realkredites führen müßte.

Die Entscheidung des Berufungsrichters war aus diesen Gründen aufzuheben. Die Sache ist jedoch noch nicht spruchreif, da noch bestritten ist, ob die in Frage stehende Abgabe schon zu S.'s Besitzzeit fällig geworden sei. Es mußte deshalb eine Zurückverweisung in die Berufungsinstanz erfolgen."

65. 1. Inwieweit ist, nachdem das Gesetz vom 3. März 1897, betr. das Diensteinkommen der Lehrer und Lehrerinnen an den öffentlichen Volksschulen (G.S. S. 25), mit dem 1. April 1897 in Kraft getreten ist, der Rechtsweg wegen des Gehaltsanspruches eines solchen Lehrers zulässig, wenn derselbe sich am 1. April 1897 nicht mehr im Amte befunden hat, und auch der Anspruch sich auf die Zeit vor dem 1. April 1897 bezieht?

2. Wird die mit der Rechtskraft eines auf Aberkennung der bürgerlichen Ehrenrechte lautenden Strafurteiles eingetretene Wirkung des Amtsverlustes durch ein im Wiederaufnahmeverfahren ergangenes Urteil wieder aufgehoben, wenn durch dasselbe unter Aufhebung des früheren Strafurteiles auf Freisprechung erkannt ist?

Gesetz vom 21. Juli 1852, betr. die Dienstvergehen der nicht richterlichen Beamten, § 7 (G.S. S. 465).
St.G.B. §§ 33. 36.
St.P.O. § 413.

IV. Civilsenat. Urt. v. 3. November 1898 i. S. D. (Kl.) w. Stadtgemeinde K. (Bekl.). Rep. IV. 264/98.

I. Landgericht Königsberg i. Pr.
II. Oberlandesgericht daselbst.

Der Kläger war mit Genehmigung der Regierung im Jahre 1878 durch Vokation des Magistrates zu K. als Lehrer an den städtischen Elementar- und Mittelschulen angestellt und verwaltete sein Amt zuletzt als Lehrer an der vierten Knabenvolksschule bis zum 24. März 1888. Durch rechtskräftiges Urteil der Strafkammer zu K. vom 23. Februar 1888 wurde der Kläger wegen wissentlich falscher Anschuldigung und verleumderischer Beleidigung neben Gefängnis mit Verlust der bürgerlichen Ehrenrechte bestraft, worauf ihm die Beklagte durch Schreiben vom 24. März 1888 mitteilte, daß er sein Amt dauernd und für immer verloren habe, und daß die Zahlung seines Gehaltes eingestellt sei. Nachdem der Kläger demnächst durch Beschluß des Amtsgerichtes zu K. vom 6. Februar 1895 als blödsinnig entmündigt worden war, erfolgte die Wiederaufnahme des Strafverfahrens, und am 26. Mai 1895 unter Aufhebung des Urteiles vom 23. Februar 1888 die Freisprechung des Klägers, indem angenommen wurde, daß derselbe sich bei Begehung der ihm zur Last gelegten Strafthaten wenigstens in partieller Geistesstörung befunden habe. Am 1. Januar 1896 wurde sodann der Kläger pensioniert. Er verlangte nunmehr von der Beklagten die Nachzahlung seines Gehaltes für die Zeit vom 1. April 1888 bis zum 1. Januar 1896 mit im ganzen 11625 ℳ. Seine auf Zahlung dieser Summe nebst 5 Prozent Zinsen seit dem Tage der Klagezustellung gerichtete Klage wurde durch das, in zweiter Instanz aufrecht erhaltene, Urteil des Landgerichtes abgewiesen. Die gegen die Entscheidung des Berufungsgerichtes eingelegte Revision hat das Reichsgericht zurückgewiesen aus folgenden

Gründen:

„1. Das Berufungsgericht hat zunächst die Frage zur Erwägung gezogen, ob der Rechtsweg im gegebenen Falle zulässig sei, und diese Frage bejaht. Dieser dem Revisionskläger günstigen, aber von Amts wegen nachzuprüfenden Entscheidung war beizutreten. Der Kläger war als Lehrer an einer städtischen Volksschule zweifellos mittelbarer Staatsbeamter im Sinne des § 69 A.L.R. II. 10. Das Recht der mittelbaren Staatsbeamten, ihre Gehaltsansprüche im Rechtswege geltend zu machen, war zunächst gesetzlich nicht beschränkt, und diesen Rechtszustand hat das Gesetz vom 24. Mai 1861, betreffend die Erweiterung des Rechtsweges, unberührt gelassen.

Vgl. Entsch. des R.G.'s in Civils. Bd. 28 S. 358, Bd. 37 S. 300.

Durch § 25 des Gesetzes vom 3. März 1897, betreffend das Diensteinkommen der Lehrer und Lehrerinnen an den öffentlichen Volksschulen, ist aber vorgeschrieben, daß auf die Lehrer an öffentlichen Volksschulen die Bestimmungen des ersten Abschnittes des Gesetzes vom 24. Mai 1861 mit gewissen Maßgaben zur Anwendung zu bringen sind. Danach ist über vermögensrechtliche Ansprüche dieser Lehrer aus ihrem Dienstverhältnisse, insbesondere über den Anspruch auf Besoldung, der Rechtsweg zwar zulässig, diese Zulässigkeit indes unter anderem durch die Maßgabe eingeschränkt, daß die Entscheidung des Oberpräsidenten der Klage vorhergehen, und letztere sodann bei Verlust des Klagerechtes innerhalb sechs Monate, nachdem die Entscheidung dem Lehrer bekannt gemacht worden, angebracht werden muß. Im vorliegenden Falle ist der Erhebung der Klage eine Entscheidung des Oberpräsidenten nicht vorhergegangen. Erst während der Berufungsinstanz hat der Kläger noch die Entscheidung des Oberpräsidenten angerufen. Dieser hat es aber unter dem 23. April 1898 abgelehnt, eine Entscheidung zu treffen, da der Kläger sich zur Zeit des Inkrafttretens des Gesetzes vom 3. März 1897 — am 1. April 1897 — nicht mehr im Amte befunden habe, und auch die von ihm erhobenen Gehaltsansprüche sich auf die Zeit vor dem 1. April 1897 bezögen. Mit Recht hat nun zunächst das Berufungsgericht, entgegen der Auffassung des Oberpräsidenten, angenommen, daß die in Betracht kommenden gesetzlichen Vorschriften auch auf den vorliegenden Fall Anwendung finden. Entscheidend ist in dieser Beziehung, daß der Kläger wegen seines behaupteten Anspruches, erst nachdem das Gesetz vom 3. März 1897 in Kraft getreten war, die Klage erhoben hat. Denn für diese Geltendmachung des Anspruches müssen die zur Zeit derselben bestehenden, ihre Zulässigkeit bedingenden prozessualen Voraussetzungen für maßgebend erachtet werden, da wohlerworbene Rechte des Klägers, welche der rückwirkenden Kraft der diese Voraussetzungen enthaltenden gesetzlichen Vorschriften entgegenstehen könnten, durch diese Vorschriften nicht berührt werden.

Vgl. Förster-Eccius, Preußisches Privatrecht Bd. 1 § 10 Ziff. 8; Striethorst, Archiv Bd. 47 S. 133; Wach, Handbuch des deutschen Civilprozeßrechts Bd. 1 § 18 S. 212.

Das Berufungsgericht hat indes die Bedingungen, an welche nach dem Gesetze vom 3. März 1897 in Verbindung mit dem Gesetze vom 24. Mai 1861 die Beschreitung des Rechtsweges geknüpft ist, für erfüllt erachtet. Es nimmt nämlich an, daß durch die Verfügung des Oberpräsidenten vom 23. April 1898 der gesetzlichen Vorschrift genügt sei, weil, wenngleich der Oberpräsident eine materielle Entscheidung über den Anspruch des Klägers nicht habe geben wollen, der Rechtsweg dennoch eröffnet sei, da feststehe, daß durch die berufene Verwaltungsinstanz dem Anspruche Anerkennung nicht verschafft werde, und weil ferner zwar der Rechtsweg vor der Einholung der Entscheidung des Oberpräsidenten unzulässig gewesen sei, es indes für ausreichend erachtet werden müsse, wenn die allgemeinen Prozeßvoraussetzungen, hier die Zulässigkeit des Rechtsweges, in der Berufungsinstanz gegeben seien, da das Berufungsverfahren der Civilprozeßordnung als eine Wiederholung des Rechtsstreites vor einem anderen Richter gestaltet sei. In diesen Ausführungen kann die Verletzung einer Rechtsnorm nicht gefunden werden. Die Zulassung des Rechtsweges erscheint daher gerechtfertigt.

2. In der Sache selbst hat der Kläger seinen Anspruch auf die Ausführung gestützt, daß durch das im Wiederaufnahmeverfahren ergangene Urteil auch die Folgen des aufgehobenen Strafurteiles beseitigt seien, der Kläger mithin bis zum 1. Januar 1896, dem Tage seiner Pensionierung, als in seinem früheren Amte verblieben angesehen werden müsse, und daß dieser Umstand die Beklagte zur Weiterzahlung des Gehaltes verpflichte.

Mit Recht sind die vorinstanzlichen Gerichte dieser Ausführung nicht beigetreten.

Nach § 7 des Gesetzes, betreffend die Dienstvergehen der nicht richterlichen Beamten, vom 21. Juli 1852 zieht ein auf Verlust der bürgerlichen Ehre oder auf zeitige Untersagung der Ausübung der bürgerlichen Ehrenrechte lautendes Straferkenntnis den Verlust des Amtes von selbst nach sich, und in Übereinstimmung hiermit schreibt § 33 St.G.B. vor, daß die Aberkennung der bürgerlichen Ehrenrechte den dauernden Verlust der öffentlichen Ämter bewirke. Diese Wirkung tritt nach § 36 St.G.B. mit der Rechtskraft des Urteiles ein. Hieraus folgt, daß der Kläger mit der Rechtskraft des Urteiles vom 23. Februar 1888 das von ihm bis dahin bekleidete Amt eines Lehrers dauernd verloren hat. Die Annahme, daß diese Wirkung durch das im Wiederaufnahmeverfahren ergangene Urteil vom 26. Mai 1895 für die Vergangenheit wieder beseitigt worden sei, läßt sich rechtlich nicht begründen. Allerdings ist gemäß § 413 St.P.O. durch das Urteil vom 26. Mai 1895 das frühere Urteil vom 23. Februar 1888 aufgehoben, und in der Sache selbst anderweitig auf Freisprechung des Klägers erkannt worden. Dadurch konnte aber die Thatsache, daß der Kläger infolge seiner rechtskräftigen Verurteilung seines Amtes verlustig gegangen ist, nicht mehr rückgängig gemacht worden. Durch jene Verurteilung war das Beamtenverhältnis kraft Gesetzes ohne weiteres aufgelöst, und an dieser in der Vergangenheit liegenden Thatsache konnte das spätere Urteil vom 26. Mai 1895 nichts ändern.

Vgl. Löwe-Hellweg, Strafprozeßordnung Bem. 4a zu § 413; Stenglein, Strafprozeß-Ordnung Bem. 5 zu § 413; Olshausen, Kommentar zum Strafgesetzbuch Bem. 2 zu § 36.

Allerdings wird in Übereinstimmung mit den Ausführungen in

dem Urteile des II. Strafsenates des Reichsgerichtes vom 18. Januar 1887,

Entsch. des R.G.'s in Straff. Bd. 15 S. 188,

aus der Aufhebung des früheren Urteiles die Konsequenz zu ziehen sein, daß demgemäß auch die Straffolgen desselben, soweit möglich, für die Zukunft beseitigt werden müssen. Davon wird aber der in der Vergangenheit liegende Verlust des Amtes nicht berührt, und da der Kläger die Besoldung nur als Inhaber des von ihm bekleideten Amtes zu beanspruchen hatte, so ist er mit dem Amte auch dieses Anspruches verlustig gegangen.

Die Revision macht geltend, daß das Wiederaufnahmeverfahren nicht etwas völlig Neues war, sondern eine Erneuerung des früheren Verfahrens bildete, und daß das Untersuchungsverfahren gegen den Kläger in seiner Gesamtheit schließlich mit der Freisprechung endete. Der hierauf gestützte Angriff scheitert indes an dem Umstande, daß der Verlust des Amtes und des damit verbundenen Besoldungsanspruches durch die Rechtskraft des Strafurteiles ohne weiteres eingetreten war, wie dies namentlich aus der keine andere Deutung zulassenden Vorschrift des § 36 St.G.B. zu entnehmen ist. Wenn sich auch die Wiederaufnahme des Verfahrens als eine Fortsetzung des früheren Verfahrens darstellt, so können doch durch die in der erneuten Hauptverhandlung unter Aufhebung des früheren Urteiles erfolgte Freisprechung die unmittelbar durch die Rechtskraft des Strafurteiles eingetretenen Folgen nicht ungeschehen gemacht werden. Auch kann aus dem Umstande, daß die Strafprozeßordnung, welche in den §§ 399 flg. die Vorschriften über die Wiederaufnahme eines durch rechtskräftiges Urteil geschlossenen Verfahrens enthält, erheblich später, als das Strafgesetzbuch, publiziert worden ist, nicht gefolgert werden, daß der § 36 des letzteren die Möglichkeit einer Aufhebung des rechtskräftigen Strafurteiles nicht ins Auge gefaßt habe, und deshalb, nachdem die Wiederaufnahme des Verfahrens durch die Strafprozeßordnung eingeführt worden, nicht mehr in dem Sinne ausgelegt werden dürfe, daß die formelle Rechtskraft des Strafurteiles den Verlust des Amtes — abgesehen von dem hier nicht eingetretenen Falle einer Wiederverleihung desselben — unwiderruflich zur Folge habe. Denn bereits bei Emanation des Strafgesetzbuches war in einem großen Teile der in den Bundesstaaten geltenden Strafprozeßordnungen ein dem Wiederaufnahmeverfahren der Reichsstrafprozeßordnung entsprechendes Verfahren vorgesehen.

Vgl. Motive zu § 320 des Entwurfes der Reichsstrafprozeßordnung und Anl. 2 zu diesen Motiven.

Es ist daher davon auszugehen, daß, wenn im § 36 St.G.B. die Folgen der Aberkennung der bürgerlichen Ehrenrechte an die Rechtskraft des verurteilenden Straferkenntnisses geknüpft sind, hierbei die Möglichkeit der Aufhebung dieses rechtskräftigen Urteiles keineswegs außer acht gelassen ist, und daß somit ungeachtet dieser Möglichkeit jene Folgen, zu welchen nach § 33 St.G.B. auch der dauernde Verlust der öffentlichen Ämter gehört, lediglich durch die Rechtskraft des Straferkenntnisses haben herbeigeführt werden sollen.

Bei dieser Rechtslage ist der Revision auch nicht darin beizutreten, daß der durch das verurteilende Straferkenntnis geschaffene Zustand höchstens die Wirkungen einer Amtssuspension erzeugt haben konnte. Im Falle einer solchen würde allerdings der Kläger in seinem Amte verblieben sein und den rechtlichen Anspruch auf sein Diensteinkommen behalten haben.

Vgl. Entsch. des R.G.'s in Civils. Bd. 22 S. 40.

Diesem Falle ist der vorliegende nicht gleichzustellen, in welchem kraft Gesetzes der Verlust des Amtes ohne weiteres eingetreten war. Es kann, wie von Löwe-Hellweg a. a. O. zutreffend ausgeführt wird, die Wirkung des rechtskräftigen Strafurteiles durch eine Wiederaufhebung desselben nicht mehr in Frage gestellt werden, was auch aus der Erwägung folgt, daß der Antrag auf Wiederaufnahme des Verfahrens an keine Frist gebunden ist, sondern jederzeit zulässig bleibt, während die Frage, ob der Beamte seines Amtes verlustig gegangen sei, nicht auf unbestimmte Zeit in der Schwebe bleiben kann.

Das Reichsgesetz vom 20. Mai 1898, betreffend die Entschädigung der im Wiederaufnahmeverfahren freigesprochenen Personen, kann schon deshalb, weil es keine rückwirkende Kraft hat, im vorliegenden Falle nicht zur Anwendung kommen." . . .

66. Findet ein auf Grund des § 12 des Fluchtliniengesetzes vom 2. Juli 1875 erlassenes Ortsstatut auch auf Privatwege Anwendung, wenn diese in einen Bebauungsplan einbezogen worden sind, dessen Ausführung von der Gemeindebehörde beschlossen worden ist?

V. Civilsenat. Urt. v. 5. November 1898 i. S. W. & Co. (Kl.) w. Stadtgemeinde B. (Bekl.). Rep. V. 146/98.

I. Landgericht Bochum.
II. Oberlandesgericht Hamm.

Die Klägerin hatte auf Grund einer Bauerlaubnis vom 10. Oktober 1893 auf ihrem an der nördlichen Abzweigung der Ringstraße in B., der sogenannten Ringstraße II, belegenen Grundstücke ein Wohnhaus und Stallgebäude mit dem Ausgange nach dieser Straße errichtet, nachdem sie sich in einem Reverse vom 15. September 1893 der Beklagten gegenüber verpflichtet hatte, zu den Straßenausbaukosten der noch nicht fertiggestellten Straße nach Maßgabe der Frontlänge des Grundstückes beizutragen. In dem Reverse waren die auf sie entfallenden Kosten auf 1524,75 ℳ veranschlagt, und in ihm hatte sich die Klägerin gleichzeitig verpflichtet, der Beklagten Kaution zu leisten. In Ausführung dieser Verpflichtung hatte sie am 8. November 1893 ein auf vorgenannten Betrag lautendes Sparkassenbuch der städtischen Sparkasse in B. hinterlegt. Sie verlangte dann klagend die Verurteilung der Beklagten zur Herausgabe dieses Sparkassenbuches, indem sie behauptete, daß die Ausstellung des Reverses und die Hinterlegung der Kaution insofern auf einem wesentlichen Irrtume beruhen, als damals beide Teile der Meinung gewesen seien, die Ringstraße II sei ein öffentlicher Weg, und es seien demnach auch die gesetzlichen und ortsstatutarischen Bestimmungen bei Errichtung von Neubauten an derselben maßgebend. Thatsächlich sei dies nicht der Fall; die Ringstraße II sei vielmehr, wie Klägerin nachträglich erfahren habe, ein Privatweg, auf welchen das Ortsstatut keine Anwendung finde.

Die Klage wurde in erster und zweiter Instanz abgewiesen. Auch die Revision der Klägerin ist zurückgewiesen worden.

Aus den Gründen:

„Die Revision ... wirft dem Berufungsrichter vor, daß seine

Entscheidungsgründe im Widerspruche ständen mit dem Inhalte des von ihm selbst gegebenen Thatbestandes. Denn nach letzterem habe zwar die Beklagte behauptet, daß der Weg, an welchem der Bau ausgeführt worden, obwohl er im Privateigentume stehe, ein öffentlicher sei, da er vom Publikum seit länger als 30 Jahren in der jetzigen Weise, nämlich als Zugangsweg zu dem rheinischen Bahnhofe, benutzt werde. Aber diese Behauptungen habe die Klägerin bestritten; sie habe den Weg als Privatweg in Anspruch genommen, nicht bloß deshalb, weil sein Grund und Boden noch im Privateigentume stehe, sondern ausdrücklich auch deshalb, weil sich auf ihm ein öffentlicher Verkehr bisher nicht entwickelt habe. In letzterer Beziehung habe sie geradezu in Abrede gestellt, daß der Weg schon seit länger als 30 Jahren vom Publikum in der angegebenen Weise benutzt worden sei, und sie habe dabei hervorgehoben, daß dies schon deshalb nicht anzunehmen sei, weil so lange die rheinische Bahn überhaupt noch nicht bestehe. Es sei daher unrichtig und widerspreche direkt diesem Thatbestande, wenn der Berufungsrichter in den Entscheidungsgründen der Klägerin unterstelle, daß sie die private Eigenschaft des Weges nur daraus hergeleitet habe und herleiten wolle, daß sein Grund und Boden sich noch im Privateigentume befinde, und wenn er eine Behauptung der Klägerin in dem Sinne, daß der Weg bisher dem öffentlichen Verkehre entzogen gewesen sei oder jederzeit entzogen werden könne, vermisse. Gerade dies habe die Klägerin behauptet, und gerade dies sei der zwischen den Parteien streitige Punkt geblieben.

Dieser Angriff konnte deshalb keinen Erfolg haben, weil, selbst wenn er zutrifft, die getroffene Entscheidung sich aus anderen Gründen als richtig darstellt (§ 526 C.P.O.).

Trifft nämlich der Angriff zu, so folgt daraus keineswegs, daß die Ringstraße II im Jahre 1893 zu denjenigen Straßen gehört hätte, auf welche ein nach § 12 des Gesetzes vom 2. Juli 1875 erlassenes Ortsstatut keine Anwendung finden dürfte. Man hätte es dann — die thatsächliche Richtigkeit der Angaben der Klägerin vorausgesetzt — mit einem Privatwege im rechtlichen Sinne des Wortes zu thun, d. h. mit einem Wege, auf welchem ein öffentlicher Verkehr bis zum Jahre 1893 nicht stattgefunden hatte. Aber auch wenn dies der Fall ist, bleibt die Feststellung des Berufungsrichters bestehen, daß dieser Weg in den vom Baurat Bl. im Jahre 1874 angefertigten Bebauungsplan aufgenommen worden ist und einen Teil des ganzen Straßenprojektes gebildet hat, dessen Ausführung vom Magistrat unter dem 29. Januar 1874 beschlossen wurde. Es kommt also darauf an, ob durch einen solchen, die Ausführung eines Bebauungsplanes festsetzenden Beschluß der städtischen Behörde auch ein Privatweg, der in das nach dem Plane auszubauende Straßennetz einbezogen worden ist, zu einer projektierten, in der Anlegung begriffenen Straße wird, auf welche das Bauverbot eines auf Grund des § 12 a. a. O. erlassenen Ortsstatutes Anwendung finden kann. Und diese Frage ist zu bejahen.

Daß es sich um einen Bebauungsplan handelt, dessen Festsetzung nicht nach den Vorschriften des Gesetzes vom 2. Juli 1875 erfolgt ist, kommt dabei nicht in Betracht; denn es ist anerkannten Rechtens, daß ein auf Grund des § 12 dieses Gesetzes erlassenes Ortsstatut auch auf ältere Fluchtlinienfestsetzungen Anwendung findet.

Vgl. Urt. des Reichsgerichtes vom 10. Oktober 1888, Entsch. des R.G.'s in Civils. Bd. 23 S. 279.

Dagegen ist es allerdings richtig, daß sowohl das Gesetz vom 2. Juli 1875, wie auch die Fluchtlinienfestsetzungen in älteren Bebauungsplänen sich nur auf öffentliche Straßen beziehen, und daß daher der Anbau an einer Privatstraße nach einem auf Grund jenes Gesetzes erlassenen Ortsstatut nur dann untersagt werden darf, wenn letztere wenigstens als eine in der Entstehung begriffene öffentliche Straße betrachtet werden kann. Dies ist auch der in der Rechtsprechung des Oberverwaltungsgerichtes als entscheidend festgehaltene Gesichtspunkt. So werden als Fälle, in denen das ortsstatutarische Bauverbot Anwendung finde, z. B. die bezeichnet, daß die Straße zwar von dem Unternehmer als Privatstraße bezeichnet wird, aber thatsächlich von Anfang an als öffentliche Straße projektiert ist, oder daß sie nach den vorliegenden Umständen mit und infolge der Bebauung sich notwendig in eine öffentliche Straße verwandeln muß.

Vgl. Entsch. des Oberverwaltungsgerichts Bd. 19 S. 360.

Als öffentliche Straße in der Entstehung begriffen ist aber auch ein Privatweg, dessen Ausbau als städtische Straße nach einem von den städtischen Behörden genehmigten Bebauungsplane beschlossene Sache ist. Denn ist durch solchen Beschluß die Ausführung des Planes gesichert, so ist damit, auch wenn die thatsächliche Inangriffnahme noch nicht begonnen hat, bereits konstatiert, daß die Straßenzüge, wenn sie fertig gestellt sein werden, öffentliche (städtische) Verkehrsstraßen sein sollen. Eine gleiche Erwägung scheint übrigens auch dem Urteile des Oberverwaltungsgerichtes vom 16. Mai 1890 (Entsch. desselben Bd. 19 S. 83 flg.) zu Grunde zu liegen, da in ihm für die Thatsache der Neuanlegung einer ordnungsmäßigen städtischen Straße und für die Frage, ob mit dieser Neuanlegung bereits der Anfang gemacht sei, die auf die Straßenherstellung gerichtete Beschlußfassung der Gemeindebehörden und die Einleitung des die Feststellung von Fluchtlinien bezweckenden Verfahrens als „ausschlaggebende Anzeige" bezeichnet wird. Allerdings bleibt bis dahin, wo mit dem Ausbau thatsächlich vorgegangen wird, dem einbezogenen Wege seine Eigenschaft als Privatweg noch vorläufig erhalten,

vgl. Friedrichs, Kommentar zum Gesetz vom 2. Juli 1875 Bem. 5 unter a zu § 12,

aber doch nur so, daß er gleichzeitig als öffentlicher Weg in der Entstehung begriffen, also eine projektierte Straße geworden ist, d. h. eine solche, welche „noch nicht für den öffentlichen Verkehr und den Anbau fertig hergestellt" ist. Wollte man dies nicht annehmen, so würde der gesetzgeberische Zweck, welchen der § 12 verfolgt, nur unvollkommen erreicht werden. Denn es würde dann an Privatwegen, obwohl deren Einbeziehung in das Netz der öffentlichen städtischen Straßen und ihr entsprechender Ausbau bereits beschlossene Sache ist, so lange beliebig gebaut werden dürfen, ohne daß die Anlieger zu den Straßenausbaukosten herangezogen werden könnten, als nicht der öffentliche Verkehr sich thatsächlich des Weges bemächtigt hat. Gerade hiergegen aber sollten nach Absicht des Gesetzes die Gemeinden geschützt, und in die Lage gesetzt werden, die Entstehung neuer Straßenzüge wider ihren Willen zu hindern.

Hiernach kommt es darauf überhaupt nicht an, ob die Ringstraße II bereits im Jahre 1893 ein öffentlicher Weg in dem Sinne war, daß auf ihr ein öffentlicher Verkehr des Publikums stattfand; auch wenn sie dies damals noch nicht war, unterlag sie, als eine in der Entstehung begriffene öffentliche Straße, den Bestimmungen des Ortsstatutes vom 20. Januar 1876. Die Beklagte war daher befugt, der Erteilung der Bauerlaubnis zu widersprechen oder sie von der Beteiligung an den künftigen Straßenausbaukosten und einer entsprechenden Kautionsleistung abhängig zu machen." ...

67. Setzt der Kausalitätsbegriff im Rechtssinne eine besondere Beziehung zwischen der verpflichtenden Thatsache und dem eingetretenen Schaden voraus, dergestalt daß der ursachliche Zusammenhang als unterbrochen gilt, wenn der Schade in einer Richtung liegt, nach der Vertragsverpflichtungen nicht übernommen und nicht verletzt worden sind?

A.L.R. I. 3 § 13.

I. Civilsenat. Urt. v. 5. November 1898 i. S. U. & Co. (Kl.) w. W. (Bekl.). Rep. I. 269/98.

I. Landgericht Guben.
II. Kammergericht Berlin.

Die Beklagte, eine Speditionsfirma in Forst, nahm im Auftrage der Klägerin im März 1897 eine Partie in Kisten verpackter Krempelbeschläge auf Lager, wobei man darüber einverstanden war, daß dieselben nach ihrer Beschaffenheit eine absolut trockene Lagerung erforderten. Am 1. August 1897 brach über Forst infolge Dammbruches ein plötzliches Hochwasser herein, durch das fast die ganze Stadt, und so auch die unteren Lagerräume der Beklagten unter Wasser gesetzt wurden. Die Krempelbeschläge wurden durch das Wasser zum größten Teile entwertet. Die Klägerin verlangte Schadensersatz, indem sie geltend machte, daß die Beklagte nicht befugt gewesen sei, die Ware im offenen Schuppen zu ebener Erde einzulagern, weil diese überaus empfindlich gegen die Einflüsse von Nebel und feuchter Luft sei. Sie hätte sie vielmehr auf ihrem im ersten Stocke befindlichen Speicher, ihrem einzigen ganz trockenen Lagerraume, aufbewahren müssen.

Die Instanzrichter haben die Klage für unbegründet erachtet. Die Revision ist zurückgewiesen worden aus folgenden

Gründen:

... „Das Berufungsgericht stellt fest, daß die Beklagte nach dem Vertrage „absolut trockenes Lager“ gewähren mußte. Ob dieser Verpflichtung genügt worden ist, wird nicht zur Erörterung gebracht. Das Gericht hat von der Erhebung der angebotenen Beweise abgesehen, weil es den ursachlichen Zusammenhang zwischen der möglichen Pflichtverletzung und dem Schaden glaubt verneinen zu sollen. Es hält dafür, daß derselbe durch höhere Gewalt — ein plötzliches und nicht vorherzusehendes Hochwasser — herbeigeführt sei und auch dann eingetreten sein würde, wenn die Beklagte die Ware auf ein vollständig trockenes Lager gebracht hätte. Denn sie besitze mehrere verschlossene Remisen, in denen zu ebener Erde gelagert werde. Solche Remisen seien aber nach allgemeiner Erfahrung ebenso trocken wie Speicher im ersten Stock. Da sich das Wasser nun auch über sie verbreitet habe, so wäre es so gut bei pflichtmäßiger wie bei pflichtwidriger Lagerung zu dem Schaden gekommen.

In dieser Fassung ist die Schlußfolgerung des Gerichtes nun allerdings nicht gerechtfertigt. Die Klägerin hat ausdrücklich behauptet und unter Beweis gestellt, daß die Beklagte nur einen einzigen ganz trockenen Lagerraum, nämlich den eine Treppe hoch gelegenen Speicher, besitze. Demgegenüber reichte die bloße Bemerkung nicht aus, daß geschlossene Räume zu ebener Erde nicht minder trocken zu sein pflegten, wie Speicher des ersten Stockes. Diese Annahme entspricht keineswegs der allgemeinen Erfahrung. Kam es daher auf den Umstand an, ob der Beklagten trockene Parterreräume zur Verfügung standen, so mußte zur Beweisaufnahme geschritten werden. Es kam aber thatsächlich nicht darauf an. Und es ist sogar möglich, daß hiervon auch das Berufungsgericht ausgegangen ist, daß es auf die im allgemeinen gewiß bestehende Möglichkeit einer trockenen Lagerung zu ebener Erde hat hinweisen wollen und dabei nur einem zutreffenden Gedanken einen unzutreffenden Ausdruck verliehen hat. Eine Schadenshaftung der Beklagten kann in Wirklichkeit aus dem Grunde nicht anerkannt werden, weil ein ursachlicher Zusammenhang zwischen dem angeblichen Verschulden und der Beschädigung nicht besteht.

Eine thatsächliche Gestaltung ist in der Regel das Ergebnis einer Reihe verschiedener zusammenwirkender Bedingungen, und sofern diese Bedingungen insgesamt notwendig waren, den eingetretenen Erfolg herbeizuführen, insofern läge es nahe, eine jede von ihnen als dessen Ursache zu bezeichnen. Damit würde man sich aber sowohl mit der Auffassung des praktischen Lebens, als auch mit dem Rechtsbegriffe der Kausalität in Widerspruch setzen. Das Geschehnis, das den Abschluß einer Kette in sich wieder auf diese oder jene Weise verbundener Einzelerscheinungen bildet, steht vielfach mit einer Anzahl seiner Bedingungsfaktoren in so loser und entfernter Verbindung, daß von einem eigentlichen kausalen Zusammenhange nicht mehr die Rede sein kann. Nun wäre es freilich nicht richtig, eine Thatsache nur dann als die Ursache einer anderen oder — um sich mit Bezug auf den untergebenen Rechtsfall auszudrücken — eine bestimmte Pflichtwidrigkeit nur dann als die Ursache eines bestimmten Schadens anzusehen, wenn solcher Schade unmittelbar von ihr hervorgebracht worden ist. Sie kann vielmehr immer noch Ursache sein, wenn sonstige selbständige und von ihr unabhängige Ereignisse hinzugekommen sind und bei der Erzeugung des Schadens mitgewirkt haben. Auf der anderen Seite ist die Kausalverbindung nicht mehr gegeben, falls solche Ereignisse auch ohne das Dasein des pflichtwidrigen Verhaltens oder ohne die verpflichtende Thatsache zu demselben Erfolge geführt haben würden. Das Recht zieht aber bei der Bestimmung des Kausalitätsbegriffes die Grenzlinie noch enger. Es begnügt sich nicht mit dem bloß thatsächlichen Zusammenhange, nach dem sich die eine Erscheinung als schließliche Folgeerscheinung einer anderen erweist, sondern verlangt außerdem in gewissem Sinne oder bis zu einem gewissen Grade eine nähere Verbindung, eine innere Beziehung von Verschulden und Schaden. Allerdings wäre es gewiß einer schiefer Gedanke, die Voraussehbarkeit der schädigenden Wirkung zur Bedingung der Verhaftung und Kausalität zu erheben. Der Schade muß aber doch in eben der Richtung gelegen sein, nach der Vertragsverpflichtungen übernommen und verletzt worden sind; dies mit der Maßgabe, daß das Kausalitätsverhältnis dann als unterbrochen zu gelten hat, wenn erst ungewöhnliche, den Charakter höherer Gewalt tragende und notwendig außerhalb aller Berechnung gebliebene Umstände eintreten mußten, um den nicht gewollten Erfolg zu erzielen. Dann ist der Schade Zufall, und die verpflichtende Thatsache nicht mehr die Thatsache, von der er abhängig ist. Sie erscheint als bloße Gelegenheitsursache, deren Bedeutung sich darin erschöpft, einem bestimmten zufälligen Ereignisse, der wirklichen Schadensursache, die Wege geebnet zu haben.

Von diesen Gesichtspunkten aus erweist sich die Klage als unbegründet. Die Beschläge sind durch eine kasuelle Hochflut beschädigt worden, und das angeblich pflichtwidrige Verhalten der Beklagten steht nicht in demjenigen Zusammenhange mit ihrer Beschädigung, die es als Ursache im Sinne des Rechtes erscheinen ließe. Zwar würde das Wasser nicht an sie gelangt sein, wenn die Lagerung im ersten

Stock stattgefunden hätte. Daraus folgt aber noch nicht der für die Bejahung der Kausalität notwendige Satz, daß es niemals an sie hätte gelangen können, wenn die Lagerung in pflichtmäßiger Weise geschehen wäre. Dieser Satz würde die thatsächliche Identität von pflichtwidrigem Verhalten und Lagerung auf ebener Erde zur Voraussetzung haben. An solcher Voraussetzung fehlt es jedoch. Denn einerseits hatten die Parteien keine positive Abrede des Inhaltes getroffen, daß die Beschläge im ersten Stock zu Lager gebracht werden sollten, und andererseits handelt es sich nicht um eine Ware, die nach ihrer Eigenart und Beschaffenheit unter keinen Umständen zu ebener Erde gelagert werden darf. Es kam nur auf ein vollständig trockenes Lager an, und daß es Parterreräume giebt, die vollständig trocken sind, wird sich wohl nicht in Abrede stellen lassen. Es war also bei gewissenhaftester Ausführung des Vertrages dem Hochwasser der Zugang zu den Beschlägen nicht notwendig abgeschnitten. Nun sollen der Beklagten allerdings nach der Behauptung der Klägerin trockene Lagerräume zu ebener Erde überhaupt nicht zur Verfügung gestanden haben, und es kann anerkannt werden, daß der Inhalt der Verpflichtungen, mit deren Erfüllung der Spediteur oder Verwahrer die geschuldete Sorgfalt erst im ganzen Umfange beobachtet hat, nicht für alle Fälle gleichmäßig nach einer abstrakten Formel, sondern nur nach den besonderen thatsächlichen Verhältnissen, unter denen er steht und arbeitet, abgegrenzt werden darf. Selbst hieraus läßt sich aber ein Grund für die Haftbarmachung der Beklagten noch nicht gewinnen. Denn der Schade, der durch das kasuelle Ereignis bewirkt worden ist, liegt vollständig außerhalb der Richtung ihres Verschuldens. Angesichts der obwaltenden Umstände war die Lagerung zu ebener Erde vielleicht nicht gestattet; das aber nicht deshalb, weil man eine Überflutung der Stadt zufolge Dammbruches befürchtete oder für denkbar hielt, sondern nur deshalb, weil die Beklagte die nachteiligen Einflüsse der atmosphärischen Luft oder der natürlichen Bodenfeuchtigkeit sonst nicht genügend abhalten konnte. Sie stand daher für allen den Schaden ein, der hierdurch oder nach dieser Richtung entstehen möchte; sie stand aber nicht für den Schaden ein, der zufällig eingetreten ist, indem die Ware an einem Orte aufbewahrt wurde, der zwar relativ, aber nicht absolut zur Aufbewahrung untauglich war. Hätte ihm die Eigenschaft der Trockenheit nicht gefehlt, mit der ein ebenso gelegener und darum der Einwirkung des Wassers nicht weniger ausgesetzter Ort versehen sein konnte, so hätte er einen vollkommen pflichtmäßigen Lagerplatz dargestellt. Es mangelt somit an jeder wirklichen Beziehung zwischen dem Verschulden und dem Erfolge, die aber, sofern dazwischentretende außerordentliche Ereignisse den Schaden hervorgebracht haben, eine Voraussetzung für das Kausalitätsverhältnis im Rechtssinne bildet."...

68. Ist ein Vertrag, der unmittelbar auf die Förderung gewerbsmäßigen, gegen einen befreundeten Staat im Grenzbezirke betriebenen Schmuggels abzielt, wegen Unsittlichkeit des Zweckes nichtig?

A.L.R. I. 4 § 7.

I. Civilsenat. Urt. v. 5. November 1898 i. S. T. (Kl.) w. Fr. (Bekl.). Rep. I. 283/98.

I. Landgericht Oppeln.
II. Oberlandesgericht Breslau.

Im Frühjahr 1894 kaufte Kläger, der seine Handelsniederlassung in Warschau hatte, bei Fabrikanten in Köln, Viersen, Krefeld und Rheidt Seidenwaren zum Preise von zusammen 1605,89 ℳ und ließ die Waren teils an den Spediteur W. in W. (Ostpreußen), teils an den Spediteur R. in Th. (Westpreußen) senden, von letzteren aber dem Beklagten zugehen, einem Geschäftsmann in der kleinen Stadt R. in Oberschlesien, nahe der russischen Grenze. Derselbe machte ein Gewerbe daraus, für russische Kaufleute Waren, die nach Rußland unter der Umgehung des Eingangszolles eingeführt werden sollen, zu lagern. Nachdem die hier in Rede stehenden Waren bei dem Beklagten eingetroffen waren, erschien ein gewisser K. und überbrachte einen ihm von dem jetzt verstorbenen Agenten Kr. zugegangenen, von dem Kläger am 27. Mai 1894 geschriebenen Zettel, inhalts dessen Beklagter ersucht wurde, die Waren dem Überbringer gegen Erlegung von 720 Rubel oder 1705,89 ℳ auszuantworten. Beklagter übergab die Waren nebst anderen, ebenfalls zur Einführung nach Rußland bestimmten, dem K., unterließ es jedoch — da er schon eine

Reihe ähnlicher Geschäfte mit demselben abgewickelt hatte —, sich die erwähnte Summe auszahlen zu lassen. K. schaffte sämtliche Waren unter Umgehung des Eingangszolles über die russische Grenze und sodann zur Bahn. Hier wurden sie indes als unverzollt erkannt und deshalb vom Staate eingezogen. Der Kläger wollte sich nunmehr an die Geldsumme halten, die K. hätte einzahlen sollen, und beantragte Verurteilung des Beklagten zur Zahlung von 1705,89 ℳ nebst Zinsen. In erster Instanz wurde nach dem Klagantrage erkannt, auf Berufung des Beklagten dagegen die Klage abgewiesen. Beide Instanzgerichte fanden in dem zwischen den Parteien abgeschlossenen Vertrage kein unerlaubtes Rechtsgeschäft. Während jedoch das Landgericht den Beklagten deshalb, weil er die Waren an K. ohne vorherigen Empfang des vom Kläger vorgeschriebenen Betrages ausgeliefert hatte, nach §§ 49. 50 A.L.R. I. 13 für verpflichtet zum Schadensersatz erachtete, nahm das Berufungsgericht an, daß K. nur für den etwaigen Verlust der Waren durch sein oder seiner Gehilfen Verschulden, nicht aber für das Gelingen des Schmuggels habe haften, also für die eingetretene Konfiskation nicht habe einstehen sollen, also der Kläger durch die Nichtausführung des dem Beklagten durch den Zettel vom 27. Mai 1894 erteilten Auftrages nicht zu Schaden gekommen sei. Die Revision des Klägers wurde zurückgewiesen.

Aus den Gründen:

. . . „Nach den maßgebenden Feststellungen ging der zwischen den Parteien geschlossene Vertrag dahin, daß Beklagter, der sich mit derartigen Geschäften befaßt, die Waren für einen gewerbsmäßigen Schmuggler in Verwahrung halten und sie demselben zum Zwecke des Schmuggels aushändigen sollte. Anzuerkennen ist mit dem Berufungsgerichte, daß Beklagter hierdurch an einem „durch positive Gesetze verbotenen" und aus diesem Grunde unerlaubten Geschäfte (§ 87 Einl. zum A.L.R.) nicht teilgenommen hat, da die beabsichtigte Defraudation gegen die russischen Zollgesetze gerichtet war, und solche Handlung auch durch den gegenwärtig geltenden Handels- und Schiffahrtsvertrag zwischen Deutschland und Rußland vom 10. Februar/29. Januar 1894 (R.G.Bl. S. 153) im Inlande nicht unter Strafe gestellt oder ausdrücklich verboten ist. Dagegen muß, abweichend von den Gerichten der Vorinstanzen, der Vertrag als ein unsittlicher (§ 7 A.L.R. I. 4) betrachtet werden. Zugeben ist, daß die Entscheidung darüber, was unsittlich sei, von den, noch dazu wechselnden, Anschauungen, für Fälle der vorliegenden Art von denen des Verkehrslebens, abhängt; hinsichtlich des in Rede stehenden Vertrages ist jedoch ein Zweifel nicht anzuerkennen. Das Landgericht ist zwar der Ansicht, daß man, falls ein solcher Vertrag für unsittlich erachtet werden sollte, dazu gelangen müßte, schon den Kaufverträgen des Klägers mit den Seidenfabrikanten die Klagbarkeit abzusprechen. Allein diese Befürchtung ist grundlos; denn es kommt stets darauf an, ob das Fundament des Anspruchs selbst das unerlaubte Element in sich trägt.

Vgl. auch Rehbein, Entscheidungen des preußischen Obertribunals 2. Aufl. Bd. 1 S. 189.

Im vorliegenden Fall hat Kläger mit dem Beklagten einen Vertrag geschlossen, der auf Handlungen abzielt, die im Grenzverkehr mit Österreich geradezu verboten sind, da nach dem jetzt zwischen Deutschland und Österreich bestehenden Zollkartell (R.G.Bl. von 1892 S. 63) jeder der vertragschließenden Teile sich u. a. verpflichtet hat, „Verträgen zur Sicherung gegen die möglichen Nachteile schleichhändlerischer Unternehmungen" keine Gültigkeit zuzugestehen und „zu verhindern, daß Vorräte von Waren, welche als zum Schleichhandel nach dem Gebiete des andern Teils bestimmt anzusehen sind, in der Nähe der Grenze des letzteren angehäuft oder ohne genügende Sicherung gegen den zu besorgenden Mißbrauch niedergelegt werden" (§§ 7. 8 a. a. O.). Eine ähnliche Bestimmung enthält zwar der vorerwähnte Vertrag mit Rußland nicht; vielmehr ist zu diesem (im Schlußprotokoll Tl. 4 § 19) nur noch die Vereinbarung getroffen, daß Schaffner, Maschinisten und sonstige Eisenbahnbedienstete, die ihre Dienststellung zum Schmuggeln mißbrauchen, auf Ansuchen des Rechtes, Bahnzüge nach der Grenze zu begleiten, verlustig gehen sollen. Hieraus darf jedoch nicht etwa gefolgert werden, daß der Schmuggel vom Inlande nach Rußland eine nach unseren Gesetzen „erlaubte" Handlung wäre. Gewerbsmäßiger, gegen einen befreundeten Staat im Grenzbezirk betriebener Schmuggel ist wegen der hiermit verbundenen im höchsten Grade demoralisierenden Wirkungen für unsittlich zu erachten, und Verträge, die seine Ausführung oder Beförderung unmittelbar zum Gegenstand haben, fallen unter die Bestimmung des § 7 A.L.R. I. 4. Hierzu gehören vornehmlich auch Verträge, die auf Verwirklichung der oben aus dem Zollkartell zwischen Deutschland und Österreich hervorgehobenen, besonders gefährlichen Thatbestände abzielen. Einen Vertrag solcher Art aber hat Kläger mit Beklagtem geschlossen, und hieraus, sowie aus etwaigen Zuwiderhandlungen des Beklagten gegen einzelne Vertragsbestimmungen kann er keine Ansprüche herleiten, für die der durch das Klagerecht gewährte Schutz bestimmt ist. Die erhobene Klage ist daher ... schon hiernach hinfällig." ...

69. Muß der Verpächter die ihm vom Pächter in barem Gelde gewährte Kaution dazu verwenden, um den drohenden Eintritt eines erheblichen Schadens zu verhindern, wenn derselbe seinen Grund in einer mangelhaften Erfüllung des Vertrages seitens des Pächters hat?

VI. Civilsenat. Urt. v. 7. November 1898 i. S. v. N. u. Gen. (Kl.) w. K. u. Gen. (Bekl.). Rep. VI. 178/98.

I. Landgericht Köslin.
II. Oberlandesgericht Stettin.

Durch schriftlichen Vertrag vom 28. Juli 1890 pachtete der Beklagte zu 2 das damals dem Kläger zu 3 gehörige Gut E. für die Zeit vom 1. Juli 1890 bis zum 1. Juli 1894 und übergab dem Verpächter als Kaution 16500 *M* in barem Gelde. Letzterer sollte diese Kaution nicht verzinsen und das Recht haben, sich aus derselben wegen aller seiner Forderungen aus dem Pachtverhältnisse bezahlt zu machen, sodaß er nach Rückgewähr des Pachtgutes nur den Überschuß zurückzuzahlen hatte. Ausgeschlossen von der Pachtung war die Brennerei, die an H. verpachtet war. Dieser hatte an den Kläger zu 3 zu Weihnachten und zu Ostern jeden Jahres 2250 *M* zu zahlen, dagegen vom Kläger 4500 Centner Kartoffeln nach deren Aufnahme zu erhalten. Die Verpflichtung zur Lieferung der Kartoffeln übernahm der Beklagte zu 2. Er lieferte nun im Herbst 1891 an H. nur 1840 Centner Kartoffeln, weshalb dieser die zu Weihnachten 1891 fälligen 2250 *M* an den Kläger zu 3 nicht abführte. Letzterer berichtigte, weil er infolge Ausbleibens dieser Zahlung nicht die erforderlichen Mittel hatte, am 1. Januar 1892 nicht die Zinsen der für die Sparkasse zu C. auf dem Pachtgute zur ersten Stelle eingetragenen 102000 ℳ. Dadurch wurde das bezeichnete Kapital fällig, und es wurde auf Antrag der Gläubigerin im Juni 1892 die Zwangsversteigerung eingeleitet. Am 16. September 1892 wurde das Pachtgut dem K. zugeschlagen, und es fielen bei der Kaufgelderbelegung die Hypotheken der Kläger zu 1 und 2 in ungefährem Betrage von 60000 ℳ aus.

Kläger zu 3 machte nun geltend, daß ihm durch das vertragswidrige Verhalten des Beklagten zu 2 ein erheblicher Schade erwachsen sei, insbesondere die ihm aus den Pachtverträgen mit dem Beklagten zu 2 und mit H. zustehenden Einnahmen, welche die ihm obliegenden Ausgaben für das Pachtgut überstiegen hätten, verloren gegangen seien. Er verlangte deshalb von A. Zahlung des 22fachen Betrages des jährlichen Überschusses dieser Einnahmen über die Ausgaben.

Beklagter wendete ein, daß Kläger die Zinsen aus der ihm gestellten Kaution habe berichtigen können. Das Berufungsgericht erachtete den bezeichneten Anspruch des Klägers, wenn auch nicht in vollem Umfange, für gerechtfertigt.

Dieses Urteil ist insoweit auf die Revision des Klägers aufgehoben worden.

Aus den Gründen:

..."Nach den Vorschriften der §§ 18 flg. A.L.R. I. 6, welche auch anwendbar sind, wenn es sich um Schadensansprüche aus Verträgen handelt,

vgl. Entsch. des R.G.'s in Civils. Bd. 5 S. 205,

verliert der Beschädigte den Anspruch auf Ersatz des ihm durch das Verhalten des anderen Teiles zugefügten Schadens in bestimmten Fällen ganz oder teilweise, wenn er sich selbst eines Versehens schuldig gemacht hat. So kann nach § 19 a. a. O. der Ersatz des mittelbaren Schadens und entgangenen Gewinnes nicht verlangt werden, auch wenn dem anderen Teile Vorsatz oder grobes Versehen zur Last fällt, der Beschädigte aber bei der Abwendung des Schadens sich selbst ein grobes Versehen hat zu schulden kommen lassen. Letzterer soll nicht müßig zusehen, wenn ihm durch das vertragswidrige Verhalten des anderen Teiles ein Schade erwächst oder zu erwachsen droht. Er soll vielmehr verhüten, daß der Schade wirklich eintritt, bezw. daß der bereits erwachsene Schade sich vergrößert. Thut er dies nicht, obwohl er den Eintritt oder die Vergrößerung des Schadens bei gewöhnlichen Fähigkeiten und ohne Anstrengung der Aufmerksamkeit voraussehen konnte, so verliert er den Anspruch auf Ersatz des mittelbaren Schadens und des entgangenen Gewinnes.

Wäre nun auch anzunehmen, daß der Beklagte zu 2 die Lieferung der Kartoffeln an H. aus Vorsatz oder grobem Versehen unterlassen hat, so hat sich doch auch Kläger zu 3 bei Abwendung des angeblich hierdurch entstandenen Schadens, wenn nicht eines arglistigen Verhaltens, jedenfalls eines groben Versehens schuldig gemacht. Nach § 195 A.L.R. I. 14 und § 22 des Pachtvertrages vom 28. Juli 1890 hatte er unzweifelhaft das Recht, sich an die ihm vom Beklagten in barem Gelde geleistete Kaution zu halten, sobald ihm durch die Nichtlieferung der Kartoffeln ein Schadensanspruch gegen denselben erwuchs. Er durfte deshalb die Kaution auch dazu verwenden, um die fälligen Zinsen an die Sparkasse zu zahlen, wenn ihm H. infolge des vertragswidrigen Verhaltens des Beklagten die bedungene Vergütung nicht leistete, und er andere Mittel nicht hatte. Er erlitt zwar, wenn er dies that, zunächst einen geringen Schaden, da er, wenn er zur nutzbaren Anlegung der Kaution berechtigt war, die Nutzungen von dem an die Sparkasse zu zahlenden Betrage bis zur Wiederergänzung der Kaution zur vollen Höhe verlor. Dies durfte ihn aber nicht abhalten, die Zinsen aus der Kaution zu zahlen, wenn er ohne Anstrengung der Aufmerksamkeit voraussehen konnte, daß ihm im Falle der Nichtbezahlung derselben ein erheblich größerer Schade drohte. Dies war nach dem festgestellten Sachverhalte der Fall.

Kläger wußte, daß bei Nichtzahlung der Zinsen die Forderung der Sparkasse zum Betrage von 102000 ℳ fällig wurde, und daß er diesen Betrag nicht bezahlen konnte. Er konnte auch ohne Anstrengung der Aufmerksamkeit darüber nicht im Zweifel sein, daß die Sparkasse ihre Forderung unter diesen Umständen im Zwangswege beitreiben, insbesondere die Einleitung der Zwangsversteigerung herbeiführen, und daß ihm alsdann durch den Verlust des Gutes und der Einnahmen aus den Pachtverträgen mit dem Beklagten zu 2 und H. ein sehr erheblicher Schade erwachsen würde. Er hat sich demnach bei Abwendung des Schadens eines groben Versehens schuldig gemacht, weil er trotz des Besitzes der Kaution die am 1. Januar 1891 fälligen Zinsen von 2207,50 ℳ an die Sparkasse nicht zahlte. Daß er die Kaution angelegt gehabt und durch Veräußerung, Verpfändung oder dergleichen nicht einmal den erwähnten Betrag habe erlangen können, oder daß er die Kaution verbraucht habe, hat er nicht behauptet. Es kann deshalb dahingestellt bleiben, ob dies an der Beurteilung der Sache etwas ändern würde.

Der Schade, welchen Kläger zu 3 durch die Zwangsversteigerung erlitten haben will, ist nun durch die Nichtlieferung der Kartoffeln unmittelbar nicht verursacht, sondern jedenfalls nur in Verbindung mit dem davon verschiedenen Ereignisse, daß die Sparkasse die Zwangsversteigerung des ihr verpfändeten Gutes beantragt hat. Der Schade ist also kein unmittelbarer, und deshalb ist der Anspruch auf Ersatz desselben nicht begründet." . . .

70. 1. Vertrag über Abtretung des Verlagsrechtes an musikalischen Kompositionen für Frankreich unter Vorbehalt des Verlagsrechtes für das Gebiet des Deutschen Bundes. Ist der Umfang des dadurch begründeten Verlagsrechtes durch die Änderung der politischen Grenzen Frankreichs und Deutschlands infolge des Frankfurter Friedensvertrages von 1871 geändert?

2. Ist Art. 11 des Litterarvertrages zwischen Deutschland und Frankreich vom 19. April 1883 auf früher geschlossene Verträge anwendbar?

I. Civilsenat. Urt. v. 9. November 1898 i. S. D. & fils (Kl.) w. M. (Bekl.). Rep. I. 278/98.

I. Landgericht I Berlin.
II. Kammergericht daselbst.

Am 21/24. Mai 1864 schlossen G. Fl., Musikalienverleger in Paris, und H. M., Inhaber der damals in Dresden befindlichen Musikalienverlagsbuchhandlung C. F. M., folgenden Vertrag:

„M. C. F. M. cède à M. Fl. la propriété exclusive pour la France des trois opéras de Richard Wagner suivants: Tannhäuser, Fliegende Holländer et Rienzi. M. M. s'engage à ne pas vendre en France ses éditions allemandes sur ces trois opéras autrement que par l'entremise et avec le consentement de M. Fl. M. Fl. s'engage à ne pas envoyer en Allemagne, comprenant toute la Confédération Germanique, ses éditions françaises sans remplir les mêmes formalités vis-à-vis de M. M. Tous les autres pays seront considérés comme neutres, et les parties contractantes auront le droit d'y vendre leurs éditions comme bon leur semblera."

Im Schlußsatze der Urkunde werden dem deutschen Verleger als Entgelt für die Abtretung seiner Rechte 6000 Franken zugesichert.

Die Klägerin, als Rechtsnachfolgerin von G. Fl., nahm später den Beklagten, als derzeitigen Inhaber der M.'schen Verlagshandlung, wegen Verletzung dieses Vertrages, die teils den Rechtsvorgängern des Beklagten, teils ihm selbst zur Last fallen sollte, in Anspruch. Die Vertragsverletzung sollte darin bestehen, daß die M.'sche Verlagshandlung nach dem Jahre 1870 ohne Einwilligung der Klägerin deutsche und auch französische Ausgaben der in dem Vertrage genannten drei Opern in Elsaß-Lothringen vertrieben habe. Die auf Untersagung ferneren Vertriebes und auf Schadensersatz gerichteten Ansprüche der Klägerin wurden von den beiden vorderen Instanzen zurückgewiesen. Das Reichsgericht hat der Revision der Klägerin stattgegeben und die Sache an das Berufungsgericht zurückverwiesen aus folgenden

Gründen:

... „Nach der Auffassung des Berufungsgerichtes ist der der Klage zu Grunde liegende Vertrag dahin zu deuten, daß mit der Änderung der politischen Grenzen Deutschlands und Frankreichs sich auch der Umfang des jedem der beiden Teile vorbehaltenen Absatzgebietes ändern sollte. Diese Auffassung beruht auf der Erwägung, daß nach dem Sprachgebrauche die Ausdrücke „la France" und „l'Allemagne" auf die jeweils bestehenden politischen Grenzen der beiden Länder zu beziehen seien, und daß sich aus den Umständen des vorliegenden Falles nichts ergebe, was gegen diese Auslegung spreche. Eine positive Unterstützung derselben findet das Berufungsgericht darin, daß die Kontrahenten gebildete Personen waren, denen, wie Klägerin selbst anerkenne, die Möglichkeit einer Veränderung der politischen Grenzen beider Länder klar gewesen sei. Es sei daher anzunehmen, daß die Vertragschließenden, wenn sie ein von den politischen Grenzen unabhängiges Verlagsrecht hätten begründen wollen, sich anders als geschehen ausgedrückt haben würden.

Diese Ausführungen können nicht gebilligt werden; sie verkennen die Aufgabe, die der Vertragsauslegung im vorliegenden Falle zu stellen ist. Was zunächst den Sprachgebrauch anlangt, so kann nur derjenige Sprachgebrauch in Betracht kommen, der zur Zeit des Vertragsschlusses bestand. Im Jahre 1864 aber bedeutete „Frankreich" („la France") ein politisch und territorial bestimmt begrenztes Gebiet. „Deutschland" („l'Allemagne") war zu jener Zeit nur ein „geographischer Begriff", der in einem weiteren oder engeren Sinne verstanden werden konnte, und der eine bestimmte Abgrenzung erst erhielt durch die ihm in dem Vertrage zu teil gewordene Erläuterung, wonach er das Gebiet des vormaligen Deutschen Bundes umfassen sollte. Hiernach war im Sinne des Vertrages Deutschland, ebenso wie Frankreich, politisch und dem Gebietsumfange nach abgegrenzt. Wollte man mit dem Berufungsgerichte annehmen, daß mit einer Änderung der politischen Grenzen auch die örtliche Abgrenzung der Vertragsgebiete sich ändern sollte, so würde man damit in den Vertrag etwas hineinlegen, was nach dem Wortverstande nicht in demselben enthalten ist. Denn für den Fall einer Veränderung der politischen Grenzen der beiden Länder enthält der Vertrag überhaupt keine Bestimmung. Ebensowenig liegt etwas dafür vor, daß die Parteien für einen derartigen Fall in dem einen oder anderen Sinne eine Bestimmung treffen wollten. Selbst wenn man davon ausgeht, daß die Parteien sich der Möglichkeit einer Veränderung der politischen Grenzen bewußt gewesen seien, so folgt daraus nicht, daß sie diese Möglichkeit bei Eingehung des Vertrages mit in den Kreis ihrer Berechnungen gezogen und für die bezeichnete Eventualität eine Bestimmung im Vertrage hätten treffen wollen. Denn hierzu würde das vom Berufungsgerichte unterstellte Bewußtsein der Parteien allein nicht genügen; es müßte auch dargethan werden, daß in dieser Hinsicht eine stillschweigende Willensübereinstimmung unter ihnen bestanden habe. Hierfür aber fehlt es an jedem Anhalt.

Mit dem vermutlichen Willen der Parteien läßt sich danach im vorliegenden Falle überhaupt nicht operieren. Bei unbefangener Würdigung der Sachlage ergiebt sich, daß die nicht vorauszusehenden politischen Veränderungen, die das Jahr 1870 und der Frankfurter Friede herbeigeführt haben, in dem Vertrage vom 21/24. Mai 1864 nicht vorgesehen sind. Die Schlußfolgerung des Berufungsgerichtes beruht auch nicht sowohl auf einer Auslegung der Absicht der Parteien, als auf der Ansicht des Gerichtes darüber, was die Parteien bestimmt haben würden, wenn sie die später eingetretenen politischen Ereignisse vorausgesehen hätten. Das kann aber für die rechtliche Beurteilung nicht entscheidend sein. Ausschlaggebend ist vielmehr, welche rechtliche Folgerungen aus dem Inhalte des Vertrages für die hier in Betracht kommende Streitfrage zu ziehen sind, wenn man denselben seinem Wortverstande nach auf Gebiete bezieht, die zur Zeit des Vertragsschlusses sowohl politisch wie territorial in bestimmter Weise gegeneinander abgegrenzt waren. Für die Entscheidung dieser Frage ist von Bedeutung, daß das Geltungsgebiet von Privatrechtsnormen, die sei es auf gesetzlichen Bestimmungen, sei es auf dem Gewohnheitsrechte beruhen, durch eine Verschiebung der politischen Grenzen regelmäßig nicht berührt wird. Es bedarf bei Veränderungen der Gebietshoheit eines besonderen gesetzgeberischen Aktes, um das bisher geltende Privatrecht außer Kraft zu setzen. Geschieht dies nicht, so behält dasselbe unveränderte Gültigkeit. Ist dies aber selbst bei den dem objektiven Rechte angehörigen Rechtssätzen als Regel zu betrachten, so wird man umsomehr bei rechtsgeschäftlichen Dispositionen davon ausgehen dürfen, daß das Gebiet, auf welches sie sich erstrecken, im Zweifel durch eine Veränderung der politischen Grenzen nicht betroffen wird. Von dieser Auffassung abzuweichen bietet die Sachlage des Streitfalles keine Veranlassung. Den Kontrahenten des Vertrages vom Mai 1864 kam es darauf an, sich hinsichtlich des Vertriebes der vorgenannten drei Wagner'schen Opern auseinanderzusetzen. Jedem der vertragschließenden Teile sollte ein bestimmtes Absatzgebiet ausschließlich vorbehalten, und er innerhalb dieses Gebietes vor der Konkurrenz seines Gegenkontrahenten geschützt sein, während alle übrigen Länder für „neutral" erklärt, d. h. dem Wettbewerbe beider Kontrahenten offen gelassen, wurden. Man wird nun immerhin voraussetzen dürfen, daß für die Abgrenzung der zuerst erwähnten Vertragsgebiete der Umstand, daß es sich um politisch gegeneinander abgeschlossene Territorien handelte, von Einfluß gewesen ist; ausschließlich bestimmend war aber dieser Umstand gewiß nicht. Die Abfindung, die der französische Verleger dem deutschen zugesichert hat, bezieht sich jedenfalls mit auf die vom deutschen Verleger übernommene Verpflichtung, seine deutschen Ausgaben der erwähnten Opern ohne Einwilligung der französischen Verlagshandlung nicht in Frankreich zu vertreiben. Es liegt sehr nahe, daß die Kontrahenten hierbei wesentlich an die damals zu Frankreich gehörige deutsch sprechende Bevölkerung des Elsasses und an den hier sich eröffnenden Abnehmerkreis gedacht haben. Hierin ist aber durch die Ereignisse des Jahres 1870 und ihre staatsrechtlichen Folgen eine Änderung nicht eingetreten, und auch im übrigen ist nicht ersichtlich, inwiefern durch die Veränderung der politischen Grenzen die aus dem Vertrage vom Mai 1864 sich ergebenden Rechte der Parteien beeinflußt werden sollten. Insbesondere ist eine der Klägerin ungünstige Entscheidung nicht aus Art. 11 des Litterarvertrages zwischen dem Deutschen Reiche und Frankreich vom 19. April 1883 zu begründen. Es kann dahingestellt bleiben, ob wegen dieser Bestimmung eine Abmachung zwischen deutschen und französischen Verlegern, durch welche das sogenannte geteilte Verlagsrecht in anderer Weise als nach den jetzigen politischen Grenzen Frankreichs und Deutschlands abgegrenzt wird, für unzulässig zu erachten ist. Für den vorliegenden Rechtsstreit kann die erwähnte Bestimmung schon deswegen nicht in Betracht kommen, weil ihr, wie in dem Urteile des I. Strafsenates des Reichsgerichtes vom 5. November 1887 in der Strafsache w. den Musikalienhändler W.[1] ausgeführt ist, keine rückwirkende Kraft beizumessen ist." . . .

---

71. Ist das gemäß § 57 des Gesetzes vom 1. April 1879 durch den zuständigen Minister genehmigte Statut einer öffentlichen Wassergenossenschaft einem Gesetze gleichzustellen?

V. Civilsenat. Urt. v. 9. November 1898 i. S. Wassergenossenschaft L.-J. (Bekl.) w. L. (Kl.). Rep. V. 259/98.

D. E.

[1] Rep. 1693/87.

I. Landgericht Lissa.
II. Oberlandesgericht Posen.

Der Kläger war als Eigentümer des Vorwerks B. und einer dazu gehörigen Wiese von 18 Morgen Mitglied der verklagten öffentlichen Wassergenossenschaft. Er behauptete, seine Wiese sei bis zum Jahre 1879 infolge ihrer Bewässerung durch den sie durchschneidenden L.-J.'er Graben so ertragreich gewesen, daß ihr jährlicher Ertrag sich auf 600 ℳ belaufen habe. Seitdem die Beklagte zum Zwecke der Regulierung diesen Graben verbreitert, vertieft und an beiden Ufern mit Erdwällen versehen habe, sei die Bewässerung der Wiese unmöglich, und infolgedessen ihr jährlicher Ertrag auf 18 ℳ gesunken. Kläger beanspruchte Schadensersatz, berechnete seinen Anspruch auf 14550 ℳ und forderte davon einen Teilbetrag von 600 ℳ. Die Beklagte beschränkte sich zunächst auf die Einrede der Unzulässigkeit des Rechtsweges. Sie stützte diese auf die Bestimmungen des Gesetzes vom 1. April 1879, betreffend die Bildung von Wassergenossenschaften, und ihr ministeriell genehmigtes Statut vom 29. März 1880. Der erste Richter erklärte den Rechtsweg für unzulässig; auf die Berufung des Klägers wurde aber der Rechtsweg für zulässig erklärt. Die Revision der Beklagten ist zurückgewiesen worden aus folgenden

Gründen:

... „Das Gesetz vom 1. April 1879 unterscheidet zwei Arten von öffentlichen Genossenschaften: 1. die Genossenschaften, denen als Mitglied beizutreten niemand gezwungen werden kann; 2. Genossenschaften, bei denen der Eintritt gegen widersprechende Eigentümer der bei dem Unternehmen beteiligten Grundstücke erzwungen werden kann (§§ 46. 65). Zur Begründung der ersteren wird die thatsächlich erfolgte oder fingierte Zustimmung aller Beteiligten zu dem vom Kommissarius entworfenen Statut (§§ 78. 80. 82) und die Genehmigung des Statutes durch den Minister für Landwirtschaft ꝛc (§ 57), zur Begründung der anderen die Zustimmung der Mehrheit der Beteiligten zu dem Statut, die Verpflichtung der Beteiligten zu gemeinsamer Anlegung und Unterhaltung der erforderlichen Wasserwerke und deren Vereinigung zu einer Genossenschaft durch landesherrliche Verordnung gemäß § 56 des Gesetzes vom 28. Februar 1843 und die Verkündung des Statutes durch die Amtsblätter unter Anzeige in der Gesetzsammlung gefordert (§ 65. Ziff. 3. §§ 79—82. §§ 57. 58). Nach dem Urteile des Reichsgerichtes vom 4. Mai 1893,

Entsch. des R.G.'s in Civils. Bd. 31 S. 235,

sind die Statuten der durch landesherrliche Verordnung errichteten Zwangsgenossenschaften Gesetze im Sinne des § 12 Einf.-Ges. zur C.P.O., und ist demgemäß die Einrede, daß ein Anspruch nach dem Statut vor ein Schiedsgericht gehöre, nicht als Einrede des Schiedsvertrages, sondern als Einrede der Unzulässigkeit des Rechtsweges anzusehen. Des Eingehens hierauf bedarf es nicht, da die verklagte Genossenschaft nicht durch landesherrliche Verordnung errichtet, sondern durch das unter Zustimmung der Beteiligten beschlossene und durch den zuständigen Minister genehmigte Statut begründet ist. Da aus dem Gesetze vom 1. April 1879 anderes nicht herzuleiten ist, haben daher die Bestimmungen des Statutes der Beklagten nicht Rechtsnormcharakter, sondern die Natur vertraglicher, durch höhere Genehmigung bestätigter Festsetzungen.

Das Reichsgericht hat stets ausgesprochen, das Wesen der im § 247 Ziff. 2 C.P.O. bezeichneten prozeßhindernden Einrede der Unzulässigkeit des Rechtsweges bestehe darin, daß nach Vorschrift des Gesetzes der Rechtsweg ausgeschlossen sei, daß diese Einrede öffentlichrechtlicher Natur nicht die exceptio pacti, nicht den Fall vertragsmäßiger Ausschließung gerichtlicher Entscheidung durch Unterwerfung unter ein Schiedsgericht umfasse.

Vgl. Entsch. des R.G.'s in Civils. Bd. 8 S. 347. 397, Bd. 10 S. 367, Bd. 16 S. 335. 370; Rassow u. Küntzel, Beiträge Bd. 30 S. 734; Jurist. Wochenschrift von 1896 S. 147.

Die Beklagte greift die Rechtsprechung des Reichsgerichtes nicht an, meint aber, die durch das ministeriell genehmigte Statut der Beklagten erfolgte Festsetzung eines Schiedsgerichtes unter Bezeichnung der demselben unterliegenden Streitigkeiten stehe der Ausschließung des Rechtsweges durch Gesetz gleich, weil nach §§ 8 und 56 Ziff. 11 des Gesetzes vom 1. April 1879 die Rechtsverhältnisse der Genossenschaft durch ein Statut geregelt werden müssen, und weil das Genossenschaftsstatut Vorschriften über die Bildung eines Schiedsgerichtes und die Bezeichnung der Streitigkeiten, welche der Entscheidung desselben unterliegen, enthalten müsse. Dieser Grund kann nicht für zutreffend erachtet werden. Dadurch, daß nach gesetzlicher Bestimmung zur Begründung und zum Bestande einer öffentlichen Wassergenossenschaft ein von den Beteiligten und vom zuständigen Minister genehmigtes Statut erforderlich (Gesetz vom 1. April 1879 §§ 78 flg.), und daß durch Gesetz der notwendige Inhalt des Statutes im allgemeinen bestimmt ist (§ 56 das.), verliert das Statut nicht seinen vertragsmäßigen Charakter. Wird doch bei keiner der 13 Kategorien, welche durch das Statut ausgefüllt werden sollen, vorgeschrieben, in welcher Weise die Ausfüllung erfolgen soll; das Gesetz läßt vielmehr überall der Vertragsfreiheit der Beteiligten vollen Spielraum. Insbesondere wird im § 56 zu Ziff. 11 nicht festgesetzt, aus welchen Personen das Schiedsgericht zusammenzusetzen ist, und welche Streitigkeiten dessen Entscheidung unterliegen sollen. Nur insoweit ist hierbei die Freiheit der Beteiligten durch das Gesetz beschränkt, als Streitigkeiten, für deren Entscheidung durch § 70 des Gesetzes der ordentliche Rechtsweg ausgeschlossen ist, durch Statut nicht der Entscheidung der ordentlichen Gerichte unterworfen, und als Entscheidungen, die durch das Gesetz einer bestimmten staatlichen Behörde zugewiesen sind, nicht durch das Statut einer anderen Behörde oder einem Schiedsgericht unterbreitet werden dürfen. Im übrigen können die Beteiligten unter Genehmigung des Ministers durch das Statut bestimmen, über welche Streitigkeiten das Schiedsgericht entscheiden soll. Diese Bestimmung ist auch nicht unabänderlich, kann vielmehr durch die Beteiligten unter Genehmigung des Ministers jederzeit abgeändert werden (§§ 57. 58 a. a. O.). Durch das Erfordernis der ministeriellen Genehmigung wird das Statut einer öffentlichen Wassergenossenschaft seiner Vertragsnatur nicht entkleidet, da diese Genehmigung nur zu einem unter Zustimmung der Beteiligten festgestellten Statute erteilt werden kann (§§ 78–82 a. a. O.).

Auch darin kann der Beklagten nicht beigetreten werden, daß der Rechtsweg für den vom Kläger anhängig gemachten Streit durch § 70 in Verbindung mit § 66 Abs. 3 des Gesetzes vom 1. April 1879 ausgeschlossen sei. Die Zulässigkeit des ordentlichen Rechtsweges bildet die Regel, dessen Ausschließung die Ausnahme. Die Vorschrift, durch welche für einen bestimmten Fall der Rechtsweg ausgeschlossen ist, darf daher nicht auf einen anderen Fall ausgedehnt werden. Durch die bezeichneten Bestimmungen ist die Entscheidung darüber, ob der Besitzer eines durch das Unternehmen dauernd benachteiligten Grundstückes dessen Ausscheiden aus der Genossenschaft verlangen, und ob die Genossenschaft ein solches Grundstück im Enteignungsverfahren erwerben kann, mit Ausschluß des ordentlichen Rechtsweges dem Bezirksverwaltungsgerichte, an dessen Stelle nach § 153 des Gesetzes über die allgemeine Landesverwaltung vom 30. Juli 1883 der Bezirksausschuß getreten ist, zugewiesen. Keine dieser beiden Entscheidungen wird vom Kläger verlangt, sondern es wird Schadensersatz wegen Benachteiligung des Grundstückes durch das Unternehmen beansprucht. Die Entscheidung hierüber ist den ordentlichen Gerichten nicht entzogen. Darüber kann nach Wortlaut und Stellung der Bestimmung kein Zweifel obwalten, daß unter der im Abs. 4 des § 66 des Gesetzes erwähnten Entschädigung nur diejenige zu verstehen ist, welche von der Genossenschaft im Falle des Erwerbes des ausscheidenden Grundstückes im Enteignungsverfahren (§ 66 Abs. 3) zu gewähren ist." ...

72. Rechtsnormeigenschaft der auf Grund des § 11 der Städte-Ordnung vom 30. Mai 1853 (G.S. S. 261) erlassenen ortsstatutarischen Anordnungen. Form ihrer Verkündung.

IV. Civilsenat. Urt. v. 14. November 1898 i. S. der Stadtgemeinde Berlin (Bekl.) w. S. Wwe. (Kl.). Rep. IV. 114/98.

I. Landgericht I Berlin.
II. Kammergericht daselbst.

Der am 28. Juli 1896 verstorbene Ehemann der Klägerin, Paul S., ist bis zu seinem Tode seit dem 1. Februar 1882 bei der verklagten Stadtgemeinde als „Bureauhilfsarbeiter" gegen monatliche Diäten von schließlich 150 *M*, jedoch ohne eine im Besoldungsetat aufgeführte Stelle zu bekleiden, beschäftigt gewesen. Durch Magistratsbeschluß vom 29. April 1886 war dem S. Beamteneigenschaft beigelegt, und zugleich seine Vereidigung beschlossen, die auch am 18. Mai 1886 erfolgte, mit dem Vorbehalt, daß er durch die Vereidigung keinen Anspruch auf „feste" Anstellung erlange. Ferner hatte der Magistrat dem S. die Bevorzugung der Beamten in steuerlicher Beziehung gewährt. Hiernach geht die Klägerin davon aus, daß ihr Ehemann ein dauernd angestellter Beamter der verklagten Stadtgemeinde gewesen ist, und ihr daher auch das Witwengeld gebühre, welches den Witwen der Beamten derselben auf Grund des Ortsstatutes vom 5. Mai/5. Juni 1890, betr. die Fürsorge für die Witwen und Waisen der besoldeten Gemeindebeamten und Lehrer, zusteht. Der § 2 dieses auf Grund des § 11 der Städte-Ordnung vom 30. Mai 1853 ergangenen Statutes lautet in seinem für die Entscheidung des Rechtsstreites vorzugsweise in Betracht kommenden Teile folgendermaßen:

„Die nach dem 31. März 1890 im städtischen Dienst angestellten Personen, welche nach ihrem Anstellungsverhältnisse zum Beitritt bei der in § 1 genannten Anstalt" — d. h. der Witwen-Verpflegungs-Anstalt nach dem Statute vom 20. Dezember 1853/10. März 1854 — „verpflichtet oder berechtigt gewesen wären, sowie die vorher bereits angestellten, aber nicht beigetretenen oder zum Beitritt nicht zugelassenen dieser Kategorie, also

die städtischen Beamten, deren Stellen in den Normal-Besoldungsetat aufgenommen sind (mit Ausnahme der Geistlichen), die etatsmäßig angestellten Lehrer der höheren Lehranstalten und der Gemeindeschulen, außerdem die besoldeten Magistratsmitglieder, die Magistratsassessoren, die technischen Lehrer der höheren Lehranstalten (mit Ausnahme der Schreiblehrer), die Straßenreinigungsaufseher, die Brückenwärter, die Chausseeaufseher, die Schuldiener an den Gemeindeschulen und die auf Kündigung angestellten Stadtsergeanten, Magistratsdiener, Arbeitshausaufseher, Schuldiener an höheren Lehranstalten,

erwerben ohne Rücksicht auf die im Statute vom 20. Dezember 1853/10. März 1854 enthaltenen besonderen Aufnahmebeschränkungen nach Maßgabe der nachfolgenden Bestimmungen gegen die Stadtkasse einen Anspruch auf Witwengeld, sowie auf Waisengeld für die hinterbliebenen . . . Kinder:

a. Das Witwengeld besteht in dem dritten Teile derjenigen Pension, zu welcher der Verstorbene berechtigt gewesen ist oder berechtigt gewesen sein würde, wenn er am Todestage in den Ruhestand versetzt wäre.

Das Witwengeld soll jedoch, vorbehaltlich der unter i Abs. 2 verordneten Beschränkung, mindestens 300 *M* betragen und 2100 *M* nicht übersteigen.

b.—i. . . .

k. Hinsichtlich der besoldeten Magistratsmitglieder wird der Anspruch auf Witwen- und Waisengelder so geregelt, als wenn ihre Pensionierung nach den Staatspensionsgesetzen . . . erfolgte.

Das Gleiche gilt für diejenigen Angestellten, welche, obwohl nicht pensionsberechtigt, bisher der im § 1 genannten Witwen-Verpflegungs-Anstalt beizutreten berechtigt waren."

Das Landgericht hat die Klage abgewiesen, dagegen das Berufungsgericht, dem Klagantrage entsprechend, die Beklagte verurteilt, an die Klägerin vom 1. September 1896 ab bis zu ihrer Wiederverheiratung oder ihrem Tode jährlich eine Pension von 300 *M* zu zahlen.

Die Revision ist zurückgewiesen worden aus folgenden

Gründen:

„Klägerin gründet ihren Anspruch auf Witwengeld auf das Ortsstatut vom $\frac{5.\ \text{Mai}}{5.\ \text{Juni}}$ 1890. Dasselbe findet nur auf die Gemeindebeamten und Lehrer der verklagten Stadtgemeinde Anwendung, und es kann sich auch Klägerin darauf nur berufen, wenn, wovon sie auch ausgeht, ihr Ehemann Paul S. als angestellter Beamter der Beklagten anzusehen gewesen ist. . . .

Nach alledem ist die Feststellung des Berufungsgerichtes, daß S. vor dem 31. März 1890 im städtischen Dienste angestellt war, frei von Rechtsirrtum und nicht zu beanstanden. Im Anschluß hieran nimmt das Berufungsgericht weiter an, daß S. ebenfalls zu den im § 5 des Statutes vom $\frac{20.\ \text{Dezember}\ 1853}{10.\ \text{März}\ 1854}$ erwähnten, nur auf Kündigung angestellten Beamten gehört habe, und daß er deshalb auch unter die im § 2 des Statutes vom $\frac{5.\ \text{Mai}}{5.\ \text{Juni}}$ 1890 bis zu dem Worte „also" bezeichneten Angestellten falle. Sodann tritt das Berufungsgericht in die Prüfung der Frage ein, ob nicht gleichwohl dem Anspruch der Klägerin der Umstand entgegenstehe, daß ihr Ehemann keiner derjenigen Beamten gewesen ist, welche nach dem Worte „also" im § 2 des letztgedachten Statutes aufgeführt sind. In eingehender, dem Wortlaute wie dem Zwecke und der Entstehungsgeschichte des § 2 Rechnung tragender Würdigung hat sich das Berufungsgericht für die Auslegung entschieden, daß das Wort „also" im Sinne von „also zum Beispiel",

„also unter anderen“ aufzufassen ist, sodaß der Kreis der berechtigten Beamten durch die Bestimmung bis zu dem Worte „also“ umgrenzt und durch die beispielsweise Aufzählung der Beamtenkategorien nach dem Worte „also“ nicht eingeschränkt werde. Bei anderer Auslegung entstände, so meint das Berufungsgericht, die gar nicht zu beantwortende Frage, was dann der Gesetzgeber gewollt habe, das Vor-, oder das Nachstehende. Hiernach erachtet das Berufungsgericht den Anspruch der Klägerin auf den im § 2 unter a Abs. 2 des Statutes vom $\frac{5. \text{ Mai}}{5. \text{ Juni}}$ 1890 festgesetzten Mindestbetrag des Witwengeldes von 300 ℳ für gerechtfertigt. Die Revision erhebt gegen diese Auslegung die Rüge, daß dieselbe mit dem unzweideutigen, durch das Wort „also“ klar zum Ausdruck gebrachten Wortsinne des § 2 unvereinbar sei. Auch würde es für Bureauhilfsarbeiter, welche seither niemals pensioniert worden seien, an einem Maßstabe für die Berechnung des Witwengeldes fehlen. . . .

Der Angriff der Revision muß daran scheitern, daß das Ortsstatut vom $\frac{5. \text{ Mai}}{5. \text{ Juni}}$ 1890 nicht etwa als Bestandteil des zwischen dem Magistrat und dem S. zustande gekommenen Beamtendienstvertrages, sondern als eine statutarische Ordnung mit dem Charakter objektiven Rechtes, als Rechtsnorm und daher gemäß § 12 Einf.-Ges. zur C.P.O. als Gesetz im Sinne der Civilprozeßordnuug anzusehen ist. Bei der Beschränkung der örtlichen Geltungskraft des Statutes auf den Stadtbezirk Berlin erstreckt sich der Geltungsbereich auch nicht über den Bezirk des Berufungsgerichtes hinaus, und kann daher auch nach § 511 C.P.O. in Verbindung mit § 1 der auf Grund des § 6 Einf.-Ges. zur C.P.O. erlassenen Kaiserlichen Verordnung vom 28. September 1879 die von der Beklagten geltend gemachte rechtsirrtümliche Anwendung des Statutes im Wege der Revision nicht gerügt werden. Es ändert hieran nichts, daß die Revision auf unrichtige Auslegung des Statutes gestützt wird; denn die Entscheidung des Berufungsgerichtes über den Inhalt von Gesetzen, auf deren Verletzung die Revision nach § 511 C.P.O. nicht gestützt werden kann, ist gemäß § 525 a. a. O. für die auf die Revision ergehende Entscheidung maßgebend.

Für die Charakterisierung des Ortsstatutes vom $\frac{5. \text{ Mai}}{5. \text{ Juni}}$ 1890 als Rechtsnorm kommt folgendes in Betracht. Das Statut ist, wie es auch in seinem Eingange besonders hervorhebt, erlassen auf Grund des § 11 der Städte-Ordnung vom 30. Mai 1853, welcher bestimmt:

„Jede Stadt ist befugt, besondere statutarische Anordnungen zu treffen:

1. über solche Angelegenheiten der Stadtgemeinden, sowie über solche Rechte und Pflichten ihrer Mitglieder, hinsichtlich deren das gegenwärtige Gesetz Verschiedenheiten gestattet oder keine ausdrücklichen Bestimmungen enthält;
2. über sonstige eigentümliche Verhältnisse und Einrichtungen rc.

Dergleichen Anordnungen bedürfen der Bestätigung der Regierung."

Bezüglich der in § 11 Abs. 2 vorgesehenen Genehmigung der Regierung ist vorweg zu bemerken, daß infolge des Ausscheidens der Stadt Berlin aus dem Kommunal- und dem Provinzialverbande der Provinz Brandenburg — § 2 der Provinzialordnung vom $\frac{29. \text{ Juni } 1875}{22. \text{ März } 1881}$; § 1 des Gesetzes vom 30. Juli 1883 über die allgemeine Landesverwaltung — gemäß § 43 Abs. 3 des letzteren Gesetzes in Verbindung mit § 16 Abs. 3 des Gesetzes vom 1. August 1883 über die Zuständigkeit der Verwaltungs- und Verwaltungsgerichtsbehörden die Bestätigung des Ortsstatutes vom 5. Mai 1890, wie unterm 5. Juni 1890 geschehen, durch den Oberpräsidenten von Berlin zu erfolgen hatte.

Den Gegenstand des Statutes bildet die Fürsorge für die Witwen und Waisen der besoldeten Gemeindebeamten und Lehrer durch Gewährung eines Witwen- und Waisengeldes, eine Angelegenheit der Gemeinde, im Interesse der Ordnung und Sicherung der Verhältnisse ihres Beamtenstandes, in Ansehung deren aber die Städteordnung keine ausdrücklichen Bestimmungen enthält. Die Befugnis der Stadt Berlin zum rechtswirksamen Erlasse des Statutes vom 5. Mai 1890, behufs Ergänzung des von den Gehältern und Pensionen handelnden Titels VI — §§ 64. 65 — der Städte-Ordnung, ist daher nicht zu bezweifeln. Ihrem Inhalte nach sind die Bestimmungen des Statutes nicht bloße Anordnungen zur Verwaltung, sondern zur Regelung materieller Verhältnisse, durch Begründung eines vermögensrechtlichen Anspruchs für die Gemeindebeamten und Lehrer zu Gunsten ihrer Hinterbliebenen. Und zwar soll denselben dieser Anspruch erwachsen unmittelbar auf Grund des Statutes und unabhängig von einem zuvorigen, durch ausdrückliche oder stillschweigende Willenserklärung in Ergänzung des Dienstvertrages zustande gekommenen Abkommen zwischen dem Magistrat als Anstellungsbehörde und dem Beamten. Die Rechtsgültigkeit des Statutes vorausgesetzt, beruht danach der erhobene Anspruch der Klägerin unmittelbar auf einer zwingenden Norm, die die Eigenschaft einer Rechtsnorm deshalb hat, weil das Gesetz selbst, die Städte-Ordnung, entsprechend dem Vorbehalte im § 2 Einl. zum A.L.R. derartigen statutarischen Anordnungen Rechtswirksamkeit gegenüber allen Beteiligten, also Gesetzeskraft, beigelegt.

Vgl. Oertel, Städte-Ordnung vom 30. Mai 1853, Bem. 1 zu § 11.

Zur Verbindungskraft der Gesetze gegenüber Dritten gehört — das Gewohnheitsrecht kommt hier der Natur der Sache nach nicht in Betracht — deren Verkündung, die bei förmlichen Gesetzen nach dem Gesetze vom 3. April 1846, betr. die Publikation der Gesetze, nur durch Aufnahme in die Gesetzsammlung erfolgen kann, während für die Verkündung der auf Grund des § 11 der Städte-Ordnung erlassenen statutarischen Anordnungen überhaupt nichts vorgeschrieben ist. In Übereinstimmung mit dem preußischen Obertribunals-Urteil vom 9. Juni 1871,

Ministerialblatt für die gesamte innere Verwaltung S. 202,

dem sich auch Oertel a. a. O. in Bem. 6 zu § 11 anschließt, ist aber davon auszugehen, daß der Magistrat, der nach § 56 Ziff. 2 der Städte-Ordnung die Gemeindebeschlüsse auszuführen hat, auch die Art und Weise der Veröffentlichung, unter Vorbehalt entsprechender Anordnungen der Aufsichtsbehörde,

vgl. Erlaß vom 30. August 1872, Ministerialblatt S. 225,

mit verbindlicher Kraft zu bestimmen hat. Bezüglich der Verkündung von Rechtsverordnungen des Bundesrates hat sich der jetzt erkennende Senat in dem Urteile vom 25. November 1897,

Entsch. des R.G.'s in Civils. Bd. 40 S. 76,

in gleichem Sinne ausgesprochen, und dieselbe Auffassung findet sich auch in dem Urteil dieses Senates vom 6. Dezember 1886.

Vgl. Jurist. Wochenschrift von 1887 S. 23 Nr. 37.

Die besonderen Bestimmungen über die Verkündung der Kreis- oder der Provinzialstatuten und Reglements durch das Kreis-, bezw. Amtsblatt in § 20 Abs. 2 der Kreisordnung vom $\frac{\text{13. Dezember 1872}}{\text{19. März 1881}}$ und in § 8 der Provinzialordnung vom $\frac{\text{29. Juni 1875}}{\text{22. März 1881}}$ sind für die Veröffentlichung der auf Grund des § 11 der Städte-Ordnung erlassenen statutarischen Anordnungen nicht maßgebend. Die Veröffentlichung des Ortsstatutes vom $\frac{5. \text{Mai}}{5. \text{Juni}}$ 1890 ist in Nr. 24 des vom Magistrat zu Berlin herausgegebenen, bereits im 31. Jahrgange erscheinenden „Gemeindeblattes der Haupt- und Residenzstadt Berlin", ausweislich des vorgelegten Exemplares der Nummer vom 15. Juni 1890, erfolgt, und darin ist eine ausreichende rechtswirksame Verkündung des Statutes allen Beteiligten gegenüber zu finden. Das Berufungsgericht läßt einen ausdrücklichen Ausspruch über die Eigenschaft des Statutes als objektiven Rechtes vermissen; es läßt jedoch die aus der Begründung oben wiedergegebene Ausführung, daß bei anderer Auslegung des Statutes die gar nicht zu beantwortende Frage entstände, was dann der Gesetzgeber gewollt habe, erkennen, daß das Berufungsgericht von der Rechtsnormeigenschaft des Statutes ausgegangen ist.

Hiernach entfällt auch der auf rechtsirrtümliche Anwendung des Ortsstatutes vom $\frac{5. \text{Mai}}{5. \text{Juni}}$ 1890 gestützte Revisionsangriff." ...

---

73. 1. Kann eine Vormerkung zur Erhaltung des Rechtes auf Eintragung einer Hypothek auf Grund der Bewilligung des Grundstückseigentümers eingetragen werden?

2. Ist die Rechtsbeständigkeit einer solchen Vormerkung davon abhängig, daß in der Eintragungsbewilligung der Schuldgrund der vorgemerkten Hypothek angegeben wird?

V. Civilsenat. Urt. v. 15. November 1898 i. S. B. (Kl.) w. Z. (Bekl.). Rep. V. 203/98.

I. Landgericht Neuruppin.
II. Kammergericht Berlin.

Der Kläger behauptete, daß der Beklagte von G. Grundstücke gekauft habe und auf den Kaufpreis 8190 ℳ schuldig geblieben sei. Als Cessionar des G. verlangte Kläger im Prozeßwege vom Beklagten Zahlung dieser 8190 ℳ nebst Zinsen. Die Auflassung war dem Beklagten nicht von G., sondern von Z. erteilt, von welchem G. die

Grundstücke nach der Behauptung des Klägers durch Kauf erworben hatte. In der Auflassungsverhandlung hatte der Beklagte erklärt:

„Ferner bewillige und beantrage ich, daß auf den mir soeben aufgelassenen Grundstücken eine Vormerkung zur Erhaltung des Rechts auf Eintragung einer Hypothek von 8190 *M* mit $4\frac{1}{2}$ Prozent Zinsen ... für den Kaufmann G. ... zur zweiten Stelle eingetragen werde."

Die Eintragung der Vormerkung war erfolgt, und in dem Eintragungsvermerke — aus welcher Veranlassung, war nicht aufgeklärt — Darlehn als Schuldgrund der vorgemerkten Hypothek angegeben.

Der Beklagte verlangte Abweisung der Klage, und mit Widerklage Verurteilung des Klägers zur Bewilligung der Löschung der Vormerkung, sowie zur Beschaffung der zur Löschung erforderlichen Urkunden, weil die Vormerkung mangels der Angabe eines Schuldgrundes in der Eintragungsbewilligung ungültig sei.

Der erste Richter erkannte — unter Abweisung der Klage — nach dem Widerklagantrage. Der Berufungsrichter wies durch Teilurteil die Berufung des Beklagten, soweit mit derselben Zurückweisung der Widerklage begehrt wurde, zurück.

Die Revision des Klägers wurde für begründet erklärt aus folgenden

Gründen:

... „Der Berufungsrichter geht stillschweigend von der Annahme aus, daß eine Vormerkung zur Erhaltung des Rechtes auf Eintragung einer Hypothek auf Grund der Bewilligung des Grundstückseigentümers eingetragen werden könne. Der Revisionsbeklagte hat dem gegenüber auszuführen gesucht, daß die Eintragung einer solchen Vormerkung auf Grund einer Bewilligung gesetzlich unzulässig sei. Wäre dieser Ansicht des Revisionsbeklagten beizutreten, so würde die Entscheidung des Berufungsrichters aufrecht erhalten werden müssen, und es käme dann auf eine Prüfung der Gründe, aus denen der Berufungsrichter nach dem Widerklagantrage erkannt hat, nicht an. Die aufgeworfene Streitfrage ist jedoch in Übereinstimmung mit der in der Litteratur herrschenden Meinung,

vgl. Förster, Grundbuchrecht S. 67; Jaeckel in Gruchot's Beiträgen Bd. 18 S. 43. 44; Dernburg u. Hinrichs, Hypothekenrecht

S. 354; Förster-Eccius, Bd. 3 § 198 Anm. 36; Turnau, Grundbuchordnung S. 366. 367,

zu Gunsten des Revisionsklägers zu entscheiden.

Das Eigentumserwerbsgesetz läßt die Eintragung einer Vormerkung auf Grund der Bewilligung des eingetragenen Eigentümers ausdrücklich zu in den Fällen der §§ 8 (Vormerkung zur Erhaltung des Rechtes auf Auflassung oder auf Eintragung des Eigentumsüberganges) und 16 (Vormerkung zur Erhaltung des Rechtes auf Eintragung eines dinglichen Rechtes). Für die Vormerkung zur Erhaltung des Rechtes auf Eintragung einer Hypothek oder Grundschuld fehlt es an einer solchen ausdrücklichen Bestimmung. § 22 Abs. 1 a. a. O. beschränkt sich auf die Vorschrift:

„Der Gläubiger hat das Recht, unter Vermittelung des Prozeßrichters eine Vormerkung auf dem Grundstück seines Schuldners eintragen zu lassen."

Aus dieser verschiedenen Fassung der §§ 8 und 16 einerseits und des § 22 andererseits ist jedoch nicht zu folgern, daß der Gesetzgeber mit den §§ 8. 16 positive Ausnahmebestimmungen habe treffen wollen; vielmehr erscheinen diese Paragraphen als Anwendungen des dem Eigentumserwerbsgesetze zu Grunde liegenden allgemeinen Konsensprinzips. Eine nochmalige Hervorhebung dieses Prinzips im § 22 war entbehrlich; denn es ist klar, daß der Gesetzgeber nicht beabsichtigt haben kann, dem eingetragenen Eigentümer die Möglichkeit zu entziehen, dem drohenden und mit Kosten verbundenen Zwange, welcher in der Eintragung unter Vermittelung des Prozeßrichters liegt, durch freiwillige Bewilligung der Eintragung der Vormerkung zu entgehen. Daraus folgt dann weiter, daß auch ohne das Vorliegen der Gefahr des Zwanges die Bewilligung des eingetragenen Eigentümers eine ausreichende Grundlage für Eintragung der Vormerkung zur Erhaltung des Rechts auf Eintragung einer Hypothek bietet. Das ist im § 885 Abs. 1 Satz 1 B.G.B. ausdrücklich anerkannt, und es ist aus den gesetzgeberischen Vorarbeiten nicht ersichtlich, daß damit eine Abweichung vom bisherigen Rechte beabsichtigt worden sei. Es ist auch die Ausführung des Revisionsbeklagten, daß im Falle des § 22 für die Zulassung der konsentierten Vormerkung keine Veranlassung und namentlich kein Interesse des Eigentümers vorliege, weil mit Bewilligung des Eigentümers die Hypothek selbst definitiv eingetragen werden könne, als richtig nicht anzuerkennen; denn nach § 3 des Kostentarifes für Grundbuchsachen verursacht die Eintragung einer Vormerkung nur die Hälfte der Kosten einer endgültigen Eintragung, und nach § 119 Grundbuch-Ordnung werden — auch ohne Verzicht — Urkunden über die Eintragungen von Vormerkungen nicht angefertigt, und dadurch dem Eigentümer wiederum Kosten erspart.

Führen diese Gründe zur Beantwortung der behandelten Streitfrage in einem dem Revisionskläger günstigen Sinne, so muß in die Nachprüfung der Gründe eingetreten werden, welche den Berufungsrichter zur Verurteilung nach dem Widerklagantrage geführt haben. Der Berufungsrichter spricht der für den Kläger eingetragenen Vormerkung deshalb die Rechtswirksamkeit ab, weil in der Eintragungsbewilligung kein Schuldgrund angegeben ist. Er führt aus: für die Bewilligung der Eintragung einer Hypothek schreibe § 19 Ziff. 1 Abs. 2 Eig.-Erw.-Ges. als wesentliches Erfordernis die Angabe des Schuldgrundes vor. Das gleiche gelte auch für die Vormerkung, da diese den Zweck habe, den Rang zu sichern und die definitive Eintragung der Hypothek vorzubereiten, und da sie die Wirkung habe, daß die Eintragung der Hypothek bereits als zur Zeit der Eintragung der Vormerkung erfolgt gelte. Hieraus folge, wie in der Praxis allgemein anerkannt werde, daß die Geltendmachung des Rechtes aus der Hypothek nicht von der thatsächlich erfolgten Umschreibung in eine solche abhängig sei, falls nur die notwendigen Voraussetzungen der Umschreibung gegeben seien.

Diese Ausführungen werden von der Revision mit Grund als rechtsirrtümlich bezeichnet. Die Vorschrift des § 19 Ziff. 1 Abs. 2 ist, soweit sie Angabe des Schuldgrundes in der Eintragungsbewilligung für erforderlich erklärt, nur für die definitive Hypothek gegeben und ist eben daher der Anwendung auf nur vorläufige und vorbereitende Eintragungen nicht fähig. Die Vormerkung hat, wie der Berufungsrichter zutreffend bemerkt, nur den Zweck, der Hypothek den Rang zu sichern. Zur Erreichung dieses Zweckes ist es genügend, wenn in der Eintragungsbewilligung und in dem Eintragungsvermerke zum Ausdrucke gelangt, daß das vorgemerkte Recht eine Hypothek sein soll. Der Schuldgrund der Hypothek kommt erst in Frage, wenn es sich um deren Eintragung handelt. Erst dann hat der Grundbuchrichter das Vorhandensein der Voraussetzungen des § 19 Ziff. 1 zu prüfen.

Es mag dem Berufungsrichter zugegeben werden, daß das Hypothekenrecht auch ohne Umschreibung der Vormerkung in eine definitive Hypothek geltend gemacht werden kann, wenn die notwendigen Voraussetzungen der Umschreibung vorliegen; allein daraus folgt nicht, daß diese Voraussetzungen schon zur Zeit der Bewilligung der Eintragung der Vormerkung vorhanden gewesen sein müssen. Es genügt in solchem Falle, wenn zur Zeit der Geltendmachung des hypothekarischen Rechtes eine Eintragungsbewilligung oder ein die letztere ergänzendes Urteil beigebracht wird, aus welchen sich der Schuldgrund und die Identität der bewilligten mit der früher vorgemerkten Hypothek ergiebt. Der Einwurf des Revisionsbeklagten, daß bei Zulassung der Vormerkung ohne Angabe des Schuldgrundes in der Eintragungsbewilligung der eingetragene Eigentümer für den Fall, daß in der That kein Schuldgrund existiert, in die üble Lage komme, dem auf Bewilligung der Löschung belangten Vormerkungsgläubiger gegenüber das Nichtvorhandensein aller nur denkbaren Schuldgründe nachweisen zu müssen, ist nicht gerechtfertigt. Klage erheben muß freilich der Eigentümer, weil die Vormerkung einmal besteht; aber in derselben Lage befindet er sich auch, wenn die Bewilligung der Vormerkung einen bestimmten Schuldgrund enthält. Wie sich die Beweislast in dem letzteren Falle gestaltet, kann dahingestellt bleiben; im ersteren Falle kann kein Zweifel darüber bestehen, daß der Vormerkungsgläubiger die Existenz eines bestimmten Schuldgrundes nachzuweisen hat. Ist dies geschehen, dann liegt die Sache insbesondere auch hinsichtlich der Frage nach der Beweislast nicht anders, als wenn die Angabe des Schuldgrundes in der Eintragungsbewilligung enthalten ist.

Aus allen diesen Gründen entscheidet sich das Reichsgericht für die von der Revision vertretene Ansicht, daß die Rechtsbeständigkeit einer Vormerkung zur Erhaltung des Rechtes auf Eintragung einer Hypothek nicht davon abhängig ist, daß in der Eintragungsbewilligung der Schuldgrund der vorgemerkten Hypothek angegeben ist." . . .

74. Darf für die Frage, ob das nach der Enteignung verbliebene Restgrundstück nach seiner bisherigen Bestimmung noch zweckmäßig benutzt werden kann, eine Straßenanlage berücksichtigt werden, deren Herstellung erst durch die Enteignung ermöglicht wurde?

Enteignungsgesetz vom 11. Juni 1874 §§ 9. 10 Abs. 2.

V. Civilsenat. Urt. v. 23. November 1898 i. S. Stadtgemeinde B. (Bekl.) w. H. (Kl.). Rep. V. 165/98.

I. Landgericht I Berlin.
II. Kammergericht daselbst.

Die Entscheidung ist unten unter „Prozeßrecht" Nr. 99 S. 394 abgedruckt.

---

75. 1. Muß das Bestehen der Klageforderung auch dann festgestellt werden, wenn der Beklagte eine liquide Gegenforderung mit der Erklärung zur Aufrechnung stellt, er wolle die klagebegründenden Behauptungen für den Fall zugestehen, daß er auf Grund seines Aufrechnungseinwandes Abweisung der Klage erreichen könne?

2. Kann der klagende Cessionar den Beklagten mit einer gegen den Cedenten begründeten und zum Zwecke der Aufrechnung gegen die Klageforderung geltend gemachten Gegenforderung an den dem Cedenten verbliebenen Teil der Forderung verweisen?

V. Civilsenat. Urt. v. 26. November 1898 i. S. Thi. u. Gen. (Kl.) w. Aktiengesellsch. a. kl. Thierg. (Bekl.). Rep. V. 215/98.

I. Landgericht I Berlin.
II. Kammergericht daselbst.

Der Architekt Kl. kaufte von der Beklagten am 4. März 1889 einen Baugrund für 80000 *M* und erhielt ihn aufgelassen. Auf diesem, sehr unsicheren, Baugrunde hatte die Beklagte Fundamente herstellen lassen und verpflichtete den Kl. im Kaufvertrage, auf diesen

Fundamenten ein Gebäude nach einem von ihr aufgestellten Plane aufzuführen. Kl. kam dieser Verpflichtung nach. Der Bau geriet ins Wanken und erlitt infolgedessen Risse und sonstige Beschädigungen, welche trotz mehrfacher Ausbesserungsversuche sich nicht völlig beseitigen ließen. Kl. erklärte in der Cession vom 11. Mai 1891, daß ihm durch jene ungenügende Fundamentierung ein Schade von weit über 60000 ℳ entstanden sei, und trat diesen Anspruch in Höhe von 60000 ℳ den beiden Klägern ab. Diese klagten unter Vorbehalt nachträglicher Erhöhung zunächst 45000 ℳ ein, wovon 10800 ℳ dem Kläger Thi., die restlichen 34200 ℳ dem Kläger Tha. gebührten. Nach Erhebung der Klage cedierten die Kläger den nicht eingeklagten Betrag der ihnen abgetretenen Summe an den Kaufmann H. Nach der Behauptung der Beklagten klagte H. die 15000 ℳ ein, wurde aber rechtskräftig abgewiesen.

Die Beklagte trug auf Abweisung der Klage an. Sie bestritt den Klaganspruch und stellte eventuell gegen Kläger Thi. eine ihr an diesen zustehende Gegenforderung von 30366 ℳ, gegen beide Kläger eine ihr an den Cedenten der Kläger zustehende Gegenforderung von 50237,65 ℳ zur Kompensation.

Der erste Richter erkannte auf Abweisung der Klage. In zweiter Instanz bezifferten Kläger unter Beweisantritt den dem Kl. entstandenen Schaden auf mindestens 80000 ℳ und verlangten, daß die Gegenforderung von 50237,65 ℳ gegen den dem Kl. verbliebenen Rest der Schadensersatzforderung geltend gemacht werde. Die Beklagte bestritt, daß überhaupt ein Schade entstanden sei, und erklärte auf richterliches Befragen, daß sie die beiden Klägern gegenüber erhobene Aufrechnungseinrede in erster Reihe geltend machen wolle, wenn sie dadurch die sofortige Abweisung der Klageforderung erzielen könne, daß sie für diesen Fall die zur Begründung der letzteren von den Klägern aufgestellten Behauptungen, soweit zu diesem Zwecke erforderlich sei, zugestehen wolle. Infolge dieser Erklärung erachtete sich der Berufungsrichter der Untersuchung, ob die Klageforderung begründet sei, für überhoben, verwarf die Ansicht, daß die Gegenforderung von 50237,65 ℳ gegen den nicht in den Prozeß gezogenen Teil des angeblichen Anspruches des Kl. geltend gemacht werden müsse, und hielt lediglich auf Grund des Kompensationseinwandes das klagabweisende Urteil durch Zurückweisung der Berufung aufrecht.

Gegen dieses Urteil legte nur der Kläger Tha. Revision ein. Dieselbe ist zurückgewiesen worden aus folgenden

Gründen:

... „Der VI. (Gruchot, Beiträge Bd. 41 S. 947 flg.), der V. (Entsch. des R.G.'s in Civils. Bd. 37 S. 403 flg.) und der II. (Jurist. Wochenschr. von 1898 S. 601 Nr. 14 und Rep. II. 85/98) Civilsenat des Reichsgerichtes haben angenommen, daß, wenn einer streitigen Klageforderung eine liquide Gegenforderung entgegengestellt werde, die erstere auf Grund der Aufrechnungseinrede nicht ohne weiteres abgewiesen werden dürfe, daß vielmehr ihr Bestehen oder Nichtbestehen festgestellt werden müsse. Gegen diesen Rechtsgrundsatz hat der Berufungsrichter nicht verstoßen; denn nachdem die Beklagte bei der mündlichen Verhandlung vor dem Berufungsgerichte die Erklärung abgegeben hatte, wenn sie damit sofortige Abweisung der Klageforderung erreichen könne, so wolle sie die klagebegründenden Behauptungen, soweit zu diesem Zwecke erforderlich sei, zugestehen und sich auf die Aufrechnungseinrede beschränken, war die Forderung der Kläger in der eingeklagten Höhe nicht mehr streitig; die Beklagte erkannte unter der angegebenen Bedingung die Klageforderung als aufrechnungsfähig an, und die Bedingung ist eingetreten und mußte eintreten, da die Gegenforderung liquid ist, und ihr Betrag den der eingeklagten Forderung übertrifft. Die Zulässigkeit und Wirksamkeit eines so bedingten Anerkenntnisses hat der Berufungsrichter mit zutreffender Begründung dargelegt.

Vgl. auch Eccius in Gruchot's Beiträgen Bd. 42 S. 36.

Demgemäß geht der Berufungsrichter davon aus, daß der Klaganspruch in der vollen eingeklagten Höhe begründet sei. Von der Klageforderung steht dem Revisionskläger unstreitig nur der Betrag von 34 200 ℳ zu, während die Gegenforderung der Beklagten nach den nicht angefochtenen und zutreffenden Ausführungen des Berufungsrichters mindestens zum Betrage von 38 971,25 ℳ liquid gestellt ist.

Der Revisionskläger hat die Beklagte in der Berufungsinstanz mit ihrer Gegenforderung auf den seinem Cedenten Kl. verbliebenen Teil des Anspruches, und in der Revisionsinstanz auch auf den den beiden Klägern cedierten und hier nicht eingeklagten Teil von 15 000 ℳ verwiesen. Der Berufungsrichter hat eine solche Verweisung für unzulässig erklärt. Hiergegen richten sich die Angriffe der Revision, welche jedoch nicht begründet sind.

Bekanntlich ist die Frage, ob ein Kläger, welcher nur einen Teil einer ihm zustehenden Forderung eingeklagt hat, den Beklagten mit einer zur Aufrechnung gestellten Gegenforderung auf den nicht eingeklagten, zur Deckung der Gegenforderung ausreichenden Teil der Forderung verweisen darf, in der Rechtsprechung verschieden beantwortet worden. Das Reichsoberhandelsgericht (Entsch. desselben Bd. 15 S. 105 flg.), der I. Hilfssenat des Reichsgerichtes (Entsch. des R.G.'s in Civils. Bd. 7 S. 243) und der I. Civilsenat des Reichsgerichtes (Seuffert, Archiv Bd. 40 S. 409) haben die Frage verneint; dagegen haben das Obertribunal (Entsch. desselben Bd. 77 S. 225 flg.), der III. Civilsenat des Reichsgerichtes (Fenner u. Mecke, Bd. 2 S. 83 Nr. 51, Entsch. des R.G.'s in Civils. Bd. 13 S. 175 flg.) und das Oberlandesgericht zu Hamburg (Seuffert, Archiv Bd. 48 S. 401 flg.) in bejahendem Sinne entschieden. Mit Ausnahme des in Seuffert's Archiv Bd. 40 S. 409 mitgeteilten Urteiles hatten sämtliche voranangeführten Entscheidungen Fälle zur Grundlage, in denen die ganze Forderung dem Kläger zustand.

Die verneinende Ansicht wird damit begründet, daß ein Kläger, welcher nur einen Teil seiner Forderung einklage, dadurch seine Forderung in individualisierte Teile zerlege, nur den eingeklagten Teil der richterlichen Kognition und den Gegenansprüchen des Schuldners darbiete und ebendaher auf Forderungsteile, welche er in diesem Prozesse absichtlich nicht geltend gemacht habe, nicht nachträglich zu dem Zwecke zurückgreifen dürfe, um eine Kompensationseinrede des Beklagten zu beseitigen, daß vielmehr eine Replik der Kompensation nur in dem Sinne statthaft sei, daß die vom Beklagten zur Aufrechnung benutzte Gegenforderung durch eine vom Kläger vorher (d. h. vor der Geltendmachung der Kompensationseinrede) erklärte Kompensation getilgt sei. Für die bejahende Ansicht wird geltend gemacht, Gegenstand der Klage sei, soweit es zur Begründung des Klagantrages erforderlich sei, die ganze Forderung, die Forderung in allen ihren Teilen; daher ergreife eine Aufrechnungseinrede die ganze Forderung, und der Kläger könne seine Klage zunächst auf den durch eine erwartete Kompensationseinrede nicht betroffenen Teil seiner Forderung beschränken, zumal er ein Interesse daran haben könne, daß die Beitreibung dieses liquiden

Forderungsteiles nicht durch Weiterungen der Verhandlung über die von ihm zu bestreitende Kompensationseinrede verzögert werde, und er ja sogar ein den Schuldner vorab zur Bezahlung dieses Teilbetrages verurteilendes Teilurteil würde erlangen können; auch stehe es dem Kläger nach § 240 C.P.O. zu, den Klagantrag zu erweitern, und eine solche Erweiterung sei darin zu erblicken, daß Kläger die Gegenforderung anerkenne und auf die Gesamtforderung verrechne.

Der gegenwärtige Rechtsstreit bietet keine Veranlassung, Stellung zu der Frage zu nehmen, wie zu entscheiden sein würde, wenn dem Revisionskläger (allein oder in Gemeinschaft mit dem Mitkläger Thi.) die ganze Forderung des Kl. abgetreten wäre. Zu entscheiden ist vielmehr nur die Frage, ob der klagende Cessionar den Beklagten mit einer gegen den Cedenten begründeten Gegenforderung an den diesem verbliebenen Teil der Forderung verweisen darf, und diese Frage ist — im Endergebnisse mit der angeführten Entscheidung des I. Civilsenates des Reichsgerichtes übereinstimmend — zu verneinen, weil, wenn auch den Gründen, aus welchen das Obertribunal, der III. Civilsenat des Reichsgerichtes und das Oberlandesgericht zu Hamburg die Verweisung des Beklagten mit seiner Gegenforderung auf den nicht eingeklagten, dem Kläger zustehenden Teil der Forderung für zulässig erklären, beizutreten sein sollte, diese Gründe auf den Fall, daß dem Kläger der nicht eingeklagte Teil der Forderung nicht zusteht, nicht passen. Der Cessionar hat keinerlei prozessuale Verfügung über den ihm nicht abgetretenen Teil der Forderung; er kann weder von vornherein die ganze Forderung zum Gegenstande der Klage machen und Teilurteil für den ihm abgetretenen Teil verlangen, noch auch seine Klage um den ihm nicht abgetretenen Teil erweitern. Er ist aber auch zu materiellen Verfügungen über den dem Cedenten verbliebenen Teil der Forderung nicht befugt und darf diesen Teil daher auch nicht zur Gegenkompensation benutzen. Er erlangt eine solche Verfügungsbefugnis — wie der Berufungsrichter zutreffend ausführt — auch nicht dadurch, daß ihm der Teil der Forderung mit dem Vorzugsrechte vor dem Überreste abgetreten wird. Bezüglich der Befugnis, den nicht abgetretenen Teil in den Prozeß zu ziehen, ist dies ohne weiteres klar. Ebenso unzweifelhaft ist es, daß er durch eine solche Cession nicht legitimiert wird, den ihm nicht abgetretenen Teil der Forderung zur Gegenkompensation zu benutzen. Eine Nötigung für die Beklagte, sich mit ihrer Gegenforderung gegen den Cedenten des Revisionsklägers zu wenden, besteht aber nicht, da die zwischen dem Cedenten und dem Cessionar getroffene Abrede, auch wenn sie dahin aufzufassen sein sollte, daß der von der Gegenforderung der Beklagten nicht getroffene Teil der Forderung abgetreten werde, für die Beklagte (den debitor cessus) nicht bindend ist.

Es waren dem Revisionskläger und dem Mitkläger Thi. von Kl. nicht bloß 45 000 ℳ, auf welchen Betrag der Klagantrag lautet, sondern 60 000 ℳ abgetreten worden. Der Versuch der Revision, jetzt auch den überschießenden Teil zur Gegenkompensation zu stellen, scheitert daran, daß dies in der Revisionsinstanz nicht mehr zulässig ist. Überdies übersieht die Revision, daß der Revisionskläger nach dem Thatbestande des Berufungsurteiles die Behauptang der Beklagten, die Kläger hätten den Betrag an einen Dritten abgetreten, und dieser sei mit der Klage gegen Beklagte abgewiesen worden, gar nicht bestritten, sondern nur eingewendet hat, bei Abtretung der 15 000 ℳ sei den hier eingeklagten 45 000 ℳ das Vorzugsrecht vorbehalten worden. Hat der Revisionskläger aber (in Gemeinschaft mit dem Mitkläger Thi.) den Betrag von 15 000 ℳ cediert, so hat er bezüglich dieses Teiles der Forderung ebenfalls jede Befugnis zur materiellen oder prozessualen Verfügung verloren und kann daher die Beklagte mit ihrer Gegenforderung ebensowenig auf diesen abveräußerten, als auf den durch die Cession des Kl. nicht miterworbenen Teil der Forderung verweisen."

76. 1. Kann ein Verschulden des Rechtsanwaltes, das ihn zum Schadensersatz verpflichtet, darin gefunden werden, wenn er bei Ausführung des ihm erteilten Auftrages der zur Zeit herrschenden Rechtsauffassung trotz eigener Bedenken gegen ihre Richtigkeit folgt?

2. Zum Begriffe des Pflichtteiles im Gegensatze zu dem im Testamente dem Pflichtteilsberechtigten Zugewendeten.

3. Wie muß in dem nach §§ 730. 745. 754 Abs. 1 C.P.O. ergehenden Pfändungsbeschlusse der Drittschuldner bezeichnet werden?

VI. Civilsenat. Urt. v. 28. November 1898 i. S. Qu., jetzt dessen Rechtsnachfolger, (Kl.) w. B., jetzt dessen Witwe (Bekl.). Rep. VI. 252/98.

I. Landgericht I Berlin.
II. Kammergericht daselbst.

Der Rechtsanwalt B. hatte im Auftrage des Klägers einen Pfändungsbeschluß erwirkt, als dessen Gegenstand das Erbrecht der Schuldnerin Frau v. R. in den Nachlaß ihres Vaters bezeichnet war, und in welchem das Zahlungsverbot ohne Nennung des Drittschuldners dahin erlassen war, daß der gepfändete Nachlaß an die Schuldnerin nicht mehr gezahlt werden dürfe. Den Pfändungsbeschluß hatte der Rechtsanwalt B. den Miterben der Schuldnerin und den Vollstreckern des Testamentes ihres Vaters zustellen lassen. Die Pfändung war indes später von den Gerichten für unwirksam erklärt worden. Der Kläger nahm deshalb den Rechtsanwalt B. wegen Schadensersatzes in Anspruch. Die Klage wurde in erster und zweiter Instanz abgewiesen. Das Berufungsurteil ist jedoch vom Reichsgericht aufgehoben, und die Sache zu anderweiter Verhandlung und Entscheidung ans Berufungsgericht zurückverwiesen worden, aus folgenden

Gründen:

„1. Das Berufungsgericht erörtert zunächst die Pflichten des Rechtsanwaltes bei Ausführung des ihm erteilten Auftrages. Es wird der Satz aufgestellt, daß der Rechtsanwalt zwar jedes Versehen, auch ein geringes, zu vertreten habe, daß ihm aber ein Versehen nicht zur Last falle, wenn er der zur Zeit allgemein bestehenden Rechtsauffassung oder, wo die Auslegung noch schwanke, seiner eigenen gewissenhaften Rechtsansicht folge.

Hiervon ist soviel jedenfalls als richtig anzuerkennen, daß der Rechtsanwalt sich eines Versehens nicht schuldig macht, wenn er der allgemein herrschenden Rechtsmeinung folgt. Es kann ihm nicht zum Vorwurf gereichen, daß er eine spätere Änderung der Rechtsansichten nicht voraussieht, und ebensowenig, daß er sich bei etwaigen eigenen Bedenken doch der herrschenden Ansicht in seinem Verhalten unterordnet.

Das Berufungsgericht hat nun angenommen, daß der Rechtsanwalt B. bei Ausführung des Pfändungsauftrages sich mit den damals — im Jahre 1883 — herrschenden Rechtsansichten im Einklange befunden habe. Hieran scheitert der erste Revisionsangriff, nämlich die Rüge, daß das Berufungsgericht die Thatsachen unbeachtet gelassen habe, aus denen hervorgehe, daß der Rechtsanwalt B. selbst bezweifelt habe, ob nicht die Miterben der Frau v. R. und die Testamentsvollstrecker als Drittschuldner zu betrachten seien, und die Pfändung daher durch ein an diese ergehendes Zahlungsverbot zu bewirken sei. Solche Zweifel des Anwaltes würden von dem vom Berufungsgerichte eingenommenen Standpunkte aus bei der Frage des Verschuldens nicht ins Gewicht fallen; es hatte daher keinen Anlaß, sich mit jenen Thatsachen zu befassen.

2. Gleichwohl erscheint die Revision begründet. Der vom Rechtsanwalt B. erwirkte Pfändungsbeschluß vom 1. September 1883 hat zum Gegenstande das „Erbrecht der Freifrau v. R. in den Nachlaß des ... verstorbenen ... Grafen v. J." (ihres Vaters). Es heißt in dem Beschlusse: „Der gepfändete Nachlaß darf an die Schuldnerin nicht mehr gezahlt werden." An wen dieses Zahlungsverbot sich richte, ist im Beschlusse jedoch nicht gesagt, was dem Rechtsanwalt B. von den Klägern um deswillen als Verschulden angerechnet wird, weil er unter genauer Informierung über den Inhalt des Testamentes des Grafen v. J. den Auftrag gehabt habe, Zwangsvollstreckung in die danach der Schuldnerin Frau v. R. zustehenden Rechte zu erwirken. Unstreitig ist, daß die Frau v. R. im Testamente ihres Vaters nicht übergangen, wohl aber auf den Pflichtteil beschränkt war.

Das Berufungsgericht geht davon aus, daß das Zahlungsverbot im Pfändungsbeschlusse mangels Angabe derjenigen Personen, an die es ergehe, allerdings bedeutungslos sei. Danach erörtert es die Frage, ob der Pfändungsbeschluß nach Maßgabe der §§ 730. 745. 754 Abs. 1 C.P.O. ein Zahlungsverbot an den Drittschuldner enthalten mußte, um wirksam zu sein, oder ob die Pfändung nach § 754 Abs. 2 daselbst, weil ein Drittschuldner nicht vorhanden war, durch das — im Beschluß enthaltene — Verfügungsverbot an die Schuldnerin wirksam erfolgen konnte. Hierbei wird erwogen: der Nachlaß des Grafen v. J. sei damals, wie auch dem Rechtsanwalt B. vom Testamentvollstrecker T. mitgeteilt sei, noch ungeteilt gewesen; es habe sich also um den Anteil der Schuldnerin an einer noch ungeteilten Vermögensmasse gehandelt, und die Schuldnerin Frau v. R. habe zu den übrigen Miteigentümern nicht in einem obligatorischen Verhältnisse gestanden. Zu den im § 754 Abs. 2 C.P.O. erwähnten Vermögensrechten hätten die Kommentatoren der Civilprozeßordnung Struckmann u. Koch und v. Wilmowski u. Levy derartige Anteilsrechte gezählt (was sich wohl auf die Zeit des Pfändungsbeschlusses beziehen soll). Allerdings habe die Frau v. R. zu den Pflichtteilsberechtigten gehört, und der Pflichtteilsberechtigte sei nach neuerer Rechtsanschauung, die schon vor dem Pfändungsbeschlusse im Urteil des Reichsgerichtes vom 26. September 1881,

Entsch. des R.G.'s in Civils. Bd. 6 S. 247,

zur Geltung gelangt sei, nicht Erbe, sondern erlange nur ein Forderungsrecht. Anders verhalte es sich aber, wenn der Pflichtteilsberechtigte im Testamente zum Erben auf den Pflichtteil eingesetzt sei. Dies sei hier der Fall. Der Wortlaut einiger Testamentsvorschriften, die angeblich — nämlich nach der Behauptung der Kläger — auf die Auffassung der Schuldnerin als einer bloßen Forderungsberechtigten schließen lassen sollen, könne hieran nichts ändern. Weiter wird ausgeführt, daß zur Zeit des Pfändungsbeschlusses der Testamentsvollstrecker als Vertreter des Erben gegolten habe, und daß daher B. ohne ein Verschulden habe annehmen können, daß die im Testamente des Grafen v. J. ernannten Testamentsvollstrecker ebenfalls nicht Drittschuldner seien.

In diesen Ausführungen erscheint zuvörderst die Hereinziehung der Frage nach der rechtlichen Natur des Pflichtteiles mindestens unnötig. Gegenstand der Pfändung war, wie das Berufungsgericht nicht verkennt, das im Testamente des Grafen v. J. seiner Tochter, der Frau v. R., Zugewendete. Was aber die letztere aus dem Testamente zu erhalten hatte, war nicht Pflichtteil, wenn es auch nach § 396 A.L.R. II. 2 auf den Pflichtteil anzurechnen war; sie erhielt es vielmehr, wie jeder Andere, entweder als Erbschaft, oder als Legat, je nach der Art der Zuwendung. Daran änderte sich nichts, wenn auch die Zuwendung sich selbst irgendwie als Pflichtteil bezeichnete; es ist offenbar gleichgültig, ob der Erblasser einen Pflichtteilsberechtigten „auf den Pflichtteil", oder, ohne Erwähnung des Pflichtteils, zu der der Pflichtteilsquote entsprechenden Nachlaßquote (beispielsweise bei zwei Kindern zu $^1/_6$ des Nachlasses) zum Erben einsetzt. Und wie der auf den Pflichtteil zum Erben Eingesetzte testamentarischer Erbe ist, so ist der Pflichtteilsberechtigte Legatar, wenn ihm mit oder ohne Erwähnung des Pflichtteils eine Summe oder Sache zugewendet wird. Anders möchte sich die Sache dann verhalten, wenn etwa der Testator sich im Testamente auf die Erklärung beschränkt, der Pflichtteilsberechtigte solle nur seinen gesetzlichen Pflichtteil erhalten, insofern hierin eine testamentarische Zuwendung überhaupt nicht zu erblicken wäre; der Berechtigte nimmt alsdann den ihm nach dem Gesetze zustehenden Pflichtteil, erlangt ihn also nicht durch den Willen des Erblassers. Ein solcher Fall liegt aber hier nicht vor.

Hiernach hätte das Berufungsgericht die Frage dahin stellen müssen, ob die Frau v. R. Miterbin, oder Legatarin war. Diejenigen Gründe, die das Berufungsgericht dafür geltend macht, daß ein Drittschuldner nicht vorhanden war, jedenfalls vom Rechtsanwalt B. ohne Verschulden als nicht vorhanden angesehen werden konnte, passen nicht auf den Fall, wenn das der Frau v. R. im Testamente Zugewendete als Legat zu erachten wäre. Denn daß dies nur ein Forderungsrecht wäre, bei dem es an einem Drittschuldner nicht fehlt, ist nicht zweifelhaft, und auch zur Zeit des Pfändungsbeschlusses kann darüber kein Zweifel bestanden haben.

Nun sagt zwar das Berufungsgericht, die Frau v. R. sei im Testamente als Erbin eingesetzt, und damit würde ausgeschlossen sein, daß sie Legatarin war. Aber die Begründung ist rechtlich unhaltbar. Das Gericht lehnt jedes Eingehen auf die sonstigen Bestimmungen des Testamentes, die von den Klägern zum Erweise des Gegenteiles angeführt sind, ab und hält es für allein entscheidend, daß die Frau v. R. als Erbin benannt ist. Damit verstößt das Gericht, von allgemeinen Interpretationsregeln abgesehen, gegen die Bestimmung in § 263 A.L.R. I. 12, nach welcher derjenige, dem nur eine bestimmte Sache oder Summe im Testamente zu seinem Erbteile ausdrücklich angewiesen worden, im Verhältnisse gegen die übrigen Erben als ein bloßer Legatar betrachtet wird. Wäre aus den Testamentsbestimmungen zu entnehmen, daß die Frau v. R., wenngleich als Miterbin benannt, doch nur eine Summe oder Sache erhalten sollte, so würde sie als Legatarin zu betrachten sein und nur ein Forderungsrecht an die übrigen Erben auf die zugewendete Summe oder Sache erlangt haben.

Es würde freilich hierauf nicht ankommen, wenn auch bei der Pfändung eines Miterbenanspruchs ebenso, wie bei der Pfändung des

Anspruchs aus einem Legat, ein Drittschuldner als vorhanden anzusehen, der § 754 Abs. 2 C.P.O. also auch in diesem Falle unanwendbar wäre. Die Frage ist vom Reichsgericht im Urteil vom 22. Dezember 1890 (Juristische Wochenschrift von 1891 S. 93 Nr. 13) in bejahendem Sinne entschieden, und angesehene Kommentatoren der Civilprozeßordnung (Gaupp, v. Wilmowski u. Levy in der 7. Aufl.) haben sich der Entscheidung angeschlossen. Indes ist dem Berufungsgerichte insoweit nicht entgegenzutreten, als es für die Zeit der in Rede stehenden Pfändung die Ansicht, daß der Miterbenanspruch als ein bloßes Anteilsrecht an einer ungeteilten Vermögensmasse keine Forderung sei, der ein Schuldner gegenüberstehe, als die herrschende ansieht, womit die Annahme eines Verschuldens des Rechtsanwalts B. bei Erwirkung des Pfändungsbeschlusses ausgeschlossen wird, falls der Gegenstand der Pfändung in einem Miterbrecht bestanden haben sollte.

Einer Entscheidung darüber, ob ein Miterbrecht, oder ein Legat in Frage stand, würde es ferner dann nicht bedürfen, wenn anzunehmen wäre, daß der Pfändungsbeschluß vom 1. September 1883 schlimmstenfalls durch die, nach eigener Angabe der Kläger thatsächlich erfolgte, Zustellung desselben an die Miterben und Testamentsvollstrecker wirksam geworden sei. In diesem Falle würde das Berufungsurteil aufrecht zu erhalten sein. In Betracht kommt, daß der Pfändungsbeschluß das Verbot, „den gepfändeten Nachlaß" an die Schuldnerin zu zahlen, enthielt, und daß andere Drittschuldner außer den Miterben und allenfalls den Testamentsvollstreckern (bezüglich deren hier dahingestellt bleibt, ob sie zu den Drittschuldnern zu rechnen seien) nicht existierten. Eine Bezeichnung des Drittschuldners im Zahlungsverbote selbst kann nicht für erforderlich erachtet werden, wenn nur im Pfändungsbeschlusse deutlich erkennbar gemacht ist, an wen das Zahlungsverbot sich richtet. Auch läßt sich nicht behaupten, daß der § 730 Abs. 1 C.P.O. unbedingt die namentliche Bezeichnung des Drittschuldners im Pfändungsbeschlusse verlange. Andererseits kann eine bloße Bezeichnung der Forderung ihrer Art und Höhe nach nicht genügen. Es bleibt konkreter Beurteilung vorbehalten, ob der Drittschuldner, wenn nicht mit Namen, so doch durch Bezugnahme auf Verträge oder sonstige Urkunden oder auf andere Art, so genau bezeichnet ist, daß er das Zahlungsverbot als an ihn gerichtet erkennen mußte. Im vorliegenden Falle kann von diesem

Standpunkte aus gegen die Annahme des Berufungsgerichtes, daß das Zahlungsverbot wegen Nichtangabe der Personen, an die es ergehe, bedeutungslos sei, nichts erinnert werden. Der Pfändungsbeschluß spricht nur von dem „Erbrecht" der Frau v. R. „in den Nachlaß des verstorbenen ... Grafen v. J. zu K. bei W.", enthält aber keinerlei Hinweis auf das Testament, und das Zahlungsverbot richtet sich in ganz unbestimmter Weise an diejenigen, die aus irgend welchem Grunde an die Frau v. R. „den gepfändeten Nachlaß" — also entweder den ganzen Nachlaß, wenn die Frau v. R. Alleinerbin war, oder den Erbanteil derselben — herauszugeben hatten. Die Zustellung an die testamentarischen Miterben der Genannten konnte den Mangel der genügenden Bezeichnung des Drittschuldners im Pfändungsbeschlusse nicht ersetzen.

Hiernach bedarf es der anderweiten Prüfung, welcher Art die testamentarische Zuwendung an die Frau v. R. war, und eventuell, wenn ein Legat anzunehmen wäre, auch der erneuten Prüfung, ob der Rechtsanwalt B. ohne ein Verschulden von einer anderen Auffassung der Zuwendung ausgehen konnte." ...

IV. Rheinisches Recht.

77. Geht im Gebiete des rheinisch-französischen Rechtes der Cessionar einer Hypothekenforderung, welcher in gutem Glauben den Besitz des Hypothekenbriefes erlangt hat, demjenigen Gläubiger des Cedenten vor, welcher vor der Zustellung der Cession die Hypothekenforderung gepfändet hat?

B.G.B. Art. 1690.

Preuß. Eig.-Erw.-Ges. vom 5. Mai 1872 §§ 52 flg.

II. Civilsenat. Urt. v. 27. September 1898 i. S. H. Ehefr. (Bekl.) w. D. (Kl.). Rep. II. 134/98.

I. Landgericht Elberfeld.
II. Oberlandesgericht Köln.

Der Rentner W. zu D. war Gläubiger einer Hypothekenforderung von 36000 *M*, welche auf den Grundstücken der Eheleute F. zu E. im Grundbuche eingetragen war. Über die Hypothek war am 14. November 1894 ein Hypothekenbrief gebildet worden. Durch Akt vor Notar L. vom 14. Februar 1895 cedierte W. die erwähnte Hypothekenforderung dem Kläger D., welcher in demselben Akte über den Empfang der Obligation und des Hypothekenbriefes dem Cedenten Quittung erteilte. Diese Cession wurde den Eheleuten F. am 26. Februar 1895 zugestellt. Schon vorher, nämlich am 20. Februar 1895, hatte die Tochter des Cedenten W., die Beklagte Ehefrau H., beim Amtsgerichte zu E. einen Arrestbefehl zur Sicherung einer Erbteilforderung gegen ihren Vater, welcher nach dem Tode seiner Ehefrau, der Mutter der Beklagten, im Besitze der ungeteilten Gütergemeinschaft geblieben war, erwirkt; die Erbteilforderung war angeblich dadurch gefährdet, daß W. im Glücksspiel bedeutende Summen verlor. Dieser Arrestbefehl wurde den Eheleuten F. am 21. Februar 1895 zugestellt. Der Notar L. hatte am 15. Februar 1895 den über die genannte Hypothekenforderung vorhandenen Hypothekenbrief dem Grundbuchamte zu E. zugesandt zwecks Eintragung des Vorrechtes, welches die in Abteilung III unter Nr. 3 eingetragene Gläubigerin, die B.-M. Bank zu E., der ebenda unter Nr. 5 zu Gunsten des Cedenten W. eingetragenen Post von 36000 ℳ eingeräumt hatte. Nach erfolgter Eintragung dieses Vorrechtes schickte das Grundbuchamt am 23. Februar 1895 den Hypothekenbrief unter der Adresse des W. an Notar L. zurück; an demselben Tage ließ die Beklagte durch Gerichtsvollzieher Sp. den Hypothekenbrief in der Wohnung des Notars L., der sich zur Herausgabe desselben bereit erklärte, pfänden; am 25. Februar 1895 wurde auf Antrag der Beklagten die Pfändung im Grundbuche eingetragen.

Am 16. April 1895 erhob Kläger gegen die Beklagte, gestützt auf die Behauptung, daß nicht W., sondern er Eigentümer des Hypothekenbriefes zur Zeit der Pfändung gewesen sei, Klage auf Herausgabe desselben. Nachdem die Beklagte während Schwebens des Prozesses über die Hypothek im Wege der Cession verfügt hatte, änderte der Kläger seinen ursprünglichen Klagantrag dahin ab, daß nunmehr die Verurteilung der Beklagten zur Zahlung der Hypothekenforderung nebst eingetragenen Zinsen begehrt wurde.

Das Landgericht hat die Beklagte nach dem veränderten Klagantrage verurteilt, und das Oberlandesgericht die gegen dieses Urteil eingelegte Berufung zurückgewiesen. Beide Urteile gingen in rechtlicher Hinsicht davon aus, daß mit Rücksicht auf den gutgläubigen Erwerb des Besitzes des Hypothekenbriefes seitens des Klägers der Art. 1690 B.G.B. untergebens keine Anwendung finden könne, daß danach aber dem Kläger bezüglich des Anspruches auf die streitige Hypothek der Vorrang vor der Beklagten zustehe.

Auf Revision der Beklagten hat das Reichsgericht das Urteil des Oberlandesgerichtes aufgehoben aus den folgenden

Gründen:

. . . „Die Entscheidung des Oberlandesgerichtes, durch welche der ursprüngliche Anspruch des Klägers gegen die Beklagte auf Herausgabe des Hypothekenbriefes vom 14. November 1894, und folgeweise — nach erfolgter Realisierung der Hypothek durch die Beklagte — der Anspruch auf Zahlung des Betrages der Hypothek in Höhe von 36000 ℳ als Schadensersatzes grundsätzlich für gerechtfertigt erachtet wird, beruht auf der rechtlichen Annahme, daß, obschon die dem Klaganspruche zu Grunde liegende Cession zu Gunsten des Klägers vom 14. Februar 1895 zur Zeit der am 21. Februar 1895 erfolgten Pfändung der Hypothekenforderung für die Beklagte den Schuldnern Eheleuten F. noch nicht zugestellt war, dem Kläger doch vor der Beklagten um deswillen der Vorrang gebühre, weil er zur Zeit der Pfändung im gutgläubigen Besitze des Hypothekenbriefes gewesen sei, und einem solchen Besitze gegenüber die Bestimmung des Art. 1690 B.G.B. keine Anwendung finde. Es kann indes diesen Ausführungen, die auf der rechtlichen Natur des Hypothekenbriefes und dem Art. 1141 B.G.B. beruhen, nicht beigepflichtet werden.

Wenngleich nach der einschlägigen Grundbuchgesetzgebung vom 5. Mai 1872 insbesondere durch die Bestimmungen, daß nur gegen Vorlegung des Hypothekenbriefes Zahlung verlangt werden kann, daß mit dem Antrage auf Löschung gleichfalls der Hypothekenbrief vorzulegen ist, daß alle die Hypothek betreffenden Änderungen auf dem Briefe zu vermerken sind, u. dgl., dem Hypothekenbriefe eine über den Rahmen einer Schuld- und Pfandverschreibungsurkunde weit hinausgehende Bedeutung beigelegt worden ist, so ist derselbe doch immer ein Beweis- und Legitimationspapier geblieben und — im Gegensatze zum Grundschuldbriefe — nicht der Träger des Hypothekenrechtes und folgeweise kein selbständiges, für sich bestehendes Vermögensobjekt geworden. Es ist dies auch wiederholt vom Reichsgerichte ausgesprochen worden und folgt insbesondere notwendig daraus, daß es zur Übertragung des Hypothekenrechtes der Übergabe des Hypothekenbriefes nicht bedarf, und daß der Eigentümer des Hypothekenrechtes an sich auch Anspruch auf den Besitz des Hypothekenbriefes hat.

Vgl. hierzu §§ 52 flg. des Eigentumserwerbsgesetzes vom 5. Mai 1872; Turnau, 5. Aufl. zu § 54 des Eigentumserwerbsgesetzes Bem. 2a; Entsch. des R.G.'s in Civils. Bd. 16 S. 171, Bd. 39 S. 285. 286.

Danach kann weder aus der rechtlichen Natur des Hypothekenbriefes, noch aus der Bestimmung des Art. 1141 B.G.B. das von dem

Kläger als gutgläubigem Besitzer beanspruchte Vorrecht hergeleitet werden. Insbesondere ist Art. 1141 nicht anwendbar, weil derselbe sich nur auf körperliche Sachen, die ihren Wert in sich selbst tragen, also soweit es sich um Urkunden handelt, nur auf eigentliche Inhaber-, bezw. Wertpapiere bezieht. Vielmehr muß untergebens der Art. 1690 B.G.B., wonach der Cessionar Dritten gegenüber das Eigentum der ihm cedierten Forderung erst mit der Zustellung der Cession an den Schuldner erwirbt, zur Anwendung kommen. Die Gesetzgebung, betreffend die Einführung des Grundbuches im Gebiete des rheinischen Rechtes, enthält keine Bestimmung, aus welcher die Beseitigung dieser Vorschrift für den Fall der Ausfertigung eines Hypothekenbriefes auch nur folgeweise hergeleitet werden könnte, und es kann daher auch nicht von Bedeutung sein, ob eine solche Beseitigung für Fälle der vorliegenden Art im Sinne jener Gesetzgebung gelegen haben mag.

Wenn das Oberlandesgericht insbesondere auf die Rechtsprechung des früheren Obertribunales und des Reichsgerichtes für das Gebiet des preußischen Landrechtes sich beruft, wonach, wenn zwei Cessionare einer Hypothekenforderung ihre Rechte von demselben Vorgänger herleiten, demjenigen, welcher gutgläubig in den Besitz des Hypothekenbriefes gelangt ist, der Vorrang auch dann gebühren soll, wenn seine Cession die jüngere ist, so ist das für die vorliegende Sache ohne Belang, weil jene — übrigens nicht unbestrittene — Rechtsprechung auf Spezialbestimmungen des Landrechtes, insbesondere der §§ 22. 23 I. 10, beruht, deren Auslegung, selbst wenn ähnliche Bestimmungen im Gebiete des rheinischen Rechtes bestehen (Art. 1141 B.G.B.), für dieses nicht von Bedeutung sein kann.

Vgl. Entsch. des R.G.'s in Civils. Bd. 25 S. 291, Bd. 38 S. 227.

Die Anwendung des Art. 1690 B.G.B. ergiebt aber die Unhaltbarkeit der Begründung des angegriffenen Urteiles. Da die Cession zu Gunsten des Klägers zur Zeit der Pfändung der Beklagten den Schuldnern nicht zugestellt war, so war das Forderungsrecht im Verhältnisse zu Dritten auf den Kläger nicht übergegangen; es stand daher die Cession der Rechtswirksamkeit der Pfändung nicht entgegen, und der Cession gebührte nicht der Vorrang vor der Pfändung. Auf der gegenteiligen Annahme beruht aber die Entscheidung des Berufungsurteiles, das danach aufgehoben werden muß." ...

78. 1. Ist im preußischen Landrechte und im rheinischen Rechte der Grundsatz anerkannt, daß sich zwar die Form der Eheschließung nach den Gesetzen des Ortes richtet, an welchem die Ehe geschlossen wird, daß aber die Fähigkeit zur Eingehung der Ehe für jeden der beiden Eheschließenden nach dem Rechte seines Wohnsitzes zur Zeit der Eheschließung zu beurteilen ist?

2. In welchem Verhältnisse steht die Vorschrift des § 36 des Reichsgesetzes über die Beurkundung des Personenstandes und die Eheschließung vom 6. Februar 1875 zu der des Art. 182 Code civil?

IV. Civilsenat. Urt. v. 20. Oktober 1898 i. S. L. u. Gen. (Bekl.) w. R. (Kl.). Rep. IV. 262/98.

I. Landgericht Bochum.
II. Oberlandesgericht Hamm.

Aus den Gründen:

„Kläger hat seinen Wohnsitz in W. bei Solingen im Gebiete des rheinischen Rechtes. Seine eheliche Tochter, die Zweitbeklagte, hat nach Vollendung des 21., jedoch vor Vollendung des 24. Lebensjahres ohne Einwilligung des Klägers mit dem Erstbeklagten in England im Jahre 1896 die Ehe geschlossen, nachdem sie bis dahin ihren Aufenthalt beim Vater gehabt und sich zum Zwecke der Eheschließung heimlich aus dem Elternhause entfernt hatte. Ihren ersten Wohnsitz haben die Eheleute zu Witten in Westfalen genommen, den sie noch jetzt inne haben.

Kläger fordert wegen Mangels seiner väterlichen Einwilligung die Ungültigkeitserklärung der Ehe; das Landgericht hat die Klage abgewiesen, das Berufungsgericht derselben stattgegeben.

Beide Instanzrichter nehmen an, daß zwar für die Form der Eheschließung das englische Recht maßgebend sei, daß jedoch die Fähigkeit der Eheschließenden nach ihrem Personalstatute, d. h. nach dem Rechte zu beurteilen sei, welchem sie in Gemäßheit ihres Wohnsitzes bis zur Eheschließung unterworfen gewesen seien, daß somit im Streitfalle das rheinische Recht zur Anwendung komme. Dagegen weichen die Vorderrichter bezüglich der Frage voneinander ab, wie das rheinische Recht in Verbindung mit dem Reichs-Personenstandsgesetze vom 6. Februar 1875 anzuwenden sei. Während das Landgericht davon ausgeht, es verlange zwar § 29 des Reichsgesetzes vom 6. Februar 1875 die Einwilligung des Vaters zur Eheschließung der Tochter bis zum vollendeten 24. Lebensjahre der letzteren, es verweise aber § 36 daselbst hinsichtlich der rechtlichen Folgen einer gegen die Bestimmungen der §§ 28—35 geschlossenen Ehe auf die Landesgesetze, und Art. 182 Code civil habe bei Gewährung der Nichtigkeitsklage nur den Fall im Auge, daß die unter 21 Jahre alte Tochter ohne Konsens des Vaters zur Ehe schreite, hat das Berufungsgericht diese Auffassung verworfen und ausgeführt: der Art. 182 Code civil gebe ganz abstrakt die Nichtigkeitsklage demjenigen, dessen Einwilligung zur Eheschließung erforderlich sei; es finde nicht einmal eine Bezugnahme auf Art. 148 a. a. O. statt, welche etwa den Schluß rechtfertigen könnte, daß die Nichtigkeitsklage nur gegeben sei, falls ein Sohn unter 25 Jahren oder eine Tochter unter 21 Jahren ohne Konsens zur Ehe schreite. Werde die Gesetzgebung nach der Richtung geändert, daß die Tochter bis zum vollendeten 24. Lebensjahre der väterlichen Einwilligung zur Eheschließung bedürfe, so sei der in Art. 182 vorgesehene Fall gegeben, sobald eine Tochter, die zwar 21, aber noch nicht 24 Jahre alt sei, ohne Einwilligung des Vaters zur Ehe schreite.

Die Revision macht hiergegen geltend, daß die verklagte Ehefrau zu ihrer in England geschlossenen Ehe nicht der Einwilligung des Klägers bedurft habe, daß die Ehe daher wegen der mangelnden Einwilligung des Klägers nicht ungültig sei, daß dem Kläger die Ungültigkeitsklage nicht zustehe, und daß es keinen Rechtssatz des internationalen Privatrechtes gebe, welcher dem Kläger ein solches Klagerecht gewähre. Es wird ausgeführt:

Die Vorschrift des § 36 des Reichsgesetzes vom 6. Februar 1875 enthalte nichts darüber, welches Landesrecht im einzelnen Falle anzuwenden sei, und biete keinen Anhalt dafür, daß alle Folgen eines Verstoßes gegen die §§ 28—35 a. a. O. nach einem und demselben Landesrechte zu beurteilen wären. Die Verurteilung der Beklagten sei auf Grund eines Rechtssatzes erfolgt, der nirgends und kraft keiner Rechtsquelle gelte; die Entscheidung entbehre daher jedes rechtlichen Entscheidungsgrundes und verletze die Bestimmung des § 513 Ziff. 7 C.P.O. Nach Art. 148 Code civil werde nur für die Ehe einer noch nicht 21 Jahre alten Tochter die Einwilligung des Vaters verlangt, und Art. 182 beschränke die Nichtigkeitsklage des Vaters auf den

Fall, daß die noch nicht 21 Jahre alte Tochter ohne Einwilligung des Vaters die Ehe eingegangen sei. Wenn nun auch an Stelle des Art. 148 Code civil jetzt § 29 des Reichsgesetzes vom 6. Februar 1875 getreten sei, wonach die Einwilligung des Vaters bis zum vollendeten 24. Lebensjahre der Tochter erfordert werde, so sei doch der Schluß ein irriger, daß sich damit auch die Nichtigkeitsklage des Vaters auf die ohne seine Einwilligung geschlossene Ehe der mehr als 21 und weniger als 24 Jahre alten Tochter erstrecke, und ein solcher Schluß unterliege auch deshalb der Nachprüfung des Revisionsrichters, weil er die rechtliche Wirkung der §§ 29 und 36 des Reichsgesetzes rechtsirrtümlich bestimme. Der Code civil habe den vom Berufungsrichter angewendeten Rechtssatz nicht gewollt. Wäre Art. 148 Code civil landesgesetzlich so abgeändert, wie es durch das Reichsgesetz geschehen sei, so würde die Folgerung des Berufungsrichters zutreffen, aber nur aus dem inneren Zusammenhange der Landesgesetzgebung; der Grund der Folgerung wäre, daß die Landesgesetzgebung sich habe bewußt sein müssen, wie ihre vereinzelte Änderung in den Zusammenhang des geltenden Rechtes eingreife, und daß sie deshalb gewollt habe, was sich als logische Folgerung aus dem Verhältnisse der veränderten zu der unveränderten Bestimmung ergebe. Ein solcher Zusammenhang bestehe aber zwischen Reichs- und Landesgesetzgebung nicht, und es sei nicht anzunehmen, daß die erstere sich stets bewußt sein müsse, wie ihre Vorschriften in den Zusammenhang von 25 Landesgesetzgebungen eingriffen. Nach § 36 des Reichsgesetzes seien hinsichtlich der rechtlichen Folgen einer gegen die Vorschriften der §§ 28—35 geschlossenen Ehe die Vorschriften des Landesrechtes maßgebend. Das geltende Landesrecht könne zwar innerhalb seines Bereiches auch landesgesetzlich geändert werden, wie dies auch in Baden durch Landesgesetz (vom 9. Dezember 1875) geschehen sei; eine solche Änderung des Landesrechtes trete aber nicht schon kraft des Reichsgesetzes ein, weil es unmöglich sei, die Geltung des Landesrechtes kraft der Reichsgewalt durch einen Rechtssatz zu ersetzen, der gleichwohl nicht reichsrechtliche, sondern nur landesrechtliche Geltung haben solle. Da aber die vom Berufungsrichter angenommene Änderung des Code civil nur aus dem Reichsgesetze abgeleitet sei, so verletze die Entscheidung auch den § 36 des Reichsgesetzes vom 6. Februar 1875.

Der Revision muß jedoch der Erfolg versagt bleiben.

Kläger hatte, wie unter den Parteien unstreitig, zur Zeit der Verheiratung seiner Tochter seinen Wohnsitz in W. bei Solingen, also im Gebiete des rheinischen Rechtes, und hat denselben noch gegenwärtig inne. Seine Tochter, welche sich bei ihm bis zu ihrer Verheiratung aufhielt und den Wohnsitz des Vaters teilte, hat sich darauf heimlich aus dem Hause des Vaters entfernt und ist, wie gleichfalls unbestritten, in England die jetzt vom Kläger als ungültig angefochtene Ehe eingegangen. Mit Recht geht der Berufungsrichter davon aus, daß die Form der Eheschließung sich nach den Gesetzen des Ortes richtet, wo die Ehe geschlossen wird, daß aber die Fähigkeit zur Eingehung der Ehe für jeden der beiden Eheschließenden nach dem Rechte seines Wohnsitzes zur Zeit der Eheschließung zu beurteilen ist. Mit dieser Annahme verletzt der Berufungsrichter keineswegs, wie die Revision behauptet, die Grundsätze des internationalen Privatrechtes; seine Annahme steht vielmehr mit den letzteren in vollem Einklange. Ebenso, wie hinsichtlich der Form der Errichtung der Satz, daß ein Rechtsgeschäft in der Regel dann überall als gültig zu erachten ist, wenn beim Abschlusse desselben die Gesetze des Ortes beobachtet sind, in welchem dasselbe errichtet worden ist, im internationalen Privatrechte fast ausnahmslos anerkannt wird, ist die Jurisprudenz des europäischen Kontinentes darüber einig, daß die Fähigkeit, eine Ehe einzugehen, vorhanden sein muß nach dem Gesetze desjenigen Staates, dem die Person zur Zeit der Eheschließung angehörte.

Vgl. v. Bar, Internationales Privatrecht 2. Aufl. Bd. 1 S. 440. 441 und die dort angeführte Litteratur S. 454. 458; Archiv für öffentliches Recht von Laband Bd. 13 in der Abhandlung: Die Eheschließung vor diplomatischen Agenten und Konsuln und ihre internationale Gültigkeit, von A. Mariolle S. 482 flg. 504 flg.; Förster-Eccius, Preußisches Privatrecht 7. Aufl. Bd. 1 § 11 S. 64; Dernburg, Lehrbuch des Preußischen Privatrechts 4. Aufl. Bd. 3 § 4 S. 11; Urt. des IV. Civilsenates des Reichsgerichtes vom 26. Februar 1891, Entsch. des R.G.'s in Civils. Bd. 27 S. 103; Urt. des Obertrib. vom 15. Januar 1855, Entsch. desselben Bd. 29 S. 380.

Die Beklagte hatte nun zur Zeit der Eheschließung unstreitig ihr

Domizil im Gebiete des rheinischen Rechtes, und der zur Entscheidung berufene Richter hat zunächst die positiven Vorschriften des Landesrechtes über Kollision der Rechte, also die des Code civil, zu erforschen.

Vgl. Urt. des II. Civilsenates des Reichsgerichtes vom 31. Mai 1889, Entsch. des R.G.'s in Civils. Bd. 24 S. 328; Urt. desselben Senates vom 27. Oktober 1891 im Rheinischen Archiv Bd. 83 Abt. 2 S. 89.

Nach der ausdrücklichen Vorschrift des Art. 3 Abs. 3 Code civil verbinden die Gesetze, welche den Stand und die Fähigkeit der Personen betreffen, die Franzosen (Rheinpreußen), selbst wenn sie in einem fremden Lande wohnen; mit welcher Vorschrift auch für das Gebiet des preußischen Allgemeinen Landrechtes die des § 23 der Einleitung zu dem letzteren übereinstimmt, daß die persönlichen Eigenschaften und Befugnisse eines Menschen nach den Gesetzen der Gerichtsbarkeit beurteilt werden, unter welcher derselbe seinen eigentlichen Wohnsitz hat. Zu diesem sogenannten Personalstatute gehören auch die die Fähigkeit einer Person zur Eheschließung regelnden Bestimmungen, und der Schlußsatz des Art. 170 Code civil, wonach der Inländer auch bei einer im Auslande eingegangenen Ehe an die in den Artt. 144—164 gegebenen Vorschriften über die Fähigkeit zur Eingehung einer Ehe gebunden ist, enthält eine aus der Vorschrift des Art. 3 Abs. 3 gezogene Folgerung.

Vgl. v. Sicherer, Personenstand und Eheschließung in Deutschland zu §§ 28—40 Anm. 23.

Wenn nun auch die genannten Artt. 144—164, zu denen die Vorschrift über das Erfordernis der väterlichen Einwilligung — Art. 148 — gehört, jetzt durch das Reichsgesetz vom 6. Februar 1875 ersetzt sind, so ist damit das Prinzip des Art. 3 nicht aufgehoben, wonach der Richter bei Beurteilung der materiellen Gültigkeit einer im Auslande geschlossenen Ehe das Recht des Heimatstaates desjenigen Eheschließenden anzuwenden hat, um dessen Fähigkeit zur Eheschließung es sich handelt.

Vgl. Rheinisches Archiv Bd. 83 Abt. 2 S. 89, Abt. 1 S. 35; Bd. 71 S. 72.

Mit Recht nimmt der Berufungsrichter hiernach an, daß die Frage, ob die verklagte Tochter zur Zeit der Eingehung der Ehe die hierzu erforderliche Fähigkeit gehabt habe, nach den Vorschriften des rheinischen Rechtes zu beurteilen und zu entscheiden sei. Weiter geht er davon aus, daß — wie dies die Revision selbst als zutreffend anerkennt — die Tochter bis zum vollendeten 24. Lebensjahre zur Eheschließung der Einwilligung des Vaters bedarf, und daß diese Vorschrift des § 29 des Reichsgesetzes vom 6. Februar 1875 an die Stelle des Art. 148 Code civil, wonach die Einwilligung nur für Töchter unter 21 Jahren erforderlich war, getreten ist. Steht somit fest, daß die zur Zeit der Eheschließung noch nicht 24 Jahre alte Tochter der väterlichen Einwilligung zur Eingehung der Ehe bedurfte, so ist auch die fernere Ausführung des Berufungsrichters gerechtfertigt, daß dem Vater durch Art. 182 Code civil die Anfechtungsklage gegen eine ohne seine Einwilligung geschlossene Ehe gegeben ist. Denn nach § 36 des Reichsgesetzes vom 6. Februar 1875 sind hinsichtlich der rechtlichen Folgen einer gegen die Bestimmungen der §§ 28—35 geschlossenen Ehe die Vorschriften des Landesrechtes maßgebend, die genannten Folgen also nach Art. 182 Code civil zu beurteilen. Der Berufungsrichter hat daher die letztere Vorschrift mit Recht zur Anwendung gebracht, und die durch ihn getroffene Auslegung derselben, welche auch mit der Rechtslehre und Rechtsprechung übereinstimmt,

vgl. v. Sicherer, a. a. O. S. 238 Anm. 32; Hinschius, Das Reichsgesetz vom 6. Februar 1875 3. Aufl. S. 126; Urt. des II. Civilsenates des Reichsgerichtes vom 27. Oktober 1891,

ist der Anfechtung im Wege der Revision entzogen. Eine Verletzung des Reichsgesetzes selbst, insbesondere des § 36 desselben, fällt dem Berufungsrichter aber nicht zur Last, da § 36 ausdrücklich die Anwendung des Landesgesetzes vorschreibt. Die Ausführungen der Revision über das Verhältnis des Reichsgesetzes zum Landesgesetze sind daher überhaupt unerheblich, und es bedarf somit eines näheren Nachweises nicht, daß dieselben auch nicht als zutreffend erachtet werden können.

Die Anfechtungsklage des Vaters ist hiernach begründet, und es ist dem Berufungsrichter auch darin beizutreten, daß diese Klage gemäß § 592 C.P.O. auf Ungültigkeitserklärung der Ehe zu richten war." . . .

79. Hat die Anerkennung einer Konkursforderung durch den Konkursverwalter oder Fallimentssyndik die Wirkung, daß nun die Zinsen als Bestandteil des Kapitales anzusehen sind, sonach eine Verjährung derselben (Art. 2277 Code civil) nicht mehr eintreten kann?

II. Civilsenat. Urt. v. 11. November 1898 i. S. M. (Bekl.) w. O. u. Gen. (Kl.). Rep. II. 214/98.

I. Landgericht Mainz.
II. Oberlandesgericht Darmstadt.

Die Entscheidung ist oben unter „Reichsrecht" Nr. 21 S. 83 abgedruckt.

V. Prozeßrecht.

80. 1. Kann der Konkursverwalter eine vor Eröffnung des Konkurses gegen den Gemeinschuldner vorgenommene Pfändung von im Besitze desselben gefundenen Mobilien aus dem Grunde als ungültig angreifen, weil der Gemeinschuldner vor der Pfändung die Mobilien bereits an Dritte verkauft hatte?

2. Ist der Konkursverwalter, indem er auf Aufhebung einer solchen Pfändung gegen den pfändenden Gläubiger klagt, als ein Dritter im Sinne des § 690 C.P.O. anzusehen?

II. Civilsenat. Urt. v. 28. Juni 1898 i. S. Sch. (Bekl.) w. B. Konkursverw. (Kl.). Rep. II. 118/98.

I. Landgericht Mainz.
II. Oberlandesgericht Darmstadt.

Das Bankhaus J. Sch. in Gr. hatte als Gläubigerin des Dr. B. in G. dessen in seinem Besitze befindliche Mobilien pfänden lassen. Nach der Pfändung wurde das Konkursverfahren über das Vermögen des Dr. B. eröffnet. Kurz vor der Pfändung hatte Dr. B. durch notarielle Verträge die demnächst gepfändeten Mobilien an dritte Personen verkauft. Der Konkursverwalter hat zunächst gegen diese dritten Personen Anfechtungsklage erhoben und rechtskräftige Urteile erstritten, wodurch die Verkäufe der Konkursmasse gegenüber für unwirksam erklärt wurden. Darauf hatte der Konkursverwalter auch gegen das Bankhaus J. Sch. als pfändende Gläubigerin beim Landgerichte Mainz auf Aufhebung der Pfändung geklagt und diese Klage auf § 690 C.P.O. gestützt, zugleich aber auch geltend gemacht, daß die Pfändung nach § 23 K.O. für wirkungslos zu erklären sei.

Beide Instanzgerichte hatten der Klage entsprechend die Pfändung als ungültig aufgehoben, ohne den Anfechtungsanspruch zu erörtern. Auf eingelegte Revision wurde das Urteil des Oberlandesgerichtes aufgehoben.

Gründe:

„Die Revision war für begründet zu erachten.

1. Das Oberlandesgericht hat in Übereinstimmung mit dem ersten Richter die Pfändung aufgehoben, weil der Schuldner kurz vor der Pfändung die gepfändeten Gegenstände an dritte Personen verkauft gehabt habe, diese Gegenstände also zur Zeit der Pfändung nicht mehr Eigentum des Schuldners gewesen seien. Die Pfändung erstrecke sich sonach über fremdes Eigentum und sei rechtlich ungültig. Dieser Entscheidungsgrund ist unrichtig und nicht geeignet, das Urteil zu tragen. Die dritten Personen, an welche der Schuldner allerdings kurz vor der Pfändung die in seinem Besitze verbliebenen und in seiner Wohnung gepfändeten Gegenstände verkauft hat, haben sich gar nicht gemeldet mit etwaigen Ansprüchen auf die Pfandstücke. Sie wären in der Lage gewesen, auf Grund des § 690 C.P.O. mit der Behauptung, daß sie Eigentümer der Pfandstücke geworden seien, im Wege der Klage Widerspruch gegen die Pfändung zu erheben. Das haben sie aber nicht gethan. Wäre über das Vermögen des Schuldners nicht das Konkursverfahren eröffnet worden, wie es kurz nach der Pfändung geschehen ist, so hätte doch der Schuldner selbst dem pfändenden Gläubiger nicht mit Erfolg entgegenhalten können, daß er die gepfändeten Sachen, welche noch in seinem Besitze gefunden wurden, an dritte Personen verkauft habe. Das würde eine Einrede aus dem Rechte eines Dritten sein, womit der Schuldner selbst nicht gehört werden könnte. Der Schuldner hat gegen eine Pfändung dem pfändenden Gläubiger gegenüber keine anderen Rechte, als die auf den §§ 685. 686 C.PO. beruhenden. Die auf § 690 zu stützenden Rechte Dritter können nur diese dritten Personen selbst geltend machen. Der Konkursverwalter und die Konkursmasse haben aber, abgesehen von der weiter zu besprechenden Anfechtungsklage, bezüglich der Gültigkeit der Pfändung keine anderen Rechte, als sie der Schuldner selbst gehabt haben würde. Mit der Konkurseröffnung tritt das Vermögen des Gemeinschuldners in dem Zustande, wie es sich zur Zeit der Konkurseröffnung befindet, in die Verwaltung des Konkurs-

verwalters (§ 5 K.O.), und die gepfändeten Gegenstände traten, behaftet mit dem von dem Pfandgläubiger erworbenen Absonderungsrechte, in die Konkursmasse ein. Der Konkursverwalter ist für die Frage, ob eine rechtsgültige Pfändung vorliege, lediglich als der Rechtsnachfolger des Gemeinschuldners anzusehen. Ebensowenig, wie dieser die an und für sich gültig vollzogene Pfändung aus dem oben angegebenen Grunde würde aufheben lassen können, kann es der Konkursverwalter. Mit Unrecht verlangt daher das Oberlandesgericht von der Beklagten, daß sie jene vom Schuldner mit den dritten Personen abgeschlossenen Verkaufsakte auch sich gegenüber für ungültig erklären lassen müßte, um ihr Pfandrecht und Absonderungsrecht der Konkursmasse gegenüber aufrecht zu erhalten. Anders würde vielleicht die Sache liegen, wenn der Dritte die ihm von dem Schuldner vor der Pfändung verkauften Gegenstände nach der Konkurseröffnung an die Konkursmasse wieder verkauft oder sonst förmlich übertragen hätte, sodaß insofern der Konkursverwalter als der Rechtsnachfolger des Dritten angesehen werden könnte. Es bedarf aber nicht der Erörterung, ob in diesem Falle der Konkursverwalter auf Grund des § 690 C.P.O. als Dritter hätte klagend auftreten und lediglich die Rechte des dritten Käufers geltend machen können, da ein solcher Fall nicht vorliegt. Es ist weiter nichts geschehen, als daß in den stattgefundenen besonderen Prozessen die vor der Pfändung erfolgten Verkäufe des Schuldners an die dritten Personen der Konkursmasse gegenüber für rechtsunwirksam erklärt worden sind. Damit ist nur der Erfolg erzielt, daß die vom Schuldner verkauften Objekte nach wie vor als zur Konkursmasse gehörig zu betrachten sind, gerade als wenn jene Kaufakte nicht abgeschlossen worden wären. Von einer Rückübertragung der Objekte an die Konkursmasse ist keine Rede. Demnach fehlt es der vom Konkursverwalter angestellten und vom Oberlandesgericht für gerechtfertigt erachteten Klage aus § 690 C.P.O. überhaupt an der rechtlichen Grundlage, weil eben ein Dritter, der eine Klage hätte anstellen können, nicht aufgetreten ist.

2. Die Klage ist, wie der Thatbestand ausweist, auch als Anfechtungsklage des Konkursverwalters gegenüber der von der Beklagten ausgebrachten Pfändung erhoben worden. Die Beklagte hat ihr Domizil in Grünstadt in der Bayerischen Pfalz, und ihr all-

gemeiner Gerichtsstand würde vor dem betreffenden bayerischen Gerichte begründet sein. Beide Instanzrichter besprechen nun die Frage, ob die Anfechtung einer Pfändung im Wege einer Widerspruchsklage aus § 690 C.P.O. erfolgen könne, und der erste Richter bezieht sich hierbei auf eine Entscheidung des Reichsgerichtes, VI. Civilsenates,

Entsch. des R.G.'s in Civils. Bd. 18 S. 394,

wonach eine Anfechtungsklage nach § 23 K.O. vermöge des § 690 C.P.O. bei dem Gerichte, in dessen Bezirke die Pfändung erfolgt ist, angestellt werden könne, indem hier der Konkursverwalter, soweit die Anfechtung in Frage stehe, als ein „Dritter" angesehen werden müsse. Es kann dahingestellt bleiben, ob dieser Auffassung beizutreten sein würde, indem es für die gegenwärtige Sache der Entscheidung dieser Frage nicht bedarf. Der Gerichtsstand ist nämlich auch für die erhobene Anfechtungsklage beim Landgerichte Mainz durch Prorogation begründet worden, weil die Beklagte sich bei diesem Gerichte ohne Widerspruch auf die ganze Klage eingelassen hat (§ 39 C.P.O.).

Die erhobene Klage würde nach vorstehenden Erörterungen nur als Anfechtungsklage von Erfolg sein können, sofern der Konkursverwalter in der Lage sein sollte, bezüglich der Pfändung die gesetzlichen Voraussetzungen der Anfechtung darzuthun. Nach dieser Richtung hin ist aber eine Prüfung der ganzen Sache nicht erfolgt, weshalb unter Aufhebung des angegriffenen Urteiles die Zurückverweisung an das Berufungsgericht stattfinden mußte."

81. Entscheidet der Inhalt eines Zwischenurteiles auch gegen die in ihm zum Ausdrucke gebrachte Absicht des erkennenden Gerichtes, ein solches aus § 275 C.P.O. erlassen zu wollen, darüber, ob dasselbe in betreff der Rechtsmittel als ein aus § 276 C.P.O. erlassenes Zwischenurteil anzusehen ist?

V. Civilsenat. Urt. v. 6. Juli 1898 i. S. M. (Kl.) w. C.'sche Ehel. (Bekl.). Rep. V. 40/98.

I. Landgericht I Berlin.
II. Kammergericht daselbst.

Die Klägerin hatte von der verklagten Ehefrau ein Grundstück durch Vertrag vom 10. Juli 1894, welchem der mitverklagte Ehemann beigetreten war, für 360000 *M* gekauft und machte aus diesem Kaufvertrage Schadensersatzansprüche in Höhe von 28286,63 *M* geltend. Sie gründete sie darauf, daß in dem dem Kaufvertrage beigeschlossenen Mietverzeichnisse, für dessen Richtigkeit einzustehen die Beklagten in dem Vertrage ausdrücklich übernommen hatten, mehrere Posten unrichtig angegeben seien, und sie behauptete ferner, daß die Beklagten für die Angaben des Mietverzeichnisses — auch abgesehen von der im Vertrage übernommenen Garantie — schon deshalb einzustehen hätten, weil die unrichtigen Angaben von ihnen gegen besseres Wissen oder wenigstens grob fahrlässig gemacht seien. Der Kaufvertrag war zustande gekommen, nachdem sich die Klägerin der Vermittelung eines gewissen M. K. bedient hatte. Die angeblich unrichtigen Angaben des Mietverzeichnisses betrafen einen an den Restaurateur R. vermieteten Laden, außerdem zwei angeblich mit zu hohem Mietpreise angesetzte Wohnungen, Räumlichkeiten im Keller, im zweiten Hofe und eine Remise. Endlich sollte verschwiegen worden sein, daß mehrere der im Mietverzeichnis aufgeführten Wohnungen bereits gekündigt waren.

Der erste Richter wies die Klage ab. Der zweite Richter erließ zunächst unter dem 29. November 1897 ein „Zwischenurteil" dahin:

„1. Die Behauptungen der Klägerin, die sich nicht auf die R.'schen Räumlichkeiten beziehen, rechtfertigen einen Schadensersatzanspruch nicht.

2. Falls die Klägerin folgenden Eid leistet:

Ich schwöre rc: Es ist nicht wahr, daß mir M. K. vor Abschluß des Vertrages vom 10. Juli 1894 mitgeteilt hat, die Beklagten hätten ihm erklärt, R. zahle an Mietzins nur 1000 *M*. So wahr rc,

dann ist ein Schadensersatzanspruch der Klägerin gerechtfertigt, im anderen Falle nicht."

Sodann wurde in zweiter Instanz durch Endurteil vom 24. Januar 1898 unter Abänderung der Entscheidung des ersten Richters dahin erkannt:

„Die Klägerin hat 5/6 der Kosten des Rechtsstreits zu tragen. Falls sie den im Zwischenurteil vom 29. November 1897 normierten Eid leistet, werden die Beklagten verurteilt, als Gesamtschuldner ihr 3600 *M* nebst 5 Prozent Zinsen seit dem Tage der Klagezustellung zu zahlen, wird der weitere Klagantrag abgewiesen, und werden die Beklagten verurteilt, $^{1}/_{6}$ der Prozeßkosten — jeder zur Hälfte — zu zahlen; im anderen Falle wird die Klage gänzlich abgewiesen, und die Klägerin verurteilt, das letzte Sechstel der Kosten des Rechtsstreits zu tragen."

Das Zwischenurteil wurde der Klägerin am 29. Dezember 1897, das Endurteil am 10. Februar 1898 zugestellt. Beide Parteien legten sowohl gegen das Zwischenurteil, wie gegen das Endurteil Revision ein. Die Revision der Klägerin gegen beide Urteile wurde am 8. März 1898 zugestellt. Sie ist, soweit sie sich gegen das Zwischenurteil richtet, als unzulässig verworfen worden aus folgenden

Gründen:

... „Was die von der Klägerin gegen das Urteil vom 29. November 1897 eingelegte Revision anlangt, so kommt für ihre Zulässigkeit (§§ 497. 529 C.P.O.) in Frage, ob dieses Urteil ein Zwischenurteil im Sinne des § 275 C.P.O., oder eine Vorabentscheidung über den Grund des erhobenen Anspruches gemäß § 276 C.P.O. ist. Letzterenfalls würde das Urteil in betreff der Rechtsmittel als Endurteil anzusehen, und die Revision der Klägerin gegen dieses Urteil als unzulässig zu verwerfen sein, da ihr dasselbe am 29. Dezember 1897 zugestellt, die Revision aber erst am 8. März 1898, also nach Ablauf der Rechtsmittelfrist (§ 514 C.P.O.), eingelegt ist.

Das Berufungsgericht hat seine Entscheidung folgendermaßen begründet. Es geht zunächst auf diejenigen Behauptungen der Klägerin ein, welche sich nicht auf die dem Restaurateur R. vermieteten Räumlichkeiten beziehen. Diese prüft es darauf hin, ob sie einen Schadensersatzanspruch der Klägerin begründet erscheinen lassen, sei es daß man unterstellt, die Beklagten hätten ihre Angaben gegen besseres Wissen gemacht, sei es daß man nur auf die von ihnen vertragsmäßig übernommene Garantie Rücksicht nimmt. Für beide Fälle gelangt das Gericht zu dem Ergebnis, daß ein Schadensersatzanspruch der Klägerin durch diese Behauptungen nicht begründet werde. Es geht dann über auf diejenigen Behauptungen der Klägerin, welche die dem R. vermieteten Lokalitäten betreffen, und prüft auch diese nach der angegebenen Richtung hin. Bei ihnen gelangt das Gericht zu dem Ergebnis, daß sie einen Schadensersatzanspruch der Klägerin nur dann gerechtfertigt erscheinen lassen, wenn derselben vor Abschluß des Kaufvertrages von dem Vermittler M. K. nicht mitgeteilt worden sei, daß R. nur 1000 ℳ Miete zahle. Dementsprechend ist der Urteilstenor gefaßt. Er spricht aus,

zu 1: daß die Behauptungen der Klägerin, die sich nicht auf die R.'schen Räumlichkeiten beziehen, einen Schadensersatzanspruch nicht rechtfertigen;

zu 2: daß ein Schadensersatzanspruch der Klägerin nur dann gerechtfertigt sei, wenn sie den ihr bezüglich der Mitteilung des M. K. auferlegten Eid leiste, im anderen Falle nicht.

Faßt man diesen Tenor der Entscheidung mit ihrer Begründung zusammen, wobei bemerkt werden mag, daß die Abstellung eines aus § 276 C.P.O. erlassenen Urteiles auf einen richterlichen Eid in der Rechtsprechung des Reichsgerichtes nicht beanstandet wird,

vgl. Urteil vom 3. Mai 1889 bei Gruchot, Beiträge Bd. 33 S. 1167,

so kann es nicht zweifelhaft sein, daß das Berufungsgericht eine Vorabentscheidung über den Grund des erhobenen Anspruches hat erlassen wollen und auch thatsächlich erlassen hat. Die Klägerin bestreitet dies zwar. Sie verweist auf den Schluß der Entscheidungsgründe, woselbst ausgesprochen wird, daß „nicht ein Urteil gemäß § 276, sondern ein Zwischenurteil nach § 275 C.P.O. erlassen worden" sei. Aber dieser Passus ist nicht entscheidend; er beweist nur, daß sich der Berufungsrichter in der rechtlichen Unterstellung seines eigenen Urteiles irrt. Man darf diese unrichtige Beurteilung mit dem, was der Richter in Wahrheit hat entscheiden wollen und thatsächlich entschieden hat, nicht identifizieren. Denn für letzteres ist der Inhalt des Urteiles, wie er sich aus der Urteilsformel und ihrer Begründung ergiebt, entscheidend, und dieser Inhalt kann dadurch nicht geändert werden, daß der Richter den rechtlichen Charakter seiner Entscheidung verkennt. Diesen Standpunkt hat das Reichsgericht in gleichliegenden Fällen schon bisher eingenommen,

vgl. Entsch. des R.G.'s in Civils. Bd. 16 S. 286, Bd. 25 S. 425; Jurist. Wochenschr. von 1895 S. 8 Nr. 17, und ihn namentlich in der jüngsten hierüber veröffentlichten Entscheidung vom 11. März 1897,

Entsch. des R.G.'s a. a. O. Bd. 39 S. 389,

festgehalten. Die von der Klägerin bezogene, in Sachen Z. w. G. ergangene Entscheidung des II. Civilsenates des Reichsgerichtes vom 29. März 1898 (Rep. II. 56/98) spricht nicht dagegen. In dem dort behandelten Falle hatte das Oberlandesgericht die Berufung gegen ein Zwischenurteil, welches das Landgericht im Sinne des § 248 Abs. 2 C.P.O. erlassen hatte, mit der Begründung als unzulässig verworfen, daß ein Fall, in welchem das Landgericht ein solches Urteil hätte erlassen können, nicht vorgelegen habe. Dieses Urteil des Oberlandesgerichtes wurde vom Reichsgericht aufgehoben, weil die an sich zutreffende Erwägung, daß das Landgericht ein Zwischenurteil im Sinne des § 248 Abs. 2 C.P.O. nicht hätte erlassen sollen, an der Thatsache nichts ändere, daß es ein derartiges Urteil, und zwar lediglich ein solches, habe erlassen wollen und in Wirklichkeit erlassen habe. Es handelte sich also damals um ein Urteil, dessen rechtlicher Charakter als Zwischenurteils im Sinne des § 248 Abs. 2 C.P.O. feststand, und welches nur insofern unrichtig war, als das Landgericht übersehen hatte, daß die gesetzlichen Voraussetzungen, unter denen es ein solches erlassen durfte, nicht gegeben waren. Dieser Fall ist von dem jetzigen wesentlich verschieden.

Wie unzutreffend die Annahme der Klägerin ist, daß es sich im vorliegenden Falle um ein Zwischenurteil im Sinne des § 275 C.P.O. handle, ergiebt sich auch daraus, daß dieses Urteil nicht bloß „ein einzelnes selbständiges Angriffsmittel", sondern alle Behauptungen der Klägerin erledigt, die sich auf die Begründung ihres Schadensersatzanspruches beziehen, sodaß, nachdem das Urteil ergangen war, über nichts mehr zu entscheiden übrig blieb, als über den Betrag, welcher der Klägerin für den Fall der Leistung des ihr auferlegten Eides zugebilligt werden sollte. Hierin zeigt sich deutlich, daß das Gericht über den Grund des erhobenen Anspruches eine Vorabentscheidung getroffen hatte, wie denn auch das demnächst ergangene Endurteil sich lediglich damit befaßt, zu ermitteln, auf welchen Betrag die Klägerin als den ihr entstandenen Schaden Anspruch habe. Nun hat allerdings der vorliegende Fall das Eigentümliche, daß die Behauptungen der Klägerin bei der Vorabentscheidung in zwei Teile zerlegt worden sind, in den einen, der sich auf die R.'schen Mieträume, und in den anderen, der sich auf die übrigen Lokalitäten und die sonstigen Angaben der Klägerin bezieht. Eine Vorabentscheidung so, wie sie hier getroffen ist, nämlich dahin, daß der Anspruch seinem Grunde nach nur in Beziehung auf den einen Teil der Klagebehauptungen für begründet erachtet wird, in Beziehung auf den anderen nicht, wäre unstatthaft, wenn das erkennende Gericht in der Lage gewesen wäre, schon damals denjenigen Teil des Klaganspruches, den es seinem Grunde nach nicht für gerechtfertigt erachtet, in bestimmter Höhe abzuweisen. In dieser Weise ist aber die Klage nicht begründet. Die Klagerin hat einen einheitlichen Schadensersatzanspruch geltend gemacht, den sie auf eine ganze Reihe angeblich unrichtiger Angaben der Beklagten zurückführt. Sie verlangt Herabsetzung des Kaufpreises auf denjenigen Betrag, den sie zugebilligt haben würde, wenn sie nicht durch unrichtige Angaben der Beklagten getäuscht worden wäre. Zwischen den Parteien ist aber streitig, welchen Einfluß die einzelnen Angaben der Beklagten auf die Höhe des Kaufpreises gehabt haben, und ob ihnen allen oder welchen allein vorzugsweise ein solcher Einfluß zuzuerkennen sei. Nun mag es sein, daß, wenn ein Teil dieser Angaben ausgeschieden wird, sich damit auch der Schadensersatzanspruch seinem Betrage nach verringern muß; in welcher Höhe er sich aber verringert, und in welcher Höhe er noch bestehen bleibt, ist nicht ohne weiteres erkennbar; hierüber hat erst der Richter nach Maßgabe des § 260 C.P.O., hier also nach erhobenem Beweise, zu befinden. War aber demnach das erkennende Gericht nicht in der Lage, den Klaganspruch — statt durch Vorabentscheidung über den Grund — durch ein abweisendes Urteil in bestimmter Höhe zu erledigen, so läßt sich auch von diesem Gesichtspunkte aus die Zulässigkeit der getroffenen Vorabentscheidung nicht beanstanden.

Wäre aber auch das Gegenteil anzunehmen, so wäre doch damit für die Klägerin nichts gewonnen. Der Fall würde dann ebenso liegen, wie in dem oben erwähnten Urteile des II. Civilsenates vom 29. März 1898. Das Berufungsgericht hätte sich rechtlich darin geirrt, daß es die Voraussetzungen für gegeben erachtete, unter denen es eine Vorabentscheidung über den Grund des Anspruches erlassen durfte; aber an dem aus dem Inhalte der Entscheidung selbst hervorgehenden rechtlichen Charakter des Urteiles würde dadurch nichts geändert. Es bliebe eine Vorabentscheidung aus § 276 C.P.O., die nicht hätte erlassen werden dürfen, die aber erlassen worden ist, und die eben deshalb mit dem zulässigen Rechtsmittel der Revision rechtzeitig hätte angefochten werden müssen."[1] ...

---

82. Enthält die Entscheidung des Beschwerdegerichtes einen neuen selbständigen Beschwerdegrund, wenn sie sachlich mit einer Entscheidung der Vorinstanzen übereinstimmt, aber auf Verletzung wesentlicher Vorschriften über das Verfahren beruht?

C.P.O. § 531.

VI. Civilsenat. Beschl. v. 7. Juli 1898 i. S. v. Schm. (Antragstellers) w. Sch. Ehel. (Antragsgegner). Beschw.-Rep. VI. 122/98.

I. Amtsgericht Schivelbein.
II. Landgericht Köslin.
III. Oberlandesgericht Stettin.

Die vorstehende Frage ist vom Reichsgericht bejaht worden.

Aus den Gründen:

... „Nach § 531 Abs. 2 C.P.O. findet eine weitere Beschwerde gegen die Entscheidung des Beschwerdegerichtes nicht statt, soweit nicht in derselben ein neuer selbständiger Beschwerdegrund enthalten ist. Hieraus folgt allerdings nicht, daß eine weitere Beschwerde gegen die Entscheidung des Beschwerdegerichtes unbedingt ausgeschlossen ist, wenn dieses einer Entscheidung der Vorinstanzen aus sachlichen Gründen beigetreten ist. In den Motiven zu dem dem Reichstage vorgelegten Entwurfe zur deutschen Civilprozeßordnung heißt es allerdings: „Die Vorschrift des § 507 Abs. 2" — diese hat denselben Wortlaut, wie § 531 Abs. 2 des Gesetzes — „entspricht der Ausschließung der Revision gegen gleichlautende Urteile der beiden unteren Instanzen."

---

[1] Dieselben Grundsätze hat der erkennende Senat in dem Urteile vom 17. September 1898 (Rep. V. 210/98) zur Anwendung gebracht, bei welchem es sich um ein angeblich aus § 275 C.P.O. erlassenes Zwischenurteil handelte, welches sich nach seinem Inhalte als ein dem § 273 C.P.O. entsprechendes Teilurteil darstellte. D. E.

In dem Gesetzentwurfe selbst ist dies indes nicht ausgesprochen. Denn die die Zulässigkeit der Revision betreffende Vorschrift im § 485 Abs. 1 des Entwurfes lautete: „Die Revision findet gegen die in der Berufungsinstanz von den Oberlandesgerichten erlassenen Endurteile statt, soweit durch dieselben die der Rechtskraft fähige Entscheidung des Urteiles erster Instanz abgeändert oder die Berufung als unzulässig verworfen ist." Die auf die Zulässigkeit der Revision bezügliche Vorschrift hat also einen ganz anderen Inhalt, als die Bestimmung über die Zulässigkeit der weiteren Beschwerde, und deshalb fehlt jeder Anlaß zu der Annahme, daß für die Zulässigkeit der weiteren Beschwerde dasselbe gelten sollte, wie für die Zulässigkeit der Revision.

Einen neuen selbständigen Beschwerdegrund enthält die Entscheidung des Beschwerdegerichtes nur dann, wenn sie wegen Verletzung einer Rechtsnorm unrichtig ist, die nicht schon durch einen Beschluß der Vorinstanz oder der Vorinstanzen verletzt worden war. Denn alsdann war dieser Beschwerdegrund in dem betreffenden Verfahren bisher noch nicht gegeben, ist vielmehr erst durch die Entscheidung des Beschwerdegerichtes entstanden und ist ein selbständiger, wenn die fragliche Rechtsverletzung allein die Unrichtigkeit dieser Entscheidung begründet.

Die Civilprozeßordnung enthält nun keine Bestimmung, daß eine Entscheidung, gegen welche die Beschwerde stattfindet, nicht auch, wie dies bei Urteilen durch Berufung oder Revision geschehen kann — §§ 492. 513 a. a. O. — wegen Verletzung einer das Verfahren betreffenden Vorschrift angefochten werden könne. Das Gegenteil folgt vielmehr aus der Vorschrift des § 540, daß beim Vorliegen der Erfordernisse der Nichtigkeits- oder Restitutionsklage die sofortige Beschwerde auch noch nach Ablauf der Notfrist innerhalb der für diese Klagen vorgeschriebenen Fristen erhoben werden kann. Diese Bestimmung setzt notwendig voraus, daß diejenigen Verstöße, wegen welcher die bezeichneten Klagen stattfinden, auch mit der Beschwerde gegen die der Anfechtung durch dieses Rechtsmittel unterliegenden Entscheidungen geltend gemacht werden können. Die Nichtigkeitsklage findet nun nur bei Verletzung prozessualer Vorschriften statt (§ 542 C.P.O.). Die Beschwerde ist daher jedenfalls zulässig, wenn die angegriffene Entscheidung auf einer Verletzung der im § 542 angeführten Vorschriften über das Verfahren beruht. Da aber nicht bestimmt ist, daß lediglich diese und die im § 543 bezeichneten Verstöße das Rechtsmittel der Beschwerde begründen, sondern nur, daß beim Vorliegen dieser Verstöße die sofortige Beschwerde auch noch nach Ablauf der für sie festgesetzten Notfrist erhoben werden kann, so ist daraus zu folgern, daß die Beschwerde nach den Grundsätzen der Civilprozeßordnung auch zulässig ist, wenn durch die Entscheidung wesentliche Vorschriften über das Verfahren verletzt worden sind.

Die Annahme, daß durch § 540 ausnahmsweise die Geltendmachung der Verletzung einer der in den §§ 542. 543 angeführten prozessualen Vorschriften für die sofortige Beschwerde als zulässig erklärt sei, würde ja auch zu dem Ergebnisse führen, daß die Verletzung dieser Vorschriften die einfache Beschwerde nicht begründet. Dies hat der Gesetzgeber aber zweifellos nicht gewollt, da sich die sofortige Beschwerde von der einfachen doch nur dadurch unterscheidet, daß sie binnen einer bestimmten Notfrist erhoben werden muß, daß sie, auch wenn der Fall nicht dringlich ist, bei dem Beschwerdegericht eingelegt werden kann, und daß das Gericht zu einer Abänderung seiner durch die Beschwerde angegriffenen Entscheidung nicht befugt ist. Durch die fragliche Vorschrift sollte vielmehr, da die Nichtigkeits- und Restitutionsklage nur gegen rechtskräftige Endurteile, nicht aber gegen andere Entscheidungen stattfindet, nur erreicht werden, daß beim Vorliegen der Erfordernisse dieser Klagen die sofortige Beschwerde in derselben Frist solle eingelegt werden können, welche für die Erhebung dieser Klagen bestimmt ist.

Die Entscheidung des Beschwerdegerichtes enthält hiernach auch dann einen neuen selbständigen Beschwerdegrund, wenn durch dieselbe wesentliche Vorschriften über das Verfahren verletzt worden sind. Denn er ist neu, weil er erst durch die Entscheidung des Beschwerdegerichtes gegeben ist, in den dieser Entscheidung vorangegangenen Entscheidungen aber nicht enthalten war. Er ist selbständig, weil er allein die Anfechtung der Entscheidung des Beschwerdegerichtes begründet.

Das Reichsgericht hat denn auch bereits wiederholt anerkannt, vgl. die Beschlüsse des IV. Civilsenates vom 4. Januar 1887, des Feriensenates vom 20. August 1887, des III. Civilsenates vom 16. Dezember 1892 und des V. Civilsenates vom 22. April 1898; Entsch. des R.G.'s in Civils. Bd. 17 S. 371, Bd. 18 S. 427;

Juristische Wochenschrift von 1893 S. 59 Ziff. 12, von 1898 S. 356 Ziff. 23,

daß die weitere Beschwerde zulässig ist, wenn das Beschwerdegericht die von der Partei in der Beschwerde angeführten neuen Thatsachen nicht berücksichtigt hat. Es hat allerdings auch ausgesprochen, daß aus der mangelnden Begründung des Beschlusses noch nicht entnommen werden könne, daß das Beschwerdegericht die neuen Thatsachen übergangen habe. Dadurch ist aber nicht in Abrede gestellt, daß, wenn dies aus dem Beschlusse hervorgeht, die weitere Beschwerde wegen eines Verstoßes gegen wesentliche Vorschriften über das Verfahren zulässig ist.

Dieselbe Ansicht wird ferner überwiegend in der neueren Litteratur vertreten, so von der Mehrzahl der Kommentatoren, nämlich v. Wilmowski und Levy, Bem. 2 zu § 531, Struckmann und Koch, Bem. 3 Abs. 3, Reincke, Bem. 2b, A. Förster, Note 2a, Seuffert, Bem. 2b, Gaupp, Bem. II; außerdem von Planck, Civilprozeßrecht Bd. 2 § 158 D 1.

Fitting verneint dagegen auch in der neuesten Ausgabe seines Prozeßrechtes § 83 Anm. 13. 14 die Zulässigkeit der weiteren Beschwerde, wenn die Entscheidung des Beschwerdegerichtes auf Verletzung wesentlicher Prozeßvorschriften beruht. Er begründet dies indes in einer besonderen Abhandlung,

Busch, Zeitschrift für Civilprozeß Bd. 2 S. 291,

damit, daß eine ihrem Inhalte nach der Beschwerde nicht unterliegende Entscheidung erster Instanz nicht anfechtbar werde, wenn sie unter Verletzung wesentlicher Formen des Verfahrens ergangen ist, wie z. B. ein das Armenrecht bewilligender Beschluß. Diese Folgerung ist indes nicht zutreffend. Die Entscheidung des Beschwerdegerichtes kann ihrem Inhalte nach, diesen für sich allein betrachtet, nach § 530 C.P.O. sehr wohl anfechtbar sein, auch wenn das Beschwerdegericht der Entscheidung einer Vorinstanz in sachlicher Beziehung beigetreten ist.

Die gegen die Entscheidung des Oberlandesgerichtes eingelegte weitere Beschwerde würde hiernach zulässig sein, wenn dasselbe nicht zuständig war. Das Oberlandesgericht war aber für die Entscheidung über die Beschwerde gegen den Beschluß des Landgerichtes Köslin vom 15. März 1898 zuständig. . . . Die Beschwerde war deshalb nach § 537 C.P.O. als unzulässig zu verwerfen." . . .

83. Ist gegen die als Teilurteil bezeichnete Entscheidung, die Berufung werde insoweit zurückgewiesen, als der Kompensationsanspruch des Beklagten aberkannt sei, die Revision zulässig?

III. Civilsenat. Urt. v. 8. Juli 1898 i. S. v. B. (Bekl.) w. W. (Kl.). Rep. III. 155/98.

I. Landgericht Hannover.
II. Oberlandesgericht Celle.

Die obige Frage ist vom Reichsgerichte verneint worden aus den folgenden

Gründen:

„Die Klage war gerichtet auf Bezahlung von vier Forderungen im Betrage von 5500 ℳ, 216,33 ℳ, 13,47 ℳ, 662,60 ℳ und Zinsen, abzüglich einer zunächst auf die Zinsen zu verrechnenden Gegenforderung von 1235 ℳ. Der Beklagte machte noch weitere Gegenforderungen im Gesamtbetrage von etwa 9000 ℳ geltend und erhob eine Widerklage, deren Streitwert er auf die Aufforderung des Gerichtes zu 700 ℳ angegeben hat. Die Klagansprüche waren in Höhe von 6363,47 ℳ nebst Zinsen liquid. Das Landgericht verurteilte jedoch in einer von ihm als Teil- und Zwischenurteil bezeichneten Entscheidung den Beklagten nur zur Zahlung von 2397,58 ℳ, weil es die Gegenforderungen zwar in Höhe von 1000 ℳ und 4000 ℳ als unbegründet ansah, im übrigen aber nicht zum Gegenstande seiner Entscheidung machte. Zugleich wies es die Widerklage ab und sprach in der Urteilsformel aus: „Die Einrede der Kompensation wird zur Höhe von 1000 und 4000 ℳ für unbegründet erklärt." Es blieben daher in der ersten Instanz von den Gegenforderungen noch 3965,89 ℳ im Streit, denen eine ebenfalls unentschiedene Klageforderung in gleicher Höhe gegenüberstand.

Gegen dieses Urteil hat der Beklagte und Widerkläger in vollem Umfange Berufung erhoben, mit dem Antrage, die Klage abzuweisen und der Widerklage stattzugeben. In der Berufungsinstanz ist jedoch die Verhandlung beschränkt auf die Widerklage und auf einen Kompensationsanspruch von 1000 ℳ, und nur hierüber in der angegriffenen, als Teilurteil bezeichneten Entscheidung dahin erkannt, daß die Berufung insoweit zurückgewiesen werde, als in dem angefochtenen

Urteile die Widerklage abgewiesen, und der Kompensationsanspruch des Beklagten in Höhe von 1000 *M* aberkannt sei.

Ob nicht, wie auch das Berufungsgericht meint, der in die Urteilsformel des Landgerichtes aufgenommene Satz, die Einrede der Kompensation werde in Höhe von 1000 und 4000 *M* für unbegründet erklärt, besser fortgeblieben wäre, da dies durch Zuerkennung eines Teiles der Klageforderung in Verbindung mit den Entscheidungsgründen bereits Ausdruck im Sinne des § 293 C.P.O. gefunden hatte, und die vorliegende Fassung Zweifel über ihre Tragweite erregt, kann zur Zeit dahingestellt bleiben, weil das Berufungsgericht in dem angefochtenen Urteil über die Klageforderung noch nicht, auch nicht zum kleinsten Teil, entschieden hat. Dann aber ist die über die Kompensationsforderung von 1000 *M* getroffene Entscheidung keinesfalls ein Endurteil, sondern nur ein Zwischenurteil. Ein Endurteil über die Kompensationseinrede, mindestens so lange diese nicht nach § 136 oder § 274 zu getrenntem Verfahren verwiesen ist, kennt die Civilprozeßordnung überhaupt nicht; ein Endurteil, auch als Teilurteil, liegt nur soweit vor, wie es mindestens einen Teil der Klag- oder Widerklaganträge für die Instanz endgültig erledigt; darüber, ob eine Einrede, ein Verteidigungsmittel begründet sei, wird nur durch Zwischenurteil entschieden. Auch im § 274 wird kein Teilurteil über die Kompensationseinrede vor der Entscheidung über den Klaganspruch gestattet, sondern nur beim Fehlen der Konnexität eine Art Vorbehaltsurteil über den Klaganspruch unter gleichzeitiger Ausscheidung der Kompensationsansprüche zu getrenntem Verfahren. Ist aber die angegriffene Entscheidung nur ein Zwischenurteil, so ist die Revision insoweit zur Zeit überhaupt nicht gegeben, ohne daß die unrichtige Bezeichnung des ganzen Urteiles als Teilurteiles daran etwas ändern kann. Es bleibt daher als zulässiger Gegenstand der Revision nur die Entscheidung über die Widerklage.

Erst nach Erledigung dieser Vorfrage ist zu prüfen, ob für die an sich zulässige Revision die Revisionssumme vorliegt, und das muß verneint werden, da nach der eigenen schriftlichen Erklärung des Beklagten der Gegenstand der Widerklage nicht über 700 *M* beträgt." ...

84. „Ansprüche in betreff öffentlicher Abgaben" im Sinne von § 70 Abs. 3 G.V.G.; gehören dazu Beiträge, welche eine Innung auf Grund des § 100f Gew.=O. (Gesetz vom 6. Juli 1887) von Nichtmitgliedern erhebt?

VI. Civilsenat. Urt. v. 11. Juli 1898 i. S. der Hamb. Bäcker-Innung (Bekl.) w. M. (Kl.). Rep. VI. 115/98.

I. Landgericht Hamburg.
II. Oberlandesgericht daselbst.

Aus den Gründen:

„Der verklagten Bäcker-Innung ist durch Beschluß des Senates der Freien und Hansestadt Hamburg vom 2. Juli 1894 (G.S. Abt. I Nr. 33 S. 146) auf Grund der Gewerbeordnung in der für den vorliegenden Rechtsstreit maßgebenden Fassung, welche dieses Gesetz damals und bis zum Inkrafttreten des Gesetzes vom 26. Juli 1897 (R.G.Bl. S. 663) hatte, das Recht verliehen worden, vom 1. Oktober 1894 ab auch von denjenigen im Bezirke der verklagten Innung ansässigen Arbeitgebern, welche das Bäckereigewerbe betreiben, ohne der Innung anzugehören, Beiträge zu den Kosten der von ihr für das Herbergswesen und den Nachweis für Gesellenarbeit getroffenen Einrichtungen in derselben Weise und nach demselben Maßstabe einzuheben, wie von den Innungsmitgliedern. Infolgedessen hat die Beklagte Beiträge der bezeichneten Art auch von dem Kläger, der in Hamburg die Herstellung und den Verkauf von Zwieback, braunem Kuchen und Plätzchen betreibt, eingezogen. Derselbe hat, nachdem er die geforderten Beträge zunächst einigemale entrichtet hatte, sich der ferneren Zahlung unter der Berufung geweigert, daß sein Betrieb zu den Fabriken zu zählen sei (§ 100m Ziff. 1 Gew.=O.), und am 12. Mai 1897 den ihm damals abgeforderten Betrag von 9,80 *M*, sowie 30 *Pf* Mahnkosten unter Widerspruch gegen seine Zahlungsverpflichtung erst entrichtet, nachdem ihm die zwangsweise Beitreibung angedroht worden war. Er fordert diese 10,10 *M* nebst Zinsen von der Beklagten zurück. Die erste Instanz ... hat dem Klagantrage gemäß erkannt; die dagegen von der Beklagten eingelegte Berufung ist durch das mit der Revision angegriffene Urteil des hanseatischen Oberlandesgerichtes zurückgewiesen worden.

Die Revision ist als zulässig anzusehen gewesen.

Der Staat Hamburg hat von dem in § 70 Abs. 3 G.V.G. der Landesgesetzgebung eingeräumten Rechte in § 75 des Ausführungsgesetzes vom 23. April 1879 in der Weise Gebrauch gemacht, daß das Landgericht zu Hamburg für alle in § 70 Abs. 3 G.V.G. bezeichneten Ansprüche als ausschließlich zuständig erklärt worden ist. Demnach ist nach § 509 Ziff. 2 C.P.O. die Revision trotz des geringen Betrages der streitigen Forderung dann als statthaft anzusehen, wenn der von der Beklagten gegen den Kläger geltend gemachte Anspruch auf Zahlung der streitigen 10,10 *M* zu den „Ansprüchen in betreff öffentlicher Abgaben" zu rechnen ist. Dies ist der Fall.

Das Reichsgericht hat bereits wiederholt ausgesprochen, daß der Ausdruck „öffentliche Abgaben" in § 70 Abs. 3 G.V.G. in einem weiteren Sinne zu verstehen sei und alle Leistungen von Geld oder anderen Vermögenswerten umfasse, zu denen die Angehörigen eines Staates oder einer öffentlichen Körperschaft dem Staate oder der Körperschaft auf Grund einer dem öffentlichen Rechte angehörenden Norm verpflichtet seien.

Vgl. Jurist. Wochenschrift 1890 S. 40 Nr. 1, S. 78 Nr. 1, auch Entsch. des R.G.'s in Civils. Bd. 21 S. 46 flg.

Nun werden die gewerblichen Innungen, oder doch mindestens die neuen Innungen im Sinne der §§ 97 flg. Gew.O., zu denen die Beklagte gehört, weil sie unter der Aufsicht der Verwaltungsbehörden nach verschiedenen Richtungen hin mit der Erfüllung dem öffentlichen Interesse dienender Aufgaben betraut, und ihnen verschiedene öffentlichrechtliche Befugnisse gegenüber ihren Mitgliedern und Dritten verliehen sind, sie auch dem Staate zur Erfüllung ihrer dem öffentlichen Interesse dienenden Aufgaben verpflichtet sind, nach der in der Wissenschaft ganz überwiegend zur Herrschaft gelangten Ansicht den Korporationen des öffentlichen Rechtes zugezählt.

Vgl. die Kommentare zur Gewerbeordnung von v. Landmann, 3. Aufl. Bd. 1 S. 631; Schenkel, 2. Aufl. Bd. 2 S. 60; ferner Stobbe, Deutsches Privatrecht 3. Aufl. S. 519, verbunden mit S. 450; Gierke, Genossenschaftsrecht S. 33. 166 flg.; Löning, Verwaltungsrecht § 126, insbesondere S. 522 flg.; Rosin, Das Recht der öffentlichen Genossenschaft S. 16 flg. 71; Mandry, Der civilrechtliche Inhalt der Reichsgesetze 3. Aufl. S. 131; Seydel,

Bayerisches Staatsrecht Bd. 3 S. 399 flg.; vgl. auch das Urteil des Reichsgerichtes vom 12. Februar 1891 in der Jurist. Wochenschrift 1891 S. 204 Nr. 21 und die Bemerkungen zu § 54 Ziff. 3 der Konkursordnung in den Kommentaren von Petersen u. Kleinfeller, 3. Aufl. S. 275 flg.; v. Sarwey, 3. Aufl. S. 527; Willenbücher, 2. Aufl. S. 133.

Anlangend im besonderen die hier in Frage stehende Vorschrift in § 100 f Gew.O., so beruht sie vornehmlich mit auf der Erwägung, daß die Pflege der darin bezeichneten Einrichtungen dem sozialen Frieden sowie dem wirtschaftlichen Aufschwunge und der sittlichen Förderung großer Kreise der erwerbsthätigen Bevölkerung dient und deshalb im allgemeinen öffentlichen Interesse liegt; mit Rücksicht hierauf, und weil angenommen worden ist, daß diese Pflege am besten der genossenschaftlichen Thätigkeit der Innungen anvertraut werde, hat der Gesetzgeber sich veranlaßt gesehen, den Innungen die Möglichkeit zu gewähren, für diesen Teil ihrer Thätigkeit, mit dem sie dem Interesse des gesamten Handwerks zu dienen berufen sind, auch die Mitwirkung derjenigen Berufsgenossen in Anspruch zu nehmen, die sich von ihnen fern halten.

Vgl. die Motive zu der Novelle zur Gewerbeordnung vom 6. Juli 1887 in den Drucksachen des Reichstags Session 1887 Nr. 85 S. 7.

Hiernach handelt es sich bei den Beiträgen, welche eine Innung gemäß § 100 f Gew.O. zum Besten der dort näher bezeichneten Einrichtungen von ihren Mitgliedern und der Innung nicht angehörenden Gewerbetreibenden erhebt, um Leistungen, welche zur Begründung und Erhaltung von Einrichtungen, die dem öffentlichen Wohle zu dienen bestimmt sind, kraft öffentlichen Rechtes zur Kasse einer öffentlichrechtlichen Körperschaft, der die Verwaltung dieser Einrichtungen vom Gesetzgeber übertragen ist, von den an dem Bestande derselben in erster Reihe interessierten Gewerbetreibenden eines bestimmten Bezirkes erhoben werden. Mit Rücksicht hierauf, und da diese Beiträge gemäß §§ 100 k Abs. 3. 100 b Abs. 3 Gew.O. auf den für die Beitreibung der Gemeindeabgaben landesrechtlich vorgesehenen Wege zwangsweise eingezogen werden, sind dieselben als öffentliche Abgaben im Sinne von § 70 Abs. 3 G.V.G. anzusehen." . . .

85. Findet der § 657 (§ 647) C.P.O. auf Urteile Anwendung, durch welche ein Arrest angeordnet, oder eine einstweilige Verfügung getroffen ist?[1]

VI. Civilsenat. Beschl. v. 11. Juli 1898 i. S. B. (Antragsgegners) w. seine Ehefrau (Antragstellerin). Rep. VI. 235/98.

Der Antragsgegner hatte Revision eingelegt gegen das die gegen ihn erlassene einstweilige Verfügung bestätigende Berufungsurteil und stellte beim Reichsgerichte den Antrag auf vorläufige Anordnung der einstweiligen Einstellung der Vollstreckung der einstweiligen Verfügung. Dieser Antrag ist abgelehnt worden aus den folgenden

Gründen:

„Die Revision des Antragsgegners richtet sich gegen ein Berufungsurteil, durch welches außer der Berufung der Antragstellerin auch seine Anschließung zurückgewiesen worden ist; und zwar wurde damit ein Landgerichtsurteil bestätigt, durch welches eine einstweilige Verfügung dahin getroffen war, daß der Antragsgegner für die Dauer des Ehescheidungsprozesses der Antragstellerin sein Haus in O. zur alleinigen Benutzung zu überlassen und ein Wirtschaftsgeld von 50 *M* wöchentlich zu gewähren habe. Der jetzt gestellte Antrag, die vorläufige Einstellung der Vollstreckung dieser einstweiligen Verfügung anzuordnen, ist nun aber auf etwas völlig Unstatthaftes gerichtet. Der § 657 C.P.O. findet auf Urteile, durch welche ein Arrestbefehl oder eine einstweilige Verfügung erlassen ist, überhaupt keine Anwendung; denn obgleich solche nach § 809 Abs. 1, bezw. § 815 daselbst unmittelbar vollzogen werden können, so gehören sie doch nicht zu den vorläufig vollstreckbaren Urteilen im technischen Sinne, auf welche allein sich der § 657 bezieht. Die Vollstreckung eines Arrestes oder einer einstweiligen Verfügung kann also durch eine vorläufige Anordnung der fraglichen Art überhaupt nie aufgehalten werden. Dies ist auch schon mehrfach von verschiedenen Senaten des Reichsgerichtes ausgesprochen worden, insbesondere in den Beschwerdesachen III. 64/87 (Jur. Wochenschrift von 1887 S. 312 flg. Nr. 6), I. 96/93 (Jur. Wochenschrift von 1893 S. 540 flg. Nr. 19) und IV. 187/98 (Jur. Wochenschrift von 1894 S. 14 Nr. 27)."

[1] Vgl. Bd. 40 dieser Sammlung Nr. 108 S. 383. D. E.

86. 1. Darf, wenn der Beklagte die Forderung des Klägers bestreitet, eventuell aber geltend macht, sie sei durch Aufrechnung getilgt, das Gericht es dahingestellt lassen, ob dem Kläger überhaupt eine Forderung zugestanden habe, und die Klage deshalb abweisen, weil die Forderung jedenfalls durch Aufrechnung getilgt sei?

2. Ist, wenn das Gericht ein derartiges Urteil erlassen hat, und dieses in Rechtskraft erwachsen ist, dadurch für die Parteien in bindender Weise festgestellt, daß dem Kläger die von ihm eingeklagte Forderung nicht zustehe?

II. Civilsenat. Urt. v. 12. Juli 1898 i. S. F. Wwe. (Kl.) w. P. (Bekl.). Rep. II. 85/98.

I. Landgericht I Berlin.
II. Kammergericht daselbst.

Der Beklagte erwarb am 12. Juli 1881 von dem Ehemanne der Klägerin käuflich das von diesem betriebene Buchdruckereigeschäft nebst Zubehör. Diesen Vertrag focht die Klägerin in einem früheren Prozesse mit Erfolg an. Durch rechtskräftiges Urteil vom 31. Oktober 1883 wurde der erwähnte Kaufvertrag der Klägerin gegenüber für unwirksam erklärt, und der Beklagte verurteilt, ihr die von ihm gekauften Gegenstände, insbesondere auch die mit dem Geschäfte übernommenen Schriftzeichen, herauszugeben oder deren Wert zu ersetzen. Bei der Zwangsvollstreckung wurden die Schriftzeichen nicht sämtlich vorgefunden, weshalb die Klägerin in einem späteren Prozesse beantragte, den Beklagten zum Ersatze des Wertes der nicht herausgegebenen Schriftzeichen und wegen der Wertverminderung der herausgegebenen Zeichen zur Zahlung von weiteren 3275,60 ℳ zu verurteilen. Dieser Klage hat der Beklagte den Einwand entgegengesetzt, das von ihm ausgeschiedene und folgeweise nicht zurückgegebene Material habe er durch anderes ersetzt, das von der Klägerin versteigert worden sei, und der Wert dieser neuangeschafften und versteigerten Schriftzeichen habe den Wert der ausgeschiedenen um mindestens 2800 ℳ überstiegen. Daraufhin wurde die Klage am 2. April 1886 durch ein in Rechtskraft erwachsenes Urteil des Landgerichtes I zu Berlin abgewiesen, weil sowohl der Wert der noch fehlenden 1647 Centner Schriftzeichen, als die durch Abnutzung herbeigeführte Wertverminderung dadurch ausgeglichen werde, daß der Versteigerungserlös durch die neuangeschafften Schriftzeichen erhöht worden sei. Nunmehr verlangte die Klägerin wiederum Schadensersatz wegen derjenigen Abnutzung, die die zurückgegebenen Schriftzeichen im Geschäftsbetriebe des Beklagten erlitten hätten, und beantragte klagend, diesen zur Zahlung von 3275 ℳ nebst Zinsen zu verurteilen. Der Beklagte trug auf Abweisung der Klage an, weil dieser die im Vorprozesse ergangene rechtskräftige Entscheidung entgegenstehe. Diesen Einwand hat das Landgericht für begründet erachtet und deshalb die Klage abgewiesen. Die Berufung der Klägerin ist vom Kammergerichte zurückgewiesen worden. Das gleiche Schicksal hatte die von ihr eingelegte Revision.

Aus den Gründen:

... „Daß in der Klage der nämliche Anspruch erhoben worden ist, der schon in einem früher zwischen den Parteien anhängigen Prozesse geltend gemacht worden war, ist nicht bestritten. Auch steht fest, daß in jenem Prozesse die Klage durch ein formell in Rechtskraft erwachsenes Urteil des Landgerichtes I zu Berlin vom 2. April 1886 abgewiesen worden ist. Die Revisionsklägerin meint nun, dieses Urteil könne nicht, wie das Oberlandesgericht in Übereinstimmung mit dem ersten Richter angenommen habe, die Einrede der rechtskräftig entschiedenen Sache begründen, weil das Landgericht im Vorprozesse unentschieden gelassen habe, ob der Klägerin eine Forderung überhaupt zustehe, und in Ermangelung einer Feststellung, daß die Forderung an sich bestanden habe, auch nicht habe feststellen können, daß die Forderung durch Aufrechnung mit einer Gegenforderung des Beklagten getilgt worden sei. Sie nimmt an, ein Urteil, in dem dahingestellt bleibe, ob die klägerische Forderung an sich begründet sei, die Klage aber abgewiesen werde, weil in diesem Falle die eventuell vorgebrachte Kompensationseinrede durchgreife, könne überhaupt nicht in Rechtskraft erwachsen. Außerdem hat sie ausgeführt, die Einrede der rechtskräftig entschiedenen Sache sei schon deshalb unbegründet, weil im Vorprozesse das Berufungsgericht in seinen Entscheidungsgründen die eventuell vorgebrachte Kompensationseinrede einer Erörterung nicht unterzogen habe. Der letztere Einwand erscheint als hinfällig, weil in Ansehung der Tragweite der im Vorprozesse ergangenen Entscheidung lediglich das vom Berufungsgerichte bestätigte Urteil der ersten Instanz maßgebend ist. An der in diesem

Urteile erfolgten Abweisung der Klage hat das Berufungsgericht nichts geändert, und deren rechtliche Bedeutung wurde auch nicht dadurch beseitigt, daß das Berufungsgericht sich in den Entscheidungsgründen mit der eventuell vorgebrachten Kompensationseinrede nicht ausdrücklich beschäftigt hat. Es hat immerhin die Abweisung der Klage gebilligt und auch daran nichts geändert, daß diese Abweisung erfolgte, weil der Klägerin eine Forderung nicht zustehe. Das Berufungsgericht hat aber auch weiterhin mit Recht angenommen, daß das Urteil vom 2. April 1886 in der That die Einrede der rechtskräftig entschiedenen Sache begründe. Wie schon in einem Urteile des Reichsgerichtes vom 9. November 1896,

Juristische Wochenschrift S. 691 Nr. 174 und Gruchot's Beiträge Bd. 41 S. 947,

eingehend und mit zutreffender Begründung dargelegt worden ist, darf zwar das Gericht ein Urteil der erwähnten Art nicht erlassen. Über die Kompensationseinrede ist, wenn diese Einrede nur eventuell vorgebracht, in erster Linie sonach das Bestehen der klägerischen Forderung bestritten wird, erst dann zu entscheiden, wenn feststeht, daß die Forderung des Klägers an sich begründet ist; denn das die Klage abweisende Urteil hat, wenn dem Kläger eine Forderung nicht zustand, andere Wirkungen, als im Falle der Tilgung dieser Forderung durch Aufrechnung. Ob eine solche Aufrechnung erfolgt ist, sonach die Gegenforderung in dem Maße, in dem dies geschah, zu bestehen aufgehört hat, soll sich aus dem über die Klage entscheidenden Urteile ergeben, weil auch die Entscheidung über das Bestehen dieser Gegenforderung nach § 293 Abs. 2 C.P.O. der Rechtskraft fähig ist. Hat aber ein Gericht den dargelegten Grundsatz nicht befolgt, sondern dennoch die Klage abgewiesen, weil die Forderung, wenn sie überhaupt bestanden habe, jedenfalls durch Aufrechnung getilgt sei, so wird, wenn diese Entscheidung in Rechtskraft erwächst, dadurch endgültig festgestellt, daß dem Kläger die in der Klage geltend gemachte Forderung nicht zustehe. Das Gericht hat dann über diesen Anspruch entschieden und festgestellt, daß er nicht bestehe; sein Urteil ist somit nach § 293 Abs. 1 C.P.O. der Rechtskraft fähig. Daß bezüglich der Begründung dahingestellt blieb, ob die Forderung überhaupt einmal bestanden habe, oder ob sie durch Aufrechnung getilgt worden sei, ändert an dieser Sachlage nichts. Ob ein derartiges

Urteil auch eine der Rechtskraft fähige Entscheidung bezüglich der Gegenforderung enthalte, war im vorliegenden Falle nicht zu entscheiden." . . .

87. Wird die nach § 744 C.P.O. zulässige vorläufige außergerichtliche Pfändung einer Geldforderung dadurch unwirksam, daß die nachfolgende gerichtliche Pfändung der Anfechtung nach §§ 22 flg. K.O. unterliegt?

III. Civilsenat. Urt. v. 16. September 1898 i. S. S. Konkursverwalter (Kl.) w. B. (Bekl.). Rep. III. 102/98.

I. Landgericht Altona.
II. Oberlandesgericht Kiel.

B. in A. hatte gegen den Zimmermeister S. daselbst wegen einer Forderung von 6100 *M* am 27. März 1896 einen amtsgerichtlichen Arrestbefehl erwirkt und auf Grund desselben am 31. März 1896 dem S., sowie den Mietern in dessen Wohnhäusern nach § 744 C.P.O. eine vorläufige Benachrichtigung von der bevorstehenden Pfändung der dem S. an seine Mieter zustehenden Mietgeldforderungen zustellen lassen. Am 4. April 1896 stellte S. seine Zahlungen ein. Am 13. und 14. April 1896 erfolgte auf Antrag des Gläubigers B. die gerichtliche Pfändung der erwähnten Mietgelder. Nachdem darauf Ende April der Konkurs über das Vermögen des S. eröffnet worden war, focht der Konkursverwalter dem Gläubiger B. gegenüber nach § 23 Ziff. 2 K.O. die erwähnte Pfändung an und begehrte Auszahlung der inzwischen hinterlegten Mietgelder. Seine Klage wurde indes in erster und zweiter Instanz abgewiesen, und diese Entscheidung vom Reichsgerichte unter Verneinung der oben aufgestellten Frage aufrecht erhalten aus folgenden

Gründen:

„Die Revision des klagenden Konkursverwalters greift das Berufungsurteil insoweit an, als dasselbe die von dem Beklagten B. durch außergerichtliche Benachrichtigung vom 31. März 1896 sowie durch nachfolgenden Gerichtsbeschluß vom 13. April 1896 in Höhe von 6100 *M* erwirkte Pfändung der Mietgeldforderungen des S. aufrecht erhalten und die nach § 23 Ziff. 2 K.O. erfolgte Anfechtung dieser Pfändung in Übereinstimmung mit der ersten Instanz zurückgewiesen hat. Dieses Rechtsmittel erscheint nicht begründet. Nach § 744 C.P.O. kann der Gläubiger auf Grund eines vollstreckbaren Schuldtitels die vorläufige außergerichtliche Pfändung einer Geldforderung seines Schuldners bewirken, indem er diesem und dem Drittschuldner die mit Einziehungs- und Zahlungsverbot verbundene Benachrichtigung von der bevorstehenden gerichtlichen Pfändung zustellen läßt, und es hat alsdann die Benachrichtigung an den Drittschuldner die Wirkung eines Arrestes, also insbesondere die Begründung eines Pfandrechtes, zur Folge, sofern die gerichtliche Pfändung der Forderung innerhalb drei Wochen nachgeholt wird. Im vorliegenden Falle ist zunächst die vorläufige Benachrichtigung vom 31. März 1896 nicht nur an sich gültig, sondern auch der Anfechtung aus § 23 Ziff. 2 K.O. entzogen, da sie vor der Zahlungseinstellung vom 4. April 1896 erfolgt, und bei dem bereits in erster Instanz festgestellten Mangel einer Begünstigungsabsicht des Schuldners S. auch der Umstand bedeutungslos ist, daß sie noch innerhalb zehn Tage vor der Zahlungseinstellung geschah. Die Wirksamkeit dieser Benachrichtignng war nur noch durch die rechtzeitig nachfolgende gerichtliche Pfändung bedingt. Dieselbe ist am 13. und 14. April 1896, also innerhalb der dreiwöchigen Frist, aber nach der Zahlungseinstellung, erfolgt. Allerdings mußte, wie die Vorinstanz mit Recht bemerkt, der gerichtliche Pfändungsbeschluß objektiv zu Recht bestehen und hätte daher die endgültige Wirksamkeit der außergerichtlichen Pfändung dann nicht herbeiführen können, wenn er an sich u n g ü l t i g, also insbesondere nach Eröffnung des Konkursverfahrens oder nach Erlaß eines allgemeinen Veräußerungsverbotes (§ 98 K.O.), ergangen wäre.

Vgl. Entsch. des R.G.'s in Civils. Bd. 26 S. 427.

Derartige Ungültigkeitsgründe liegen aber hier nicht vor. Die Revision macht zwar geltend, daß ebenso, wie das allgemeine Veräußerungsverbot aus § 98 K.O., auch die Anfechtbarkeit des gerichtlichen Pfändungsaktes der in § 744 C.P.O. vorausgesetzten Wirksamkeit des letzteren entgegenstehe, da er im Falle erfolgreicher Anfechtung nach § 22 K.O. von Anfang an den Konkursgläubigern gegenüber unwirksam sei. Dieses Vorbringen kann indes keine Beachtung finden. Eine nach §§ 22 flg. K.O. anfechtbare Handlung ist nicht ohne weiteres nichtig, sondern begründet nur für den Anfechtenden einen persönlichen Anspruch auf Wiederherstellung des früheren Zustandes, jedoch nicht von Anfang an. Sie ist bis zur Ausübung der Anfechtung gültig und wirksam und verliert nur durch die Anfechtung den Gläubigern gegenüber ihre Wirksamkeit für die Zukunft, während die Folgen, welche sie bis dahin erzeugt hatte, nicht von selbst und rückwärts zusammenfallen. Bei dieser beschränkten Wirksamkeit der Anfechtung, wie sie aus §§ 22. 30 K.O. sich ergiebt und in ständiger Rechtsprechung des Reichsgerichtes anerkannt ist,

vgl. Entsch. des R.G.'s in Civils. Bd. 13 S. 6, Bd. 30 S. 404, Bd. 40 S. 5,

hatte die Pfändung vom 13. April 1896 ungeachtet ihrer Anfechtbarkeit immerhin den Erfolg, die vorausgegangene außergerichtliche Pfändung, auf welcher das Arrestpfandrecht beruht, zu einer voll wirksamen zu machen.

Vgl. Entsch. des R.G.'s in Civils. Bd. 17 S. 331.

Alsbald mit der Vornahme des (an sich gültigen) gerichtlichen Pfändungsaktes trat die Bedingung für die volle Wirksamkeit der außergerichtlichen Pfändung ein, das Arrestpfandrecht also vom 31. März 1896 ab in Kraft, sodaß nunmehr von einer weiteren Anfechtung desselben (auf Grund der erst am 4. April erfolgten Zahlungseinstellung) nicht mehr die Rede sein kann." ...

88. Wie ist zu verfahren, wenn die sofortige Beschwerde wegen Versäumung der Notfrist verworfen ist, und demnächst gegen die Versäumung die Wiedereinsetzung in den vorigen Stand begehrt wird?

VI. Civilsenat. Beschl. v. 22. September 1898 i. S. F. (Kl.) w. M. u. Th. (Bekl.). Beschw.-Rep. VI. 180/98.

I. Landgericht I Berlin.
II. Kammergericht daselbst.

Gründe:

„Kläger hat ... den Gerichtsassessor Br., als Mitglied des Berufungsgerichtes, Landgerichtes I zu Berlin, wegen Besorgnis der Befangenheit abgelehnt. Das Landgericht wies das Ablehnungsgesuch ... als unbegründet zurück; der Beschluß wurde dem Kläger am 2. Juni 1898 zugestellt.

Die von ihm hiergegen eingelegte sofortige Beschwerde (§ 46 C.P.O.) kam aber erst am 17. Juni bei dem Kammergerichte, bei dem er sie einreichte, ein, also um einen Tag zu spät (§ 540 C.P.O.), weshalb das Kammergericht die Beschwerde ... als unzulässig verworfen hat. Dieser Beschluß ist am 6. August zugestellt. Mit der am 20. August bei dem Reichsgerichte eingereichten und an das Reichsgericht gerichteten Eingabe beantragt Kläger jetzt principaliter die Gewährung der Einsetzung in den früheren Stand gegen die Versäumung der Notfrist für die bei dem Kammergerichte eingelegte Beschwerde, und für den Fall der Gewährung dieses Restitutionsgesuches mittels weiterer sofortiger Beschwerde, seinem Ablehnungsgesuche stattzugeben.

Zur Entscheidung über das Wiedereinsetzungsgesuch ist das Reichsgericht nicht zuständig. Das Gesuch ist an das Kammergericht zu richten, und dieses hat darüber zu entscheiden, auch nachdem die bei demselben eingelegte sofortige Beschwerde als unzulässig verworfen worden ist (§ 215 C.P.O.; vgl. §§ 214. 216). Von der Entscheidung des Kammergerichtes hängt es ab, ob der Beschluß vom 27. Juni 1898 aufrecht zu erhalten ist, oder unmittelbar in Wegfall kommt. Über die nur eventuell eingelegte weitere sofortige Beschwerde kann, da hiernach das in erster Linie gestellte Restitutionsgesuch wegen Unzuständigkeit des Reichsgerichtes hier abgewiesen werden muß, nicht entschieden werden." ...

89. Beschwerde einer zum Armenrechte zugelassenen Partei gegen den Beschluß, durch welchen die Erhebung eines Zeugen- oder Sachverständigenbeweises von der Hinterlegung eines von der armen Partei einzuzahlenden Vorschusses abhängig gemacht ist.

C.P.O. §§ 107. 118. 344. 367.

VI. Civilsenat. Beschl. v. 10. Oktober 1898 i. S. K. (Kl.) w. M. (Bekl.). Beschw.-Rep. VI. 185/98.

I. Oberlandesgericht Posen.

Gründe:

„Der Klägerin ist für die Berufungsinstanz das Armenrecht bewilligt. Auf die mündliche Verhandlung vom 10. Juni 1898 erging ein Beschluß, durch welchen die Vernehmung eines Sachverständigen angeordnet, zugleich aber (zu II) die Erhebung des Beweises davon abhängig gemacht wurde, daß die Klägerin, als Beweisführerin, binnen 8 Wochen einen Auslagenvorschuß von 50 ℳ zahle. Der Antrag der Klägerin vom 28. Juni 1898, sie ihrer Armut wegen von dieser Vorschußpflicht zu befreien, wurde durch den Beschluß vom 5. Juli 1898, ohne daß der Klägerin das Armenrecht entzogen wurde, abgelehnt, weil die durch das Armenrecht erlangte Befreiung von der Berichtigung von Gebühren und Auslagen sich nicht auf den Vorschuß beziehe, zu dessen Einforderung das Prozeßgericht nach § 344 C.P.O. zur Sicherung der Staatskasse gegen die Nachteile aus unbegründeten oder frivolen Beweisanträgen ermächtigt sei.

Dieser Meinung kann nicht beigetreten werden. Sie setzt sich in Widerspruch mit § 107 Ziff. 1 C.P.O. Die danach der armen Partei zustehende einstweilige Befreiung von der Berichtigung der den Zeugen und Sachverständigen zu gewährenden Vergütung und der sonstigen baren Auslagen bezieht sich zweifellos auch auf die vorschußweise Deckung dieser Auslagen, wo solche Deckung in den Gesetzen vorgesehen ist (§ 84 G.K.G., §§ 344. 367 C.P.O.; vgl. Entsch. des R.G.'s in Civils. Bd. 23 S. 355, sowie Beschluß des Reichsgerichtes vom 15. Januar 1896, Juristische Wochenschrift von 1896 S. 102 Nr. 3). Mit Unrecht hält das Oberlandesgericht den § 107 Ziff. 1 C.P.O. für die allgemeine Vorschrift, von welcher § 344 daselbst eine Ausnahme bilde, da die Sache sich umgekehrt verhält. Von der allgemein ausgesprochenen Vorschußpflicht (die im Falle des § 344 allerdings vom Ermessen des Prozeßgerichtes abhängt) ist die arme Partei zufolge der das Armenrecht regelnden speziellen Bestimmungen einstweilen befreit.

Die Beschwerde, mit welcher die Klägerin die Entziehung der im Armenrechte liegenden Befugnis rügt, den Prozeß ohne Berichtigung der Auslagen führen zu dürfen, ist nach § 118 C.P.O. zulässig und nach Vorstehendem begründet. Es kann hinsichtlich der Zulässigkeit keinen Unterschied machen, ob das Armenrecht in seiner Totalität entzogen, oder nur eine darin liegende Befugnis versagt wird. Auf die Frage, ob der Beschluß aus § 344. 367 C.P.O. in anderen Fällen der Beschwerde unterliegt, braucht nicht eingegangen zu werden.

Die Beschlüsse vom 10. Juni 1898 zu II und vom 5. Juli 1898 waren danach aufzuheben."

---

90. Gerichtsstand des Erfüllungsortes.

V. Civilsenat. Urt. v. 29. Oktober 1898 i. S. preuß. Fiskus (Bekl.) w. H. (Kl.). Rep. V. 137/98.

I. Landgericht Gnesen.
II. Oberlandesgericht Posen.

Die Entscheidung ist oben unter „Preußisches Recht" Nr. 59 S. 249 abgedruckt.

---

91. Wird durch das die Berufung zurückweisende Urteil ein vom Berufungsgerichte im Laufe der Instanz aus § 657 C.P.O. erlassener Beschluß, durch den die einstweilige Einstellung der Zwangsvollstreckung aus dem für vorläufig vollstreckbar erklärten Urteile erster Instanz angeordnet worden ist, von selbst hinfällig?

V. Civilsenat. Beschl. v. 2. November 1898 i. S. B. u. Gen. (Bekl.) w. H. (Kl.). Rep. V. 323/98.

Das Reichsgericht hat den Antrag des Klägers und Revisionsbeklagten, „der vorläufigen Zwangsvollstreckung auf Grund und nach Maßgabe des Urteils erster Instanz freien Lauf zu lassen", als gegenstandslos zurückgewiesen aus folgenden

Gründen:

„Der Beklagte ist durch Urteil erster Instanz vom 27. November 1895 verurteilt worden, zur Vermeidung der Zwangsvollstreckung in ein ihm gehöriges, in Berlin belegenes Grundstück an den Kläger 6000 M nebst 6 Prozent Zinsen seit dem 1. Januar 1895 zu zahlen. Das Urteil ist gegen eine von dem Kläger in Höhe des beizutreibenden Betrages zu hinterlegende Sicherheit für vorläufig vollstreckbar erklärt. Am 31. Januar 1896 hat Kläger in Höhe von 1000 M Sicherheit hinterlegt und sodann die Einleitung der Zwangsversteigerung des Pfandgrundstückes beantragt, die auch durch Beschluß des zuständigen Amtsgerichtes vom 22. Februar 1896 erfolgte. Inzwischen hatte aber der Beklagte Berufung gegen das Urteil erster Instanz eingelegt und einen Beschluß des Berufungsgerichtes vom 21. Februar 1896 erwirkt, durch welchen die Zwangsvollstreckung ohne Sicherheitsleistung auf Grund der §§ 657. 647 C.P.O. einstweilen eingestellt wurde. Die Berufung ist durch Urteil zweiter Instanz vom 28. Juni 1898 zurückgewiesen worden. Das Urteil erwähnt den Beschluß vom 21. Februar 1896 überhaupt nicht und trifft in Beziehung auf ihn in der Urteilsformel keine Entscheidung. Gegen das Urteil zweiter Instanz hat Beklagter die Revisionsinstanz beschritten und den Antrag angekündigt, unter Aufhebung desselben auf Abweisung der Klage zu erkennen. Der Termin zur mündlichen Verhandlung vor dem Revisionsgerichte steht noch bevor. Bei dieser Sachlage glaubt Kläger Anspruch darauf zu haben, daß der eingeleiteten Zwangsversteigerung Fortgang gegeben werde. Er ist aber der Meinung, daß einem dahin zielenden Antrage der Beschluß vom 21. Februar 1896 entgegenstehe, und hat daher bei dem Revisionsgerichte beantragt:

der vorläufigen Zwangsvollstreckung auf Grund und nach Maßgabe des Urteils erster Instanz vom 27. November 1895 freien Lauf zu lassen.

Diesem Antrage konnte deshalb nicht stattgegeben werden, weil der Beschluß vom 21. Februar 1896 durch das in zweiter Instanz ergangene, die Berufung zurückweisende Urteil vom 28. Juni 1898 von selbst, und ohne daß es seiner ausdrücklichen Aufhebung bedurft hätte, außer Kraft gesetzt worden ist. Das Reichsgericht hat zu dieser Frage in dem Beschlusse des VI. Civilsenates vom 5. März 1896,

Entsch. des R.G.'s in Civils. Bd. 36 S. 431,

keine entscheidende Stellung genommen, weil es damals einer solchen Stellungnahme nicht bedurfte; die Frage ist aber mit Gaupp (Kommentar zur Civilprozeßordnung 3. Aufl. Bd. 2 S. 299 Bem. 2 unter c) und dem Beschlusse des Kammergerichtes vom 1. Oktober 1896 (Blätter für Rechtspflege im Bezirk des Kammergerichts von 1896 S. 106 und Seuffert's Archiv Bd. 52 Nr. 208) in dem vorstehenden Sinne zu beantworten. Entscheidend hierfür ist die Erwägung, daß für eine Anordnung aus § 657 C.P.O. die Möglichkeit einer dem Antragsteller günstigen Entscheidung über das eingelegte Rechtsmittel oder, wie die Motive zur Civilprozeßordnung (Hahn, Materialien Bd. 1 S. 427) sagen, „der voraussichtliche Erfolg" desselben die Voraussetzung bildet, mit welcher die Anordnung steht und fällt. Sowie es nicht bezweifelt werden kann, daß das Gericht, welches die Anordnung erlassen hat, auch schon vor der Endentscheidung über das Rechtsmittel befugt bleibt, die Anordnung wieder aufzuheben, wenn sich im Laufe der Instanz, z. B. durch eine dem Antragsteller ungünstige Beweisaufnahme, ergeben sollte, daß eine Abänderung des für vorläufig vollstreckbar erklärten Urteiles der Vorinstanz sich nicht mehr erwarten läßt, so muß auch die Wirksamkeit der Anordnung von selbst cessieren, wenn nunmehr durch das Endurteil des Gerichtes feststeht, daß die Voraussetzung, unter welcher die Anordnung erlassen ist, nicht mehr eintreten kann. Wollte man dies nicht annehmen, so würde die Anordnung ihre Wirksamkeit behalten, obwohl ihre Grundlage weggefallen, und ihr prozessualer Zweck nicht mehr zu erreichen ist." . . .

92. Ist im Ehescheidungsprozesse in dem Verfahren zur Erledigung eines bedingten Endurteiles das Vorbringen neuer Scheidungsgründe wenigstens insoweit zulässig, als dieselben von der Partei in dem Hauptverfahren noch nicht geltend gemacht werden konnten?

C.P.O. §§ 425. 427. 574. 576.

IV. Civilsenat. Urt. v. 3. November 1898 i. S. Sch. Ehefr. (Bekl.) w. Sch. (Kl.). Rep. IV. 156/98.

I. Landgericht II Berlin.
II. Kammergericht daselbst.

Die Parteien haben beiderseits die Trennung ihrer Ehe verlangt, der klagende Ehemann wegen böslicher Verlassung, die Beklagte widerklagend wegen Ehebruches, lebensgefährlicher Mißhandlungen und grober Ehrenkränkungen. Während das Landgericht, unter Abweisung der Widerklage, auf die Klage die Ehe trennte und die Beklagte für den allein schuldigen Teil erklärte, erließ das Kammergericht auf deren Berufung ein unterm 12. Juni 1897 verkündetes Urteil, in welchem die Entscheidung von der Leistung oder Nichtleistung dreier dem Kläger auferlegter Eide abhängig gemacht wurde, und zwar sollte bei Leistung aller drei Eide dem erstinstanzlichen Urteile entsprechend erkannt werden. Die gegen das Berufungsurteil erhobene Revision ist vom Reichsgerichte zurückgewiesen worden.

In der Verhandlung zur Erledigung des bedingten Endurteiles vom 12. Juni 1897 vor dem Berufungsgerichte am 12. März 1898 hat der Kläger die ihm auferlegten drei Eide geleistet, die Beklagte aber seinem Antrage, den Eintritt der Folge der Leistung der Eide durch Endurteil auszusprechen, widersprochen und ihrerseits beantragt, keinem Teil ein Übergewicht der Schuld beizumessen, mit der Behauptung, daß Kläger sich, was erst im Dezember 1897 zu ihrer Kenntnis gelangt sei, im Jahre 1897 des Ehebruches mit der unverehelichten B. schuldig gemacht habe. Das Berufungsgericht hat jedoch den — vom Kläger bestrittenen — Einwand der Beklagten gegenüber dem rechtskräftigen Urteile vom 12. Juni 1897, in dem Verfahren zur Erledigung desselben, für unzulässig erachtet und dementsprechend unter Abweisung der Widerklage die Ehe der Parteien auf die Klage getrennt und die Beklagte für den allein schuldigen Teil erklärt.

Gegen das Läuterungsurteil hat die Beklagte Revision eingelegt, die jedoch zurückgewiesen worden ist aus folgenden

Gründen:

„Das Berufungsgericht begründet die Zurückweisung der von der Beklagten zur Änderung der Entscheidung der Schuldfrage in dem Läuterungsverfahren vorgebrachten Einrede mit folgender Erwägung: „Gegenüber dem rechtskräftigen Urteile, das zu läutern ist, müssen Einwendungen, die den Anspruch selbst oder dessen Begründung betreffen, als unzulässig erachtet werden, wie sich auch klar aus der Bestimmung des § 686 C.P.O. ergiebt, der die Geltendmachung von Einwendungen, die den durch das Urteil festgestellten

Anspruch betreffen, und deren Gründe erst nach Erlassung des Urteiles entstanden sind, in die Zwangsvollstreckungsinstanz und auf den Weg der selbständigen Klage verweist; das Gesetz trifft auch für den Ehescheidungsprozeß keine hiervon abweichenden Bestimmungen." Die Revision wirft dem Berufungsgerichte zunächst Verletzung des § 576 C.P.O. vor. Nach dieser Gesetzesvorschrift kann der mit einer Ehescheidungsklage oder einer Ungültigkeitsklage abgewiesene Kläger Thatsachen, welche er in dem früheren Rechtsstreite, oder welche er durch Verbindung der Klagen hätte geltend machen können, als selbständigen Klagegrund nicht mehr geltend machen. Ein Gleiches gilt für den Beklagten in Ansehung der Thatsachen, auf welche er eine Widerklage zu gründen imstande war. Die Revision meint nun, daß die Beklagte zur Geltendmachung des erst im Dezember 1897 zu ihrer Kenntnis gelangten Ehebruches des Klägers im Hinblick auf die Vorschrift in § 576 C.P.O. im Läuterungsverfahren genötigt sei, da in einem anderen Stadium des Prozesses dies überhaupt nicht möglich gewesen sei und auch nicht mehr möglich sei. Die Revision verkennt die Tragweite der Bestimmung des § 576 C.P.O. Dieselbe richtet sich, in Verbindung mit den §§ 574 und 575, gegen die Vervielfältigung der Eheprozesse und schließt deshalb für einen neuen Eheprozeß die Geltendmachung solcher Thatsachen als selbständigen Klagegrundes aus, die in dem früheren Rechtsstreite geltend gemacht werden konnten. War die Geltendmachung aus irgend einem Grunde in dem früheren Rechtsstreite nicht möglich, so ist die Anwendung des § 576 ausgeschlossen. So liegt aber die Sache hier, wo die Zulässigkeit des neuen Vorbringens mit Rücksicht auf die Rechtskraft des bedingten Endurteiles vom 12. Juni 1897 verneint wird. Von einer Verletzung des § 576 C.P.O. kann daher im vorliegenden Falle keinesfalls die Rede sein.

Die Revision rügt dann ferner Verletzung des § 686 C.P.O., auf welchen das Berufungsgericht die Beklagte zur Geltendmachung des neuen Scheidungsgrundes zu Unrecht verweise. Für den aus dem neuen klägerischen Ehebruche herzuleitenden Anspruch würde nach Rechtskraft des Läuterungsurteiles nur eine neue Klage in Betracht kommen können, dieser aber der Einwand der rechtskräftig entschiedenen Sache entgegenstehen. Wie für ein Zwangsvollstreckungsverfahren, soweit die Ehescheidung der bereits getrennt lebenden

Parteien und die Schuldfrage in Betracht komme, kein Raum sei, so auch nicht zur Anwendung des § 686 C.P.O. Von der Revision wird übersehen, daß der entscheidende Grund des Berufungsgerichtes für die Zurückweisung des neuen Vorbringens die Rechtskraft des zu läuternden Urteiles ist, und daß nur zur Bekräftigung dieses Entscheidungsgrundes auf den § 686 C.P.O. verwiesen wird, mit dem Bemerken, daß für den Ehescheidungsprozeß keine hiervon abweichenden Bestimmungen getroffen seien. Daß das Berufungsgericht, wie die Revision unterstellt, von der Möglichkeit der Zwangsvollstreckung aus dem Scheidungsurteile behufs Vollziehung der Ehescheidung und der Schuldfrage und von der Möglichzeit der Geltendmachung des dem Kläger vorgeworfenen neuerlichen Ehebruches hierbei im Wege einer gemäß § 686 C.P.O. zu erhebenden Klage ausgegangen sei, für eine solche Annahme fehlt es an jedem Anhalte.

Endlich erhebt die Revision die Rüge, daß das Berufungsgericht bei seiner Entscheidung nicht genügend das öffentliche Interesse berücksichtigt habe. Gemäß § 427 C.P.O. sei, so wird ausgeführt, in dem bedingten Endurteile die Folge der Leistung oder Nichtleistung des Eides so genau festzustellen, als die Lage der Sache dies zur Zeit des Erlasses gestatte, vorbehaltlich einer Abänderung im öffentlichen Interesse. Dieses öffentliche Interesse verbiete aber, daß aus rein formellen Gründen ein Präjudiz zur endgültigen Durchführung gebracht werde, das bei Unterstellung der Richtigkeit des gegen den Anspruch erhobenen Einwandes dem materiellen Rechte widersprechen würde, und gebiete die Zulassung nachträglich ermittelter Rechtsbehelfe gegen denselben und gegen Folgen der Eidesleistung, welche nur nach der zur Zeit ihrer Festsetzung erkennbaren Sachlage materiell gerechtfertigt erscheinen konnten.

Auch dieser Angriff der Revision kann keinen Erfolg haben, wegen der Wirkungen, mit denen, gerade in dem von der Revision betonten öffentlichen Interesse, die richterlichen Urteile, nachdem sie rechtskräftig geworden, ausgestattet sind. „Die Ruhe und Ordnung in der bürgerlichen Gesellschaft", so heißt es im § 65 Einl. zur A.G.O., „gestattet es nicht, daß die Prozesse verewigt, und die von dem Richter, nach gesetzmäßiger Untersuchung, anerkannten und festgestellten Rechte der Parteien unter irgend einem Vorwande weiter angefochten werden." Wenn es auch an einem ausdrücklichen Ausspruche gleichen Inhaltes in der Civilprozeßordnung fehlt, so ist doch nicht zweifelhaft, daß die nach der Civilprozeßordnung den richterlichen Urteilen beiwohnende Rechtskraft und deren Wirkungen auf demselben Grunde, also im öffentlichen Interesse, beruhen. Nach der Civilprozeßordnung ist aber der Eintritt der formellen und materiellen Rechtskraft des Urteiles, welcher sich mit der Folge der Unabänderlichkeit und Unanfechtbarkeit der Entscheidung gemäß § 645 C.P.O. an den Ablauf der für die Einlegung des zulässigen Rechtsmittels oder Einspruches bestimmten Frist knüpft, in Verbindung mit den Vorschriften in den §§ 251. 485. 491. 524. 686 C.P.O. auch bestimmend für die zeitliche Begrenzung des Prozeßstoffes, der von den Parteien für die Entscheidung des Rechtsstreites geltend gemacht werden kann. Die Unanfechtbarkeit des rechtskräftigen Urteiles schließt von selbst die Geltendmachung neuen Vorbringens in dem endgültig abgeschlossenen Rechtsstreite aus, ohne daß es darauf ankommen kann, wann an sich erhebliche, bei der Entscheidung des Rechtsstreits aber nicht vorgebrachte Thatsachen eingetreten oder zur Kenntnis der Partei gekommen sind. Nur der außerordentliche Rechtsbehelf der Wiederaufnahme eines durch rechtskräftiges Endurteil geschlossenen Verfahrens im Wege der Nichtigkeitsklage oder der Restitutionsklage — §§ 541—554 C.P.O. — und, sofern es sich um Einwendungen handelt, welche den durch das Urteil festgestellten Anspruch selbst betreffen, die Klage gemäß § 686 C.P.O. sind gegenüber dem rechtskräftigen Urteile gegeben. Diese Rechtslage ist, sofern ein unbedingt ergangenes rechtskräftiges Urteil vorliegt, einem Zweifel überhaupt nicht unterworfen. Das gleiche muß aber auch bezüglich der bedingten rechtskräftigen Endurteile gelten, durch welche gemäß §§ 425 flg. 439 C.P.O. auf Leistung eines Schiedseides oder richterlichen Eides erkannt ist. Auch solche Urteile sind Endurteile im Sinne des § 272 C.P.O., die zu erlassen sind, wenn der Rechtsstreit zur Endentscheidung reif ist. Es folgt dies nicht nur aus der Bezeichnung der bedingten Urteile als „Endurteile" und der Erwähnung ihrer „Rechtskraft" in § 425, sondern auch aus der dementsprechenden Bestimmung des notwendigen Entscheidungsinhalts des bedingten Urteils in § 427 C.P.O. dahin, daß „die Folge sowohl der Leistung als der Nichtleistung des Eides so genau, als die Lage der Sache dies gestattet, festzustellen ist", und daß „der Eintritt dieser Folge durch Endurteil ausgesprochen wird". Den Gegenstand des zur Erledigung des bedingten Endurteils notwendigen Nachverfahrens, des Läuterungsverfahrens, kann hiernach nur die erkannte Eidesbeweisaufnahme, und im Anschluß daran durch Endurteil die Feststellung des Eintritts der nach dem bedingten Endurteile bereits endgültig feststehenden Folge der Leistung oder Nichtleistung des Eides bilden. Diese Begrenzung des Nachverfahrens entspricht auch allein dem nächsten Zwecke des bedingten Endurteils, durch welches infolge des subsidiären Charakters des Parteieides als Beweismittels — §§ 418. 419 C.P.O. — noch in der Berufungsinstanz das Vorbringen neuer Thatsachen — § 491 C.P.O. — sowie die endgültige Feststellung der Eidesnorm und der Erheblichkeit der unter Eidesbeweis gestellten Thatsache gesichert werden soll.

Vgl. v. Wilmowski u. Levy, Civilprozeßordnung zu § 425 Bem. 2.

Hat aber das Schlußurteil nur über den Eintritt der nach dem bedingten Endurteile bereits rechtskräftig feststehenden Folge der Leistung oder Nichtleistung des Eides zu entscheiden, so folgt daraus von selbst, daß in dem Nachverfahren überhaupt kein Raum zu neuem Parteivorbringen ist, insbesondere auch nicht zur Geltendmachung von Einreden, welche den durch das bedingte Endurteil festgestellten Anspruch selbst betreffen. Die Unhaltbarkeit der Auffassung der Revision, daß in dem bedingten Endurteile die Feststellung der Folge der Leistung oder Nichtleistung des Eides immer nur vorbehaltlich einer Abänderung im öffentlichen Interesse geschehe, ergiebt sich ohne weiteres aus der Erwägung, daß von einem solchen Vorbehalte gegenüber einem unbedingten rechtskräftigen Urteile überhaupt nicht die Rede sein kann, und es an jedem Anhalte dafür fehlt, daß das Gesetz den Inhalt der Rechtskraft der bedingten Endurteile nach dieser Richtung hin habe abweichend bestimmen wollen. Entscheidend kommt aber weiter auch die Vorschrift in § 524 C.P.O. in Betracht, nach welcher für die Entscheidung des Revisionsgerichts die in dem angefochtenen Berufungsurteile gerichtlich festgestellten Thatsachen maßgebend sind, sodaß schon in der Revisionsinstanz neues That- und Beweisvorbringen ausgeschlossen ist. Die Bestimmungen in den §§ 431. 432. 433 Abs. 3 C.P.O., nach welchen unter gewissen Umständen die Änderung der Eidesnorm oder die Zurückziehung des Eides zugelassen ist, und das weitere Verfahren für den Fall des Todes des Schwurpflichtigen geordnet wird, sind singulärer Natur und deshalb für die Zulassung anderer Rechtsbehelfe im Läuterungsverfahren nicht zu verwerten. In gleichem Sinne hat sich das Reichsgericht über die Tragweite des rechtskräftigen bedingten Endurteils bereits mehrfach ausgesprochen, und insbesondere in dem Urteile vom 18. Dezember 1886 — Entsch. in Civils. Bd. 17 S. 341 — hervorgehoben, daß das bedingte Endurteil nur die Bedeutung eines Zwischenurteils haben würde, wenn man dem Richter gestatten wollte, auf Grund neuer, wenn auch erst nach der Rechtskraft des bedingten Endurteils entstandener, Einreden anderweit in der Sache selbst zu entscheiden. Es würde sich daraus auch die unannehmbare Folge ergeben, daß es in der Hand des Gegners des Schwurpflichtigen läge, immer wieder durch neue Einreden den Erlaß des definitiven Urteils zu hindern.

Vgl. noch die Urteile vom 15. Mai 1885 (Entsch. des R.G.'s in Civils. Bd. 13 S. 379) und vom 19. Januar 1892 (Jurist. Wochenschrift S. 125 Nr. 4), auch v. Wilmowski u. Levy, Civilprozeßordnung zu § 427 Bem. 2 Abs. 2.

Der vorliegende Fall bietet nun allerdings die Besonderheit, daß es sich um eine Ehesache handelt, für welche, abweichend von dem Verbote der Klagänderung — § 235 Ziff. 3 C.P.O. —, die dem § 576 entsprechende Sonderbestimmung des § 574 Abs. 1 C.P.O. Platz greift, daß bis zum Schlusse derjenigen mündlichen Verhandlung, auf welche das Urteil ergeht, auch andere, als die in der Klage vorgebrachten Klagegründe geltend gemacht werden können. Und zwar findet diese Bestimmung auch noch für die Berufungsinstanz Anwendung, sodaß insbesondere noch in zweiter Instanz neue Klagegründe lediglich zu dem Zwecke vorgebracht werden können, um, worauf auch die Beklagte nur abzielt, eine Änderung der Schuldfrage herbeizuführen.

Vgl. Urteil des Reichsgerichtes vom 28. November 1882 (Entsch. des R.G.'s in Civils. Bd. 8 S. 350).

Indes die Vorschrift in § 574 C.P.O. hat die allgemeinen Vorschriften über die Rechtskraft der Urteile unberührt gelassen. Betreffs der unbedingten Endurteile in Ehesachen ist dies von selbst klar, und in Ansehung der bedingten Endurteile verlangt Grund und Zweck der auf Verhinderung der Vervielfältigung der Eheprozesse gerichteten Vorschriften in den §§ 574—576 C.P.O. nichts Abweichendes, wie es denn daher auch nicht zweifelhaft sein kann, daß unter dem in § 574 Abs. 1 C.P.O. erwähnten „Urteil" auch das bedingte Endurteil zu verstehen ist. Auf gleicher Auffassung beruht das Urteil des Reichsgerichts vom 15. Dezember 1882 in Sachen M. wider M. — Rep. III. 351/82 —, mitgeteilt in der Jurist. Wochenschrift von 1883 S. 38 Nr. 23.

Das Berufungsurteil ist hiernach gerechtfertigt." . . .

93. Gehören in den Gerichtsstand der Niederlassung auch auf den Anstellungsvertrag gegründete Klagen des für diese Niederlassung angestellten Handlungsgehilfen gegen den Geschäftsherrn?
C.P.O. § 22.

I. Civilsenat. Urt. v. 9. November 1898 i. S. P. & Co. (Bekl.) w. N. (Kl.). Rep. I. 296/98.

I. Landgericht Hamburg.
II. Oberlandesgericht daselbst.

Der Kläger, der für das in Hamburg errichtete Zweiggeschäft der Beklagten gegen ein bestimmtes Jahresgehalt und eine nach dem Gesamtumsatz der Zweigniederlassung zu berechnende Provision als Handlungsbevollmächtigter thätig gewesen war, forderte Rechnungsablage über diejenigen Geschäfte, die unbefugterweise von Berlin aus innerhalb des der Zweigniederlassung vorbehaltenen Bezirkes abgeschlossen sein sollen, um so die nötigen Grundlagen für die Berechnung der ihm zukommenden Provision zu gewinnen. Gegen die in Hamburg erhobene Klage machten die Beklagten die Einrede der örtlichen Unzuständigkeit des Gerichts geltend, die das Reichsgericht aber mit den Vorderrichtern verworfen hat, aus folgenden

Gründen:

„Das angerufene Gericht ist zuständig, wenn die Beklagten zum Zwecke ihres Handelsgewerbes in Hamburg eine Niederlassung haben, von der aus unmittelbar Geschäfte geschlossen werden, und wenn die erhobene Klage auf den Geschäftsbetrieb dieser Niederlassung Bezug hat (§ 22 C.P.O.).

Die Instanzgerichte haben diese Voraussetzungen zutreffend als erfüllt angesehen. Unstreitig ist, daß nach den Einrichtungen, die die Beklagten getroffen haben, Hamburg den Mittelpunkt für einen in sich abgeschlossenen Kreis ihrer gewerblichen Unternehmungen bildet, und daß ein bestimmter Zweig des Geschäftes nicht von der Centralstelle, sondern von der Hamburger Niederlassung aus selbständig geleitet und betrieben wird. Danach kann es sich nur noch fragen, ob der Anspruch des Klägers auf den Geschäftsbetrieb dieser Niederlassung Bezug hat. Das muß anerkannt werden. Freilich entspringt die Klage nicht aus einem Geschäfte, das von der Niederlassung aus geschlossen ist. Das Gesetz hat sein Anwendungsgebiet aber auch weiter abgesteckt; es verlangt nur eine Beziehung auf den Geschäftsbetrieb überhaupt und in seiner Gesamtheit: und eine solche Beziehung ist hier ohne Zweifel gegeben.

Der Kläger war vertragsmäßig mit der Leitung der Niederlassung betraut, und gerade und einzig hierin wurzelt das Rechtsverhältnis, in dem er zu den Beklagten steht. Daraus folgt, daß alle Klagen, die sich auf seinen Anstellungsvertrag gründen, unbeschränkt am Orte der Niederlassung erhoben werden können. Es wäre irrig, zu glauben, daß der Niederlassungsbetrieb sich in seiner Wirkung nach außen und in dem Verkehre mit Dritten erschöpfe. Vielmehr wird auch das innere Verhältnis zwischen dem Prinzipal und den für sein Zweiggeschäft angestellten Personen davon umfaßt; dies aus dem Grunde, weil es so gut, wie die Gewerbeausübung selber, in unmittelbarer Beziehung zur Niederlassung und zu ihrem Betriebe steht. Zu den Klagen aus dem Anstellungsvertrage gehört aber auch die Klage auf das Interesse wegen seiner Verletzung; denn das Interesse tritt nur an die Stelle des ursprünglichen Obligationsgegenstandes und liegt daher innerhalb des obligatorischen Verhältnisses. Die Abrechnungsklage, mittels deren das nötige Material für eine auf solche Verletzung gegründete Ersatzklage herbeigeschafft werden soll, findet aber wieder ihre Rechtsunterlage allein in dem Anstellungsvertrage.

Nur bei solcher Auffassung kommt der Gerichtsstand der Niederlassung zu voller Wirkung. Die Niederlassung begründet einen Teilwohnsitz, und ihr Inhaber hat für einen abgegrenzten Teil seiner vermögensrechtlichen Existenz einen zweiten allgemeinen Gerichtsstand erworben. Das Gesetz wäre seiner eigentlichen Bedeutung in nicht unerheblichem Maße entkleidet, wenn die Angestellten einer inländischen Zweigniederlassung, die von ausländischen Gewerbetreibenden errichtet ist, ihre aus dem Engagementsvertrage abgeleiteten Ansprüche nicht vor den deutschen Gerichten verfolgen könnten.

An dem Ergebnisse ändert selbstverständlich die Thatsache nichts, daß die Geschäfte, über die Abrechnung gefordert wird, von einer anderen Niederlassung aus abgeschlossen sind. Denn diese Geschäfte sind nur für den Inhalt und Umfang des Interesses, dessen Vergütung der Kläger beanspruchen will, bedeutsam. Sie würden nach seiner Meinung von der Hamburger Niederlassung aus abgeschlossen sein, wenn sie nicht sonst gemacht worden wären, und hätten für solchen Fall die ihm vertraglich zukommende Provisionssumme entsprechend erhöht. Die wirtschaftliche Zweckbeziehung der angestrengten präparatorischen Klage zum Geschäftsbetriebe der Zweigniederlassung wird daher durch die Beziehung der Hauptklage zu dieser Niederlassung vermittelt und ist mit ihr von selber gegeben." ...

---

94. Genügt es zur Anwendung von § 88 Abs. 2 C.P.O., daß durch den abgewiesenen Teil des Klagantrages Mehrkosten nicht entstanden sind?

II. Civilsenat. Urt. v. 11. November 1898 i. S. M. (Bekl.) w. O. u. Gen. (Kl.). Rep. II. 214/98.

I. Landgericht Mainz.
II. Oberlandesgericht Darmstadt.

Die Entscheidung ist oben unter „Reichsrecht" Nr. 21 S. 83 abgedruckt.

95. Zur Auslegung des § 714 C.P.O. Gewöhnliche Zeit der Reife.

IV. Civilsenat. Urt. v. 14. November 1898 i. S. K. (Bekl.) w. J. (Kl.). Rep. IV. 144/98.

I. Landgericht Ratibor.
II. Oberlandesgericht Breslau.

Der Kläger hat den Beklagten aus einem Amtsversehen, welches dieser bei Erledigung eines vom Kläger empfangenen Pfändungsauftrages begangen haben soll, auf Ersatz des ihm dadurch erwachsenen Schadens in Höhe von 82,41 ℳ in Anspruch genommen.

Das Landgericht hat die Klage abgewiesen, dagegen auf die Berufung des Klägers das Oberlandesgericht den Beklagten nach dem Klagantrage verurteilt.

Die Revision des Beklagten ist zurückgewiesen aus folgenden

Gründen:

„Das Berufungsgericht stellt zunächst in bedenkenfreier Weise fest, daß der Beklagte am 13. Juni 1896 vom Kläger beauftragt worden ist, wegen einer vollstreckbaren Restforderung desselben an den Kohlenhändler S. zu R. von 114,80 ℳ den auf dem Halme stehenden Roggen des Schuldners schleunigst zu pfänden, daß der Beklagte aber diesen Auftrag erst am 23. desselben Monats, und zwar nicht aus Bedenken wegen der gesetzlichen Zulässigkeit einer früheren Pfändung, sondern lediglich aus Saumseligkeit, ausgeführt hat. Mit Recht hat der Berufungsrichter in dieser Handlungsweise des Beklagten ein Amtsversehen gefunden.

Nach der weiteren unangefochtenen Feststellung des Oberlandesgerichtes hat die vom Beklagten am 23. Juni 1896 vorgenommene Pfändung, da der Roggen bereits am Tage zuvor für einen anderen Gläubiger des S. gepfändet war, nur noch als Anschlußpfändung erfolgen können, ist aber für den Kläger erfolglos geblieben, indem der bei der Versteigerung des Roggens erzielte Erlös von 82,41 ℳ lediglich dem anderen Pfandgläubiger zu gute gekommen ist. Danach rechtfertigt sich der Schluß des Berufungsgerichtes, daß dem Kläger ein Schade von gleicher Höhe erwachsen ist.

Das Oberlandesgericht nimmt schließlich an, daß dieser Schade durch obiges Amtsversehen des Beklagten verursacht worden ist. Um diesen Punkt bewegt sich im wesentlichen der vorinstanzliche Streit der Parteien und auch die jetzige Revisionsbeschwerde des Beklagten. Der letztere leugnet nämlich die Ursächlichkeit mit Rücksicht darauf, daß eine frühere Pfändung des Roggens, als geschehen, gemäß § 714 C.P.O. ungesetzlich gewesen sein würde. Das Berufungsgericht hat diesen Rechtsbehelf aus zutreffenden Erwägungen verworfen. Der § 714 a. a. O. schreibt vor, daß die Pfändung von Früchten, die vom Boden noch ungetrennt sind, nicht früher, als einen Monat vor der gewöhnlichen Zeit der Reife erfolgen darf. Das Berufungsgericht ist nun der Meinung, daß unter der „gewöhnlichen Zeit der Reife" nicht die wirkliche Reifezeit des einzelnen Jahres für die betreffende Frucht auf dem einzelnen Grundstücke zu verstehen sei, da diese Reife von elementaren Einflüssen abhange und sich nicht mit Sicherheit vorausbestimmen lasse, sondern diejenige Reifezeit, welche sich aus dem Durchschnitt einer Reihe von Jahren nach Beschaffenheit der fraglichen Fruchtgattung und der örtlichen Verhältnisse für eine größere Gruppe von Grundstücken der Feldmark ergebe und den Ortsbewohnern allgemein bekannt und auch für den Gerichtsvollzieher durch sachgemäße Erkundigung festzustellen sei. Das Berufungsgericht hat dann auf Grund des eidlichen Zeugnisses des Gemeindevorstehers von R. für festgestellt erachtet, daß dort die gewöhnliche Reifezeit für Roggen am 20. Juli eintrete, und dem gegenüber die Behauptung des Beklagten, daß ihm von Bewohnern eines Nachbarortes ... eine spätere Reifezeit angegeben sei, für belanglos erklärt. Die Revision bekämpft die Auslegung, welche das Berufungsgericht dem § 714 a. a. O. gegeben hat. Dieselbe ist indes zu billigen. Sie hat den Wortlaut des § 714, den Gegensatz des § 725 und die Entstehungsgeschichte des § 714 für sich. In letzterer Beziehung ergeben die Protokolle der Reichsjustizkommission,

vgl. Hahn, S. 385. 386,

daß in dem Entwurfe zu § 714 der hier fragliche Passus lediglich „vor der Reife" gelautet hat, daß derselbe von mehreren Seiten als zu unbestimmt bemängelt ist, insofern der Eintritt der Reife vom Wetter abhange, also sich nicht bestimmt voraussehen lasse, daß darauf von mehreren Mitgliedern unter Billigung des Vertreters der Bundesregierungen die Änderung jenes Passus in „vor der gewöhnlichen Zeit der Reife" vorgeschlagen, und dieser Vorschlag angenommen worden ist. Hieraus läßt sich folgern, daß der Gesetzgeber mit vorstehender Änderung den Zweck verfolgt hat, für die zeitliche Zulässigkeit der Pfändung von Früchten auf dem Halm einen im voraus verwertbaren, weil auf der erfahrungsmäßigen Durchschnittsreife beruhenden, Maßstab zu geben. Diese Auslegung wird auch in den Kommentaren von Struckmann-Koch (5. Aufl., Bem. 4), von v. Wilmowski-Levy (7. Aufl., Bem. 2), von Gaupp (3. Aufl., Bem. III.) und von Förster (Bem. 4) vertreten, und es steht ihr der § 83 der preußischen Geschäfts-Anweisung für die Gerichtsvollzieher,

vgl. Helf-Siméon, Erläuterungen dazu, 3. Aufl.,

nicht entgegen." . . .

---

96. Begründung und Beweislast bezüglich der auf Grund des § 576 C.P.O. erhobenen Einrede.

IV. Civilsenat. Urt. v. 17. November 1898 i. S. K. (Kl.) w. K. Ehefrau (Bekl.). Rep. IV. 207/98.

I. Landgericht I Berlin.
II. Kammergericht daselbst.

Die Parteien haben miteinander am 7. April 1896 die Ehe geschlossen. Schon nach einigen Monaten erhob der Kläger die Klage auf Ungültigkeitserklärung der Ehe, wurde aber damit durch landgerichtliches Urteil vom 26. September 1896 abgewiesen. Das Urteil ist am 15. November 1896 rechtskräftig geworden. Nunmehr verlangt der Kläger die Trennung der Ehe aus den in den §§ 700, 702 und 706 A.L.R. II. 1 vorgesehenen Scheidungsgründen, in zweiter Reihe aber auch aus § 718a a. a. O. wegen unüberwindlicher Abneigung. Zur Rechtfertigung der Scheidungsgründe macht der Kläger auch Thatsachen geltend, die vor dem 15. November 1896, dem Tage der Rechtskraft des Urteils im Vorprozesse, geschehen sind; er will aber davon und den Beweismitteln dafür zuverlässige Kenntnis erst später erhalten haben.

Das Landgericht hat die Klage abgewiesen, dagegen das Kammergericht auf die Berufung des Klägers, unter Verwerfung der übrigen Scheidungsgründe, wegen der unüberwindlichen Abneigung des Klägers die Trennung der Ehe ausgesprochen und diesen für den allein schuldigen Teil erklärt. Die Revision des Klägers ist zurückgewiesen.

Aus den Gründen:

„Der § 576 C.P.O. bestimmt:

„Der mit einer Ehescheidungsklage oder einer Ungültigkeitsklage abgewiesene Kläger kann Thatsachen, welche er in dem früheren Rechtsstreit oder welche er durch Verbindung der Klagen hätte geltend machen können, als selbständigen Klagegrund nicht mehr geltend machen. Ein gleiches gilt für den Beklagten in Ansehung der Thatsachen, auf welche er eine Widerklage zu gründen imstande war."

Auf Grund dieser Vorschrift hat das Berufungsgericht dem Kläger die Verwertung derjenigen der Beklagten vorgeworfenen Beschimpfungen und Mißhandlungen des Klägers, welche in die Zeit vor dem 15. November 1896 — dem Tage der Rechtskraft des Urteiles im Vorprozeß — fallen, als selbständige Scheidungsgründe deshalb versagt, weil dem Kläger der, von ihm allerdings versuchte, Nachweis nicht gelungen sei, daß er zuverlässige Kenntnis von den Vorgängen und Beweismitteln dafür erst nach dem 15. November 1896 erlangt habe. Diese Beweispflicht liege aber dem Kläger ob; denn gegenüber der Vorschrift in § 576 C.P.O. gehöre zur Begründung der jetzt erhobenen Klage der Nachweis, daß die Thatsachen im Vorprozesse — durch die nach § 575 Abs. 1 a. a. O. zulässige Verbindung der Ehescheidungs- mit der Ungültigkeitsklage — nicht hätten geltend gemacht werden können.

Die Revision macht hier dem Berufungsgericht den Vorwurf, die gesetzliche Regelung der Beweislast verkannt zu haben. Der Rechtsbehelf aus § 576 C.P.O. stelle sich als Einrede gegen den an sich begründeten Klaganspruch dar, und zur Begründung derselben gehöre der der Beklagten obliegende Nachweis, daß Kläger die Thatsachen im früheren Rechtsstreite hätte geltend machen können, d. h. so gekannt habe, daß er sie hätte unter Beweis stellen können. Der Auffassung der Revision läßt sich nicht beitreten. Wie der besonderen Gestaltung des Verfahrens in Ehesachen in den §§ 568—582 C.P.O. die Tendenz zu Grunde liegt, den Bestand der Ehe, falls solcher einmal in irgend einer Richtung zur Klage gezogen ist, gleich insoweit, als es das den Parteien zugängliche Thatmaterial gestattet, nach allen Richtungen hin zur Aburteilung zu bringen,

vgl. Reincke, Civilprozeßordnung zu §§ 574—576,

um im öffentlichen Interesse der Vervielfältigung der auf Lösung der Ehe gerichteten Klagen unter denselben Ehegatten und hiermit der Vermehrung der Eheprozesse überhaupt entgegen zu wirken, so ist es insbesondere Grund und Zweck der Bestimmungen des § 576 und der damit im Zusammenhange stehenden §§ 574 und 575 C.P.O. über Zulassung neuer Klagegründe und Verbindung der Klage auf Herstellung des ehelichen Lebens, der Ehescheidungs- und der Ungültigkeitsklage, wie aus der in dem Urteile des Reichsgerichtes vom 14. Juli 1881 mitgeteilten Entstehungsgeschichte,

vgl. Entsch. des R.G.'s in Civils. Bd. 5 S. 377,

sich klar ergiebt, die Parteien zu nötigen, das ihnen zur Verfügung stehende Material insgesamt mit einem Male geltend zu machen. Die auf Ehetrennung abzielenden Prozesse sind somit als ein Ganzes in dem Sinne zu behandeln, daß darin alle auf Anfechtung der Gültigkeit der Ehe oder auf Ehescheidung gerichteten Klaganspruche von beiden Seiten einesteils vorgebracht werden können, anderenteils aber auch zur Vermeidung späterer Nichtberücksichtigung vorgebracht werden müssen. Hieraus ergiebt sich die Tragweite der Bestimmung des § 576 C.P.O.,

vgl. Urteil des Reichsgerichtes vom 16. Juni 1887, Entsch. des R.G.'s in Civils. Bd. 19 S. 408,

dahin, daß dadurch die Grenzen der Rechtskraft insofern erweitert sind, als mit der rechtskräftig ausgesprochenen Abweisung einer Ehescheidungs- oder Ungültigkeitsklage nicht bloß die mit der Klage geltend gemachten Scheidungs- oder Ungültigkeitsgründe, sondern jeder auf Seite des einen oder des anderen Ehegatten etwa vorhanden gewesene Anspruch auf Ehescheidung oder Ungültigkeitserklärung, der in dem früheren Rechtsstreite hätte geltend gemacht werden können, erledigt und verbraucht ist. Es kann dahingestellt bleiben, ob, wie das Berufungsgericht annimmt, dieser Erstreckung der Rechtskraft gegenüber zur **Begründung** der neuen Klage bezüglich der in die Zeit vor Eintritt der Rechtskraft des früheren Urteiles fallenden Klagegründe der Nachweis gehört, daß Kläger dieselben in dem früheren Rechtsstreite nicht habe geltend machen können; jedenfalls genügt zur Begründung des Rechtsbehelfes — der Einrede — auf Grund des § 576 C.P.O. der Nachweis, daß der frühere Rechtsstreit geschwebt, die Klage rechtskräftig abgewiesen ist, und die in der neuen Klage geltend gemachten Thatsachen zu einer Zeit geschehen sind, die ihre Verwertung im früheren Rechtsstreite gestattete. Mit diesem Nachweise ist die Einrede der Rechtskraft aus § 576 C.P.O. an sich begründet, und es ist nunmehr Sache des Klägers, im Wege der Replik darzuthun, daß er zur Geltendmachung wegen Nichtkenntnis der Thatsache überhaupt oder wegen Mangels von Beweismitteln nicht imstande gewesen sei. Selbstverständlich bedarf es der Erhebung der Einrede nicht, wenn sich schon aus dem Klagevortrage ergiebt, daß die den Klagegrund bildenden Thatsachen, nach der Zeit ihres Eintrittes, im früheren Rechtsstreit geltend gemacht werden konnten; in solchem Falle gehört es allerdings schon zur Begründung der Klage, daß der Kläger aus dem vorgedachten Grunde dazu nicht imstande gewesen sei, da sonst das ursprünglich erwachsene Klagerecht nach den eigenen Angaben des Klägers als wieder erloschen gelten müßte. Auch würde das erkennende Gericht, falls von den Parteien des Vorprozesses nicht Erwähnung geschehen sein sollte, gemäß § 581 C.P.O. von Amts wegen zur Berücksichtigung des Rechtsbehelfs aus § 576 a. a. O. ebenso berechtigt wie verpflichtet sein. Nach alledem ist es nicht rechtsirrtümlich, wenn das Berufungsgericht den Kläger bezüglich seiner Behauptung, daß er zuverlässige Kenntnis der hier in Rede stehenden Thatsachen und von Beweismitteln dafür erst nach dem 15. November 1896 erlangt habe, für beweispflichtig erklärt hat. Denn nach der materiellrechtlichen — durch die Civilprozeßordnung nicht geänderten — Regelung der Beweislast trifft dieselbe in Ansehung der zur Begründung einer Replik dienenden Thatsachen den Kläger.

Vgl. § 16 Einl. zur A.G.O.; Urtt. des Reichsgerichtes vom 24. Mai 1882, Entsch. des R.G.'s in Civils. Bd. 7 S. 46, und vom 8. Mai 1894, Jurist. Wochenschrift S. 314 Nr. 3; Förster-Eccius, Preußisches Privatrecht Bd. 1 § 54 Anm. 12; Dernburg, Lehrbuch des Preußischen Privatrechts Bd. 1 § 127 Nr. 7 und § 128 Nr. 2."...

---

97. Kommen bei der Wertsberechnung des Streitgegenstandes der Redhibitionsklage Lagerkosten in Betracht, die der redhibierende Käufer neben dem Kaufpreise für die Aufbewahrung des Kaufgegenstandes erstattet verlangt?

C.P.O. § 4.

I. Civilsenat. Beschl. v. 17. November 1898 i. S. Le. (Kl.) w. La. (Bekl.). Beschw.-Rep. I. 110/98.

I. Landgericht Hamburg.
II. Oberlandesgericht daselbst.

Die Frage ist verneint aus folgenden, den Sachverhalt ergebenden

Gründen:

„Der Kläger hat, nachdem er die ihm vom Beklagten gelieferten Kohlen als nicht vertragsmäßig zur Verfügung gestellt und auf Lager genommen, auf Rückzahlung des Kaufpreises und der verauslagten Fracht und Löschungskosten im Betrage von 1247,50 M und auf Zahlung von 3 M Lagerkosten pro Tag, die sich im ganzen auf 882 M stellen würden, geklagt. Der Beklagte hat widerklagend Zahlung einer unstreitigen Forderung von 655,65 M verlangt. Die Klage ist rechtskräftig abgewiesen, und der Kläger rechtskräftig zur Zahlung der Widerklageforderung und in die Kosten verurteilt.

In dem Antrage vom 20. Oktober 1898 hat der Beklagte seine Kosten nach einem Objekte von 1200—1600 M in der Klage und 655,65 M in der Widerklage liquidiert, aber irrtümlich die Sätze der 12. statt der 11. Wertklasse in Ansatz gebracht. Durch den Beschluß des Landgerichtes vom 26. Oktober 1898 sind von den liquidierten 172,30 M deshalb 16 M mit Recht gestrichen.

Auf die sofortige Beschwerde des Beklagten sind durch den angefochtenen Beschluß, dem Antrage des Beklagten entsprechend, die zu erstattenden Kosten auf 180,30 M festgesetzt, indem für den Wert des Streitgegenstandes der Klage außer den 1247,50 M noch die Lagerkosten von 882 M in Rechnung gezogen sind.

Die dagegen gerichtete weitere Beschwerde des Klägers ist an sich statthaft, auch in der gesetzlichen Form und Frist eingelegt, und auch begründet. Denn die Lagerkosten, die der redhibierende Käufer für die einstweilige Aufbewahrung der beanstandeten Ware aufgewendet hat, sind Kosten, deren Erstattung vom Verkäufer nur dann verlangt werden kann, wenn die Beanstandung der Ware und die Redhibition sich als begründet, ihre Aufwendung sich als im Interesse des Verkäufers geschehen erweist. Der Anspruch auf ihre Erstattung ist durchaus abhängig von dem Redhibitionsanspruche, steht und fällt mit ihm. Er hat die Natur eines Nebenanspruches, der nur als solcher geltend gemacht werden kann, und bei der Wertsberechnung nach § 4 C.P.O. ebenso außer Betracht bleibt, wie der Anspruch des Verkäufers auf Erstattung der Lagerkosten gegen den Käufer, der mit der Empfangnahme im Verzuge ist, neben dem Anspruche auf Zahlung des Kaufpreises und auf Abnahme der Ware (vgl. Urteil des Reichsgerichtes vom 5. Dezember 1896, Rep. I. 246/96). Die Erwägung des Oberlandesgerichtes, daß der Käufer den Anspruch auf Lagerkosten nach Artt. 348. 290 H.G.B. aus Geschäftsführung ohne Auftrag und deshalb als selbständigen Anspruch habe, trifft für den Anspruch als Teil des Redhibitionsanspruches des Klägers offensichtlich nicht zu."[1] ...

---

98. 1. Welche rechtliche Stellung hat der Nebenintervenient in den Prozessen, in denen er namens der von ihm unterstützten Partei ein Rechtsmittel einlegt? Darf er auch in eigenem Namen ein Rechtsmittel gegen das der Partei gegenüber ergangene Urteil einlegen und dasselbe gegen die Partei richten, der er zum Zwecke ihrer Unterstützung beigetreten ist?

2. Kann § 66 C.P.O. bezüglich der Stellung eines Hypothekargläubigers des Beklagten Anwendung finden, gegen den eine Klage auf Auflösung des Kaufvertrages erhoben ist, wenn seine Hypothek sich auf die verkauften Grundstücke erstreckt?

II. Civilsenat. Urt. v. 22. November 1898 i. S. H. u. Gen. (Nebeninterv.) w. G. (Kl.) und Ehel. M. (Bekl.). Rep. II. 216/98.

I. Landgericht Mainz.
II. Oberlandesgericht Darmstadt.

[1] Vgl. aber Bd. 13 dieser Sammlung Nr. 106 S. 396. D. R.

Der Kläger G. war der Vater der verklagten Ehefrau M., der er mehrere Liegenschaften durch Kaufvertrag übertragen hatte. Nachdem über das Vermögen seines Schwiegersohnes das Konkursverfahren eröffnet worden war, erhob der Kläger gegen die Eheleute M. Klage mit dem Antrage, den Kaufvertrag wegen Nichterfüllung der Bedingungen für aufgelöst zu erklären. Die Beklagten stellten keinen Prozeßbevollmächtigten auf; zwei Hypothekargläubiger, deren Hypotheken durch eine ihnen gegenüber wirksame Auflösung des Kaufvertrages hinfällig werden würden, und der Verwalter in dem gegen M. eröffneten Konkursverfahren traten aber als Nebenintervenienten in den Prozeß ein und beantragten, die Klage abzuweisen. Das Landgericht erließ ein bedingtes Endurteil, durch das dem Kläger ein Eid auferlegt wurde. Gegen dieses Urteil legten die Nebenintervenienten dem Kläger und den Beklagten gegenüber Berufung ein, mit dem Antrage, die Klage abzuweisen. Als diese Berufung vom Oberlandesgericht zurückgewiesen worden war, legten sie in derselben Weise (dem Kläger und den Beklagten gegenüber) Revision ein. Die Beklagten stellten weder in der Berufungsinstanz, noch in der Revisionsinstanz einen Prozeßbevollmächtigten auf. Der Kläger behauptete, sie hätten auf die Berufung ausdrücklich verzichtet. Vom Reichsgerichte wurde die Revision als unzulässig verworfen.

Aus den Gründen:

„Die Revision konnte nicht für zulässig erachtet werden.

Die Klage ist lediglich gegen die Ehefrau M. und deren Ehemann gerichtet worden; gegen die jetzigen Revisionskläger ist dieselbe nicht erhoben; vielmehr wurde ihnen nur in Gemäßheit von Art. 4 des hessischen Gesetzes vom 10. Mai 1893, betreffend Grundeigentum und Hypothekenwesen in der Provinz Rheinhessen, eine Abschrift der auf Vertragsauflösung gerichteten Klage zugestellt, damit sie ihre Rechte in geeigneter Weise wahren könnten. Die Revisionskläger sind denn auch in der ersten Instanz lediglich den Beklagten zum Zwecke ihrer Unterstützung gemäß § 63 C.P.O. als Nebenintervenienten beigetreten. Sie dürfen daher nur diejenigen Befugnisse ausüben, die den Nebenintervenienten als solchen nach der Civilprozeßordnung zustehen. Daran könnte das erwähnte hessische Landesgesetz vom 10. Mai 1893, auf das sich die Revisionskläger berufen, nichts ändern. Übrigens bestimmt auch Art. 4 dieses Gesetzes nur, daß im Falle der

Klage auf Auflösung eines Rechtsgeschäftes wegen Nichterfüllung der Bedingungen die Personen, die nach dem Abschluß des Rechtsgeschäftes Rechte an dem durch die Klage betroffenen Grundstücke erworben haben, die Wirkungen der Klage dadurch beseitigen können, daß sie den Kläger befriedigen, und daß ihnen, soweit ihre Rechte sich aus dem Grundbuch u. s. w. ergeben, eine Abschrift der Klage zuzustellen ist.

Der Nebenintervenient ist nun nach § 64 C.P.O. nur berechtigt, namens der von ihm unterstützten Partei die ihr zustehenden Angriffs- und Verteidigungsmittel geltend zu machen und für sie die erforderlichen Prozeßhandlungen vorzunehmen. Er darf auch, wie das Reichsgericht schon häufig ausgesprochen hat, seine Einwendungen nicht aus seinen eigenen Rechtsverhältnissen, sondern nur aus denjenigen der unterstützten Partei entnehmen. Der Nebenintervenient kann hiernach zwar dadurch, daß er bei der mündlichen Verhandlung für die unterstützte Partei auftritt, auch wenn lediglich § 64 C.P.O. maßgebend ist, verhindern, daß ein Versäumnisurteil gegen diese ergeht. Auch darf er nach § 63 Abs. 2 dieses Gesetzbuches für sie die von ihm für erforderlich gehaltenen Rechtsmittel einlegen. Bei allen derartigen Handlungen hat er aber nur die der Partei selbst zustehenden Rechte auszuüben. Er darf nicht in eigenem Namen, wie wenn er selbst Partei wäre, vorgehen und in keinem Falle der von ihm unterstützten Partei als Gegner gegenüber treten. Legt der Nebenintervenient namens der unterstützten Partei ein Rechtsmittel ein, so wird er dadurch auch in der Rechtsmittelinstanz nicht Partei, bleibt vielmehr auch hier bloßer Nebenintervenient. Nicht er ist Berufungskläger oder Revisionskläger, sondern die unterstützte Partei, in deren Namen er gehandelt hat, und der er durch seine Unterstützung zum Siege verhelfen will. Auch wenn diese Partei in der Rechtsmittelinstanz nicht selbst auftritt, sondern sich unthätig verhält, ist sie als Partei, d. h. als Berufungskläger oder Revisionskläger, anzusehen. Insbesondere gilt dies insoweit, als die Auferlegung eines Eides oder eine Anschließung des Gegners in Frage steht.[1] Zur Einlegung

---

[1] Vgl. in dieser Beziehung Petersen, Civilprozeßordnung § 64 Bem. 5—11, § 66 Bem. 3 u. 5, sowie dessen Abhandlung in der Zeitschr. für deutschen Civilprozeß Bd. 24 S. 305 flg., bes. S. 321 flg. D. E.

eines Rechtsmittels in eigenem Namen ist der Nebenintervenient jedenfalls insofern nicht befugt, als in Ansehung seiner Befugnisse nur § 64 C.P.O. maßgebend ist. Zwischen den Fällen, in denen lediglich diese Vorschrift Anwendung findet, und denjenigen, in welchen § 66 C.P.O. maßgebend ist, besteht insofern ein Unterschied, als in Fällen der ersteren Art die Erklärungen und Handlungen des Nebenintervenienten nicht mit denjenigen der Partei in Widerspruch stehen dürfen, während § 66 dem Nebenintervenienten, der danach in Ansehung der Prozeßführung „als Streitgenosse der Hauptpartei gilt", eine selbständige Stellung einräumt, zufolge deren er den Widerspruch der Partei nicht zu beachten braucht. Ob in Ansehung der Befugnisse des Nebenintervenienten zur Einlegung von Rechtsmitteln und seiner Stellung in der Rechtsmittelinstanz, auch wenn § 66 C.P.O. zutrifft, gleichfalls und in jeder Richtung die dargelegten Grundsätze gelten, oder ob es sich dann in einzelnen Richtungen anders verhält, bedarf im vorliegenden Falle keiner Entscheidung. Die Voraussetzung des § 66, daß nach den Vorschriften des bürgerlichen Rechts die Rechtskraft der in dem Hauptprozesse erlassenen Entscheidung auf das Rechtsverhältnis des Nebenintervenienten zu dem Gegner von Einfluß ist, liegt nämlich bezüglich keines Revisionsklägers vor. Daß das in einem Prozesse zwischen dem Kläger und der Ehefrau des Gemeinschulders erlassene Urteil dem Konkursverwalter nicht als für ihn bindend entgegengehalten werden dürfte, liegt auf der Hand. Der Umstand, daß der Gemeinschuldner selbst der für erforderlich gehaltenen ehelichen Ermächtigung wegen mitverklagt wurde (wobei außer § 51 Abs. 2 C.P.O. Art. 1401 Ziff. 2 und Art. 1428 Code civil in Betracht kämen), ändert daran nichts. Auch wenn der Gemeinschuldner allein verklagt worden wäre, würde das Urteil dem Konkursverwalter gegenüber nicht maßgebend sein. Aber auch für das Rechtsverhältnis zwischen den Hypothekargläubigern zu dem Kläger würde das Urteil, das dieser gegenüber seiner Tochter erwirkt hat, nicht von Wirksamkeit sein. Nach Art. 1351 Code civil wirkt das rechtskräftige Urteil nur unter den Parteien, denen natürlich ihre allgemeinen Rechtsnachfolger gleichstehen. Daraus folgt, daß ein Hypothekargläubiger, wie das Reichsgericht bereits in einem Urteile vom 28. Januar 1887 (Jurist. Wochenschr. S. 79 Nr. 57) ausgesprochen hat, sich ein lediglich zwischen dem Eigentümer und dessen Rechtsvorgänger nach Bestellung der Hypothek ergangenes Urteil, durch welches ein Kaufvertrag nach Art. 1184 Code civil für aufgelöst erklärt, oder eine Schenkung nach Art. 954 Code civil als widerrufen anerkannt wird, nicht ohne weiteres entgegenhalten lassen muß. Die Befugnisse der Revisionskläger sind somit lediglich nach § 64 C.P.O. zu beurteilen. Die sich daraus ergebende Stellung berechtigte sie aber in keinem Falle zu der Art ihres Vorgehens. Gegen das Urteil der ersten Instanz haben die Nebenintervenienten nicht namens der Beklagten in Ausübung von deren Rechten Berufung eingelegt, vielmehr sich als Berufungskläger, die von ihnen in erster Instanz unterstützten Beklagten dagegen als Berufungsbeklagte, sonach als ihre Gegner bezeichnet. Ganz in derselben Weise haben sie sich, nachdem ihre Berufung zurückgewiesen worden war, in Ansehung der Revision verhalten. Sie sind als „Revisionskläger" aufgetreten und haben ihre Revision nicht bloß gegen den Kläger, sondern auch gegen die in der Revisionsschrift ausdrücklich als Revisionsbeklagte bezeichneten Beklagten gerichtet. Zu einem derartigen Vorgehen waren sie nicht befugt, da sie in ihrer Eigenschaft als Nebenintervenienten nur das den Beklagten selbst zustehende Rechtsmittel (in deren Namen) einlegen, nicht aber dasselbe in eigenem Namen ergreifen durften. Hiernach hätte schon das Oberlandesgericht die Berufung (selbst abgesehen von dem von dem Kläger behaupteten Verzichte der Eheleute M. auf dieses Rechtsmittel) als unzulässig verwerfen sollen. Da auch die Revision nicht namens der unterstützten Partei eingelegt, sondern gegen diese gerichtet worden ist, mußte nun aber die Revision als unzulässig verworfen werden. Der Prozeßbevollmächtigte der Revisionskläger hat zwar nachträglich erklärt, die Nebenintervenienten hätten nicht bloß in eigenem Namen, sondern auch im Namen der Eheleute M. gehandelt. Allein diese Erklärung konnte an der Sachlage nichts ändern, da nach § 515 C.P.O. die Revisionsschrift maßgebend ist, und sich aus dieser ergiebt, daß die Revisionskläger in eigenem Namen den Klägern und den Beklagten gegenüber Revision eingelegt haben." ...

99. 1. Wonach bestimmt sich die Zulässigkeit des Rechtsmittels gegen ein Zwischenurteil, wenn das erkennende Gericht das letztere als aus § 275 C.P.O. erlassen bezeichnet?

2. Darf für die Frage, ob das nach der Enteignung verbliebene Restgrundstück nach seiner bisherigen Bestimmung noch zweckmäßig benutzt werden kann, eine Straßenanlage berücksichtigt werden, deren Herstellung erst durch die Enteignung ermöglicht ist?

C.P.O. §§ 273. 275. 276. 507.

V. Civilsenat. Urt. v. 23. November 1898 i. S. Stadtgemeinde B. (Bekl.) w. H. (Kl.). Rep. V. 165/98.

I. Landgericht I Berlin.
II. Kammergericht daselbst.

Auf dem zwischen der K.=Straße und der W.=Gasse in B. belegenen Grundstücke des Klägers standen längs der Straßenfront an der K.=Straße drei alte Wohnhäuser, aus Erdgeschoß, einem Stockwerke und Dachgeschoß bestehend, welche die polizeilichen Straßennummern K.=Straße 83, 84 und 85 führten. Sie hatten einen gemeinsamen Hofraum, an den ein auf dem Grundstücke errichtetes Kontorgebäude angrenzte. Außerdem befand sich auf dem Grundstücke, welches, soweit es nicht zu Wohnungszwecken diente, als Holzlagerplatz benutzt wurde, an der W.=Gasse ein seine ganze Breite einnehmender Schuppen. Von diesem Grundstücke wurde im Jahre 1893 behufs Herstellung eines Verbindungsweges zwischen der W.=Gasse und der K.=Straße ein 1707 Quadratmeter großer Längsstreifen enteignet. Die dem Kläger verbleibende Restfläche betrug danach 2469 Quadratmeter. Der Verbindungsweg wurde hergestellt und am 1. Dezember 1894 dem öffentlichen Verkehre übergeben; er führte die Bezeichnung: „Am K. P." Die Enteignungslinie durchschnitt das Wohnhaus Nr. 84, das Kontorgebäude und den Schuppen.

Im Enteignungsverfahren erhob Kläger den Anspruch, daß die Beklagte auch das ihm verbleibende Restgrundstück übernehme. Diesem Verlangen, welchem die Beklagte widersprach, wurde nicht stattgegeben, und die dem Kläger zu zahlende Entschädigung für die ihm enteigneten 1707 Quadratmeter auf 387 720,91 ℳ festgesetzt. Hiergegen beschritt der Kläger den Rechtsweg; er verlangte Verurteilung der Beklagten auch zur Abnahme des Restgrundstückes, Feststellung der ihm für das ganze Grundstück zu gewährenden Entschädigung auf 1 267 800 ℳ und demnach Zahlung weiterer 880 079,09 ℳ nebst Zinsen.

In erster Instanz wurde die Beklagte verurteilt, dem Kläger auch das Restgrundstück abzunehmen und ihm außer den bereits gezahlten 387 720,91 ℳ noch weitere 627 478,73 ℳ nebst Zinsen zu zahlen; mit der Mehrforderung wurde der Kläger abgewiesen.

Gegen diese Entscheidung legten beide Parteien Berufung ein, der Kläger, weil nicht nach seinem Antrage in vollem Umfange erkannt, die Beklagte, weil die Klage nicht vollständig abgewiesen worden war. Das Berufungsgericht erließ, nachdem es sachverständige Gutachten darüber eingeholt hatte, ob die Häuser K.-Straße 83 und 84 als ein einheitliches Gebäude anzusehen seien, und wie hoch sich die für den Kläger zu bemessende Entschädigung stelle, je nachdem man die Beklagte zur Abnahme des Restgrundstückes für verpflichtet erachte, oder nicht, ein „Zwischenurteil" dahin:

I. Die Beklagte ist verpflichtet, von dem dem Kläger gehörigen (näher beschriebenen) Grundstück auch den nicht enteigneten Teil gegen Entschädigung zu übernehmen;

II. die dem Kläger für Abtretung des ganzen Grundstücks zustehende Entschädigung ist nach der vollen Ausnutzungsfähigkeit des ganzen Grundstücks zu bemessen.

Die hiergegen von der Beklagten eingelegte Revision wurde zu I des Zwischenurteiles als unbegründet zurückgewiesen, zu II als unzulässig verworfen.

Aus den Gründen:

„Zunächst kommt die Zulässigkeit der Revision in Frage. Sie hängt von der Entscheidung der Vorfrage ab, welcher rechtliche Charakter dem angefochtenen „Zwischenurteile" zuzuerkennen ist. In dieser Beziehung hat das Reichsgericht im Anschlusse an frühere Entscheidungen,

Entsch. des R.G.'s in Civils. Bd. 7 S. 424, Bd. 16 S. 286, Bd. 25 S. 425, Bd. 35 S. 345; Jurist. Wochenschr. von 1895 S. 8 Nr. 17,

auch in neuerer Zeit daran festgehalten,

vgl. Entsch. a. a. O. Bd. 39 S. 389 und das . . . Urteil des erkennenden Senates vom 6. Juli 1898, Rep. V. 40/98,[1] sowie Jurist. Wochenschr. von 1898 S. 503,

daß für die rechtliche Charakterisierung eines Urteiles, auch soweit seine Anfechtbarkeit durch Rechtsmittel in Frage kommt, nicht seine Bezeichnung und nicht die Auffassung des Gerichtes, von dem es erlassen ist, sondern sein Inhalt, wie er sich aus der Urteilsformel und der Begründung ergiebt, maßgebend sein muß. ...

Geht man hiervon aus, so ist für die hier zu entscheidende Frage damit nichts gewonnen, daß das Berufungsgericht seine Entscheidung als ein aus § 275 C.P.O. erlassenes Zwischenurteil bezeichnet und ausdrücklich hinzufügt, auch die Entscheidung zu I solle nicht die Bedeutung eines Teilurteiles haben. Ob das eine, oder das andere der Fall ist, muß vielmehr aus dem Urteile selbst entnommen werden. Letzteres verhält sich nun aber, wie schon die Urteilsformel zeigt, und wie aus der Begründung noch deutlicher hervorgeht, über zwei ganz verschiedene Punkte. Unter Nr. I der Urteilsformel wird die Verpflichtung der Beklagten festgestellt, dem Kläger den nicht enteigneten Teil seines Grundstückes gegen Entschädigung abzunehmen, und unter Nr. II wird die zwischen den Parteien streitige Frage entschieden, ob bei der künftigen Bemessung der Entschädigung die volle Ausnutzungsfähigkeit des ganzen Grundstückes zu Grunde gelegt werden soll. Einer solchen in sich selbst nicht einheitlichen Entscheidung gegenüber kann auch die Frage nach ihrem rechtlichen Charakter nur in der Weise beantwortet werden, daß man jede der beiden ergangenen Entscheidungen für sich betrachtet; denn es ist nicht ausgeschlossen, daß die eine Entscheidung einen anderen rechtlichen Charakter zeigt, als die andere, und es fehlt bei ihrer Zwiespältigkeit an einer gemeinsamen rechtlichen Grundlage, die dazu nötigen könnte, beiden Entscheidungen denselben rechtlichen Charakter beizumessen.

Prüft man nun von diesem Standpunkte aus zunächst die unter Nr. I der Urteilsformel getroffene Entscheidung, so kann der Annahme des Berufungsgerichtes, daß sich diese als ein aus § 275 C.P.O. erlassenes Zwischenurteil darstelle, nicht beigepflichtet werden. Das Berufungsgericht hat sich die Frage vorgelegt, ob diese Entscheidung etwa als ein Teilurteil anzusehen sein möchte, und hat diese Frage

---

[1] Abgedruckt oben Nr. 81 S. 346. D. R.

mit der Begründung verneint, daß der Anspruch des Eigentümers im Falle des § 9 des Enteignungsgesetzes nicht auf Übernahme des betreffenden Grundstücksteiles, sondern auf Entschädigung auch für diesen Grundstücksteil gerichtet sei, und demgemäß derjenige Teil des Klagantrages, welcher sich auf die Übernahme bezieht, nur die Begründung für den eigentlichen, auf Entschädigung gerichteten Klaganspruch enthalte. Dies mag in dem Sinne richtig sein, daß der Anspruch auf Übernahme nicht als ein selbständiger Teil des erhobenen Anspruches ausgesondert werden darf, über den ein Teilurteil nach § 273 C.P.O. ergehen könnte. Aber daraus folgt noch nicht, daß es sich hier um ein Zwischenurteil aus § 275 C.P.O. handelt. Ein solches würde nur vorliegen (da von einem „Zwischenstreit" im Sinne der Civilprozeßordnung nicht die Rede sein kann), wenn über ein einzelnes selbständiges Angriffs- oder Verteidigungsmittel entschieden wäre. Dies ist aber nicht der Fall. Denn die Entscheidung umfaßt den ganzen Anspruch des Klägers bis auf den Betrag; sie hat also nicht bloß ein einzelnes selbständiges Angriffsmittel zum Gegenstande. Gerade diese Erwägung führt auf den richtigen Weg. Erledigt die Entscheidung den ganzen Anspruch des Klägers bis auf den Betrag, so hat der Berufungsrichter über den Grund des Anspruches nach § 276 C.P.O. vorab entschieden. Daß dies in der That der Inhalt und die Bedeutung seiner Entscheidung ist, ergiebt sich aus ihr selbst. Denn streitig ist zwischen den Parteien zweierlei: erstens ob die Beklagte verpflichtet ist, dem Kläger den nicht enteigneten Teil seines Grundstückes gegen Entschädigung abzunehmen, und zweitens wieviel sie — bejahendenfalls — als Entschädigung zu zahlen hat. Beide Fragen sind, wie bereits bemerkt, und wovon auch der Berufungsrichter ausgeht, nur Teile desselben Anspruches, nämlich des Anspruches auf Zahlung derjenigen Entschädigung gegen Übernahme des Restgrundstückes, auf welche der Klagantrag gerichtet ist. Erkennt nun bei solcher Sachlage der Richter, daß die Beklagte zur Übernahme gegen Entschädigung verpflichtet sei, so ist dies genau dasselbe, wie wenn er erkannt hätte, daß der Klaganspruch seinem Grunde nach für gerechtfertigt erachtet werde. Die andere Formulierung kann selbstverständlich einen sachlichen Unterschied nicht begründen, und zwar umsoweniger, als die Entscheidung auch in derjenigen Formulierung, die ihr der Berufungsrichter gegeben hat, nicht über die Bedeutung der Feststellung eines Rechtsverhältnisses — im Gegensatze zur Verurteilung zu einer Leistung — hinauskommt. Auch dies weist wieder darauf hin, daß man es hier mit einer Vorabentscheidung über den Grund des erhobenen Anspruches aus § 276 C.P.O., nicht mit einem Teilurteile aus § 273, und am allerwenigsten mit einem Zwischenurteile aus § 275 zu thun hat.

Anders ist die Frage nach der rechtlichen Natur des ergangenen Urteiles bezüglich der unter Nr. II der Urteilsformel getroffenen Entscheidung zu beantworten. Diese betrifft den Streit der Parteien darüber, welche Ausnutzungsfähigkeit des Grundstückes bei Berechnung der zu gewährenden Entschädigung zu Grunde gelegt werden soll. Kläger will die Ausnutzungsfähigkeit des ganzen Grundstückes, so wie wenn auf ihm überhaupt keine Gebäude vorhanden wären, in Betracht gezogen wissen, die Beklagte dagegen nur diejenige Ausnutzungsfähigkeit, die sich ergiebt, wenn man die jetzt vorhandenen Gebäude und die bisherige Benutzung des Grundstückes als Holzlagerplatzes berücksichtigt. Es handelt sich also um einen für die Höhe der Entschädigung maßgebenden Faktor; je nachdem derselbe als richtig anerkannt, oder als unrichtig verworfen wird, stellt sich die ganze Berechnung auf eine andere Basis, weil der ihr zu Grunde zu legende Ausgangspunkt ein anderer wird. Greift die Entscheidung des Richters einen solchen Streitpunkt der Parteien heraus, und giebt sie damit die Grundlage, auf welcher sich nun die Parteibehauptungen über die Höhe der Entschädigung zu halten haben, so ist, wie der Berufungsrichter hier zutreffend angenommen hat, über ein einzelnes selbständiges Angriffs-, bezw. Verteidigungsmittel im Sinne des § 275 C.P.O. entschieden worden. Der in den Urteilen des Reichsgerichtes,

Entsch. des R.G.'s in Civils. Bd. 13 S. 405, Bd. 16 S. 387,

entschiedene Fall lag insofern anders, als es sich damals nicht um einen für den erhobenen Anspruch erst festzulegenden Ausgangspunkt handelte.

Das Ergebnis ist dieses, daß die gegen das Zwischenurteil eingelegte Revision zu I dieser Entscheidung zulässig, zu II derselben unzulässig ist (§ 276 Abs. 2, §§ 507. 529. 497 C.P.O.).

Die Revision, soweit sie hiernach für zulässig erachtet werden mußte, ist aber sachlich unbegründet." (Von den nun folgenden Ausführungen interessiert hier nur diese:)

„Die Revisionsklägerin beschwert sich sodann darüber, daß sie vom Berufungsrichter für verpflichtet erachtet worden ist, dem Kläger das Restgrundstück, welches bisher als Holzlagerplatz benutzt wurde, gegen Entschädigung abzunehmen. Der Berufungsrichter sei hierzu gelangt, weil er annehme, daß das Restgrundstück durch die Enteignung des an die K.-Straße und an die W.-Gasse anstoßenden Areals seine Zugänglichkeit eingebüßt habe. Dies sei aber nicht richtig. Denn wenn auch das Restgrundstück von diesen beiden Straßen her nicht mehr zugänglich sei, so sei ihm doch die Zugänglichkeit dadurch gewahrt geblieben, daß inzwischen die Straße „am K. P.", zu deren Herstellung die Enteignung stattgefunden habe, angelegt und dem öffentlichen Verkehre übergeben worden sei. Der Berufungsrichter gehe fehl, wenn er hierauf deshalb keine Rücksicht nehmen wolle, weil die Vorteile, die durch die neue Straßenanlage für das Restgrundstück entstehen, nach der Judikatur des Reichsgerichtes auch bei der Schätzung des Minderwertes des Restgrundstückes nicht in Betracht gezogen werden dürften. Letzteres sei allerdings richtig; aber daraus folge keineswegs, daß die durch Anlegung der neuen Straße thatsächlich geschaffene Lage auch bei der Frage nach der Zugänglichkeit des Restgrundstückes außer Betracht bleiben dürfe.

Dieser Angriff ist an sich begründet. Es muß der Revision zugegeben werden, daß es nicht in der Konsequenz des vom Reichsgerichte anerkannten Grundsatzes liegt, wonach die Vorteile der neuen, durch die Enteignung ermöglichten Anlage bei Bemessung des Minderwertes des dem Expropriaten verbliebenen Restgrundstückes nicht in Betracht zu ziehen sind, wenn vom Berufungsrichter angenommen worden ist, daß die neue Anlage auch insoweit als nicht vorhanden anzusehen sei, als es sich darum handelt, ob die Restparzelle nach ihrer bisherigen Bestimmung nicht mehr zweckmäßig benutzt werden kann. Beides ist dem Grunde und Zwecke nach verschieden, und an sich steht nichts entgegen, die durch die Enteignung geschaffene neue thatsächliche Situation zu berücksichtigen, um zu einem Schlusse darüber zu gelangen, ob eine zweckmäßige Benutzung der Restparzelle ihrer bisherigen Bestimmung entsprechend stattfinden kann. Wäre daher der Annahme des Berufungsgerichtes, daß dies nicht der Fall sei, nicht aus anderen Gründen beizupflichten, so hätte die Vorentscheidung bei diesem Punkte (zu Nr. I der Urteilsformel) aufgehoben werden müssen. Aber zunächst kam in Betracht, daß bei Enteignungen, die auf Grund des Gesetzes vom 2. Juli 1875 behufs künftiger Anlegung einer städtischen Straße erfolgen, der Grundstückseigentümer einer der Zeit nach völligen Ungewißheit, wann die neue Anlage hergestellt und dem Verkehre übergeben werden wird, gegenübersteht. Im vorliegenden Falle ist allerdings, nachdem die Enteignung im Jahre 1893 erfolgt war, mit der Herstellung der Straße in der Weise vorgegangen worden, daß sie bereits am 1. Dezember 1894 angelegt war und dem öffentlichen Verkehre übergeben werden konnte. Aber für die rechtliche Beurteilung der Lage des Klägers hat sich dadurch nichts geändert. Für ihn bestand zur Zeit der Enteignung die Ungewißheit, wann die neue Straße hergestellt sein würde, und doch mußte er sich mit Rücksicht auf den für die Klage drohenden Fristenablauf entschließen, welche Ansprüche er gegen die Stadtgemeinde aus der Enteignung erheben wolle. . . . Es kommt weiter in Betracht, daß Kläger, um die ihm verbliebene Restparzelle auch fernerhin als Holzlagerplatz zu benutzen, genötigt sein würde, auf derselben neue Gebäude zu errichten. Denn der Schuppen sowohl, wie auch das Kontor und die an der K.-Straße stehenden Wohnhäuser werden von der Enteignung betroffen. Nun soll nicht gesagt werden, daß der Expropriat es in allen Fällen ablehnen könnte, das ihm verbliebene Restgrundstück wieder durch Errichtung von Neubauten dem bisherigen Zwecke entsprechend dienstbar zu machen; es wird darauf ankommen, in welchem Umfange er zu Neubauten schreiten müßte, und ob man ihm diese billigerweise zumuten darf. Im vorliegenden Falle stand der Holzplatz bisher in Zusammenhang mit dem bebauten Grundstücke; soll er in der bisherigen Art weiter benutzt werden, so müßte auch sein Zusammenhang mit Wohngebäuden, von denen aus er beaufsichtigt, und mit denen zusammen er wirtschaftlich verwertet werden kann, gewahrt bleiben. Der Kläger müßte also, um das ihm belassene Restgrundstück nach seiner bisherigen Bestimmung zweckmäßig zu benutzen, auf ihm nicht bloß einen neuen Schuppen und ein neues Kontorgebäude, sondern auch ein neues Wohnhaus errichten. Soweit aber darf man die Verpflichtung des Expropriaten zu Neubauten nicht ausdehnen; überschreiten letztere, wie dies hier der Fall ist, die Grenze, die man billigerweise ziehen muß, so muß auch anerkannt werden, daß das nach der Enteignung verbliebene Restgrundstück nach seiner bisherigen Bestimmung nicht mehr zweckmäßig benutzt werden kann. Im Ergebnisse war daher dem Berufungsrichter in dieser Annahme beizutreten, und demnach seine Entscheidung, weil sie sich aus anderen Gründen als richtig darstellt, aufrecht zu erhalten (§ 526 C.P.O.)." ...

---

100. 1. Muß der die Nebenintervention erklärende Schriftsatz auch der zu unterstützenden Partei zugestellt werden?

2. Inwieweit kann auch der Gegner der zu unterstützenden Partei den Mangel der soeben erwähnten Zustellung mit Erfolg rügen? Einfluß des § 60 in Verbindung mit § 66 C.P.O. in dieser Beziehung?

3. Welche Rechtswirkung kommt, wenn die Nebenintervention durch Einlegung eines Rechtsmittels vorgenommen wird, einer erst nach Ablauf der Rechtsmittelfrist geschehenen Zustellung der Neben-interventionsschrift an die zu unterstützende Partei zu?

4. Unter welchen Voraussetzungen darf die Rechtzeitigkeit der Einlegung einer sofortigen Beschwerde gegen ein Zwischenurteil angenommen werden?

5. Ist eine weitere sofortige Beschwerde derjenigen Partei zulässig, zu deren Nachteil auf die sofortige Beschwerde der Gegenpartei ein Zwischenurteil abgeändert worden ist?

VI. Civilsenat. Beschl. v. 24. November 1898 i. S. E. (Kl.) u. B. (Nebeninterventienten) w. W. (Bekl.). Beschw.-Rep. VI. 199/98.

I. Landgericht II Berlin.
II. Kammergericht daselbst.

Nachdem ein die Klage abweisendes Versäumnisurteil gegen den Einspruch des Klägers vom Amtsgerichte aufrecht erhalten worden war, legte B., indem er als Nebenintervenient dem Kläger beizutreten erklärte, Berufung an das Landgericht ein. Dieses erließ, da der Beklagte der Nebenintervention widersprochen hatte, zunächst ein Zwischenurteil, wodurch es die Nebenintervention deshalb für unzulässig erklärte, weil die Berufungs- und Nebeninterventionsschrift nur dem Beklagten, nicht auch dem Kläger zugestellt worden war. Auf sofortige Beschwerde des Nebenintervenienten hob das Kammergericht dieses Urteil auf und verwies die Sache an das Landgericht zurück. Das Reichsgericht hat aber auf sofortige Beschwerde des Beklagten den Beschluß des Kammergerichtes aufgehoben und das Zwischenurteil des Landgerichtes wiederhergestellt, aus den folgenden

Gründen:

„Die Zulässigkeit einer weiteren sofortigen Beschwerde in einem Falle, wie dem vorliegenden, wo auf eine nach Maßgabe von § 68 Abs. 2, § 126 Abs. 3 oder § 352 Abs. 3 C.P.O. gegen ein Zwischenurteil eingelegte sofortige Beschwerde eine abändernde Entscheidung ergangen ist, und nun die Gegenpartei des Zwischenstreites den ihr dadurch im Sinne des § 531 Abs. 2 C.P.O. gegebenen neuen selbständigen Beschwerdegrund geltend machen will, ist freilich im Gesetze nicht ausdrücklich vorgesehen, aber vom Reichsgericht schon wiederholt, z. B. laut der Entsch. desselben in Civils. Bd. 20 S. 379, angenommen worden und entspricht auch ohne Zweifel dem wahren Sinne der Civilprozeßordnung.

Die Beschwerde stellte sich auch als begründet dar. An sich ist durch den angefochtenen Beschluß schon insofern verstoßen worden, als das Zwischenurteil aufgehoben wurde, ohne daß sicher vorlag, ob die sofortige Beschwerde vom Nebenintervenienten rechtzeitig eingelegt worden sei. Die am 13. August 1898 geschehene Einlegung fiel zwar noch in die zwei Wochen von der vom Nebenintervenienten nachgewiesenen Zustellung des Zwischenurteiles an den Beklagten an, welche am 3. August 1898 erfolgt war; aber da das Urteil schon am 7. Juli 1898 verkündet worden war, so konnte sehr wohl auch schon länger als zwei Wochen vor dem 13. August 1898 eine Zustellung stattgefunden haben, weil hier nicht aus den Akten zu ersehende Zustellungen von Amts wegen, sondern auf Parteibetrieb zu vollziehende Zustellungen in Frage kamen, und deshalb durfte, so lange nicht der Beklagte Gelegenheit gehabt hatte, sich über diesen Punkt auszusprechen, die Rechtzeitigkeit der Beschwerdeeinlegung nicht als feststehend angenommen werden. Jetzt ist indes dieser Mangel als geheilt anzusehen, da der Beklagte als nunmehriger Beschwerdeführer in dieser Beziehung nichts gerügt hat, und deshalb ohne weiteres davon ausgegangen werden darf, daß vor dem 3. August 1898 keine in Betracht kommende Urteilszustellung stattgefunden hatte.

Aber die Entscheidung des Kammergerichtes war auch in der Sache selbst nicht zu billigen. Es handelte sich hier darum, daß gegen das die Klagabweisung aufrecht haltende Urteil des Amtsgerichtes ... nicht der Kläger selbst, sondern der bis dahin bei dem Prozesse formell gar nicht beteiligte B. Berufung eingelegt und damit zugleich als Nebenintervenient dem Kläger beizutreten erklärt hatte, daß zur mündlichen Verhandlung über die Berufung nur der Beklagte und der Nebenintervenient, nicht aber der Kläger erschienen waren, und daß der Beklagte deshalb die Nebenintervention als nicht formgerecht erklärt zurückzuweisen beantragt hatte, weil sich herausgestellt hatte, daß die Berufungsschrift, in welcher auch die Erklärung der Nebenintervention enthalten war, nur ihm selbst, dem Beklagten, dagegen dem Kläger überhaupt kein die Nebenintervention betreffender Schriftsatz zugestellt worden war. Das Landgericht hatte diesem Antrage entsprochen und die Nebenintervention als unzulässig zurückgewiesen; das Kammergericht aber hat dieses Urteil aufgehoben und die Sache zur Entscheidung über die Zulässigkeit der Nebenintervention, so wie über die dieselbe betreffenden Kosten, mit Einschluß derjenigen der Beschwerdeinstanz, an das Landgericht zurückverwiesen. Es ist hierbei davon ausgegangen, daß freilich das Landgericht nach § 60 C.P.O. die Verhandlung über das eingelegte Rechtsmittel einstweilen hätte ablehnen sollen, weil der Kläger nicht zu dieser Verhandlung geladen war, daß aber die Förmlichkeiten der Nebenintervention dadurch, daß der Kläger auf die Zustellung des Schriftsatzes an ihn verzichtete, noch hätten in Ordnung kommen können, und daß der Beklagte, dem die Nebeninterventionserklärung zugestellt war, nicht berechtigt gewesen sei, den Mangel der Zustellung an den Kläger zu rügen.

Mit Recht hat das Kammergericht bei dieser Deduktion als unzweifelhaft vorausgesetzt, daß die gesetzliche Form der Nebenintervention in der Zustellung des betreffenden Schriftsatzes an beide Parteien besteht, obgleich dies in § 67 C.P.O. nicht ganz deutlich gesagt ist.

Vgl. Entsch. des R.G.'s in Civils. Bd. 15 S. 397.

Andererseits ist auch darin dem Kammergericht beizutreten, daß diese Formvorschrift zu denjenigen gehört, auf deren Beobachtung die Parteien nach Maßgabe des § 267 C.P.O. verzichten können, auch durch Unterlassung einer Rüge bei der nächsten mündlichen Verhandlung, insofern die betreffende Partei zu derselben erschienen ist; auch dies ist bereits vom III. Civilsenate des Reichsgerichtes in der soeben angeführten Entscheidung (Bd. 15 S. 397 flg.) ausgesprochen worden. Aber eine Rüge von seiten der erschienenen Partei hat hier ja auch stattgefunden, und so handelt es sich jetzt nur um die von der Bestimmung des § 267 C.P.O. ganz unabhängige Frage, ob die Nichtzustellung des Interventionsschriftsatzes an die zu unterstützende Partei immer nur von dieser Partei selbst gerügt werden kann, oder auch von der Gegenpartei; eine Frage, welche der III. Civilsenat a. a. O. S. 397 offen gelassen hat. Keinesfalls ist nun aber ein Grund gegeben, unter allen Umständen der Gegenpartei die Berufung darauf zu versagen, daß es in dieser Beziehung der Nebenintervention an der gehörigen Form fehle; höchstens mag noch der Zweifel bleiben, ob durch den ausdrücklichen oder stillschweigenden Verzicht der zu unterstützenden Partei auf die Zustellung diese selbst ersetzt werde, was übrigens von Francke, Nebenparteien S. 77 flg., verneint zu werden scheint. Im übrigen ist diese ganze Frage bisher wenig zur Sprache gekommen; jedoch findet sich bei Seuffert, Archiv Bd. 41 Nr. 59, ein Beschluß des Oberlandesgerichtes zu Hamburg mitgeteilt, durch den in einem dem vorliegenden ganz ähnlichen Falle eine Nebenintervention wegen Mangels der Zustellung an die zu unterstützende Partei verworfen worden ist. Wäre im vorliegenden Falle der Kläger zur mündlichen Verhandlung erschienen, ohne sodann die Nichtzustellung des Interventionsschriftsatzes an ihn zu rügen, dann hätte erst die Frage entstehen können, ob hiermit nun dieser Formmangel als geheilt zu gelten habe.

Das Kammergericht meint nun zwar, es hätte wegen Nichtbeobachtung der Vorschrift des § 60 C.P.O., wonach einer von mehreren Streitgenossen, wenn er den Geger zu einem Termine lädt, auch die übrigen Streitgenossen laden muß, in jenem Termine vor dem Landgerichte noch gar nicht verhandelt werden dürfen. In dieser Beziehung mag zugegeben werden, daß, wenn hier eine rechtswirksame Nebenintervention stattgefunden hätte, dann diese wohl unter den § 66 C.P.O. gefallen, und daher der § 60 daselbst zur Anwendung zu bringen gewesen sein würde. Aber ob überhaupt eine solche Nebenintervention vorliege, das war hier ja gerade die erst zu entscheidende Frage. Dabei mag noch darauf hingewiesen werden, daß, wenn der Kläger nach Maßgabe des § 60 beigeladen worden, dann aber doch nicht erschienen wäre, nicht etwa in Ansehung seiner der Fall des § 267 C.P.O. vorgelegen haben würde.

Gelangte man hiernach an sich zur Wiederherstellung der Entscheidung des Landgerichtes, so war nur noch die Frage zu erledigen, ob hieran dadurch etwas geändert werde, daß der Nebenintervenient in seiner Beschwerdeschrift voriger Instanz in Gemäßheit des § 533 C.P.O. die neue Behauptung aufgestellt hat, daß er nachträglich den Schriftsatz vom 21. Mai 1898, also die Nebeninterventions- und Berufungsschrift, dem Kläger habe zustellen lassen. Wäre diese Behauptung für erheblich zu halten gewesen, so hätte zunächst noch der Beklagte darüber gehört werden müssen, auch wenn die betreffende Zustellungsurkunde, auf welche in jener Beschwerdeschrift Bezug genommen ist, die sich aber jedenfalls nicht mehr bei den Akten befindet, vorgelegen hätte. Die Behauptung erscheint nun auch an sich für die Frage wegen der Zulässigkeit der Nebenintervention wirklich als erheblich. Denn einerseits erstreckt der § 533 C.P.O. sich auch auf neu entstandene Thatsachen, und andererseits ist die hier fragliche Zustellung weder in § 67 daselbst, noch sonst irgendwo an eine bestimmte Frist gebunden. Da es aber nach Lage der Sache klar ist, daß die behauptete Zustellung an den Kläger erst nach Ablauf der Frist für die Einlegung der Berufung gegen das Urteil des Amtsgerichtes ..., d. h. nach dem 21. Juni 1898, erfolgt sein kann, so ergiebt sich dennoch die Unerheblichkeit der neuen Behauptung. Denn die Berufung konnte rechtswirksam, außer vom Kläger selbst, nur von einem wirklichen Nebenintervenienten eingelegt werden, und Nebenintervenient war B. damals keinenfalls schon, sondern würde dies höchstens nach Ablauf der Berufungsfrist durch Zustellung seines Schriftsatzes an den Kläger geworden sein. Eben deshalb würde nun aber diese seine Nebenintervention doch unzulässig gewesen sein. Denn mit dem Ablaufe der Berufungsfrist war, da eine rechtswirksame Berufungseinlegung bis dahin nicht stattgefunden hatte, das Urteil des Amtsgerichtes rechtskräftig geworden, und damit der Prozeß zwischen den Hauptparteien beendigt, also auch überhaupt kein Raum mehr für eine Nebenintervention gegeben.

Es hatte also trotz des neuen Vorbringens voriger Instanz bei der Wiederherstellung der landgerichtlichen Entscheidung zu verbleiben."....

---

101. Muß das Bestehen der Klageforderung auch dann festgestellt werden, wenn der Beklagte eine liquide Gegenforderung mit der Erklärung zur Aufrechnung stellt, er wolle die klagebegründenden Behauptungen für den Fall zugestehen, daß er auf Grund seines Aufrechnungseinwandes Abweisung der Klage erreichen könne?

V. Civilsenat. Urt. v. 26. November 1898 i. S. Thi. u. Gen. (Kl.) w. Aktiengesellsch. a. kl. Thierg. (Bekl.). Rep. V. 215/98.

I. Landgericht I Berlin.
II. Kammergericht daselbst.

Die Entscheidung ist oben unter „Preußisches Recht" Nr. 75 S. 320 abgedruckt.

---

102. Liegt ein Zwischenurteil nach § 275 C.P.O., oder ein Teilurteil vor, wenn der Kläger mehrere Ansprüche in der Weise geltend gemacht hat, daß er den eingeklagten Betrag als Betrag des einen Anspruches, eventuell als Betrag des anderen Anspruches fordert, und in dem Urteile der Klagegrund eines der beiden Ansprüche verworfen wird?

VI. Civilsenat. Urt. v. 28. November 1898 i. S. S. (Kl.) w. B. (Bekl.). Rep. VI. 250/98.

I. Landgericht I Berlin.
II. Kammergericht daselbst.

Aus den Gründen:

„In dem angefochtenen, als „Zwischenurteil" nach § 275 C.P.O. bezeichneten Urteil werden die Klagegründe, insoweit sie

1. aus der angeblichen Bauherrneigenschaft des Beklagten in betreff des Neubaues . . .,
2. aus der Bereicherung des Beklagten,
3. aus angeblich arglistiger oder schuldhafter außervertraglicher Schädigung des Klägers durch den Beklagten,
4. aus der Nichtinnehaltung der angeblichen Zusage des Beklagten, die Ausbaugelder für den . . . Neubau zu zahlen,

hergeleitet werden, für ungerechtfertigt erklärt.

Damit sind sämtliche Klagegründe verworfen, aus denen der Kläger die Verpflichtung des Beklagten herleitete, ihm die zu dem erwähnten Bau geleisteten Transportarbeiten mit 1538,90 ℳ zu vergüten. Der Kläger hat aber eventuell den Anspruch auf Zahlung dieses Betrages noch darauf gestützt, daß der Besteller der Arbeiten, W., seine noch bestehenden Ansprüche an den Beklagten als Baugeldgeber in Höhe von 1538,90 ℳ dem Kläger cediert habe. Kläger forderte also diesen Betrag in erster Linie als Vergütung für seine Transportarbeiten, eventuell aber als rückständiges, ihm cediertes Baugeld. Ob ihm der Anspruch aus diesem letzteren Gesichtspunkte zuzusprechen sei, bleibt noch zu entscheiden.

Bei diesem Sachverhalt kann es nicht zweifelhaft sein, daß nur ein Zwischenurteil nach § 275 C.P.O. vorliegt, gegen welches eine selbständige Revision nicht zulässig ist (§§ 507. 510 C.P.O.). Unerfindlich ist, wie der Kläger sich für das Gegenteil auf frühere Entscheidungen des Reichsgerichtes berufen kann, in denen ausgeführt ist, daß eine Vorabentscheidung über den Grund des Anspruches, wenn Grund und Betrag streitig ist, nicht als Zwischenurteil nach § 275 C.P.O., sondern nur als ein mit den ordentlichen Rechtsmitteln anfechtbares Urteil nach § 276 C.P.O. ergehen könne. Denn es handelt sich hier offensichtlich nicht um eine Vorabentscheidung, durch welche der Anspruch für begründet erklärt wäre, sodaß nur noch über den Betrag zu entscheiden bliebe; es ist vielmehr in dem zu erlassenden Endurteile immer noch über den Grund des Anspruches zu entscheiden, nachdem im vorliegenden Urteile nur einzelne Angriffsmittel zur Aburteilung gelangt sind. Danach kann auch nicht davon die Rede sein, dieses Urteil als ein Teilurteil, und deshalb als ein Endurteil anzusehen, gegen welches die Revision zuzulassen wäre. Der cedierte Anspruch kommt hier nicht als ein selbständiger, neben dem Anspruche auf Bezahlung der Transportarbeiten geltend gemachter Anspruch in Betracht. Der Kläger fordert den Betrag von 1538,90 *M* nur einmal und begründet diesen Anspruch sowohl aus dem Gesichtspunkte einer ihm unmittelbar vom Beklagten geschuldeten Vergütung seiner Arbeiten, als auch aus dem Gesichtspunkte eines dem W. geschuldeten und ihm (dem Kläger) cedierten Baugeldes. Das künftige Endurteil wird sich also auf denselben Anspruch beziehen, über den sich das jetzt vorliegende Urteil verhält, und der Kläger hat, ehe die Revision statthaft erscheint, abzuwarten, ob ihm im Endurteile der geforderte Betrag abgesprochen wird." ...

---

103. Wie muß in dem nach §§ 730. 745. 754 Abs. 1 C.P.O. ergehenden Pfändungsbeschlusse der Drittschuldner bezeichnet werden?

VI. Civilsenat. Urt. v. 28. November 1898 i. S. Qu., jetzt dessen Rechtsnachfolger, (Kl.) w. B., jetzt dessen Witwe (Bekl.). Rep. VI. 252/98.

I. Landgericht I Berlin.
II. Kammergericht daselbst.

Die Entscheidung ist oben unter „Preußisches Recht" Nr. 76 S. 325 abgedruckt.

---

104. Beträgt die dem Rechtsanwalte für die Vertretung in der auf die Beweisaufnahme folgenden weiteren kontradiktorischen Verhandlung zukommende Gebühr in denjenigen Fällen, in denen die Beweisaufnahme nur einen Teil des Streitgegenstandes umfaßte, auch nur fünf Zehnteile einer nach dem Werte dieses Teiles berechneten Verhandlungsgebühr?

Gebührenordnung für Rechtsanwälte § 17.

I. Civilsenat. Beschl. v. 3. Dezember 1898 i. S. R. u. Gen. (Kl.) w. Vaterl. Feuerversicherungsges. (Bekl.). Beschw.-Rep. I. 108/98.

I. Landgericht Posen.
II. Oberlandesgericht daselbst.

Die vorstehende Frage ist bejaht aus den folgenden

Gründen:

„Der Prozeßbevollmächtigte der Beklagten hat die ihm für deren Vertretung im Beweisaufnahmeverfahren und für die weitere Verhandlung zukommenden Gebühren nach einem Streitobjekt von 54126,25 *M* berechnet, während das Oberlandesgericht im Anschluß an eine Beschwerde der Kläger diese Gebühren unter Bestimmung des Streitobjektes auf 32160 *M* um 41 *M* herabgesetzt hat. Hiergegen richtet sich die weitere Beschwerde der Beklagten, die in der gehörigen Frist und Form eingelegt worden ist.

Sie muß aber als unbegründet zurückgewiesen werden.

Der wirkliche Brandschade, dessen Vergütung die Kläger im Prozesse gefordert hatten, war von ihrem Gutachter auf 110350 *M* und von dem Gutachter der Beklagten auf 78190 *M* abgeschätzt worden. Die sonstigen Streitpunkte bezogen sich auf Ansprüche, die von diesem Schadensbetrage unabhängig waren. Die Beweisaufnahme, um die es sich handelt, bezweckte nun aber ausschließlich die Feststellung des eigentlichen Brandschadens und sollte eine Entscheidung des Gerichtes darüber ermöglichen, ob die Schätzung der Kläger, oder die Schätzung der Beklagten für zutreffend anzusehen sei. Die verschiedenen Thatsachen, über die sich die Beweisaufnahme nach dem Inhalte der Beweisbeschlüsse ... erstreckt hat, haben die Richtigkeit dieser Schätzungen, sei es in ihrer Allgemeinheit, sei es rücksichtlich einzelner Rechnungsfaktoren, zum Gegenstande. Der Streitwert, auf den sich die Beweisaufnahme bezog, ist daher richtig mit 32160 ℳ berechnet. Unter Heranziehung des § 10 der Gebührenordnung für Rechtsanwälte und des § 12 Abs. 1 G.K.G. folgt hieraus aber unmittelbar, daß die Beweisgebühr nach dem oben bezeichneten Wertobjekt abgemessen werden muß. Die Frage kann nur sein, ob hinsichtlich der Gebühr für die weitere Verhandlung das gleiche gilt. Diese Frage ist zu bejahen.

Nach § 17 der Gebührenordnung für Rechtsanwälte erhöht sich die dem Rechtsanwalte zustehende Verhandlungsgebühr um fünf Zehnteile, insoweit sich die Vertretung auf die dem Beweisaufnahmeverfahren nachfolgende kontradiktorische mündliche Verhandlung erstreckt hat. Wird dieser Rechtssatz ausschließlich nach seinem Wortlaut, und nicht im Zusammenhange des ganzen Gesetzes verstanden, so könnte man sich zu der Annahme veranlaßt finden, daß die besondere Gebühr des § 17 allemal in einer rein rechnungsmäßigen Erhöhung der dem Rechtsanwalt für die Verhandlung des Rechtsstreites übrigens zukommenden Gebühr bestehen solle. Es liegt aber am Tage, daß diese Auffassung nicht zutreffend sein kann. Sie würde mit dem wirklichen Willen des Gesetzes in Widerspruch geraten, sobald über einen ohne weiteres zur Entscheidung reifen Teil des Streitstoffes durch Teilurteil entschieden ist, und nur rücksichtlich des übrig gebliebenen Teiles ein Beweisaufnahmeverfahren stattgefunden hat. Es ist nicht streitig und kann nach den grundlegenden Bestimmungen des Gesetzes nicht streitig sein, daß in solchen Fällen nicht die dem Rechtsanwalte zustehende, nach dem ganzen Prozeßgegenstand ermittelte Verhandlungsgebühr um die Hälfte erhöht wird, sondern neben dieser Gebühr nur fünf Zehnteile einer Gebühr in Frage kommen, die er außerdem zum ganzen Betrage erhalten hätte, wenn das ursprüngliche Streitobjekt mit dessen in das Beweisaufnahmeverfahren gelangtem Teile zusammenfiele. Das Gesetz hat den Normalfall vor Augen, daß die Beweisaufnahme den ganzen Streitwert ergreift, und sich ihm im Ausdrucke angepaßt. Seine Regel gilt aber selbstverständlich und nach der Natur der Sache nur in der Beschränkung, die ihr durch andere, sie kreuzende Rechtsregeln auferlegt wird, und die Einleitung des Bedingungssatzes mit „insoweit" deutet auch an, in welcher Richtung solche Beschränkung gelegen ist. Nicht „wenn" eine weitere Verhandlung stattfinden mußte, sondern in dem Umfange, in dem sie stattfinden mußte, soll eine weitere Gebühr bewilligt werden. Die Verhandlungsgebühr kann nun in jeder Instanz rücksichtlich eines jeden Teiles des Streitgegenstandes nur einmal beansprucht werden (§ 25 der Gebührenordnung für Rechtsanwälte), und nach § 10 daselbst, § 12 Abs. 1 G.K.G. sind für Akte, die einen Teil des Streitgegenstandes betreffen, die Gebühren nur nach dem Werte dieses Teiles zu berechnen. Der Teil, mit dem sich die weitere Verhandlung beschäftigt, stimmt aber mit dem der Beweisaufnahme unterworfenen Teile überein. Freilich erstreckt sich die Schlußverhandlung grundsätzlich auf den ganzen noch im Streite befangenen Prozeßstoff, also auch auf den Teil, den die Beweisaufnahme nicht zum Gegenstande hatte. Insoweit handelt es sich aber bloß um einen formellen Akt, der in der besonderen Konstruktion des Prozeßverfahrens seine Erklärung findet, nicht dagegen zur Rechtfertigung einer neuen Gebührenerhebung dienen kann. Die Verhandlung über diesen Teil hat schon stattgefunden, und das Thatsachenmaterial, auf das es für ihn ankommt, ist bereits zur Erörterung gebracht. Rücksichtlich ihrer ist die Thätigkeit des Rechtsanwaltes daher mit der vollen Verhandlungsgebühr abgegolten, die niemals doppelt gewährt wird, gleichviel ob sich die Verhandlung in einem Termine, oder in mehreren Terminen abgespielt hat. Materiell beschränkt sich die neue Verhandlung auf die Würdigung des Beweisergebnisses und die Hervorkehrung der rechtlichen Schlußfolgerungen, die sich für die eine und die andere Partei daran knüpfen. Nur insoweit liegt überhaupt eine „weitere" Verhandlung im Sinne des § 17 vor, während die sonstige Verhandlung dieselbe oder eine wiederholte ist. Die dem Rechtsanwalte zustehende Verhandlungsgebühr erhöht sich danach um fünf Zehnteile der nach Maßgabe des Gesetzes berechneten Verhandlungsgebühr, d. h. derjenigen Gebühr, die dem Rechtsanwalt für die mündliche Verhandlung über den in das Beweisaufnahmeverfahren verstrickten Teil des Streitgegenstandes zustehen würde.

Ebenso wird das Gesetz von Meyer, Die Gebührenordnung für Rechtsanwälte (2. Aufl.) Bem. 8 zu § 17, und von Pfafferoth, Die Gebührenordnung für Rechtsanwälte Bem. 5 zu § 17, verstanden.

Nur mit dieser Auffassung wird man denn auch dem legislativen Gedanken gerecht, auf dem der § 17 beruht. Während bei konsequenter Durchführung des von der Gebührenordnung angenommenen Berechnungssystems für die weitere mündliche Verhandlung eine Verhandlungsgebühr überhaupt nicht in Ansatz kommen könnte, hat der Gesetzgeber im Hinblick auf den Mehraufwand an Zeit und Arbeit, den die Vertretung in der der Beweisaufnahme nachfolgenden Verhandlung notwendig macht, die Bewilligung einer besonderen Gebühr für angemessen erachtet (vgl. Begründung zum Entwurf einer Gebührenordnung für Rechtsanwälte, zu §§ 15—17). Weil der Prozeß durch die Beweisaufnahme in ein neues Stadium übergeführt wird, und dem Rechtsanwalt aus der Durchdringung und Erörterung des Beweismaterials neue Aufgaben erwachsen, durch die seine Leistungskraft in einer sonst nicht erforderten Weise angespannt wird, eben darum wird eine Spezialgebühr ausgeworfen. Dieser Gesichtspunkt versagt aber rücksichtlich desjenigen Teiles des Streitgegenstandes, auf den die Beweisaufnahme nicht ausgedehnt war. Um so gewisser wird die Gebühr des § 17 nicht als ein bloßer Zuschlag zu der Normalgebühr, sondern als eine selbständige, an der Hand der allgemeinen Grundsätze des Gesetzes zu berechnende Vergütung zu gelten haben."...

---

105. Kann, wenn im Eheprozesse in erster Instanz dem Klagantrage gemäß auf Ehescheidung erkannt ist, die Klagpartei, ohne selbst Berufung einzulegen, einen in erster Instanz nicht vorgebrachten Scheidungsgrund zur Begründung des Antrages auf Zurückweisung der von der Gegenpartei eingelegten Berufung verwerten?

VI. Civilsenat. Urt. v. 15. Dezember 1898 i. S. W. Ehefr. (Kl.) w. W. (Bekl.). Rep. VI. 364/98.

I. Landgericht Leipzig.
II. Oberlandesgericht Dresden.

Die Klägerin klagte wider den Beklagten,[1] der sich von ihr getrennt hatte, auf Herstellung des ehelichen Lebens. Der Beklagte

---

[1] Da dieser preußischer Staatsangehöriger war, so war für die Entscheidung in materiellrechtlicher Beziehung gemäß § 13 sächs. B.G.B. das preußische Allgemeine Landrecht maßgebend. D. E.

erhob Widerklage auf Ehescheidung und stützte diesen Antrag auf die Behauptung, daß ihn die Klägerin wiederholt gröblich beleidigt habe. Die erste Instanz erkannte diesem Antrage gemäß unter Abweisung der Hauptklage.

Hiergegen legte die Klägerin Berufung ein; der Beklagte aber beantragte, ohne sich dem Rechtsmittel anzuschließen, Zurückweisung der Berufung, unter der Erklärung, er wolle auf den in erster Instanz geltend gemachten Scheidungsgrund nicht weiter zurückkommen, seinen Widerklagantrag vielmehr jetzt darauf stützen, daß die Klägerin nach Verkündung des ersten Urteiles wiederholt geschlechtlichen Umgang mit dem Kaufmann S. gepflogen habe.

Das Oberlandesgericht wies die Berufung der Klägerin zurück mit der Maßgabe, daß die Scheidung der Ehe nicht wegen grober widerrechtlicher Kränkungen, welche die Klägerin dem Beklagten zugefügt habe, sondern wegen von ihr mit dem Kaufmann S. begangenen Ehebruches verfügt werde. Die Revision der Klägerin wurde zurückgewiesen.

Aus den Gründen:

„Die Revision erhebt in erster Linie den Angriff, es hätte auf die allein vorliegende Berufung der Klägerin nicht auf Scheidung wegen Ehebruches derselben erkannt werden dürfen. Der Beklagte hätte, wie in dem in den Badischen Annalen Bd. 55 S. 77 abgedruckten Urteile des II. Civilsenates des Reichsgerichtes ausgeführt sei, wenn er Scheidung der Ehe wegen Ehebruches der Klägerin hätte erreichen wollen, Berufung einlegen *können*, obwohl bereits in erster Instanz seinem Antrage auf Ehescheidung entsprochen gewesen sei. Hieraus sei zu folgern, daß er, um Ehescheidung wegen Ehebruches zu erreichen, auch Berufung gegen das erste Urteil hätte einlegen *müssen*. Dieser Angriff erscheint jedoch nicht berechtigt.

Der Beklagte hat in erster Instanz einfach den Antrag gestellt, die Ehe zwischen ihm und der Klägerin zu scheiden. Diesen Antrag hat er in zweiter Instanz nicht geändert; er hat lediglich Zurückweisung der von der Gegnerin eingelegten Berufung verlangt und dabei erklärt, er wolle nun den in der ersten Instanz gestellten, aufrecht erhaltenen Widerklagantrag auf einen von der Klägerin nach der Verkündung des ersten Urteiles begangenen Ehebruch stützen. Hierzu, zu der Geltendmachung eines neuen Scheidungsgrundes, war er nach § 574

C.P.O. berechtigt. Der Einlegung eines Rechtsmittels von seiner Seite aber hätte es nur bedurft, wenn er eine sachliche Änderung der ergangenen Entscheidung zum Nachteile der Gegnerin angestrebt hätte. Eine solche wurde aber im vorliegenden Falle durch eine Beachtung des neu geltend gemachten Scheidungsgrundes im Verhältnis der Parteien zu einander nicht herbeigeführt. Die Klägerin wäre als der schuldige Teil anzusehen gewesen, wenn es bei der von der ersten Instanz auf Grund von § 700 A.L.R. II. 1 ausgesprochenen Scheidung verblieben wäre, und wäre als schuldiger Teil ebenso bei der von der Vorinstanz wegen Ehebruches verfügten Ehescheidung zu bezeichnen gewesen, wenn eine richterliche Entscheidung über die Schuldfrage überhaupt beantragt und erteilt worden wäre; beide in Betracht kommende Scheidungsgründe sind auch, was die Schwere der dem schuldigen Teile zur Last fallenden Verfehlung betrifft, nach dem Gesetze als gleichwertig anzusehen (§ 748 A.L.R. II. 1).

Hiernach enthält die von der Vorinstanz erteilte Entscheidung keine Änderung des ersten Urteiles zum Nachteile der Klägerin und konnte so, wie geschehen, ausgesprochen werden, ohne daß es eines Rechtsmittels des Beklagten bedurft hätte.

Die von der Revision angezogene Entscheidung des II. Civilsenates des Reichsgerichtes steht dem nicht entgegen. In diesem Urteile ist nur ausgesprochen, ein Ehegatte sei, wenn er mehrere Scheidungsgründe geltend gemacht habe, und von der ersten Instanz die Scheidung nur auf Grund eines derselben verfügt sei, berechtigt, im Wege der Berufung Beachtung auch des weiter von ihm geltend gemachten Scheidungsgrundes zu verlangen, dafern die Scheidung auf Grund des letzteren rechtlich, insbesondere bezüglich der Folgen für die rechtliche Stellung der Parteien zu einander, von der seitens der ersten Instanz ausgesprochenen Scheidung verschieden sei.

Vgl. auch Entsch. des R.G.'s in Civils. Bd. 15 S. 288 flg.

Ganz abgesehen nun von der Frage, ob immer daraus, daß eine Partei zur Herbeiführung einer von ihr angestrebten Entscheidung ein Rechtsmittel einzulegen berechtigt wäre, mit Notwendigkeit folge, daß sie, um diese Entscheidung zu erreichen, dann, wenn der Gegner ein Rechtsmittel eingelegt hat, sich selbst eines solchen bedienen müsse, unterscheidet sich der hier vorliegende Fall von dem, der dem II. Senate zur Entscheidung vorlag, gerade in der von diesem besonders betonten

Beziehung, indem in dem einen Falle bei Beachtung des Ehebruches als Scheidungsgrundes das rechtliche Verhältnis der geschiedenen Ehegatten sich anders gestaltete, als wenn allein vermöge des anderen Scheidungsgrundes die Ehe getrennt wurde, während im gegenwärtigen Falle ein solcher Unterschied nicht besteht." ...

---

106. Was ist unter „Ansprüchen gegen den Landesfiskus wegen Verschuldung von Staatsbeamten" im Sinne des § 39 Abs. 1 Ziff. 2 preuß. Ausf.-Ges. vom 24. April 1878 zum deutschen G.V.G. zu verstehen?

II. Civilsenat. Urt. v. 20. Dezember 1898 i. S. preuß. Fiskus (Bekl.) w. Sch. (Kl.). Rep. II. 237/98.

I. Landgericht Köln.
II. Oberlandesgericht daselbst.

Am 2. und 7. November 1889 wurden bei dem Kaufmann Sch. zu Emmerich diesem gehörige 385 kg Speck durch das dortige Hauptzollamt als der Kontrebande verdächtig mit Beschlag belegt. Nachdem die auf Antrag des Steuerfiskus eingeleitete gerichtliche Untersuchung im November 1893 mit Einstellung des Verfahrens geendigt hatte, wurde der fragliche Speck von der Steuerbehörde dem Sch. am 4. Dezember 1893 zurückgegeben. Sch. behauptete nun, der Speck sei zur Zeit der Rückgabe vollständig verdorben und von Ratten und Mäusen stark angefressen gewesen, sodaß der Verkauf desselben nur 85,50 ℳ ergeben habe, während er zur Zeit der Beschlagnahme 1,20 ℳ pro kg wert gewesen sei. Die Schuld treffe den Steuerfiskus, weil der Schuppen, in welchem er den Speck aufbewahrt habe, von Ratten und Mäusen heimgesucht, im Sommer zu heiß und im Winter zu kalt, demnach gänzlich ungeeignet zur Aufbewahrung von Speck gewesen sei, letzterer auch zu dicht aneinander aufgehängt worden sei.

Sch. verlangte auf Grund dieser Behauptungen Schadensersatz in Höhe der 376,50 ℳ betragenden Differenz zwischen dem Werte des Speckes zur Zeit der Beschlagnahme und dem Betrage, den der Verkauf desselben nach der Rückgabe erzielt habe, und erhob gegen den Steuerfiskus, da dieser jenen Anspruch nicht anerkannte, Klage mit dem Antrage, den Beklagten zur Zahlung von 376,50 ℳ nebst 5 Prozent Zinsen seit dem Klagezustellungstage zu verurteilen. Beklagter beantragte Abweisung der Klage. Er behauptete, der fragliche Raum sei in jeder Hinsicht zur Aufbewahrung des Speckes geeignet gewesen, und auch die Art und Weise der Aufbewahrung habe allen gerechten Anforderungen entsprochen. Auch sei der Speck derartig aufgehängt gewesen, daß er von Ratten und Mäusen nicht habe erreicht werden können. Sollte dennoch der Speck bei der Rückgabe verdorben gewesen sein, so sei das der langen Dauer der Aufbewahrung, die durch das gerichtliche Verfahren veranlaßt worden sei, zuzuschreiben.

Die beiden Vorinstanzen erkannten dem Kläger einen Teil des geforderten Schadensersatzes zu, und zwar das Oberlandesgericht aus dem Grunde, weil der Fiskus nach § 30 des preuß. Zollstrafgesetzes vom 23. Januar 1838 die in Beschlag genommene, dem Verderben unterworfene Ware habe veräußern müssen und den durch Nichtbefolgung dieser Vorschrift dem Kläger erwachsenen Schaden ersetzen müsse. Die vom Fiskus eingelegte Revision wurde für unzulässig erklärt.

Gründe:

„Die Revision könnte, da der Wert des Beschwerdegegenstandes die im § 508 C.P.O. festgesetzte Revisionssumme von mehr als 1500 ℳ nicht erreicht, nur dann für zulässig erachtet werden, wenn es sich um einen Anspruch handelte, für welchen das Landgericht ohne Rücksicht auf den Wert des Streitgegenstandes ausschließlich zuständig wäre (§ 509 Nr. 2 a. a. O.). Die Revision behauptet dies, indem sie sich auf den § 39 Nr. 2 preuß. Ausf.-Ges. zum G.V.G. bezieht; jedoch mit Unrecht.

Der Preußische Staat hat von der durch § 70 Abs. 3 G.V.G. der Landesgesetzgebung vorbehaltenen Befugnis, die Entscheidung über die daselbst näher bezeichneten Ansprüche ohne Rücksicht auf den Wert des Streitgegenstandes den Landgerichten ausschließlich zuzuweisen, nach Maßgabe der Bestimmungen des § 39 preuß. Ausf.-Ges. zum G.V.G. Gebrauch gemacht; von den im Abs. 1 dieses Paragraphen aufgeführten vier Arten von Ansprüchen kann nur die Ziff. 2 in Frage kommen, welche „Ansprüche gegen den Landesfiskus wegen Verschuldung von Staatsbeamten“ zum Gegenstande hat. Ein solcher Anspruch ist aber im vorliegenden Rechtsstreite nicht erhoben; vielmehr ist ein Schadensersatzanspruch gegen den Fiskus wegen eigenen Verschuldens des Fiskus selbst erhoben. Derartige Ansprüche gegen den Fiskus, mögen sie auf einem behaupteten Kontraktsverhältnisse, oder auf einem angeblichen Delikte des Fiskus beruhen, sind aber in Preußen nicht ausschließlich den Landgerichten überwiesen, folgen deshalb auch bezüglich der Zulässigkeit der Revision der allgemeinen Regel.

Daß die Klage auf ein direktes Verschulden des Fiskus, handelnd durch das Königliche Hauptzollamt in Emmerich, und nicht auf ein Verschulden der Beamten des Hauptzollamtes, für welches der Fiskus haftbar sei, gestützt wird, ergiebt sich aus dem Thatbestande, nach welchem der erhobene Anspruch auf eine Schuld des Steuerfiskus gegründet wird, ohne daß der Schuld eines Beamten oder etwa mehrerer Beamten, die nach ihrer Stellung und Beschäftigung bei dem Hauptzollamte zu Emmerich näher bezeichnet und dadurch zu ermitteln wären, gedacht wird. Auch in den Gründen beider Instanzurteile wird überall nur von einem Verschulden des verklagten Fiskus, der Zollbehörde, gesprochen, wonach auch die Instanzrichter die Klage lediglich als auf ein direktes Versehen des Fiskus gestützt angesehen haben. Wenn am Schlusse der Klageschrift die nicht in den Thatbestand übernommene Bemerkung vorkommt: „die Beamten haften für geringes Versehen“, so kann daraus gegenüber den vorstehenden Erwägungen nicht gefolgert werden, daß der Klaganspruch auf ein spezielles Verschulden von Beamten des Hauptzollamtes gegründet werden sollte. Wohl aber ist daraus zu schließen, daß der Verfasser der Klage sich bewußt war, daß der in Rede stehende Anspruch materiell nach den Grundsätzen des preußischen Allgemeinen Landrechtes zu beurteilen sei, weil Emmerich im Rechtsgebiete des Allgemeinen Landrechtes liegt.

Vgl. die Bestimmungen über die Haftbarkeit der Beamten in §§ 88. 89 A.L.R. II. 10.

Nach den Grundsätzen des preußischen Rechtes, welches eine Bestimmung nach Art des Art. 1384 Code civil nicht enthält, haftet aber der

Fiskus, abgesehen von hier nicht zutreffenden Ausnahmefällen, der Regel nach nicht für das Verschulden seiner Beamten. Es kann daher auch aus diesem Grunde nicht angenommen werden, daß die Klage beabsichtigt hätte, den gegen den Fiskus erhobenen Schadensersatzanspruch auf ein Verschulden von Staatsbeamten zu stützen. Nach der kurzen Begründung der Klage ist es nicht klar, ob der erhobene Anspruch auf ein angebliches Vertragsverhältnis mit dem Fiskus, oder auf ein Delikt des letzteren gegründet werden soll. Aus einem Vertragsverhältnisse würde der Fiskus wie jede Privatperson haftbar gemacht werden können. Ob der Fiskus auch auf Grund eines behaupteten Deliktes vom Kläger wegen Schadensersatzes nach Maßgabe von § 11 A.L.R. I. 6 in Anspruch genommen werden kann, ist hier nicht zu untersuchen, da es für die hier allein zu erörternde Frage der ausschließlichen Zuständigkeit des Landgerichtes nicht darauf ankommt, ob die Klage begründet ist, sondern nur darauf, in welchem Sinne sie angestellt ist.

Daß die Ziff. 2 des § 39 Abs. 1 unter Ansprüchen gegen den Landesfiskus „wegen Verschuldung von Staatsbeamten" etwas anderes versteht, als solche Ansprüche, welche auf die bloße Behauptung gestützt werden, daß eine Behörde, welche ja stets durch ihre Beamten handelt, eine unrichtige oder ungesetzliche Maßregel ergriffen habe, ergiebt sich auch aus den Motiven zum preußischen Ausführungsgesetze, in welchen als auf einen Fall der Anwendung der Ziff. 2 hingewiesen wird auf § 29 der preußischen Grundbuch-Ordnung vom 5. Mai 1872, wonach die Beamten des Grundbuchamtes für jedes Versehen bei Wahrnehmung ihrer Amtspflichten haften, wogegen der Staat für dasselbe Versehen seiner Beamten nur subsidiarisch haftet. Es muß hiernach ein besonderes Verschulden bestimmter Beamten vorliegen oder doch behauptet sein, welches die Grundlage bilden soll für die behauptete Verantwortlichkeit des Staates, wenn die Voraussetzungen von Ziff. 2 gegeben sein sollen.

Vgl. auch Entsch. des R.G.'s in Civils. Bd. 40 S. 398.

Da ein solcher Fall nach der Klage nicht vorliegt, so mußte die Revision als unzulässig . . . verworfen werden."

107. Ist gegen einen nach § 775 Abs. 2 C.P.O. erlassenen Beschluß die Beschwerde zulässig?

Vereinigte Civilsenate. Beschl. v. 20. Dezember 1898 i. S. Br. & Sohn (Bekl.) w. St. (Kl.). Beschw.-Rep. V. 150/98.

I. Landgericht Duisburg.
II. Oberlandesgericht Hamm.

Zwischen dem V. und dem VI.,[1] auch dem III. Civilsenate des Reichsgerichtes war die oben bezeichnete Rechtsfrage streitig geworden. Diese ist von den vereinigten Civilsenaten dahin entschieden worden: „Gegen die in Gemäßheit des § 775 Abs. 2 C.P.O. durch Beschluß des Prozeßgerichtes erster Instanz erlassene Strafandrohung ist das Rechtsmittel der Beschwerde zulässig."

Gründe:

„Urteile, welche den Schuldner verpflichten, eine Handlung zu unterlassen oder die Vornahme einer Handlung zu dulden, sind der Regel nach einer unmittelbaren Vollstreckung unfähig. Es kann zwar der Widerstand, den der Schuldner der Vornahme einer Handlung entgegensetzt, die er dulden soll, durch Anwendung von Gewalt gebrochen werden (§ 777 C.P.O.); im übrigen aber, und namentlich in den Fällen, in denen ein Verbot befolgt, also etwas unterlassen werden soll, ist es meistens unmöglich, das Zuwiderhandeln mit dem Erfolge gewaltsam zu verhindern, daß darin eine Vollstreckung des Urteiles gefunden werden könnte. Denn wenn es sich nicht etwa bloß darum handelt, den Schuldner an einer bestimmten Handlung zu einer bestimmten Zeit an einem bestimmten Orte zu hindern, sondern wenn, wie es die Regel ist, der Schuldner die verbotene Handlung beliebig vornehmen könnte, so giebt es kein wirksames Mittel, dies zu verhindern, und jede Zuwiderhandlung des Schuldners stellt dann den verbotenen Zustand wieder her. Die deutsche Civilprozeßordnung, die als Ziel der Zwangsvollstreckung überall die wirkliche Erfüllung des Urteiles festhält,

vgl. Motive zu den §§ 719—722. 725 des Entwurfes bei Hahn, Materialien zur Civilprozeßordnung Bd. 1 S. 465,

---

[1] Vgl. diese Sammlung Bd. 20 Nr. 88 S. 385 u. Bd. 37 Nr. 120 S. 409. D. R.

mußte sich deshalb bei Urteilen solchen Inhaltes mit einem mittelbaren Zwange begnügen, und dieser konnte nur gefunden werden in einem Druck auf die eigene Entschließung des Schuldners, dem Urteil Genüge zu leisten (Hahn a. a. O. S. 467). Dieser Druck soll nach § 775 — abgesehen von der in Abs. 3 gestatteten Aufnötigung einer Sicherheitsbestellung für Schäden aus der Zuwiderhandlung (Hahn S. 861. 862) — dadurch ausgeübt werden, daß der Schuldner wegen einer jeden Zuwiderhandlung in eine, dort näher begrenzte, Geld- oder Haftstrafe verurteilt werden kann. Der § 775 verfügt dazu in Abs. 2:

„Der Verurteilung muß eine Strafandrohung vorausgehen, welche, wenn sie in dem die Verpflichtung aussprechenden Urteil nicht ententhalten ist, auf Antrag von dem Prozeßgericht erster Instanz erlassen wird."

Wenn es sich nun fragt, ob gegen eine nach dieser Vorschrift von dem Prozeßgericht erster Instanz erlassene Strafandrohung das Rechtsmittel der Beschwerde statthaft sei, so hängt die Beantwortung nach § 530 C.P.O. davon ab, ob hier einer der im Gesetz besonders hervorgehobenen Fälle vorliege, für welche eine Beschwerde zugelassen ist, und dies muß dann bejaht werden, wenn der § 701 auf diesen Fall Anwendung findet, welcher die sofortige Beschwerde verstattet

gegen Entscheidungen, die im Zwangsvollstreckungsverfahren ohne vorgängige mündliche Verhandlung erfolgen können.

Daß die Entschließung des Gerichtes über den Antrag des Gläubigers auf den Erlaß der Strafandrohung eine Entscheidung ist, kann nicht bezweifelt werden. Eine vorgängige mündliche Verhandlung braucht nach ausdrücklicher Anordnung des § 776 nicht stattzufinden. Die Frage spitzt sich also darauf zu, ob die Strafandrohung eine Entscheidung im *Zwangsvollstreckungsverfahren* sei. Dies muß bejaht werden.

Da diese Strafandrohung hinter dem Urteile liegt, womit die judizierende Thätigkeit des Richters abschließt, und in dem Prozeßabschnitte erfolgt, den das 8. Buch der Civilprozeßordnung mit der Überschrift „Zwangsvollstreckung" regelt, so wird es schon dadurch nahe gelegt, in ihr eine im Zwangsvollstreckungsverfahren erfolgende Entscheidung zu erblicken. Freilich gehören nicht unterschiedslos alle Eutscheidungen, die in diesem Prozeßabschnitte erfolgen können, zu den im § 701 bezeichneten Entscheidungen im Zwangsvollstreckungsverfahren. Abgesehen von dem in diesem Prozeßabschnitt behandelten, jedoch besonders geregelten Arrestverfahren, gehören nicht dahin beispielsweise solche Entscheidungen, die das Zwangsvollstreckungsverfahren erst vorzubereiten bestimmt sind, wie die Entscheidung über den Antrag auf Erteilung eines Zeugnisses über die Rechtskraft (§ 646) und einer weiteren vollstreckbaren Ausfertigung (§ 669).

Vgl. Entsch. des R.G.'s in Civils. Bd. 25 Nr. 88 S. 390, Bd. 31 Nr. 103 S. 411. 412.

Aber der Erlaß der Strafandrohung nach § 775 Abs. 2 enthält bereits den Beginn der Zwangsvollstreckung, nämlich eine sich gegen den Schuldner richtende, die Ausführung des Urteiles bezweckende Maßregel; sie gehört daher dem Zwangsvollstreckungsverfahren an. Es ergiebt sich dies aus den vorstehenden Bemerkungen über die einzige Möglichkeit einer zwangsweisen Ausführung der auf ein Dulden oder Unterlassen gerichteten Urteile: mittels einer Einwirkung auf die eigene Entschließung des Schuldners. Die Zwangsvollstreckung muß sich in diesem Falle darauf beschränken, den Schuldner in einen psychischen Zwangszustand zu versetzen, der ihn veranlaßt, sich dem Urteile zu unterwerfen. Dieser Zwang wird durch Androhung einer Strafe begonnen und durch die Ausführung der Androhung fortgesetzt. Es verhält sich damit in diesem Falle nicht anders als in dem Falle des § 774, wo zur Erzwingung einer nicht fungibeln und ausschließlich vom Willen des Schuldners abhängigen Handlung die vorherige Androhung und demnächstige Vollziehung von Strafen angeordnet ist. Der Schuldner weiß, nachdem die Strafandrohung erlassen ist, daß ihrer Nichtbeachtung die Strafe folgt, und damit beginnt für ihn die Zwangslage, was in einem Falle des § 774 auch vom Feriensenate des Reichsgerichtes anerkannt worden ist.

Vgl. Entsch. des R.G.'s in Civils. Bd. 24 Nr. 82 S. 380.

Das zeigt sich am besten darin, daß wohl in den meisten Fällen schon die Androhung ausreicht, um den Schuldner zum Gehorsam zu zwingen. Wo sie nicht ausreicht, und nun eine Festsetzung und Vollziehung der angedrohten Strafe hinzukommt, da wird diese Erfahrung den Druck auf des Schuldners künftige Entschließungen verschärfen; aber dieser Druck entsteht keineswegs erst aus der Bestrafung. Die Bestrafung läßt bezüglich der Urteilsvollstreckung vorläufig noch alles beim alten; noch immer ist die zu erzwingende Handlung nicht gethan (§ 774), die verbotene Handlung nicht unterlassen (§ 775); es kommt jetzt wieder darauf an, welchen Eindruck die bestehen gebliebene Strafandrohung nunmehr auf den Schuldner macht. Entschließt er sich zur Unterwerfung, so geschieht es aus Furcht vor neuen Strafen, also aus Respekt vor der Strafandrohung.

Vgl. auch die Ausführungen von Kohler im Archiv f. d. civilist. Praxis Bd. 80 S. 253 und Meyer in der Zeitschr. f. deutschen Civilprozeß Bd. 15 S. 484. 485.

Darum kann nicht dem VI. und dem III. Civilsenate beigestimmt werden, wenn sie,

vgl. Entsch. des R.G.'s in Civils. Bd. 20 Nr. 88 S. 386. 387, auch Bd. 37 Nr. 120 S. 410, und Beschw.-Rep. III. 7/97 bei Gruchot, Beiträge Bd. 41 S. 427,

erst in der Verurteilung des zuwiderhandelnden Schuldners in die angedrohte Strafe den Beginn der Zwangsvollstreckung, die allererste Thätigkeit der Staatsgewalt, um den Schuldner zur Befolgung seiner Pflicht zu nötigen, finden wollen und dabei aussprechen, daß diese Zwangsvollstreckung erfolge wegen der Handlungen, deren Unterlassung dem Schuldner im Urteil auferlegt worden sei. Allerdings erfolgt die Verurteilung des Schuldners in Strafe wegen seiner Zuwiderhandlung gegen das Urteil und in Vollstreckung der vorangegangenen Strafandrohung; aber das Urteil selbst ist auch damit noch nicht vollstreckt; dessen Ausführung hängt vielmehr nach wie vor von dem Willen des Schuldners ab. Wenn die Strafandrohung noch keinen Beginn der Zwangsvollstreckung enthielte, so könnte demnach auch die Verhängung der Strafe noch nicht als eine Maßregel der Zwangsvollstreckung bezeichnet werden. Dieser Auffassung steht auch nicht etwa die Bemerkung in den Motiven (Hahn S. 467) entgegen:

die Verpflichtung zur Unterlassung einer Handlung sei eine fortdauernde, und der Zwang könne nur als Repression durch Ausführung der angedrohten Strafe in jedem Fall des Zuwiderhandelns wirken;

auch sie besagt nur, daß des Schuldners Widerwilligkeit in diesem Falle, nicht anders gebändigt werden könne, als durch eine Strafandrohung, die vorkommenden Falles auch ausgeführt werde.

Daß mit dem in der Strafandrohung liegenden Beginn einer Zwangsvollstreckung schon zu einer Zeit vorgegangen werden darf, wo der Schuldner der Verpflichtung aus dem Urteile noch nicht zuwidergehandelt hat, während die Zwangsvollstreckung sonst erst eintritt, wenn nicht freiwillig erfüllt wird, findet seine ausreichende Erklärung darin, daß die Zwangsvollstreckung in diesem Falle lediglich durch einen Druck auf die Entschließung des Schuldners zur freiwilligen Erfüllung bewirkt werden kann.

Auch daraus läßt sich kein Grund gegen die Auffassung der Strafandrohung als Zwangsvollstreckungsmaßregel entnehmen, daß der § 775 Abs. 2 die Möglichkeit erwähnt, daß schon das zu vollstreckende Urteil selbst die Strafandrohung enthalte. Nach dieser, dem Vorgange des Jüngsten Reichsabschiedes § 162 und der preuß. A.G.O. I. 24 § 54 folgenden, Gesetzesbestimmung ist allerdings der Richter fortan ermächtigt, in allen Urteilen, die zu einem Unterlassen oder Dulden verpflichten, auf Antrag eine Strafandrohung gegen Zuwiderhandlungen zu erlassen. Daraus darf aber nicht, mit dem VI. Civilsenate,

vgl. Entsch. des R.G.'s in Civils. Bd. 20 S. 387,

geschlossen werden, daß die Strafandrohung vom Gesetzgeber nur als eine Unterlage der künftigen Zwangsvollstreckung, nämlich als notwendiger Bestandteil des Urteiles als Titels zur Zwangsvollstreckung, gedacht sei, um welchen das Urteil, wenn er fehlte, vervollständigt werden müßte. Sonst ist nirgends in der Civilprozeßordnung vorgeschrieben, daß schon das Urteil die Zwangsvollstreckung androhen müsse oder solle, und es ist kein Grund ersichtlich, weshalb dies bei Urteilen auf ein Unterlassen oder Dulden anders sein müßte. Die Zulassung der Androhung im Urteile beruht vielmehr auf dem Zweckmäßigkeitsgrunde, daß Urteile der in Frage stehenden Art nicht direkt, sondern nur durch Einwirkung auf den Willen des Schuldners zur Vollziehung gebracht werden können, und daß diese Einwirkung schon im Urteile am Platze ist, weil Zuwiderhandlungen sofort möglich sind. Die Hinzufügung der Strafandrohung im Urteile kann freilich noch nicht als Beginn der Zwangsvollstreckung aufgefaßt werden; aber das begründet nicht den Schluß, daß dasselbe von der nach dem Urteile erlassenen Strafandrohung gelten müsse. Wie wenig der Gesetzgeber daran gedacht hat, daß ein auf Unterlassen oder Dulden gerichtetes Urteil einer Ergänzung bedürftig sei, wenn es keine Strafandrohung enthalte, ergiebt sich auch daraus, daß die nachträgliche Erlassung der

Androhung nicht, wie es sonst hätte geschehen müssen, dem urteilenden Gerichte, und nicht unter den für eine Urteilsergänzung in § 292 C.P.O. gegebenen Formvorschriften, sondern dem Prozeßgerichte erster Instanz, ohne Förmlichkeiten, übertragen worden ist. Das Prozeßgericht erster Instanz ist hier Vollstreckungsgericht, und dies beweist wiederum, daß es sich dabei um eine Vollstreckungsmaßregel handelt.

Dies erfährt endlich auch dadurch eine Bestätigung, daß nach § 776 C.P.O. der Schuldner vor dem Erlasse der nachträglichen Strafandrohung gehört werden muß. Es ist dies freilich bestritten; wie indes aus den Beratungen der Norddeutschen Kommission hervorgeht, ist damals ausdrücklich beschlossen worden, daß der Schuldner vor dem Erlasse der hier in Frage stehenden Strafandrohung gehört werden müsse,

vgl. Prot. Bd. 4 S. 2065,

und es liegt kein Anhalt dafür vor, daß darin später eine Änderung eingetreten sei.

Vgl. den I. Deutschen Entwurf §§ 694—696, entsprechend den §§ 1055. 1056 des Nordd. Entwurfes; ferner §§ 706—709 des II. Deutschen Entwurfes, §§ 719—722 der Reichstagsvorlage und §§ 773—776 des Gesetzes.

Bei der großen praktischen Bedeutung, die der Erlaß der Strafandrohung für den Schuldner hat, ist dessen vorgängige Anhörung auch durchaus sachgemäß. Dies wäre aber nur eine halbe Maßregel, wenn der Gesetzgeber nun gleichwohl dem Schuldner, der mit seinen Einwendungen abgewiesen worden ist, den Beschwerdeweg hätte versperren wollen. Mit einer bloßen Verweisung auf eine Beschwerde gegen den Beschluß, durch welchen demnächst im Falle einer Zuwiderhandlung die Strafe festgesetzt wird, wäre dem Schuldner nicht geholfen. Denn da die Beschwerde nicht von selbst aufschiebende Wirkung hat, sondern diese erst durch eine Anordnung des beschwerenden oder des Beschwerdegerichtes erhalten kann (§ 535 C.P.O.), der Schuldner aber vorher nicht wissen kann, ob dies eintreten wird, so wäre er einer ungerechtfertigten Strafanordnung gegenüber gezwungen, entweder zu gehorchen, oder, um zu seinem Rechte zu kommen, zuwiderzuhandeln unter der Gefahr, die Strafe schon verbüßt oder bezahlt zu haben, wenn seine Beschwerde begründet befunden wird. Unzuträglichkeiten solcher Art können freilich auch sonst vorkommen, wo dem Rechtsmittel gegen eine angegriffene Entscheidung nicht schlechthin aufschiebende Wirkung beigelegt ist; aber es läßt sich nicht annehmen, daß der Gesetzgeber diese Möglichkeiten ohne Not noch vermehrt habe.

Den vorstehenden Ausführungen zufolge ist bereits die Strafandrohung, welche nach § 775 Abs. 2 vom Prozeßgerichte erster Instanz erlassen wird, eine Maßregel der Zwangsvollstreckung, die darum an diejenigen Voraussetzungen gebunden ist, die in §§ 671 flg. C.P.O. für den Beginn der Zwangsvollstreckung aufgestellt werden, und gegen die auch nach § 701 a. a. O. die sofortige Beschwerde gestattet werden muß. Um zu diesem Ergebnisse zu gelangen, bedarf es demnach nicht der von einigen Rechtslehrern,

vgl. Planck, Lehrb. des Civilprozeßrechts Bd. 2 § 191 unter IV S. 793. 794; Seuffert, Komm. zur C.P.O. 7. Aufl. § 775 Bem. 1 S. 973, § 776 Bem. 3 S. 976; Förster, Komm. zur C.P.O. § 775 Bem. 5 und 8, Bd. 2 S. 585,

gemachten Unterscheidung zwischen Maßregeln der Zwangsvollstreckung und solchen des Zwangvollstreckungsverfahrens; es kann daher auch dahingestellt beiben, ob eine derartige Unterscheidung überhaupt durchführbar sein würde".

Register.

Die beigesetzten Zahlen beziehen sich auf die Seiten.

A. Sachregister.

A

C

D

E

S

T

U

W

B. Gesetzesregister.

1. Reichsgesetze.

a. Allgemeines Deutsches Handelsgesetzbuch.

b. Deutsche Civilprozeßordnung.

2. Gemeines Recht.

a. Pandekten.

3. Französisches Recht.

Code civil.

4. Landesrecht.

Preußen.

a. Allgemeines Landrecht.

b. Allgemeine Gerichtsordnung.

c. Einzelne Gesetze und Verordnungen.

Baden.

Bayern.

Bremen.

Hamburg.

C. Chronologische Zusammenstellung der Entscheidungen.

Zusammenstellung
der
im zweiundvierzigsten Bande
mitgeteilten Entscheidungen
nach
Oberlandesgerichtsbezirken.

Berichtigungen.

Vierter Band.

S. 176 Z. 5 v. u. statt „Bd. 2“ lies „Bd. 1“.
„ „ „ 3 v. u. statt „Nr.“ lies „Note“.

Zehnter Band.

S. 227 Z. 9 v. u. statt „Disziplinarvergehen“ lies „Dienstvergehen“.
„ 460 „ Sp. 2 Z. 7 v. o. statt „Disziplinarvergehen“ lies „Dienstvergehen“.

Zwölfter Band.

S. IX Z. 21 v. u. statt „Dringliche“ lies „Dringende“.
„ 354 „ 10 v. u. statt „Dringliche“ lies „Dringende“.
„ 441 Sp. 2 Z. 8 u. 7 v. u. statt „dringliche“ lies „dringende“.
„ 442 „ 2 „ 4 v. u. statt „Dringlicher“ lies „Dringender“.

Vierzehnter Band.

S. 205 Z. 16 v. o. statt „adminikulierenden“ lies „adminikulierender“.

Fünfzehnter Band.

S. 202 Z. 13 v. u. statt „1 § 7“ lies „198“.
„ „ „ 12 v. u. statt „de auct.“ lies „pro emt.“.
„ „ „ 12 v. u. statt „pr.“ lies „per.“.
„ 207 „ 2 v. o. streich das Komma hinter „gewissen“.
„ 459 Sp. 1 Z. 11 v. u. statt „pr.“ lies „per.“.
„ „ „ „ „ 9 v. u. statt „de auct.“ lies „pro emt.“.
„ „ „ „ „ 5 v. u. statt „1 § 7“ lies „198“.
„ „ „ 2 „ 5 v. u. statt „f“ lies „e“.

Sechzehnter Band.

S. 364 Z. 18 v. o. statt „Anwendung“ lies „Anordnung“.

Einundzwanzigster Band.

S. 163 Z. 2 v. o. statt „Kläger“ lies „Beklagte“.

Dreiundzwanzigster Band.

S. 180 Z. 15 v. o. statt „allgemeinen“ lies „gemeinen“.

Fünfundzwanzigster Band.

S. 425 Z. 9 v. o. statt „236“ lies „336“.

Neunundzwanzigster Band.

S. 451 Sp. 2 Z. 13 v. o. statt „403“ lies „406“.
„ 455 „ 2 „ 13 v. o. statt „100“ lies „101“.

Generalregister zu Band 1—30.

S. 297 Z. 23 v. o. statt „196“ lies „396“.
„ 888 Sp. 1 Z. 13 v. o. statt „aquir.“ lies „adquir.“.

S. 888 Sp. 1 Z. 17 v. u. statt „aquir." lies „adquir.".
„ „ „ „ „ 8 v. u. statt „emto" lies „emtore".
„ „ „ „ zwischen Z. 7 u. 6 v. u. einzuschieben: „L. 7 § 3 15, 202".
„ 890 „ „ Z. 2 v. o. zu streichen.
„ „ „ „ zwischen Z. 23 u. 24 v. o. einzuschieben: „L. 198 15, 202".
„ 933 „ „ Z. 14 u. 13 v. u. statt „Disziplinarvergehen" lies „Dienstvergehen".
„ „ „ „ Z. 9 v. u. statt „14" lies „17".

Dreiunddreißigster Band.

S. 395 Z. 11 v. u. statt „1874" lies „1884".

Achtunddreißigster Band.

S. 451 Sp. 2 Z. 3 u. 2 v. u. statt „Mimières " lies „Minières".
„ 453 „ „ „ 7 v. u. statt „, betr." lies „über".
„ 454 „ 1 „ 1 v. u. statt „Disziplinarvergehen" lies „Dienstvergehen".

Neununddreißigster Band.

S. 85 Z. 14 v. o. statt „Konkursgläubiger" lies „Konkursverwalter".
„ 323 Z. 9 v. o. statt „2959" lies „2858".

Vierzigster Band.

S. 9 Z. 6 v. o. streich „zu 1 und 3".
„ 21 „ 14 v. o. statt „285" lies „275".
„ 127 „ 11 v. u. statt „20. September" lies „18. Oktober".
„ 166 „ 12 v. o. statt „Februar 1894" lies „April 1896".
„ 275 „ 18 v. u. statt „1895" lies „1891".
„ 334 „ 2 u. 1 v. u. statt „ungründet" lies „unbegründet".
„ 452 Sp. 2 Z. 14 v. o. vor „127" einzuschieben: „16.".
„ 456 „ 1 „ 2 v. o. statt „Disciplinarvergehen" lies „Dienstvergehen"'
„ 468 sind die Zeilen 5, 9 u. 10 v. u. zu streichen.

Einundvierzigster Band.

S. 15 Überschrift statt „5" lies „3".
„ 87 Z. 10 v. o. statt „der" lies „des".
„ 134 „ 19 v. o. statt „761" lies „716".
„ 146 „ 16 v. o. statt „Kläger" lies „Klägern".
„ 181 „ 6 v. u. hinter „nur" einzuschieben: „mit".
„ 244 „ 9 v. u. statt „319" lies 329".
„ 384 „ 6 v. o. statt „342" lies „346".
„ 403 „ 9 v. o. statt „268" lies „285".
„ 443 Sp. 1 Z. 17 v. o. statt „diesem" lies „diesen".
„ „ „ 2 „ 12 v. u. hinter „auch" einzuschieben: „„Ehescheidung"; ".
„ 452 „ 3 „ 6 v. u. statt „329" lies „429".
„ 461 „ 2 „ 19 v. o. statt „Verwaltungspflege" lies „Verwaltungsrechtspflege"

Zweiundvierzigster Band.

S. 32 Z. 12 v. o. statt „Abs." lies „Ziff.".
„ 40 „ 1 v. o. statt „beklagten" lies „verklagten".
„ 273 „ 9 v. u. statt „988" lies „998".

Kolibri 360 GmbH
Ferdinand-Jühlke-Straße 7
99095 Erfurt, Deutschland
produktsicherheit@kolibri360.de